Speech-Language Pathology Casebook

言语语言康复案例集

原著 ［美］Ryan C. Branski

　　　［美］Sonja M. Molfenter

主译　陈卓铭

中国科学技术出版社

·北 京·

图书在版编目（CIP）数据

言语语言康复案例集 /（美）瑞安·C. 布兰斯基 (Ryan C.Branski),（美）索尼娅·M. 莫尔芬特 (Sonja M. Molfenter) 原著 ; 陈卓铭主译 . — 北京 : 中国科学技术出版社 , 2022.1

书名原文 : Speech–Language Pathology Casebook

ISBN 978–7–5046–9183–5

Ⅰ . ①言… Ⅱ . ①瑞… ②索… ③陈… Ⅲ . ①语言病理学—案例 Ⅳ . ① H0

中国版本图书馆 CIP 数据核字 (2021) 第 195937 号

著作权合同登记号 : 01-2021-4576

策划编辑　靳　婷　费秀云
责任编辑　靳　婷　常　昆
装帧设计　佳木水轩
责任印制　李晓霖

出　　版　中国科学技术出版社
发　　行　中国科学技术出版社有限公司发行部
地　　址　北京市海淀区中关村南大街 16 号
邮　　编　100081
发行电话　010-62173865
传　　真　010-62179148
网　　址　http://www.cspbooks.com.cn

开　　本　889mm×1194mm　1/16
字　　数　743 千字
印　　张　26
版　　次　2022 年 1 月第 1 版
印　　次　2022 年 1 月第 1 次印刷
印　　刷　天津翔远印刷有限公司
书　　号　ISBN 978–7–5046–9183–5/H・87
定　　价　268.00 元

（凡购买本社图书，如有缺页、倒页、脱页者，本社发行部负责调换）

译校者名单

主　　译　陈卓铭

副 主 译　徐洋凡　李　辉　吴传安　潘銮昭

译 校 者　（以姓氏笔画为序）

王　艺　王文献　王树杰　王　莉　尹晓娜　邓　成　叶乐乐　朱渔鈊

全交界　江泽斌　汤惠芳　麦王向　李青青　李金萍　李婉婷　杨　柳

杨杏萍　杨栋栋　吴悯妍　何敏斯　沈龙彬　陈玉美　陈有为　林舜娜

尚亚茹　周　钰　庞雨甜　赵玉香　钟丽平　钟影雪　洪晓冰　涂　博

黄　巧　崔丽燕　康子浩　梁俊杰　梁振文　韩　冰　韩懿晶　曾　静

蒲　钰　詹慧敏　蔡嘉政　谭肖玲　黎佩珊　黎静怡　戴燕红

主译简介

陈卓铭，三级教授，博士研究生导师，暨南大学附属第一医院康复科主任。亚太听力言语专业委员会（APSSLH）理事，中华医学会物理医学与康复学分会言语语言康复学组组长，广东省残疾人康复协会副会长。获广东省科技进步二等奖3项，广州市科技进步二等奖，广州市科技进步三等奖，中国康复医学会科技奖，中华医学科技奖，高等学校科学研究优秀成果奖科学技术进步二等奖。主编参编著作16种，包括《语言治疗学（第3版）》《特殊儿童的语言康复》《精神与认知康复》《言语治疗》等。

内容提要

　　本书引进自世界知名的 Thieme 出版社，由美国著名言语语言病理学专家 Ryan C. Branski 博士及 Sonja M. Molfenter 博士，联合众多权威专家共同编写。书中收集汇总了言语语言病理学众多经典案例，着重强调临床实践，针对大量真实病例，从临床病史和病情描述、评估和测试、诊断、治疗、结果、读者问答等多角度进行分析阐释，各病例末还专门总结了要点提示，帮助读者理清临床实践中的各个环节。本书通俗易懂，图文互参，不但对言语语言病理学从业人员有重要的指导意义，还可供康复学相关医师阅读参考。

原书编著者名单

原　著

Ryan C. Branski, PhD, CCC-SLP
Associate Professor
Department of Otolaryngology–Head and Neck Surgery and
Communicative Sciences and Disorders
NYU School of Medicine
Associate Director, NYU Voice Center
New York, New York

Sonja M. Molfenter, PhD, CCC-SLP
Assistant Professor
Department of Communicative Sciences and Disorders
New York University
School of Culture, Education and Human Development
New York, New York

参编者

Gemma Bailey, MHSc, S-LP, Reg. CASLPO
Speech-Language Pathologist
Hamilton Health Sciences
Regional Rehabilitation Centre
Hamilton, Ontario, Canada

Dana Battaglia, PhD, CCC-SLP
Assistant Professor and Department Chair
Department of Communication Sciences and Disorders
Adelphi University
Garden City, New York

Jenna Battipaglia, MS, CCC-SLP, TSSLD
Clinical Assistant Professor
Department of Communicative Sciences and Disorders Steinhardt School of Culture, Education, and Human Development
New York University

Risa Battino, MS, CCC-SLP
Speech-Language Pathologist
Montefiore Medical Center
Bronx, New York

Lisa M. Bedore, PhD
Professor and Chair
Department of Communication Sciences and Disorders, and
Director
Human Abilities in Bilingual Language Acquisition Laboratory (HABLA Lab)
Temple University
Philadelphia, Pennsylvania

Emily Berteau, BS (Hons)
Master's Student
School of Communication Science and Disorders
Florida State University
Tallahassee, Florida

Christie Block, MA, MS, CCC-SLP
Speech-Language Pathologist
New York Speech and Voice Lab
New York, New York

Annie Bradberry
Chair
International Stuttering Association

Nancy C. Brady
Associate Professor
Department of Speech Language Hearing Sciences
and Disorders
University of Kansas
Lawrence, Kansas

Susan Baker Brehm, PhD, CCC-SLP
Professor and Chair
Department of Speech Pathology and Audiology
College of Arts and Science
Miami University
Oxford, Ohio, and
Cincinnati Children's Hospital Medical Center
Cincinnati, Ohio

Alejandro E. Brice, PhD, CCC-SLP, ASHA Fellow
Professor
University of South Florida
St. Petersburg, Florida

Kelly A. Bridges, PhD, CCC-SLP
Clinical Assistant Professor
Director of Distance Education
Assistant Director of the M.S. Program
Department of Communicative Sciences and Disorders
Steinhardt School of Culture, Education, and Human
Development
New York University
New York, New York

Lisa D. Bunker, MS, CCC-SLP
Department of Communication Sciences and Disorders
University of Utah, and
Aphasia and Apraxia Research Program
VA Salt Lake City Health Care System
Salt Lake City, Utah

Paul W. Cascella
Associate Dean
San Jose State University
San Jose, CA

Jana Cason, DHS, OTR/L, FAOTA
Assistant Professor
Auerbach School of Occupational Therapy
Spaulding University
Louisville, Kentucky

Heather M. Clark, PhD
Associate Professor
Chair
Division of Speech Pathology
Department of Neurology
Mayo Clinic
Mayo Clinic College of Medicine
Rochester, Minnesota

Joanna Close, MS, CCC-SLP
Adjunct Clinical Supervisor
Pacific University
Forest Grove, Oregon

Ellen R. Cohn, CCC-SLP, ASHA Fellow
Professor
Department of Communication Science and Disorders
School of Health and Rehabilitation Sciences
University of Pittsburgh
Pittsburgh, Pennsylvania

Solaman J. Cooperson, PhD
University of Redlands
Redlands, California

Catherine J. Crowley, J.D., PhD
Professor of Practice
Teachers College
Columbia University
New York, New York

Barbara Culatta, PhD
Professor
Brigham Young University
Provo, Utah

James Curtis, MS, CCC-SLP, BCS-S
Laboratory for the Study of Upper Airway Dysfunction
Department of Biobehavioral Sciences
Teachers College
Columbia University
New York, New York

Sarah Diehl, MS, CF-SLP
Doctoral Student
Department of Hearing and Speech Sciences
Vanderbilt University Medical Center
Nashville, Tennessee

Amy L. Donaldson, PhD, CCC-SLP
Associate Professor
Department of Speech & Hearing Sciences
Portland State University
Portland, Oregon

Karen L. Drake, MA, CCC-SLP
Oregon Health Sciences University
Portland, Oregon

Megan Dunn Davison, PhD, CCC-SLP
Assistant Professor
Queens College
Flushing, New York

Kimberly A. Eichhorn, MS, CCC-SLP, ATP
Speech-Language Pathologist
Assistive Technology Professional
VA Pittsburgh Healthcare System
Pittsburgh, Pennsylvania

Erin Embry, MPA, MS/CCC-SLP
Associate Dean for Academic Operations
Clinical Assistant Professor
Department of Communicative Sciences and Disorders
Steinhardt School of Culture, Education, and Human Development
New York University
New York, New York

Kelly Farquharson, PhD, CCC-SLP
Associate Professor
Florida State University
Tallahassee, Florida

Christine Fiestas, PhD, CCC-SLP
Assistant Professor
Texas A&M University-Kingsville
Kingsville, Texas

Michael R Fraas, PhD, CCC-SLP
Associate Professor
Department of Communication Sciences and Disorders
Western Washington University
Bellingham, Washington

Jennifer C. Friberg, EdD, CCC-SLP, ASHA Fellow
Cross Endowed Chair in the Scholarship of Teaching and Learning
Associate Professor
Communication Sciences & Disorders
Illinois State University
Normal, Illinois

Dana Rissler Fritz, PhD, CCC-SLP
University of Missouri
Columbia, Missouri

Amy Fullerton, MA, CCC-SLP
Speech-Language Pathologist
Board Certified Specialist in Swallowing and Swallowing Disorders
UF Health Cancer Center
University of Florida
Gainseville, Florida

Jackie Gartner-Schmidt, PhD, CCC-SLP,
ASHA Fellow
Professor
Department of Otolaryngology
University of Pittsburgh, and Director
Speech-Language Pathology-Voice Division
Co-Director
University of Pittsburgh Voice Center
University of Pittsburgh Medical Center
Pittsburgh, Pennsylvania

Shirley Gherson, MA, CCC-SLP
Clinical Voice Specialist
Department of Otolaryngology-Head and Neck Surgery
New York University Voice Center
New York, New York

Amanda I. Gillespie, PhD
Assistant Professor
Emory University School of Medicine
Director
Speech Pathology
Co-Director
Emory Voice Center
Atlanta, Georgia

Jessie L. Ginsburg, MS, CCC-SLP
Director of Clinical Services
Pediatric Therapy Playhouse
Los Angeles, California

Lynn Marty Grames, MA, CCC-SLP
Speech-Language Pathologist
Cleft Palate and Craniofacial Institute
St. Louis Children's Hospital
St. Louis, Missouri and
Adjunct Instructor
Department of Communication Sciences and Disorders, and Center for Advanced Dental Education
Saint Louis University
St. Louis, Missouri

Michelle Gutmann, PhD, CCC-SLP
Clinical Associate Professor
Speech, Language, and Hearing Sciences
Purdue University
West Lafayette, Indiana

Christine Hagie
Associate Professor
San Jose State University
San Jose, California

Anna Eva Hallin, PhD
Postdoctoral Researcher
Speech-Language Pathologist
Karolinska Institute
Department of Clinical Sciences
Intervention and Technology
Division of Speech Language Pathology
Stockholm, Sweden

Alease M. Holden MS, CF-SLP
Speech-Language Pathologist
Spencertown, New York

Emily M. Homer, MA, CCC-SLP
Speech-Language Pathologist
Students Eat Safely, LLC
www.emilymhomer.com

Jessica E. Huber, PhD
Professor
Speech, Language, and Hearing Sciences
College of Health and Human Sciences

Interim Associate Vice Provost for Faculty
Affairs
Co-Director
Center for Research on Brain, Behavior, and
Neuro-Rehabilitation (CEREBBRAL)
Purdue University
West Lafayette, Indiana

Myra J. Huffman, MS
Speech-Language Pathologist
Department of Psychological and Brain
Sciences
University of Louisville
Louisville, Kentucky

Suzanne Hungerford, PhD, CCC-SLP
Professor
Graduate Coordinator
Communication Sciences and Disorders
SUNY Plattsburgh
Plattsburgh, New York

Lisa N. Kelchner, PhD, CCC-SLP, BCS-S, ASHA Fellow
Professor and Interim Chair
Department of Communication Sciences and
Disorders
University of Cincinnati, and
Cincinnati Children's Hospital Medical
Center
Cincinnati, Ohio

Debra L. Kerner, MS, CCC-SLP
Speech-Language Pathologist
McKinney, Texas

Shayne Kimble, MCD, CCC-SLP
Speech-Language Pathologist
Shriners Hospitals for Children
Houston, Texas

Kaitlin Lansford, PhD
Assistant Professor
School of Communication Science and
Disorders
Florida State University
Tallahassee, Florida

Brooke Leiman MA, CCC-SLP, BCS-F
Board Certified Specialist in Fluency
Disorders
Director of the Stuttering Clinic at National
Therapy Center
Bethesda, Maryland

Kerry Lenius, PhD, CCC-SLP
Clinical Chief of Speech-Language Pathology
Clinical Assistant Professor
Department of Speech, Language and
Hearing Sciences
College of Public Health and Health
Professions
University of Florida
Gainesville, Florida

Nancy Lewis, MS, CCC-SLP; MPA
Speech-Language Pathologist
Centers for Disease Control and Prevention's
Act Early Ambassador to New Mexico
University of New Mexico
Albuquerque, New Mexico

Savannah P. Little, MS
Illinois State University
Normal, Illinois

Kenneth J. Logan, PhD, CCC-SLP
Associate Professor
Director of Graduate Programs
Department of Speech, Language, and
Hearing Sciences
University of Florida
Gainesville, Florida

Amy P. Lustig, PhD, MPH, CCC-SLP
Adjunct Professor
University of Pittsburgh
Pittsburgh, Pennsylvania, and
Clinical Educator, Speech-Language
Pathology
Salus University
Elkins Park, Pennsylvania

Donald MacLennan, MA, CCC-SLP
Minneapolis VA Health Care System
Minneapolis, Minnesota

Toby Macrae, PhD, CCC-SLP
Associate Professor
School of Communication Science and
Disorders
Florida State University
Tallahassee, Florida

Robert Maxwell, MA, CCC-SLP
Regional Clinical Director
Genesis Rehab Services

Eastern Territory/ Region 1 (Virginia)
Fredericksburg, Virginia

Lisa McQueen, MHSc, SLP (C) Reg. CASLPO
Speech-Language Pathologist
Status Only Lecturer
University of Toronto
Toronto, Ontario, Canada

Jyutika Mehta, PhD, CCC-SLP, FHEA
Associate Professor
Director
Neurophysiology Lab
Department of Communication Sciences and
Disorders
Texas Woman's University
Denton, Texas

Carolyn B. Mervis, PhD
Distinguished University Scholar and
Professor
Department of Psychological and Brain
Sciences
University of Louisville
Louisville, Kentucky

Katie Micco, MS, CCC-SLP
Clinical Instructor
Department of Speech-Language Pathology
Duquesne University
Pittsburgh, PA

Jamila Minga, PhD, CCC-SLP
Assistant Professor
North Carolina Central University
Durham, North Carolina

Darlene Mariel Monda, MS, CCC-SLP
Clinical Assistant Professor
Department of Communicative Sciences and
Disorders
New York University
New York, New York

Katie C. Miranda, MCD, CCC-SLP
St. Tammany Parish Schools
Covington, Louisiana

Alicia Morrison-Fagbemi, MA, CCC-SLP
Assistant Clinical Professor
Department of Communicative Sciences and
Disorders
New York University
New York, New York

Kristen E. Muller, MA, CCC-SLP
Doctoral Candidate
Department of Speech Language Hearing
Sciences and Disorders
University of Kansas
Lawrence, Kansas

Joseph Murray, PhD, CCC-SLP, BCS-S
Chief
Audiology/Speech Pathology Service
VA Ann Arbor Healthcare System
Ann Arbor, Michigan

Leslie Nitta, MS, CCC-SLP
Speech-Language Pathologist
Los Angeles, California

Billy T. Ogletree, PhD
Professor and Head
Department of Communication Sciences and
Disorders
Western Carolina University
Cullowhee, North Carolina

José A. Ortiz, MA, CCC-SLP
Clinical Assistant Professor
LEAP Preschool Director
Department of Hearing and Speech Sciences
University of Maryland
College Park, Maryland

Mohamed (Mo) Oshalla, MHSc, SLP (C)
London-Elgin Speech & Language Services
St. Thomas, Ontario, Canada

Susan Ostrowski, MA, MS
Speech-Language Pathologist
Co-Founder, Reading2Connect
www.reading2connect.com

Megan S. Overby, PhD, CCC-SLP
Associate Professor
Department of Speech-Language Pathology
Duquesne University
Pittsburgh, PA

Elizabeth D. Peña, PhD, CCC-SLP
Professor
University of California, Irvine
Irvine, California

Maria Reséndiz, PhD, CCC-SLP
Assistant Professor

Texas State University
San Marcos, Texas

Michael de Riesthal, PhD, CCC-SLP
Associate Professor
Department of Hearing and Speech Sciences
Vanderbilt University Medical Center
Nashville, Tennessee

Luis F. Riquelme, PhD, CCC-SLP, BCS-S
Board Certified Specialist in Swallowing and
Swallowing Disorders
Fellow, American Speech-Language-Hearing
Association
Associate Professor, Speech-Language
Pathology
Program Director, Certificate in Pediatric
Dysphagia
New York Medical College
Valhalla, New York, and
Director, Center for Swallowing and Speech-
Language Pathology
New York-Presbyterian Brooklyn Methodist
Hospital
Brooklyn, New York

Abigail L. Rosenberg, MA, CCC-SLP
Speech-Language Pathologist
Children's Hospital of Philadelphia
Philadelphia, Pennsylvania

Ian Roth, MHSc, SLP(C) Reg. CASLPO
Speech-Language Pathologist
University Health Network
Toronto, Ontario, Canada

Jennifer St. Clair, MS, CCC-SLP
Director of Clinical Education
Department of Communication Sciences and
Disorders
Loma Linda University
Loma Linda, California

Jill E. Senner, PhD, CCC-SLP
Owner/Director
Technology and Language Center, Inc.
Oak Park, Illinois

Jordanna M. Sevitz, MS, CCC-SLP, TSSLD-BEA
Teachers College
Columbia University
New York, New York

Casey Sheren, MS
Speech-Language Pathology Clinical Fellow
Mount Sinai Hospital
Mount Sinai Health System
New York, New York

Lisa A. Simpson
Assistant Professor
San Jose State University
San Jose, California

Sarah Smits-Bandstra, PhD, SLP, Reg. CASLPO
Adjunct Professor
Department of Psychology
Social Science Centre, Room 7418
Western University
London, Ontario, Canada

Chelsea Sommer, MS
Speech-Language Fellow
Teachers College
Columbia University
New York, New York

Sarah Strathy-Alie, MHSc SLP (C)
Private Practice
Toronto, Ontario, Canada

Jamie Swartz, BS
University of South Florida
St. Petersburg, Florida

Casey Taliancich Klinger, PhD
Our Lady of the Lake University
San Antonio, Texas

Tina M. Tan, MS, CCC-SLP, BCS-S
Supervisor, Pediatric Speech and Swallowing
Services
Department of Speech-Language Pathology
Rusk Rehabilitation
NYU Langone Health
Hassenfeld Children's Hospital
New York, New York

John A. Tetnowski, PhD, CCC-SLP, BCS-F, ASHA-F
Ben Blanco/BoRSF Endowed Professor in
Communicative Disorders
Graduate Coordinator for Ph.D. Program in
Applied Language and Speech Sciences
Board Certified Fluency Specialist and

Mentor
Special Interest Group in Fluency and
Fluency Disorders (SIG4) Coordinator
Fellow, American Speech-Language-Hearing
Association
University of Louisiana at Lafayette
Lafayette, Louisiana

Amber Thiessen, PhD, CCC-SLP
Department of Communication Sciences and
Disorders
University of Houston
Houston, Texa

Sara J. Toline, MA, CCC-SLP
Clinical Specialist
Cochlear Implant Center
Rusk Rehabilitation
NYU Langone Medical Center
New York, New York

Mitchell Trichon, PhD, CCC/SLP
Assistant Professor
Department of Communication Sciences and
Disorders
La Salle University
Philadelphia, Pennsylvania

Michelle S. Troche, PhD, CCC-SLP
Associate Professor
Speech-Language Pathology Program, and
Director
Laboratory for the Study of Upper Airway
Dysfunction
Department of Biobehavioral Sciences
Teachers College
Columbia University
New York, New York

Shelley L. Velleman, PhD, CCC-SLP
Chair and Professor
Communication Sciences and Disorders
University of Vermont
Burlington, Vermont

Judy P. Walker, PhD, CCC-SLP
Associate Professor
Coordinator, Speech Therapy Telepractice
Program
Department of Communication Sciences and
Disorders
University of Maine
Orono, Maine

Julie L. Wambaugh, PhD, CCC-SLP
Professor
Department of Communication Sciences and
Disorders
University of Utah, and
Research Career Scientist
VA Salt Lake City Healthcare System
Salt Lake City, Utah

Barbara D. Weinrich, PhD, CCC-SLP, ASHA Fellow
Professor Emerita and Research Associate
Department of Speech Pathology and
Audiology
College of Arts & Science
Miami University
Oxford, Ohio, and
Cincinnati Children's Hospital Medical
Center
Cincinnati, Ohio

Carol Westby, PhD
Consultant
Bilingual Multicultural Services
Albuquerque, New Mexico

Shane Wilmoth
Regional Adult Chapter Coordinator
National Stuttering Association

Erin Yeates
Speech-Language Pathologist
University Health Network
Toronto Rehabilitation Institute
Toronto, Ontario, Canada

Aaron Ziegler, PhD, CCC-SLP
Assistant Professor
NW Clinic for Voice & Swallowing
Department of Otolaryngology-Head & Neck
Surgery
Oregon Health and Science University, and
Co-Founder, Co-President
PhoRTE LLC
Portland, Oregon

Jarrod B. Zinser, MS, CCC-SLP
School of Communication Science &
Disorders
Florida State University
Tallahassee, Florida

译者前言

"终于看到了一个语言障碍患者走向正常生活；终于看到了一个认知障碍患者走向正常生活；终于看到有一项语言障碍的课题结题；终于看到语言障碍诊治仪 ZM2.1 投入应用；终于看到认知障碍诊治仪 3.1 的问世；终于获得广东省及国家重点项目；终于站到了科技成果奖的领奖台；终于看到每天有一万人使用语言认知等系列成果……一步一回头，看着留下的脚印，怀着年轻时的憧憬，坚持不懈地走着……"

以上是我每届学习班及编写作品的开场白。文字架构一样，但内涵不同，印证了我们 30 多年的历程。人生的路途各有各精彩，我朝着言语语言康复的方向不懈前行，一走就走了 30 多年，道路方向很明确。其中的关键词有"言语""语言""行为""情绪""认知""康复"。

回首这条崎岖不平的"言语语言康复"之路，常常会陷入对案例中患者的特殊人生的思考。回放些许片段给各位：在我们学校（暨南大学）有个 20 多岁、身高 1.8 米的男子，但他至今只能鹦鹉学舌地说几个字，他的母亲总是牵着他走在校园的小路上，并尽量让他干一些家务活；还有一个自闭症少年，他曾经突然用拳打向我，让我终生难忘，今年春节他母亲给我寄来他在自己开的"点心店"亲手做的年糕，我回复她"挺甜的"，这份甜吃在嘴里，甜在我及他全家人的心里；还有一个智力低下儿童，他在我的门诊就诊了 8 年，我见证了他从进特殊学校到进正常小学接受融合教育，从在班上无法排名，到倒数第 1 名，到接近倒数第 2 名，到现在倒数第 3 名或第 4 名……；这是多么了不起的成绩，如果你能理解我所说的这种进步，你可以再看看这本 *Speech-Language Pathology Casebook*（《言语语言康复案例集》）。

鉴于我国言语语言康复起步较晚，在该领域的发展与国际尚有差距，但是随着国内对该领域越来越重视，语言交流障碍的人群也越来越多。10 多年前，国内更多地思考言语语言障碍患者的诊断检查，也就是更多去思考生物模式。但是失语症、自闭症等患者不是为诊断而来，而是更迫切需要知道如何康复，特别是心理行为治疗。本书是一部实用性很强的案例分析汇编，有很好的借鉴价值。我们组织国内专家共同翻译了这部国际经典参考书，希望能更好地推动我国言语语言治疗与国外接轨，也给我国康复及语言治疗专业提供优秀的参考素材。

本书涉及儿童和成人的沟通、语音和吞咽障碍，为读者提供了丰富多彩的叙述，强调语言障碍的临床干预是一种以科学为基础的艺术形式。循证评估和治疗涵盖各种环境，包括住院医疗、门诊和熟练护理机构、家庭、学校、社区和私人诊所。书中 80 个遵循标准化格式的案例包含了跨越年龄的各种先天性和后天性疾病。每个案例包括临床病史和病情描述、评估和测试、诊断、治疗、结果、读者问答、推荐阅读和参考文献。凭借从业者宝贵的第一手见解，这种独特的资源提高了开发有效的、患者知情的干预措施的能力。本书主要有以下四大亮点。

其一，对问题的讨论来源于典型的课程，但越来越与当代临床实践相关，从远程练习到跨性别语音矫正。

其二，与腭裂、自闭症谱系障碍、口吃、双语语言延迟、严重智力残疾、先天性脑畸形、胎儿酒精谱系障碍、失用症等相关的儿童语言相关问题。

其三，影响成人语言能力的疾病，如创伤性脑损伤、肌萎缩侧索硬化症、右半球紊乱、脑卒中、自身免疫性脑病、痴呆、帕金森病、自闭症等。

其四，视频、音频、项目要点和方便的对比图表提供了额外的亮点。

翻译过程中我们明显感觉到了中美文化和技术上的差异。如对书中的案例介绍为"患者"还是"客户"？考虑中国国情及本书面向的人群，"客户"更容易引起歧义与争论，因此我们最终选择将每个案例介绍为"患者"。还有书名的翻译，直译为"言语语言病理学案例集"，但书中的主要内容侧重于采用心理语言和行为手段，而较少提及病理情况。考虑本书是对言语功能障碍细致的分析及康复，经各位译者共同讨论，结合国内读者的心理需求及对病变的认知，最后确定书名为"言语语言康复案例集"。

本书的出版要感谢国家及广东省、广州市政府科研部门的大力支持，特别是国家重点研发计划资助（2020YFC2005700）、广东省重点领域研发计划资助（2019B030335001）、广州市重点研发计划（202103000027）的大力资助。他们以各种方式推动言语语言康复，他们的共同努力使很多言语语言障碍者融入社会，进入正常生活。

感谢本书译者的辛勤付出。感谢副主译中山大学附属第六医院康复医疗中心徐洋凡主管治疗师，她是语言治疗专业硕士毕业，曾赴美国OHIO大学沟通交流与障碍系学习1年，深知两国语言治疗的差异。感谢副主译暨南大学口腔医院的李辉院长及涂博副主任医师、康复科王文献主任，他们在成人的听觉、言语、语言的诊治方面做了大量的工作。感谢副主译深圳龙华区妇幼保健院的吴传安院长、儿童神经康复尹晓娜主任、洪晓冰治疗师，以及他们儿童保健及神经康复团队70多人的共同努力。感谢副主译中山火炬开发区医院潘銮昭副院长的翻译及协助组织，以及儿童保健科的邓成主任，他有20年儿童语言行为保健的丰富经验。感谢河北省巨鹿县医院赵玉香主任医师及王树杰，深圳市龙岗中心医院康复科韩冰主任医师，湖南衡阳市中心医院全交界副主任医师，中山市中医院神经康复科曾静副主任医师，广州天河区妇幼保健院林舜娜副主任医师，广东药科大学附属第一医院康复科杨杏萍副主任医师，普宁人民医院耳鼻喉科江泽斌副主任医师，山东省北大医疗鲁中医院杨栋栋，湖南省湘南学院附属医院杨柳，广州医科大学附属第二医院周钰，广州市番禺区妇幼保健院何敏斯，茂名市人民医院康复科李金萍，南方医科大学南方医院康复科陈玉美，广州医科大学附属第五医院康复科梁俊杰，中山市人民医院黎佩珊，暨南大学附属第一医院康复科汤惠芳主任、麦王向、戴燕红、康子浩医师及沈龙彬治疗师，以及谭肖玲、叶乐乐、钟影雪三位护士长。

感谢我的博士研究生严国强、程文文、崔丽燕，硕士研究生黄巧、李婉婷、蒲钰、王艺、尚亚茹、黎静怡、钟丽平、韩懿晶，我的科研助理钟铭丽、陈洁萍的辛勤付出。在此，还要特别鸣谢暨南大学外国语学院副院长梁瑞清教授，他对本书的翻译提供了专业指导，并组织其研究团队朱渔钰、蔡嘉政、王莉、陈有为、李青青、詹慧敏、吴悯妍、庞雨甜对全书的译文进行了认真校对。在此一并表示衷心的感谢！

尽管我们在翻译过程中竭力忠于原著，但由于译者较多，各自翻译风格有所不同，加之中外术语规范及语言表述习惯有所差异，中文翻译版中可能存在一定的疏漏及欠妥之处，敬请各位同道及广大读者海涵斧正。

暨南大学附属第一医院　陈卓铭

原 书 序

在最近的一次毕业典礼上，一位演讲者滔滔不绝地谈到了个人故事对了解一个人的重要性和理解不同群体的人给我们社会带来的丰富性。他认为，我们可能还没有意识到，尽管这些个人"代表"着群体，但他们每个人都有自己的故事和过去，应当被视为一个人，而不仅仅作为一个群体的成员，除非我们真正听到这些人的故事。根据演讲者的说法，关注这些个人的故事能让我们超越标签或刻板印象，更好地理解这个人是如何成为今天这样的。

这次演讲的信息让我想到了个人故事对于我们理解那些患有交流障碍的人的重要性。回到我的学生时代，我想起教科书或讲座的内容真的变得生动是当我们能够读到或听到一些口吃、失用症或失语症、听力障碍及经历过任何会影响交流或吞咽情况的人的个人故事。大多数患者都会很明显地表现出某种疾病的一部分而不是全部特征，因此临床医生需要非常熟练地开发针对每个患者的治疗方法。

本书的两位著者都是非常有资历的研究人员和临床医生。Branski 博士是纽约大学的副教授，也是一名言语语言病理学家，拥有丰富的临床和研究经验，并发表了大量的论文，尤其是在嗓音障碍领域。Molfenter 博士进行的研究旨在增加对正常和异常吞咽的生理学理解，并告知和影响一线的临床实践。本书介绍了 80 个案例研究，将案例中的个人故事讲述得十分生动。通过邀请临床专家分享与他们合作过的客户的案例来进行研究。每个故事都描述了患者的病史，以及这些个人故事是如何指导临床医生制订针对性的评估和干预方法，以及这个过程的结果。在这样的过程中，著者不仅描述了成功的案例，还描述了这些专家和他们的患者所遇到的挑战。本书使读者可以通过一系列问题积极参与案例研究，并提供进一步阅读资料的建议。在这这本书的许多案例研究中，你会读到一个从 5 岁起就口吃的成年人的故事，他希望再得到一次治疗的机会，这样他就不再受到歧视，而且会更积极地参与到自助组织中。你还会读到一个复杂的故事，关于一个患有自闭症谱系障碍且在发展和维持友谊方面有困难的大学生，他如何作为一个治疗的主动决策者，甚至包括终止治疗的选择。还有一个 90 岁老人的故事，在生命的尽头仍在吞咽和生活质量之间挣扎。你还会读到一个 8 岁发音困难的女孩的故事，她通过她的临床医生创造性的方法来提高发音技巧，从而恢复更好的嗓音质量。这些和许多其他案例的研究，将帮助学生和临床医生识别背后的交流或吞咽障碍。每一个案例研究，即使是很简短的篇幅，也可以使新手和有经验的临床医生认识到倾听每个患者故事的重要性，以及如何结合这些故事来帮助开发特定的患者干预和改善治疗结果。事实上，阅读这 80 个案例可以让读者了解到对交流和吞咽障碍的干预是"基于科学的临床艺术"这一认识。

本书汇编了如此多的案例研究，展示了不同的交流和吞咽障碍在儿童和成人中的不同特定表现，还展现了临床医生如何与他们的患者合作，制订个性化的评估和治疗计划，以及这种伙伴关系将如何丰富治疗过程。因此，教师和临床医生都会发现本书是一部非常有价值的教学和临床资源。

Luc De Nil, PhD

University of Toronto

Professor, Speech-Language Pathology

Acting Dean, School of Graduate Studies

Acting Vice-Provost, Graduate Research and Education

ASHA Fellow

原书前言

亚伯拉罕·马斯洛曾说："如果您仅有的工具是锤子，那么将所有东西都当作钉子来对待是很诱人的。"沿着这个思路，每个沟通障碍患者都需要独特的问题解决方案和洞察力。虽然说教本身很有价值，但真正的临床技能需要将理论应用于实际工作中。本书旨在鼓励医学生和临床医生在管理复杂沟通障碍时寻找和使用他们的整个工具包，而不仅仅是一把锤子。更简单地说，我们试图提供临床背景以鼓励独立临床决策技能的发展。

大量案例的构建可能会面临很多争议。当然，我们也不可能就所采用的诊断和治疗达成共识。无论如何，编写本书的目的是鼓励临床医生对陌生概念持开放态度，并欣赏应对挑战及临床难题的多样性。尽管如此，本书在言语语言病理学专业范围内的广泛性方面存在令人印象深刻的完整性的缺乏。一个完全全面的案例书是不可能的。无论如何，我们希望你喜欢并从这个汇编中学到东西。

献　词

我非常幸运，能在职业生涯中遇到很多导师。特别感谢 Dr. Thomas Murry，他给了我第一份工作，并一直是我的重要顾问、同事和朋友。还要感谢 Sarah 和 TR 对我的包容。最后，本书是专门为学生们准备的。愿大家能够享受这一学习之旅！

Ryan C. Branski, PhD, CCC-SLP

言语语言病理学是一门有益且令人兴奋的学科，它使临床医生能够在整个生命周期和各种环境中与他人一起工作。很高兴有机会通过我的教学、研究及本书为未来的临床医生们做出贡献。我要感谢纽约大学沟通科学与障碍系的教职员工，尤其是 Dr. Christina Reuterskiöld 的支持和指导。最后，我要感谢为本书提供精彩案例的贡献者。

Sonja Molfenter, PhD, CCC-SLP

目　录

先天性腭裂儿童的目标是言语完全正常

Completely Normal Speech Is the Goal for a Child Born with Cleft Palate

Lynn Marty Grames **著**

徐洋凡 **译** 洪晓冰 **校**

【概述】

我们这个领域很少讲到的一个重要概念是，对于神经系统正常的先天性腭裂儿童，治疗的目标是使其获得正常的言语能力。一些儿童可能会表现出需要治疗的适应不良/代偿性发音障碍，而这些适应不良/代偿性发音障碍是一种适应不良运动模式，需要专门的语音训练。将新的运动模式应用于日益复杂的运动和语言功能的运动学习方法，是促进向自发言语发展的有效手段。

【临床病史和病情描述】

MC 是一个足月出生的男婴，有继发性腭裂（在切口孔后）和小颌畸形（小且下颌骨向后移位），符合 Pierre Robin 序列征（Pierre Robin sequence，PRS）初步诊断。此外，他还存在四肢和手指的轻度短缩，髋关节发育不良，及与脑室增大相关的大头畸形。他的母亲也有先天性腭裂，基因评估没有得出特定的诊断，说明 MC 的腭裂可能是一种特殊的表现。MC 出生时由于小颌症引起呼吸窘迫和喂食困难而被收住到新生儿重症监护治疗病房（neonatal intensive care unit，NICU）。NICU 采取了保守的治疗方法来稳定他的气道。保守治疗均失败后，MC 在 4 周大时接受了 15mm 的双侧下颌撑开术。这种手术的目的是逐渐延长下颌骨，从而增加舌根和后咽壁之间的空间。MC 术后气道明显改善，2 月龄时出院，在家经口、鼻胃管联合喂养。1

个月后，他逐渐从经鼻胃管喂养过渡到完全经口喂养。他在家中接受了早期干预服务。

MC 在 4 月龄时，接受了双侧鼓膜切开术并放置通气管以治疗慢性中耳积液。12 月龄时的多导睡眠图（睡眠研究）显示正常。接近 15 月龄时 MC 接受了双瓣腭成形术和双侧鼓膜切开及插管手术。

【临床测试】

21 月龄时的评估结果如下：

- 听力正常。
- 口腔机制检查发现腭完整，无瘘的征象。
- 音质、音高和音强均在正常范围内。
- 由于音素库有限，共鸣情况难以评估，但观察到显著异常的鼻部排气。
- 通过观察和模仿进行的构音评估发现了有限的语音库。语音库中的辅音包括 [m, h, ŋ]、鼻塞音和前后鼻擦音。鼻塞音和鼻擦音是适应性失调的发音，被认为具有代偿性，其特征是在讲话时声门上气流被迫通过鼻子，经常被用来替代口腔共鸣辅音。元音/双元音仅限于 [ɑ, æ, ʌ, ɛ, ɔ, ɑʊ]。MC 的自发言语的可理解性较差，他的母亲对此表示非常担忧。
- 对语言技能进行非正式评估。MC 使用多音节但难以理解的话语来请求、否定和评论。他表现出与年龄相符的社交和行为。在新生儿医学团队对他开展随访评估前的不到 2 个月时（实际年龄19月龄）对他使用了Bayley婴儿发育量表第3版（表1-1）。

【读者问答】

1. MC的腭咽部功能正常吗？

(1) 否。

(2) 是。

(3) 现在下结论还为时过早。

答案：(3) 正确。目前他的语音库只包括不需要关闭腭咽便可发出的元音和辅音。当他的语音库中增加了口腔共鸣辅音时，将会为我们提供了解腭咽功能的有用信息。(1) 和 (2) 不正确。在他的语音库增加可以尝试发出口腔共鸣的辅音之前，腭咽功能情况都是未知的。发 [m, ŋ] 音时腭咽应该保持开放。发塞音和塞擦音时腭咽不会关闭，因为这些辅音是空气被迫通过鼻子时发出的。在发育早期没有高压辅音和腭咽关闭的情况下，可以发出元音和双元音。

2. 治疗的临床医生可以考虑先教 [p, b]，以便更多地了解他的腭咽功能。如果元音库有限，那么是否先教 [p, b] 会增加他的可理解性？

(1) 否。

(2) 是。

(3) 现在下结论还为时过早。

答案：(1) 可能正确。元音库有限，即便他后面会发 [p, b]，还是会限制他能清楚地说出的单词的数量。考虑到他现在会发的元音 / 双元音，即

使他用 [p, b]，下面的功能词他说出来可能仍然令人无法理解：bye，baby，boat，boot，bite，big，pee，poo，pig，piece。

(3) 可能正确。治疗过程可能为这个复杂的问题提供答案。

(2) 不正确。正如有限的辅音库会限制可理解性一样，有限的元音库也会限制可理解性。有了一个完整的元音库，一旦我们开始添加辅音，我们就可以扩大孩子能说出的令人可理解的单词的数量。

3. 存在与腭裂相关的发音障碍的儿童出现有限元音库不是典型的现象。为什么这个孩子的元音库有限？

(1) 他有失用症。

(2) 他有构音障碍。

(3) 他通过保持舌根后抬来维持塞音和塞擦音的使用。

(4) 以上任何一项。

答案：(4) 正确。只有治疗进展才能决定哪个答案是正确的。考虑到他有心室增大的病史和暂时独特的遗传诊断，我们必须警惕可能的神经系统疾病，如失用症或构音障碍。他接受了下颌骨牵张手术，虽然这种手术会导致下牙槽神经被伸展或切断，但是并没有由于这种手术引起言语发音障碍的报道。他还有中耳积液的病史，这可能意味着他在言语和语言学习的关键时期存在传导性听力损失。

【障碍描述和推荐治疗方法】

鉴于他拥有正常的听力、认知、语言表达和接受能力，治疗以假设他存在言语动作学习障碍开始。不适应的鼻塞音和擦音为该障碍的特征，这些音很可能在腭裂修复之前就进入了他的语音库，然后被适应性地以具有语言意义的方式使用。然而考虑到他的脑积水和双侧下颌骨牵张史，他可能存在运动言语方面问题，如果存在失用症 / 构音障碍的话，随着治疗的进展这些特征会变得明显。

应该使用运动学习的治疗方法。元音是最初的治疗目标，一旦辅音被增加进入语音库，就可以提高语言的可理解性。使用这种高度结构化的治疗方法，孩子必须学会以结构化的方式模仿治疗师。另

表1-1　MC的语言能力评估之前的发展测试

Bayley 婴儿发育量表第3版（实际年龄19月龄）	
认知总分 =100	
认知量表分数 =10	年龄当量 =19月龄
语言综合分数 =109	
接受量表分数 =10	年龄当量 =19月龄
表达量表总分 =13	年龄当量 =24月龄
运动综合分数 =91	
精细运动量表分数 =12	年龄当量 =23月龄
粗大运动量表分数 =5	年龄当量 =14月龄

外，孩子享受治疗也是治疗成功的关键。"薯头先生"或任何有很多部件的玩具或物品，都是结构化模仿方法的有效工具。例如，递给 MC "薯头先生"的身体，并指示其模仿治疗师举手的动作。当他没有按指令做的时候，治疗师手把手地向他展示命令所要求的东西，当他这么做时（在帮助下），他就能得到"薯头先生"的一个部分（如眼睛），同时给予热情的赞扬。重复这个过程，直到 MC 能够独立模仿。他只用了几分钟就适应了模仿—奖励模式。临床医生迅速地从粗大运动过渡到发声运动再到口型塑造，在这一点上开始指导元音发声。根据需要使用触觉辅助来塑造口型，每个音素的运动模式，元音或辅音，都被赋予一个新的"名字"。例如，[i] 是"微笑"的声音，[o] 是"惊喜"的声音，[ɔ] 是"可爱小狗"的声音，和 [aʊ] 是"用锤子敲拇指"的声音。

MC 的元音库迅速增加，似乎不再有运动语音成分的存在。治疗采用运动学习的方法来产生辅音。口腔共鸣辅音是了解腭咽闭合功能所必不可少的信息，其中 [p，b]（我们称之为"安静和嘈杂的唇音"）是第一个辅音目标。[p，b] 发音靠前，容易观察，发展较早。MC 有限的辅音库包括 [m]，一个双唇辅音可以用来引导出其他音。在 MC 的例子中，[b] 是通过教他堵住鼻子重复发 [ma] 而教会的。一旦 [b] 可以独立发出，[p] 就通过低语 [b] 来教学。对每个单独的音进行多次快速发音生成，建立运动模式。运动模式一旦建立，就会以越来越复杂的模式进行练习，因而成为习惯，进而被轻松用于快速言语。图 1-1 显示了治疗进展。然而，治疗过程中的一些步骤是重叠的，因此，一旦一个运动模式被确立，该技能就会在多个层面同时运用（图 1-2）。许多早期的工作是在模仿中完成的，没有图片或物体来建立运动模式。图片或物体的增加使任务从模仿转变为单词检索，如果理想的运动模式没有很好地建立起来，那么具有正常语言功能的儿童可能很快就会陷入不良运动模式。

在连续成功地模仿了所有音节的位置后，不再让 MC 堵住鼻子发音。如果他在不堵住鼻子的情况下恢复成了鼻音化的 [p，b]，那很明显，MC 是由于腭咽闭合障碍，这种失真在本质上是被迫的，他

会被推荐去做腭咽成像研究和治疗。然而，MC 能够在 [p，b] 上保持良好的爆破，而没有出现鼻音化、鼻部排气、乱流或表情奇怪。这一观察结果有力地表明，他具有正常的腭咽功能，但尚未学会适当地使用腭咽。就像儿童使用其他发音器官可能需要教导，如舌头和嘴唇在发声中的使用，儿童使用腭咽部也可能需要教导。

虽然每个治疗过程有一个简短部分是专门用来教导各种独立的辅音，每次治疗主要集中在一个位置的发音。当 [p，b] 在自发语言中良好建立时，我们把注意力转向了齿舌音处，首先教 [n] 的发音，然后在此基础上堵住鼻子用 [n] 来教 [d]，再然后是通过低声说 [d] 来刺激发出 [t]。这些齿舌音辅音通过音节和单词模仿等方式得到提升，其学习过程与 [p，b] 相同。[s，z] 的发音是下一个需要解决的问题，接下来是 [f，v]，其次是 [ʃ，tʃ，dʒ]。由于多种医疗问题和患儿的家庭日程冲突，他较难坚持完成每周的出勤治疗。因而在每次治疗之后的家务过程中，通过简单的家庭实践活动可以很容易地完成上述练习，并且后续跟进效果非常好。

【结果】

MC 在实际年龄 5 岁 8 个月时，也就是开始上幼儿园的前 1 周时，以良好的语音可理解性结束了治疗。他总共接受了 56 次个体化训练，其中大部分训练时长为 1h。他在最后一次训练中使用 Goldman-Fristoe 发音 -2 测试的发音测试得到以下分数：

- 原始分数：2 分
- 标准分数：109 分
- 使用 95% 置信区间的标准评分预测范围：102～116 分
- 百分分数：67
- 等价年龄：6 岁 3 个月

自发语音采样显示语言技能没有问题。音质、音高和音强都在正常范围内。共鸣在正常范围内。治疗结束后，MC 在学校的速成班中表现出色。他参加体育活动，社交活动也很好。没有进一步的关于言语产生的问题，也没有进一步的腭咽使用问题的征象。他的腭裂团队计划定期对他进行随访，直到面部发育完全。

单独训练（100 个连续的正确发音）		用单个单词进行问题回答		完成简单句或模仿
音节模仿（CV、VC、VCV）		图片或实物命名		自发表达
单词模仿（没有图片或实物）		短语模仿		倾听自发表达

▲ 图 1-1　一个辅音或谐音对的运动学习过程，即从最初独立的运动模式教学，经过越来越复杂的运动和语言水平，过渡到自发的言语

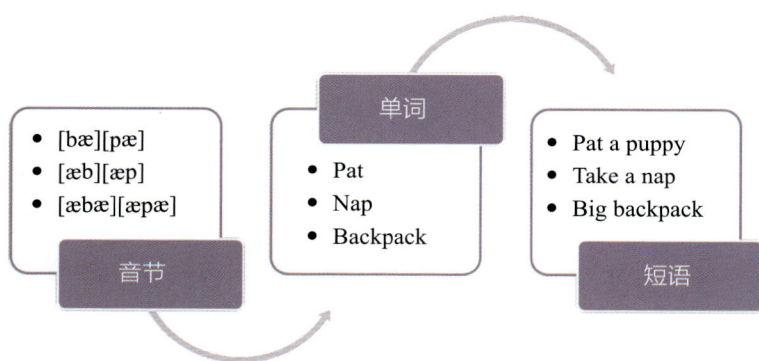

- [bæ][pæ]
- [æb][æp]
- [æbæ][æpæ]

音节

单词

- Pat
- Nap
- Backpack

短语

- Pat a puppy
- Take a nap
- Big backpack

◀ 图 1-2　按照顺序模仿音节、单词、短语的过程，将目标辅音的复杂性提升到一个新的层次只有在最简单的层次上正确地产生目标时，这才有价值。如果目标运动模式不能在更简单的水平上准确地产生，那么尝试更复杂的水平是没有价值的

要点

- 对于出生时神经正常、伴或不伴唇裂或其他口腔结构异常的腭裂儿童来说，正常的言语能力是可能的，也是可以预期的。
- 讲话时鼻腔空气逸出可能是发音或腭咽功能障碍的一种表现。必须做出这种区分，以提供适当的处理。
- 对于表现出异常或适应不良发音运动模式的孩子，运动学习方法可以是一种有效的治疗方案。

推荐阅读

[1] Peterson-Falzone SJ, Trost-Cardamone J, Karnell MP, Hardin-Jones MA. The Clinician's Guide to Treating Cleft Palate Speech. 2nd ed. St. Louis, MO: Elsevier; 2016

[2] Zajac DJ, Vallino LD. Evaluation and Management of Cleft Lip and Palate: A Developmental Perspective. San Diego, CA: Plural Publishing; 2016

[3] Hardin-Jones MA, Chapman KL, Scherer NJ. Children with Cleft Lip and Palate: A Parent's Guide to Early Speech-Language Development and Treatment. Bethesda, MD: Woodbine House; 2015

学前儿童语言流利性的评估和治疗
Assessment and Treatment of Preschool Fluency

Sarah Smits-Bandstra 著

潘銮昭 译 陈玉美 徐洋凡 校

【概述】

J 是一个 4 岁 1 个月的男孩,他在另一个中心接受了 17 个月的口吃治疗,但是他的父母认为治疗并不成功,因此 J 被推荐进行流利性干预。他的父母很愿意也有能力让 J 参与这项治疗。

【临床病史和病情描述】

值得注意的是,在分娩前和大约 2h 的产后新生儿监护过程中,J 曾出现胎心音消失。2 岁半时,J 在接种百日咳疫苗后,曾出现肌阵挛发作。他的家族没有口吃、言语或语言障碍的病史。除粗大运动技能外,J 的总体发育、言语和语言能力情况和大多数孩子类似。他接受每周 1h 的理疗,持续 6 周。大约 6 个月前,结束了对他的治疗。J 的身心健康,没有明显的病史和外伤史。转诊后 1 个月内,J 通过了听力检查。

J 和父母及 8 个月大的弟弟一起生活,他和弟弟相处得很好。英语是家里唯一使用的语言。父母认为 J 是一个聪明伶俐、想象丰富、无忧无虑的孩子。4 个月前,他开始参加每周 3 天的学龄前教育。他每周也参加体操、钢琴课和游泳课。大约 18 个月大时,J 开始出现口吃现象。在 2 岁半到 4 岁期间,他接受了临床医生指导的口吃治疗(在治疗过程中,他的父母没有接受培训)。由于 J 的口吃情况改善不明显,他的父母寻求其他治疗方案。

【临床测试】

评估包括患儿口吃的病史,对其父母和幼儿园教师的访谈、家庭录像、观察亲子互动及诊所访问。他的父母还记录了一份为期 1 周的书面日记,描述他的口吃现象、对口吃的反应及口吃加重或减轻时的情形。

J 的幼儿教师表示在转诊到诊所之前,J 的口吃情况有所加重。J 的同龄伙伴对他十分友好尊重,他并没有因为口吃而遭受歧视。当 J 要提问、试图引起注意,或思考该说什么时,口吃情况便会加重。对他的声音、发音、语言接收和表达、社交技能和共鸣进行非正式评估,并未发现明显异常。口腔运动检查显示他的唇部撅起和回缩的运动范围轻微受限,偶尔也会流涎。

通过非结构化游戏,收集了 J 的一份 300 个音节的言语样本。在这份样本中,5% 的音节存在口吃现象,不流利音节总数占比 11%(正常的学龄前儿童一般是小于 10%)。总的不流利现象包括典型的不流利(纠正、感叹、1~2 次重复整个单词,短语重复)和非典型的不流利(也称口吃)。非典型的不流利可以定义为不完整单词重复(mo-mo-mo-mom)、紧张 / 快速和(或)节律紊乱的完整或不完整单词重复、延长或中断。在 J 的这个病例中,43% 的不流利是非典型。学龄前儿童表现出不到 50% 的非典型性不流利一般认为是正常的。J 说话不流利最常见的表现是在短语的开头,缓慢地、有节奏地重复不完整单词（如"Wha-wha-wha-what is that ?"）。纠正和完整单词重复也很常见（如"I-I-I-you go up there"），重复次数从 2～10 次不等，严重时会持续 3s。并没有观察到口吃的第二行为（面部或身体运动）。但 J 的父亲认为，J 在样本中的言语不具有代表性，也不像在家里那样严重。因此，J 的父亲提供了 3 个更具代表性的家庭录像。

分析这些视频资料后，可以得出以下数据。

- 样本 1（151 个音节）：口吃音节为 8%，总不流利音节为 11%，非典型的不流利占 73%。
- 样本 2（187 个音节）：口吃音节为 13%，总不流利音节为 17%，非典型的不流利占 75%。
- 样本 3（162 个音节）：口吃音节为 12%，总不流利音节为 12%，非典型的不流利占 100%。

非典型不流利的特点包括口吃时音高增多、重复的节奏障碍、重复范围高达 16 个单位且持续时间达到 4s。在学龄前和幼儿口吃交流态度测试（communication attitude test for preschool and kindergarten children who stutter，KiddyCAT）中，J 得了 6 分。这份针对 6 岁以下儿童的 12 项是 / 否问卷评估儿童对口吃的认识及他们对说话的态度。（如"你觉得说话困难吗？"）。一个 6 岁口吃患儿的一般分数是 4.89 分，这表明 J 意识到了自己的口吃现象，并对说话形成了一些消极态度。

【读者问答】

1. 哪些信息能够表明 J 有持续口吃的风险？

(1) 口吃超过 12 个月，无改善指征。

(2) 口吃家族史。

(3) 语言迟缓的迹象。

(4) 对口吃没有意识和有限的反应。

答案：(1) 正确。研究表明，孩子出现口吃现象超过 12 个月还没有恢复迹象，则口吃现象很有可能持续下去。

(2) 不正确。他的父母没有报道任何言语、语言障碍或口吃的家族史。而且，有迹象表明口吃可能是先天性的（胎儿心搏停止、胎儿癫痫）。

(3) 不正确。没有非正式评估的证据或者筛选显示 J 存在语言迟缓现象；相反，有证据表明他存在运动迟缓现象（物理治疗、嘴唇无力、流口水）。

(4) 不正确。KiddyCAT 的评估结果显示 J 知晓自己的口吃状况，并有一些消极反应。对口吃的知晓和消极反应会造成产生持续口吃的风险。

2. 在最初的诊所就诊之外，我们能获得哪些重要的评估信息？

(1) 家长报道 / 访谈。

(2) 教师报道 / 访谈。

(3) 亲子互动观察 / 视频。

(4) KiddyCAT 测试。

答案：(2) 正确。由于距离和日程安排的原因，采访幼儿教师通常是在最初的临床访问之外进行。

(1) 不正确。虽然病史采集可以在家或通过电话完成，但是更详细的访谈通常是在诊所访问期间，与临床医生面对面（或通过远程视频）完成的。

(3) 不正确。虽然亲子互动观察或者视频可以 / 应该从家里收集，但是它们只是充当初次诊疗期间拍摄的视频和观察的补充材料。

(4) 不正确。标准化口吃评估应该是由训练有素的专业人员在受控环境中完成，以便获得有效可靠的结果。

3. 除了口吃音节所占的百分比外，还有什么其他重要和必要的评估手段可以衡量口吃的严重程度及口吃对孩子生活的影响？

(1) 与家长、教师和其他重要照顾者的访谈。

(2) 孩子对口吃的认识和对说话的态度（如 KiddyCAT）。

(3) 不流利类型的描述（重复与中断）和分类（典型的和非典型的），不流利的持续时间和口吃的第二行为。

(4) 以上所有选项。

答案：(4) 正确。所有上述措施都需要纳入，以便获得对与口吃相关的损伤、活动限制和（或）参与受限的有效全面评估。通过直接与孩子的照顾者进行交谈，并对孩子进行直接评估，和从孩子的照顾者那里收集信息，并直接评估 / 观察孩子的口吃行为都同样重要。而了解孩子对口吃的认识、反应和态度，与上述内容都同样重要。

4. J 以前的治疗没有明显效果。什么疗法对学龄前儿童有最强的证据支持？

(1) 言语语言病理学家提供的治疗。

(2) 父母提供的治疗，父母受过言语语言病理学家的培训。

(3) 等待观察疗法对入学后的孩子是最好的。

(4) 借助流利性塑造技术，重点是学前儿童对口吃的自我观察和自我纠正的治疗。

答案：(2) 正确。目前临床试验的 Meta 分析研究表明，Lidcombe 项目得到了最多的研究机构支持[1]。然而，一项研究表明 Lidcombe 项目和 DemandsCapacity 治疗方法同样有效[2]。这两种治疗都是由经临床医师培训的父母主导且在家进行。综合治疗包括家长培训，确保治疗的通用性和可转移性[3]。

(1) 不正确。与那些只由言语语言病理学家进行的治疗相比，包括父母培训和每天家长在家指导的练习更加有效。

(3) 不正确。学前儿童治疗起来会比学龄儿童更加有效。强烈建议早期干预[3]。

(4) 不正确。学龄前儿童一般缺乏形成语言、流畅性的自我监测、调整流畅性技能所需的元语言或元认知技能[3]。

【障碍描述和推荐治疗方法】

J 是一个有着中等严重程度口吃的小孩。评估信息表明了导致 J 有持续口吃风险的因素（先天性因素、口吃持续超过 12 个月、对口吃的认识 / 反应），因此建议立即治疗。治疗是由一名实习临床医生进行的，其中 75%～100% 的过程接受临床指导老师的指导。治疗遵循 Lidcombe 项目，口吃的治疗包括了诊所的家长培训，为的是让家长能够在家和其他环境下为孩子提供治疗。详细的治疗指南可以从 http://sydney.edu.au/health-sciences/asrc/docs/lp_treatment_guide_2016.pdf 免费下载。临床医生也制作了降低语速等其他已知的便利沟通策略。临床医生观察到父母在与孩子的互动过程中会尝试间接干预策略。孩子的父母觉得这些策略在家中的日常互动中非常有帮助，而且这些策略对结构化时间的严重程度评级有好处。这些"间接"策略也被添加到 Lidcombe 项目中，以便个性化定制治疗方案，满足客户需求和家长愿望。这些策略按需采用，并随着时间推移逐渐脱离使用。在第一阶段，临床医生会每周培训父母，并向他们展示如何使用 Lidcombe 项目的技术，共计约 23 周的时间。每周临床医生会咨询 J 的父母，了解目前 J 的流利模式、进度和诊所外需要帮助的部分，并和父母讨论并解决问题。

每天的口吃监测由家长观察孩子说话的流利程度完成。改善情况反映在计算口吃音节的百分比、严重程度评级量表评级、对口吃的反应和家长报道上（表 2-1 和表 2-2）。评级量表可以从 http://sydney.edu.au/health-sciences/asrc/docs/severity_

表 2-1　口吃的严重程度：第 1 次至第 12 次就诊（Lidcombe 阶段 1）

就诊次数	就诊时间	严重程度评级	总体不流利性（%）	口吃音节（%）	非典型的不流利性（%）
1	1 月 28 日	7	23	15	67
2	2 月 2 日	4	12	1	9
3	2 月 9 日	3	19	5	26
4	2 月 16 日	7	10	3	27
5	2 月 23 日	5	10	5	45
6	3 月 2 日	5	5	2	35
7	3 月 23 日	4	8	2	22
8	3 月 30 日	4	6	1	16
9	4 月 6 日	5	9	1	15
10	4 月 13 日	5	8	2	21
11	4 月 20 日	4	4	1	25
12	4 月 27 日	4	3	1	15

表 2-2　口吃严重程度：第 13 次至第 23 次就诊（Lidcombe 阶段 1）

就诊次数	就诊时间	严重程度评级	总体不流利性（%）	口吃音节（%）	非典型的不流利性（%）
13	5 月 6 日	4	5	1	5
14	5 月 13 日	3	4	0	1
15	5 月 27 日	2	5	1	10
16	6 月 10 日	2	4	0	0
17	6 月 17 日	3	4	0	0
18	6 月 24 日	4	4	1	25
19	7 月 1 日	2	3	0	0
20	7 月 8 日	1	4	0	0
21	7 月 15 日	1	4	0	9
22	7 月 22 日	1	4	0	10
23	7 月 29 日	1	5	0	0

rating_chart_2015.pdf 免费下载。

【结果】

在撰写本报告时，J 和他的父母完成了第一次 Lidcombe 儿童口吃方案第二阶段前 13 周的治疗。通过第二阶段，J 在语言流利方面继续表现出进步。他最近不流利的自发言语计算结果为 0% 的口吃音节，4.9% 的总体不流利性，0% 的非典型不流利性。他接受表扬，被要求纠正一句不流利的话语时也不会犹豫不决。

在结构化和非结构化的活动中，J 的父母表现出了对于 Lidcombe 项目和间接家庭项目技术非凡的理解力和使用能力。他们还说通过在家里和社区使用这些策略，J 的口吃严重程度降低了。自最初评估起，J 的口吃现象减少了，在过去的 13 周中，J 的口吃音节占比也下降到了一个 4 岁孩子的正常范围内了。在第二阶段剩余的时间（约 9 个月）中，J 的情况还将继续受到监测。

要点

◆ 除非临床样本能够确保代表性，并且言语样本和对口吃的反应收集于不同的环境、说话者和时间下，否则治疗前和治疗后的结果评估均无效。

◆ 父母主导治疗是学前儿童流利性治疗的关键，可以保证最佳的有效性、普遍性和转移性。

◆ 治疗方案如 Lidcombe 项目，只要它的有效性受到监测和维持，可以根据个人和家庭需求（如补充间接技术）修改。

◆ 在合理的时间内如果没有取得进展的迹象，治疗计划不应再继续下去。经过 6 周（间接治疗）或 2~3 月（更多一般类型的治疗），治疗效果没有改善，治疗师如果没有经验或没有经过目前循证口吃疗法的培训，有义务向专家咨询和（或）转介患者。

参考文献

[1] Nye C, Vanryckeghem M, Schwartz JB, Herder C, Turner HM, III, Howard C. Behavioral stuttering interventions for children and adolescents: a systematic review and meta-analysis. J Speech Lang Hear Res. 2013; 56(3):921–932

[2] Franken MC, Kielstra-Van der Schalk CJ, Boelens H. Experimental treatment of early stuttering: a preliminary study. J Fluency Disord. 2005; 30(3):189–199

[3] Guitar BG. Treatment of Stuttering: Established and Emerging Interventions. Baltimore, MD: Lippincott Williams & Wilkins; 2010

与患有自闭症谱系障碍的幼儿合作治疗
Working Collaboratively with a Young Child with Autism Spectrum Disorder

Ian Roth **著**

洪晓冰 吴传安 **译** 蒲 钰 徐洋凡 **校**

【概述】

一个 20 月龄的男孩在自闭症谱系障碍筛查中显示出了危险信号，因而被推荐给言语语言病理学家（speech-language pathologist，SLP）。

【临床病史和病情描述】

从妊娠一直到出生，WS 均未显示出异常。他的父母都是儿科医学专家，认为他和其他婴儿一样喜欢咿呀学语，没有异常。16 月龄时，他们注意到他的咿呀学语有所减少，一直到 20 月龄进行言语语言评估时，这种减少现象仍未好转。他有过数次耳部感染的病史，17 月龄时曾接受过鼓膜切开置管术。听力学测试显示，置管手术并未造成听力损失。

【临床测试】

趁着 WS 在房间内玩玩具的时间，SLP 从其父母那里采集到了他的完整病史。在玩玩具的 60～90min 期间，他可以逐渐熟悉环境，SLP 和其学生也有机会观察他玩游戏及其自发互动的能力。2 周后，WS 一家人又接受了互动性更强的评估。SLP 曾尝试使用学前语言能力评定量表第 4 版（preschool language scales，4th Edition，PLS-4）来评估他，但由于他不遵循指令（无论指令是否带有手势）而被迫终止，取而代之的是更为非正式的评估。因此，很难确定他确切的语言接受能力。SLP 得出结论，阻止他回应指令的可能是社会交流障碍，这与回应错误不同，回应错误则更可能指向接受性语言障碍。

评估期间的大部分时间里，WS 都在房间里四处走动，偶尔停下来摸一下玩具，但很少以功能性或常见的方式玩这些玩具。临床医生发现，跟着 WS 的节奏便可以与他成功互动，他确实停止了四处走动，驻足观看一个我们特意设置的旋转玩具。观看时，他全身绷紧并挥舞双手。SLP 蹲在一旁（蹲下时同 WS 大概一样高），默不作声，一只手五指伸开，他将玩具交给了 SLP，以此表达需求。他还会通过拉着一个成年人的手去拿他想要的或想要帮忙拿的东西来表达需求。SLP 开展了一项不使用工具的二元活动（如向左走后向右走、左右摇晃身体后蹲下来等），活动中 SLP 引导他的身体左右摇晃，当 SLP 暂停时，他会以类似的方式移动身体，请求继续活动。

WS 能够跟随一个点看，但却不能协调好手势要求和眼神接触，不能做到主动性共同注意（例如指着想要展示的东西，同时进行眼神接触这样的陈述性手势）。评估期间，他能够模仿一些单个的词语，但未能使用言语交流（如向另一个人传递信息）。他的大部分自发言语都是元音，并且不具有交流意义。他的父母表示他有立即仿说行为，但评估中并未观察到这种行为。整个评估过程中他都在流口水。他的进食功能是安全有效的。

【读者问答】

1. 下列哪一项最接近 WS 的沟通情况？

(1) 接受性语言延迟、表达性语言延迟、社交障碍。

(2) 言语失用症，表达性语言障碍，社会交往能力在正常功能范围内。

(3) 自闭症谱系障碍（autism spectrum disorder, ASD）。

(4) 社交障碍，表达性语言障碍，接受性语言未知。

答案：(4) 正确。社交障碍是主要障碍，因为 WS 的互动频率低，眼神接触协调性差，交流主要是出于寻求帮助或其他需求。他存在表达性语言延迟现象，表达性词汇量极其有限。然而，他的社交障碍很大程度上可能源于他的表达性语言障碍，因为他没有使用常见的、象征性的手势或声音来弥补言语延迟。实际上他还可能具有接受性语言障碍，但由于他对大多数指令没有做出反应，因此很难准确评估他的接受性语言能力。

(1) 不正确。虽然他有接受性语言延迟的风险，但是没有足够的信息来确定他的接受性语言是否真的延迟了，因为他对大多数指令没有做出反应，在没有听力损失的情况下这有可能是社交障碍导致的。

(2) 不正确。基于目前的评估，言语失用症不能确诊。他有社交障碍，表现为无法发起共同注意，请求时的眼神接触鲜有协调，将别人的手用作工具，叫他名字也不回应，也不会对简单指示做出反应。

(3) 不正确。ASD 并不是只有一种沟通交流特征。患有 ASD 的儿童具有各种各样的沟通交流特征。

2. 你对其他卫生保健 / 服务工作者有什么推荐？

(1) 发育性评估。

(2) 海豚辅助疗法。

(3) 螯合疗法。

(4) 全科医生 / 儿科医生停止接种未来所有的疫苗。

答案：(1) 正确。WS 表现出了社交和语言障碍，他很少参加常规游戏。他还表现出了不典型的重复动作性行为。考虑到这种情况，应当推荐 WS 到一个跨学科发展团队，以确定他是否符合 ASD 或其他发育性障碍的标准。

(2) 不正确。大众认为海豚辅助疗法和其他缺乏科学依据的干预都是伪科学，因此不宜推荐。有些人被误导，认为这些活动"值得尝试"，毕竟无害，还可能有所帮助。但是，推荐伪科学干预在大众看来有违道德，因为这么做可能会给家庭带来虚假的希望和（或）使家庭的精力和财力偏离有证据支持的干预方式。事实上，如果海豚没有经过适当训练，可能会对孩子身体造成伤害。

(3) 不正确。采用螯合疗法来去除患有 ASD 或社交障碍的儿童血液中的汞具有极高的危险性，同时也没有科学依据表明该疗法适用于这一人群。

(4) 不正确。疫苗经过彻底的研究，发现对大多数儿童安全有效，包括那些有患 ASD 风险的儿童。没有理由不让疑是或诊断为 ASD 的儿童接受标准疫苗。

3. 在开始言语和语言干预时，你会制订什么近期目标和策略？

(1) 做唇部运动以减少流涎，并帮助 WS 说话。

(2) 言语模仿帮助 WS 重复更多的单词。

(3) 跟随他加入到他选择的活动。然后给予 WS 积极互动的机会。

(4) 等到他开始说话时再进行言语治疗。

答案：(3) 正确。评估显示，让 WS 主导与成年人的游戏活动，会产生更多的互动机会。通过创造让他感兴趣的社交氛围，让他发现与他人互动的乐趣，不但能够治疗他的社交障碍，久而久之还能让他做好充分准备迎接更加多样化的互动，包括特定的、针对性的言语语言干预。

(1) 不正确。在这点上，流涎不太可能造成他沟通障碍的一个重要因素。没有证据表明非言语口腔运动训练可以提高儿童的言语能力。即使言语生成能力提高了，WS 的社交障碍将依然存在，且由于不同原因他可能依然不会经常沟通交流（如让其他人参与他的游戏）。

(2) 不正确。在这点上，言语模仿可能不会对 WS 沟通的有效性产生重大影响，因为它不会克服导致他很少交流的社交障碍。事实上，如果经常让 WS 重复别人所说的话，可能会削弱他主动传递有意信息的欲望。

(4) 不正确。WS 的前语言交流能力延迟了。因此，言语语言治疗应该以这些能力为对象，因为这对儿童的最近发展区至关重要。

4. 父母在 ASD 患儿的干预中可能扮演什么角色？

(1) 关于儿童在家和社区活动行为的观察及反馈者。

(2) 采用与 SLP 和其他临床医生相似策略的干预者。

(3) 儿童长期的服务提供者。

答案：(1) 正确。言语语言治疗通常在理想环境下进行（如安静的房间；极少的干扰）。然而，要让干预变得有价值，必须是采用能提高儿童在自然环境中沟通效果的针对性技能干预。家长报道的孩子在家、学校和社区中的交流情况，SLP 需要着重考虑，以确保干预方式适合孩子的情况。而父母的定期反馈可以让临床医生更好地了解干预对孩子日常生活的影响，以便他们能够相应地调整干预措施。

(2) 正确。研究表明，当父母对孩子使用和临床医生相同的沟通干预策略时，孩子的沟通技能会得到提高。因此，父母教育和父母培训被认为是治疗包括 ASD 患儿在内的儿童的沟通干预的重要组成部分。

(3) 正确。在许多社区，许多家庭有存在 ASD 等特殊障碍的儿童，他们无法获得病案管理人员的帮助来为这些儿童提供符合当前情况的干预措施，无法促进儿童的协调发展。在许多情况下，宣传和服务协作不完善，儿童得不到最严密的服务无法最大限度地进步。在某些情况下，父母扮演着这样的角色。父母通常最了解孩子的需求，并能（独自或与服务提供者讨论）决定什么时候继续干预会有价值，什么时候又应该修改或停止干预。因此，SLP 要帮助父母做出这些艰难决定，就必须让他们充分理解自身在孩子的干预小组中扮演的独特角色，并且听从他们关于教育决定的意见。

【障碍描述和推荐治疗方法】

在言语语言评估之后，WS 和父母参加了为期 8 周的言语语言干预，主要是针对社交和接受性语言。言语治疗遵循自然发展行为范式，其中包括培训 WS 的父母将 WS 的兴趣融入他们的家庭和社区的活动策略中来促进他的社会交往。SLP 参观了 WS 的育儿中心，并和他的老师讨论如何能在课堂上使用同样的策略。

第一次治疗一结束，WS 就确诊了 ASD。WS 的父母随后为他报名参加了应用行为分析（applied behavior analysis，ABA），以治疗他的自伤行为和其他行为问题。SLP 的角色随着时间的推移而改变，因为另外的发展领域成为 WS 和他的父母的首要选择。WS 的父母安排了 ABA 治疗师和 WS 的 SLP 之间进行了跨领域磋商，以确保 ABA 治疗师使用的沟通策略与 WS 在家庭和育儿中心中进行的言语治疗使用的沟通策略相同。SLP 通过现场和视频观察 ABA 治疗师，然后就 WS 现阶段的沟通目标的修改、可增加的干预策略和（或）如何调整使用策略，向团队的其他成员提出了建议。在这个时候，SLP 大约每月会见 WS 一次，监测他的进展，更新目标和策略。作业治疗也被添加到 WS 的干预方案中。在一次 SLP 监测会议上，大家认为 WS 的言语生成正在作为一种主要沟通方式出现，因此可理解性成为一个新的优先选择，有必要恢复言语治疗。

【结果】

在跨专业团队的早期干预下，WS 的沟通技巧稳步提高。首次评估的 4 年后，一份使用了《学前语言基础临床评估（第 2 版）》（clinical evaluation of language fundamentals，preschool，2nd Edition，CELF-P2）的言语语言再次评估显示他的接受性语言能力处于平均水平，表达性语言能力处于中度障碍，言语是 WS 的主要沟通方式。随着 WS 的 ABA 项目逐渐结束，他进入了一个配备了 1 名老师和 1 名特教的主流一年级班级。WS 的父母确信他能经常和社区里的同龄人顺利交往。

在二年级进行心理测评时显示，他的智商高于平均水平，在韦氏儿童智力量表（第 4 版）

（Wechsler intelligence scale for children，4th Edition，WISC-Ⅳ）的所有语言和非语言分项测试中得分都处于等于或高于平均分的情况。神经心理学测试得分显示，在情感识别方面的得分高于预期，在面孔记忆方面的得分处于平均水平，但在心智方面的得分低于预期。他的父母和老师在《儿童行为评价系统（第2版）》（behavior assessment system for children，2nd Edition，BASC–2）中对他进行了评分。评分表明，WS大多数行为都在正常范围内，而他在学校有些方面存在着出现问题的"风险"，比如在"非典型性"和学习技能方面等。但这些方面的评分都不在"临床显著性"的范围内。

如今，WS是一个快乐的10岁北美男孩，他在学校非常成功，参加了许多课外活动。他的父母继续给他安排在不同环境中的有意义的互动活动，还会让其他同龄人参与进来，以便提高他的社交能力。很大程度上，他就是一个典型的北美孩子。

推荐阅读

[1] Morgan LJ, Rubin E, Coleman JJ, Frymark T, Wang BP, Cannon LJ. impact of social communication interventions on infants and toddlers with or at-risk for autism: A systematic review. Focus Autism Other Dev Disabil. 2014; 29(4): 246–256

[2] Prizant B. Uniquely Human: A Different Way of Seeing Autism. New York, NY: Simon & Schuster; 2015

[3] Schreibman L, Dawson G, Stahmer AC, et al. Naturalistic developmental behavioral interventions: empirically validated treatments for autism spectrum disorder. J Autism Dev Disord. 2015; 45(8):2411–2428

[4] Zwaigenbaum L, Bauman ML, Choueiri R, et al. Early identification and interventions for autism spectrum disorder: executive summary. Pediatrics. 2015; 136 Suppl 1:S1–S9

案例 4

运用整合信息为双语儿童做出临床决策
Clinical Decision Making for a Bilingual Child: Using Converging Information

Lisa M. Bedore　Casey Taliancich Klinger　Solaman J. Cooperson　**著**

洪晓冰　尹晓娜　**译**　　沈龙彬　徐洋凡　**校**

【概述】

由于双语儿童的语言知识会跟随语言经验习得的变化而变化，因此确定双语儿童是否有语言学习障碍是件具有挑战性的事。而使用多样的评估方式可能会产生治疗基础所需的最可靠信息。

【临床病史和病情描述】

BC 在学前班时没有通过语言测试，因此在 5 岁 2 个多月时被建议再次参加语言测试。他在入学前只会说西班牙语，幼儿园开始经常接触英语。虽然他会在家里说英语和西班牙语，但还是以西班牙语为主。他的父母表示，他的西班牙语比英语强，而且他的词汇和言语可理解性都很好。然而，他们确实也注意到，他的西班牙语语法使用并非一直正确。他的老师也说他的西班牙语比英语强，并指出他的语法准确性和言语可理解性是需要关注的领域。他的视力和听力均在正常范围内。

【临床测试】

标准测试包括英语西班牙语双语评估（bilingual English Spanish assessment，BESA）的英语西班牙语的语义和形态句法子测验[1]。BESA 是一项针对年龄在 4 岁至 6 岁 11 个多月大（未满 7 岁）的西班牙 – 英语双语者的标准化语言评估，旨在确定西班牙 – 英语双语者是否存在语言障碍。语义子测验通过让孩子听短篇故事并回答关于故事的问题来评估语义知识。示例测试项类型包括类别生成、物体功能和句子完成。形态子测验通过完形填空和句子重复来评估英语和西班牙语的形态句法知识。英语和西班牙语语义学和形态句法子测试的测试项目不是英—西或西—英互译文本，而是专门设计用来评估英语和西班牙语特有的语义和形态句法的内容[1,2]。

收集 BC 用英语和西班牙语叙述性复述和讲述无字绘本中的故事的语言样本是评估的一部分。这些故事被转录到系统的语言文字记录分析（systematic analysis of language transcript，SALT）软件中，软件用于协助临床医生和研究人员分析语言样本[3]。根据每种语言的叙述方式生成标准度量，包括平均话语长度、不同单词量和总词量。研究结果摘要见表 4-1。

【读者问答】

1. PK 是一个来自西班牙语家庭的 5 岁女孩。她第一次接触英语是在上学前班的时候。她主要接触的是学校教育的英语。她的老师向言语语言病理学家表达了担忧，虽然 PK 似乎能够执行简单的英语指令，但她说的英语句子大多不符合语法要求，并且她的英语词汇水平也落后于同龄人。双语临床医生用英语和西班牙语对 PK 进行语言测试，PK 通过了西班牙语的语义和形态句法测试，但在这两个领域的英语成绩却都低于平均水平。PK 展示出特定语言的词汇技能（例如，她能够用西班牙语说出更多关于烹饪 / 食物的词汇，而要求她用英语说出

表 4-1 BC 临床试验总结

	评估工具	英语分数	西班牙语分数	预期性能范围
BESA	语义	85[a]	80[b]	期望平均值 =100；SD = 15
	形态句法	70[b]	78[b]	期望平均值 =100；SD = 15
语言样本	MLU	4.07	3.54	ENG: 5.85 ～ 5.96 SPN: 5.63
	NDW	117	114	ENG: 69.75 SPN: 40.80
	TNM	489	269	ENG: 209.83 SPN: -[c]

BC 的数据分析包括 2 段叙述的情况。从已发布数据中获得的期望值可用于单个叙述（Bedore 等[4]、Muñoz 等[5]、Simón-Cereijido 和 Gutiérrez-Clellen[6]、Uccelli 和 Páez[7]）
BESA. 双语英语西班牙语评估；ENG. 英语；MLU. 平均话语长度；NDW. 不同单词量；SD. 标准偏差；SPN. 西班牙文；TNW. 总词量
a. 表示低于均值 1 个标准差
b. 表示低于均值 1 个标准差以上
c. 表示没有可用数据

学校用品的名称时，她能用英语而非西班牙语来命名其中一些）。关于 PK 的词汇技能，下列哪项可能是正确的？

(1) PK 的词汇技能在她的两种语言中均有体现，能够反映出迄今为止她这两种语言的使用经验，并不能作为语言延迟的指标[8]。

(2) PK 的西班牙语和英语词汇技能都有延迟，因为她在分类活动命名的词汇很少有重叠[8]。

(3) PK 的西班牙语词汇技能正常，但英语词汇技能有延迟，因为她不能像同龄人那样使用英语词汇[8]。

(4) PK 两种语言的词汇技能都不高，毕竟她经常接触这两种语言。

答案：(1) 正确。西班牙语 - 英语双语儿童通常会由于使用两种语言的经验不同而展示出持定语言的词汇技能。PK 在家庭和社区中使用西班牙语的经验更多，这就是为什么她能用西班牙语说出更多的食物名称，而用英语则能说出更多学校用品的名称。

(2) 不正确。学习两种语言的儿童可能会表现出语言特有的词汇知识，这反映了他们使用这些语言的经验。

(3) 不正确。她的西班牙语词汇技能似乎正常。由于她是近期才接触的英语，所以英语词汇量不如同龄人并不意味她有语言延迟。

(4) 不正确。没有任何证据表明学习两种语言导致她的英语词汇能力低于同龄人。这个答案不正确，因为 PK 的西班牙语词汇使用能力更强是由于她使用西班牙语的经验更多。

2. TC 是一个 6 岁的双语女孩，出生起就接触西班牙语，1 岁才开始接触英语。她目前在一个全英授课的学校读一年级。由于家长和老师的担忧，她最近接受了语言障碍测试，测试结果显示她在两种语言中都表现出语义和形态句法上的缺陷。一位双语言语语言病理学家正计划对她进行语言干预。该病理学家将探讨和监测两种语言的进展，并想找出哪些干预目标能够有利于两种语言的发展。如果只用一种语言表达，哪一个目标最有可能对另一种语言产生影响？

(1) 动词时态标记。

(2) 性别差异。

(3) 生成不同类别的词汇项。

(4) 所有格（如 "the girl's book"，"女孩的书"）。

答案：(3) 正确。这一目标及其他解决词汇间语义关系的目标，可能在两种语言中产生影响。

(1) 不正确。因为英语和西班牙语中动词时态的表达方式不同（英语中时态主要以辅音结尾表达，而西班牙语中则以元音和（或）音节交替出现来表达），在一种语言中处理时态标记不太可能影响到另一种语言中的这些结构。

(2) 不正确。西班牙语有性别一致，但英语没有。在西班牙语中实现这个目标对于英语不太可能有任何影响。

(3) 不正确。英语才会用 's 表达所有格，但西班牙语不是。

3. DC 是一个 6 岁的男孩，会说西班牙语和英语两种语言。他在家里说西班牙语，1 岁时开始学习英语。如果 DC 在语言方面正常发展，那么他与只说英语的同龄人有什么最大的不同？

(1) 英语时态使用准确。

(2) 英语词汇量。

(3) 英语语音使用正确。

(4) 正确使用英语词序的能力。

答案：(2) 正确。词汇知识可能分布在不同的语言中，因此双语儿童在某一特定语言方面的词汇量可能比单语儿童要少。

(1) 不正确。一般来说，成长中的双语儿童在形态句法方面的预期表现会与单语儿童相似。

(3) 不正确。在多数情况下，双语儿童每种语言的声音系统发展情况与单语儿童相似。

(4) 不正确。正常成长的双语儿童在形态句法方面的表现与单语儿童相似。

【障碍描述和推荐治疗方法】

语言测试显示 BC 两种语言都有缺陷。BC 语言障碍的关键指标是他最高的语言得分都低于其年龄的均值。在 BESA 的两个子测验中，两种语言的得分都至少比均值低 1 个标准差。BC 在叙述性语言样本中也出现了许多语法错误。英语中最突出的错误之一是动词时态标记的省略。例如，BC 说 "he try" 而不是 "he tried"，"he spill" 而不是 "he spilled"。而在西班牙语中，他则出现了性别一致错误。这些语言缺陷符合双语儿童语言障碍的诊断[9, 10]。他还倾向于使用非特定的词汇，如 "他"或 "她" 来描述所有事物，而在讲述两个故事时只使用了 "快乐" 和 "疯狂" 来描述。所以 BC 不仅仅是在不太擅长的语言中存在语言障碍，而是在两种语言都存在与分别使用这两种语言的单语儿童一样的典型语言障碍。

双语儿童的语言干预应以两种语言进行[8, 11]。

治疗集中对于两种语言都有利的技能，同时认识到有些特殊缺陷可能为某一种语言独有。由于 BC 在生成特定词汇方面存在困难，故干预措施包括将常用词汇分类和描述物品的功能。加强这些语义技能对习得两种语言都有好处[8]。每种语言的词汇知识通常取决于双语儿童每种语言的使用语境。例如，有关家庭用品的词汇知识在西班牙语中可能更多，而有关学术词汇的知识在英语中会更多。在治疗过程中，BC 被要求描述不同炊具和服装的功能。这个活动不仅增加了他对这些特定词汇项的认识，而且加强了他对单词间语义联系的认识。由于他在每种语言中都存在语法缺陷，所以这些语法结构也是治疗的目标。语法结构（如时态标记）在西班牙语和英语中几乎完全不同，因此教学可能只对特定语言有益[12]。

【结果】

BC 每周接受语言干预治疗，着重培养英语和西班牙语的语义和形态句法技能。治疗方法涉及将词汇按类别划分（食物、动物、衣服等），并且用两种语言按类别说出词汇，如要求 BC 对衣服和学校用品进行分类等。BC 还被要求描述这些特定类别的属性。针对英语训练时态标记使用，针对西班牙语训练按性别适当使用冠词。

1 年的干预治疗后，BC 再次参加了 BESA 评测。这次他在 BESA 语义子测试中的标准分数为英语 90 分，西班牙语 85 分。他的英语和西班牙语形态句法子测验的成绩都是 85 分。尽管疗效显著，但仍建议继续治疗。

要点

◆ 单语和双语语言发展的一个关键区别是，在两种语言和语境下的语言经验各不相同。因此，双语儿童的单种语言技能可能没有正常发展的单语同龄人那样稳定，他们更可能会出现类似于语言障碍儿童的错误（如时态标记和其他语法错误，或两种语言词汇量都不足）。

◆ 对有语言障碍风险的双语儿童做出诊断，要重点考虑儿童在较强语言中的表现。较强的语言可能会因领域而异（即孩子在英语上可能词汇技能更强，而在西班牙语上则形态句法更好）。

◆ 在干预中，最大限度地提高双语儿童沟通技能的一种方法是，从一开始就选择能够支持两种语言协调发展的目标。

推荐阅读

[1] Kohnert K. Language Disorders in Bilingual Children and Adults. San Diego, CA: Plural Publishing; 2008

[2] Peña ED, Bedore LM, Lugo-Neris MJ. Language intervention for school-age bilingual children: Principles and application. In: McCauley RJ, Fey ME, Gillam RM, Eds. Treatment of Language Disorders in Children. 2nd ed. Baltimore, MD: Paul H. Brookes Publishing; 2017:245–274

参考文献

[1] Peña ED, Gutiérrez-Clellen VF, Iglesias A, Goldstein B, Bedore LM. Bilingual English Spanish Assessment (BESA). San Rafael, CA: AR Clinical Publications; 2014

[2] Bohman TM, Bedore LM, Peña ED, Mendez-Perez A, Gillam RB. What you hear and what you say: language performance in Spanish–English bilinguals. Int J Biling Educ Biling. 2010; 13(3):325–344

[3] Miller J, Iglesias A. Systematic Analysis of Language Transcripts (SALT), Research Version 2016 [Computer Software]. Middleton, WI: SALT Software; 2016

[4] Bedore LM, Peña ED, Gillam RB, Ho TH. Language sample measures and language ability in Spanish-English bilingual kindergarteners. J Commun Disord. 2010; 43(6):498–510

[5] Muñoz ML, Gillam RB, Pena ED, Gulley-Faehnle A. Measures of language development in fictional narratives of Latino children. Lang Speech Hear Serv Sch. 2003; 34(4):332–342

[6] Simón-Cereijido G, Gutiérrez-Clellen VF. Spontaneous language markers of Spanish language impairment. Appl Psycholinguist. 2007; 28:317–339

[7] Uccelli P, Páez MM. Narrative and vocabulary development of bilingual children from kindergarten to first grade: developmental changes and associations among English and Spanish skills. Lang Speech Hear Serv Sch. 2007; 38 (3):225–236

[8] Peña ED, Kester ES, Sheng L. Semantic development in Spanish-English bilinguals: theory, assessment, and intervention. In: Goldstein BA, ed. Bilingual Language Development. 2nd Ed. Baltimore, MD: Paul H. Brookes Publishing; 2012:131–149

[9] Bedore LM, Leonard LB. Grammatical morphology deficits in Spanish-speaking children with specific language impairment. J Speech Lang Hear Res. 2001; 44(4):905–924

[10] Gutiérrez-Clellen VF, Simon-Cereijido G, Wagner C. Bilingual children with language impairment: a comparison with monolinguals and second language learners. Appl Psycholinguist. 2008; 29(1):3–19

[11] Thordardottir E. Towards evidence-based practice in language intervention for bilingual children. J Commun Disord. 2010; 43(6):523–537

[12] Bedore LM, Cooperson SJ, Boerger KM. Morphosyntactic development. In: Goldstein BA, ed. Bilingual Language Development and Disorders in Spanish English Speakers. 2nd Ed. Baltimore, MD: Paul H. Brookes Publishing; 2012:175–192

双语儿童的语言发育迟缓现象
Language Delay in a Bilingual Child

José A. Ortiz　**著**

洪晓冰　尹晓娜　**译**　　沈龙彬　徐洋凡　**校**

【概述】

HN 是一名 5 岁 7 个月大的男孩，会说西班牙语和英语，由于他在家的整体沟通能力较差，他的母亲十分担心，便带他去到一间大学诊所接受言语语言评估。她表示，HN 在词汇和语法使用方面存在困难，所以有时难以与他沟通。此外，她还表示，他在家里经常难以听从指令，需要重复指令才行。

【临床病史】

HN 的病史并无异常，没有耳部感染史，最近的听力学评估也显示听力正常。据说他所有的发育里程碑都在正常范围内：7 个月就能坐起来，9 个月就能独立行走，2 岁 6 个月就能自己吃饭，4 岁就能自己穿衣，8 个月就开口说出了第 1 个单词。没有任何言语语言延迟的家族史。3 岁时，心理学家对 HN 进行了评估，他被诊断为轻微的、病因未明的发育迟缓，但后续没有进行相应干预。他和父母及 2 岁的弟弟住在一起。据他父母介绍，在语言接触方面，西班牙语是家庭中唯一使用的语言。转诊时，父母给 HN 报名进入了一所公立学校的纯英文教学班。根据他母亲的说法，在最近的家长会上，HN 的任课老师表示没有发现 HN 存在任何学术技能或读写能力的问题。

【临床测试】

一名双语言语语言病理学家（speech–language pathologist，SLP）对 HN 展开了评估。根据评估期间收集的会话语言样本和《语言基础临床评估（西班牙语第 4 版）》（clinical evaluation of language fundamental，4th Edition Spanish，CELF–4），SLP 评估了他的语言的形式内容技能。评估使用无字绘本引导他做出一段叙述，这段叙述能够反映他在语言使用上的连读情况。为了准确评估双语使用情况，SLP 对 CELF–4 做出了一些修改：如根据需要允许语码转换、用西班牙语或英语回答均被视为正确。由于这些修改，评估系统不再计算标准分数、百分位等级和对应年龄。

总的来说，HN 的话语长度与年龄相符，但他常使用简单句而不是复杂句，词汇使用难以与年龄相符，主谓一致经常出错，形态句法的使用上也难以与年龄相符。他在评估过程中非常健谈，对任何直接的沟通尝试都能毫不犹豫地做出回应。整体来看，他在表达意图上没有困难，但他所使用的形态句法和词汇与年龄不相符合。

在语言理解方面，HN 在执行与年龄相符的多步指令上存在明显困难。这个缺陷在 CELF–4 的概念和执行指令的子测试及在非结构性对话中都注意到了。所有口头指令都用西班牙语和英语发出。HN 的表现则是难以执行指令；无论使用英语或者西班牙语发出指令，他都只能理解 1 步或 2 步指令。包含下列要素的句子的听觉理解对他而言十分困难：多重摹状词（如大的、白色的球），排除词（如几乎、除了等），顺序词（如首先、其次、最后、之前、之后等等），方位词（如左、右、下等等），时态词（如之前、之后等等）。当提供注意提示和重复指令提示时，他的表现有所改善，但不显著。总的来说，他的听觉理解存在明显缺陷。

在形态句法使用上，HN 表现出的错误模式不太可能源于语言差异，包括：主谓一致、性别一致（仅西班牙语）及缺乏各种应有的语素，包括复数、所有格和动词时态的屈折变化。在多种语境中观察到了主谓一致错误，例如，他省略了第三人称单数的变化，说 "He open the door"。两种语言的使用中都存在这种类型的错误，但在英语中更加常见。性别一致错误则经常出现在西班牙语中。他说 "La nino coger La bola（ the boy get the ball）" 使用了一个女性冠词加一个男性名词的组合。通过对语言样本分析，还在 CELF-4 的单词结构子测验中发现了特定语素的缺失。特别是在否定句方面，他说的英语带有显著的西班牙语特征。例如，他说的 "I no want" 这句话就可以看到西班牙语 "yo no quiero" 的影子。

在词汇技能方面，HN 在使用与年龄相符的词汇上表现出中度困难。尽管他在整个评估过程中频繁地转换语言，但在给物体和行为归类时，他用西班牙语归类比用英语要更一致。他在物品归类和识别哪些物品不属于某一组时表现出了显著困难（如识别食物、衣服等不属于某一类别的物品，因为它不属于某一类物品的一部分）。在一个快速记忆的任务中，他没有记住一个呈现给他的新单词。此外在连读时，发现他常使用不恰当、不明确或通用的词汇。例如，他说 "El quiere hacer la puerta（ he wants to do the door）"。这种语义用法在整个评估过程中反复出现。

在语用能力方面，HN 在话语层面沟通和叙述的方面表现出令人担忧的地方，包括难以实现与年龄相符的眼神接触，以及难以对直接沟通尝试保持一致性回应。他在回应前多次要求重复指令。此外，他在回答西班牙语和英语中与年龄相符的 WH 问题（如 where/donde，what/que，when/cuando）时表现出相同的困难。这种错误模式可以通过在发出口头指令前使用定向提示来改善（如 "你在听吗？"，或 "看着我"）。他的叙述能力十分有限；他只叙述

了一堆由看似无关的想法组成的、没有逻辑性的、也没有故事所需元素的话。此外，他在单独玩耍时经常自言自语。在与评估人员的互动游戏中并没有观察到他自言自语。他的说话音量也很小。虽然他没有表现出任何语音生成的延迟，但是说话音量小却严重影响了语言的整体可理解性。然而，当他的语言可理解度降低时，他能积极请求评估人员重复（如用西班牙语或英语说 "我没听见你说什么。你能再说一遍吗？"）。

【读者问答】

1. 根据报告的结果，在哪个特定的语言领域，HN 的西班牙语比英语更强？

(1) 语音。

(2) 读写。

(3) 词汇。

(4) 句法。

答案：(3) 正确。HN 使用的西班牙语词汇比英语词汇要多得多。如果在归类活动中只允许使用英语词汇，那么他的确会表现出更大的困难。

(1) 不正确。HN 在语音方面没有表现出任何困难。

(2) 不正确。评估并没有发现 HN 的读写能力值得担忧。

(4) 不正确。尽管 HN 在西班牙语中表现出比在英语中更强的形态句法技能（以英语中的西班牙语迁移现象为例），但根据评估信息，并没有观察到他的两种语言在句法能力上存在着与词汇能力层面同样的显著差异。

2. 为什么没有计算标准分数、百分位等级和表现年龄？

(1) 选择了错误的测试。

(2) 为满足患者的语言需求，测试进行了修改。

(3) 规范样本中没有体现患者的部分。

(4) 对患者来说测试太长了会导致分心。

答案：(2) 正确。测试为满足 HN 的语言需求做出了修改。信息以西班牙文和英文提供，答复时使用两种语言均正确。此外，标准样本并不包括说西班牙语和英语的双语者。

(1) 不正确。可用的规范参考双语评估工具数量

有限；该测试根据 HN 的需求进行修改，被确定为最合适的评估方法。

(3) 不正确。双语个体在 CELF–4 的标准样本中得到体现。

(4) 不正确。虽然 HN 的注意力分散是评估过程中的一个因素，但对测试选择没有影响。

3. 请举例说明从西班牙语到英语的语言迁移／影响？

(1) 整个评估期间使用语码转换。

(2) 有限的持续性注意力。

(3) 英语和西班牙语中主谓一致使用困难。

(4) 使用带有西班牙语句法特征的英语否定句。

答案：(4) 正确。英语否定句如 "I no want" 类似于西班牙语 "yo no quiero"。这种类型的语言迁移在顺序双语个体（即那些学习一种语言之后又学习另一种语言的个体）中很常见。

(1) 不正确。语码转换是 HN 语言使用的一致性特征，但这并不意味着跨语言迁移。

(2) 不正确。HN 的持续性注意力有限并不影响语言迁移。

(3) 不正确。主谓一致问题在两种语言中都有出现，尽管在英语中比在西班牙语中更为频繁，但也只能体现使用主谓一致的能力，与语言迁移无关。

4. 根据评估结果，照料者在家使用什么策略能最有效地促进患者的听觉理解？

(1) 重复信息。

(2) 对患者大声说话。

(3) 向患者提供定向提示。

(4) 放慢语速。

答案：(3) 正确。评估证明，定向提示在患者注意力分散时能非常有效地提高听觉理解。

(1) 不正确。虽然重复确实能促进听觉理解，但定向提示已经非常有效，没有重复的必要。

(2) 不正确。提高音量水平并不能促进听觉理解。

(4) 不正确。降低语速并不能促进听觉理解。

【障碍描述和推荐治疗方法】

HN 的评估表现表明他的接受性和表达性语言能力存在中度延迟。他在语言运用上的特点是主谓一致频繁出错误，缺乏各种预期的形式和内容范畴，频繁使用简单句，且词汇有限。此外，HN 在各种任务中表现出明显落后于同龄人的听觉理解能力。叙述语言使用表现为频繁的自言自语，谈话方式刻板，及需要频繁地重复指令。建议每周给他进行一次 50min 的言语语言治疗，主要训练其语言形式、语言内容和语用能力。另外，持续的家庭教育和训练可以最大限度地提高治疗效果。

【结果】

在评估大约 1 个月后，HN 开始每周接受 1 次 50min 的言语语言干预。治疗的重点是提高他在形态句法、词汇技能、叙述能力这些特定层面上的使用能力和理解能力。考虑到 HN 在整个评估期间和及在家期间都会习惯性地转换语言，因而治疗中使用了西班牙和英语两种语言。治疗中使用何种语言由 HN 决定；临床医生允许他在给定语境下使用他感到最舒适的语言。此外，临床医生采用西班牙语和英语来加强他对语言指令的理解；一种语言提供的指令频繁在另一种语言中重复，极大提高了对治疗任务的整体理解能力。此外，提供定向指示据证明能有效提高理解，从而减少了口语指令的重复次数。

治疗着重形态句法和叙事能力提升。形态句法指标包括主谓一致、性别代词及冠词的性别一致，而冠词的性别一致并不是英语的形态句法特征，因此除了冠词的性别一致之外，其余都被纳为英语和西班牙语的共同治疗指标。HN 的父母观摩了所有的治疗过程，临床医生也经常给他们布置家庭训练任务，以提高临床环境之外的治疗效果。经过 2 个学期的治疗，HN 在英语和西班牙语的主谓一致合理使用方面都表现出显著的进步。随着 HN 在形态句法整体使用上的提高，治疗重点便转向叙事能力。起先，HN 在没有提示的情况下表现出难以说出连贯叙述的情况。他最初做出了一堆叙述，并需要频繁的重复提醒才能保持对任务的注意力。持续注意力有限和注意力重度分散据证明是他持续存在的问题。然而，经过整整 1 年的治疗，HN 的叙事能力得到了大幅提升。在这之后，在给予视觉支持和轻微提示的情况下，他的叙述开始能够做到清晰、明确、连贯。

要点

◆ 尽早发现言语和语言问题是关键。

◆ 在双语的背景下要确定具体的治疗目标领域，需要了解每种语言的具体语言特征。

◆ 对每种语言的特定语言技能的差异识别是识别双语个体的语言延迟 / 障碍的基础。

◆ 为双语患者提供恰当治疗需要在治疗过程中使用两种语言。

推荐阅读

[1] Genesee F, Paradis J, Crago MB. Dual Language Development & Disorders: A Handbook on Bilingualism & Second Language Learning. Vol. 11. Baltimore, MD: Paul H Brookes Publishing; 2004

案例 6

叙事动态评估在英语学习者中的应用
The Application of Dynamic Assessment of Narratives in an English Language Learner

Christine E. Fiestas　Elizabeth D. Peña　Maria Resendiz　**著**

蒲　钰　陈卓铭　**译**　　陈有为　**校**

【概述】

判断一个学习第二语言的孩子是否有语言障碍（language impairment，LI）是很困难的。动态评估（dynamic assessment，DA）是一个由测试、教学和再测试 3 个阶段组成的评价过程。教学阶段或中介学习体验（mediated learning experience，MLE）是为支持和教授特定语言技能而提供的。在这一阶段，临床医生有机会观察和评估学习过程及对指导的反应，同时减少因为学生缺乏经验而造成的偏见。

【临床病史及病情描述】

患儿 HV 是一个 6 岁 7 个月大的一年级双语男孩，被推荐来我院做语言障碍评估。从老师和家长那里了解到，HV 接触了西班牙语和英语。他的父母说墨西哥西班牙语，这也是家里使用的主要语言。他第一次接触英语是在幼儿园；他所在的学区提供双语教育。HV 就读的是一年级双语班，班上使用西班牙语和英语两种语言。在平常的一周中，包括在家和在学校的工作日和周末，他的西班牙语使用率为 76.8%，英语为 23.2%。他在家主要使用西班牙语，在学校则使用英语和西班牙语。他的父母和老师都对他的双语沟通能力表示担忧。据说，HV 说两种语言时都主要使用短句，并常犯语法错误。

【临床试验】

HV 的语言评估包括使用叙事动态评价程序对两种语言进行测试[1]。评估采用了无字绘本的两个平行故事：《两个朋友》和《小鸟和它的戒指》。前测时，要求用两种语言分别叙述这两个故事，接着是两个时长都为 30min 的 MLE，后测时再次用两种语言分别叙述这两个故事。MLE 使用的是英语，针对的是叙事故事的组成部分（背景、人物、时间和因果信息）和情节结构（起因、内在反应、尝试、解决和回应）。脚本包括中介学习的组成部分（教学意图、意义、超越、计划和迁移）[2]。在 MLE 中，脚本为根据 HV 的优势和需要做了调整。MLE 是为了让 HV 说出一个有条理的完整故事。

在前测中，HV 表现为用英语和西班牙语讲故事时都有困难。他很难说出故事的组成部分和构思。例如，他使用了 "un dinosaurio"（恐龙）和 "a dog"（狗）作为参考角色，也没有提供故事背景信息。HV 在西班牙语中使用了时间标记 "y"（和）、"luego"（然后），在英语中使用了 "and then"（然后），但在两种语言中都没有使用单词来表示因果关系。在故事构思和语言方面，他使用具体的字面语言来描述事件，并使用西班牙语中的心理状态动词 "pensar"（思考）。他讲述的故事很简单，使用两种语言讲述的故事都有多次尝试和一个结尾，但没有发端事件。

他用英语讲的故事中的行为没有具体的目标导向。语法上，HV 在西班牙语中一贯使用过去时。他省略了助动词形式"____ pensando en una cosa"（____ thinking of something），并且在冠词/名词和主语/谓语之间出现了性别一致和主谓一致的错误，例如把"una serpienta"（a snake，女性名词）说成"un serpiente"（a snake，男性名词），把"allino encontraron"（他们 没有发现）说成"allino encontro"（他没有发现）。在英语中，他省略了系动词（如"they ___ friends"），并主要使用第三人称现在时，但省略了"s"语素（"then he wait_"，"then he stop_"）。就衡量不同词汇数量（NDW）、平均语句长度（MLU）和总词汇数量（TNW）3 个方面而言，他的西班牙语评分更高：NDW=45，MLU=4.83，TNW=87。在英语评分中，他的 NDW=22，MLU=4.42，TNW=53。

MLE 期间的可修改性根据中介学习观察（mediated learning observation，MLO）量表评分[3]，该量表是在中介学习期间临床医师对应用叙事语言学习技能观察的评定量表。分数是基于 4 个组成部分的学习，即影响、唤醒、细化和行为。这 4 个部分中的每一个都包括 3 个分量表共 12 个项目。每一项都按照李克特评分标准：1~5 的量表进行评分，得分越低，表明临床医生对患者学习做出的帮助越少，患者的可修正性越高；分数越高，表明临床医生对患者学习做出的帮助越多，患者的可修正性越低。

在 MLE 过程中，HV 展示了自己的优势，包括态度积极、有恒心，在任务中也十分配合。然而在两次 MLE 过程中，他有时没有动力，任务定向困难（他对任务的理解困难）。临床医生还注意到他缺乏元认知技能（错误意识）和解决问题的技能。具体来说，即使有帮助，他也很难完成故事讲述的框架构造。在干预过程中，他只是偶尔谈到一个策略，并没有显示出使用策略的灵活性，不能用策略记住故事中应该包括的成分。当他不认识一个英文单词时，尽管有提示和提醒，他也不会试图描述它或阐明这个单词的意思。

后测为临床医生提供了观察 HV 的可修改性和改变的机会，无论是用英语还是西班牙语叙述故事，他都表现出困难，在故事成分各个方面也表现出持续的困难。他对人物的描述表现为从前测的简单描述到后测的完全省略。例如，他把西班牙语中的角色称为"este"（这个），把英语中的角色称为"the animal（这种动物）"，而不是使用具体的术语"狗"或"猫"。他在前测或后测中均没有提供背景信息；因果关系也被省略了。在后测中，他使用了与前测相同的时间标记。除了表示心理状态的西班牙语词汇"querer"（想）、"pensar"（思考）和"esta enojado"（疯狂），他的故事构思和语言具体、书面。他用西班牙语和英语编造了简单的尝试和结局，但他的穿插结构在复杂性方面并没有改善。语法上，他使用英语的"was+ 动词 ing"来表达几个过去的事件，而在前测中，几乎所有的事件都是用现在时表达。他使用第三人称现在时时会过度概括（"this animal who look 'ats' this"、"he wanna 'gets' this"）。他的英语水平稍有提高。从表 6-1 中可以看出，他在后测中提高了英语的 NDW、MLU、TNU 和 TNW。西班牙语得分情况为，NDW=36，TNW=62，TNU=13，MLU=4.7。尽管他用英语讲故事的能力略有提升，但与一、二年级学习英语的双语同龄人相比，他的后测表现在几个指标上比正常水平低了不止 1 个标准差[4]。

【读者问答】

1. YL 是一个上幼儿园的 5 岁小女孩，因为她在课堂上使用的词汇量有限，老师很担心，所以推荐她进行语言能力评估。治疗记录显示，她以英语为第二语言，在家讲中文。家长表示她没有上过学前班，这是她第一年上学。他们还表示，她能够与兄弟姐妹正常互动。动态评价关注她的词汇学习，发现她在表达性单字图画词汇测试（2000 版，EOWPVT-2000）中得分较低，标准得分为 67 分。MLE 显示她具有高度可修改性。后测分数显示，当她不认识一个单词时，描述和类别名称的使用略有变化。她的 EOWPVT-2000 的后测成绩是 85 分。你的下一步是：

(1) 诊断为言语语言发育迟缓，推荐言语语言治疗以增加词汇量。

(2) 建议在她掌握足够的英语后 1 年，监测语言

表 6-1　前测和后测叙述得分

		总分	故事组成	故事理念和语言	故事情节	NDW	TNW	TNU	MLU
预测验	英语	18	7	9	2	22[a]	53[a]	12[a]	4.4
	西班牙语	20	6[a]	11	3	45	87	18	4.8[a]
后测验	英语	16[a]	7[a]	7[a]	2	34	71[a]	15	4.7[a]
	西班牙语	19[a]	7[a]	10	2	36	62[a]	13	4.7[a]

MLU. 平均语句长度；NDW. 不同词汇数量；TNU. 话语总数；TNW. 总词汇数量
a. 比同龄人低 1 个标准差以上

习得情况并重新测试。

(3) 不要诊断为言语语言障碍，也不建议干预。但一定要向她的老师提供一些在课堂上促进英语词汇学习的建议。

答案：(3) 正确。英语知识有限不能算作语言障碍。此外，通过单个词汇测试诊断语言障碍的准确性通常很差。在动态评价中，YL 在几次干预后的测试中成绩显著提高，从而提高了后期测试的分数。她在 MLE 期间反应迅速。她反应灵敏，前测到后测的第二语言（她几乎没有使用第二语言的经验）成绩显著提升，表明她没有语言障碍。如果课堂老师不熟悉典型的第二语言习得，了解更多的正常语言习得过程可能会对他或她有帮助。这些孩子的英语词汇量有限，这可能并不罕见。他们可能会使用描述和相关词汇。对于正在学习英语的儿童，促进理解的策略包括示范、塑造和教学过程中的视觉支持。

(1) 不正确。YL 对干预有显著的前测和后测变化，且对干预反应高度敏感。她展示的模式似乎更像一个普通孩子在英语学习的早期阶段的表现。

(2) 不正确。对于一个处于英语二外学习早期阶段的孩子而言，YL 的表现十分典型。没有必要监测和测试。

2. 为什么动态评估对于一个文化和语言多元（culturally and linguistically diverse，CLD）的学生是一种有价值的语言评估方法？

(1) 动态评估获得语言测试标准分数。

(2) 动态评估可以观察孩子的学习方式，而不是已学知识。

(3) 动态评估允许您评估所有的儿童，不管您对

他们的任何语言的熟练程度如何。

答案：(2) 正确。动态评估可以让临床医生观察孩子的学习过程，并在语言学习任务中为搭建学习框架提供认知策略，改善学习表现。通过使用前测、中介学习和后测框架，通过提供针对特定技能的指导实践，可以避免缺乏评估经验和不熟悉评估任务的情况。对于许多 CLD 儿童来说，不熟悉测试程序可能会妨碍他们的表现，从而导致不恰当的语言障碍诊断。大多数标准化语言测试的规范性样本并不反映 CLD 儿童的语言和人口背景的多样性。

(1) 不正确。动态评估框架根据从前测到后测的变化、后测结果、可修改性和临床判断的观察来诊断语言障碍，但不考虑标准化测试分数。

(3) 不正确。如果临床医生并不熟悉孩子使用的语言，可能有必要请一位翻译来辅助评估。如果孩子能正常使用英语，在学习环境中也能很好地使用英语，通过用英语中介学习仍然可以获得有用信息。

3. 评估 HV 语言能力的最佳做法是什么？

(1) 英语考试，因为英语最终是他在学校使用更多的语言。

(2) 如果有必要，使用口译员进行西班牙语测试，因为他使用西班牙语多于英语。

(3) 让口译员进行两种语言的测试，这对确定他的整体语言能力而言必不可缺。

答案：(3) 正确。评估语言技能的目的是获得有关交际能力的信息，包括儿童在不同语境中使用的语言。就 HV 而言，我们考虑他在家庭和学校所需的语言。对于一个正在学习英语的孩子来说，如果没有给予足够的机会来发展这些语言技能，他们在学习第二语言的过程中就会出现错误，或者在使用

第一语言的过程中也会出现错误。任何一种语言出现使用错误都可能被误认为语言障碍，因此必须确定两种语言的使用能力。

(1) 不正确。尽管这一信息对确定 HV 的英语能力很重要，但光靠这一信息并不能完整概括 HV 在不同语境下的沟通能力。

(2) 不正确。HV 用西班牙语的时间比用英语的时间多。尽管他还在学习英语的过程中，他接受了大量的英语输入，所以有必要确定他的两种语言技能是如何发展的。如果临床医生只说英语，可能需要一个口译员引出一个故事，进行转录和语言样本的审查。

4. 一个孩子在学校学习英语并能用英语进行交流，在家里却说另一种语言，有什么可行的选择来开展 MLE？

(1) 如果孩子能使用两种语言，那么可以用其中一种语言开展中介学习。

(2) 只能用孩子更有经验的语言开展中介学习。

(3) 绝不能用孩子缺乏经验的语言开展中介学习。

答案：(1) 正确。对于学习英语并能使用该语言的儿童来说，如果临床医生具备双语能力或有口译员的话，可以用英语开展中介学习，也可以用儿童的母语开展中介学习。目前缺乏具备双语能力的临床医生，从中介学习中获得的信息可能是有用的。例如，在典型的一周时间里，HV 使用英语的时间超过了 20%。他通过造句和利用自己的英语词汇，在前测时用英语叙述了一个简单的故事。在中介学习过程中，临床医生会确保输入内容是可理解的，并在提供个体化指导的同时，为提高儿童的英语能力做准备。双语儿童应该能在日常生活中使用英语，这样英语中介学习才合适。Peña 等表示，通过用双语儿童不太熟悉的语言展开英语中介学习，他们仍然能够准确地辨别出有语言障碍和没有语言障碍的儿童。通过观察 MLE 期间学习行为的可修改性和实质性差异，他们做到了这一点。儿童在学习英语作为第二语言的过程中，可能会受第一语言影响而出现语法错误。然而，这些孩子应该表现出良好的词汇生产能力，即使在词汇量有限的情况下也应该能说出故事的大部分元素。

(2) 不正确。临床医生仍然可以通过用孩子不那

么熟练的语言进行中介学习来获得有价值的信息。

(3) 不正确，其推理与上述选项相同。

【障碍描述和推荐治疗方法】

值得注意的是，HV 的父母和老师都对他的语言能力表示担忧。他的老师可能将他和其他双语的一年级学生作过比较，注意到他的西班牙语和英语都不如他的同龄人。同样，HV 的父母也注意到他使用西班牙语的方式与他们的家庭和社区的期望不一致。对于双语儿童，家长和老师通常会提供可靠的语言表现评分。来自故事抄本的证据表明，HV 在包含叙事成分方面，从前测到后测并没有很大的改善。当儿童不熟悉评估任务时，仅使用前测方法可能会在具有 CLD 背景的儿童的评估过程中引入偏见。经过实践和中介学习的后测方法能更好地反映语言学习能力。HV 的前测语言能力成绩比同样接受英语中介学习的双语一年级和二年级同龄学生（$n=24$）低 1 个标准差（$n=24$），包括 NDW、TNW 和 TNU，与同龄学生测试成绩相比：NDW $M=44.6 \pm s=19.6$；TNW $M=124.3 \pm s=70.9$；TNU $M=20.8 \pm s=9.1$。在西班牙语中，HV 的故事组成成分和他的 MLU（$M=10.1 \pm s=0.9$）和 MLU（$M=5.7 \pm s=0.9$）比同行低 1 个标准差。在后测中，HV 在叙事和语言产出方面的表现都低于他的同龄人（比正常水平低了一个标准差以上）。具体来说，HV 的总叙事得分、故事成分和语言产出测试成绩（包括 TNW 和 MLU）都低于他的双语同龄学生：英语总分 $M=30 \pm s=7.9$；西班牙语 $M=29.7 \pm s=7.6$；英文故事成分 $M=11.2 \pm s=2.3$；西班牙语 $M=11.4 \pm s=3.1$；英语 TNW $M=139.4 \pm s=57.4$；西班牙语 $M=132.3 \pm s=50.1$；MLU=$M=6.2 \pm s=1.2$；西班牙语 $M=6.1 \pm s=1.3$。在英语中，HV 的故事构思和语言比他的同龄学生要低 1 个标准差（$M=14.5 \pm s=4.9$），因为在西班牙语中，他的心理状态动词的加入有所提高，因此他在这项测试中的得分与同伴相当。HV 似乎没有从两个旨在提高他的叙述技巧的中介学习中获益，而他的正常发展的同龄学生却有所提高。HV 在后测中的表现与家长和老师对其语言的担忧一致。

在可修改性方面，HV 的学习观察表明存在语言障碍预兆（表 6-2）。元认知困难、灵活性差和

表 6-2　**MLE1 和 MLE2 的可修改性评分**

MLE 组成部分	目标点	MLE1		MLE2	
		得 分	描　述	得 分	描　述
内部的社会性（影响）	焦虑	1	平静，几乎不需要抚慰	1	平静，几乎不需要抚慰
	动机	3	矛盾的，对任务目标不确定	2	好奇，表现出兴趣
	耐挫折	1	持久，尽管困难但仍希望继续	1	持久，尽管困难但仍希望继续
认知唤醒	任务导向	2	大部分能理解任务（75%）	3	有时能理解任务（50%）
	元认知	2	意识到大多数错误（75%）	3	有时能意识到错误（50%）
	非语言自我奖励形式	1	无论困难与否，能积极地完成任务	1	无论困难与否，都能积极地完成任务
认知精化	问题解决	2	有条理，但效率不高(＜25%的任务)	3	粗略的计划，反复试验
	语言的沟通	3	偶尔交谈	3	偶尔交谈
	灵活性	3	一些证据表明不止一种策略，并偶尔使用它们	3	一些证据表明不止一种策略，并偶尔使用它们
外部的社会性（行为）	反馈响应	2	积极但犹豫，需要一些反馈	1	非常积极，保持热情
	注意力	2	注意力集中，但有时容易分心	2	注意力集中，但有时容易分心
	服从度	1	合作	1	合作

MLE. 中介学习经验

任务定向困难是可修改性涉及的领域，通过后测测试，辨别双语和 CLD 儿童有无语言障碍的能力得到显著提高。在语法方面，英语的前测和后测文本都在很大程度存在语法不规范问题，西班牙语的情况稍好，但也存在一些不符合语法的语句。英语语法错误包括第三人称、现在时、系动词及助动词省略 "to be"。在西班牙语中，HV 的错误包括性别一致、主谓一致，及省略助动词 "estar"。

HV 的治疗方案包括双语干预。从 MLE 中收集到的关于 HV 语言学习的信息应该被用于发展意识认知策略和错误识别。为了使两种语言的进步最大化，应该选择有利于两种语言的目标，提高西班牙语和英语的语言能力。两种语言的目标都应该包括角色的故事语法成分和更多描述的场景，包括起因，解决问题的人物计划，及改善情节结构的尝试和结果。为提高故事衔接和句型复杂度，应该把使用词语来标记事件顺序和包含因果信息作为目标。例如，针对使用 "because" 或 "porque" 来包含因果信息和关系从句，以此给出更多关于背景或性格细节的描述，能够刺激 HV 使用更复杂的话语。此外，HV 没有使用高级或特定的词汇。在复述故事时包含更多的细节也会有助于 HV 使用更具体的词汇，提出更多的观点。语法上，系动词和助动词应该是两种语言的目标。HV 开始在西班牙语中使用过去时，应该引导他使用英语的过去时 "ed"，并与第三人称现在时 "s" 语素作对比。

要点
- 两种语言的前测和后测可以评估两种语言的模式。
- MLE 期间的观察应纳入治疗计划。
- 叙事评估的结果可以指导针对语法和词汇的干预。

推荐阅读

[1] Miller J, Chapman RS. SALT for Windows-Research version 7.0. Madison, WI: Language Analysis Laboratory, Waisman Center, University of WisconsinMadison; 2002

[2] Miller J, Iglesias A. Systematic Analysis of English and Spanish Language Transcripts. Madison, WI: Language Analysis Laboratory, Waisman Center, University of Wisconsin-Madison; 2002–2004

[3] Squires KE, Lugo-Neris MJ, Peña ED, Bedore LM, Bohman TM, Gillam RB. Story retelling by bilingual children with language impairments and typically-developing controls. Int J Lang Commun Disord . 2014; 49:60–74

参考文献

[1] Miller L, Gillam RB, Peña ED. Dynamic Assessment and Intervention: Improving Children's Narrative Skills. Austin, TX: Pro-Ed; 2001

[2] Peña ED, Gillam RB, Malek M, et al. Dynamic assessment of school-age children's narrative ability: an experimental investigation of classification accuracy. J Speech Lang Hear Res. 2006; 49(5):1037–1057

[3] Peña ED, Reséndiz M, Gillam RB. The role of clinical judgments of modifiability in the diagnosis of language impairment. Adv Speech Lang Pathol. 2007; 9:332–345

[4] Fiestas CE. The Dynamic Assessment of Narratives: A Bilingual Study. [doctoral dissertation]. 2008. Available at: http://www.lib.utexas.edu/etd/d/2008/fiestasc36454/fiestasc3645.pdf

[5] Peña ED, Gillam RB, Bedore LM. Dynamic assessment of narrative ability in English accurately identifies language impairment in English language learners. J Speech Lang Hear Res. 2014; 57(6):2208–2220

[6] Bedore LM, Pena ED, Joyner D, Macken C. Parent and teacher rating of bilingual language proficiency and language development concerns. Int J Biling Educ Biling. 2011; 14(5):489–511

案例 7

幼儿口吃
Stuttering in Young Children

John A. Tetnowski **著**

全交界 **译** 杨 柳 徐洋凡 **校**

【概述】

口吃的评估和治疗十分复杂，并且有几个突出的问题。首先，当孩子开始口吃时，父母通常并不确定这一情况，也不确定这种语言模式是否代表正常发展，或者是否需要干预。孩子确诊为口吃后，父母也不确定他们是否应该立即干预，还是等待观察口吃是否会随着时间推移而消失。最后，当父母希望开始治疗时，他们却找不到当地"专家"。

【临床病史和病情描述】

GC 是一名 2 岁 6 个月的儿童，根据他母亲的描述，他已经有 7 个月的"中—重度不流畅"口吃，虽然他的"语言表达"有了提高，但她和丈夫仍然非常担心。因为她所在的地区没有流利性语言专家（fluency specialist，FS），她便找到了另一个州的流利性语言专家，并通过一个关闭的邮件列表与美国言语语言听力协会的关于流利性和流利性障碍的特殊兴趣小组（special interest group，SIG）取得了联系。通过这次联系，她通过电子邮件和电话咨询到了本文作者。作为初始步骤，作者建议她记录下 GC 几种不同的说话情况以供检查。在 1 个月内，她向作者提供了几个短的语音样本来确定 GC 是否需要进行全面评估。此外，作者还询问了她 GC 的语言流利程度。GC 是独生子，出生史和发育史都没有异常。他的一个叔叔小时候有过短暂的口吃病史，后来康复了。此外，她还表示 GC 有时很"顽固""性

情敏感"（例如，他容易烦躁，很难平静下来）。此外，GC 将要过 2 岁生日时就开始口吃了，尽管自从口吃后情况一直变化，但她表示他的言语能力逐渐下降（用他母亲的话来说是"更加坎坷"）。GC 以前没有接受过任何治疗，对自己的口吃也不是特别关注。然而，他的父母都很担心他讲话的流利性。

【临床测试】

根据最初的互动结果，建议对 GC 进行正式评估。为了评估 GC 的讲话和交流技能，他的母亲带着他开了大约 3h 的车。GC 完全配合。据他母亲所说，他的语言就他的年龄来说相当早熟。GC 很配合地完成了所有任务。他的发音、声音和语言技能在主观判定中处于正常范围，甚至稍微超出正常范围。作为评估过程的一部分，他的言语在几个不同的环境和语言要求水平下进行了评估。这一信息来自于临床评估（使用了几种适合年龄的玩具、图片和标准工具）。任务包括命名及不同长度和语言复杂度的复述任务。评估结果见表 7-1。

除了讲话样本，还完成了非流利口吃权重（weighted stuttering–like disfluency，W–SLD）评分、正式口吃评估、特别是口吃严重程度量表 –4（stuttering severity instrument-4，SS1-4）[1] 及和 GC 的母亲访谈 [2]。GC 的 W–SLD 得分为 35 分，SSI-4 得分为 24 分，属于中—重度范围。访谈显示，父母双方都非常担心他的口吃问题，想要给他最好的治疗。他们还表示，当他口吃时，他们不知道该怎

表 7-1　疑似口吃的 2 岁 7 个月幼儿临床测试结果

任　务	%SS	%nf	Dur	口吃类型	
单音节词命名	25	25	2s	PWR	
单音节词复述	10	10	1s	PWR	
多音节词命名	10	12	2s	PWR	PR
多音节词复述	5	5	2s	PWR	
与言语语言病理学家会话	8.6	8.8	3s	PWR	PR
与父母会话	7.6	8.0	3s	PWR	PR

Dur. 最典型口吃的持续时间；%nf. 所有非流利（口吃和非口吃类型）语言百分比；%SS. 口吃音节百分比；PR. 短语重复；PWR. 部分单词重复

么办，但也试图不引起他的注意。父母都愿意"不惜一切代价"帮助他度过这段时期。

【读者问答】

1. 根据临床评估结果，该儿童的言语为：

(1) 对他的年龄来说是正常的。

(2) 口吃。

(3) "正常"不流利。

(4) 不清楚是否正常或不正常。

答案：(1) 不正确。10%～25% 范围内的口吃频率属于不正常。重要的是要注意到，他几乎所有的不流利都是自然状态下的口吃。在某些情况下，一个小孩可能会表现出大量非口吃的不流利。GC 几乎所有的不流利都是口吃，例如，在单音节命名任务中，25% 的口吃水平与不流利性的整体水平（也是 25%）是相同的。因此，他的不流利没有一个属于流利障碍的类别。

(2) 正确。口吃的定义是使用部分词的重复、延长、停顿和单音节词的重复。在不同的任务中出现高水平的口吃（10%、25% 等）代表真实的口吃。口吃和不流利的鉴别至关重要。

(3) 不正确。临床医生必须区分口吃和不流利。不流利包括多音节词重复、短语重复、插入词、修正、不完整短语和不完整的单词。

(4) 不正确。这个小孩说话明显是真正的口吃。口吃的程度确实超出了正常范围。

2. 现在就开始治疗还是由临床医生提供一种替代方案？

(1) 现在开始直接治疗。

(2) 现在开始间接治疗。

(3) 推迟到 3 岁开始治疗。

(4) 推迟到上学开始治疗。

答案：(1) 正确。这个孩子已经口吃 6 个多月了。虽然他有可能自行恢复，但"口吃随着时间推移而加重"的趋势表明持续口吃的可能性很大。

(2) 不正确。虽然这个答案在一定程度上是正确的，但就现在开始治疗而言，早期的儿童干预项目，如利德库姆方案（Lidcombe program），以家庭为中心的治疗，及亲子互动治疗都是有效的。所有这些项目都采用直接干预策略，而不是把简单地改变环境作为主要的治疗手段。

(3) 不正确。这个孩子已经口吃 6 个多月了，而且口吃越来越严重，这些发现为开始治疗提供了依据。

(4) 不正确。这个孩子已经口吃 6 个多月了，而且口吃越来越严重，这些发现为开始治疗提供了依据。

3. 下列哪一项是"持续性"口吃的危险因素？

(1) 他是独生子。

(2) 他是男性。

(3) 他的叔叔也口吃。

(4) 他以前没有接受过治疗。

答案：(2)正确。男性口吃的概率是女性的 2～12 倍。

(3) 正确。口吃的家族史是口吃的风险因素，这种关联不一定来自兄弟姐妹，也可以是父母、祖父母或其他亲戚。

(1) 不正确。没有证据表明独生子女比有兄弟姐妹的孩子更容易口吃。

(4) 不正确。没有证据表明以前是否接受治疗会使儿童有较高（或较低）的口吃风险。

4. 如果推荐治疗，什么是最好和最有效的干预类型，应该以什么形式实施？

(1) 由当地的言语语言病理学家（非流利性语言专家）进行间接治疗。

(2) 由当地的言语语言病理学家（非流利性语言专家）进行直接治疗。

(3) 父母开车送孩子到其他地区的言语语言病理学家（流利性语言专家）那进行直接治疗。

(4) 由一位愿意通过视频／电话会议提供远程治疗的言语语言病理学家（流利性语言专家）进行直

接治疗。

答案：(4) 正确。最近研究（特别是利德库姆方案）表明远程干预（例如，网络摄像头传送）和面对面的治疗对口吃幼儿一样有效。

(1) 不正确。对于患有持续性口吃的幼儿，间接治疗没有直接治疗有效。

(2) 不正确。母亲对当地的治疗方案感到不舒服，因为当地医疗人员都不是是经过认证的语言流利性专家。

(3) 不正确。这不是最好的答案。对于这个家长来说，最近的经过认证的语言流利性专家距离他们有 3h 的车程。

【障碍描述和推荐治疗方法】

GC 表现症状为口吃。而且，持续口吃的风险因素包括：①显著的口吃大于 3%；② W-SLD 评分高达 35 分；③男性；④口吃持续恶化超过 6 个月；⑤敏感性情；⑥有口吃的家族史；⑦父母过度关注。

由于 GC 距离流利性语言专家几乎有 3h 的车程，因此建议通过网络摄像头进行针对早期口吃的利德库姆方案[3]。针对早期口吃的利德库姆方案是一个以行为为基础的干预方案，目标是通过适当加强流利的语言来消除口吃。该方案的大部分是由一位接受过言语语言病理学家训练的家长执行。通过多个随机对照试验，该方案已经被证明非常有效。开展治疗的言语语言病理学家都接受过利德库姆培训协会的培训。最近的证据表明，利德库姆方案以这种方式（通过网络摄像头）实施时具有足够的有效性[4]。治疗计划每周进行 1 次，每天由 GC 的母亲安排在家练习。每天发送短信来跟踪进度及解决问题。每天的严重程度评级（severity rating，SR）也根据复杂程度和分配任务的需求发送。每项任务都有一个严重程度评级，分值为 10 分，1 分表示没有口吃，10 分表示口吃非常严重。GC 的父母接受了这种方法的训练，以确保治疗师和母亲之间意见一致。随着治疗的继续，GC 对书籍的热爱开始显现，许多治疗活动都围绕着书籍和其他有趣的活动展开。利德库姆方案的一个主要理念是：治疗必须是愉快的，经过一段很短的时间，GC 很明显非常享受与他母亲待在一起的个人时间，他们经常分享阅读和合作的经历。

【结果】

经过时长 5 个月的 18 次治疗，GC 的对话口吃率从 8.6% 下降到 0.2% 以下。18 次治疗在开始时的间隔为大约 1 周，直到疗效明显，改每 2 周 1 次，最终减少到每月 1 次。治疗任务是基于 GC 能够互动，并因为"毫无含糊不清的口吃讲话"而获得显著语言奖励的水平。这些任务和适当的强化被演示给 GC 的妈妈每天在家里执行。最初的活动是一个单句、载承句完成任务（如，这是——）。如图 7-1 所示，GC 在短时间内将严重程度维持在 2 或以下水平，并在较长时间内维持这一水平。

GC 通过类似两句话和三句话任务的方式进行，最终实现了更多的在线活动。这些活动包括游戏，但如前所述，通常围绕着分享阅读的活动。这些任务包括在给他读完一本书后对他提出问题，最后发展到他独立讲述一本书的故事。值得注意的是，书从来不是逐字读给 GC 听的，而是按照图片进行释义。这样，他讲故事从来不是死记硬背，而是他自己对故事的理解。他最初的严重程度评分为 3 分，最终进步到连续 22 天的严重程度评分为 1 分。除了严重程度评分之外，在每次治疗开始的自由会话中还计算了他的口吃百分比（%SS）。结果如表 7-2 所示，严重程度评分由开展治疗的言语语言病理学家和 GC 的母亲共同完成。

要点
- ◆ 持续口吃的风险是基于已公布的风险因素。
- ◆ 家长对孩子口吃的意识和他们参与治疗的意愿是治疗成功的关键。
- ◆ 当面对面的会议不可行时远程方式干预可能有效。

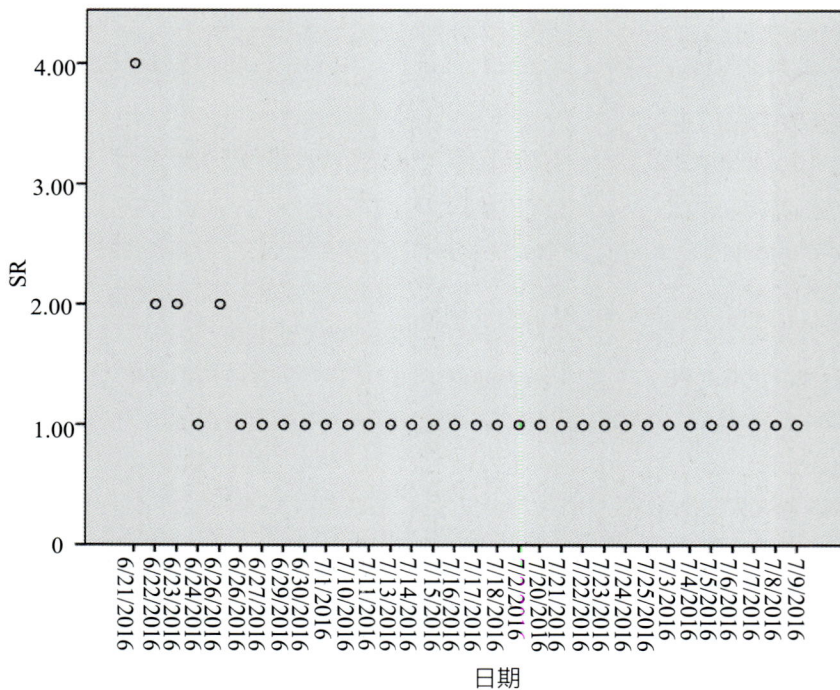

◀ 图 7-1　治疗过程中的每日严重程度评分（SR）

SR 为 1 表示无口吃，得分为 10 表示口吃非常严重

表 7-2　"自由会话"任务过程中的结果

日期	SR（Mom）	SR（SLP）	%SS
2016.06.21			9.8
2016.06.28	5	5	5.8
2016.07.12	6	5	4.9
2016.07.19	4	4	4.2
2016.07.26	6	6	6.8
2016.08.02	5	4	4.5
2016.08.10	3	2	2.2
2016.08.23	2	2	2.3
2016.08.30	2	2	2.3
2016.09.06	2	2	2.6
2016.09.13	2	3	2.4
2016.09.20	2	2	2.1
2016.09.27	1	1	1
2016.10.04	1	1	1
2016.10.11	1	1	0.9
2016.10.18	1	1	1
2016.11.03	1	1	1.15
2016.11.08	2	2	1.7
2016.11.22	1	1	0.17

%SS. 口吃音节百分比；SR（Mom）. 母亲的严重程度分级；SR（SLP）. 言语语言病理学家严重程度分级

推荐阅读

[1] Bernstein Ratner N, Guitar B. Treatment of very early stuttering and parentadministered therapy: the state of the art. In: Bernstein Ratner N, Tetnowski JA, Eds. Current Issues in Stuttering Research and Treatment. Mahwah, NJ: Lawrence Erlbaum Associates; 2006:99–124

[2] Goodhue R, Onslow M, Quine S, O'Brian S, Hearne A. The Lidcombe Program of early stuttering intervention: mothers' experiences. J Fluency Disord. 2010; 35(1):70–84

[3] Ambrose NG, Yairi E. Normative disfluency data for early childhood stuttering. J Speech Lang Hear Res. 1999; 42(4):895–909

参考文献

[1] Riley GD. Stuttering Severity Instrument 4th ed. Austin, TX: Pro-Ed; 2009.

[2] Westby CE. Ethnographic interviewing: asking the right questions to the right people in the right ways. J Child Com Dis. 1990; 13:101–112

[3] Packman A, Onslow M, Webber M, et al. The Lidcombe Program treatment guide. 2014 Available at: https://sydney.edu.au/health-sciences/asrc/docs/lp_treatment_guide_0314.pdf.

[4] Bridgman K, Onslow M, O'Brian S, Jones M, Block S. Lidcombe Program webcam treatment for early stuttering: a randomized controlled trial. J Speech Lang Hear Res. 2016; 59(5):932–939

重度智力残疾幼儿的评估与干预
Evaluation and Intervention for a Young Child with Severe Intellectual Disability

Billy T. Ogletree **著**

林舜娜 **译**　　叶乐乐　徐洋凡 **校**

【概述】

BT 是一个患有重度智力障碍的 3 岁男孩,本案例记录了对 BT 沟通能力评估和干预治疗的全过程。BT 的沟通能力障碍与重度智力障碍有明显的一致性延迟。本案例介绍了基于沟通的治疗服务的关键特性。早期康复治疗对重度智力障碍的儿童有利,其重点主要在于提供良好的沟通对象和环境。

【临床病史和病情描述】

BT 是在妊娠 27 周时通过剖宫产分娩的足月小样儿,有显著的智力障碍家族史。BT 在新生儿重症监护室治疗 8 周出院后,参加了发育随访门诊。他最初被诊断为低频中度听力受损。另外,他在 8 月龄的时候发育里程碑出现严重延迟,因此一个具备言语语言病理学家(speech–language pathologist, SLP)的专家团队诊断他存在重度智力残疾,同时疑是视力受损。

BT 的父母和一位早期干预治疗工作者共同合作,让BT 在家接受早期干预治疗。BT 出生后第 2 年,治疗重点是进行总体发育干预。SLP 和早期干预专家对他的诊断和干预进行了全程的管理。18 月龄时,他已经能够翻身、独坐及伸出双手拿物体。佩戴了双侧助听器和矫正眼镜后,他还能够注视别人的脸或他所感兴趣的东西。到 24 月龄时,他能坚持伸手去拿东西,如果沟通尝试失败,他会发出一些没有辅音的声音(主要是元音尖叫声)来交流。到 36 月

龄时,他已经可以站立,他会通过伸出双手、发出一些声音及做出一些奇特的行为来与他人沟通,表达诉求和抗议。他还接受了 12 个月的直接言语语言治疗训练,同时被推荐参加测试以便为他制订个体化教育计划。

【临床测试】

BT 的评估有 3 个侧重方面[1]。这个评估测试主要评估目标有儿童本身、沟通伙伴和在沟通时相关环境这 3 个方面。他的早期治疗由早期干预治疗协助组织(IDEA C 部门)制订。在他 3 周岁时,他在当地学区参加了一个全方面发展与教育团队的评估测试。该团队关注发育发展的所有领域,包括初期沟通能力。SLP 评估以回顾 BT 的日常记录及咨询负责 BT 感知障碍的团队展开。随后,他和他的父母就进入了预评估人员安排阶段。具体来说,就是询问了他的父母一些关于交流沟通目标的问题。他也接受了非正式的观察,他的父母同意通过协助取样和接受一些有限的测试管理来参加和参与交流测试。随着测试进行,他的父母也要求分享实时测试情况。专家开始对他的早期语言能力、生理健康和生长发育情况进行问卷测试。他的父母收到了来自 MacArthur 沟通发展量表(communicative development inventories,CDI)[2] 的单词和手势表,需要在 BT 完成正式评价前填完该表。

BT 的评估在家进行,他的父母也在场。在整个评估测试过程中,BT 戴好了助听器和眼镜,且

助听器和眼镜可以正常使用，无任何问题。测试开始时，专家指示他的父母用日常生活的方式与他玩游戏。他的父母从他的房间拿出了他最喜欢的玩具，然后在各种各样的游戏和日常活动中引入这些玩具。测试时，专家团队观察 BT 和父母的沟通行为，并把特定于表达交际意图、协调注意、情感和游戏相关数据给记录下来，研究人员还记录了父母作为沟通伙伴对他自然语言能力沟通的反应。测试进行大约进行 10min 后，SLP 也加入了游戏，并慢慢地进行沟通尝试，并和他玩起沟通及象征性行为发展量表（communication and symbolic behavior scales，CSBS）[3]中的卡牌游戏。BT 的母亲定时协助专家完成沟通任务，并收集关于学习者和沟通伙伴相关评估数据来完成沟通矩阵[4]及沟通复杂性量表（communication complexity scale，CCS）[5]。　收集并整理了评估数据和材料后，SLP 分享了评估阶段的观察结果，并要 BT 父母确认或澄清他们对 BT 能力的看法，及日常环境和家长对沟通机会作为这些设置功能的看法。

BT 的 CSBS 评估（学习者发现）显示，他是一个有意图的非符号沟通者，他用没有辅音的声音和手势（如伸出双手）来要求和抗议，偶尔也会通过推人等行为来抗议。BT 的 CCI 评分从 7 分到 9 分不等，显示了 3 个因素的存在及使用声音、伸手拿和给来进行沟通并达到目的和要求。BT 应用沟通矩阵后表明了他有Ⅳ级的行为能力特征，其特征与 CSBS 和 CCI 测试的结果相一致，即使用传统沟通模式要求得到物品。

对 BT 的沟通伙伴测试显示，一些沟通伙伴没有对他的非符号沟通形式做出任何反应。BT 的环境评估显示潜在的环境改变会增加沟通机会。

【读者问答】

1. 这个案例实施了具有 3 个侧重方面的方案，这一方案的一个明显好处是：

(1) 成本效益立即提高。

(2) 从广泛的包容性角度处理测试问题。

(3) 仅为干预计划提供客观数据。

(4) 仅为干预计划提供主观数据。

答案：(2) 正确。这个 3 方面侧重的方案提供了

关于 BT 学习能力、沟通伙伴的配合能力和沟通环境有关的客观数据和主观数据，帮助加深了 SLP 对 BT 沟通能力的了解，通过对以上这些方面中提供的数据进行针对性的干预治疗，可能获得更好的治疗效果。

(1) 不正确。3 方面侧重的方案长期来看可能会有所省钱，但会大大增加 SLP 的工作强度。

(3) 和 (4) 不正确。3 方面侧重的方案均生成客观和主观数据。

2. 预评估人员安排提供：

(1) 对 BT 进行一些初步观察和讨论父母参与评估过程的机会。

(2) 标准化测试开始的时机。

(3) 了解 BT 感知状态的具体信息。

(4) 团队成员见到 BT 及其家人的机会。

答案：(1) 正确。预评估人员安排可以确定评估过程的期望。这也同时为讨论父母在评估中的角色提供了平台，为观察 BT 提供了机会。

(2) 不正确。预评估人员安排期间没有进行测试，这是准备评估计划和进行一些初步观察的时间。

(3) 不正确。尽管非正式观察可能有助于更好地了解 BT 的感知状态，但具体信息需要测试或记录调查才能了解。

(4) 不正确。SLP 与 BT 及其父母开展预评估人员安排。

3. MacArthur 沟通发展量表[2]是：

(1) 需要 BT 父母完成的特定于自然沟通能力的表格。

(2) 供 SLP 使用的结构化沟通采样程序。

(3) 评估 BT 语法能力的工具。

(4) 比较游戏时段与其他时段的初期沟通能力差异的工具。

答案：(1) 正确。CDI 是一种评估手段，能够让 BT 父母记录下 BT 的初期手势、单词和早期短语。

(2) 不正确。CDI 没有特定的采样程序，而是让父母观察和记录 BT 早期沟通形式。

(3) 不正确。CDI 可以记录初期短语，并不能记录更高级的语法。

(4) 不正确。CDI 不处理初期游戏。

4. 同时使用了沟通及象征性行为发展量表（communication and symbolic behavior scales, CSBS）[3] 沟通矩阵[4] 进行评估，这两种评估方法的相似之处在于：

(1) 都是专门为重度智力残疾儿童设计。

(2) 都包括由临床专家指导的沟通采样。

(3) 都是专门用于评估处于前符号时期及符号发展早期水平的儿童的沟通能力。

(4) 都评估游戏。

答案：(3) 正确。这两个指标都是设计来评估为了前符号时期及符号发展早期水平的儿童的象征性沟通能力水平。

(1) 不正确。沟通矩阵评估的是重度智力残疾儿童的具体沟通能力。

(2) 不正确。只有沟通及象征性行为发展量表包含了由临床专家主导的沟通采样。

(4) 不正确。沟通及象征性行为发展量表专门评估早期游戏。

【障碍描述和推荐治疗方法】

BT 的发育迟滞问题最开始可能是源于母亲妊娠时间缩短和其出生时身体弱小（即子宫内生长受限）[6]。因为其家族遗传病史及随着他的发育状态和实际年龄愈发的不符合，BT 的诊断结果变得非常明确，同时他的双重感知障碍也为诊断结果提供了线索。综上所述，最合适 BT 的诊断结果是重度智力残疾。该诊断结果出现在 DSM-5 的神经发育障碍中，并用于在发育期出现明显的智力和适应性缺陷时[7]。

语言前环境教学（prelinguistic milieu teaching,

PMT）和家长反应训练[8] 被认为是合适的治疗措施，因此 PMT 在治疗过程中会被反复使用。随着期望值越来越高，通过常规打断说话以增加沟通机会，并使用提示来引导有意的交际行为。由于 BT 已会进行请求和抗议，所以初步治疗工作的重点是扩展 BT 的沟通行为方式，将评论或问候包括进来。BT 偶尔使用沟通行为也可以通过 PMT 来解决。也就是说，平常的沟通手段如手势或发声行为可以作为任何异常行为的替代。

PMT 是进入非符号有意图沟通早期发育阶段的儿童的首选治疗措施[9]，能够为智力残疾儿童提供经验支持，并且父母的参与可以提高其作用[10]。在 BT 的案例中，父母训练的重心包括日常生活训练、教育环境策略及识别和回应 BT 的非符号沟通。在日常生活环境下，父母的参与让 PMT 成为一个 3 方面侧重的友好治疗选择。

【结果】

干预治疗了 6 个月后，BT 扩大了他的有意沟通方式，包括通过远端手势（如点和波）来表达非符号的评论和问候。这拓宽了他的交际范围，提供了更多社交机会。此外，BT 还用更加合适的沟通行为方式（如点头并发声）来替代以前异常的沟通行为方式（如推人或物）。现阶段 BT 的治疗已经转向通过引入物体和照片等其他方式来拓宽他的请求行为，以此协助他的日常交流。

最后，BT 的父母和其他与此事相关者还参与了手势词典的创建，用来帮助了解非符号形式表达。他的大部分日常生活环境都融入了沟通机会，为非符号沟通行为创造练习。

要点

◆ 有证据表明智力残疾幼儿早期接受干预治疗是有益的[11-13]。这些干预在使用了有证据支持的训练后能够发挥最大效用。

◆ 对沟通伙伴和沟通环境的更大关注为干预治疗提供了更广阔的平台，可能促进积极变化。

◆ 出于更多目的而交流的能力将使 BT 成为一个更成功的沟通者，并将提供对他的交际能力的积极认识。

推荐阅读

[1] Brady NC, Bruce S, Goldman A, et al. Communication services and supports for individuals with severe disabilities: Guidance for assessment and intervention. Am J Intellect Dev Disabil. 2016; 121(2):121–138

[2] Snell ME, Brady N, McLean L, et al. Twenty years of communication intervention research with individuals who have severe intellectual and developmental disabilities. Am J Intellect Dev Disabil. 2010; 115(5):364–380

[3] Hebbeler K, Spiker D, Bailey D, et al. Early intervention for infants & toddlers with disabilities and their families: participants, services, and outcomes. Final report of the National Early Intervention Longitudinal Study (NEILS). 2007. Available at: http://www.sri.com/neils/pdfs/NEILS_Report_02_07_Final2.pdf

[4] Warren SF, Fey ME, Finestack LH, Brady NC, Bredin-Oja SL, Fleming KK. A randomized trial of longitudinal effects of low-intensity responsivity education/prelinguistic milieu teaching. J Speech Lang Hear Res. 2008; 51(2): 451–470

参考文献

[1] Siegel-Causey E, Bashinski S. Enhancing initial communication and responsiveness of learners: a tri-focus framework for partners. Focus Autism Other Dev Dis. 1997; 12(2):105–120

[2] Fenson L, Marchman VA, Thal DJ, Dale PS, Reznick JS, Bates E. MacArthurBates Communicative Development Inventories: User's Guide and Technical Manual. 2nd ed. Baltimore, MD: Brookes; 2007

[3] Wetherby AM, Prizant B. Communication and Symbolic Behavior Scales. Baltimore, MD: Paul H. Brookes; 2001

[4] Rowland C. Communication Matrix. 2009. Available at: www.communicationmatrix.org

[5] Brady NC, Fleming K, Thiemann-Bourque K, et al. Development of the communication complexity scale. Am J Speech Lang Pathol. 2012; 21(1):16–28

[6] Resnik R. High-risk pregnancy series: an expert's view. Obstet Gynecol. 2002; 9(3):490–496

[7] American Psychiatric Association. Diagnostic and Statistical Manual of Mental Disorders: DSM-5. Washington, DC: American Psychiatric Association; 2013

[8] Yoder PJ, Warren SF. Effects of prelinguistic milieu teaching and parent responsivity education on dyads involving children with intellectual disabilities. J Speech Lang Hear Res. 2002; 45(6):1158–1174

[9] Warren SF, Yoder PJ. Facilitating the transition from preintentional to intentional communication. In: Wetherby A, Warren SF, Reichle J, Eds. Transitions in Prelinguistic Communication. Baltimore, MD: Paul H. Brookes; 1998:365–384

[10] Fey ME, Warren SF, Brady NC, et al. Early effects of responsivity education/prelinguistic milieu teaching for children with developmental delays and their parents. J Speech Lang Hear Res. 2006; 49:526–547

[11] Bailey DB, Jr, Hebbeler K, Spiker D, Scarborough A, Mallik S, Nelson L. Thirtysix-month outcomes for families of children who have disabilities and participated in early intervention. Pediatrics. 2005; 116(6):1346–1352

[12] Hebbeler K. First five years fund briefing. Presentation given at a Congressional briefing on June 11, 2009, to discuss Education that works: The impact of early childhood intervention on reducing the need for special education services. Available at: http://www.sri.com/neils/pd fs/FFYF_Briefing_Hebbeler_-June 2009_test.pdf

[13] Hebbeler K, Spiker D, Bailey D, et al. Early intervention for infants & toddlers with disabilities and their families: participants, services, and outcomes. Final report of the National Early Intervention Longitudinal Study (NEILS). 2007. Available at: http://www.sri.com/neils/pdfs/NEILS_Report_02_07_Final2.pdf

学龄儿童言语发音障碍的评估和治疗
Assessment and Treatment of a School-Aged Speech Sound Disorder

Kelly Farquharson **著**

黎佩珊 **译**　陈卓铭 **校**

【概述】

这个案例回顾了与一名儿童持续性言语发音障碍相关的复杂问题，尤其突出了在评估和治疗学龄儿童的言语发音障碍时考虑解码和拼写能力的重要性。

【临床病史和病情描述】

B 是一个刚上四年级的 9 岁男孩。他从幼儿园就开始接受了校内的言语治疗服务来纠正言语发音障碍。他在幼儿园时许多语音都是有问题的，但他现在只剩 [r] 的发音有问题。最近 B 的四年级老师反映说 B 的拼写很差，也不会在课堂上大声朗读。她最初认为 B 是因为害羞而不会大声朗读，但现在她表示他明显存在解码单词的困难。尽管现在 B 的言语治疗疗程只着重 [r] 的发音，但他老师提供的信息表明，要确定他的言语发音障碍是否影响了他的读写能力，需要另做测试。

【临床测试】

临床测试必须超出传统的构音测试。评估测试了 B 的言语生成能力［Gold-man-Fristoe 构音测试第 3 版（GFTA-3）[1] 和言语样本测试］、接受性和表达性语言能力［语言基础临床评估第 5 版（CELF-5）[2]］、词汇解码能力［Woodcock 阅读能力测试第 3 版（WRMT-3）[3]］和拼写能力［书写测试第 5 版（TWS-5）[4]］。所有评估均有一个平均标

准分 100 分，平均范围为 85～115 分的标准。标准化评估结果见表 9-1。

B 的接受性和表达性语言能力在正常范围内。有趣的是，他的 GFTA-3 评分仅仅略低于正常范围，年龄较大且只有一个语音错误的孩子通常也是这种情况。B 的语音样本也显示了在单词的所有位置上只存在 [r] 音的畸变和替换。他的 [r] 音的发音错误十分明显，尽管可理解性并没有受到很大的影响，但很明显他意识到这一方面的问题并

表 9-1　Brandon 演讲、语言和识字评估结果

结构成分	评估（子测试）	标准得分
构音	GFTA-3	83
接受性语言和表达性语言	CELF-5	103
	句子理解	10
	词汇结构	11
	句子回忆	10
	句子形式	9
词汇阅读	WRMT-3	80
	词汇辨识	87
	词汇猜测	76
拼写	TWS-5	77

CELF-5. 语言基础临床评价，第 5 版；GFTA-3.Goldman-Fristoe 构音测试，第 3 版；TWS-5.书面拼写测试，第 5 版；WRMT-3. Woodcock 阅读熟练测试，第 3 版

为此感到尴尬。

评估中也包括两个来自 WRMT-3 的子测试：词汇辨识和词汇猜测。词汇辨识测试要求阅读脱离语境的实词，并且这些词汇会随着测试的进行而愈发复杂；词汇猜测测试要求对非词进行语音解码。这些刺激词汇遵循英语词汇规则，但无实义。因此这个子测试考察的是音形对应知识的能力。将这两个测试的结果结合起来创建一个整体组合，B 的该组合结果低于平均范围。B 在词汇辨识测验中的得分表明他具有一定视觉词汇技巧，但是他在理解更复杂的词汇结构上存在困难。这一发现在词汇猜测测试中得到了证实，词汇猜测测试结果表明他在使用音形对应能力理解时存在中等障碍。由于 B 正处于四年级，会接触到许多学术科目中的新词和高级词汇，因此这一缺陷影响尤其重大。

最后，TWS-5 被用来量化 B 的拼写能力。他的这一项分数低于正常水平。在他的书面叙述中，他犯了多种拼写错误，包括标点符号和大写字母缺失和错误。他的拼写错误占写作样本的 38%。重要的是，他的错误反映了字母替换，这些替换反映了他当前的构音错误（如用 "w" 代替 "r" 或在元音中省略了 "r"）。其他的错误反映了他的音形对应知识未成熟（如 "watch" 错写成 "wach"）。另外还有许多语音拼写错误（如 "education" 错写成 "educashun"）和同音词混淆（如 "two" 与 "to" 混淆）。与老师的合作进一步证实了这些错误类型普遍存在于 B 的课堂测验中。

【读者问答】

1. 是否应该向一个仅存在 [r] 发音困难的四年级学生提供治疗服务？

(1) 不应该，因为这种缺陷不会对教育成绩产生不利影响。

(2) 应该，但前提是父母请求治疗服务。

(3) 不应该，因为如果他在四年级时无法发这个音，他可能永远都不会发这个音。

(4) 应该，因为它可能会影响教育表现，并且因人而异。

答案：(4) 正确。美国言语语言听力协会（American Speech Language Hearing Association,

ASHA）和美国教育部已明确表示，应根据具体情况确定对教育表现的不利影响。总政策上表明单一的语音错误不会造成教育影响是不恰当的。正如这个案例所证明，言语发音障碍和读写能力之间通常是存在联系的。

(1) 不正确，案例中的证据表明 B 在课堂上遇到困难。虽然他的言语发音障碍可能被认为是"轻微的"，但它已经渐渐演变成一种影响他阅读和拼写能力的障碍。

(2) 不正确。根据《残疾人教育法》（Individuals with Disabilities Education Act，IDEA）和 ASHA 的《实践范围》文件，有沟通障碍的儿童有权获得有助于他们进入课堂和课程的服务。

(3) 不正确。孩子们在四年级以后能够在言语发音上取得进步。当然，改变言语发音对年龄较大的孩子和治疗师来说都更具有挑战性。但是 B 应该和其他的孩子一样有机会做出这种改变并且获得在课堂上成功所需的技能。

2. 为什么 B 在四年级时会遇到拼写困难？

(1) 他的字母知识薄弱。

(2) 他还没有发展出恰当的语音表征和正字法表征。

(3) 他从来没有学过音形对应关系。

(4) 他有潜在的言语障碍。

答案：(2) 正确。很可能 B 在语音表征的发展过程中受到了限制，从而导致他难以将声音映射到字母上。这种缺陷可能是持续性言语发音障碍导致的。然而这种因果关系尚未明确。

(1) 不正确。作为一名四年级学生，B 能够识别字母表中的字母，但却无法完成正字法映射从而精确解码词义。

(3) 不正确。我们不能假设 B 曾经或没有学过任何特定的技能。我们只能根据他目前在任务中的表现做出临床判断。

(4) 不正确。B 的语言成绩是正常的。

3. 如果在这些方面并没有劣势，那么测试 B 的接受性和表达性语言能力为何很重要？

(1) 由于多年的言语发音障碍，语言能力可能会随着时间的推移而变得薄弱。

(2) 言语发音障碍将确保他获得他所需的服务。

(3) 测试接受性和表达性语言能力并不重要。

(4) 测试接受性和表达性语言能力是一种常见的做法。

答案：(1) 正确。对于一些患有言语发音障碍的儿童来说，在小学早期语言是正常的。然而，随着时间的推移，患有严重的或持续性言语发音障碍的儿童，尤其是那些读写能力受到影响的儿童，他们的语言技能扩展可能会下降。这种缺陷主要与语音系统受损有关；因此对这些儿童而言，音素和字符之间的联系是一个具有挑战性的概念。随着语音系统的发展，词汇的阅读和拼写问题也很可能会发生改变。孩子阅读或练习拼写的次数越少，出现词汇语义和句法技能问题的可能性就越大。

(2) 不正确。不管受到影响的是何种沟通方面，儿童都应获得他们所需要的服务。

(3) 不正确。在出现言语发音障碍的情况下，语言能力可能会随着时间的推移而变得薄弱。除此之外，随着课堂需求的增加，对语言的要求也变得更加复杂。所以，确保语言能力与年龄相符十分重要。

(4) 不正确。语言测试的重要性具有理论依据和临床依据。尽管这是沟通评估中一个常见方面，但是否选择语言测试应该由临床和经验所决定。

4. 对于无法使用标准化的阅读和拼写能力测试的言语语言病理学家（SLP）来说有何建议？

(1) 用临床判断来猜测孩子的阅读和拼写能力。

(2) 与学校老师、阅读专家或学校心理学家合作。

(3) 检查孩子的课堂测试和作业中的强弱项。

(4) (2) 和 (3)。

答案：(4) 正确。通常情况下没有适当的测试。鼓励与相关服务人员共同合作，检查孩子在课堂上创造了什么也具有临床意义。可以用课堂材料来分析学生的理解和拼写模式，此举可以深刻理解学生在课堂上的运作方式。

(1) 不正确。尽管新的 SLP 接受了阅读和拼写评估及干预措施方面的培训，但猜测绝不恰当。从孩子、老师、家长和环境中收集数据才是做出明智临床决策的最佳方法。

仅仅是 (2) 的内容则不正确。由于时间限制或临床医生的流动日程安排等的不便，因此各方之间很难进行协作。虽然大力鼓励合作，但 SLP 也应该用自己对儿童的课堂表现的评估来补充这些信息。

仅仅是 (3) 的内容则不正确。虽然这个方法适合用来检查一个孩子在课堂上是如何运作的，但 SLP 最好能够将这些信息与来自课堂老师或相关服务专家的其他数据相匹配。

【障碍描述和推荐治疗方法】

B 的诊断是持续性言语发音障碍，表现为持续性难以实现适当的清晰的发音。特别是 B 仍然在 [r] 的发音上存在困难。尽管 B 的言语发音障碍仅局限在一种音素上，但这种障碍影响了他在理解和拼写方面的读写能力。因此，他在进入四年级课程时就遇到了困难，因为：①他的言语发音并不清晰，虽然并不是难以理解，但肯定也会引起同学和老师的注意并且分散他们的注意力；②与持续性言语发音障碍有关的社会尴尬情绪导致了他不愿意在课堂上大声朗读；③他由于语音表征和正字法表征表现不佳而难以理解词汇；④他在拼写方面存在困难是因为持续性言语发音障碍影响了他的音形对应能力。

治疗方式针对表达性（发音）和接受性（理解和拼写）的语音技能做出了修改。具体来说，讨论不仅关注音素发音，还关注他对这些音素在语言学上的使用情况的了解。治疗材料包括复杂程度从二年级到四年级不等的基于课程的词汇和拼写词汇。在适当的情况下，B 在一个词汇中突出 [r] 的发音，以便他可以针对可能在课堂上看到的高度相关的词汇来练习正确的语音发音技巧。治疗活动包括语音意识（如押韵、混合和音素删除）、拼读法（如字母处理 / 正字法知识）和语素意识（如前缀和后缀的明确指导）。使用他课程中的词汇和拼写词汇，提供反复的练习从而辨认声音和字母之间的异同是与这 3 个领域有关的任务。重要的是，治疗活动是语境化的（如不使用抽认卡），希望的是能够使言语发音和字母发音技巧在其他情况下普遍地增加理解和拼写的机会。

要点

◆ 在这个案例中，言语发音障碍似乎比语音发音困难更复杂。

◆ 贯穿孩子整个学习过程的持续性言语发音困难可能会导致读写能力方面存在困难（例如，理解和拼写）

◆ 语音学和读写能力之间存在紧密的联系；语音表征知识薄弱的孩子通常在将音素反映到字符上时存在困难。

◆ 对于所有患有言语发音障碍的儿童，应监测其早期的语音意识和阅读技能，以避免在中小学后期出现持续性的阅读和拼写问题。

推荐阅读

[1] Foy JG, Mann VA. Speech production deficits in early readers: predictors of risk. Read Writ. 2012; 25(4):799–830

[2] Lewis BA, Avrich AA, Freebairn LA, et al. Literacy outcomes of children with early childhood speech sound disorders: impact of endophenotypes. J Speech Lang Hear Res. 2011; 54(6):1628–1643

[3] Lewis BA, Freebairn LA, Taylor HG. Correlates of spelling abilities in children with early speech sound disorders. Read Writ. 2002; 15(3–4):389–407

[4] Raitano NA, Pennington BF, Tunick RA, Boada R, Shriberg LD. Pre-literacy skills of subgroups of children with speech sound disorders. J Child Psychol Psychiatry. 2004; 45(4):821–835

参考文献

[1] Goldman R, Fristoe M. Goldman–Fristoe Test of Articulation. 3rd ed. Circle Pines, MN: Pearson; 2009

[2] Semel E, Wiig EH, Secord WA. Clinical Evaluation of Language Fundamentals. 5th ed. Circle Pines, MN: Pearson; 2013

[3] Woodcock R. Woodcock Reading Mastery Test. 3rd ed. Circle Pines, MN: Pearson; 2011

[4] Larsen SC, Hammill D, Moats L. Test of Written Spelling. 5th ed. Austin, TX: Pro-Ed; 2013

复杂病史的儿童发声障碍的评估与治疗
Assessment and Treatment of Pediatric Dysphonia with a Complex Medical History

Abigail L. Rosenberg　著

何敏斯　译　　尚亚茹　徐洋凡　校

【概述】

发声障碍是指"由于喉部、呼吸和（或）声道功能紊乱而引起的音调、响度和（或）发声质量的异常"[1]。儿童发声障碍的患病率在 1.4%～6.0%[2]。

【临床病史和病情描述】

EB 是一个 8 岁的女孩，她说话声音低微并带着气息声，不论在家还是在学校都很难被别人听见。自从开始讲话以来，她的声音就一直是这样。EB 自述说话时感觉"喘不过气"，需要每几句话就喘一口气。她摄入的水分足够，很少因水分不足而影响发声。EB 的病史包括极度早产、婴儿时长期插管、慢性肺病、修复的动脉导管未闭（patent ductus arteriosus，PDA）及术后右侧膈肌瘫痪。

【临床测试】

为了评估喉功能和嗓音质量，耳鼻咽喉科医生一起参与完成了临床测试。柔性喉镜检查发现假声带发声时压缩和轻度杓状软骨倾斜。真声带光滑且直，没有明显的声带不动问题；然而，由于假声带挤压，无法完全地看到声门完整闭合。通过随后完成的显微喉镜检查、支气管镜检查和喉肌电图（EMG）检查，发现后天的 I 级后声门下狭窄，及声带在正常的神经支配下能完全闭合（图 10–1）。

声学分析包括持续元音和连接语音的基本频率、音调范围和最长声时。频率测量值在 EB 年龄/性别的正常范围内。音高范围在高音区（262.26～601.44Hz）受到限制，而最长发声时间明显低于预期（结果 5.91s，对比值为 14～17s）。

使用嗓音听感知评估共识（consensus auditory perceptual evaluation of voice，CAPEV）完成了嗓音质量的感知评价，该评估对嗓音的总体严重程度、粗糙声、气息声、紧张声、音调和响度进行判断（图 10–2）。EB 的总体严重程度和气息声的评价为中度，其他参数的评价为轻度。EB 还参与了刺激性试验，以测试针对提高声音质量、减少喉部紧张和改善呼吸支持的治疗技术的反应。

【读者问答】

1. 根据 EB 的临床表现，担心其存在声带不动问题，促使其完成进一步喉肌电图（EMG）检查。以下哪些脑神经分支如果受损将会影响声带活动性，在 EB 的病史中，哪些情况会有可能导致这种神经受损？

(1) 三叉神经。

(2) 舌下神经。

(3) 喉返神经（迷走神经支）。

(4) 迷走神经咽支。

答案：(3) 正确。喉返神经支配除环甲肌以外的所有喉内肌群。损伤该神经会削弱或麻痹患侧，从

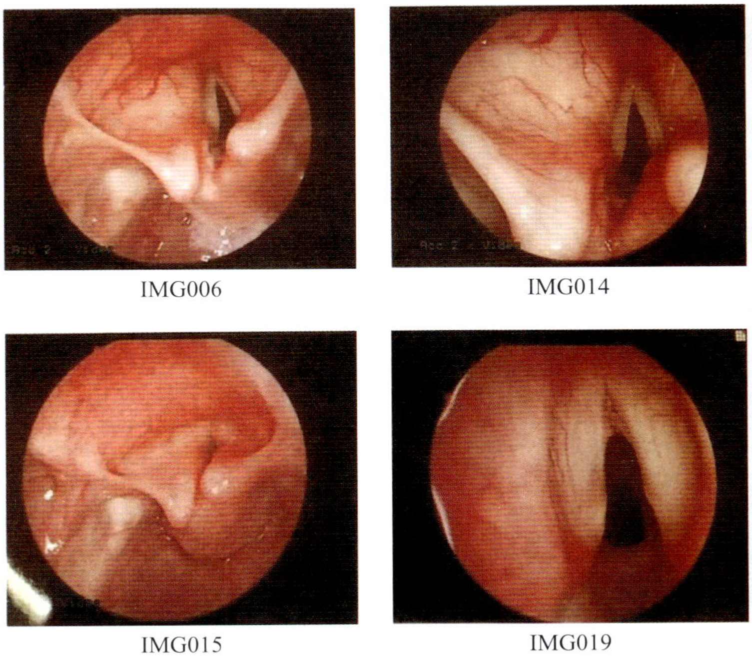

◀ **图 10-1　显微喉镜检查和支气管镜检查照片（经 Karen B. Zur 许可）**

而导致气息声、声音嘶哑或声音质量下降。EB 病史中的 PDA 修复，是一个心脏手术，这是一个重要的提示。由于左喉返神经勾绕主动脉（弓），使其在心脏手术中容易受到损伤。

(1) 不正确。三叉神经支配与颌骨运动有关的肌肉。其损坏可能会影响咬合和咀嚼。

(2) 不正确。舌下神经支配舌头的大部分肌肉。其损坏可能会导致舌头偏斜和肌肉消瘦。

(4) 不正确。迷走神经咽支控制着咽和软腭的许多肌肉。该分支的损坏可能会对共鸣和（或）吞咽产生负面影响。

2. 嗓音障碍可能会对孩子的教育产生负面影响。其中可能的原因是什么？

(1) 患有嗓音障碍的孩子通常会同时出现学习障碍。

(2) 患有嗓音障碍的孩子参加课堂活动时可能会受到限制。

(3) 患有嗓音障碍的孩子经常生病，经常缺课。

(4) 患有嗓音障碍的孩子通常会同时发生听力损失，导致在课堂上听不到指导。

答案：(2) 正确。口头交流对于课堂学习至关重要。孩子们可能会主动减少自己的课堂参与以掩饰他们的嗓音障碍，这可能会减少他们获得练习或反馈的数量。

(1) 不正确。虽然有学习障碍的孩子也可能有嗓音障碍，但这两者并没有直接的关联。

(3) 不正确。虽然某些嗓音障碍可能具有潜在的医学影响，但患有嗓音障碍的孩子并没有明显因生病而辍学的倾向性。

(4) 不正确。由于中耳积液导致传导性听力损失的童可能会大声说话，从而导致声带受损，这是有可能的。但一般来说，听力损失和嗓音障碍并发的可能性不高。

3. 根据 EB 的临床表现，下列哪一项治疗建议是合适的？

(1) 共鸣嗓音疗法。

(2) 对声带进行手术干预。

(3) 推 / 拉内收练习。

(4) 仅间接干预，如嗓音卫生。

答案：(1) 正确。共鸣嗓音疗法的目的是减轻声带的张力，重点是在使诸如口腔和鼻腔之类的上部声道容易振动。共鸣发声通常是由“几乎没有碰触或几乎没有分开的声带”产生的，从而产生了更强，更清晰的声音，而对声带的冲击却最小。它只需要“最小量的肺压力来振动声带。”这适用于 EB，因为它可以帮助改善声音质量，同时减少紧张度并且

嗓音听感知评估共识（CAPE-V）

姓名：_____ 日期：_____

以下嗓音质量参数将会在完成下面的任务后被评估：
1. 持续的元音 [a] 和 [i]，每个持续 3~5s。
2. 读出句子：

    a. The blue spot is on the key again.   d. We eat eggs every Easter.
    b. How hard did he hit him?   e. My mama makes lemon muffins.
    c. We were away a year ago.   f. Peter will keep at the peak.

3. 自主回答问题："请告诉我你的嗓音问题。"或"请告诉我你的嗓音怎样。"

图例：C = 一致的   I = 断断续续的
MI = 轻度偏差
MO = 中度偏差
SE = 严重偏差

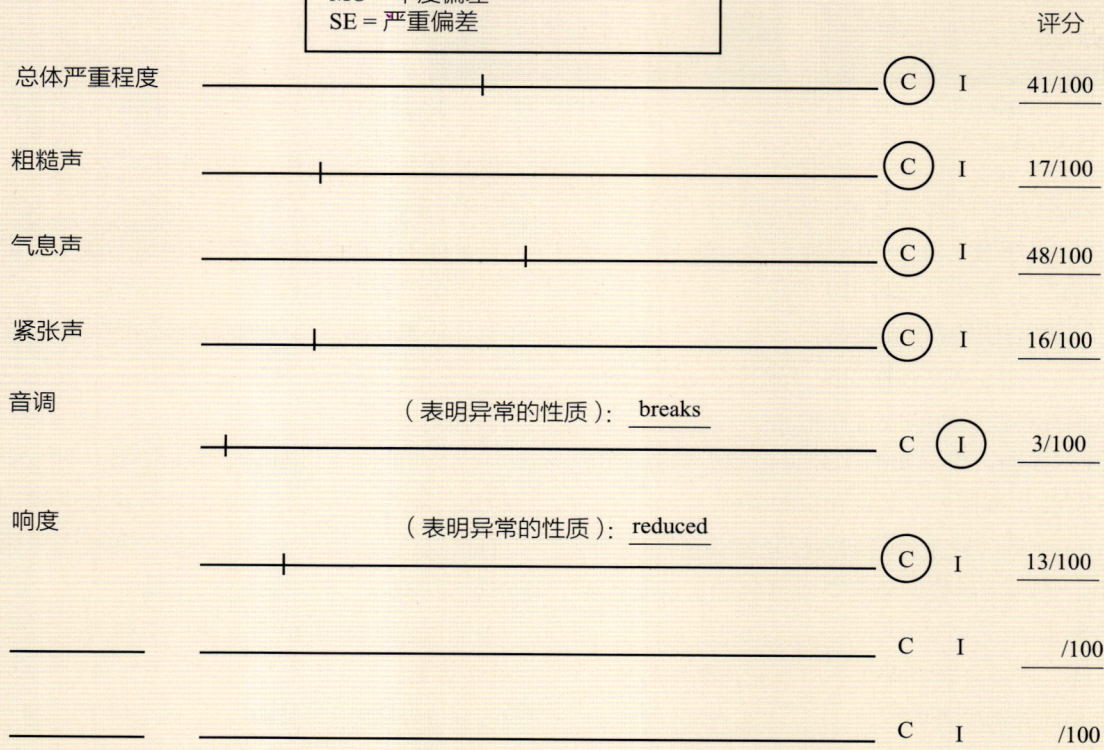

		评分
总体严重程度	C I	41/100
粗糙声	C I	17/100
气息声	C I	48/100
紧张声	C I	16/100
音调 （表明异常的性质）：breaks	C I	3/100
响度 （表明异常的性质）：reduced	C I	13/100
	C I	/100
	C I	/100

关于共鸣的评价：正常　其他（请具体描述）：_____
_____

其他特点（例如，复音，气泡音，假音，虚弱，失音，音高不稳，震颤，湿/咕咕声或其他相关术语）

临床医生：_____

▲ 图 10-2　初步评估 CAPE-V 结果

不需要大的肺容量。

（2）不正确。显微喉镜检查和喉肌电图（EMG）检查显示声带神经支配及喉功能和运动均正常。因此，对声带进行手术干预并不合适。

（3）正确。这些练习可能对声带闭合力弱且声音低微、有气息声的人有益。但是，它们也可能导致紧张度和张力增加。由于 EB 表现出紧张声，发声时出现假声带挤压，因此不建议这样做。

（4）不正确。嗓音卫生是嗓音干预的重要组成部分，因为它有助于建立健康的嗓音习惯，并为直接治疗奠定基础。尽管它本身可能是有益的，但与直接的嗓音治疗相比，其有效性相对较低。由于 EB 在评估过程中使用试验技术成功提高了嗓音质量，并且几乎没有不良的嗓音行为，因此她的治疗不应仅限于嗓音卫生。

【障碍描述和推荐治疗方法】

EB 表现为中度发声障碍，其特征是气息声，可感知的紧张声，呼吸支持减少和音量小。她说话时经常吸气，这影响了她声音的清楚表达。嗓音质量不符合她的年龄/性别。建议使用嗓音疗法来解决呼吸支持的问题，在较长的句子或歌曲中判断及使用适当的定时呼吸间隙，并且使用前位聚焦和共鸣音来减轻紧张声。除了嗓音疗法外，还建议进行物理疗法以帮助增加与呼吸支持相关的躯干力量。

针对改善嗓音质量和减少紧张声的特定治疗技术强调前移发声焦点。EB 通过使用卡祖笛、发声器、吸管发声和嗡嗡声来减轻声带的张力并建立前位聚焦。这些行为能够激励 EB，引导她注意鼻子和嘴唇周围的振动感。这些行为还可对是否成功发声提供即时的听觉反馈，有时甚至还能提供视觉反馈。例如，前移发声焦点能吹出更饱满的卡祖笛

声，也可以增加吸管中的气流，吹动桌面上的纸巾。随着 EB 在这些技巧上愈发熟练，她可以逐步脱离这些帮助工具，在练习单词，短语和句子的同时仍保持着目标发声位置。对于呼吸支持和呼吸时机的问题，则通过建立一致的呼吸模式并将呼吸练习与有趣的嗓音任务（包括绕口令，笑话和流行歌曲歌词）配对来解决。

【结果】

EB 参与了几个月的每周一次的嗓音治疗，并朝着实现所有目标的方向发展。呼吸支持的改善对短语产生了帮助，并进一步在结构化的对话中体现出来。她还建立了适当的换气时间以减少气息声。最初，她通过阅读文章并在适当的位置标记呼吸暂停来练习；在完成治疗后，她在结构化任务中，在无提示的情况下换气暂停时间点的正确率达到了80%，在半结构化任务和谈话中表现出了明显改善。EB 参与了共鸣嗓音治疗和使用前位聚焦的训练。她在结构化任务中取得显著效果，并在临床医生的提示下把部分成果应用到对话中。她能成功地保持发声焦点前移，把此技巧应用于发出持续的鼻音音节，用语调变化来吟诵鼻音音节，并用来读短语和短文。每周她还会完成关于呼吸支持和嗓音质量的家庭锻炼。

治疗后进行了重新评估。EB 表现出明显改善，尽管还存在轻至中度的发声障碍。音调范围在预期之内，并且所有 CAPE-V 评估的参数值均得到改善。EB 在呼吸支持方面表现出显著的改善，包括识别更合适的换气中断时间以减少气息声的情况。EB 的父母和老师表示，听清楚她说话要更容易了。但她的音量和嗓音质量仍存在一定的偏差，特别是在长时间的交谈时。在足够的响度和呼吸支持下，她具备了实现有效发声所需的知识和技能。

要点
- 儿童嗓音障碍很常见，对儿童有负面影响，因为患儿说话不容易被别人听见和理解。
- 必须与耳鼻喉科医师合作，以查明与嗓音障碍相关的任何潜在身体功能障碍，并提出适当的建议。
- 儿童可以参加直接嗓音治疗，并且不应仅限于基于年龄的间接干预，如嗓音卫生。
- 嗓音障碍的治疗通常包括解决各种症状和（或）原因的技术组合。

推荐阅读

[1] National Center for Voice and Speech 1998. Available at: https://www.ncvs. org/freebooks/vocologyguide.pdf

[2] Hooper CR. Treatment of voice disorders in children. Lang Speech Hear Serv Sch. 2004; 35(4):320–326

先天性脑穿通畸形儿童的增强交替交流

Augmentative and Alternative Communication in a Child with Congenital Porencephaly

Jill E. Senner 著

曾　静 译　　洪晓冰　徐洋凡 校

【概述】

儿童神经发育障碍可导致影响认知、运动技能、听力和视力多种损伤。在某些情况下，儿童可能无法使用自然语言进行交流。增强交替交流（augmentative and alternative communication，AAC）可以帮助这些有复杂沟通需求的儿童。

【临床病史和病情描述】

JF 是一名 30 个月大的男孩，接受了 AAC 评估，以研究提高其沟通能力的相关策略和辅助技术。他一直在接受早期干预服务，但他的表达仍然局限于两个近似的手势（"更多"和"吃"），只能通过伸出左手在 3 个对象中进行选择。

胎儿 20 周大时，在超声波检查中发现胎儿大脑异常。由于担心 JF 的发育不良，在怀孕 37 周时进行了引产。胎儿心率减速和脐带绕颈使分娩变得复杂。出生时，JF 被诊断患有先天性脑穿通畸形，导致大脑性瘫痪（cerebral palsy，CP）和大脑皮质视觉损害（cortical visual impairment，CVI）。

虽然 JF 和父母住在家里，但是他的祖父母经常帮忙照顾他，大家在家里只说英语。JF 还不能独自坐立或爬行，他日常的所有活动都依赖一名护理人员。他有一架用于移动的 Zippie IRIS 手动轮椅，但需要护理人员来推动它。作业治疗和物理治疗报告指出，JF 表现出肌肉力量下降和头部控制不佳的情况。据说，他一直试图用左手进行游戏和辅助功能活动。

JF 在 24 个月大时接受了手术矫正双眼斜视；然而，他的左眼仍然处于内收位。在评估时，他被诊断为 CVI、双眼眼球震颤和左眼斜视性弱视，并配有眼镜。JF 的听力在正常范围内。

他主要的言语语言病理学家报告，JF 牙牙学语，能发出张嘴元音的声音，双唇音 [m] 和 [w]，有时还能发出 [g]。他具有改变语调和音高的能力。他在心烦意乱或想表达愤怒时，往往会哭泣。

【临床测试】

团队来访两次进行评估，评估方式包括 AAC 使用量问卷调查、护理人员访谈、观察、测试和设备检测。在评估过程中，JF 一直面带微笑并且积极参与。评估人员到达时，他通过挥手以示问候。当被要求在他的运动能力范围内执行指令时（如"向上看"），他能够完成。休息时注意到 JF 张口时伴有间歇性流涎。在评估期间，JF 作了一个近似"吃"的手势（他把拳头放在嘴边）来要求吃零食，并微笑着轻微向上抬头（伴随着发声）来表示接受提供的食物。他母亲说他不能咀嚼松脆或耐嚼的食物，于是给了他一些糊状和松软的食物。由于嘴唇闭合不良，JF 进食时漏掉了一些食物。JF 伸出左手去拿玩具。

《评估获得性沟通技能的前语言量表（第 3 版）》

（prelanguage inventory from evaluating acquired skills in communication，third Edition，EASIC-3）是一份为发育障碍儿童设计的量表，采用测试、观察、回顾记录和访谈相结合的方法进行评估。JF的母亲和祖父接受采访。JF具备的接受性技能包括：转头试图定位环境声音，转头微笑回应声音，被告知"不"（在正常声音下）后表现出拘谨，展现出对数个常见物体（如杯子、蜡笔和纸、牙刷、玩具车、纸巾）的理解，用涉及物体的手势回应4/4指令（展示/给我），用手势回应口头指令，并展示匹配4/4相同物体的能力。JF掌握的接受性技能与普通婴儿24个月的发展水平一致。此外，JF进行了恰当的象征性游戏活动（如假装用锅碗瓢盆玩具做饭，试图喂婴儿娃娃）及控制物体以达到预期的结果（如操作各种大按钮和开关控制玩具）。然而JF的表达交流是受限的。JF作了一个近似"吃"的手势来吸引成年人的注意力，以获得想要的食物；用眼睛注视来获得帮助（如停止试图打开一个容器，并看了评估者几秒钟）；作了一个近似"更多"的手势（双手合在一起）来表示还想要；通过摇头表示"不"来拒绝物品；通过微笑和向上看来表示接受物品；在进入房间时向他的祖父挥手以示问候，并伸手去拿想要的物品。JF表现出表达基本需求的困难（如，没有办法要求"饮料"，所以他拒绝进食，哭着表示身体不适，直到护理人员向他提供饮料），并且无法对他直接接触不到的行动或物品提出请求。表11-1总结了JF的非语言交流。

iPad的应用程序"AAC评估精灵"的视觉识别部分用于评估JF在视觉上跟踪和识别5英寸至1英寸大小的单个图标的能力。AAC评估精灵是一个非正式的诊断工具，旨在帮助确定在增强沟通系统中通常用到的与操作方式相关的能力域。在这个非正式的检测器上，JF用左手的3个手指来访问iPad。他使用直接点击从两个按钮中选择"5"按钮的准确率为50%。其准确率在4选1时降到了25%。由于使用左手进行直接选择的准确性不高，尝试了另一种操作方式——兴趣大、认知需求低的方法（如切换iPad和电脑游戏）。试图在一个可用的语音发生装置（speech-generating device，SGD）上安装视觉追踪注视系统，但由于他存在眼球震颤而没成功。同样，由于JF头部控制不好，光学头控指示标也不准确。然后尝试了双开关逐步扫描方法，在这种访问方法中，两个开关垂直安放，一个在JF左手的右边，另一个在左手的左边。左边的绿色开关用于在显示的项目之间"移动"，右边的红色开关用于在iPad应用程序上进行选择。在建模之后，JF展示了对两个开关功能的理解，但准确率也只有50%（15选1）。

需要沟通伙伴辅助的听觉和视觉扫描是在通过SGD打印出来的页面上完成的。在沟通伙伴辅助扫描过程中，沟通伙伴指着（或举起）每个符号，同时说出每个单词或短语，"扫描"JF的选择。JF则笑笑表示肯定，偶尔摇摇头表示拒绝接受该符号。在一次基于游戏的活动（泡泡游戏）中，JF独立

表 11-1　EASIC-3 非言语交流功能

分　数	交流功能	项　目	评价或例子
+	对象请求	24，25	伸手去拿想要的玩具
+	动作请求	25，26	"更多"的手势
+/E	欲望/注意	13，14	"吃"的手势，注视评估者寻求帮助
+	拒绝/否定	19，20	摇头表示"不"，拒绝食物（转过头去）
+	肯定	19	微笑着向上看（偶尔包括发声）
+	重现	26	"更多"的手势
+	问候	21	微笑，挥手

+. 出现在自发的非言语交流中；+/E. 出现在经诱导的自发非言语交流中

选择了几次"去"，并在适当时间内选择了"更多"和"想要"。

【读者问答】

1. 根据所提供的描述，您可以得出什么结论来判断 AAC 干预适用于该儿童？

(1) JF 不能单独使用他的自然语言进行交流，因此 AAC 是合适的。

(2) JF 的认知能力太弱，无法使用 AAC 系统。

(3) JF 无法准确指出，并且目前还没有掌握其他访问方法，因此 JF 不适合使用 AAC。

(4) 由于视觉障碍，JF 不能使用 AAC 系统。

答案：(1) 正确。根据重度残疾人交流需求全国联合委员会（National Joint Committee，NJC），所有患有严重表达性交流障碍并因此口语发展受扰的人都应能够使用 AAC 系统或设备，以促进有效交流。

(2)、(3) 和 (4) 不正确。根据 NJC 的说法，"目前文献中普遍接受的证据表明，从最广泛的意义上来说，没有特定技能可以决定 AAC 的成功使用。"

2. 目前什么样的治疗干预策略最适合 JF？

(1) 使用沟通伙伴辅助扫描方法和低技术的基于纸的交流系统。

(2) 通过运动训练，提高双开关逐步扫描技能。

(3) 使用低技术的基于纸的交流系统以满足即时沟通需求，加上所需的更复杂的适应性技能运动训练。

(4) AAC 不适合这个孩子。

答案：(3) 正确。"一个纵向计划旨在通过多种容易实现的方法来满足人们的即时沟通需求，同时通过系统的运动或言语治疗计划来'投资于未来'，以培训更复杂的技能，这个方法可能是富有成效的，并最终更加适合均衡发展[1]。"这被称为"干预或平行培训的均衡方法。"

(1) 不正确。虽然 JF 需要一个系统来满足他的即时交流需要，但完全放弃在平板上进行复杂动作的选择无法让 JF 为将来使用 SGD 做好准备。

(2) 不正确。虽然 JF 需要练习来提高他的语言能力，但是等待他成功掌握一种为他提供的交流方式，将会延迟他习得语言的机会。

(4) 不正确。根据 NJC 的观点，所有患有严重表达性沟通障碍的人，如果他们的口语发展受到干扰，都应该使用 AAC 系统或设备来促进有效的沟通。

3. JF 的 SGD 需要具备哪些特征？

(1) 听觉提示或预览。

(2) 间接访问方法。

(3) 核心词汇。

(4) 以上所有内容。

答案：(3) 正确。JF 需要一个拥有大量词汇的系统来满足他当前和发展中的语言需求。另外，由于视力差，他需要听觉提示；由于他的运动能力受限，需要替代的访问方式（如扫描）。

4. JF 的护理人员（如果有的话）应该接受什么样的培训？

(1) 护理人员不需要任何特殊培训。

(2) 护理人员应仅接受操作设备的培训（如打开/关闭设备、编程信息）。

(3) 护理人员应接受操作设备和使用模拟设备的培训。

(4) 护理人员应该加入一个在线小组，在需要的时候可以向其他使用 SGD 孩子的父母寻求建议。

答案：(3) 正确。父母必须在操作沟通系统、设备语言和加强沟通的策略（例如，对儿童的通信进行建模和响应）方面具有足够的技能，以支持儿童学习使用 AAC 系统。

(1) 不正确。最近从对沟通伙伴培训项目分析中，有一致的证据表明，沟通伙伴教学不仅提高了沟通伙伴的技能，而且对使用 AAC 交流的对象产生了积极的影响[2]。父母是他们年幼孩子的主要沟通伙伴，他们需要在操作设备及如何将设备的使用融入自然活动方面进行培训。

(2) 不正确。父母确实需要知道如何操作设备；然而，他们也需要知道如何使用设备辅助交流。

(4) 不正确。父母和家庭的支持已被确定为使用 AAC 的个人取得积极成果的一个重要因素；然而，来自在线团体的信息可能并不总是准确或相关的。

【障碍描述和推荐治疗方法】

JF 的 CP 影响了他进食和交流所需的口腔运

动能力。他的音位受到严重限制，他无法产生口语，具有严重构音障碍的特征。JF 有大约 24 个月水平的语言理解能力，但是他的非言语表达能力是有限的。通常在 24 个月大的时候，婴儿可表达 200～300 个单词的词汇，并且使用简短、不完整的句子。因此在这种情况下，JF 所理解的和他能交流的东西之间产生了明显的不匹配。

一个特征匹配过程完成了，在这个过程中，JF 的能力与现有的 SGD 功能点相匹配。JF 需要一个具有动态显示和大量词汇的系统来满足他当前和发展中的语言需求，另外，由于视力差，他需要听觉提示；由于他的运动能力受限，需要替代的访问方式（如扫描）。在评估期间，对 3 种具有这些功能的设备进行了测试，为期 6 周的试验阶段，试用了从国家借阅图书馆获得的具有最合适的合成语音、能动态显示的 SGD。沟通内容选择了包括一些短语的核心词汇，既可用于快速的信息提取又方便造出新颖的句子结构。与此同时，设备屏幕的打印输出为 JF 提供了一种即时的交流方式，即通过沟通伙伴辅助扫描和非语言的"是"和"否"反应进行交流。此外，每周诊断性语言治疗开始①教学沟通系统的语言；②提高 JF 在各种兴趣大、认知需求低的 iPad 和电脑游戏中使用双开关逐步扫描的能力；③指导沟通伙伴如何操作 JF 的 AAC 并促进他在家庭环境的交流中使用 AAC。交流过程通过语言取样进行监控。

在治疗中，JF 参加了许多基于游戏的活动，这些活动旨在使用他的书和 SGD 来提高言语表达能力。在试验期间，当有机会使用他的书和设备交流时，JF 兴奋地笑着发出声音。客观测量表明，JF 使用他的沟通书来生成多个动作 + 对象的短语来请求对象和动作（如"播放音乐""吃酸奶""喝牛奶""出去"），使用两个词的组合来问候沟通伙伴（如"早上好"+"妈妈"），终止活动（如"都完成了""停止"），并表达感觉（如"饿了""累了"）。

在整个试验期间，结合兴趣大、认知需求低的游戏及在游戏中操作 SGD，为 JF 提供了双开关逐步扫描训练。试验结束时，JF 的准确率在 15 选 1 中提高到了 60%。在沟通设备上，JF 偶尔会生成类似的沟通信息；然而，由于准确性降低，这些类似

的沟通信息经常夹杂着非预期的信息。

使用 AAC 的儿童和沟通伙伴之间的成功互动在很大程度上取决于沟通伙伴的能力。成为使用 AAC 的儿童的有效沟通伙伴通常需要父母改变已长期建立的沟通方式。因为 JF 醒着的大部分时间都和他的母亲和祖父在一起，这两个护理人员都接受了交流中引入书和设备增强沟通的培训，他们还接受了伙伴扩大输入（partner-augmented input，PAI）的指导，这是一种示范策略，沟通伙伴在说话的同时指向儿童的交流板上或设备上的符号来使用儿童的 AAC 系统。

【结果】

根据 6 周试验期间收集的数据，建议购买 SGD。JF 继续受益于每周治疗，以改善他的言语表达和双开关逐步扫描的使用。一名作业治疗师提供了关于最佳开关放置的建议，以改善 JF 操作 AAC 的能力，JF 的祖父根据她的建议制作了一个开关安装（图 11-1）。

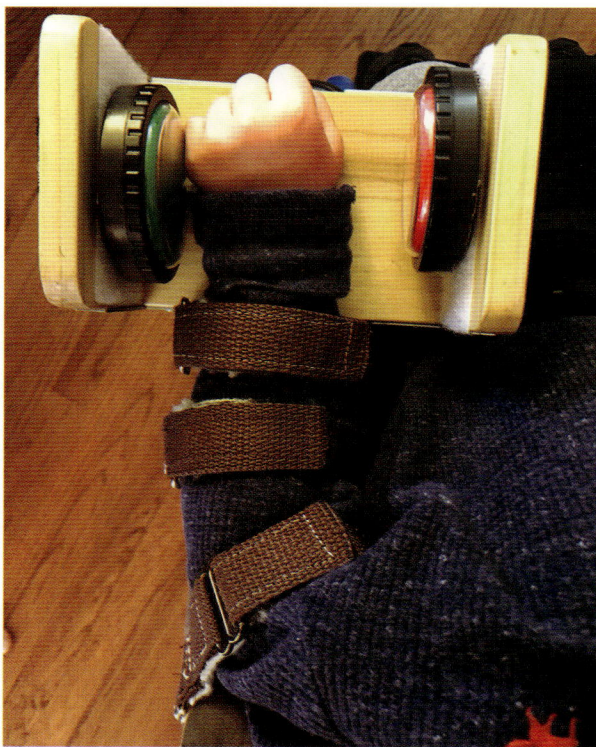

▲ 图 11-1 开关安装

　　评估后的 6 个月，JF 参加了一个残疾学生和正常同龄人融合教学的学前项目。在 JF 全天的活动中，学校工作人员使用 8 步训练模式[3] 提供 PAI 培训。JF 是一个非常善于社交和吸引人的儿童，使用手势、发声、一本轻科技书和一个合成语音、动态显示 SGD 的组合进行多模式沟通。他继续热切地拓展自己的沟通技巧。

要点

- ◆ 使用 AAC 没有特定的先决条件。
- ◆ 平衡儿童即时沟通需求和系统化治疗以指导需要更复杂技能的干预措施适用于患有脑瘫的幼儿。
- ◆ 特征匹配是一个系统的过程，在此过程中，儿童的优势、能力和需求与可用的工具和策略相匹配，并有助于选择合适的 SGD。
- ◆ 家长指导应被视为 AAC 评估和干预的重要组成部分，家长应在收到 SGD 后定期提供指导。

推荐阅读

[1] National Joint Committee for the Communication Needs of Persons with Severe Disabilities (NJC). Augmentative and alternative communication. Available at: http://www.asha.org/NJC/AAC

参考文献

[1] Beukelman D, Mirenda P. Augmentative and Alternative Communication: Supporting Children and Adults with Complex Communication Needs. 4th ed. Baltimore, MD: Paul H. Brookes; 2013

[2] Kent-Walsh J, Murza KA, Malani MD, Binger C. Effects of communication partner instruction on the communication of individuals using AAC: A metaanalysis. Augment Altern Commun. 2015; 31(4):271–284

[3] Senner JE, Baud MR. The use of an eight-step instructional model to train school staff in partner-augmented input. Commun Disord Q. 2017; 38 (2):89–95

案例 12

校内个别化教育计划（IEP）转介后重新评估的重要性：一个迅吃案例

The Importance of Reassessment following a School-Based Individualized Education Plan (IEP) Referral: A Case of Cluttering

Jenna Battipaglia **著**

王 艺 陈卓铭 **译** 李 辉 徐洋凡 **校**

【概述】

在公立学校中，言语语言病理学家（speech-language pathologists，SLP）需要面对大量的学生，这些学生在来学校之前已经接受过其他专业人员的评估。最好的办法是在治疗一个新生之前进行彻底的评估，以确保之前的诊断和目标的准确性与一致性。

【临床病史和病情描述】

MA 是一个 11 岁 4 个月大的女孩，只会说英语，接触过阿拉伯语。她刚升入六年级的一个普通教育班级，该班实施个别化教育计划（individualized education plan，IEP），提供特殊教育教师支持服务（special education teacher support services，SETSS）并为一个 3 位学生的小组提供每周 2 次的言语语言治疗。定制教育计划显示，MA 从幼儿园开始就接受言语和语言治疗。她的 IEP 分类是"学习障碍"，按照其老师的说法，她的阅读能力处于二年级水平，经常因为"大喊大叫、扰乱课堂秩序、和老师顶嘴"而惹上麻烦。而且，MA 的字迹"凌乱"，她说话的速度过快，因此不论是熟悉她的人还是不熟悉她的人，有 80% 的时间都听不懂她在讲什么。MA 的言语语言目标主要关注在以下几个方面：组织想法和观点以提高口头和书面表达能力；提高拼写、语法和标点的运用技能；回答 WH 问题时能够说明细节以提高阅读理解能力。

【临床测试】

在 MA 最初的言语和语言治疗期间，进行过一次非正式的评估，评估内容包括阅读跟她年级水平相适应的文本、回答 WH 问题、按照提示写一段话，及与小组的其他学生和临床医生玩"认识你"的游戏。在整个过程中，MA 不停地喊叫，打断其他组员的发言，并且需要老师将她重新引导到任务中来。MA 在大声朗读方面有明显的困难，并且只能正确回答 WH 问题中的两个（"什么"和"谁"）。MA 的段落书写中也存在很多问题，包括音位转换、省略单词和字母、很少或几乎不用标点符号、拼写错误、整体结构混乱及笔迹难以辨认。在"认识你"的游戏中，MA 很难与小伙伴来回交流并保持话题，在维持注意力和控制冲动方面也存在问题。她持续表现出语速过快的问题，包括音位转换和发音错误、重复多音节词和短语、套叠（过度协同发音）、韵律单调和胡言乱语行为（修正或重复）。MA 似乎对自己表现出的这些特征缺乏认识。

在初始评估之后，对数据进行审查和分析。MA 的 IEP 包括了语言理解、语言表达及注意力的目标，尽管这些与临床医生的发现是一致的，但是在她目前的治疗方案中并没有考虑到流利性、发音和语用这些参数。医生还联系了 MA 的母亲，她说 MA "一直都是这样"，而且"从来没有人提到过她说话的速度太快是我们应该解决的问题"。然后，研究人员使用迅吃预测量表（predictive cluttering inventory，PCI）[1] 进行评估。PCI 是一个非正式的检查表，关注以下沟通领域的问题：语用、言语 - 运动、语言认知与动作协调 - 书写问题。

每个领域的条目在 0（从不）～6（总是）的范围内进行评分，然后将每个部分的分数相加得到总分。PCI 由言语语言病理学家、特教老师和课堂老师一起完成。PCI 得分在 120 分以上表示迅吃，得分在 80～120 分表示口吃和迅吃并存，得分在 80 分以下表示没有语言流利性障碍。

【读者问答】

1. 什么是迅吃？

(1) 言语表现为难以理解。

(2) 言语产生错误及言语组织混乱。

(3) 讲话速度极快。

(4) 在说话者自己没有意识到的情况下，使用一些不必要的或没有意义的词语。

(5) 以上所有

答案：(5) 正确。迅吃的不流利言语表现为语速极快并且难以理解。迅吃还包括言语产生错误和组织混乱，包括使用一些说话者没有意识到的不必要的或没有意义的词。

(1) 不正确。言语难以理解只是迅吃的特征之一。单看这一选项的话，这可能归因于其他言语或语言障碍，需要进一步的评估并转介至专家。

(2) 不正确。言语产生错误、组织混乱只是迅吃的一个特征。单看这一选项的话，这可能归因于其他言语或语言障碍，需要进一步的评估并转介至专家。

(3) 不正确。讲话速度极快只是迅吃的一个特征。单看这一选项的话，这可能归因于其他言语或语言障碍，需要进一步的评估并转介至专家。

(4) 不正确。在说话者自己没有意识到的情况下，使用一些不必要的或没有意义的词语只是迅吃

的一个特征。单看这一选项的话，这可能归因于其他言语或语言障碍，需要进一步的评估并转介至专家。

2. 临床医生认为迅吃导致了哪些言语特征？

(1) 音位转换、接触阿拉伯语、说话难以理解、冲动。

(2) 阅读理解能力差、书写混乱、冲动、语法错误。

(3) 冲动、说话难以理解、语速太快。

(4) 冲动、话题维持能力差、转换困难、难以保持注意力。

答案：(3) 正确。冲动、难以理解、语速太快，并且缺乏对这些问题的意识是前面列出的迅吃最显著的特征。临床医生在决定施测 PCI 时考虑了这些特征。

(1) 不正确。患者接触或说另一种语言与迅吃的存在没有关系。

(2) 不正确。虽然这些特征都属于伴随迅吃的表现，但这些特征本身并不指向迅吃。

(4) 不正确。尽管伴随迅吃的特征包括冲动、话题维持能力差、转换困难和难以保持注意力，但这些特征单独可能指向某些语用语言和注意力问题。患有迅吃的人在以下领域表现出一种或多种特征：语言、语用、认知、言语和运动。

3. 你预测 MA 的 PCI 分数会是多少？

(1) 低于 80 分；根据病史及表现，无流畅性障碍。

(2) 80～120 分；根据病史和表现特征，同时存在口吃和迅吃。

(3) 120 分以上；根据案例的病史和表现特征，这是典型的迅吃。

(4) 根据案例历史和呈现的特征，没有必要进行 PCI 评估。

答案：(3) 正确。120 分以上；根据案例的病史和表现特征，这是典型的迅吃。

(1) 不正确。MA 存在明显的语言流畅性障碍，表现为语速过快、语言难以理解和重复多音节词和短语。

(2) 不正确。虽然 MA 可能存在与口吃相一致的特征，但从病史和评估信息中尚不清楚这是否是

口吃。

（4）不正确。PCI 是基于病史和患者表现的特征进行评估的。最好是进行一项测试或检查，而不是主观地排除可能的障碍。

4. 如果迅吃的诊断得到确认，对 MA 的治疗计划有何影响？

（1）如果确诊为迅吃，不影响 MA 目前的治疗计划。

（2）MA 的治疗计划将进行调整，在她目前的小组语言治疗中增加治疗迅吃的目标。

（3）MA 的治疗计划将进行调整，在教室环境中使用慢语速和过度构音的策略增加视觉提示。

（4）MA 的治疗计划将包括一项额外的言语语言治疗，还有自我觉察、降低语速、变化韵律、团队合作和教育、强化教室和家庭环境等这些额外的 IEP 目标。

答案：（4）正确。MA 的治疗计划将包括一项额外的言语语言治疗。还有自我觉察、降低语速、变化韵律，团队合作和教育、强化教室和家庭环境等这些额外的 IEP 目标。如果确诊为迅吃，临床医生不仅将增加一项单独的言语语言治疗及针对迅吃的具体目标，而且还包括整个团队的合作和教育。这种加强的合作将包括特殊教育和课堂教师，及 MA 的母亲。该合作将包括教室和家庭环境的强化，以帮助实现和泛化 MA 的治疗目标。

（1）不正确。如果确诊为迅吃，MA 的治疗计划将会受影响。

（2）不正确。有必要增加一项额外的言语语言治疗以解决她的迅吃问题。

（3）不正确。虽然有必要在教室环境中增加"迅吃强化"，但这将不是她的治疗计划中唯一的增加项目。

【障碍描述和推荐治疗方法】

MA 在迅吃预测量表得分显示她为迅吃，同时也存在与注意缺陷多动障碍（attention deficit hyperactivity disorder，ADHD）一致的症状，她在语用、言语 – 运动、语言认知与动作协调 – 书写问题几个分领域的得分分别为 161 分、162 分和 176 分。在 MA 的量表上有几个条目勾选了"总是"。

这些特征导致了她学习、说话、阅读 / 写作的延迟及在课堂上的困难。还转介到小儿神经科医生处进一步评估冲动控制和高注意力分散的情况。这些评估对改善迅吃的预后是积极的，有助于在学校和家庭的治疗中提高意识和支持治疗。

临床医生增加了 IEP 的目标来解决这些问题，包括降低语速，增强迅吃的意识及变化韵律。除了 MA 目前在进行的言语语言治疗小组外，在 MA 的 IEP 中还包括了一项单独的言语语言治疗，专门解决迅吃问题。MA 的最新治疗计划包括听觉生物反馈（auditory biofeedback）和辨别任务及语言和视觉提示。

MA 的治疗计划包括整个团队的合作，以支持和泛化课堂内的言语语言目标。语言病理学家向特教老师、课堂教师及 MA 的母亲提供关于迅吃的教育。此外，提倡在所有情境（包括语言治疗室、教室和家里）下实施以下策略，如讲话速度放缓、夸张构音（overarticulation）、增加韵律、增加视觉提示（如一只乌龟的照片提示讲话速度慢）和口头提示（如"记住你要像乌龟一样慢慢地说话！"）。同时也建议 MA 在家里增加阅读，以半速听有声读物时，使用手指或追踪器来打节拍，以提高对讲话很快这个问题的意识和阅读理解能力。

【结果】

自从 MA 的新治疗计划实施以来，在几个方面取得了进步。在第一个月的治疗中，听觉生物反馈和辨别言语产生的治疗显著增加了她对自己情况的意识。她在阅读和对话中的语速也有所改善，不熟悉她的听众有 60% 的时间能理解她说的话了。MA 的特教老师和课堂老师在课堂上加强了策略，这也提高了 MA 在学校中所有情境下的意识。

MA 的母亲协助进行了小儿神经科的评估，MA 被诊断为注意缺陷与多动障碍（ADHD）。开始接受以哌甲酯（10mg）为基础的缓释治疗，MA 在课堂和言语治疗小组中的冲动和干扰行为有所减少。她在注意力方面的改善与阅读理解能力的提高及口头 / 书面表达组织能力的提高有关。尽管 MA 之前没有意识到这些杂乱的特征会干扰日常交流，但随着她意识的增强，她的信心也增强了。她不再满足于在作业上得到较低的分数就可以了，开始寻求在学业上做得更好。

　　MA 的母亲报道她在家的情况也有改善，包括每天晚上固定开展 30 分钟的阅读，她和女儿一起享受这段读书时光。此外，MA 在与家人交谈时对自己的说话速度也更加关注。MA 放学后坐下来做作业意愿也更强了，在此之前这是一个困扰这个家庭许久的问题。

> **要点**
> - 在言语或语言困难方面表现出的小问题往往是大问题的症状或特征。
> - 即使现有的治疗计划已经实施，在治疗新患者时仍要进行初步非正式评估。
> - 寻求与团队成员和家人的合作，在不同背景下增援治疗目标。
> - 开展父母 / 护理人员及团队教育是言语语言治疗师的一项非常重要且必要的工作。

推荐阅读

[1] St. Louis K, Hinzman A. Studies of cluttering: perceptions of cluttering by speech-language pathologists and educators. J Fluency Disord. 1986; 11:131–149

[2] Manning WH. Clinical Decision Making in the Diagnosis and Treatment of Disorders. Albany, NY: Delmar Publishers; 1996

参考文献

[1] Daly DA. Predictive Cluttering Inventory (Measurement Instrument). 2006. Available at: http://associations.missouristate.edu/ica/Translations/PCI/dalycluttering2006.pdf. Last accessed March 31, 2016

为智力障碍青少年优先提供沟通支持
Prioritizing Communication Supports for an Adolescent with Intellectual Disability

Paul W. Cascella　Lisa A. Simpson　Christine Hagie　**著**
黎静怡　**译**　韩懿晶　徐洋凡　**校**

【概述】

家庭和教育团队 [如特殊和普通教育工作者、言语语言病理学家（speech–language pathologist，SLP）和学校心理学家] 时常发现，他们很难优先为中度到重度智力障碍的学龄青少年考虑言语治疗目标和沟通服务。言语治疗目标和沟通服务存在多种选择，其中可能包括某一特定的关注点：①下一步的发展目标；②确保沟通机会和环境支持；③在日常生活中实现功能性沟通；④练习与成人就业和生活相关的沟通技巧。

【临床病史和病情描述】

LH 是一个 16 岁的青少年，被确诊为重度智力障碍，需要额外的支持和帮助来参与家庭和学校的日常事务。他的听力在正常范围内，有轻度近视，需要用眼镜来矫正。他的出生史、医疗史和健康史都很平常。在评估时，LH 参加了通识教育课和一门选修课（戏剧），并且每周抽出一个下午的时间来参与社区指导。他在自己熟悉的工作上可以持续工作大约 25min。同时，他喜欢收集汽车杂志、打保龄球、吃午餐及看别人打篮球和手球。他的个别化教育计划（individualized education plan，IEP）包括与社会化、社区意识、言语—语言技能和辅助技术（通过职业治疗）相关的目标。

【临床测试】

通过访谈、观察和直接互动，LH 的沟通评估持续了好几个小时，包括在家里、课堂上、午餐和职业治疗等环节。除了他的特殊教育老师、数学老师和职业治疗师外，他的母亲也接受了电话采访。直接互动包括附加的治疗策略，以确定治疗策略对提升沟通的作用（即动态评估任务）。其间没有实施标准化的言语 – 语言测试，部分原因是 LH 这样的学生并没有被纳入到标准样本。相反，我们构建了一个沟通档案来识别接受技能、表达形式和功能，及增强沟通的伙伴策略。参考评估量表包括功能性沟通量表 –R[1]、沟通矩阵[2] 及增强和替代沟通量表[3]。

（一）接受技能

LH 能够识别出熟悉的人、物体和活动的名称，他还能够对简单的、特定语境下的口头指示做出反应。他不仅可以对自己的名字和说话者声调所传达的意思做出回应、将物品与特定的日常活动联系起来（如他的背包代表学校），还可以识别出熟悉的人和物品的图片。LH 的母亲和老师说，LH 明白日常生活的步骤，但有时不能遵照大人的指示。另外，他的注意力持续时间和理解能力也因他对某项活动的兴趣而不同。

（二）表达性沟通

LH 会使用多种沟通技巧。他不仅可以给熟悉的物品贴上标签、评论（如"等一下""轮到你了"）、打招呼和道别，还要求注意、人、行动、停止、帮助和重复，他还会提问（"你要留下来吃午饭吗？"）、指导人们（"不要触摸"）和表达身体状态（"饿了""疼了"）。他甚至会提出抗议，做出选择及沟通情绪状态（如高兴、生气）。有时，LH 会主动沟通，并试图通过重复相同的信息和动作来挽救沟通中的失败。关于沟通形式，LH 会发声说话，说出由 1～3 个词组成的句子（"我们走吧""在这里""不"），他掌握大概 100 个核心口语词汇，包括人名、物品标签（如"小狗""冰淇淋""电视""果汁""电影"）及有特定社会背景的词汇（如"嗨"、"是啊""哦，糟了""哇"）。他偶尔还会模仿单字模型。LH 使用身体定位、身体反应及点头和摇头，他的手势包括伸手、展示、指点、击掌、挥手和推拉。他还使用 15 个修改过的手语，尽管他之前使用的是低技术含量的语音输出交流辅助工具，但没有被观察到。LH 有时也会用身体攻击性行为和社交退缩来表达他不愿意参与日常生活。

（三）沟通支持

多种沟通支持方法增强了 LH 的沟通。他模仿单词（"LH，说……"），回应口头提示（如"告诉我你想要什么"）和口头鼓励（如"我喜欢你告诉我……"）。当其他人用欢快的语调和语言诱导（如谈论一项活动，使它听起来很特别）时，LH 倾向于说更多的话。LH 会对一些语音提示（如模拟一个单词的第一个声音）和完型（填空）程序做出反应。例如，当一个老师说："现在是零食时间，让我们吃点＿＿＿"，LH 能够填写"果汁"。他从过渡性评论中受益，这些评论告诉他即将开展的活动及他经常用的日常摄影时间表。据观察，他的同伴和老师都很乐意通过这些解释来推断 LH 的特殊行为。LH 还受益于花额外的时间回答问题和遵守要求。他会对口头选择做出反应，并模仿一些与关键口语单词配对的手语模型。

【读者问答】

1. 患者 15 岁时，其 IEP 会经过修订以取消以下目标：概念识别（如颜色、形状和大小）、平均说话长度、用复数形式（如"book vs. books"）和形容词来说话。这一转变意味着新的 IEP 不再过多强调：

(1) 沟通形式和功能。

(2) 情景就业目标。

(3) 伙伴的行为。

(4) 内容 - 形式 - 使用目标。

(5) 发展目标。

答案：(5) 正确。这些技能是儿童沟通发展过程中预期的目标。

(1) 不正确。形式是表达的方式（如文字、手势和身体定位），功能是沟通的理由（如抗议、请求、指挥他人）。

(2) 不正确。情景就业目标是特定任务的技能。

(3) 不正确。伙伴的行为表明了其他人是如何支持 LH 的沟通的。

(4) 不正确。虽然有内容和形式的目标，但是 LH 原来的 IEP 中没有实用技能。

2. 以下哪项评估活动与患有唐氏综合征和严重智力障碍的 16 岁儿童最相关？

(1) 通过口腔运动测验和口腔轮替运动速率来评估功能性理解能力。

(2) 观察学生在课间活动期间的表现，以评估其社交技巧。

(3) 使用韦氏成人智力量表的言语子测验来评估表达性语言。

(4) 使用语用测试的标准化测试来衡量社会交际能力。

(5) 采用 Goldman-Fristoe 发音测试的标准化测试来测量功能性理解能力。

答案：(2) 正确。课间休息观察能够让临床医生收集同龄人之间的社会交流信息。临床医生可以识别沟通发起技巧、显性沟通行为、对他人沟通的回应，及自然发生的沟通成功和失败。

(1) 不正确。口腔运动测验和口腔轮替运动速率都不能评估功能性理解技能。

(3) 不正确。鉴于这名学生的智力障碍程度，韦氏测验更新的结果只能确认已知的信息。

(4) 不正确。语用测试需要更多的语言理解能力，然而这是严重智障人士所不具备的。

(5) 不正确。Goldman-Fristoe 发音测试测量的是基础发音能力，而不是功能性理解能力。

3. 如果有人向你推荐了一位 19 岁的学生进行

就医，她说了大约20个单词。她很善于交际，深受同龄人的喜爱。一份先前的评估报告指出，她的词汇、词法和句法都只能达到18月龄的婴儿水平，这与她的重度至极重度智力障碍的诊断相符。她的教育团队推荐一种低技术含量的声音输出设备来增强表达性交流。在向学生介绍该设备之前，下列哪个行为可以是第一步？

(1) 学生可以通过离散图像识别任务，练习识别将在设备上编程的词汇。

(2) 学生可以一边看着镜子里的自己，一边练习把右手食指塑成指向的动作。

(3) 老师可以教学生如何排列两张图画卡片。

(4) 老师可以创建一个学生可能想要交流的信息列表。

(5) 学生可以练习将在设备上编程的单词的清晰发音。

答案:(4) 正确。在为学生的通信设备编程之前，考虑学生的观点是很重要的。

(1) 不正确。在没有自然强化的情况下，且脱离语境时，学生学习词汇的可能性较小。

(2) 不正确。在没有自然强化的情况下，且脱离语境时，学生不太可能学习指向手势。

(3) 不正确。图片排序是一项发展任务，它意味着学生将遵循一个典型的发展轨迹。由于学生的年龄和智力缺陷的程度，所以不太可能遵循典型的发展轨迹。

(5) 不正确。发音练习与使用语音输出通信设备无关。

【障碍描述和推荐治疗方法】

患有严重智力障碍的年轻人需要各种沟通支持，以参与教育、家庭和社区活动。对于LH来说，沟通支持框架识别了他的能力，确定了如何通过沟通伙伴鼓励他实现这些技能。对于一些家庭和教育团队来说，这种模式令人困惑，因为它表示像LH这样的人是具有沟通技巧的，尽管不是典型的沟通技巧。另外，很少强调LH是患病或拥有言语—语言障碍的身份。该模式将干预的责任从言语语言病理学家转移到家庭成员、教师和同伴身上。通过这种方式，该模型强调了无论是在数量方面还是在质量方面，他人帮助LH实现技能时的重要性。最后，沟通支持模型较少关注LH的发展沟通年龄（27月龄）和下一步顺序目标的发展（即28—34月龄预期的技能）。相反，模型识别了LH是如何在特定的情境下沟通，尤其是在沟通失败的时候，其他人能够给他什么样的支持。

【结果】

LH的团队召开了一系列的会议后决定：①他的沟通伙伴可以在沟通支持模式中接受培训。②他的IEP可以修改，以侧重于发展在学校和未来的社区工作和生活中的实用沟通技巧。对于前者，团队回顾了LH的沟通情况，并讨论了如何将策略纳入他的日常生活中。对于后者，团队使用了伯根斯过渡技能清单，并增加了LH在上学时间接触社区的机会[4]。在社区中，团队成员也试图确定：①具体设置的沟通需求；② LH现有技能是否足够，还是需要支持。自从团队切换到现在的计划，LH的沟通能够保持相对稳定。相比之下，他的母亲和团队报告说，他们对他的沟通方式的想法和行为发生了变化。例如，LH在乘坐公共交通工具时试着保持安静，这是团队成员之前没有考虑到的技能。他继续使用他的照片定向时间表，但这些照片都代表着社区活动。此外，他的老师减少对他的口头指导，以鼓励他在交流失败时解决问题。

要点

- 沟通支持模式提倡识别当前的技能及其他人如何在日常生活中支持患者这些实现技能。
- 对于有重度智力障碍的高年级学生来说，直接的言语－语言干预的优先性较低。提供交流计划和支持并不是言语语言病理学家的唯一责任。
- 家庭和团队成员在沟通技巧方面具有既得利益，应该鼓励他们在日常生活中提供附带支持。

推荐阅读

[1] Downing JE. Teaching Communication Skills to Students with Severe Disabilities. 2nd ed. Baltimore, MD: Paul H. Brookes; 2005

[2] National Joint Committee for the Communication Needs of Persons with Severe Disabilities. 2016. Available at: http://www.asha.org/NJC/. Last accessed May 7, 2016

参考文献

[1] Kleinman LI. Functional Communication Profile. Austin, TX: LinguiSystems; 2003

[2] Rowland C. The Communication Matrix. 2016. Available at: http://www.communicationmatrix.org/. Last accessed May 7, 2016

[3] Kovach TM. Augmentative and Alternative Communication Profile. Austin, TX: LinguiSystems; 2009

[4] Brigance AH. Brigance Transition Skills Inventory. North Billerica, MA: Curriculum Associates; 2010

疑似胎儿酒精谱系障碍儿童患者的语言障碍
Language Impairment in a Child with Suspected Fetal Alcohol Spectrum Disorder

Mohamed（Mo）Oshalla　**著**

赵玉香　王树杰　**译**　　蔡嘉政　徐洋凡　**校**

【概述】

胎儿酒精谱系障碍（fetal alcohol spectrum disorder，FASD）是子宫接触酒精引起的神经系统疾病，通常被认为是后天性脑损伤。由于母亲在孕期内于任意时间、任意方式接触酒精，以不同形式影响了胎儿发育，使胎儿患有各种生理和神经心理后遗症。胎儿酒精谱系障碍的临床表现严重程度各不相同。患有 FASD 的患者并不一定会表现出典型的身体特征，如典型的面部特征：薄上唇、扁平的腓骨。然而，FASD 患者却往往在语言、言语推理和执行能力的发展上患有不同程度的缺陷。

【临床病史和病情描述】

由于担心 AJ 的言语清晰度低和整体语言能力问题严重，她的继母推荐 AJ 就医。其父亲和继母也同样担心 AJ 患病可能会导致她求学上和行为上的困难。

在推荐就医时，AJ 与她的父亲、继母和两个弟弟妹妹住在一起。她在一所公立学校上四年级。她出生于威尔士，据她父亲说，AJ 于胎儿时期在子宫内接触到酒精和毒品。她约 4 岁时和父亲一起搬到加拿大。AJ 约在 10 月龄时学会了说话，父亲在 AJ 婴儿期和幼儿期内对她没有任何发育上的担忧。AJ 约在 13 月龄学会了走路，顺利地度过了喂养阶段。在婴儿期，AJ 被鉴定为"舌系带过短"，并接受了舌系带切除术。令 AJ 的父亲和继母担忧的是，她与其父亲（其唯一监护人）一起移居加拿大之前，去看望亲生母亲时，可能目击了她非法食用毒品，这可能给她带来创伤。尽管 AJ 很早就接受过如厕训练，但她在 4 岁半时又开始尿床。最近 AJ 被诊断为注意缺陷多动障碍（attention deficit hyperactivity disorder，ADHD），并接受了相应的药物治疗，这有助于减少她在家庭和学校内的失控行为。

在典型的家庭互动中，AJ 经常发生言语失控，出言不逊。具体来说，她经常没有先兆地大声喊叫，辱骂他人。这种行为发生在父母对她的口头指示、指导之后，或发生在"典型"的兄弟姐妹间的社交互动之后。在学校 AJ 也发生了类似的失控，特别是在与同龄人的随意社交时段中。

在学校，AJ 的学习成绩良好，喜欢写作。阅读对她来说很有挑战性，但据说她在识字上付出了额外的努力。在三年级时她曾与一位言语语言病理学家会诊 2 次，以评估其语言表达或理解能力是否可能是导致其注意力不集中或言语失控的因素。这一评估的结果并没有公开，据她的继母说，如果教室有许多干扰，AJ 则在组织句子、集中注意力进行口头表达上存在困难。她还表示，经当地学校董事会的授权，该言语语言病理学家在此次评估后，为 AJ 的老师提供了咨询，但没有进行直接干预。

【临床测试】

这次评估包含 3 次访问，每次访问 45～60min。所有评估都是在诊所内进行的，评估时光线充足，没有环境噪音。在所有的测试过程中，AJ 的继母都在场，但为了避免影响她的表现，一直坐在 AJ 后面。

表达语言：在 AJ 的同意下，引出并记录一个表达语言样本。她母亲提供了一段他们最近谈话的录音。

一般情况下，不管用何种表达方式引导（如提问、完形填空、间接请求或手势暗示），AJ 的语言都保持简短（单一陈述或单一话语，不作详细说明）。她的具体表现如下：她的许多回答都是模糊的；只回答部分问题；或者她似乎完全理解错该问题。然而，一段她与母亲在车里谈话的录音显示，她的交流更流畅，话语更自然，内容更详细。

以下是临床问答交流的实例：

问：我们来认识一下。不要看着她（当 AJ 看着她的母亲时，采访人以开玩笑地方式说道），你已经长大了，了解自己了。
答：我 9 岁了。

问：你不在学校时喜欢做什么？
答：工艺品？

问：工艺品。你最喜欢什么样的工艺品？
答：做东西。

问：你制作什么东西？
答：玩偶。

除了非正式访谈外，评估还使用了《语言基础临床评估（第 5 版）》（Clinical Evaluation of Language Fundamental，5th Edition，CELF-5）的"构建句子"子测试进行分析，并做了记录。AJ 的大多数句子都包括定冠词（the），以第一或第三人称陈述。她用第一人称来指自己，或者是引用插画中一个人物可能说的话。在 AJ 碰到抽象单词，如副词、形容词或连词的时候，句子表示往往会出现错误。下面是此项任务中 AJ 犯错的例子，满分 3

分获得 0 分，下划线处是目标词：

迅速快点 [不可懂的] 足球。

最好的工作？

如果他摔倒了，他 [不可懂的] 就会后退。

相反，可以我得到这本书而不是机器人。

它一直关闭到下午。

虽然我喜欢你的自行车。

除非我完成作业，我可以和你们一起玩。

在其他子测试中，AJ 犯了不规则动词过去式变化的错误。

接受性语言：AJ 表现出对治疗任务中一步口头指令的理解。对接受性语言进行进一步的正式评估（见标准化测试结果）。在允许的情况下，向她提供重复的说明或测试项目。她要求重复词类和公式化句子测试项目。在结构化写作的测试项目中，她需要一些提示和重复说明来完成测试。

AJ 在回答面试问题时表现出一定的困难。在上面的对话样本中，她回答了一个间接的请求，对陈述中的一个短语做出了回应，她似乎把这个短语当成了一个问题。这两个有关"什么"的问题也都回答错误。

叙述复述：每次会话都邀请 AJ 分享她选择的故事。在完成每一项叙述后，她需要提示才能继续完成复述。发音困难限制了她讲话的清晰度。以下是试图引出 AJ 叙述的记录：

问：你在哪里吃的圣诞晚餐？
答：我 [不可懂的] 和我打开礼物。我们在教堂吃晚饭。

问：告诉我你收到了什么礼物。
答：[不可懂的]。[不可懂的] 东西。

问：间谍的东西？噢，我不知道你喜欢这种东西！告诉我更多关于间谍的事情。[停顿很长时间]。设想我不知道间谍是什么……
答：暗中监视别人？

问：好的，你说的是间谍。这意味着不止一件事吗？

答：[耸肩]。

问：我问你，你拿到礼物了！你是只收到了一份间谍礼物，还是不止一份间谍礼物？

答：一件。

问：好的。告诉我你得到的这件礼物。

答：你可以改变它的音量并对它说话。当你在说话时，你可以改变声音 [不可懂的]。

言语（构音和语音）：使用语言系统发音测试（linguisystems articulation test，LAT）检查发音。发现以下语音错误：

- [θ] 在单词所有位置都变成 [f]。
- [z] 在单词中间位置上变成 [ð]。
- [s] 在单词中间位置上变成 [θ]。
- 删除了大多数单词最后的辅音 [n]、[r]、[z]、[θ]、[t]、[d]。
- 初始辅音丛减少，特别是 [gl]、[st]、[sk] 和 [sp]。
- 删除了单词中间的滑音（如 crayon 变成 [kran]）。

AJ 的言语整体可懂度受到这些语音错误的影响。SLP 要求 AJ 在诊所重复她的许多话语。临床医生使用了重组口腔肌肉目标语音提示法（prompts for restructuring oral motor phonetic targets，PROMPT）言语分析观察（speech analysis observation，SAO），以确定在治疗期间的目标运动言语水平。通过 SAO 确定了 PROMPT 等级 4（唇面）和 5（舌）是 AJ 最合适的目标点。

还使用了《学前语言基础临床评估（第 2 版）》（Clinical Evaluation of Language Fundamentals, Preschool, 2nd Edition，CELF-P2）的语音意识子测试来筛查语音意识。AJ 的得分为 19 分，未达到最低标准 20 分（一位 6 岁 11 个月儿童的程度）。她在音节混合、音节分割和押韵出现了错误。

流利：AJ 的讲话很流利。没有观察到类似口吃的行为。

注意力：AJ 对这项评估所需的非正式和正式任务给予了充分的关注。

社会交际：AJ 用微笑、眼神交流和挥手回应问候。她保持友好的态度，对参加测试和治疗任务都感兴趣。有人认为 AJ 表达语言存在困难，导致其在对话中轮流发言受到限制，而不认为原因是社会交际困难。在整个会议期间，AJ 都很愉快、配合度高，没有观察到明显的不良行为，而且她在这次评估过程中表现出了足够的注意力。

识字程度：使用 CELF-5 读写筛查法来评估 AJ 的阅读和写作能力。结果详见下文。子测试把拼写、语法、技巧和复杂性纳入评分标准。

出现以下拼写错误：

- Nedid（needed）。
- Raincote（raincoat）。
- warter（water）。
- No（know）。
- Wat（what）。

出现以下语法错误：

- 代词使用不正确（their 而不是 her）。
- 动词变位不正确（ask 而不是 asked）。

句子复杂度：AJ 的句子使用了连词 "and" 和 "but"，但是她的回答是循环的。也就是说，她重复了需要她完成的引导句的内容，但没有按照指示进行接下来的对话。由于这个错误，AJ 没有得分；她被要求再说两句话才能得分。

表 14-1 和表 14-2 总结了 AJ 在 CELF-5 的子测试和综合类别的表现。这一系列测试分两次在下午晚些时候进行。

【读者问答】

1. 为什么 AJ 的发音测试没有评分？ 如果你认为应该对它评分，请解释这样做的临床应用价值。

（1）该测试应该评分，因为如果她的父母选择接受言语-语音生成治疗，结果可以用于进度监测。

（2）考虑到她的年龄，任何标准化的测试都会产生低于平均水平的结果。因此，鉴于对言语-语音发展预期的考虑，一个具有误差分析的自发样本将比标准化的测试结果有更大的临床应用价值。

（3）如果父母选择解决治疗中的言语-语音错误，可以使用该测试来收集可刺激性的信息，以增强自发性语音样本分析结果，设定目标。

表 14–1　《语言基础临床评估》第 5 版（CELF–5）的每个子测试的百分值和临床表现解释

子测试	百分值	言语表现的解释
词类	37	平均水平
听指示	37	平均水平
公式化句子	2	低于平均水平——中度损伤
回忆句子	25	处于平均水平较低值
理解口语段落	16	边缘水平
单词定义	16	边缘水平
句子组合	5	低于平均水平——轻度损伤
语义关系	2	低于平均水平——中度损伤
阅读理解	2	低于平均水平——中度损伤
结构化写作	0.1	低于平均水平——严重损伤

表 14–2　《语言基础临床评估》第 5 版（CELF–5）的每个综合类别的百分值和临床表现解释

综合类别	百分值	言语表现的解释
核心语言索引	8	低于平均水平——中度损伤
接受语言指数	18	处于平均水平较低值 / 处于边缘水平
表达语言索引	5	低于平均水平——中度损伤
语言内容索引	16	处于边缘水平
语言记忆索引	12	低于平均水平——轻度损伤

问题解决测试 –3– 初级（TOPS-3）是一项正规评估方法，用于评估抽象推理、解释和批判性思维技能。该测试于一次访问中进行。结果见表 14–3

表 14–3　《问题解决测试》第 3 版（TOPS–3）的每个推理子技能的百分值和临床表现解释

子技能	百分值	言语表现的解释
做出推论	12	低于平均水平——轻度损伤
确定顺序	35	处于平均水平
否定问题	38	处于平均水平
解决问题	32	处于平均水平
做出预测	14	低于平均水平——轻度损伤
确定原因	2	低于平均水平——中度损伤
总测试	16	处于边缘水平

（4）（2）和（3）。

（5）以上都不是。

答案：（4）正确。许多标准化的发音测试与儿童发音错误严重程度的临床印象相一致，特别是对于与 AJ 年龄相同的儿童，人们普遍认为所有儿童都能达到所有语音的准确性，和 100% 的可理解度。因此，使用测试的形式来指导刺激性测试，比评分测试并依靠其分数来指导临床工作，或设定目标更具有临床意义。自然对话产生的细致自发语音样本（如果可能的话）是一种更稳定、基本的表现衡量方式。

（1）不正确。虽然标准分数或百分值可能是衡量其他领域（例如表达性语言）进展的实用指标，但标准参考值更适合监测发音的进展，因为特别是在 AJ 这个年龄，她在发音测试中，缺乏认识到微小改善的敏感度。

2. 只考虑可用的背景信息，为什么临床医生选择使用这些测试来测试 AJ？

（1）行为失控可能表明 AJ 的口头接受语言能力面临挑战，因为她可能无法理解日益复杂的口头交流，特别是在情绪紧张时。

（2）AJ 以他人能清晰理解的方式表达自己的能力降低，可能导致其产生口头或身体上的攻击行为。

（3）AJ 的行为可能是社交推理能力下降导致的，而不在于她的核心口语技能如何。

（4）其他人在理解 AJ 发言上遇到的任何困难，都可能进一步引发 AJ 的言语或身体攻击，特别是当她处于情绪高涨的状态时。

（5）这一系列的测试只是为了获得 AJ 最全面的临床印象。

（6）以上都不是。

（7）从（1）到（5）。

（8）从（1）到（4）。

答案：（8）正确。口语理解困难可能导致 AJ 在不理解或不记得复杂的口头指令时感到"迷失"或困惑。在教室里，当她周围的学生可能正在进行要求他们完成的任务时，AJ 不会进行。这可能会诱发一些情绪，如果这些情绪由于课堂需求的增加而不断堆积，可能会通过攻击性行为表现出来。如果 AJ 试图口头表达她的挫折感，以她的老师或同学可以理解的方式，表达她复杂的想法和感受，她可能会遇到困难。如果其他人由于她的言语清晰度障碍表示不理解她，可能会进一步加剧 AJ 的情绪变化，并导致一系列的不好的行为。

（5）不正确。还有许多其他标准化测试可用于评估学生的技能，并证实和（或）支持临床印象。

3. 如果你的州或省的法律允许 SLP 进行诊断，你会诊断这个孩子患有语言障碍吗？如果不会，理由是什么？你认为哪项信息缺失了？

（1）有语言障碍，因为测试结果表明她的整体语言能力低于平均水平。我认为不需要更多的信息来做出这个诊断。

（2）有语言障碍，因为测试结果表明她的表达能力低于平均水平。我认为不需要更多的信息来做出这个诊断。

（3）没有语言障碍，因为 AJ 的语言推理技能（驾驭社交场合所需要的较高水平的能力）处于边缘水平。

（4）没有语言障碍，因为语言障碍的诊断需要区别 AJ 的语言技能和她在其他发育领域的技能。我需要全面心理测量评估的更多信息。

（5）以上均不是。

答案：（4）正确。要诊断语言障碍，语言技能平均值必须低于智力或神经心理学测试测量的其他发展领域平均值至少 2 个标准差。也就是说，与其他发展领域相比，语言技能本身必然受到严重损害。否则语言障碍可能是整体落后的一部分。如果一位 SLP 发现了语言障碍，必须通过更广泛的心理测试来排除不同的鉴别诊断。SLP 识别的推理障碍也必须与语言推理（如视觉空间推理）相区分，并且得到特定语言和整体发展测试的支持以诊断语言障碍。

4. 能诊断 AJ 患有 FASD 吗？为什么能？或者为什么不能？运用该网站作为你理由的基础：http://www.nofas.org。

（1）是的，她患有 FASD。不需要更多的信息来确诊。

（2）是的，她可能患有 FASD，但需要更多其他发育领域的信息来确诊。

（3）根据她的病史和临床表现，她不大可能患有 FASD。

（4）不是，她不可能患有 FASD，因为她已经被诊断为患有 ADHD。

答案：（2）正确。鉴于 FASD 的广泛表现和目前诊断这种疾病的最佳标准，语言障碍和语言推理障碍只是 FASD 的诸多病状之一。其他需要参与诊断的专业，可以阐明不属于 SLP 范围内的发展领域，如发育儿科、作业治疗和心理学。这些专业人员可以分别提供有关身体发育和面部特征、感觉和精细运动发育及智力的信息。

（1）不正确。该答案认为只有 SLP 记录的信息足以做出诊断，然而并不是这样的。

（3）不正确。不患有 FASD 的儿童也存在报道中许多行为中。然而，这些行为也见于患有 FASD 的儿童。只考虑她的行为和病史，无法确诊或排除 FASD。

（4）不正确。这个答案过于绝对，没有考虑到可能同时患有 FASD 和 ADHD。

【障碍描述和推荐治疗方法】

AJ 的主要问题是词汇和句子层面表达性语言能力低下。尽管没有经过正式测试，但她在叙述复述中也表现出一些困难。她的核心语言指数只有 8%，她的接受和表达语言之间存在统计学上的显著差异（分别为 18% 和 5%）。与同龄的孩子相比，AJ 的读写技能受到了中至重度的损害，这一定程度上是由于语音意识的困难。此外，当同时受到视觉和语言刺激时，AJ 在推断、预测和确定事件的原因上表现出困难。最后，她的理解能力受到一些发音和语音处理错误的影响，这使她即使在安静的环境里也难以理解事物。

评价后提出了以下建议。

- 专业支持：
  ○ 提供以发音和语言技能为重点的言语—语言治疗。建议临床医生的治疗目标主要是实现 PROMPT 运动言语第 4 阶段和第 5 阶段（分别是唇面和舌运动）。
  ○ 提供在校学习支持：除了参与课堂小组学习活动外，对特定障碍要进行一对一支持。
  ○ 进行进一步的心理测量评估，以确定或排除语言或其他学习障碍 / 残疾，并协助 FASD 诊断。

○视需要与 AJ 的主要护理医师分享评估结果，以助于下一步的治疗。

- 课堂环境：
  ○为 AJ 提供与她的导师接近的优先座位。
  ○确保 AJ 在教学过程中面对老师。

- 学业指导和设计：
  ○减少修辞语言的运用
  ○将语言指示融入 AJ 喜爱的活动环境中。
  ○为 AJ 进行口头造句提供机会。
  ○为 AJ 提供一个"伙伴"，在成长的过程中锻炼 AJ 的叙述技巧。
  ○运用障碍游戏促进表达性语言和思维理论的发展。
  ○使用图片卡或照片帮助 AJ 引出故事。明确地告诉 AJ 故事的组成部分，并通过图片提示或回忆练习故事复述。

- 家庭环境：
  ○当给 AJ 口头指令时，确保 AJ 面向给出指令的人，缓慢地给出指令，通过让她重复这些指令来确保 AJ 理解了口头指令，并避免使用比喻或修饰性语言。

【结果】

AJ 展现出了许多优点。她是一个喜爱社交的女孩，很乐意参与评估。在她母亲场外录制的自发谈话中，AJ 进行了轮流会话，并在一个轻松的环境中，展现了与其他同龄孩子具有一样的特点，能进行自发性谈话和对事物进行详细阐述。此外，她在使用视觉和语言信息对事件进行排序、回答否定问题和以与她年龄相仿的方式解决问题方面表现出了优势。AJ 还在以下方面表现出优势：她能发现单个口语单词的相似之处，遵循多步骤、复杂的指示，并逐字记住对她说过的简短发言。

AJ 的家人参加了几次语音 – 发音的语言治疗课程。在课程期间，她使用 PROMPT 法进行触觉提示和即时听觉反馈，能成功发出单音节和双音节单词所有位置上的 [s] 和 [z] 音。然而，并没有观察到 AJ 的发音可以泛化到句子层面，或具有独自发音的能力。不幸的是，由于资源缺乏，4 个课程后治疗停止了。AJ 出院后由她的父母和学校照顾。

要点

◆ FASD 可以表现在包括语言在内的多个发展领域，因此对它的鉴别诊断有必要采取多学科方法。

◆ 语言和语音障碍会广泛地影响儿童与周围环境中他人的互动。可以在儿童的行为中观察到这些损伤的影响，这些行为多种多样，既有无害的漠不关心，也有语言和（或）身体攻击。

◆ 标准化测试虽然是全面评估的一个重要部分，但它的临床应用价值并不一定在于从中得出的分数。

◆ 虽然理想情况下，所有患有言语、语言或其他障碍的人都应该得到他们需要的服务，但不幸的现实是，由于缺乏资源并非所有的人都能得到这些服务。

推荐阅读

[1] Astley SJ. Diagnostic Guide for Fetal Alcohol Spectrum Disorders: The 4-Digit Diagnostic Code. Seattle, WA: University of Washington; 1994

[2] American Psychiatric Association. Diagnostic and Statistical Manual of Mental Disorders. 5th ed. Arlington, VA: American Psychiatric Publishing; 2013

[3] Paul R. Language Disorders from Infancy through Adolescence: Listening, Speaking, Reading, Writing, and Communicating. St. Louis, MO: Elsevier; 2012

[4] Reid N, Dawe S, Shelton D, et al. Systematic review of fetal alcohol spectrum disorder interventions across the life span. Alcohol Clin Exp Res. 2015; 39 (12):2283–2295

腭裂修复术后的言语康复
Speech Rehabilitation following Cleft Palate Repair

Catherine Crowley　Chelsea Sommer　著
李　辉　涂　博　译　　徐洋凡　校

【概述】

腭裂会对言语清晰度造成很大的限制。此外，在手术矫正腭裂后，代偿性发音不准可能会持续存在。此病例概述了腭裂语音和代偿性发音不准之间的区别，介绍了针对这群患者的适当治疗方法。

【临床病史和病情描述】

MR 是一个 6 岁的女孩，主要说英语，会说一点西班牙语，出生时患有硬腭和软腭裂，12 个月大时接受了一次腭裂修复术。从 12 个月到 6 岁，她出现了典型的腭裂言语错误。6 岁时，MR 进行了第二次腭裂手术以延长软腭改善腭咽闭合。同时，由于反复的中耳感染，MR 进行了鼓膜切开置管术。传导性听力损失在腭裂儿童中很常见，因为腭帆张肌（负责咽鼓管开口的主要肌肉）插入软腭。腭裂患儿的腭帆张肌不能调节口腔和中耳之间的气压和开口，使腭裂患儿更容易出现中耳感染的情况[1]。MR 由当地腭裂团队的首席外科医生推荐就医，该医生曾对她实施了手术。

【临床测试】

在评估腭裂患者时，临床医生的感知能力是评估的"最佳标准"[2]。评估包括口腔检查、共振评估，及单独评估音节、单词和句子中的所有发音。口腔功能检查显示没有瘘管并且膜和发音器官运动非常充分，共振正常。言语方面，可以观察到所有高压音的发音位置不佳。这些"高压音"或口头声需要完全关闭腭咽口，这样鼻道就被阻塞了，所有的声音都是通过口腔发出的。英语中的高压音有 [p,b,t, d, k, g, s, z]。腭裂患者可发出鼻音，如 [m]、[n]、[ŋ] 音和低压音，如 [w]、[l]、[r]，这些音不需要完全关闭腭咽口。然而，对于 MR 来说，高压音、低压音甚至鼻音都被腭裂言语中的典型错误所取代，包括咽部摩擦音、声门阻塞音和鼻音。MR 只有在双唇鼻浊音 [m] 和所有的元音的发音位置是一贯准确的。

在最初的评估中，MR 在 3 个不同的时间单独发出了 [p] 音。这一瞬间是视频捕捉到的，可以在视频 15-1 中看到。除了 [m] 之外的所有其他声音发出的位置不正确（如通过闭合双唇发出 [n]），并且通常以不正确的方式产生（如发出停顿音 [t] 而不是连续音 [s]），或浊化（如发出 [p] 作为 [b]）。在使用视觉，触觉，运动觉和听觉提示的多感官方法进行几次尝试之后，MR 还展示了模仿双唇音 [p] 和 [b] 的能力。

【读者问答】

1. 为什么 MR 在评估过程中只能发出 3 次 [p] 音？

（1）为了能够持续地发出 [p] 音，MR 可能还需要进行第三次手术。

（2）MR 可以通过刺激发出高压 [p] 音，但她需要更多的治疗来产生稳定的效果。

▲ **视频 15-1**　初次会诊时，刺激 MR 后，对其发出高压音 [p] 的评估

这是作者第一次与这个客户合作。评估了她的语音，并检测了她对刺激的反应。如这段视频所示，MR 通过刺激是可以发出 [p] 音的

(3) 手术后 MR 具备完整的生理结构；然而 MR 没有具备足够的生理功能去发出 [p] 音。

(4) MR 的嘴唇无力，需要进行唇部强化练习，才能持续发出 [p] 音。

(5) MR 术后还没有完全痊愈，即使没有言语治疗，经过几周的愈合后情况也会有所改善。

答案：(2) 正确。MR 能够正确的发出 [p] 音，证明第二次腭部手术是成功的，她可以实现足够的腭咽闭合。采用了多感官方法刺激发声，对此，MR 只能发出 3 次 [p] 音。要消除代偿性腭裂言语错误或"腭裂言语"，需要进行口部运动学习，和大量练习与重复。

(1) 不正确。在她的第二次腭部修复手术之后，MR 不需要再做一次手术。她需要的是更多的言语治疗。在最初的评估中，她只发出一次高压 [p] 音，证明她具备完整的生理结构和足够的生理功能，不需要再做一次手术，只需要言语治疗。

(3) 不正确。MR 在第二次手术后具备完整的生理结构和足够的生理功能，她能发出高压 /p/ 音，表明她的腭部功能良好。

(4) 不正确。唇部强化和其他非言语的口腔运动练习，如吹喇叭和吸吸管，是没有循证的，也不会对 MR 的言语有积极的影响。

(5) 不正确。一旦外科医生确认患者已经准备好接受言语治疗，就几乎没有治愈的余地了。更重要的是，因为 MR 缺乏对正确发音位置的认识，即双唇位置，如果不接受治疗，MR 的 [p] 音发音不太可能得到改善，治疗后，她才可以学习正确的发音位置。

2. 为什么 MR 很多发音位置不正确，比如，所有的高压音和大多数的低压音和鼻音？

(1) 腭帆提肌是腭咽闭合中最重要的肌肉，因为 MR 不能正常使用这块肌肉，所以无法正确发出低压音和鼻音。

(2) 除了伴有高压音的腭裂语音错误外，MR 还有许多与腭咽闭合不全无关的语音过程问题。

(3) MR 有许多与言语失用症相一致的言语错误。

(4) 由于传导性听力损失，MR 无法正确听到声音，并以她听到的方式发出声音。

(5) 对于 MR 来说，代偿性发音障碍几乎影响了她的整个语音系统。

答案：(5) 正确。尽管未修复腭裂的儿童通常会发出鼻音和低压音，但在 MR 的病例中，除了 [m] 和元音之外，其他所有音的发音位置都不一致，而且大多是以不正确的方式和发音产生的。在 MR 的病例中，代偿性的错误发音几乎影响了她的整个语音系统，这意味着她必须重新学习除了 [m] 和元音之外的几乎所有说话所需的声音。

(1) 不正确。虽然腭帆提肌是腭咽闭合中最重要的肌肉，但这种肌肉很少参与低压音的发声，并且与鼻音无关。

(2) 不正确。MR 没有展示任何语音过程。语音过程与腭裂语音错误是分开的。

(3) 不正确。患有腭裂言语障碍的儿童常常被误诊为失用症，因为他们必须重新学习正确的发音位置，导致他们在腭裂修复后重新学习正确的发音时出现与失用症不一致的错误，需要不停地摸索。在这种情况下，MR 没有患言语失用症，因为其元音的发声是一致的，任何不一致的发音都可能是重新学习正确的发音造成的。

(4) 不正确。虽然 MR 可能会听到带有传导损耗的失真声音，但这不太可能导致典型的腭裂语音

错误，如声门阻塞和咽部摩擦音，也不太可能导致几乎所有声音的发音位置错误的情况。

3. 如果 MR 已经在一家拥有美国腭裂－颅面协会（American cleft palate–craniofacial association，ACPA）分会认证的腭裂小组组成的优秀医院进行了腭裂修复手术，为什么她还需要再做一次腭裂手术来解决她的言语问题？

（1）即使第一次的修复手术是完美的，由最佳的外科医生实施手术的患者也需要二次言语修复。

（2）由于医院人事变动，给 MR 做手术的外科医生经验不足。

（3）MR 接受了言语语言病理学家的言语治疗，但是这位病理学家对如何解决腭裂言语问题一无所知。

（4）MR 的母亲在第一次腭裂手术后未能遵循术后程序，导致腭咽闭合不全。

（5）MR 没有任何医疗保险以支付术后的言语治疗所需费用。

答案：（1）正确。MR 需要进行第二次腭裂修复手术，因为在她第一次腭裂修复手术后，仍然存在腭咽闭合不全的问题。即使手术是由最佳的外科医生实施的，患者也很可能需要对言语进行二次修复。言语语言病理学家的作用是在初次腭裂手术后与患者合作，以确定该患者的语音错误是单纯由代偿性错误导致的，还是与腭咽闭合不全有关。如果是单纯的代偿性错误，则需要进行更多的言语治疗；如果是腭咽闭合不全，则需要进行二次腭裂手术。

（2）不正确。尽管腭裂团队中可能会有经验不足甚至能力不足的外科医生，但即使第一次的修复手术是完美的，由最佳的外科医生实施手术的患者也可能需要进行二次言语修复。在 MR 的案例中，一位经验丰富、资历出色的外科医生为她进行了第一次腭裂修复手术。

（3）不正确。言语语言病理学家需要充分理解如何处理腭裂言语。然而，如果没有二次手术干预，MR 的腭咽闭合机制将不能充分发挥作用。MR 需要进行二次手术，以具有腭咽闭合和产生高压音的构造上和生理上的能力。

（4）不正确。MR 完成腭修复后，她的母亲参加了所有必要的会议。MR 的腭咽闭合不全是由她缺乏腭咽闭合所需的组织和肌肉造成的。

（5）不正确。MR 在第一次手术后是否接受言语治疗对她是否需要二次言语手术没有影响。

4. MR 在 6 岁接受第二次言语手术之前，接受言语治疗会让她受益吗？

（1）不会。如果腭咽没有闭合，MR 永远不可能发出任何高压音。

（2）会。通过高质量的多感官言语治疗，使用鼻咽镜反馈，MR 可以完美地发出 /p/ 和 /b/ 音。

（3）会。言语治疗本可以专注于强化嘴唇和舌头，这样她在做完手术后，她只需要接受很少的言语治疗。

（4）会。言语治疗本可以重点减少她鼻音过多的情况，使她的讲话更容易理解。

（5）会。言语治疗本可以使她专注于正确的发音位置，术后她则需要更少的言语治疗。

答案：（5）正确。手术前接受言语治疗通常有利于改善手术后的言语结果。如果 MR 在手术前接受了言语治疗，她即使不能发出高压音，但也会知道正确的发音位置和发音方式。手术后的治疗 MR 可以重点学习如何让空气和声音通过口腔，这是在没有实施言语手术的情况下无法实现的。此外，如果 MR 了解了正确的发音位置和发音方式，MR 的言语可懂度会明显增强。

（1）不正确。如果腭咽没有闭合，MR 将永远无法产生任何高压音。然而，术前的言语治疗可以让 MR 了解正确的发音位置，提高言语可懂度，最终使之受益。

（2）不正确。高质量的多感官言语治疗在提供反馈时很有帮助；然而，如果没有二次言语手术，仅使用这种方法将不能完美地发出 /p/ 和 /b/ 音。

（3）不正确。嘴唇和舌头的强化练习在手术前后都不会对 MR 的讲话产生影响。

（4）不正确。共振是共振腔大小和形状的功能表现。言语治疗不能减少其鼻音过多的情况，只有手术才能改变鼻腔的大小和形状。

【障碍描述和推荐治疗方法】

MR 患有腭咽闭合不全，导致其代偿性发音不准。在二次手术之前，MR 不具备发出高压音所需的生理结构和生理功能。代偿性发音不准是在 MR 试图重复她听到的声音时形成的，但由于她患有腭咽闭合不全，因此无法正确发出这些发音。治疗包括通过传统的腭裂言语治疗等级区分逐个发音、发出单个声音，音节中的声音，没有其他高压音的单个单词，随后是相似结构构造的句子，最后是对话。因为腭裂言语治疗需要多次练习和重复，所以治疗本身必须是多样化和有趣味性的，以使孩子和家庭保持专注和投入。

在这种情况下，每个等级步骤都包含不同的腭裂言语治疗游戏，包括多感官游戏、单音游戏、练习音节中的目标声音游戏和单字游戏，及针对浊音和清音同源词的腭裂言语故事书练习。视频 15-2 展示了如何与 MR 一起实施腭裂言语治疗等级方法。为了优化治疗结果，MR 的母亲成为治疗团队的关键成员，能够获得 MR 正在进行的腭裂言语治疗策略。在整周里，这位母亲与 MR 一起进行重复和训练，以增强运动再学习。

治疗最初关注鼻音的正确发音位置，因为它们对于最终能否发出高压音至关重要。一旦正确发出了鼻音 [m]、[n] 和 [ŋ]，就引入了 [p]，因为 [p] 是一个双唇清音，因此不太可能与声带接合而出现声门停止的情况。MR 可以采用双唇音 [m] 为发出 [p] 而找到适当的发音位置。通过练习，MR 发出 [p] 音变得相对容易。

▲ 视频 15-2　腭裂言语治疗等级

这里展示了在治疗患有腭裂言语问题的儿童时应遵循的言语治疗等级

在腭裂言语治疗等级中，临床医生应该从辨别代偿性错误和正确发音开始，以便患者能够感知和理解错误发音和正确发音之间的差异。下一步是单独地处理目标声音。这意味着目标声音后面没有元音（如提示说 "p" 而不是 "pa"）。接下来，临床医生可以将目标声音与 "Acevedo Spoke" 中的元音结合起来。在这种方法中（视频 15-2），目标声音在页面中间形成一个圆圈，页面外围绕着从目标声音到元音的辐条。Acevedo Spoke 上的第一个组合包括初始位置的目标声音 "pa、pe、pi、po、pu"，随后是最终位置目标声音 "ap"、"ep"、"ip"、"op"、"up"，然后将目标声音放在中间位置，周围是元音组合 "apa"、"epe"、"ipi"、"opo"、"upu"。接下来，临床医生将继续将目标声音放置在单词中（在开始、中间和最末位置）。在完成单词层面的治疗后，临床医生可以使用腭裂言语治疗书籍，这些书籍可以在网站 leadersproject.org 上免费获取。最后，MR 应该在谈话时的自发讲话中练习目标声音。

【结果】

从手术后 2 周开始，在她的外科医生的批准下，大约每周进行 3 次言语治疗，持续 8 个月。她还每周接受两次学校治疗。经过 8 个月的治疗，MR 的言语可懂度从最低（训练有素的听众和家人对 MR 言语的理解程度为 20%，其他人为 10%）提高到即使在没有已知背景的情况下也基本可以使他人听懂自己的言语（训练有素的听众和家人对 MR 言语的理解程度为 90%，其他人为 75%）。MR 的母亲积极参与治疗过程，并继续提供居家实践和支持。MR 的学校言语语言病理学家与在大学的言语语言病理学家诊所团队合作，以确保治疗言语目标的一致性和协同性。

MR 在 [k] 和 [g] 发音上仍然有困难。MR 可以在看似较难的词簇中发出 [k]，比如 "school"，而 [ŋ] 的发音位置在 "pink" 和 "ringing" 等单词的位置转换很有帮助。这种成功背后的基本原理很可能与鼻音 [ŋ] 有关，[ŋ] 也是软腭音，发音时舌头和 [k] 和 [g] 的发音位置一样。最后要处理的声音是 [ʧ]、[ʃ] 和 [ʤ]。根据她到目前为止的进展，这些发音的预后是良好的。

要点

◆ 跨学科团队所有成员需要通力合作以确保最佳结果。

◆ 当孩子能发出一个高压音时，代表他的腭咽闭合正常。

◆ 听力筛查；由于腭帆张肌插入不当，腭裂儿童通常会出现传导性听力损失。

◆ 父母参与干预计划对治疗成功至关宣要。

◆ 消除代偿性腭裂言语是一项运动学习技能，需要每天频繁练习。

推荐阅读

[1] Crowley C. Cleft palate practice books. Leaderspro ect.org. 2014. Available at: http://www.leadersproject.org/cleft-palate-directory/cleft-palate-practicebooks/. Last accessed June 2016

[2] Crowley C. Cleft palate therapy word games. Leadersproject.org. 2016. Available at: http://www.leadersproject.org/english-cleft-palate-directory/cleftpalate-therapy-word-games/. Last accessed June 2016

[3] Crowley C, Baigorri M, Sommer C. Speech sound assessment and stimulability. Leadersproject.org. 2016. Available at: http://www.leadersproject.org/2016/06/06/speech-sound-assessment/. Last accessed June 7, 2016

[4] Crowley C, Baigorri M, Sommer C, Acevedo D. What to do before the cleft palate is repaired to improve speech outcomes after surgery. Leadersproject.org. 2016. Available at: http://www.leadersproject.org/2016/05/30/strategies-before-the-cleft-palate-is-repaired/. Last accessed June 5, 2016

[5] Sommer C, Crowley C, Baigorri M, Acevedo D. Cleft palate speech therapy hierarchy. Leadersproject.org. 2016. Available at: http://www.leadersproject. org/2016/05/30/cleft-palate-speech-therapy-hierarchy/. Last accessed May 29, 2016

参考文献

[1] Peterson-Falzone SJ, Hardin-Jones MA, Karnell MP. Cleft Palate Speech. 4th ed. St. Louis, MO: Mosby Elsevier; 2010

[2] Baylis A, Chapman K, Whitehill TL, The Amer cleft Speech Group.. Validity and reliability of visual analo scaling for assessment of hypernasality and audible nasal emission in children with repaired cleft palate. Cleft Palate Craniofac J. 2015; 52(6):660–670

障碍，差异还是差距？一项学龄残疾评估
Disorder, Difference, or Gap? A School-Age Disability Evaluation

Catherine Crowley　Casey Sheren　著

尚亚茹　译　　何敏斯　陈卓铭　校

【概述】

基于一项以评分为基础的私人评估，这个案例描述了一个先前被诊断为"严重语言受损"的青少年状况。重点是评估语言和方言的习得历史及先前的学术经验，以确定是否将存在的缺陷归类为一种真正的语言障碍，或者有关方言和（或）学业问题。

【临床病史和病情描述】

SD 是一个 13 岁的小女孩，生活于多语言、多方言的环境中，处于低社会经济地位。7 岁的时候，SD 和她的弟弟妹妹搬离了他们的原生家庭，并在接下来的 4 年中住在寄养家庭。直到五年级，SD 曾就读于 5 所不同的学校，接触了波多黎人的西班牙语、非裔美国人的英语、受西班牙语影响的英语，及多种语言混用功能的场景，但是较少接触标准的美式英语。11 岁时，SD 被两名大学教授收养。从此在家庭和学校中 SD 都接触标准的美式英语。

在 SD 被收养后不久，她的母亲对她的处理能力，及表达和接受语言的能力表示担忧。具体来说，她担心 SD 的词汇发展和动词变位。她报告说 SD 在学校里，对理解文章表现出困难。她在状态测试中的表现处于最低范围。

收养后约 1 年（SD 12 岁时），SD 进行了基于评分的言语和语言评估采用标准化的评估工具。她在"回忆句子"子测验（标准美式英语句法知识测验）中的表现体现她具有"语言严重障碍"。

该评估采用了孤立的测试分数，没有考虑语言和方言，教育历史或她家庭环境的不稳定因素。父母将 SD 推荐给大学诊所来解决这些不足。经过审查最初的报告后，重新评估把 SD 的社会语言背景、先前的生活经历及自初步评估以来在语言和学业上的进步纳入考量。

【临床评估】

除了深入的家长访谈，SD 的中学七年级老师也接受了采访。此外，对 SD 在教室里的表现进行观察，收集了她学校的作业样本，进行评估。SD 的老师曾在 SD 成长的内城区工作，这个身份使她格外可靠，能获取 SD 的许多信息。她解释说 SD 最大的弱点是词汇不足和学术理解力薄弱。她注意到 SD 刚来到新学校时，那时她才六年级，即使在不明白某些内容时，她也不愿意说出来。不过从那以后，SD 的老师认为她取得了"如此巨大的进步"，"在写作方面也有很大的提升"。

为了检查 SD 的句法习得情况，采用了 Crowley 和 Baigorri 学龄语言评定措施（school-age anguage Assessment Measures，SLAM）的地铁评定部分进行测评[1]。给 SD 看一张图片，图片上显示一个人的脚被地铁门夹住了，以此提问来引导 SD 说出复杂的句子结构，并进行个人叙述。SD 回答了一系列问题，显示出与她年龄相符的语言能力，整合和组织了她的想法，并使用适当的标准美式英语语法结构来表达她的语言。

例如：

评估者：发生了什么事？

SD：可能地铁上有很多人，他来不及出去，于是他的脚被卡住了。

评估者：您是否曾经遇到过这种情况？

SD：差一点。我们回到公寓时，我妈妈差一点经历了类似的事情，因为她刷错了门禁。

评估者：如果发生这种情况，您会怎么做？

SD：我可能会大喊大叫。因为我知道这会很痛。

如样本中所述，SD 已经掌握了标准美式英语的许多语言特征。她使用了情态动词和条件时态（"I would probably" 和 "It would hurt"），标准美国英语名词—动词一致（"we were"），系动词和助动词 "be" 形式（"there was" 和 "she was swiping"），及复杂的句型，包括因果关系和时间要素 ["when"，"so then"，"because" 和 "I know（that）"]。

回顾先前一项基于分数的评估后，发现 SD 在 18 个月后，学会了标准美国英语方言的全部内容，并且在词汇量方面有了相当大的进步。此信息提供了语言习得的纵向信息。例如，她将"条约"解释为"条约就像合同"；"纪念品"解释为"使你回忆起去过某处的物品，对于获得者十分珍贵的东西"；"委员会"解释为"一群人决定要做什么"；"谈判"解释为"试图解决某个问题"；"10 年"解释为"一段很长的时间"；和"奖励"作为"您在某件事上取得的成就，一种奖励，某物作为你努力的回报。"她的母亲表示，全家人与 SD 和她的妹妹在吃早餐时一起学习词汇，并且在学校时，SD 也进行了相当多词汇的学习。

此外，SD 表现出了对语言综合的理解能力及使用语言解决问题、推断、比较和对比的能力。她的语言能力进一步体现在以下方面：她对幽默的快速理解，而且她能理解长篇连续剧中复杂的情节和丰富的角色塑造（视频 16-1）。

【读者问答】

1. 为什么老师的访谈在鉴别诊断方面特别重要？

（1）SD 的老师是其收养家庭的密友，因此有机

▲ 视频 16-1　家长访谈

SD 的母亲告诉评估者，SD 能够理解长篇连续剧中复杂的情节和丰富的角色塑造

会了解到 SD 在学校与在非正式的家庭环境中的行为举止，及她与人交流互动的情况。

（2）SD 的老师本人与 SD 来自同一的语言背景，因此可以深入了解 SD 的交流情况，确定这是语言差异还是真正的语言障碍。

（3）SD 的老师进行了广泛的语言研究，研究了受西班牙语影响的英语，非裔美国人的英语和标准美式英语之间的方言差异，并为 SD 的案例提供了重要的知识基础。

（4）SD 的老师以前曾在 SD 长大的内城区任教，因此可以了解到与其他来自相同文化和语言背景的孩子相比，SD 的语言情况如何。

答案：（4）正确。由于 SD 的老师曾在 SD 成长的同一个社区教过书，所以她对 SD 的学业和语言经验有所了解，从而可以对作者的问题做出更有效和可靠的答复。

（1）不正确。由于 SD 的老师与她在学校认识长达 2 年时间，尽管老师也认识其家人，但在校外与他们没有任何关系。

（2）不正确。SD 的老师只会使用标准美式英语。虽然她能够了解 SD 有语言差异还是语言障碍，但她与 SD 不是来自相同的语言背景。

（3）不正确。SD 的老师没有对美式英语的不同方言做过学术调查。但是，由于她先前在 SD 长大的内城区任教，该地区文化多元，所以她能够识别

出受西班牙语影响的英语和非裔美国人的英语的基本特征。

2. SD 能够理解长篇连续剧中复杂的情节和丰富的角色塑造。为什么这会影响作者的结论？

（1）SD 看电视占用了她本该通过阅读理解练习来弥补学业差距的时间。

（2）这些技能显示出 SD 具有较强的认知能力与较强的衔接句法技巧，因为她使用名词短语和复杂的句子来描述故事。

（3）SD 能够在很远的距离听见电视的声音，这代表她的听力在正常范围内。

（4）SD 所观看的电视节目中的人物有不同的美式英语方言，这可能会减慢了掌握标准美式英语的速度。

（5）SD 能够理解电视节目中的复杂情节，而非小说中的复杂情节，这表明她的语言缺陷是语言障碍。

答案：（2）正确。理解电视节目中复杂的情节和丰富的角色塑造需要具备分析，比较，综合，解决问题，推理，进行有意义的预测和其他学业语言技能的能力。SD 能在句法上成功表达这些概念，表明她具有高水平学术语言技巧。

（1）不正确。SD 能够描述内容复杂、长篇连续剧中的情节发展和角色特点，表明她的语言能力是符合其年龄的，而且她的语言问题仅仅与学业差距有关。

（3）不正确。SD 从看电视中展现出的语言技能与她的听力没有关系。

（4）不正确。没有证据表明在电视节目中听到不同的方言，会减慢她掌握标准美式英语的速度。

（5）不正确。从 SD 父母那里获得的关于她观看电视节目的信息很有价值。因为这个信息将 SD 的语言能力与她的学业差距隔离开来。虽然语言能力较弱会影响阅读理解，但在这个案例中，SD 表现出较强的学业语言能力，从而提供了进一步的证据，以区分她的语言问题是语言障碍还是单纯的学业差距。

3. 在参加言语—语言评估之前，SD 在新学校的 18 个月中，快速掌握了标准的美式英语，我们可以从中得出什么结论？

（1）SD 在以前的学术环境和家庭环境中曾接触过标准美式英语。

（2）SD 具有较强的语言习得能力，因此能够理解综合语言学。

（3）SD 的新学校为她提供改正她言语和语言的语法错误的机会。

（4）SD 为随后的评估做了大量准备工作，在学校和家里都进行了严谨的学习，以记住标准美式英语的特点。

（5）SD 实际上没有掌握标准的美式英语，除了存在语言差异和学业差距，她确实患有真正的语言障碍。

答案：（2）正确。SD 能够使用情态和条件时态，保持标准美式英语中名词与动词一致，使用系动词和助动词 "be" 形式及包括因果关系和时间要素在内的复杂句型，这表明她入读新学校 18 个月后，就迅速掌握了标准美式英语。如果学生患有严重语言障碍，甚至只有轻度语言障碍，是不会表现出这种语言和综合语言能力的，尤其是她在如此短的时间之内接触了一门新方言。

（1）不正确。在被现任父母收养之前，SD 接触了波多黎西班牙语，非洲裔美国人英语，受西班牙语影响的英语，处于多种语言混用的情况，但是很少接触标准美式英语。因此，她对标准美式英语的掌握不能归因于她先前接触的各种方言。

（3）不正确。在 SD 的最初言语和语言评估中，她没有表现出 "语法错误"，而是表现出语言和方言的差异，这些差异体现了美式英语受规则支配、系统性的方言特点。SD 的新学校和家庭环境为她提供了接触标准美式英语的机会，她需要学习该方言的特征；这与 "纠正语法错误" 无关。

（4）不正确。SD 并没有为第二次语言评估进行 "准备" 或 "学习"。相反，她在充分接触这种方言后，自发地掌握了标准美式英语的特征，这表明她具备学习语言的能力。SD 初步评估的结果反映出 SD 以前没有缺少对标准美式英语的接触，标准美式英语是初始评估中唯一纳入考量的方言。

（5）不正确。SD 的表现表明，在接触语言各方面（包括句法、形态、语义和语用）18 个月后，她完全掌握了标准美式英语。

4. SD 进行首次言语－语言评估后，私人临床医生将 SD 误诊为患有严重语言障碍，其原因是什么？

(1) 临床医生违反了联邦特殊教育法 IDEA 2004，因为该测试对 SD 存在明显的偏见，测试对 SD 进行标准分数评分。

(2) SD 没有充分配合评估。

(3) 临床医生未使用更合适的标准测试以诊断 SD。

(4) 身兼私人诊所临床医生的言语—语言病理学家，只对说标准美式英语的患者有经验，除此方言以外没有太多经验，因此不应期望他对其他方言有所了解。

(5) 临床医生使用标准美式英语进行测试，同时考量了 SD 的语言和方言习得历史。

答案：(1) 正确。IDEA 2004 明确指出评估资料不能在种族或文化上存有偏见。由于没有考虑到 SD 的背景，所以评估人员得出了错误的诊断，该诊断源自严重带有偏见的测试材料。评估材料未能考量学生的文化或语言背景，这违反了联邦特殊教育法 IDEA 2004 的规定，并违背了健全评估程序的要求。

(2) 不正确。评估中没有任何情况表明 SD 不配合。

(3) 不正确。临床医生确实没有使用适当的标准化测试方法。但暂时不可能存在能够考虑到 SD 先前经验影响的一种标准化测试，包括家庭和学校的多种变化，在接触西班牙语和英语（包括几种不同的英语方言）之间的转换。

(4) 不正确。尽管进行私人语言评估的临床医生可能主要是考察使用标准美式英语的患者，但专业人员必须能够为所有人提供符合其文化和语言要求的评估。

(5) 不正确。基于分数的初始评估无法体现出评估者考虑了 SD 的语言和方言习得历史。这会导致严重的误诊。

【鉴别诊断】

在回顾之前和当前的评估后，确定了 SD 具有学术缺陷和语言差异，但肯定不是患有语言障碍或残疾。SD 掌握标准美式英语后，表现出符合她年龄的句法结构能力，这代表她具有较高的语言能力。她还能对其符合其年级水平的词汇进行精准定义，这体现她具有符合其年龄的语义知识。此外，SD 具备推理、比较和对比、分析和合成复杂想法及解决问题的能力，这意味着她获得了综合语言能力和符合其年级水平的学术语言能力。

【推荐治疗方法和结果】

SD 当前的学校和老师为她提供了一个刺激其语言学习的环境，这可能有助于 SD 取得其学业进步。为了增加 SD 在学校中接触高级词汇的机会，鼓励 SD 的父母在结构化的讨论中引入新词，这对 SD 很有帮助。为了让 SD 保持并表现她多样的文化特性，建议她的父母不要只让 SD 在家和兄弟姐妹使用标准美式英语。这样可以减轻她的担忧，即当她"说白人的语言"时会"变成白人"，并在继续学习新方言时帮助产生加性模型。

要点

- 言语和语言的鉴别诊断不仅需要评估和报告分数。评估人员在分析语言能力时应考虑学生语言和方言习得历史的影响，并了解这些方言和语言的形态和句法的变异性和影响。
- 家长和老师的访谈提供了宝贵的信息，涵盖了有关学生在各种情况下的语言能力。
- 广泛的临床意见和直接观察对于收集信息并更全面地了解学生的优缺点至关重要。
- 时刻更新研究和实践内容，以提供符合文化和语言要求的评估。

推荐阅读

[1] American Speech-Language-Hearing Association (ASHA). Knowledge and skills needed by speech-language pathologists and audiologists to provide culturally and linguistically appropriate services. American Speech-Language-Hearing Association. 2004. Available at: http://www.asha.org/policy/KS2004–00215.htm. Last accessed June 10, 2016

[2] Burns FA, de Villiers PA, Pearson BZ, Champion TB. Dialect-neutral indices of narrative cohesion and evaluation. Lang Speech Hear Serv Sch. 2012; 43(2): 132–152

[3] Crowley C. Understanding assessment: The critical questions. Leadersproject. org. 2015. Available at: http://www.leadersproject.org/2015/03/18/the-criticalquestions/. Last accessed June 10, 2016

[4] Crowley C, Grossman C. Grammar fundamentals for a pluralistic society. Leadersproject.org. 2014. Available at: http://www.leadersproject.org/ceu-courses/-grammar-fundamentals-for-a-pluralistic-society/. Last accessed June 10, 2016

参考文献

[1] Crowley C, Baigorri M. School-age language assessment measures. Leadersproject.org. 2015. Available at: http://www.leadersproject.org/disabilityevaluation/school-age-language-assessment-measures-slam/. Last accessed June 10, 2016

自闭症谱系障碍儿童的社会沟通干预
Social Communication Intervention for a Child with Autism Spectrum Disorder

Amy L. Donaldson　著

崔丽燕　译　　钟丽平　陈卓铭　校

【概述】

社会沟通困难是自闭症谱系障碍（autism spectrum disorder，ASD）的核心特征[1]。针对此类困难的有效干预措施能够显著提升自闭症谱系障碍儿童及其家庭的生活质量。

【临床病史和病情描述】

GM 是一名患有自闭症的 4 岁 4 个月大的女孩。她参加了一个每周 3 天的发展性学前项目，每次 4h。GM 的父母推荐她参与到此项目进行评估和干预，因为他们对其社交技能和与他人的交往表示担忧。GM 在 3 岁 5 个月时首次被诊断为自闭症，自诊断后接受了言语 – 语言治疗和早期干预的学前服务。她的病史并不明显，没有诊断出患有遗传综合征，没有严重医学或神经疾病的报告（如脑炎、脑震荡、癫痫、糖尿病或先天性心脏病），也没有患感觉障碍（如视力或听力损失）和（或）严重运动障碍。

【临床测试】

使用了自闭症诊断观察表 –2（autism diagnostic observation schedule–2，ADOS–2）[2]，以确认 GM 的诊断信息，并获得关于其社交和互动能力的信息。在 ADOS–2 的整个实施过程中，GM 表现出有限的沟通欲望，对她名字的反应也有限（反应延迟和立即性言语模仿），且缺乏非语言和语言沟通之间的协调性。此外，在整个评估过程中，尤其是在玩玩具时，GM 反复照镜子。

此外，还使用系统的语言文字记录分析（systematic analysis of language transcript，SALT）[3] 分析了 GM 的一个表达性语言的样本。分析结果显示，她的表达性语言很复杂。她表现出的平均话语长度（mean length of utterance，MLU）为 2.93。MLU 衡量每句话语的字数及使用的词素数量。与 GM 同龄的儿童的 MLU 通常是 4.08。她的自发语言主要包括要求采取行动、要求物品和偶尔发表评论。她的语言样本在"自言自语"（对电视剧本的延迟模仿）部分十分突出，这似乎与临床医生所要求的内容或游戏内容无关。最后，使用学前语言量表 5（preschool language scale–5，PLS–5）[4] 的听觉理解分量表来评估 GM 的接受性语言技能。她达到了 67 的标准分数（平均值 = 50；标准差 = 15）。

【读者问答】

1. 进一步评估 GM 的社交和互动技能是否有价值？如果有，是哪种价值？

(1) 无须进一步评估。ADOS–2 提供了足够的社交技能信息。

(2) 无须进一步评估。言语语言病理学家（speech–language pathologists，SLP）在目标语言和言语产生技能方面最具权威。社会沟通和互动往往是学校心理学家的领域。

(3) 是的，需要进一步评估。交流存在于社会互动中；因此，需要在有意义的社会环境中拥有多个交流的实例。

（4）是的，需要进一步评估。不过，不是评估社交，而是通过一个标准化测量方式来检查 GM 的表达性语言（语法、语义和形态），以将她的表现与同龄人进行比较。

答案：（3）正确。鉴于大多数常模参照性标准化措施脱离语境的特质，特别是那些侧重于核心语言技能的标准化措施[5]，因此有必要在有意义的社会背景下进一步评估 GM 的社会沟通能力。尽管 ADOS-2 能在半结构化的环境中评估社会沟通和互动的技能，但评估中的主要交流伙伴是陌生的评估员。因此，在熟悉的社会环境中和（或）与熟知的交流伙伴一起观察儿童的表现，为评估者提供了观察其一系列表现的机会。

因此，除了上述评估之外，我们观察了 GM 和她的妹妹 HM（5 岁 5 个月大）进行的 10min 同胞互动，她的妹妹的神经状况处于正常水平。向他们提供适合其年龄和发育水平的新颖玩具（如地板拼图、游戏面团），并且他们的父母在游戏兴趣调查[6]中报告，这些游戏材料是孩子们非常感兴趣的内容 / 活动。临床医生没有提供支持或指导。我们观察到，GM 很少主动与 HM 进行沟通，即使当她主动说话时，HM 并没有做出持续的回应。GM 还在游戏活动（积木设计玩具）中表现出较低的参与度，却在进行"自言自语"时把玩手中的一块积木。HM 表现出对这些玩具的"保护欲"，经常用自己的身体阻止 GM 获取这些玩具。ADOS-2 的结果和这一观察之间的一个主要区别是，GM 对沟通伙伴表现出的主动性总体下降了。我们假设主动性下降可能部分归因于她的妹妹 HM 缺乏回应，而在个人评估过程中，临床医生对 GM 的所有沟通欲望都迅速做出了回应。

（1）不正确。虽然 ADOS-2 可以提供有关儿童社交技能的信息，包括发起沟通和回应沟通欲望，及各种类型的沟通功能，但半结构化形式可能不足以用来评估所感兴趣的特定行为。ADOS-2 可以以诊断为目的，为患有语言障碍的个人提供有价值的综合评估。

（2）不正确。社会沟通可能最好定义为在社会环境中与他人沟通及互动。因此，人常常需要运用社交技巧。虽然对儿童的言语—语言治疗通常侧重于沟通的"恰当性"[即正确使用形态、音韵、语法和（或）语义]，但不能排除沟通的"有效性"（即成功使用沟通技巧进行互动）。因此，SLP 的评分内容包括对社交技能的评估和干预[7]，而且这应该成为任何评估规范的常规部分。

（4）不正确。如上所述，单独使用 ADOS-2 不足以充分评估 GM 的社会沟通能力。她在 PLS-5 接受性语言部分的表现符合其年龄，处于正常范围内。鉴于她语言样本中的 MLU 结果，有必要使用常模参照性标准化措施，以进一步测试她的语言表达能力。然而，GM 的社会沟通能力是 GM 父母关注的主要问题，也是其转诊的原因。

2. 什么类型的干预方法可以增强 GM 的社会沟通能力并促进与他人的互动？

（1）使用基于证据的一项社会沟通组合干预方法，包括与同辈或同胞进行的针对性互动。

（2）使用临床医生指导干预方法，侧重于提高 GM 的词汇能力。

（3）减少 GM 的自言自语或延迟性言语模仿。

（4）使用自然干预方法，以注重提高言语可懂度。

答案：（1）正确。扩展的评估结果证明，HM 不仅对 GM 的社会沟通欲望的频率和多样性都具有一定的影响，还表现出其自身的行为范式，即社会互动度低和保护玩具的表现。此基于以上结果，团队（临床医生和父母）讨论了如何尽可能地提高和改善这对姐妹的社会参与程度和社会互动程度。团队一致认为，两个孩子都可以从良好的学习策略中受益，以促进和改善他们之间的社会互动。这种方法认为，两个孩子对成功进行社会沟通负有同等责任，并创造了一个良好的社会环境，以促使她们可以通过学习相关策略来提高他们的能力[8]。治疗小组为这对姐妹专门选择了两种基于证据的训练方法，以提高她们的社会沟通能力：①视频建模，以提高患 ASD 儿童的技能；②同辈调解（同胞调解），即传授神经状况正常的兄弟姐妹以社会沟通策略[9]。干预措施往往是在使用了基于优势的模型后实施，该模型可以利用儿童的学习动机为背景，并最大化

其优势，以解决相应领域的困难[10]。（视频建模和同辈调解将在下面详述）

(2) 不正确。增加 GM 的词汇量并不是她父母将其转诊的主要目的；他们的主要目的是提高 GM 的社会沟通能力（社会沟通能力弱是 ASD 的核心特征）。到目前为止，还没有证据表明，临床医生指导的词汇特定干预方法能为患有 ASD 的儿童带来益处，改善他们的社会沟通能力和（或）社会参与程度。

(3) 不正确。尽管自言自语可能会影响 GM 的社会参与度和与他人的互动，但遵循自然发展的行为干预原则，该团队决定用以下方式，干预姐妹二人社会沟通过程，解决 GM 的自言自语问题：①使用儿童偏好的物件和活动作为教学内容，以增加互动和与语境相关的语言使用[11]；②指导 HM 回应 GM 的所有沟通欲望，即使这些欲望表现为自言自语，以参与持续的互动过程。我们称之为"好像"原则——交流伙伴做出的反应"好像"是孩子在向他们传达信息，这与语境相适应。沟通伙伴通过回应提高了进一步与 GM 互动和持续沟通的机会。

(4) 不正确。GM 的言语可懂度并不需要担心。

3. 临床医生在针对提高 ASD 患儿的社交能力时，为什么要考虑纳入其同胞或同辈？

(1) 因为同胞和同辈可以成为 ASD 患儿的老师——他们可以向患儿展示如何交流。

(2) 因为有效的沟通需要每个人的参与，因此 ASD 患儿和同辈 / 同胞都可以学习相关策略，以促进言语成功和发展有意义的人际关系。

(3) 因为家人希望同辈和同胞能够同情 ASD 患儿，并在学校帮助他们。

(4) 因为 ASD 患儿不想交友，因此为他们建立友谊是 SLP 的工作。

答案：(2) 正确。社交能力对于发展和维持同辈关系来说是不可或缺的[12]。此外，拥有社交和沟通能力是在学校取得学习成功的关键[13]。随着孩子升学，其沟通和社交目标也变得越来越复杂[14]。虽然社交能力通常是干预的目标，但许多 ASD 患儿在将社交技能应用到自然环境中存在困难，尤其是在同辈关系中[15, 16]。因此，在干预中纳入同辈和（或）同胞是恰当的，这不仅是为了促进社交技能的应用，也是为了发展有意义的人际关系[8]。而且，这需要两个人的有效交流；因此，帮助两个人进行沟通，可以促进成功沟通，建立一段公平的关系。

(1) 不正确。虽然同辈和同胞可以作为彼此及 ASD 患儿的榜样，但实施基于优势的干预方法，可促进患儿与同辈和同胞之间平等关系的建立[10]。为了在残障儿童与神经状况正常的儿童之间建立持久的关系，应当注重保持权力和责任之间的平衡[8]。因此，在涉及包含同辈或同胞的干预措施中，研究者和她的同事应该帮助儿童发展他们自己的技能，而不是单纯地传授他们知识（除了在自然互动中发生的情况）。

(3) 不正确。如上所述，当孩子获得自然和公平的互动机会时，真正的关系就产生了。最近的研究表明，友谊可能是交流发展的一个重要内容，特别是在不同类型的交流功能生成或言语行为的产生方面。鲍明格—兹维利和同事们发现[17]，与跟非朋友关系的同辈相比，学龄前的 ASD 患儿在与朋友交谈时表现出更高的沟通频率和采用更多样的言语行为。此外，他们发现，这些患儿在与神经状况处于正常水平的朋友交谈时，也表现出更高的沟通频率和采用更多样的言语行为。他们认为"友谊可能可以让孩子们以一种更加复杂、共同作用的方式进行交流。"

(4) 不正确。ASD 患儿寻求与他人互动和建立友谊，但可能以不同于神经状况处于正常水平的儿童方式进行。虽然先前的研究表明 ASD 患儿可能有较少的友谊及较难维持友谊[18]，但其他研究表明 ASD 患儿与神经状况处于正常水平的儿童一样，具有相似的友谊满意度水平[19]。

【障碍描述和推荐治疗方法】

在了解 GM 的社会沟通能力情况，及其沟通伙伴的反应能力如何潜在地影响她的表现后，我们采取了一种纳入 GM 和她的妹妹的双因素干预方法。连续 10 周使用该方法（每周 2 次，每次 50min），并邀请她的家人加入"Socialsibs"，这是一种结合了视频建模和同辈调解两种方法的社会沟通干预方法。在此案例中，应用的是同胞调解方法。

视频建模是一种为 ASD 患儿提供直接干预的

方法，已经确定能够提高社会沟通能力[9, 15, 16, 20]。在视频建模中，ASD 患儿观看同辈和（或）成人展示分立技能或目标行为的视频，然后练习该技能。

同辈调解（在此案例中，同胞调解）指的是直接指导同伴来引出和促进 ASD 患儿的社会沟通能力[21]，和（或）直接训练一位同辈，以增加其与 ASD 患儿的沟通主动性和回应性[22, 23]。同辈学会了如何主动与 ASD 患儿进行互动，维持互动，并掌握了和 ASD 患儿展开各种游戏、运动和沟通的行为[9, 24]。

视频建模主要训练了 GM 和 HM 的以下社会沟通行为：①回应沟通欲望；②要求物品；③轮流对话。视频建模的步骤包括：①在与临床医生互动期间，对 HM 表现的目标行为进行视频记录；②为 GM 回放视频，讨论目标行为；③使用与视频中相同的玩具，进行由临床医生协助的目标行为训练；④随着 GM 在自发行为生成中表现出更高的准确性，逐渐减少视频建模的使用及临床医生的协助[25]。

我们发现，用与年龄相适应的书面语言解释行为的功能及其重要性是至关重要的，尤其是在第一次引入目标行为的时候。在视频建模演示行为后，暂停并讨论这些要点，孩子会将行为模型与行为意图联系起来。例如，当回应沟通欲望时，视频建模涵盖至少 3～5 个目标行为的样本（以同胞为模型）。在第一次教授技能时，每次演示行为后都暂停了视频，临床医生对行为进行描述（例如，"我问 HM 关于她画画的问题，她告诉我她涂了什么颜色"），并确定其重要性（例如，"我不知道她画了什么。我喜欢了解她的画"）。

教授 HM 使用基于关键反应训练的策略[28]，来改变自身在与 GM 互动时的社会沟通行为，这体现了同胞介导的干预方法遵循皮尔斯和施瑞伯曼的模式[26, 27]。同胞调解往往以家人优先，将参与者年龄纳入考量，干预时长为 10 周，有三大策略：①获得注意力；②回应所有交流欲望；③让 GM 在两个物体或活动之间进行选择。

为了教会 HM 每一种策略，临床医生将她带进一个单独的治疗室（与 GM 分开），用适合其年龄的书面语言解释该技能。例如，在教授获得注意力的策略时，临床医生说，"你有没有注意到当你和 GM 说话时，她似乎听不见你说的话？我有一些办法可以确保，当你告诉她一些事情时，她能听进去。"然后临床医生将依次解释策略的内容（通常使用适合其年龄的视觉协助方法），并与 HM 一起角色扮演使用该技能。这个策略的初始训练持续大约 10min。然后，在临床医生的帮助和反馈下，HM 直接与 GM 一起练习使用该策略。以便在游戏中使用该策略，临床医生从最需要支持到最不需要支持，提供分级提示。此外，临床医生提供口头表扬（如"你做到了！"）来加强 HM 表现目标行为。临床医生可能会试图将注意力转向 ASD 患儿，以促进互动；然而这种策略可能会使同胞不能理解其自身的行为。因此，我们直接加大同胞对该策略的使用，不管是否成功地从 ASD 患儿处获得了期望的行为。

【结果】

总体而言，GM 提高了全部针对性社会沟通行为能力（即回应 HM 的沟通欲望、向 HM 要求物品、轮换对话），并在 1 个月的随访中保持对前两项技能的普遍应用。虽然社交参与不是特定的目标行为，但我们也测量了在干预训练过程中 GM 在同胞互动环节中与 HM 沟通的情况，以了解将特定的社会沟通行为作为目标的训练是否会对 GM 的社交参与度产生更广泛的影响。通过干预课程，GM 增加了合作参与度（同胞一起参与活动或使用物体，GM 协调其在物体和活动之间的注意力），并减少了对物体的关注（GM 只专注于物体，而不关注 HM）。HM 提高了获取注意力的能力，与参加干预之前相比，她可以更频繁地对 GM 的沟通欲望做出回应。但是她在游戏互动中，没有表现出更多让 GM 选择的机会。

实施干预后，父母表示，GM 的回应性和主动性有所提高。此外，他们表示，两姐妹之间的社交互动频率增加，并且注意到互动质量存在差异，变化有以下特征：自干预开始以来，增加了自发的言语互动，游戏中的模仿和关系互惠。家长还表示，HM 自发地向堂兄妹传授了获取注意力的策略，这增加了 GM 在大家庭聚会中的游戏参与度。

要点

◆ 传统的参照规范的标准化措施可能无法为干预规划提供足够的信息，即使是那些旨在明确社会沟通和互动困难的措施也无法做到。对于多种社会背景下的评估和（或）跨沟通伙伴的技能评估将为临床医生提供一系列行为表现的参考，及作为干预计划的基础。

◆ 对于 ASD 患儿和患有其他社交困难的儿童来说，同胞和同辈是社会沟通干预的重要组成部分。成功的社交互动需要两个人参与，而且往往需要成年的交流伙伴来参与完成。虽然这种策略可能有助于患儿获得新技能，但它可能不利于技能的普遍应用和人际关系的建立。因此，将同辈和（或）同胞纳入干预过程，可以促进沟通成功和建立公平关系。

推荐阅读

[1] Sam A; AFIRM Team. Modeling. Chapel Hill, NC: National Professional Development Center on Autism Spectrum Disorder, FPG Child Development Center, University of North Carolina. 2016. Available at: http://afirm.fpg.unc.edu/modeling

[2] Sam A; AFIRM Team. Peer-Mediated Instruction and Intervention. Chapel Hill, NC: National Professional Development Center on Autism Spectrum Disorder, FPG Child Development Center, University of North Carolina. 2015. Available at: http://afirm.fpg.unc.edu/peer-mediated-instruction-and-intervention

参考文献

[1] American Psychiatric Association. Diagnostic and Statistical Manual of Mental Disorders. 5th ed. Washington, DC: American Psychiatric Association; 2013

[2] Lord C, Rutter M, DiLavore PC, Risi S, Gotham K, Bishop S. Autism Diagnostic Observation Schedule. 2nd ed. Los Angeles, CA: Western Psychological Services; 2012

[3] Miller JF, Chapman RS. Systematic Analysis of Language Transcripts (Version 6.1)#[Computer software]. Madison, WI: University of Wisconsin—Madison, Waisman Center, Language Analysis Laboratory; 2000

[4] Zimmerman IL, Steiner VG, Pond RE. Preschool Language Scales–5th ed. (PLS- 5). San Antonio, TX: The Psychological Corporation; 2011

[5] Donaldson AL, Olswang LB. Investigating requests for information in children with autism spectrum disorders: Static versus dynamic assessment. Int J Speech Lang Pathol. 2007; 9(4):297–311

[6] Quill K. Do-Watch-Listen-Say. Baltimore, MD: Paul H. Brookes Publishing Co.; 2000

[7] Landa RJ. Assessment of social communication skills in preschoolers. Ment Retard Dev Disabil Res Rev. 2005; 11(3):247–252

[8] Donaldson AL. Siblings of children with ASD: promoting social communication. Perspect Lang Learn Educ. 2015; 22(1):31–38

[9] National Autism Center. Findings and Conclusions: National Standards Project, Phase 2. Randolph, MA: National Autism Center; 2015

[10] Donaldson AL, Krejcha K, McMillin A. A strengths-based approach to autism: neurodiversity and partnering with the autism community. Perspectives of the ASHA Special Interest Groups. 2017; 2:56. doi:10.1044/persp2.SIG1.56

[11] Baker MJ, Koegel RL, Koegel LK. Increasing the social behavior of young children with autism using their obsessive behaviors. Res Pract Persons Severe Disabil. 1998; 23(4):300–308

[12] Rotheram-Fuller E, Kasari C. Peer relationships: challenges and interventions. In: Hollander E, Kolevzon A, Koyle JT, Eds. Textbook of Autism Spectrum Disorders. Arlington, VA: American Psychiatric Publishing; 2011:555–564

[13] Zigler E, Gilliam WS, Jones SM. A Vision for Universal Preschool Education. New York, NY: Cambridge University Press; 2006

[14] Brinton B, Fujiki M. Social development in children with specific language impairment and profound hearing loss. In: Smith P, Craig H, Eds. Blackwell Handbook of Childhood Social Development. Malden, MA: Blackwell Publishing; 2002:588–603

[15] Ferraioli SJ, Harris SL. Treatments to increase social awareness and social skills. In: Reichow B, Doehring P, Cicchetti DV, Volkmar FR, Eds. EvidenceBased Practices and Treatments for

Children with Autism. New York, NY: Springer; 2011:171–196

[16] Schreiber C. Social skills interventions for children with high-functioning autism spectrum disorders. J Posit Behav Interv. 2011; 13(1):49–62

[17] Bauminger-Zviely N, Golan-Itshaky A, Tubul-Lav G. Speech acts during friends' and non-friends' spontaneous conversations in preschool dyads with high-functioning autism spectrum disorder versus typical development. J Autism Dev Disord. 2017; 47(5):1380–1390

[18] Kasari C, Locke J, Gulsrud A, Rotheram-Fuller E. Social networks and friendships at school: comparing children with and without ASD. J Autism Dev Disord. 2011; 41(5):533–544

[19] Petrina N, Carter M, Stephenson J, Sweller N. Perceived friendship quality of children with autism spectrum disorder as compared to their peers in mixed and non-mixed dyads. J Autism Dev Disord. 2016; 46(4):1334–1343

[20] Wang S, Chui Y, Parrila R. Examining the effectiveness of peer-mediated and video-modeling social skills interventions for children with autism spectrum disorders: a meta-analysis in single-case research using HLM. Res Autism Spectr Disord. 2011; 5(1):562–569

[21] Kuhn LR, Bodkin AE, Devlin SD, Doggett RA. Using pivotal response training with peers in special education to facilitate play in two children with autism. Educ Train Dev Disabil. 2008; 43(1):37–45

[22] Goldstein H, Kaczmarek L, Pennington R, Shafer K. Peer-mediated intervention: attending to, commenting on, and acknowledging the behavior of preschoolers with autism. J Appl Behav Anal. 1992; 25(2):289–305

[23] Strain PS, Odom SL. Peer social initiations: effective intervention for social skills development of exceptional children. Except Child. 1986; 52(6):543–551

[24] Zhang J, Wheeler JJ. A meta-analysis of peer-mediated interventions for young children with autism spectrum disorders. Educ Train Autism Dev Disabil. 2011; 46(1):62–77

[25] Shukla-Mehta S, Miller T, Callahan K. Evaluating the effectiveness of video instruction on social and communication skills training for children with autism spectrum disorders: A review of the literature. Focus Autism Other Dev Disabil. 2010; 25(1):23–26

[26] Pierce K, Schreibman L. Increasing complex social behaviors in children with autism: effects of peer-implemented pivotal response training. J Appl Behav Anal. 1995; 28(3):285–295

[27] Pierce K, Schreibman L. Using peer trainers to promote social behavior in autism: Are they effective at enhancing multiple social modalities. Focus Autism Other Dev Disabil. 1997; 12(4):207–218

[28] Koegel RL, Schreibman L, Good A, Cerniglia L, Murphy C, Koegel L. How to Teach Pivotal Behaviors to Children with Autism: A Training Manual. Santa Barbara, CA: University of California; 1989

案例 18

学龄学生的阅读理解困难
Reading Comprehension Difficulties in a School-Age Student

Anna Eva Hallin　著
李金萍　译　　潘銮昭　徐洋凡　校

【概述】

本案例描述了一位 10 岁学生的综合语言和读写能力评估情况，她在四年级末的英语语言艺术总结性阅读理解测验中得分较低。

【临床病史和病情描述】

SH 是一名身体健康的女生，只说英语，听力和视力良好。据反映，她很晚才开始说话（大约在 2 岁的时候），在 3—4 岁期间，她每周都和言语语言病理学家（speech-language pathologist，SLP）进行治疗。当她的表现达到符合她年龄的预期水平后，她不再就医了。人们描述 SH 是一个安静和善良的人，她的社交能力很好，在课堂上的注意力也很集中，但很少参与课堂讨论。早期她在阅读和写作技能上没有任何困难，在评估期间，她能流利准确地阅读四年级的课文。然而，在阅读理解任务中，由于文本、主题和任务的不同，她的表现存在很大差异，她尤其难以理解社会研究和科学类的文本。据评估，她的写作内容简单，偶尔会有些语法错误，但她书写规范，拼写也在正常范围内。她在数学方面的水平与大多数同龄者相符，但她经常需要单词文字的帮助。

【临床测试】

（一）标准化测试

临床医生进行了常规和综合的标准化测验，评估 SH 的口头和书面语言，结果汇总见表 18-1。SH 在阅读的技能方面没有困难（如单词识别/解码、流畅性和准确性）。她的口语表达得分位于平均水平，但接受性技能低于平均水平，当口语或书面信息以段落形式呈现时，她的理解能力也低于平均水平。

（二）基于课程/非正式任务和作品集

除了标准化测试，还额外使用课堂材料以进一步了解 SH 在阅读理解上的困难。采用了两项"有声思维"任务，以四年级科学/社会研究类课文为内容；SH 难以理解中心内容词，并且她的表现没有通过形态线索或上下文的线索而改善；她不能理解复杂的语法，当要求她找出段落的主旨、做出推断和总结内容时，她表现得很吃力。当她被问到如果不明白课文通常会怎么做时，SH 回答说："有时会重读。"当被要求复述一段简短的故事时，SH 流利地复述了故事的所有主要元素，这说明叙事语言是她的强项之一。从她课堂老师处获得的写作样本中发现，SH 使用了简单重复的句子结构及有限的和（或）非具体的词汇。她的叙述文比说明文写得更长、更详尽，而说明文则写得简短，有更多的语法错误。

【读者问答】

1. "简单阅读观"（simple view of reading）是一个成熟的阅读理解模型，该模型指出：要理解一篇

表 18-1 SH 口语和书面语言标准化测验结果汇总

测　验		子测验 / 量表	百分值
书面语言	书面语言拼写测验：TWS-5	单词拼写	23
	单词阅读效率测验：TOWRE-2	阅读单词的效率	50
		语音解码的效率	63
	格雷朗读测验：GORT-4	速率	71
		准确性	37
		阅读理解（口语）	15
口语		阅读理解（默读）	9
	语言基础临床评价：CELF-5	核心语言分数	13
		表达性语言能力指数	39
		接受性语言能力指数	10
		理解口语段落	11
	皮博迪图片词汇测验：PPTV-4	接受性词汇	9

文本，既需要良好的解码 / 单词识别技能，以能够流利地和准确地阅读，又需要良好的语言技能来理解解码的文本。也就是说，阅读理解可以是解码和语言理解之间的产物。尽管该模型中的语言理解是一个复杂的结构，但评估阅读理解困难时，该模型是一个有意义的基础。下面关于"简单阅读观"的陈述中，哪一个是错误的：

(1) 学生的解码能力较弱，或者语言理解能力较弱，或两者都有的情况，可能会导致其阅读理解困难。

(2) 对于解码能力较弱而导致阅读理解困难的学生，只有把文本读给他 / 她听时，他 / 她通常才可理解文本。

(3) 通常有阅读理解困难的学生会在理解各种类型的文本时遇到困难。

(4) 口语表达能力弱的学生很可能拥有较弱的阅读理解能力。

(5) 在评估阅读理解困难时，应仔细规划解码能力和口语能力。

答案：(1) 正确。解码能力弱但语言理解能力较好的学生患有一种特定的阅读障碍，即失读症。而解码能力好但语言理解能力较弱的学生可能有语言障碍，而没有语音处理困难（或如果语言困难症状不明显的话，他们可能被称为"理解困难人士"）。然而在这两个方面都有缺陷的学生可能有语音处理困难的语言障碍。

(2) 正确。对于仅有解码困难的学生，听文本是弥补他们在学习一个新主题时解决困难的方法。

(4) 正确。口语表达能力是书面语言表达能力的基础。

(5) 正确。与（口语）语言理解能力弱的学生相比，对解码能力弱导致阅读理解困难的学生的干预和调整方法是非常不同的。因此评估应该同时包括这两个方面。

(3) 不正确。不同文本对解码和语言理解能力的要求存在显著差异。

2. SH 的案例是一种常见现象，被称为"幻觉复苏"的表现——患有发育性语言障碍的儿童在学龄前后期似乎赶上了他们的同龄人，但在后来的阶段再次表现出语言处理困难。对这种现象最有可能的解释是什么？

(1) 儿童在学龄期的语言处理需求不断增加。

(2) 儿童的语言处理困难往往会随着时间的推移而恶化。

(3) 语言处理困难通常会在青春期再次出现。

(4) 学龄前语言评估通常无法评估语言能力。

(5) 学龄语言评估比学龄前语言评估更具灵敏度。

答案：(1) 正确。随着学龄阶段阅读和写作的引入，及学业需求和社交需求的日益增长，当这些语言处理需求超过儿童的语言处理能力时，会导致语言困难再次出现。

(2) 和 (3) 不正确。发育性语言障碍的影响会随着时间的推移而改变，但内部处理情况通常不会恶化，而且与青春期也没有关系。

(4) 和 (5) 不正确。尽管有必要保证标准化测试的信度和效度，但不同年龄阶段的测试不存在普遍的差异。

3. 下列陈述都强调了，将基于课程或基于课堂的任务作为学龄儿童综合性语言评估的组成部分纳入标准化语言评估工具的重要性，但以下哪种情况除外：

(1) 在设定适当的语言目标时，基于课程的任务是必不可少的。

(2) 基于课程的任务可量化学生与同龄人的语言技能。

(3) 基于课程的任务可能会捕获到细微的语言处理困难。

(4) 基于课程的任务可以指导语言干预的过程。

(5) 基于课程的任务反映了学生日常生活中的语言需求。

答案：(1) 正确。言语语言病理学家必须制订与课程相适应的语言目标，并应注重功能性语言和沟通。

(3) 正确。基于课程的任务和文本可能揭示出语言处理的困难和优势，标准化测试可能由于学术课程的特定语言需求而无法捕获这些困难和优势。

(4) 正确。一项动态的非正式任务可以显示出哪种类型的支持和干预策略对学生最有利。

(5) 正确。学生的大部分时间都在学校，因此语言评估有必要反映出学生必须满足的需求。

(2) 是不正确的。虽然以课程和课堂为基础的任务可能会显示出一个学生相对于年级或年龄基准的表现，但采用适当的标准样本进行标准化测试，

评估语言和读写能力，才是合适的定量比较方法。

4. 文本的复杂性取决于许多相互作用的因素，如单词难度、语法复杂性、文本结构、篇章风格、体裁特征、读者的背景知识、需要的推理水平及文本的格式、长度和布局。考虑以上信息，下列哪一种说法是正确的：

(1) 在评估阅读理解能力时，对专注能力和兴趣领域等其他因素的考虑并不重要。

(2) 利用广泛的文本和理解任务来评估阅读理解能力是很重要的。

(3) 对一个读者来说很难的文章，对另一个同龄的读者来说很可能也很难。

(4) 阅读理解任务或阅读测试的形式不会影响成绩。

(5) 在提高阅读理解能力的语言干预中，能够针对的因素是有限的。

答案：(2) 正确。研究表明，不同的阅读理解任务并不能确定同一个学生是否有阅读理解困难，在评估中需要使用几种不同的文本和任务。

(1) 不正确。由于理解过程是复杂的，在评估和干预时，有必要同时考虑文本因素和读者因素。

(3) 和 (4) 不正确。见上述对观点 (2) 的解释。

(5) 不正确。提高阅读理解可以从语言的微观和宏观两个方面入手，还可以结合理解策略及提高读者的背景知识。

【障碍描述和推荐的治疗】

SH 之前被诊断患有语言障碍，此评估结果表明，SH 的语言处理困难持续存在，但现在主要影响了她理解复杂文本和学术文本的能力。像 SH 这样有语言障碍或亚临床语言困难的学生，通常被认为是理解困难人士，但是在口语和（或）书面语言语音处理方面，如非词重复和解码上没有重大缺陷。这些学生在课堂上的表现通常很差，而且存在一定的风险，因为他们不像有表达困难或解码困难的学生一样容易被发现。

在该案例中，我们建议 SH 在课堂内外都接受个体化和小组形式的语言治疗和支持。治疗的主要目标是提高其对社会研究和科学方面的阅读理解能力。这些目标是结合共同核心标准（http://www.

corestandards.org/）编写的。第二个目标是加强说明文的语言写作能力。根据 SH 的测试情况，治疗最初侧重于理解监控和学习策略，包括记笔记和激活背景知识，以词法为重点强化词汇能力，并以复杂句法和嵌入短语为基础进行结构化的学习。开始使用的材料来自于社会研究、科学和数学领域。后续的目标包括识别和对比不同说明文的结构。

【结果】

SH 度过了五年级中后期，同时接受了一个学期的言语语言病理学家干预计划后，随访评估使用了以课程为基础的"有声思维"文本方法。此外，还对 SH 在课堂环境中自发使用的具体阅读理解策略进行了评估。SH 在 5 次中有 4 次可以使用简短的段落确定主旨，并表现出更好的理解监控能力。

SH 会停下来对她不认识的单词进行注释，表现出运用上下文和自己的背景知识、词法，来推断不熟悉单词意思的能力。她对复杂句型的理解能力有所提高。当她在课堂上对一项任务或指令理解有困难时，她会更乐意寻求和接受同龄人的帮助。老师表示 SH 在含有阅读理解的家庭作业上有了进步，但鉴于五年级的学业要求，她写说明文的困难变得越来越普遍。SH 表示她比以前更喜欢阅读社会研究类的课本，她的父母也表示她比以往更愿意做家庭作业。

在 SH 的学龄期间，她很可能需要继续接受口语和书面语言方面的支持。然而，理想情况下，支持的强度会随着时间的推移而减少，因为 SH 通过学习针对性的理解策略和接受干预后，已经获得了独立学习的能力和更多的语言知识。

要点

◆ 在学龄前发现的言语和（或）语言障碍可能会消失，但随着语言需求的增加，明显的语言处理困难可能会再次出现。如果学生具有较高的阅读准确性和流畅性，但在阅读理解和听力理解上有明显困难，则可能会被忽略。

◆ 基于标准化测试得分标准把语言障碍划分为轻度和中度，这除了影响学生的健康外，还可能对其学业成就具有严重影响。

◆ 阅读理解难以量化。必须采用多种互补的方法，包括构建合理的口语和书面语言的标准化测验，及符合课程和符合标准的非正式任务，以确保语言干预的目标对学生来说，是以课程为导向的、具有实用性的。

推荐阅读

[1] Hogan TP, Adlof SM, Alonzo CN. On the importance of listening comprehension. Int J Speech-Language Pathol. 2014; 16(3):199–207

[2] Keenan JM, Meenan CE. Test differences in diagnosing reading comprehension deficits. J Learn Disabil. 2014; 47(2):125–135

[3] Wallach GP. Improving clinical practice: a school-age and school-based perspective. Lang Speech Hear Serv Sch. 2014; 45(2):127–136

儿童言语失用症
Childhood Apraxia of Speech

Megan S. Overby　Katie Micco　**著**

何敏斯 **译**　　尚亚茹　徐洋凡 **校**

【概述】

本案例讨论一个出现语言表达延迟，怀疑患有儿童言语失用症（childhood apraxia of speech，CAS）的学龄前儿童的鉴别诊断与治疗。

【临床病史和病情描述】

KJ 是一个无法说话的 3 岁半男孩。他的报告显示其语言接受能力"强"，且没有显著的言语—语言困难家族史。围产期记录显示，因孕妇先兆子痫而于 36 周时引产，婴儿出生体重约为 2.54kg。根据家长的描述，虽然 KJ 的运动发育是达标的，但他在母乳喂养期间存在不能吸住乳头的问题，婴儿期也很少发出声音。在他生后的最初两年中，KJ 偶尔会发出一些类似元音的声音，但很少有尝试发出辅音—元音的组合音。大约在 25 个月大的时候，他说出了第一个词（"da"和"muh"），但语言没多久便"丢失"了。此外，他还有流涎过多情况，一直持续到 3 岁。KJ 表现出强烈的沟通意图，主要是通过带领 / 指引、发声和做手势来跟别人进行沟通，偶尔也会在沮丧时打人和咬人。在社交场合，他常表现得内向，尤其是在与同龄的学前儿童或不熟悉的交际伙伴相处时显得更加明显。

【临床测试】

纯音听力筛查表明，KJ 在 25dB 下能对频率为 500Hz、1000Hz、2000Hz 和 4000Hz 的声音做出反应。对其口腔机制结构和功能的检查显示，他的嘴唇在放松和收缩时均是对称的。硬软腭的形状和颜色正常，在发出"ah"声时可观察到软腭上升。在 3 个关于持续元音发音（平均长度 =10s）的试验中，都证明了他有足够的发声和呼吸支持，在其中的一次试验中注意到了鼻腔共鸣。使用学龄前语言量表 –5 进行测试后[1]，KJ 的子量表表现如下：听觉理解 =97（百分值 =42）和表达语言 =64（百分值 =1）。由于 KJ 的语音库非常有限，且缺乏功能性言语，因此没有进行语音技能的标准化评估。

使用口腔轮替动作频率（diadochokinetic，DDK）方法，以评估转换和连续进行口腔运动（alternating and sequencing oral movements）。临床医生根据模型得知，KJ 表现出难以模仿单辅音（C）—元音（V），且难以发出"puh"、"tuh"和"kuh"声音的情况。虽然他能捕捉到"puh"和"tuh"的发音部位（placement），但存在不一致性问题和语音错误。尽管经过多次尝试，KJ 仍无法发出"kuh"，无法做到语音重复或交替序列（如"puhtuhkuh"）。

对 KJ 进行了非正式的运动性言语检查，以检查 KJ 在发出更复杂的音节形式（syllable shape）时的准确性、时序和平滑度。在提供最大程度提示（临床医生口语模型，视觉提示，手势支持和口头的发音部位提示）的情况下，他能发出 CV，VC 和 C_1VC_1V 音节。在某些 VC 组合中，KJ 未能读出最后的辅音，或者把读音分割开来（例如 [u–m]）。他经常将 C_1VC_1V 错简为 CV，或以等同的重读将

C_1VC_1V 分割成 C_1V–C_1V。在提供了最大程度提示的情况下，KJ 仍然将 C_1VC_1 和 C_1VC_2 形式错简为 CV。他语音库内的所有音节形式是：[m]、[b]、[d]、[n]，近似于 [w] 和中元音。即使已经为 KJ 提供了近似元音的提示，他还是不能被引导发出任何清音音位或其他元音。

【读者问答】

1. 一个 4 岁半的女孩在发音和语音诊断评估[2]上获得不一致性得分 57%，发音 SS=72 和语音学 SS=88。语音错误包括：把 "five" 读成 "fife"、"ive" 和 "vie"；把 "five" 读成 "shish" 和 "fi"；和把 "rain" 读成 "wain" 和 "yai"。然而，刺激性测试表明，当给她提供一个减慢的听觉模型时，她能够纠正自己许多在音位层面上的发音错误。她在 DDK 测试中，对 "patty-cake" 进行发音，结果在同年龄平均值的 1 个标准偏差范围内。从 [s] 语音上的错误可以推断，其父系家族史是其言语迟缓的重要因素。根据这些结果，最有可能的诊断是：

(1) 构音障碍。

(2) 儿童言语失用症。

(3) 语音障碍。

(4) 构音障碍。

(5) 典型的语音发展。

答案：(3) 正确。诊断是在没有神经或运动性言语运动 / 计划障碍的情况下，未抑制的发展语音过程错误（同化、脱落和末位辅音删除）。

(1) 不正确。构音障碍上的语音错误通常是可预测的，与讲话任务无关，并且最常见的是扭曲和遗漏现象，其中扭曲现象最为普遍。

(2) 不正确。尽管 CAS 患儿可能会出现不一致性的病况和存在明显的家族史，但是最常见的言语错误是遗漏和扭曲现象，并伴有运动性言语运动 / 计划缺陷。缺陷还可能出现在声音序列和（或）声音之间过渡的准确性、时序和平滑度上，及各种语言水平的韵律中断。在此例中，正常的 DDK 速率表示运动性言语运动手势是正常的（尽管我们仍需要仔细观察这些手势）。另外，这种情况下，大多数语音错误是发生了替换情况。

(4) 不正确。发音错误是由于发音器官的发音

部位错误，而不是运动性运动 / 计划的问题。尽管可以证明此患者同时表现出发音障碍和音位障碍，但她对音位的刺激性表明，任何发音障碍都是轻度且可能被纠正的。因此，答案是语音障碍（尽管医生可能希望观察患者的发音状态）。

(5) 不正确。到 3 岁时，尽管可能仍然存在脱落情况，但辅音同化和末位辅音删除通常会消失。而首辅音删除在任何年龄阶段都不是典型表现。

2. 一名 6 岁的男孩，诊断为 CAS，他有如下语音库：[b]、[d]、[m]、[n]、[s]、[schwa] 和 "ah"。他的音节形式库包括直接模仿的 CV、VC、C_1VC_1V 和与医生同步读出的 C_1VC_1。他的母亲说他喜欢汽车和卡车，还要求她的儿子学会说出家里的狗的名字 "Snowflake"。您会建议怎么确定初始治疗目标？

(1) "on, mom, done, beep, see, nah, tuhtah!, Snowflake."

(2) "no, yes, apple, baa-baa, mama, uh-oh."

(3) 首先是单独的 [p]、[t]、[k]、[g]、[f]，然后单词，最后是句子。

(4) "all done, go, no, yes, me, mine, you, is, are, I, mommy, daddy, home, eat, milk."

(5) "bun" 与 "fun"；"not" 与 "rot"；"sun" 与 "one."

答案：(1) 正确。对于词汇数量有限的儿童，应该使用其语音库中的主要音节形式和音素（phones），创建 4~7 个有意义的目标词，以代表言语的不同部分（如名词、动词、感叹词、形容词）。"Tuhtah！" 引入了一个清音音位，但是孩子熟悉其音节形式和元音；与他已能够发出的中低位元音相对应，新元音 [i] 是可见的前高位元音。在韵律方面，可以使用多音节或单音节目标，用上升和下降音高来提出问题，以引起他的注意，又或者用 "whine！"、"Snowflake" 这一项重要的亲子目标，以引入一种新的音节形式，能够通过已经存在于语音库中的 [s] 和 [n] 的逐步衔接来实现 [如 "sn"、"sno"、"snof"、"snofay" 和（或）"snoflay"，然后可能是 "snowflake"]。

(2) 不正确。这些目标不包括孩子语音库中的主要语音。"Baa-baa" 对于这个 6 岁男孩来说并不具有特别意义。

（3）不正确。"传统"的发展方法并不支持运动性言语运动/计划手势的习得。

（4）不正确。尽管这些有意义的目标可以构建语法，但它们不是由孩子语音库中的语音组成，还包含了运动性言语运动/计划新手势。

（5）不正确。这些最大对立对将目标与语音库的语音进行对比，对多个特征进行对比（如位置、鼻音、方式、发声）。这样可以帮助患有基于语音学的言语–语音障碍（speech-sound disorder, SSD）的孩子进行整体系统范围内的语音学改变，但是不能解决运动性言语运动/计划方面的缺陷。

3. 在治疗 CAS 患者时，医生首先要确定提示支持的水平（如同步读出—直接模仿—延迟模仿）及多感官提示的数量和类型（临床医生口语模型，视觉提示，手势支持及口头的发音部位提示），以进行准确，流畅且适当时机的运动/发音。对于每个目标，医生通过减少多感官提示的数量和类型，来培养患者实现针对性言语—语音的独立生成能力。请问这是使用了哪种治疗策略？

（1）旋律语调治疗。

（2）循环语音方法。

（3）垂直疗法。

（4）核心词汇方法。

（5）动态时间和触觉提示（dynamic temporal and tactile cueing，DTTC）。

答案：（5）正确。DTTC 是一种整体刺激的方法（即与运动学习原理相结合的模仿任务）[3]，其中，临床医生会通过多感官提示来帮助孩子的发音，以达到言语中的准确性、适时性及流畅的运动手势。

（1）不正确。在这种疗法中，患者会发出一些简单的、含有 2～3 个音节的短语音调，这些短语包括高频单词或社交短语，并且发音时把每个音节都发出来，而医生则为其提供听觉模型和视觉提示。

（2）不正确。这种语言学方法通过让患者聆听正确的言语—语音模型，学习与正确目标词发音相关的动觉和听觉反馈，以解决音位过程的逐渐抑制问题。

（3）不正确。垂直方法是对 1～2 个目标词进行强化的（通常是集中的）练习，直到患者达到特定

的掌握水平（通常是会话水平），然后再练习新的目标词。

（4）不正确。尽管可以考虑孩子的运动性言语运动/计划，但这种方法的重点是由父母，孩子和（或）老师选出的功能性单词，训练这些单词的发音一致性，这种方法并没有把孩子的语音库考虑在内。

【障碍描述和推荐治疗方法】

尽管没有标准化的 CAS 诊断标志可以作为参考，但 KJ 的特征与 CAS 的病况最为一致。他表现出以下语言困难：在辅音和元音组合（如 VC、CV_1CV_1）的发音存在不一致性，在语音之间转换时存在时机不当问题和发音问题，简化了复杂的音节形式，及词汇韵律受到干扰。另外，其运动性言语运动/计划存在以下缺陷：辅音和元音的声音库非常有限，中位元音及在多感官提示和使用模仿模型时才能改善语音输出。KJ 的母乳喂养困难和过度流口水的情况表明，其口腔运动控制/计划存在早期缺陷，这是一个独立的疾病，但有时可与言语运动控制/计划的缺陷共存。值得注意的是，CAS 的诊断不取决于任何单一的缺陷，而是取决于有关运动性言语运动/计划缺陷的组合。

临床医生建议采用 DTTC 方法。KJ 的家人协助制订了治疗计划，使目标变得既实用又富有意义。每周 KJ 接受 3 次治疗，每次 30min。

【结果】

KJ 最初的治疗目标包括使用他目前的语音库，来生成功能性单词或近似词，扩展 C 和 V 库并改善韵律。7 个包含各种语言功能的目标词是："dada"、"mama"、"whoa"、"beep"、"me"、"no" 和 "do"。以分布、可变的方式重复练习了 3～4 次目标词（"mini-blocks"）。最初，KJ 打算自发地读出单词，但转变为经过口头上和视觉上提示发音部位和手势提示后，KJ 做出直接模仿。通过反复练习，KJ 开始以手势进行自我提示，逐渐减少医生的提示。经过 15 次训练后，他仍然无法发出在末尾位置的 [p] 音，但是在感到沮丧后，下意识地发出了 "off" 音。由于可以在随后的训练中通过口头和视觉上的提示

来触发它，因此添加了"off"及 VC 组合"on"和"odd"作为目标词。

通过用手臂动作来模仿每个元音独特的口语运动动作和口形的方式，进行提示的情况下，KJ 能读出 [i] 和 [o]。以简单的音节形式进行有限的过渡后，能读出孤立目标词的近似音。他还能通过使用上升和下降语调活动的韵律来读出"whoa"。由于"累计的正确百分比"比"每日的正确百分比"更能说明训练表现上的差异，因此我们用这个数据来监控所有目标词的掌握进度。经过 30 次疗程后，KJ 的"mama"累计正确率（包括适当的词汇重读音）达到了 80%（表 19–1）。

表 19–1　目标词"mama"在 30 个疗程中的累计正确百分比

项　目	疗程									
	1	2	3	4	5	6	7	8	…	30
每日数据（正确数 / 目标总数）[a]	5/10	1/11	4/20	5/22	6/26	8/25	13/26	15/26		25/25
每日正确率（%）	50	9	20	23	23	32	50	58		100
累计数据（正确数 / 目标总数）[b]	5/10	6/21	10/41	15/63	21/89	29/114	42/140	57/166		624/780
累计正确率（%）	50	29	24	24	24	25	30	34		80

a. 通过将每个疗程的正确目标数量除以该疗程的目标总数来进行计算
b. 通过将累计疗程的正确目标数量除以累计疗程的目标总数来进行计算

要点

- CAS 是一种复杂的症状，不能简单地通过存在或缺失任何单一缺陷来识别。
- 患者的家属应积极参与制订治疗计划。
- 言语运动性运动 / 计划的手势应包括多感官提示，并尽快减少提示。

推荐阅读

[1] Maas E, Gildersleeve-Neumann C, Jakielski KJ, Stoeckel R. Motor-based intervention protocols in treatment of childhood apraxia of speech (CAS). Curr Dev Disord Rep. 2014; 1(3):197–206

参考文献

[1] Zimmerman I, Steiner Pond R. Preschool Language Scales-5 (5th ed.). Bloomington, MN: Pearson; 2011.
[2] Dodd B, Hua S, Crosbie S, Holm A, Ozanne A. Diagnostic evaluation of articulation and phonology (DEAP). San Antonio, TX: Pearson; 2006.
[3] Maas E, Robin DA, Austermann Hula SN, et al. Principles of motor learning in treatment of motor speech disorders. Am J Speech Lang Pathol. 2008; 17(3): 277–298

案例 20

涉及运动的严重言语－语音障碍
Severe Speech–Sound Disorder with Motor Involvement

Sarah Strathy–Alie **著**

陈玉美 **译**　黎佩珊　徐洋凡 **校**

【概述】

患者 AB 是一个 5 岁 1 个月大的女孩，她在结束学龄前的言语服务项目后，被家长转介去接受言语评估及适当的治疗。

【临床病史和病情描述】

AB 的父母在她 18 个月大的时候就意识到她存在语言发育迟缓的问题（AB 主要表现为不会说话）；但是，由于 AB 所居住的农村地区医疗条件有限，其没能接受正式的评估。AB 在 3 岁 7 个月的时候，全家搬到了一个更靠近城市的地方。在那时候，AB 的家庭医生怀疑她存在全面发育迟缓的问题，并转介她做进一步评估。听力检测显示其听力正常，耳鼻喉科专家对 AB 进行检查也未发现明显异常。作业治疗评估显示 AB 精细运动技能和粗大运动技能处于平均水平。言语语言病理学家（speech–language pathologist，SLP）的评估表明，AB 能执行最简单的一步和两步指令，能够理解多种词汇，但 AB 在执行较长和较复杂指令的能力上比同龄人差。AB 的语言表达主要为难以理解的单字词，其发音几乎仅限于元音。通过政府资助的学龄前言语服务项目，AB 接受了两个阶段的言语训练，每个阶段有 8 次治疗，每周 1 次，训练的重点是双唇音（[p]、[b]、[m]）的发音。在她 4 岁 1 个月时进行了心理评估，结果显示，AB 的非言语推理能力处于平均水平。

【临床测试】

评估内容包括家长访谈、口腔运动检查、Goldman–Fristoe 2 构音测试、《学前语言基础临床评估（第 2 版）》（clinical evaluation of language fundamentals preschool，2nd Edition，CELF–P2）中的 4 个子测试、公交车故事测试和自发性语言样本采集。同时还进行了非正式的读写测试，AB 能够说出字母表中大约一半的字母，但其发音存在错误，而且还不能够读出简单的单词（如 cat、mom）。在 AB 进行 Goldman–Fristoe 2 测试、公交车故事测试和语言样本采集时，过程已被影像记录，以便日后进行转录和更深入的回顾。

AB 母亲的妊娠和分娩过程均无异常，其家族中也无言语语言障碍相关的家族病史，家里使用的语言是英语。

CELF–P2 结果表明 AB 的接受性语言能力处于中度发育落后水平，表达性语言能力处于重度发育落后水平。公交车故事测试的内容主要是猜单词，其中大约 10% 的单词可以被解释（例如，/d^m/ 表示 jump，/d^k/ 表示 stuck），与常用的手势搭配（例如，摇动手指表示不好，手臂移动表示跳过去）。AB 的自发性语言也出现了尝试说单词和手势表达的情况。AB 在 Goldman–Fristoe 2 测试中的得分低于 1%，并且发出数量非常有限的辅音和元音。使用了运动言语治疗分级系统[1]对 AB 的言语运动进行分析，以确定其言语运动受损的类型，发现 AB

存在下颌、嘴唇和舌头的运动协调困难及语音顺序性发音困难。

【读者问答】

1. SLP 能从自发性语言样本中获得什么信息？

(1) 在更自然的口语语境中对言语整体可懂度的判断。

(2) 儿童特定语音的生成能力及发音相关的运动能力。

(3) 儿童说话的平均话语长度（mean length of utterance，MLU）。

(4) 以上都是。

答案：(4) 正确。一个自发的语言样本可以用于判断特定语音和动作的产生，也可以用来判断自然环境下有关语音的整体可懂度。可以从样本中获得表达性语言能力的测量结果，包括 MLU。

(1) 不正确。SLP 可以从样本中判断整体可懂度，但也可以评估离散语音生成情况和语音相关的运动，并计算 MLU。

(2) 不正确。SLP 可以评估离散语音生成情况和语音相关的运动，但也可以判断整体可懂度，并计算 MLU。

(3) 不正确。SLP 能够计算 MLU，但也可以评估离散语音生成情况和语音相关的运动，并可以判断整体可懂度。

2. AB 的言语 — 语音障碍（speech－sound disorder，SSD）会如何影响她的语言测试成绩？

(1) 在表达性语法测试中，难以产生形态学标记。

(2) 难以用可理解的词语标记图片。

(3) 在回应言语指示时，很难用手指指向图片。

(4) (1) 和 (2)。

(5) (2) 和 (3)。

答案：(4) 正确。AB 的言语－语音库十分有限，存在单词语音排序困难的问题，限制了表达性语言中两个子测试的分数。

(1) 不正确。虽然 AB 很难产生符合形态学标记需要的发音（例如，[s] 和 [z] 用于复数和所有格形式），但是她也很难产生声音和排序音节来标记图片（译者注：原著似有误，已修改）。

(2) 不正确。尽管 AB 很难以一种测试者能清楚理解的方式（如"dass"表示"战利品"）来产生和排序音节以标记图片，但是她也很难产生形态学标记所需的发音（译者注：原著似有误，已修改）。

(3) 不正确。肢体动作的协调困难与发音动作的困难是有区别的。作业治疗评估结果显示，AB 有用手指指向不同方向图片的能力（译者注：原著似有误，已修改）。

(5) 不正确。因为选项 (3) 不正确，所以这也不是正确答案。

3. 在 AB 的口腔运动检查中，SLP 可能会记录到什么？

(1) 舌系带短而厚（舌系带短缩或短舌头）。

(2) 连续和重复交替动作困难（如"puh-puh-puh"，"puh-tuh-kuh"）。

(3) 悬雍垂裂。

(4) 扁桃体肥大。

答案：(2) 正确。在控制和排序语言动作方面有障碍的儿童，在执行顺序和交替重复的动作时会有困难。

(1) 不正确。舌系带短很少影响语言的产生。此外，有一名耳鼻喉科医生给 AB 做了检查，但没有表示存在任何问题。

(3) 不正确。悬雍垂裂可能与腭裂或腭咽功能不全有关，但不会影响言语的运动和控制能力。此外，有一名耳鼻喉科医生给 AB 做了检查，但没有表示存在任何问题。

(4) 不正确。扁桃体肿大可导致说话鼻音过轻和（或）张口呼吸，但不会直接影响言语的运动和控制能力。此外，有一名耳鼻喉科医生给 AB 做了检查，但没有表示存在任何问题。

4. SLP 在选择用于治疗的目标词汇和短语时，应该有什么样的考虑？

(1) 父母对 AB 在家沟通需求的看法。

(2) AB 目前的语言能力和她接下来需要发展的能力。

(3) 老师对 AB 在学校沟通需求的看法。

(4) 以上都是。

答案：(4) 正确。需要将 AB 已经能够产生的动作 / 音节与她产生有困难的动作 / 音节结合起来。

此外，她的交流环境的需求也要纳入考虑，使其学习功能性的单词和短语。

(1) 不正确。家只是 AB 众多交流环境之一，如果不把言语困难纳入目标考虑，AB 可能很难成功康复。

(2) 不正确。如果仅根据 AB 对语音和模式的习得而选择目标，则其习得内容在日常生活中的功能性可能受到限制。

(3) 不正确。学校只是 AB 众多交流环境之一，如果不把言语困难纳入目标考虑，AB 可能很难成功康复。

【障碍的描述和推荐治疗方法】

AB 被诊断为患有重度到极重度的涉及运动的 SSD，伴随中度的接受性语言和重度的表达性语言发育迟缓。"涉及运动言语"是描述患有 SSD 的亚组儿童的术语，这些儿童的言语特征存在精细运动异常[2]。AB 在较长单词的发音和音节排序上存在困难，元音库也有限，但她没有表现出如患有儿童言语失用症的摸索行为或不一致的错误，也没有出现如患有构音障碍的肌肉损伤。

AB 的父母最初同意 AB 每周参加一次言语治疗，每次 45min。前 10 周的治疗疗效显著，治疗时间增加到每周 2 次，每次 30min。最初的目标包括但不限于，改善对下颌的控制和正确发出元音 [ɑ] 和 [æ] 的发音方式，改善正确发出 /m/、/b/ 和 /p/ 的唇部接触方式，增加圆唇以正确发出 [u]、[o] 和 [w]，扩大音节形状库和功能词汇库。AB 的父母参与了目标设定，并提供了一系列对 AB 日常活动有用的单词和短语。课程遵循一致性模式来支持其运动学习[3]，包括以下内容：①举办一个共享的阅读活动，以介绍一个功能性的目标词或短语；②进行 1~2 次简短而快速的轮转交流活动，利用目标词来进行运动/产生声音（集中练习）；③进行 1~2 次持续时间更长的轮转交流活动，在较长的话语中使用目标词，或结合之前学习的目标词来实现泛化（即分散式练习）；④指导 AB 和她的父母进行家庭练习活动。选择的活动需要是自然的、适合发展的、参与性高的和富有激励性的。家长们参与观察整个过程，了解引出目标词的策略，以

便支持家庭练习。策略包括探讨音节和单词是如何产生的，建立缓慢、清晰的视觉和听觉模式，创造更多的机会重复目标词，及提供关于言语运动的具体反馈（例如："你用你圆圆的嘴唇来发 [o]"）。此外，使用重组口腔肌肉语音目标词提示（prompts for restructuring oral muscular phonetic targets，PROMPT）[4] 以刺激发音运动，通过触觉—运动输入，减少不必要的动作。

AB 的学校举行了一次会议，讨论她在接受性和表达性语言方面的发育迟缓问题。参会人员包括：治疗 AB 的 SLP，一位来自从事增强交替交流（augmentative and alternative communication，AAC）机构的 SLP、AB 的家长、课堂老师、特殊教育老师和学校的校长。经过讨论，他们决定将 AB 安排在一年级的言语障碍班，由一名教师和教育助理以小组形式授课。AB 还被安排使用一个语音输出 AAC 设备，由接受过该设备使用培训的课堂老师帮助 AB 进行学习。

【结果】

AB 每周参加 2 次治疗，完成 16 次治疗后，在夏季她有一段治疗巩固期。在接下来的一年半时间里，AB 又接受了 30 次治疗，每周 1 次，在夏季和冬季各有一段治疗巩固期，但这时 AB 一家难以持续治疗。治疗人员会根据进度定期审查目标和修改目标。

在 AB 6 岁 11 个月大时，她的学校举行了一次会议，参会人员包括：治疗 AB 的 SLP，学校的 SLP，一位来自从事 AAC 的 SLP。所有参会人员都一致认为 AB 的言语能力有了显著的提高，她在大多数情况下都能不使用 AAC 设备，使用越来越清晰的词语和短语并伴随着手势来表达自己的意思。建议 AB 使用 AAC 设备的 SLP 现将与课堂教师一起使用该设备来提高 AB 在读写活动中的参与度，因为这是需要进一步增强的领域。相比发音能力，表达性和接受性语言上的迟缓被认为对 AB 沟通交流能力的影响更大。学校的 SLP 一直与课堂教师保持密切交流，以帮助提高 AB 的语言能力，并转介 AB 去接受基于学校的言语治疗服务。AB 的父母支持这一安排。表 20-1 表示了 AB 的言语测试分数随年龄增大的变化情况。

表 20-1　Goldman–Fristoe 2 构音测试中得分

年　龄	原始分 [a]	标准分	百分值
5 岁 1 个月	65	＜ 40	＜ 1
5 岁 6 个月	47	46	＜ 1
6 岁	27	69	2
6 岁 7 个月	17	81	5
6 岁 11 个月	9	92	13

a. 指错误的数量

要点

◆ 父母和专业人士的共同帮助至关重要，能使 SSD 患儿成为有效的沟通者，参与到他或她的日常活动中，并支持他们泛化新获得的言语技能。

◆ 运动学习的原则包括反馈的类型和反馈频率、集中和分散的练习，将此原则应用到治疗中，可以促进治疗成功和言语进步 [2, 3]。

◆ 多感觉提示和分级提示是涉及运动的 SSD 患儿进行康复治疗的重要组成部分 [1, 2]。

推荐阅读

[1] Namasivayam A, Pukonen M, Hard J, et al. Motor speech treatment protocol for developmental motor speech disorders. Dev Neurorehabil. 2015; 18(5): 296–303

参考文献

[1] Hayden DA, Square PA. Motor speech treatment hierarchy: a systems approach. Clin Commun Disord. 1994; 4(3):162–174

[2] McCauley RJ, Strand EA. Treatment of children exhibiting phonological disorder with motor speech involvement. In: Strand EA, Caruso AJ, eds. Clinical Management of Motor Speech Disorders in Children. New York, NY: Thieme; 1999:187–208

[3] Maas E, Robin DA, Austermann Hula SN, et al. Principles of motor learning in treatment of motor speech disorders. Am J Speech Lang Pathol. 2008; 17(3): 277–298

[4] Hayden DA. PROMPT: A tactually grounded treatment approach to speech production disorders. In: Stockman I, ed. Movement and Action in Learning and Development: Clinical Implications for Pervasive Developmental Disorders. San Diego, CA: Elsevier–Academic Press; 2004:255–297

高中生儿童期发作的语言流利性障碍治疗
Treatment of Childhood-Onset Fluency Disorder in a High-School Student

Risa Battino　著

钟丽平　陈卓铭　译　　王　莉　徐洋凡　校

【概述】

儿童期发作的语言流利性障碍（口吃）是一种语言障碍，其特征是言语障碍和语言流中断，表现为言语前的反常犹豫或停顿和某些语音的拖长，通常也伴随一些身体行为。此外，由口吃产生的消极态度和情绪也会对生活的整体质量产生负面影响。

尽管目前约有 1% 的人被认定为口吃者，但口吃仍然被人们误解。许多言语语言病理学家表示，由于口吃者群体缺乏一定的专业知识和相应的培训，所以和他们一起工作时会产生不便。此外，注重提高流利度和教授"语言工具"而忽略不流利的情绪影响的言语疗法通常是无效的。

【临床病史和病情描述】

患儿 JS，女，17 周岁，根据报道她从幼儿期就开始口吃。在初次评估时，她就读于 11 年级的一个普通教育班级；她在三年级的时候复读了 1 年。JS 先前曾在小学接受过评估，并被诊断患有语言流利性障碍和轻度语言缺陷。当时，医生建议进行言语和语言治疗。她在小学和初中都接受过该治疗，但是在高中时没有继续接受治疗。她说治疗给了她不好的经历，所以她不愿在高中继续接受治疗，但她表示希望能参加校外的言语和语言治疗。

【临床测试】

JS 最初不愿进行交谈，但随着疗程的进展，她逐渐适应了治疗环境，并且更加乐意与临床医生交谈。她能够适当地调节视线方向来与医生互动，并经常使用手势来增强语言输出以帮助听话人进一步理解。但是，在说话不流利和提出复杂想法时，她经常把目光从医生身上移开。基于对谈话和阅读样本的分析，JS 表现出不同类型的语言不流畅，包括忘词，重复发音，重新措辞、填充语的使用等，期间伴随着一些并发行为。另外，她通过替换单词和重新措辞来回避使用难度较大的单词和发音。

首先参照口吃严重程度量表 -4（stuttering severity instrument-4，SSI-4）对 JS 的流利性做了正式评估（表 21-1）。通过计算 2 个包含 300 个音节的口语样本（讲故事和谈话）和一个阅读样本的口吃音节百分比来确定口吃的数量从而确定得分。持续时间得分是通过平均 JS 的 3 个最长口吃事件（6.2s）的持续时间（以 s 为单位）来计算的。身体动作伴随部分是基于对 4 个子类别的临床观察而得出的，这些子类别在 5 分制的等级上进行了主观评分（0 表示无，5 表示严重和面露痛苦的相关行为）。JS 表现出持续的嘴唇和下巴紧张感，偶尔出现手部动作和眼神躲避。JS 的总分为 35 分，占比 89%~95%，表明她有严重的语言流利性障碍。

然后使用说话人口吃经历总体评估量表（overall assessment of the speaker's experience of stuttering，OASES）评估了 JS 的口吃情况的各个方面（表 21-2）。JS 对口吃表现出强烈的反感，这些消极的想法和感觉妨碍了交流，常常使她无法在各种情况下说出自己

表 21-1　口吃严重程度量表 4（SSI-4）得分

分量表	描述	得分
频率	口吃的音节百分比（PSS）（两个口语任务的平均值）= 20.2% PSS（阅读任务）= 28.75%	17
持续时间	平均持续时间 = 6.2s	12
身体并发行为	分散注意力的声音 =0， 面部鬼脸 = 3， 头部运动 = 2， 四肢运动 = 1	6
总得分	百分数	严重程度
35	89%～95%	严重

表 21-2　说话人口吃经历总体评估量表（OASES）得分

测量	原始分数	回答的项目	影响力得分	影响等级
一般信息	49	15	3.3	中度 / 严重
对口吃的反应	77	25	3.08	中度 / 严重
日常情景中的交流	70	20	3.5	中度 / 严重
生活条件	58	19	3.05	中度 / 严重
总体影响	254	79	3.2	中度 / 严重

想说的话。尽管她很想与别人交流，但她还是经常更换单词以掩饰自己的口吃。JS 对口吃的负面情绪反应包括愤怒、自卑、焦虑和尴尬。尽管她在就诊过程中表现出对自己的口吃行为及其带来的影响有充分的了解，但她对一般言语产生、治疗选择和自助小组的了解较少。无论是在口吃还是流畅的谈话中，JS 都表现出明显的身体紧张，从而经常影响她的自我形象，自信心，他人的观感，及她对词语和说话场合的选择。值得注意的是，JS 报道说，她在不同交际语境中所经历的沟通难度也不同。她说，当存在很大的"压力"（包括听众人数和时间考虑）或当她提出请求（如询问信息，订购食物等）时，口吃的程度加剧。她与陌生人交谈存在困难，并会尽量避免一些社交场合（如打电话、讲故事、开玩笑、点菜）以防止口吃出现。

JS 难以接受口吃，并且感到自己生活中的许多方面都受到口吃的影响。她的想法和过往经历，她的想法和经历对她的沟通满意度、自尊、整体生活态度、自信产生了负面影响，从而限制了她参与日常活动。总体而言，口吃对 JS 的生活产生了中度至重度的影响。

【读者问答】

1. 像 JS 一样，口吃的孩子经常会对口吃产生负面的情绪反应，这会干扰他们参与日常生活的各种活动。在治疗中，为应对这些想法和感受，同时鼓励其参与跨场所交流，可以考虑以下目标。

(1) JS 将增加她对基本口吃事实的了解。

(2) JS 将通过在治疗室使用假口吃的方法来展示其脱敏。

(3) JS 将减轻生活中导致其口吃的压力

(4) JS 将识别回避策略的使用，并制订计划以减少回避策略的使用以解决问题。

(5) (1)、(2) 和 (3)。

(6) (1)、(2) 和 (4)。

答案：(6) 正确。教育的一个作用是赋权。通过增加孩子对口吃的了解，他们可以教育他人（父母，老师，同伴）有关口吃的知识，并学会为自己声言。使用自愿／假口吃可以帮助孩子降低对口吃的恐惧和预期的敏感性。这有助于减少由表达不流利所产生的相关负面情绪，同时减少对回避策略的使用。孩子由于对口吃的预期和恐惧会采取回避策略。当他们成功回避时，这只会让他们保持恐惧，并可能导致更多的挣扎和回避。打破这一循环可以帮助减轻恐惧感，使孩子参与日常活动。

(3) 不正确，尽管压力可能会加剧口吃，但不会引起口吃。

(5) 不正确。

2. 许多孩子，像 JS 那样在言语治疗方面有负面经历，导致他们不愿参加疗程。哪些因素可能导致这种负面经历？

(1) 言语语言病理学家这一个群体不能做到感同身受。

(2) 言语治疗不是口吃儿童的正确干预方式。

(3) 许多言语语言病理学家对口吃了解不多，因此对自己治疗口吃患者的能力越来越缺乏信心。

(4) 言语治疗仅专注于"言语工具"。

(5) (3) 和 (4)。

答案：(5) 正确。言语语言病理学家经常称与口吃的同学一起相处很困难，因为这些学生对口吃治疗、及口吃对学业成绩的影响缺乏了解。这可能是由于在临床培训期间，医生与口吃的人一起工作的经验不足或没有经验、在学习时没有有序接触相关课程及与口吃的人接触有限而导致的。理解力和信心的不足可能会导致无法针对患者进行个性化治疗。对于言语语言病理学家而言，重要的是要考虑疾病的特殊性和整体性。旨在改善整体沟通的疗法应包括针对口吃的情感和身体表现，仅关注减少口吃行为的技术性治疗方法缺少了关键要素，并且可能会形成不切实际的治疗标准。

(1) 不正确。这是一个粗略的概括。尽管个别言语语言病理学家可能会符合此描述，但这种宽泛的描述并不代表该群体的所有成员，也不能归为口吃者产生负面情绪的首要原因。

(2) 不正确。儿童期语言流利性障碍是一种诊断分类，属于言语语言病理学家的实践范围。虽然可能存在并发的发育障碍，并且其他学科的专业人员会对其进行治疗，但言语语言病理学家在口吃的治疗和管理中起着主要作用。

3. 口吃的学生和 SPL 让老师明白口吃对学业的影响是很重要的。以下所有陈述均显示口吃可能会影响孩子在学校取得成功的能力，但以下情况除外：

(1) 口吃的学生可能不愿意在课堂上大声朗读。

(2) 口吃的学生没有正常学生聪明，因此无法与不口吃的学生完成相同水平的学业。

(3) 口吃的学生可能不愿与同伴交谈，导致与同学产生隔阂。

(4) 口吃的学生为了回避使用预期导致口吃的词语，可能会在课堂上回答错误。

答案：(2) 正确。口吃的学生在学业和认知方面的优势和劣势与普通人群相同。口吃和智力之间没有关联。

(1) 正确。口吃的学生由于担心会在同学面前口吃而常常不愿在课堂上大声朗读。他们感到尴尬，担心同学和老师会将口吃解释为理解困难。他们担心在同学和老师面前显得"愚蠢"。如果老师没有意识到学生的沟通困难和恐惧，可能会导致学生与老师之间的沟通不畅，进而导致其成绩降低，特别是降低其课堂参与度。

(3) 不正确。口吃的孩子通常不愿与同龄人充分参与对话和小组讨论，尤其是当听众人数增加时，压力剧增。这可能导致孩子退出社交互动，避免参加学校活动，从而无法培养社交能力和错过与同龄人分享想法的机会。

(4) 不正确。由于感到羞耻和尴尬，口吃的学生可能更愿意对问题做出不正确的回答，或者直接说他们没有完成作业，而不是口吃地说出正确答案。这会使同伴和老师对孩子的学习态度、知识和能力产生错误的认识，并可能导致成绩下降。

【障碍描述及推荐治疗方法】

JS 患有儿童期流利性障碍，此外，口吃对她的生活质量和参加日常活动的能力有负面影响。因此，建议每周进行一次言语治疗，以改善整体交流。治疗集中在口吃矫正技术，及回避减少和认知重建。治疗目标包括增加她对语音、表达和一般口吃事实的了解，识别与口吃有关的消极想法和感觉、情景回避，使用假口吃方法进行脱敏，意识到表达不流利的时刻及随之产生的身体行为，鼓励家庭参与，并让 JS 与父母分享在治疗中学到的信息。

【结果】

在这一年中，JS 了解了口吃的病因，了解了言语机制的内在结构，确定了与口吃有关的负面情绪，并确定了她在各种环境中沟通能力的障碍。此外，她还参与到旨在帮助她克服已确定的说话恐惧的治疗活动中。她还研究了通过使用口吃纠正技术来减少口吃频率和严重程度的策略。JS 提高了她的整体沟通能力，并且在讨论口吃和沟通的感觉上取得了进步。JS 表达不流利的次数和严重程度有所降低。具体而言，观察到并减少了不必要行为的使用（增加了眼神交流，并在口吃时减少了手的敲打次数），缩短了口吃的持续时间，并减少了紧张感。6 个月后，对她进行了 SSI-4 和 OASES 评估。JS 在身体伴随量表上的得分为 4（之前为 6），在频率量表上的得分为 16（之前为 17），而持续时间量表的得分为 8（之前为 12）。她对口吃有了更多了解，并能够将一些负面想法转变为更具建设性的观点。她在 OASES 上的得分使她在一般信息方面项目中处于轻微至中等范围内，对口吃反应的适度范围处于中等水平，在日常情况下的沟通水平处于适度范围内，生活质量处于中等水平。尽管她已经取得了进步，但 JS 很多时间仍表现出语言不流畅，并为此感到尴尬和自卑。

要点

- 口吃是一种复杂的疾病，它包括身体和情感因素。在评估过程及确定儿童是否适合进行言语和语言治疗时，都应考虑这两个因素。
- 口吃治疗应针对服务对象进行个性化制订，并应针对口吃行为和情绪提出具体目标。治疗目标通常包括言语修正技术，以减少表达不流畅的频率和严重程度，且旨在提高自尊和自信心，学会管理口吃并减少表达不流畅对整体生活质量的影响。
- 许多儿童在进行口吃治疗方面有负面经历，这会使儿童对治疗效果产生怀疑。没有简单的方法能治愈，对于许多口吃的学龄儿童来说，完全流利并不是一个现实的目标，因此，确定恰当的成功目标很重要。

推荐阅读

[1] Chmela K, Reardon NA. The School-Age Child Who Stutters: Working Effectively with Attitudes and Emotions. Memphis, TN: Stuttering Foundation; 2001

[2] Coleman C, Yaruss JS. A comprehensive view of stuttering: implications for assessment and treatment. SIG 16 Perspectives on School-Based Issues. 2014; 15(2):75–80

[3] Guitar B. Stuttering: An Integrated Approach to Its Nature and Treatment. 4th ed. Baltimore, MD: Lippincott Williams & Wilkins; 2014

学龄儿童基于语言的学习障碍与读写能力
Language-Based Learning Disability and Literacy in a School-Aged Student

Megan Dunn Davison　著
戴燕红　译　汤惠芳　徐洋凡　校

【概述】

这个案例分析了一名基于语言的学习障碍的学龄儿童在学校中整合语言和读写能力的复杂性。在《共同核心州立英语语言艺术标准》中，年级水平的写作标准包括在一个综合的读写模式中，该模式认为有效的沟通需要 4 种形式的技能：听、说、读、写。语言是这每一项技能的基础。学生应该使用书面语言来提供和支持自己的观点，展示对学术科目的理解，而传达真实和想象的经历和事件往往依赖于去语境化的语言。对于有基于语言的学习障碍的学生，阅读和写作是尤其具有挑战性的学习技能。

【临床病史和病情描述】

患儿 AD，女性，9 岁 2 个月，她在二年级时被转介至到言语—语言病理咨询中心，以解决由课堂老师发现的她因薄弱的解码能力和拼写能力及表达性语言障碍而导致的学习困难问题。AD 的父母也对她的学习困难问题表示担忧，特别是在阅读和数学作业方面。中心为她制订了个别化教育计划（individualized education plan，IEP），即每周 2 次在课堂上接受教师咨询服务，并单独接受每周 2 次的言语语言干预训练。AD 还接受了考试预留措施，包括一个单独的小组环境，以口头形式提供测试问题。

【临床测试】

我们进行了一系列测试，以获得更多有关 AD 表达语言和读写困难的信息。结果显示在表22-1 中。

如表 22-1 所示，AD 在解码和阅读理解方面

表 22-1　临床测试结果

	标准计分区 [a]	百分位数 [b]	描述性等级评定
语音处理综合测验 -2（CTOPP-2）			
元音省略	9	37	平均
合成词	7	16	低平均水平
音素隔离	8	25	平均
数字记忆	6	9	低于平均值
非单词复述	7	16	低平均水平

（续表）

	标准计分区 [a]	百分位数 [b]	描述性等级评定
快速数字命名	9	37	平均
快速字母命名	10	50	平均
Woodcock 阅读掌握测验 – 修订（WRMT–R）[c]			
视听学习	82	12	边际平均值
单词识别	91	28	平均
假词辨认	80	9	低于平均值
短文理解	68	2	差
Gray 朗读测试 –5（GORT–5）			
速度	8	25	平均
准确性	7	16	低平均水平
流畅性	8	25	平均
理解	9	37	平均

a. 平均值为 10；标准偏差为 ±3 或平均值为 50；标准偏差为 ±15
b. 平均值是 50
c. 基于年级水平的标准——所有其他基于年龄的标准

比较薄弱。根据言语语言病理学家的报告，在评估过程中，AD 经常根据几个字母（如飞机 / 字母表、彩虹 / 雨靴、即时 / 昆虫）猜测段落中的单词。解码能力的缺陷和在文章中猜测单词的倾向极大地影响了她利用语义和句法语境来确定句子意义的能力 [Woodcock 阅读掌握测试 – 修订版（Woodcock reading mastery tests–revised，WRMT–R）：文章理解]。格雷朗读测试 –5（Gray Oral reading tests–5，Gort–5）中也出现了类似的情况，因为段落中的词汇比较陌生（如鸡 / 罐、桃子 / 栖息、创建 / 飞行）。由于 GORT–5 的准确度分数受到重复和结果中的错误的影响，只有借助解码能力才能实现正确的理解，而 AD 受到解码能力不足的影响，导致其无法获得正确的理解。课堂上的作品也被收集来检查她对基于课程的阅读和写作任务中的书面语言的表达能力（图 22-1）。她潜在的语言障碍直接影响到书面表达的长度、准确性及语义和句法的复杂性。

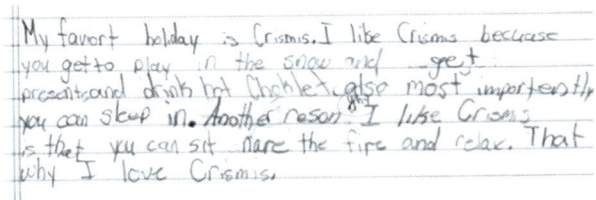

▲ 图 22-1　课堂作业的写作样本

读完《杰西最喜欢的节日》后，写下你最喜欢的节日及其原因

【读者问答】

1. 以下哪一项最能描述有语言学习障碍学生的缺陷？

（1）解码关键词汇。

（2）遵循两步指令。

（3）与语言、阅读、拼写和（或）写作有关的一系列困难。

(4) 语言表达。

答案：(3) 正确。语言学习障碍包括与整个课程的阅读、拼写和（或）写作相关的一系列困难。

(1) 不正确。虽然有语言学习障碍的学生可能会因为有限的语音、语义和句法理解而难以解码单个单词和文本中的单词，但解码只是几个困难领域中的一个。

(2) 不正确。大多数学生可以遵循简单的两步指令。然而，方向越复杂，语言学习障碍学生的学习难度就越大。例如，请注意以下语句在语义和句法复杂性方面的差异："如果有个星星就围着它转"与"如果有一个月亮就绕着月亮转。除非月亮周围有星星"相比。

(4) 不正确。有语言学习障碍的学生在表达语言方面会有困难，但这只描述了学生可能会表现出的一系列困难中的一部分。

2. 阅读和口语表达有困难的儿童：

(1) 在写作上不会经常有困难。

(2) 拼写也有困难。

(3) 在拼写方面没有困难。

(4) 由于语言潜在的语音、语义和句法缺陷，常常在拼写和写作方面有困难。

答案：(4) 正确。语言学习障碍包括一系列与阅读、拼写和（或）写作有关的困难。重要的是要认识到语言可以在许多不同方面影响到学业，及如何使得这些不足都达到课程的标准。

(1) 不正确。语言学习障碍的学生经常表现出书面表达方面的困难。

(2) 不正确。有语言学习障碍的学生不但在拼写方面有困难，在解码、阅读理解和书面表达方面也有一系列相关的困难。

(3) 不正确。有语言学习障碍的学生经常表现出拼写困难。

3. 以下哪些是教师和言语语言病理学家合作提高语言学习障碍学生学习成绩的有效策略？

(1) 为教师提供语言技巧工作坊。

(2) 治疗过程中的策略，是否可以在课堂上被用来评估学生，这要求言语语言病理学家去确定。

(3) 注重写作过程，包括言语治疗和课堂活动中的自我调节和认知策略。

(4) 为教师提供循证研究文章。

答案：(3) 正确。言语语言病理学最佳的实践就是总结各种背景下的技能和策略，包括演讲—语言会议和课堂。因此，言语语言病理学专家和教师可以通过协作采用相同的教学策略来更好地支持学生。

(1) 不正确。分享特定语言技巧和策略的机会可能有助于发展教师和言语语言病理学家之间的合作关系；然而，当考虑到学生可以在不同的学科和课堂上使用的教学策略时，对学生来说，学习能够适用于各种学习情境的策略是很重要的。

(2) 不正确。每个专业人员可能会在每个不同的环境中进行非正式观察，但这不是言语语言病理学家的唯一职责，也不需要作为 IEP 的一部分进行正式评估。

(4) 不正确。虽然与教师共享资源将是跨专业培训和发展的一部分，但协作教学会直接影响到学生。

4. 对于因语言学习障碍而在解码方面有困难的一年级或二年级学生，最合适的早期干预策略将集中提高学生以下的能力：

(1) 通过词汇训练掌握命名技巧。

(2) 语音能力，包括语音意识和语音记忆。

(3) 通过训练产生目标语结构。

(4) 通过讲故事和叙述来练习社交技能

答案：(2) 正确。处理和理解语音的能力是解码的关键。因此，瞄准语音能力将有助于提高关键词汇的解码能力。

(1) 不正确。命名可能是一个弱点。然而，构建解码的基础技能是帮助解码熟悉单词与不熟悉单词的重要第一步。

(3) 不正确。语言结构，包括语法标记、前缀和后缀等，可能是一个薄弱环节，可以作为首先教授基础语音能力（如混合、切分和省略）的目标。

(4) 不正确。叙事发展可能是一个薄弱环节，并将成为干预的重点，同时也是针对与解码相关的语音技能。

【障碍描述和推荐治疗方法】

AD 表现出基于语言的学习障碍。基于语言的学习障碍包括一系列与阅读、拼写和（或）写作有关的困难。基于语言的学习障碍的学生通常难以理解和使用口语和书面语，这会影响他的学业成就。具体地说，有限的语言技能阻碍了理解和交流，而这却是大多数学业成果的基础。大多数有语言学习障碍的学生在多个与读写有关的语言领域表现出缺陷。潜在的困难包括音素产生的错误（尤其是在口语朗读活动中发音的时候），在口语和书面语表达想法或观点时使用非特定语言，复述故事困难，主题保持困难，及很难用语法完整的信息创造书面句子或有限的句子。

为 AD 设计的干预训练方法的重点是采用认知学习的阅读和写作教学模式，也称为自我调节策略发展，以提高阅读理解和写作能力。这个方法突出了将阅读内容与写作联系起来的潜在认知过程。自我调节策略发展是通过以下步骤来实现的：发展背景知识、讨论策略目标和意义、建立策略模型、让学生记住策略、支持持续的策略练习及为学生提供独立实践的机会。使用助记工具 TWA+PLANS（表22-2），概述如下：AD 学习了如何在阅读之前思考（T）、阅读时思考（W）和阅读后思考（A），同时做笔记写一段总结段落，包括主要思想和读完一篇年级科学或社会研究课文后的 3 个细节。她采用 PLANS 来确定目标（P），列出实现目标的方法（L），及（A）做笔记（N）和给笔记排序（S），以进一步帮助其写一篇完整的论文。

在遵循这些步骤之后，AD 检查了她的论文，看看她设定的写作目标是否达到了。使用 TWA+PLANS 完成的书面论文如图 22-2 所示。

【结果】

在上一学年，读写能力的治疗目标包括在短文（第 2～3 段）中确定主要中心思想、找到支持中心思想的证据和语音解码原理，这些目标都达到了。然而，当文本变长并包含许多细节点或对话时，AD 的解码能力和识别文章大意的准确率都会相应下降。此外，在日常课堂活动和家庭作业中，阅读作业往往是一个特别薄弱的环节。因此，治疗的重点是使用 TWA+PLANS 方法提高阅读理解和写作能力。AD 使用 TWA+PLANS 方法后，她的书面语言的准确性和长度都有所增加。在学年开始时，

表 22-2　TWA+PLANS

TWA	PLANS
读前思考（T） • 作者的目的 • 你知道的 • 你想学的	1. 确定目标（P） • 列出实现目标的方法（L） • 并做笔记（AN） • 为笔记排序（S）
读中思考（W） • 阅读速度 • 链接知识 • 重读部分	2. 多写多说 • 测试目标
读后思考（A） • 主要思想 • 汇总信息 • 你学到了什么	

改编自 Harris et al.；2008.[1]

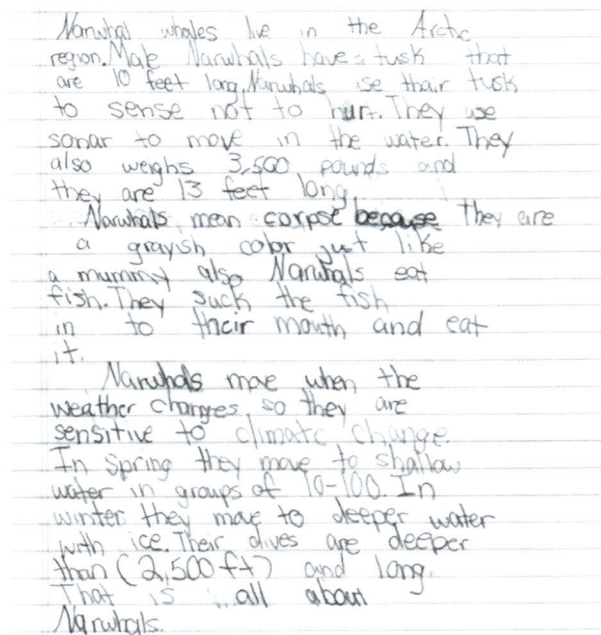

▲ 图 22-2　在阅读了所有关于独角鲸的文章后，写下你学到的 3 件事

AD 需要口头提示和临床医生很大的帮助来确定和实施 TWA+PLANS 方法的步骤。在这一学年中，随着 AD 对这一治疗的了解和熟悉程度的增加，所需要提供的帮助和口头提示慢慢减少。目前，AD 能够独立地确定 TWA+PLANS 方法的所有步骤，并且只需要极小的帮助就能够完成在 1 篇 3～4 段的文章中，找出并写出课文中的主要观点和支持观点的细节证据。

要点

- 学龄儿童应该使用去语境化的语言，以口语和书面语的形式接触学术语篇。
- 潜在的语言缺陷会严重影响读写能力，包括解码、阅读理解、拼写和书面表达方面的缺陷。
- 使用认知学习模式，如自我调节策略发展，言语语言病理学家可以通过采取培养阅读和写作能力的策略来发展学生在写作过程中所需的综合能力。

推荐阅读

[1] Graham S, McKeown D, Kiuhara S, Harris KR. A meta-analysis of writing instruction for students in elementary grades. J Educ Psychol. 2012; 104(4): 879–896

[2] Harris KR, Graham S, Mason LH. Improving the writing performance, knowledge, and motivation of struggling writers in second grade: The effects of self-regulated strategy development.

Am Educ Res J. 2006; 43:295–340

[3] Graham S, Harris KR. Strategy instruction and the teaching of writing: A meta-analysis. In: MacArthur C, Graham S, Fitzgerald J, eds. Handbook of Writing Research. New York, NY: Guilford; 2006:187-207

参考文献

[1] Harris KR, Graham S, Mason LH, Friedlander B. Powerful Writing Strategies for All Students. Baltimore, MD: Brookes; 2008.

案例 23

学龄前自闭症儿童的全面性语言障碍
Global Language Impairment in a Preschooler with Autism

Jennifer C. Friberg　Savannah P. Little　**著**

潘銮昭　**译**　　陈玉美　徐洋凡　**校**

【概述】

全面性语言障碍在自闭症中很常见，表现在语用学、语义学、句法和形态学领域中发展迟缓。患有自闭症的幼儿可能表现出缺乏共同注意力、眼睛注视、表情、手势的使用和总体语言缺乏灵活性。因为缺乏这些能力，会影响语言的倾听和口头交流，因此这种语言障碍被称为全面性语言障碍。

【临床病史和病情描述】

患儿 BW，女性，3 岁 3 个月，最近因疑似自闭症接受了儿科医生的评估。因为观察到特定的行为（重复运动）和被认为有明显的沟通障碍，最终她被诊断为自闭症。BW 从未被言语语言病理学家（speech-language pathologist，SLP）评估过。BW 的母亲说 BW 不善于沟通，总是很难把自己的想法和需求表达出来，当她不被理解时，她会觉得崩溃。

【临床测试】

临床测试始于课堂观察。BW 在建立共同注意力方面有困难，容易脱离大多数涉及与其他同龄人或成年人的社会互动的任务。她倾向于长时间关注她最喜欢的物体（如手电筒）。BW 能够遵循简单的、单一方向的课堂常规任务，但需要同龄人和老师给予口头提示。在观察过程中，BW 有出现要求的行为，当在上美术课被问到需要什么时，她回答

说"铅笔"。BW 的口语表达仅限于 1~2 个词，主要包含常用词里的名词和动词（如动物、食物词）。BW 的母亲完成了麦克亚瑟·贝茨交际发展调查问卷（Mac- Arthur Bates communicative development inventory）[1]。这个问卷证实，BW 在家中也使用类似的词语。除了课堂观察外，BW 社交中的沟通技巧是通过以游戏为基础的考核来量化的。通过采集茶歇时间的语言样本，可以看出 BW 在词汇和语法方面都有困难。她的词汇缺乏多样性。她的类型标记比率（type-token ratio，TTR）是 0.26。TTR 是用来衡量儿童自发性言语多样性的。它是指在给定的语言样本中，一个孩子所说的不同单词的数量占单词总数的比率。TTR 的数值可以从 0~1，比率越高，在孩子的自然言语中单词越多样性。BW 的类型标记比率被认为是很低的。BW 会使用口头语言去要求或拒绝，但没有使用评论或社交词（如"好"、"请"）。BW 的语言特点是使用 1~2 个单词长度的言语，平均言语长度为 1.47 个单词。BW 也很难和同龄人相处得好或保持适当距离。她的粗大运动功能基本正常，但一些精细运动缺陷很明显（如无法用钳子抓住零食饼干）。

BW 的学龄前儿童语言能力量表（第 5 版）（preschool language scales，5th Edition）[2]标准分数如下：

- 听觉理解 =68。
- 表达性交流 =63。
- 总的交流 =65。

该评估在两周内以 5～15min 为增量完成，以尽量减少注意力和（或）行为问题对评分的负面影响。即使使用这种测试方法，BW 也不能遵循或专注测试的所有部分。因此，这个标准化的评估可能是对 BW 沟通技能的最低估计。

【读者问答】

1. 共同注意力被认为对语言的发展和使用起到关键作用是因为：

(1) 说话者和听者的共同注意力是成功交流和学习的基础。

(2) 共同注意力使儿童能够专注于个人感兴趣的事物上。

(3) 共同注意力是所有儿童与生俱来的一项技能，因此是不需要教授此项能力。

(4) 在学习词汇和语法之后，孩子们通过掌握共同注意力，能够参与成年人和同龄人的交流。

答案:(1) 正确。如果一个孩子缺乏共同注意力，她 / 他不能积极地注意到另一个人。孩子主要通过对话、直接标记和（或）观察其他人使用语言，来学习语言。因此，一个缺乏共同注意力的孩子会因为与社会脱离接触，错过了学习语言的重要机会。

(2) 不正确。共同注意力需要与社会伙伴分享焦点，是不能孤立发生的。

(3) 不正确。共同注意力的发展需要与社会上的其他人接触。对于自闭症儿童来说，这种技能通常是需要直接教育以便达到最有效的干预。

(4) 不正确。共同注意力是习得词汇或语法的背后动力，因此，必须在 1 岁内就建立，它是能够使一个孩子获得语言的能力，并最终发展为交流能力。

2. 当什么情况下，社交技能指导能够增加语用语言功能，被认为对自闭症儿童是最有效的：

(1) 主要和其他患有自闭症或残疾的儿童一起时。

(2) 在每一天的课程中，在教室内外穿插自然情景。

(3) 当儿童和 SLP 进行一对一干预时。

(4) 只通过咨询干预。

答案：(2) 正确。随着社会环境逐渐出现，学会语用语言技能来支持这些互动的发生是很重要的。

另外，如果语言技能是在不同的环境下建立，通过不同的沟通伙伴形成的，患有自闭症的孩子将能够更好地掌握并独立使用这些技能。

(1) 不正确。自闭症儿童应该接触神经发育正常的同龄人，把他们作为语言模型，以鼓励使用与年龄相符的社会互动 / 语用语言。

(3) 不正确。这样的干预代表了一种社会对话环境，并不能反映自闭症儿童需要使用社交语言技能的自然环境。就促进社会语言的发展而言，SLP 和其他人在普通社会经验背景下需要借助教学才可以带来最佳的效果。

(4) 不正确。咨询往往是干预的组成部分，为寻求与语用语言障碍的孩子进行社会交往的其他人（如教师、家长、助教）提供培训和支持。因为直接从 SLP 获得教学和支持对于促进有效交流的社交语言技能是至关重要的，因此很少只使用咨询一种服务模式。

3. BW 的年度评估是在学校进行的。她的病例负责人建议重新评估，特别要求至少一个标准化的测试结果。考虑到 BW 以前的评估历史，你会怎么进行评估？

(1) 进行检查手册中规定的标准化考试，不特意为 BW 做调整。

(2) 进行检查手册中规定的标准化考试，但计算她的标准分数使用针对 1 岁以下孩子的标准以便可以解释她的语言障碍。

(3) 采用动态评估管理标准化测试 BW，根据需要为她提供调整（如修改问题、材料、线索）以收集数据为干预计划提供依据。

(4) 进行检查手册中规定的标准化考试，但报告年龄等效分数（没有标准分数），以允许从不同的角度了解 BW 的功能性语言技能。

答案：(3) 正确。动态评估时，如果被测试孩子对标准的测试结构环境反应较差时，SLP 可以通过修改内容、说明、材料等来进行个性化测试。通过动态测试收集的结果能够对干预计划提供支持。

(2) 不正确。因为标准分数是通过比较应试者与他或她的同龄人来计算的，因此，将有某种障碍的孩子与年龄更小的人进行比较的做法是无效的，不应该使用。

(1) 不正确。由于 BW 肯定是符合资格的，是否有必要进行一个没有调整的标准化的测试，是有问题的。因为这种方式收集的数据可能会产生低估 BW 能力的数据。相反，应该采用其他形式的评估，以最大限度地提高所收集资料的价值。

(4) 不正确。年龄等效分数被认为是"动态发展"的分数而不是相对不变的。因此，用年龄等效分数对学生在测试中或测试间的表现进行比较是不适宜的。此外，因为它的计算方式，年龄等效分数被认为是不准确的，不应该用来描述孩子在语言或任何其他发育领域的能力。

【障碍描述和推荐治疗方法】

BW 表现为一种影响语言的接受、表达和语用能力的语言障碍。这些缺陷影响了她的编码、解码和有效与他人交流信息的能力，这些和她的自闭症诊断是一致的。《残疾人教育法案》（Individuals with Disabilities Education Act）[3] 和《精神障碍诊断统计手册（第 5 版）》（Diagnostic and Statistical Manual

of Mental Disorders,5th ed，DSM-5）[4] 都定义了自闭症的行为特征。两个文件都定义了自闭症的特征包括显著的言语、非言语和社会沟通缺陷；刻板和重复的活动和运动；面对环境变化的同一性和抗拒表现；还有异常感觉处理，这导致对感觉刺激产生异常的反应。

对 BW 的干预侧重于在课堂环境中，基于游戏的方法，提高她的语用和表达技能。治疗主要通过遵循社会互动的方法来提高和扩大词汇量；遵循课堂和家庭常规活动，提高共同注意力；和增加功能性交流（即表达愿望、需求、感觉和偏好）。当需要掌握死记硬背的概念，如形状、颜色、字母和数字时，以刺激（需要教的东西），反应（来自 BW 的口头交流），和积极的强化（来自 SLP）为重点的行为方法被用来教授概念，同时减少问题行为。图 23-1 表明当学校和家庭一起实施时，会增加在社会和学术环境中的语言能力。此外，BW 的老师和家长接受了培训，学习了作为治疗中一部分的方法，以支持在家庭和学校环境中推广语言干预的技

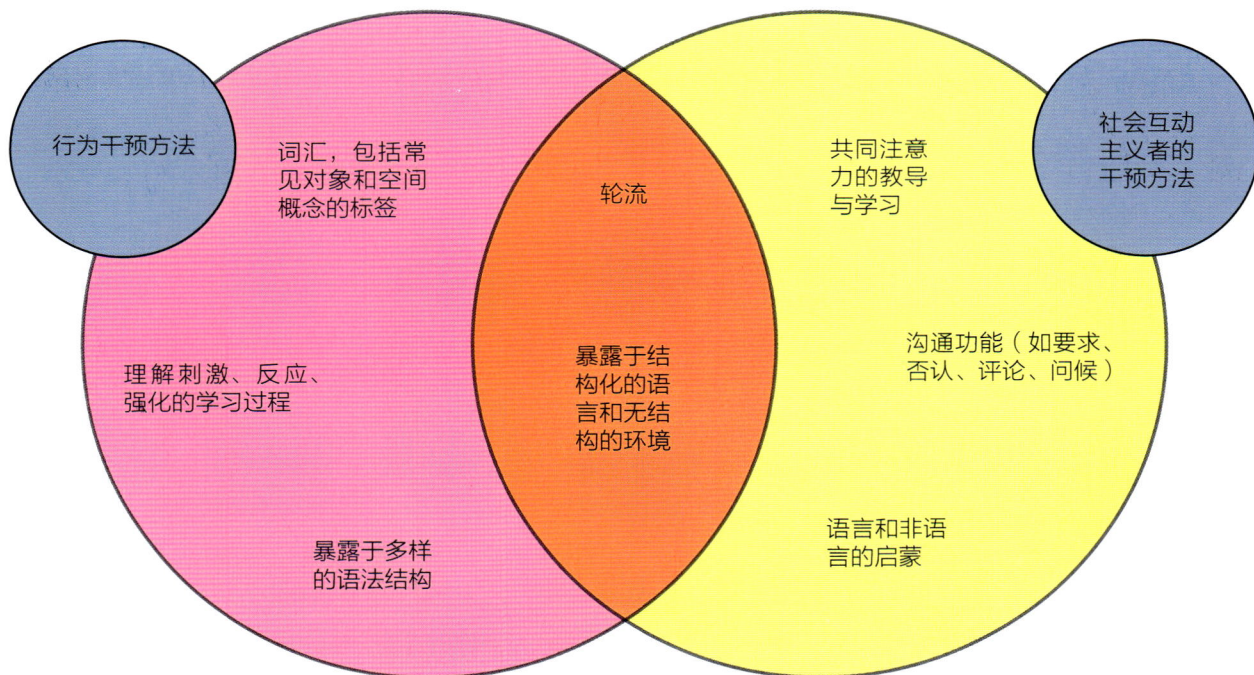

▲ 图 23-1　通过理论方法整合可能的治疗优先级

上图说明了当不同的理论方法被用作语言干预计划的一部分时，目标技能类型的相似性和差异性。最理想的是，这些不同的方法能够互补，通过结合社交和行为学习的方法达到在不同的学术和社交场合中进行功能性和泛化性沟通的目的

能和概念。

【结果】

经过 3 个月的治疗，BW 在课堂表现中取得了明显的进步。通过口头指示和视觉辅助（如将图片卡与时间表相匹配），她能够遵循大多数日常的课堂活动（如上厕所、吃零食）。当她对老师和同学发表评论和表达她的喜欢 / 厌恶时，她有一半的可能能够说出 2～3 个字的话语。轮流时，BW 与同学的互动更为恰当。在 BW 和同学的互动中出现的平行游戏也出现在有组织的活动中。虽然问题行为持续存在，但它们频率和严重程度有所降低，因此她能够与同龄人进行成功的社会互动。

BW 的父母说，她在家中能够使用更多样化语言，在交谈言语中，应用一些代词，更多的形容词，还会使用不同的动词时态转化。他们也提到，他们现在能够理解 BW 的更多的沟通尝试和需求，她的爆发性行为减少了，并成功地在家中应用了老师和 SLP 建议的方法。

作业治疗师（occupational therapist，OT）、物理治疗师、学校心理学家对 BW 进行了评估，认为她能够进行特殊教育服务和作业治疗。BW 的老师说，她在益智游戏技能中有所进步，如完成拼图、分类颜色和识别形状。她能够在作业治疗师的指导下书写和用颜色铅笔上色。为了让 BW 尽可能独立地完成在家庭或学校中的活动，将根据需要提供支持。

要点

- BW 的语言与全面性语言发育迟缓是一致的，因为她很难用表达、接收和应用语言来满足她的需要。
- 由于她缺乏共同注意力，很难对 BW 进行评估。通过运用各种办法和措施的观察，才能对 BW 沟通的优势和弱势，有清晰认识。
- 治疗 BW 语言障碍的方法，包括了各种不同的方式以满足不同的需求：教学、社交及综合方法。
- BW 的问题行为和重复动作影响了她在课堂上的学习、社交和活动。在她的治疗中，社交互动和行为模式相结合，有助于减少她的问题行为和提高她的语言能力。

推荐阅读

[1] Burton KD, Wolfberg P, Eds. Learners on the Autism Spectrum: Preparing Highly Qualified Educators and Related Practitioners. 2nd ed. Shawnee Mission, KS: AAPC Publishing; 2014

[2] Prelock PA, McCauley RJ, Eds. Treatment of Autism Spectrum Disorders: Evidence-Based Intervention Strategies for Communication and Social Interaction. Baltimore, MD: Brookes Publishing; 2012

参考文献

[1] Fenson L, Marchman VA, Thal DJ, Dale PS, Reznick JS, Bates E. MacArthurBates Communicative Development Inventories. Baltimore, MD: Brookes Publishing; 2007

[2] Zimmerman IL, Steiner BS, Pond RE. Preschool Language Scales. 5th ed. San Antonio, TX: Pearson; 2011

[3] Individuals with Disabilities Education Act, 20 U.S.C. § 1400 (2004)

[4] American Psychiatric Association. Diagnostic and Statistical Manual of Mental Disorders. 5th ed. Washington, DC: American Psychiatric Association; 2013

气道重建后儿童声音保健的特殊挑战
Voice Care for the Child Who Is Post Airway Reconstruction: Special Challenges

Lisa N.Kelchner　Susan Baker Brehm　Barbara Weinrich　著

叶乐乐　译　　林舜娜　徐洋凡　校

【概述】

照顾患有因气道重建而继发发声障碍的儿童，不仅需要掌握修复后的解剖和生理方面的专业知识，还需要孩子和家属参与治疗的能力，因为这些都会有助于孩子的恢复。喉部可能会有伤痕，以至于振动源涉及的不是真正的声带（true vocal folds，TVF），而是其他结构。通常这些孩子有复杂的病史，在他们的早期，音质并不是优先考虑的事情。然而，随着孩子的成长及他/她的整体健康状况变得更加稳定，音质对于有效的沟通和教育成绩的提高越来越重要。对这些孩子来说，包括言语语言病理学，小儿耳鼻喉科，教育工作者和家庭成员在内的协作评估和治疗至关重要。

【临床病史和病情描述】

患儿 JD，女性，12 周岁，胎龄 27 周出生，出生后气管插管 3 周，随后进行气管切开术，以便进行长期的气道管理。在 3 岁时，她接受了气道重建术（前肋软骨移植），并在 2 个月后进行了拔除手术。她的父母形容她的术后声音微弱而漏气。她的病史包括支气管肺发育不良和哮喘。直至 5 岁，她被耳鼻喉科医生和言语语言病理学家追踪关于嗓音、反流和气道保护的问题。她的父母说，她唯一剩下的遗憾就是她的嗓音很难被别人听懂。她期待上大学，并最终成为一名老师。所有其他发育标志都显示正常，她也没有持续存在的健康问题，除了偶发性哮喘。

【临床测试】

儿童语音障碍指数（pediatric voice handicap index，pVHI）：将 pVHI[1] 作为由父母代为执行的声音障碍指数，是由 JD 的母亲代为执行的，她为她的女儿记录了以下分数：功能 -17/28，得分最高的方面是在嘈杂的环境中被理解，被要求重复自己的话，和声音障碍限制个人、教育和社会活动；身体状态 -9/36，得分最高的情况是说话时喘不过气来、过度紧张或大叫；情感 -6/28，在挫折和尴尬的时候得分最高。

声音听觉 - 感知评估（consensus auditory perceptual evaluation of voice，CAPE-V）[2] 是 100mm 视觉模拟量表，用来评定严重程度（overall severity，OS）、粗糙度（roughness，R）、呼吸（breathiness，B）、张力（strain，S）、音高（pitch，P）和音量（loudness，L）的感知觉质量。越高数字等级等于严重程度的增加。JD 评级是：OS = 60，R = 40，B = 55，S = 40，P = 57（低），L = 58（轻柔）。检测间歇室襞发声感知。

使用计算机语音实验室（computerized speech laboratory，CSL，4500 型，PENTAX Medical）获得声学测量。最初，JD 被要求发出 [a] 的元音并维持 5s，目视检查对元音的窄带声谱图的视觉成像显示了 2 型声信号，如图 24-1 所示。在类型 1 和类型 3 信号产生的爆发中，语音信号都出现了一些变化。持续元音的强度水平为 63dB / SPL，是在正常范围到低范围之内。JD 的最大发声时间为 7s，比预期的时间短，这表明呼吸支持和（或）喉部瓣膜功能受限。但是，通常，如果患者能保持元音发声 5s，则不会影响日常交谈。

空气动力学的测量是通过使用气动空气动力学系统（phonatory aerodynamic system，PAS；Pentax Medical）获得的。该系统由一个连接到气动力的气流罩组成，以获取语音过程中气流特征的测量值。平均气流速率为 196.6 ml/s。估计的声门下压力（subglottic pressure，Psub）能够定量通过口内压力管。在（pa-pa-pa……）的音节序列中，平均气流峰值气流为 13.13cmH$_2$O，高于 DJ 年龄的平均数值。

使用刚性和柔性内窥镜进行喉部成像。JD 的左声带沿后部瘢痕形成，左环杓关节（left cricoarytenoid，CA）的活动受到限制。右侧的声带外观和 CA 关节运动正常。在短暂的持续发声期间，出现了一个较大的后间隙，很难维持声带前 2/3 的闭合（图 24-2）。

JD 的内窥镜检查的静态照片拍摄时，显示左侧声带有瘢痕和缩短，右侧正常。为了改善声门闭合，观察到室襞有中度至重度被压迫的趋势，可见间断性室襞发音，表明有混合发音源。值得注意的是，由于声音保真度和信号跟踪（主要是 2 型信号）的问题，没有进行离散频闪评级。在较短的周期内，更有周期性的信号和更好的跟踪，轻度减少的黏膜波横跨右侧表面，能够观察到声带。

麻醉下的直接检查包括触诊关节和近距离检查声带。确定了左侧 CA 的关节活动度及声带瘢痕的具体情况。声门下气道通畅。

【读者问答】

1. 类型 2 信号表示：

(1) 此语音信号中的谐波根本无法识别。

(2) 可以清楚地看到谐波，但也可以观察到次谐波。

(3) 对声学测量的解释（如平均基频；频率范围）与此语音信号相关联的范围是可靠的。

(4) 需要收集和分析信号的检查设备。

答案：(2) 正确。使用窄带频谱图，可以肯定地

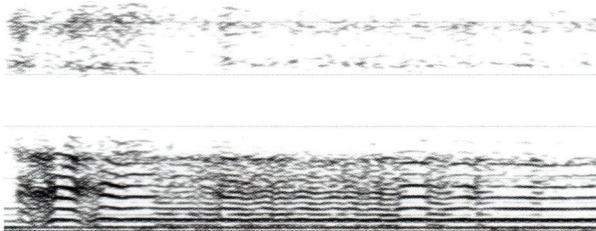

▲ 图 24-1　基线窄带声谱图
注意谐波之间存在次谐波，声音样本是持续的 [ah]

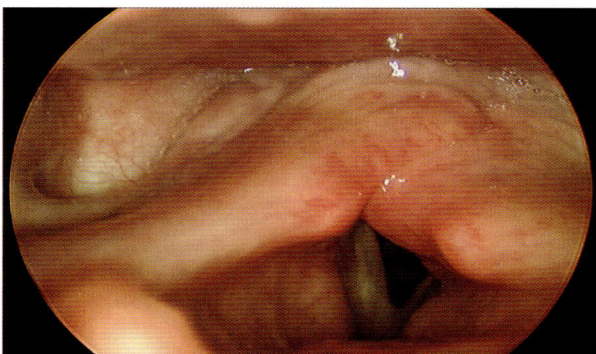

▲ 图 24-2　JD 基线内窥镜
注意，伤痕累累的，瘦的左 TVF

检测到谐波的存在，但是次谐波的存在表明语音信号中存在噪声。在这种情况下，振动的多种来源和声门闭合不完全（导致空气湍流增加）导致孩子的语音信号中掺杂着噪音。

(1) 不正确。使用窄带频谱图可视化和分析持续的元音语音段，将无法在 3 类语音信号上区分任何谐波。

(3) 不正确。使用窄带频谱图，次谐波的预设对声学值解释的可靠性提出了质疑。如果报道了声学值，则应注意在这种情况下进行的。

(4) 不正确。如果你要使用标准协议和适当的设置，来收集和分析语音信号数据，则将语音信号识别为类型 2 并不表示是设备的问题。2 型信号通常与不同程度的声音障碍有关。

2. 所报道的气流测量方法告诉您这位年轻妇女每天必须进行的发声工作是什么？

(1) 她必须强迫自己的声音被倾听和被理解。

(2) 由于患者单侧勺状软骨关节活动性差，这些治疗没有什么价值。

(3) 它们直接表明左声带结疤的程度。

(4) 它们总是在也有 2 型语音信号的人上面存在。

答案：(1) 正确。尽管认为 196ml/s 在其年龄的平均气流范围内，但仍处于正常水平。这表明她在发声的时候无法充分使用喉瓣膜。这可能就是为什么她最大的持续发声很短的原因。同样，她的平均估计声门下压力升高表明语音产生过程中功能亢进。这与谈话过程中发声和一般疲劳有关。

(2) 不正确。使用标准协议和程序，对个人收集气流测量值怀疑或报道不完整的声门闭合是适当的，有助于量化在连接语音中使用的喉部功能不全程度和努力。

(3) 不正确。尽管瘢痕会影响声门关闭和发声功能，但尚无报道声带上有瘢痕和气流改变的对应关系。

(4) 不正确。虽然 2 型信号和上升的气流值可能是错误的。在同一个体中，2 型信号可能具有以下特征的个体中发现：正常或限制气流措施。

3. 混合语音源的存在意味着什么呢？

(1) 没有这样的事情。只能有一个来源喉内的振动：声带。

(2) 个人具有独特的才能，使他/她能够在声门发声和声门上发声之间切换。

(3) 患者使用一种增强或放大装置来发出声音。

(4) 为了实现发声，患者需要使其他喉部结构收缩（例如室襞褶皱），并且处于发声气流中时能够振动。

答案：(4) 正确。当声带闭合不完全时，通常会在发声期间使用声门上结构作为声音源，这就是我们所说的具有混合声源的个体。在某些情况下，所有结构（声门上结构和声带）可能会同时振动，或者您可能会遇到一个振动源占主导的时候。它通常与损害程度和后续恢复情况有关。在一些气道重建后的儿童中，声带伤痕累累，以至于根本无法振动，只能靠声门上结构振动发声。

(1) 不正确。在大多数典型的健康喉部中，只有声带在持续发声和语音连接时振动。在受损，修复或其他结构改变的喉部中，其他结构可被压缩并

在发声气流上振动。

(2) 不正确。虽然某些人和某些特殊人群可以控制真实声源和室襞褶皱的振动，并在它们之间进行切换，但这并不是我们在本案例中提到的。在这种情况下，混合的声音源是原始气道损伤和随后重建的意外结果。

(3) 不正确。如果一个人是使用设备及扩音器来增强发声，那么就不能称之为具有混合声源。

【障碍描述和推荐治疗方法】

在评估时，JD 和她的父母非常担心，想寻求更好的疗法来治疗她的嗓音，特别是考虑到她已经快十几岁的时候。对于有复杂呼吸道病史孩子的父母，等到孩子长大后再寻求治疗是很正常的。JD 的父母特别担心她的声音相比于其他女性来说是低沉而粗糙的，JD 还抱怨谈话中的发音疲劳，并且厌倦了人们老是要求她重复自己的讲话。因此，推荐言语治疗，其长期目标是使用行为治疗技术和可能的手术干预（以注射增强的形式）来改善音色。

行为疗法包括使用旨在减轻喉咙张力和局部功能亢进并在持续发声期间最大程度关闭声带边缘的技术。治疗策略包括一般的嗓音使用和卫生咨询，半闭式声道（semi-occluded vocal tract，SOVT）锻炼，改良声带功能的锻炼（例如，在有限的音调下持续进行 [o] 音和 [i] 音训练）及针对嘈杂环境（尤其是在学校）进行提高声音。

（一）嗓音使用和嗓音卫生

发声行为被确定为修改和（或）减弱，这些行为主要包括在嘈杂的环境中突出他的声音，还包括经常清嗓，少喝水和摄入适量的咖啡因。JD 和她的家人使用每日记录表（是/否）来监控测嗓音卫生行为，她们注意到这些行为，并且在适当地改变这种行为。她们每次都会在会话中讨论这些行为，并记录了修改/减少每种行为的进展情况。在治疗初期就引入了个人扩音器，以减少在教室和嘈杂环境中的压力。

（二）半闭塞声道练习

SOVT 练习[3] 是用来提高嗓音的效率和最小化喉肌张力和功能亢进，同时最大限度地闭合声带。

在每个疗程中，都将嘴唇振动发生嗡嗡声用作热身运动，以改善呼吸支持并参与声带发音，从而改善和增加声带的黏膜波振幅。此练习还有助于将声带隔离为主要振动源。最初，使用了舒缓的音符，随后缓慢的滑动在音高范围内上下延伸。在半封闭式练习中使用了鼻辅音，重点放在腹部支撑和减少压迫声上，从而增加了轻度嗡嗡声。这种操作还减少了治疗期间的室襞褶皱压迫和喉部整体压力。吸管式发声包括在嘴唇之间放置不同大小的吸管，并发 [ol] 音表示音高滑移，然后发简单曲调的音符。流式发声技术[4]包括吹泡泡和漱口音，然后再发 [m-m-m] 音，[m]+ 元音音节发声，带有鼻音的单词，及连续发音的任务。第 4 周后，当 JD 能够较好的控制张力时，音质就出现了明显的对比，这表明声带的配合得更好，而室襞褶皱的外侧—内侧压缩相对减少了。

（三）改良的声带功能练习

在 JD 成功地减少了室襞褶皱振动之后，进行了四步声乐功能练习[5]，以改善音调集中到口腔位置，并改善持续发声时的呼吸支持。首先，元音 [i] 音尽可能长时间地带有鼻音。最初，JD 能够轻松的维持 7s 的发音。接下来的两个步骤需要使用嘴唇发出嗡嗡声，以使其向上滑动（伸展声带）和向下滑动（收缩声带）最后，选择了 3 个音符（低音－舒缓音－高音），使 [ol] 的音色尽可能柔和，持续时间尽可能长。极力强调音调的清晰度。所有持续音调都需要计时并以每日记录形式记录。在治疗过程中，JD 能够将自己的时间平均增加到 13s。维持发声的能力是改善声门闭合和控制呼吸支持的指标。在所有情况下，从持续的元音到功能改善，再到会说话，每一个转变都是一次挑战。在治疗过程

中和治疗过程之外，为了支持越来越长的连续语音片段，我们练习了措辞和呼吸控制。在安静的情况下，连续发音的清晰度从 50% 提高到 75%。通过扩音器观察，她的嗓音在嘈杂环境中的清晰度提高到 90%。

【结果】

在每周的疗程中使用上述治疗策略 2 个月并遵循一致的家庭计划后，JD 在减少总体喉功能亢进，消除"混合"声源和增加持续的声带发声方面取得了中等进展。同时，在响度方面也有提高。在重复进行 pVHI 时，她的功能评分为 12/28，最高分仍然是在嘈杂的环境中；体能测试得分下降 3 分，至 6/36，最高分值与有时的过度紧张有关；而情绪下降到 2/28，表明沮丧和尴尬的情况减少了。

重复的 CAPE-V 提示感知觉评分发生变化：OS=50，R=25，B=55，S=40，P=30（低），L=35（中）。与呼吸和张力相关的评分变化最少，JD 依旧表示声带疲劳，并且在训练室不使用扩音就无法很好地表达（出于公众考虑，她表示以后会停用扩音器）。声学测量显示，1 型和 2 型信号的程度更高，在持续发声过程中，没有捕捉到 3 型信号。风量测量值（平均风量 = 170ml/s）在正常范围内保持升高，但低于 JD 的基线。Psub 为 9.35cmH$_2$O，较基线降低，表明略有改善。频闪镜检查显示室襞受压减少，声门闭合得到改善；然而，左关节运动减少结合左后声带瘢痕形成，导致声门闭合期间持续存在较大的后间隙。基于这些残留的缺陷，治疗小组、JD 和她的父母希望继续增加左后声带的注射，以帮助闭合后间隙，增强了闭合效果，从而提高了响度和清晰度。

要点
- ◆ 嗓音的可理解性和感知的效果是衡量言语治疗的关键指标，特别是对于改变过气道结构的个体来说。
- ◆ 尽管慢性发声困难是由于潜在的结构和生理改变导致的，科学可行的医疗策略和行为干预有利于帮助儿科患者恢复。
- ◆ 在小儿语音障碍的治疗中，经常需要各种声音治疗技术、有关嗓音使用的指导和护理的相关建议。

推荐阅读

[1] Kelchner LN, Brehm SB, de Alarcon A, Weinrich B. Update on pediatric voice and airway disorders: assessment and care. Curr Opin Otolaryngol Head Neck Surg. 2012; 20(3):160–164

[2] Kelchner L, Baker-Brehm S, Weinrich B. Pediatric Voice: A Modern, Collaborative Approach to Care. San Diego, CA: Plural Publishing; 2014

[3] Brehm SB, Weinrich B, Zieser M, et al. Aerodynamic and acoustic assessment in children following airway reconstruction: an assessment of feasibility. Int J Pediatr Otorhinolaryngol. 2009; 73(7):1019–1023

参考文献

[1] Zur KB, Cotton S, Kelchner L, Baker S, Weinrich B, Lee L. Pediatric Voice Handicap Index (pVHI): a new tool for evaluating pediatric dysphonia. Int J Pediatr Otorhinolaryngol. 2007; 71(1):77–82

[2] Kempster GB, Gerratt BR, Verdolini Abbott K, Barkmeier-Kraemer J, Hillman RE. Consensus auditory-perceptual evaluation of voice: development of a standardized clinical protocol. Am J Speech Lang Pathol. 2009; 18(2):124–132

[3] Titze IR. Voice training and therapy with a semi-occluded vocal tract: rationale and scientific underpinnings. J Speech Lang Hear Res. 2006; 49(2):448–459

[4] Gartner-Schmidt JL. Flow phonation. In: Stemple J, Fry L, Eds. Voice Therapy: Clinical Studies. 3rd ed. San Diego, CA: Plural Publishing; 2010:84–92

[5] Stemple J, Glaze L, Klaben B. Clinical Voice Pathology: Theory and Management. 4th ed. San Diego, CA: Plural Publishing; 2010

自闭症谱系障碍和单词联想
Autism Spectrum Disorders and Word Associations

D. Battaglia **著**

林舜娜 **译**　叶乐乐　徐洋凡 **校**

【概述】

自闭症谱系障碍（autism spectrum disorder，ASD）的个体在社交领域（语言和非语言）和行为/感知兴趣领域这两个主要领域患有缺陷[1]。疾病控制中心[2]指出，每68个儿童中就有1个被诊断为ASD。具体地讲，每42个的男孩和每189个女孩中分别会出现一个ASD患者[2]。ASD症患者不会用正常儿童的方式了解身边事物和相关的词汇，相应的迹象和症状可能会严重影响语言习得和词汇联想这两方面的能力[3]。

【临床病史和病情描述】

患儿JB，男性，2岁半，被确诊为ASD，其产前及出生的检查情况均正常。JB出生时的听力测试结果均在正常范围内。在15个月大时候，JB仍没有说过一句话，这让JB父母开始担忧并向专家求助，JB父母告诉专家JB似乎已经完全能理解他们所说的，但经常对他们说的话发脾气，而且他要的东西必须和他要求的一模一样。此外，JB也不喜欢与家人长时间接触。因此，他的父母想要更进一步的诊断，并得出原因。

【临床测试】

自闭症谱系障碍诊断观察量表（第2版）（autism diagnostic observation scale，second edition，ADOS-2）[4]的幼儿测试在言语语言病理学家（speech-language pathologist，SLP）治疗前进行。该诊断报告表明，虽然JB对共同注意力方面有所反应（非常短暂），但JB在如模拟生日聚会、其他功能性和象征性游戏、自由玩耍和对名字的反应等项目中的评分结果落在中至高范围之内。这些测试结果与《诊断统计手册（第5版）》（diagnostic statistical manual，fifth edition，DSM-5）的指导内容所写的相一致，即JB在社交活动、非言语类交流和其发展及维持社交关系能力这几方面有严重缺陷，主要症状表现为刻板的言谈举止，比如莫名其妙的发声，用脚趾走路等行为。虽然JB遗传测验确认没有ASD相关染色体异常，但通过家长和专家团队测试和讨论，JB最终确诊为ASD患者。

第二轮的言语能力和沟通能力测试由言语语言病理学家（SLP）进行，测试内容主要为幼儿语言能力量表[5]和学龄前儿童语言能力量表（第5版）（preschool language scales，fifth edition，PLS-5）[6]，通过行为观察和家长访谈进行。PLS-5测试结果：听力理解为69分，排名位于该领域的2%；表达能力为60分，排名位于该领域的1%；总体的言语能力和沟通能力为69分，排名位于该领域的1%。

在参与过程中，专家没有观察到JB模仿他人的面部表情。他无法辨别出说话人的嘴巴和眼睛，尽管他可以通过短暂的眼神接触和偶尔的身体靠近来表现出对说话人的注意。同时，他会用哭泣的方式或他的"语言"来获得他人注意力或是想要的东西。另外，他偶尔会拿起正在玩耍的物体，对镜子里的自己微笑。基于这些测试结果，在年龄表现上，JB 被认为只发育到 3～6 个月。

测试开始的时候，JB 注意到 SLP 的到来，不过他没有和 SLP 进行眼神接触、对话或挥手。随后，他在房间的四周走来走去，看上去漫不经心。与此同时，SLP 则从 JB 父母那里了解 JB 的言语发育和语言表达等行为能力的信息。用餐的时候，JB 第 3 次向 SLP 眼神接触且微笑示意，吃完后又踮起脚趾走回房间。他还会发出类似元音的、跟场景毫无关系的声音，比如 "ah–ahah–eee–eee–eee"。有一次有人看到他抓住父亲的手，把父亲拉到厨房，指着一块饼干，并且望向他的父亲，发出近似地 "ooooh" 的声音来要这块饼干，这表明 JB 在用共同注意力来达到他的目的和请求。

【读者问答】

1. 以下哪两个行为能力缺陷会导致 ASD：

(1) 沟通能力和行为感知能力。

(2) 社交能力和沟通能力。

(3) 沟通技巧和攻击性行为。

(4) 感知刺激及相关行为。

答案：(1) 正确。DSM–5[1] 将 ASD 定义为沟通能力和行为感知能力缺陷的同时表现。沟通能力缺陷包括但不限于社交情绪互动缺陷、兴趣分享缺陷和眼神接触缺陷等。行为感知能力缺陷包括但不限于，刻板的日常行为，一成不变的兴趣和（或）对感知刺激的过度反应或毫无反应。

(2) 不正确。社交能力和沟通能力缺陷只是诊断 ASD 的两个最小特征之一。

(3) 不正确。"沟通技巧"一词并不全面。并且，攻击性行为只是一种不适应行为的单一例子，它本身并不是自闭症谱系障碍的指标。

(4) 不正确。感知刺激的确是诊断标准的一个组成部分，但因为这里没有提到社交能力，所以是不全面的。

2. 摇摆、哼唱、拍手、脚趾走路都是以下行为的具体表现：

(1) 叛逆行为。

(2) 消极对抗行为。

(3) 自我刺激行为。

(4) 口头刺激行为。

答案：(3) 正确。自我刺激行为会保护行为 / 感知兴趣。ASD 诊断需要特别注意这些行为：发脾气、不断要求同一个物品、自我伤害等。

(1) 不正确。叛逆行为可能是寻求或逃避他人注意力行为。这一特征不足以单独作为 ASD 的诊断依据。

(2) 不正确。该行为与 ASD 无关。还有，JB 的示例中从未提及消极对抗行为。

(4) 不正确。JB 的示例中的行为并不局限于颅面区域。

3. 小男孩在 28 个月的时候，被确诊为 ASD。他的 SLP 一直将治疗重点放在眼神交流，因为他认为眼神交流特别重要，能够帮助他快速地将单词映射到所指事物，来扩展他的词汇量[7]。换句话说，JB 能够通过他人分享的经验，将他看到的和他所听到的单词联系起来。目前 SLP 正在努力让他锻炼眼神交流能力，为了让他能够：

(1) 清晰地发音。

(2) 关注细节。

(3) 共同注意力。

(4) 表达性语言。

答案：(3) 正确。共同注意力是儿童、看护人和第三方人员之间的共同参与。共同注意力能够发展社交，有利于单词学习和词汇联想。

(1) 不正确。发音只需要关注声音是如何从口腔发出的。

(2) 不正确。关注细节只是发展共同注意力和词汇联想能力的许多要素中的一个。

(4) 不正确。根据 (3) 选项所指，虽然表达性语言是提高共同注意力的目标，所指范围过于广泛，没有具体到哪方面。

【障碍描述和推荐的治疗方法】

共同注意力本质上是看护人、儿童和环境中事物三方之间的交流组成的[8, 9]。例如，在共同注意的过程当中，有两方中的一方对感兴趣的事物做出手势、发出声音且互相注视对方和相关事物就能进行流畅地沟通。这个过程中如果看护人是发起者，那么他可以标记出物体（如"瓶子"）；如果孩子是发起者，那么他得按照看护人所指示来拈出标注。共同注意力在学习单词和词汇联想能力方面中起着重要作用。多次共同注意的经历和多次接触相似的指示物，有助于进一步扩展特定项目的表征，例如，在不同场合展现绿色、红色和黄色的苹果有助于扩大"苹果"的参考词汇网络。

ASD 儿童也会关注周围环境，但是对环境的错误认识会导致出现词语与不相关的事物结合的情况，产生奇怪的单词关联（如"心理词典"）。这些奇怪的单词关联可能是因为奇怪的初始学习体验[10]，导致 ASD 儿童快速将不适当的词汇和他们脑内的基本概念匹配[11]。比如，ASD 儿童在看狗的同时从他看护人那里第一次听到"苹果"这个词，有可能会因为这第一次的学习经验就将狗标记为"苹果"。综上，ASD 的症状表现为，如果 ASD 儿童只是根据第一次接触或视觉成像来认识一个新单词而不是根据一般的综合语义概念，那么他所认识的单词语义可能与正常发育的儿童不同，并随着时间的推移，这些单词语义会更加固化，而不会进行扩展和整合。

在初步诊断测试过后，JB 接受了 40h 的早期强化治疗训练，来针对目标语言、语言表达、沟通及日常生活其他功能（如独自吃饭和上厕所）。大量证据（至少经过了 30 年的收集）显示应用行为分析（applied behavior analysis，ABA）是 ASD 患者最有效的治疗方法[11-14]。具体地说，早期强化治疗训练不仅可以提高认知、语言和生活方面的能力，还会随着时间不断发展维持这些方面的能力[15]。

科学的 ABA 方法的主要目的是让患者恢复融于社会的能力[11]，所以需要参考患者的年龄、对他人的社会兴趣、沟通意向和诉求程度及表达性语言能力缺陷这些方面的资料，并且在培养眼神交流、共同注意力、言语模仿和表达性语言这些方面的能力展开重点治疗。提示：在不同的对话场景下，多使用相同的词汇刺激，可以促进患者的词汇联想能力。每 2 周一次的会议和定期安排的共同治疗会议促进了参与治疗的多方人员之间的刺激控制，维持和技能推广。

【结果】

在进行为期 12 个月的早期行为能力强化治疗计划的时候，JB 就能自发地完成索取物品和其他索取的活动，且随着时间的推移，他可以持续地用口语进行沟通交流来索取实物。他的哥哥姐姐（一对 4 岁双胞胎）也一同接受了 SLP 的训练，随后，跟着他一起进行治疗。两次疗程期间，哥哥姐姐帮 JB 不断概括和加深新词的了解，因此 JB 接收和了解新词的能力不断加快。到 4 岁时候，JB 被支持鼓励参加非正式的学龄前项目，在此期间，他的口语发音有了明显的改善，他的词汇量只是比 ASD 同龄人落后一点。他还是有行为能力问题（如脚趾行走），不过专家团队很快就能引导他做出正常动作，加上他非常喜欢社交，也非常受人喜爱；治疗刚开始的时候主要是改善眼神接触、共同注意力和词汇联系能力 3 方面来加强他学习能力。因为 JB 的沟通交流能力不断改善，JB 和父母的关系愈来愈和谐，自己也变得越来越开心。

要点

- 虽然第一轮测试结果表明 JB 有一些刻板行为，但他同时也表现出对喜欢社交的兴趣，如对他人保持微笑和主动进行眼神交流。

- 在治疗流程不断循环下，JB 产生学习新词的兴趣，具体表现为出现指向性动作和发出"oooh"的声音。言语模仿任务让 JB 可以和不同的家庭成员、朋友和 ASD 相关专家定期和单独练习特定的高频词汇。

- 由于 JB 天生对社交和与他人沟通感兴趣，这使得 JB 比起一般的 ASD 幼儿，即那些对什么东西都不感兴趣的幼儿，有着更好的治疗效果。

推荐阅读

[1] Jones EA, Carr EG. Joint attention in children with autism: theory and intervention. Focus Autism Other Dev Disabil. 2004; 19(1):13–26

[2] Wong C, Kasari C. Play and joint attention of children with autism in the preschool special education classroom. J Autism Dev Disord. 2012; 42(10): 2152–2161

参考文献

[1] American Psychiatric Association. Desk Reference to the Diagnostic Criteria from DSM-5. Arlington, VA: American Psychiatric Association; 2013

[2] Centers for Disease Control and Prevention. 2017. Available at: https://www. cdc.gov/ncbddd/autism/data.html. Last accessed October 23, 2017

[3] American Speech-Language-Hearing Association. Autism (Practice Portal). 2017. Available at: www.asha.org/Practice-Portal/Clinical-Topics/Autism/. Last accessed October 22, 2017

[4] Lord C, Rutter M, DiLavore PC, Risi S, Gotham K, Bishop SL. Autism Diagnostic Observation Schedule. 2nd ed. (ADOS-2) Manual (Part I): Modules 1–4. Torrance, CA: Western Psychological Services; 2012

[5] Rosetti L. The Rossetti Infant-Toddler Language Scale. East Moline, IL: LinguiSystems; 1990

[6] Zimmerman IL, Steiner BS, Evatt Pond R. Preschool Language Scales. 5th ed. San Antonio, TX: Pearson; 2011

[7] Carey S. The child as word learner. In: Halle M, Bresnan J, Miller JGA, Eds. Linguistic Theory and Psychological Reality. Cambridge, MA: MIT; 1978

[8] Adamson LB, Chance SE. Coordinating attention to people, objects, and language. In: Wetherby AM, Warren SF, Reichle J, Eds. Communication and Language Intervention Series. Vol. 7. Transitions in Prelinguistic Communication. Baltimore, MD: Brookes; 1998:15–37

[9] Wetherby AM, Prizant BM, Schuler AL. Understanding the nature of communication and language impairments. In: Wetherby M, Prizant BM, Eds. Autism Spectrum Disorders: A Transactional Developmental Perspective. Baltimore, MD: Brookes; 2000:109–141

[10] Baron-Cohen S, Baldwin DA, Crowson M. Do children with autism use the speaker's direction of gaze strategy to crack the code of language? Child Dev. 1997; 68(1):48–57

[11] Cooper JO, Heron TE, Heward WL, Eds. Applied Behavior Analysis. 2nd ed. Upper Saddle River, NJ: Pearson; 2007

[12] Lovaas OI. Behavioral treatment and normal educational and intellectual functioning in young autistic children. J Consult Clin Psychol. 1987; 55(1): 3–9

[13] McEachin JJ, Smith T, Lovaas OI. Long-term outcome for children with autism who received early intensive behavioral treatment. Am J Ment Retard. 1993; 97(4):359–372, discussion 373–391

[14] Weiss MJ. Differential rates of skill acquisition and outcomes of early intensive behavioral intervention for autism. Behav Interv. 1999; 14:3–22

[15] Howard JS, Sparkman CR, Cohen HG, Green G, Stanislaw H. A comparison of intensive behavior analytic and eclectic treatments for young children with autism. Res Dev Disabil. 2005; 26(4):359–383

案例 26

严重口吃青少年的综合流利性治疗
Combined Modality Fluency Therapy in a Teenager with Severe Stuttering

Kenneth Logan **著**

梁俊杰 **译**　赵玉香　徐洋凡 **校**

【概述】

当患者具有长期口吃病史时，流利性治疗可能充满挑战。本案例描述了现行标准行为流利性应对策略和通过"思比易"设备（Speech Easy device）（Janus 发展集团）改变听觉反馈（altered auditory feedback，AAF）的疗效。本案例描述的临床症状基于一定的研究背景。

【临床病史和病情描述】

患儿 T，男性，16 周岁，有严重的口吃病史，主要特征为冗长、不流利的单词初始音，大部分是在发声过程中出现发声延长或构音运动的中断（如无声的延长或"停顿"）的情况。T 的许多口吃相关不流利表现为明显的与发音功能的相关肌肉过度紧张，并伴有额外的肢体和躯干运动。据 T 说，口吃症状首次出现在 3 岁时，接下来是一段不全面的言语发育期。患有发育性口吃的孩子具有明确的家族史。在公立学校上学期间，T 接受了 9 年的言语语言病理学家的治疗，他说这些治疗一定程度上提高了他的沟通能力。T 称在小组对话和朗读时口吃最严重，而在与家人或朋友一对一对话时口吃程度最轻微。虽然 T 说他对自己说话不流利感到尴尬，但是他对于预期中会出现口吃或者相关不流利的话语时，很少使用词语替代或迂回表达的形式来应对或掩饰。因为他的流利性障碍，限制了其参与更多的口头交谈，尤其在学校，所以 T 十分渴望能克服口吃。

【临床测试】

临床测试在 2 次 60min 疗程中进行，历时 2 周。研究方案从完成知情同意后就会开始，然后进行以下流程：

- 评估 T 和他母亲填写的书面病历。
- 完成口吃相关自评量表：
  - 口吃感知量表（perceptions of stuttering inventory，PSI），提供关于预期会出现口吃的相关行为表现、说话时出现口吃的尴尬情况和口吃的持续时间。
  - S-24 量表[2]，提供了 T 对交流的态度的相关信息。
  - 说话人口吃经历总体评估量表（overall assessment of the speaker's experience of stuttering，OASES）[3]，提供 T 对口吃的认识，口吃相关的经历和口吃对整体身体功能和生活的影响。
  - 口吃自评量表（self-rating of stuttering form，SROS；Logan，未发表的临床测试工具），是一种非正式量表，其使用 12 项 7 分制量表，收集关于 1 周前说话者口吃经历的信息（每周疗程中也使用 SROS 进行评估）。
- 收集 2 个 300～500 个音节的沟通言语样本，内容为回答一系列问题，包括 T 的发育史、交际顾虑和交际目标。
- 在口吃严重程度量表第 4 版（Stuttering Severity

Instrument-4，SSI-4）中同时采集叙述性和阅读言语样本，基于 T 的口吃频率，口吃出现的持续时间，和伴随口吃出现的肢体行为，得出口吃严重性评级。

• 基本的听力学检查和非正式的口腔机制筛查。

T 参加了第 3 次干预前会议，会议主要重点介绍"思比易"（Comfort Fit 模型，Janus 发展集团），并完成由制造商指导的设备编程，适配和入门讲解活动。"思比易"是外观类似于助听器的电子设备。然而有别于助听器的是，它通过同步呈现听觉反馈延迟（delayed auditory feedback，DAF）和频率改变反馈（frequency altered feedback，FAF），从而改变谈话时的听觉反馈。在本案例中，"思比易"设定为，在 T 听到自己的言语之前，言语会被"思比易"推迟 70ms 且音频比他习惯的（T 的原声）频率高 0.5 个八度音阶。

许多研究者已探究 DAF 和 FAF 的单独或者联合效应（综述见 Lincoln 等[5] 和 Logan[6]）。两种类型的 AAF 似乎都能促进在实验室环境中口吃者的言语流利性[5]；然而数据受限于在真实环境中的长期效果。在诊室环境中使用 AAF 作为唯一治疗形式的研究结果有利有弊。例如，Van Borsel 等[7] 报道了 DAF 影响后，严重口吃者口吃发生的频率明显降低。相反的是，Pollard 等[8] 发现，虽然一组口吃的成年人在适配"思比易"后流利度立即有所改善，但是并不能维持很久。许多研究报道了 AAF 存在相当大的个体化差异[5, 8]。

本研究目的之一是调查在提供行为学、基于速率的口吃应对策略及 AAF 应用下，患者如何应对口吃。除了总体治疗效果外，我们还希望调查，如何使用这两种方法，达到提高言语流利度和减少口吃相关障碍的效果。患者长期处于不同环境下应对口吃的方法，导致患者偏好哪一种方法也是研究的目的。

【读者问答】

1. 一位患者说他 / 她很少使用单词替代或迂回表达来掩饰预期出现的口吃情况。以下哪些信息最有可能是临床医师的观点？

(1) 不赞成，因为单词替代和迂回表达是治疗口吃的循证策略。

(2) 不赞成，因为使用单词替代和迂回表达可能降低"思比易"的有效性。

(3) 赞成，因为它将为患者提供矫正与口吃相关的不流利性的实践机会。

(4) 赞成，因为临床医师现在可以教患者如何正确地使用单词替代和迂回表达作为应对口吃的主要策略。

答案：(3) 正确。单词替代和迂回表达的使用，明显减少了言语口吃频率，因此减少了必须实施口吃应对策略的次数。

(1) 和 (4) 不正确。单词替代和迂回表达都并非口吃治疗的循证策略。

(2) 不正确。使用单词替代和迂回表达与 AAF 有效性之间没有明确关系。

2. 鉴于 T 的病史，以下哪一项最能说明临床医师对摆脱口吃这个目标的看法？

(1) 经过 10 周的流利性治疗后可达到此目标。

(2) 达到这个目标是可行的，因为大多数青少年在成年前就不再口吃了。

(3) 经过 10 周的流利性治疗后可达到此目标，但仅限于那些能克服因口吃而尴尬的患者。

(4) 对那些在短时间内专注于减少因口吃引起的障碍的患者更有成效。

(5) (1)、(2) 和 (3) 都是正确的。

答案：(4) 正确。研究结果表明某些现代口吃治疗方法在提高言语流利性、减少因口吃产生的活动限制。"摆脱口吃"的概念暗示着口吃可以被治愈。目前，没有一种口吃的治疗方法能根治这种障碍。同样，鉴于患者的口吃患病时间长且持续，目前口吃严重程度，及先前治疗效果欠佳，他不太可能在短期内摆脱口吃。因此，(5) 不正确。

(1) 和 (5) 不正确？

(2) 不正确。研究数据表明，本案例自 12 岁后口吃症状持续存在，从口吃中"恢复"的概率大幅度降低。

(3) 不正确。尴尬不是口吃的主要原因。

3. 考虑到 T 在先前参与的流利性治疗中只获得少量改善，那么以下哪项选择是结合基于比率应对口吃的策略，和 AAF 应用的新型治疗方法开发的合理依据？

(1) AAF 的使用可能促使患者可以长期保持目标语速。

(2) 听话人在注意到患者佩戴辅助装置后，当患者出现口吃时，并没有因此做出反感反应。

(3) 通过基于比率的技术，配合 AAF 使用，可能有助于提高患者的流利性。

(4) (1) 和 (3) 都是正确的。

答案：(4) 正确。即 (1) 和 (3) 都是正确的。

(1) 正确，因为 DAF（AAF 的一个组成部分）降低了语速率。因此，与不使用 DAF 相比，持续使用 DAF 能够让患者更长时间且更稳定地维持目标语速率。

(3) 正确。即使没有明确地训练过比率管理策略，AAF 也能改善流利性。然而，使用 AAF 获得长期流利性维持效应的证明并不一致。因此，合理的是，如果患者已掌握了可以与 AAF 流利性强化性能互相补充的行为学策略，那么他使用 AAF 的效果可能更理想。

(2) 不正确。(2) 比 (1) 或 (3) 的可信度低得多，因为患者的病史没有提及听者对口吃的反应，这是患者对过去干预反馈的关键因素。另外，即使听者对患者口吃的负面反应属于重要因素，也不能保证听者会留意到 AAF 设备或清楚其用途。因此，针对听者的负面行为，最好教导患者该如何正确地应对。

【障碍描述和推荐治疗方法】

临床测试结果详细说明了 T 的沟通功能。他的两次 SSI-4 分数，表示他处于口吃严重程度评分中的重度至极重度。在谈话、叙述和口头阅读期间，音节的口吃百分比相对稳定（即在这些任务期间，有 24%～27% 的音节出现口吃）。由 S24 量表中测试出 T 的沟通态度比其他患有口吃的成年人消极（即比 S24 的口吃成年人组参考值低 0.42 个标准差），比正常成年人更消极（即比 S24 的正常成年人平均得分参考值低 2.20 个标准差）。T 展现出许多跟口吃相关的症状，正如他在 PSI 中回避与挣扎子量表（在每个子量表中 20 个项目里，患者确定其中 55% 符合他的特征）和预期口吃子量表（患者确定子量表 20 个项目中的 35% 符合他的特征）的反应。T 在 OASES 和 SROS 的测试结果，都表明他的口吃程度是中度，且对他的全面健康和生活质量存在中度负面影响。

治疗活动遵循大型研究方案中的特定流程。该

方案要求一名合格言语语言病理学家实施 10 次一对一治疗（每周 1 节课，一共 10 周）。干预方案的治疗活动是基于传统的治疗原则，把传统流利性塑造和口吃纠正干预结合（如 Shames、Florance[9] 和 Van Riper[10] 的方法）。治疗活动均被汇编进工作手册，使治疗的顺序、内容和范围在参与者之间保持一致的频率。T 收到了工作手册的复印版且将用于家庭实践。主要目标如下：

1. 通过强化调节 / 监控构音动作，改善言语连续性。T 和临床医生在前 3 次课程中花费部分时间，回顾了言语产生、口吃和表达活动的基本信息，针对识别和描述他的口吃特征，及相关应对和回避策略开展了活动。在所有课程中，T 使用了规定的发音速度（即"延长发音时间"），通过 10 周的训练，他开始从非常慢的（2s/ 音节）短句发展至稍微快点的（1s/ 音节）、长点的短语和句子，然后到叙述性和对话性言语，他都以一种标准但可自控的发音速度进行。除了使用调控的发音速度，言语语言病理学家还鼓励 T 参与构音相关的本体感受和运动学训练，尤其是音节边界之间的转换、音节的起始和结束之间的转换和预期中出现口吃不流畅的音节之前的衔接转换。T 在约 20% 的训练时间中使用了"思比易"。当佩戴设备时，鼓励他以较慢的发音速度说话，以消除在使用 DAF 下标准发声速度产生的回音和交谈时产生的信号杂音。工作手册还包含推荐的活动时间表，以便 T 每天在家使用"思比易"进行练习。

2. 提高能力，以减少遗留口吃的发作程度。在训练期间，调节构音速度的使用可观地减少了口吃的发生频率。尽管如此，T 在这些活动和自发言语中，仍会出现口吃症状。该治疗方案包括第 6 至第 10 周的活动，针对预期或实际口吃不流畅的纠正策略。这些策略是来自 Van Riper 的方案，顺序为：脱敏→消除→抽离→提前准备[10]，就像这些策略一样，本质上是想让 T 应用调节构音的原理（如前所述）来修复或纠正口吃。

【结果】

在先后完成 10 周治疗方案后的 1 周（治疗后评估）和 6 个月后（治疗后 6 个月），T 接受了临床

评估。两次复评结果均以治疗前临床评估为对比。T 说自从完成研究的疗程后，没有参加正式的口吃治疗。复评结果的分析陈述如下：

1. 根据 SSI-4 和 PSI 的测试结果，口吃严重程度降低了。治疗前严重程度定为重度至极重度，而治疗后的第一次评估严重程度为轻度（虽然接近中度）；第二次治疗后的评估严重程度为中度。口吃频率、口吃持续时间和身体伴随行为得到改善。T 口吃改善的维度与既往在严重口吃研究中（如 Boberg 和 Kully[11]）的发现是一致的。

在 PSI 中，治疗前和治疗后 6 个月的对比发现，T 减少了 64% 的言语不流畅行为，且回避产生口吃词语行为减少了 45%。相对的是，治疗前和治疗后的对比，预期性行为增加了 71%（这可能反映了言语自控的增加），但在治疗后 6 个月的评估又恢复到基线水平 [这可能反映出口吃频率减少，提高了应对预期口吃的能力，和（或）恢复到言语监控的基线水平]。

2. 对生活质量的自我感觉和口吃相关障碍的适度改善。OASES 总分提高了 22%，从治疗前的 2.85 变为治疗后 6 个月的 2.33。换言之，T 对口吃的总体感受从中等高值变为中等低值。减少的原因是口吃症状有所改善，在治疗后 6 个月，OASES 得分从中 / 重度降低至中度。同时掌握了更多言语和产生口吃的相关知识。然而，对 OASES 日常情景交流子量表的回答，表明 T 仍在各种生活情景中有中等沟通困难。他在 SROS 量表中的反应与 SSI-4 口吃预测量表和 OASES 数据是一致的。与治疗后 6 个月的反应进行对比，他的 SROS 评估数值是治疗前和治疗时的平均值。与 OASES 数据是一致的，T 报道在口吃频率和严重程度中有适度改善（减少了 0.7 分），且在回避言语（减少 1.5 分）和试图对其他人掩饰口吃（减少 2.6 分）中获得更大的改善。

3. T 的方法和应对口吃的感受。在治疗后 6 个月的口头访谈中，T 称他比治疗前，明显能应对口吃障碍，并且他会采取最近学到的行为学策略（主要是"抽离"和"提前准备"）纠正口吃。他强调，几乎每次他说话时都很积极地控制，且在绝大部分与朋友社交或结识新朋友时，特别注重口吃产生的情况。对比最初接受治疗时，他反映不再那么

害怕口吃的存在，在过去一年里他的口语表达也增多了，且自从治疗完成后，他变得更加喜欢与人交谈。

"思比易"的作用很难保证。"思比易"已开展为期 10 周的临床阶段，在此期间，T 被分配了在与家人共同参与的活动中使用"思比易"。在治疗后评估中，T 说"思比易"的效果并不显著。不过，他反映每周使用"思比易"几次，主要是在学校，使用模式从短暂和特定环境变为长时间使用（几小时）。可能这些经历培养了他应用流畅性管理策略的能力。然而在治疗后 6 个月的评估，他反馈常常依赖行为学策略多于"思比易"。他称"思比易"的使用次数逐渐减少至约每周 1 次，且在治疗后 6 个月的评估中 T 表示约有 3 个月没有佩戴该设备。他对该设备的总体感受是"有点帮助，但不足以让我定期使用"。总而言之，他对迄今为止的言语方面发生的改变感到满意。他表示并不确定自己是否能"摆脱口吃"，但仍有动力继续"应对口吃"。

要点

◆ 口吃者，包括严重口吃者，通过培养自我调节发声运动和纠正口吃不流畅情况，意识到和重视沟通功能治疗的改善效果。

◆ 口吃的感觉、态度和信念常常比言语行为（如口吃频率）改变得更慢。

◆ 成功的应对口吃策略是持续有效的，因此在完成正式流畅性治疗后，应对口吃策略会持续发挥作用。

◆ 临床活动描述是研究方案的一部分。在临床中，医生会基于临床表现、治疗的参考文献和沟通目标的持续评估，选择进行另外的治疗课程和（或）引入其他的治疗策略。

致谢

十分感谢 Janus 发展集团对本案例涉及的活动提供资金支持。

推荐阅读

[1] Bothe AK, Davidow JH, Bramlett, RE, Ingham RJ Stuttering treatment research 1970-2005. I: Systematic review incorporating trial quality assessment of behavioral, cognitive, and related approaches. Am J Speech-Lang Pat. 2006; 15 (4):321–341

参考文献

[1] Woolf, G. The assessment of stuttering as struggle, avoidance, and expectancy. Brit J Disord Commun. 1967; 2:158–171

[2] Andrews G, Cutler J. Stuttering therapy: The relation between changes in symptom level and attitudes. J Speech Hear Disord. 1974; 39(3):312–319

[3] Yaruss JS, Quesal RW. Overall Assessment of the Speaker's Experience of Stuttering (OASES). Minneapolis, MN: Pearson; 2008

[4] Riley GD. Stuttering Severity Instrument (4th Ed.). Austin, TX: Pro-Ed; 2009

[5] Lincoln M, Packman A, Onslow M. Altered auditory feedback and the treatment of stuttering: A review. J Fluency Disord. 2006; 31(2):71–89

[6] Logan KJ. Fluency Disorders. San Diego, CA: Plural Publishing; 2015

[7] Van Borsel J, Reunes G, Van den Bergh N. Delayed auditory feedback in the treatment of stuttering: Clients as consumers. Int J Lang Comm Dis. 2003; 38 (2): 119–129

[8] Pollard R, Ellis JB, Finan D, Ramig PR. Effects of the SpeechEasy on objective and perceived aspects of stuttering: A 6-month, phase I clinical trial in naturalistic environments. J Speech Lang Hear Res. 2009; 52:516–533

[9] Shames GH, Florance CL. Stutter-Free Speech: A Goal for Therapy. Columbus, OH: Charles E. Merrill; 1980

[10] Van Riper C. The Treatment of Stuttering. Englewood Cliffs, NJ: Prentice-Hall; 1973

[11] Boberg E, Kully D. Long-term results of an intensive treatment program for adults and adolescents who stutter. J Speech Hear Res. 1994; 37:1050-1059

颅面畸形患儿的喂养和吞咽障碍
Pediatric Feeding and Swallowing Impairment in a Child with a Craniofacial Disorder

Tina M. Tan **著**

李 辉 涂 博 **译** 徐洋凡 **校**

【概述】

儿童言语语言病理学家（speech–language pathologists，SLPS）在各种临床环境中实践时，会遇到各种各样的疾病，这些疾病会影响从婴儿期开始的正常进食和吞咽能力。本病例描述了患有颅面畸形的儿童在康复过程中所需要的诊断过程和临床管理工作。

【临床病史和病情描述】

患儿 JL，女性，4 周的新生儿，在三级医疗中心时出现发育不良和呼吸困难症状。接着在出生后不久被诊断为 Pierre Robin 序列征（小颌畸形综合征），并伴有腭裂和中到重度小下颌后缩。此时，她已经从新生儿重症监护病房出院，并接受全口喂养。出院后不久，她的儿科医生给她复诊。因为她的体重没有正常增加，并且出现呼吸杂音、呼吸困难、进食困难甚至是呼吸道窒息，因而建议她转诊至呼吸消化道门诊。身体检查时发现呼吸窘迫伴胸骨上、胸骨后和肋骨间收缩及呼吸时的吸气性杂音。并且，她的体重远远低于正常水平。因此，JL 是直接从呼吸消化道门诊转入儿科重症监护病房。鼻胃管灌食是为了更好地给她补充营养和水分，因为她的发育明显落后于正常婴儿。

【临床测试】

JL 被转诊后接受言语病理学治疗，以进行临床喂食和吞咽功能评估。她在正常喂养治疗期间接受了评估。她的父母也在床边，这使得他们可以在患儿入院前掌握详细的喂养知识。JL 一直在使用一种市面上可买到的专门为腭裂婴儿设计的奶瓶和奶嘴来摄入母乳。这个奶瓶在奶嘴内有一个单向阀门，它只能在不产生负压的情况下通过压缩从奶嘴中提取液体。JL 使用的奶瓶配有一个第一阶段的"慢流"奶嘴。JL 每次摄入 45～60ml 母乳。JL 喂食时出现了呼吸噪声、呼吸速度快和间歇性咳嗽。此外，她经常在进食期间睡着。因此，她进食量很少超过 60ml。

患儿的口腔检查显示其软硬腭裂开、下颌小而凹陷和上下唇完整无裂。患儿在接触临床医生戴手套的手指时，会出现口腔反射，包括觅食反射和非营养性吮吸反射。随后两侧会激发转舌反射和阶段性咬合反射。非营养性吸吮运动是有节奏的，但是非常的无力，正如腭裂患者所表现的那样。JL 在刺激下表现出呼吸功（work of breathing，WOB）增加。口腔检查时发现胸骨上和锁骨的回缩。由耳鼻喉科医生诊断的喉软化症也会让其间歇性地出现呼吸杂音，这与鼾声和刺耳的声音十分相似。

临床评估接着进行喂养观察。JL 以半直立的姿势被抱在她母亲的怀里。临床医生一边观察一边张开她的嘴巴，然后将奶瓶的奶嘴放入其口内。虽然单向阀门振动幅度较小，但仍可观察到患儿开始吮吸。考虑到在喂养过程中，患儿摄入的母乳量本来就很少，加上也应该注意到母乳的溢出，因此不可能是从乳头中抽取的液体减少的原因。吮吸、吞咽和呼吸顺序的协调是十分困难的，因为在快速吞咽过程中并没有时间呼吸。JL 出现了 5~8 次的快速吞咽行为。"追赶呼吸"伴随着鼻腔扩张，呼吸功增加，并在吮吸后出现收缩。喂食过程中观察到心率和呼吸频率的增加。随着喂食的进行，可以观察到上呼吸道充血加剧，通过脉搏血氧饱和度仪测量，观察到一段时间后的饱和度降低到 90%。SLP 在喂食过程中对 JL 进行干预，以确定喂养体位的改变或其他方法是否有助于改善喂养 / 吞咽表现。但随后发现没有显著变化。考虑到临床喂养和吞咽评估、父母观察、医学诊断和体重不增加，建议通过吞咽造影检查（videofluoroscopic swallow study，VFSS）对患儿吞咽功能进行检查。

进行 VFSS 检查时，JL 半直立地坐在翻滚式喂养座椅上，裹着被子。然后拍得侧位片。通过奶瓶 / 乳头提供稀液钡。结果提示口腔预备期和口腔期功能中度受损。在咽部吞咽开始前，可观察到注射物的前溢、吞咽比增加（由于母乳量较少）、注射物经口腔流动及注射物过早溢出到口咽中，还出现了咽部吞咽的延迟启动和喉前庭的延迟关闭。最初，观察到注射物穿透喉部呼吸道入口，并具有完全和自发的清理作用。随着检查的进行，这些现象变得越来越频繁，最终导致了吞咽过程中出现误吸。吸入后未引起咳嗽（如表现为"无声"）。未发现吸气的自发清理行为。随着研究的进行，JL 在吮吸、吞咽和呼吸的协调方面变得越来越无序，这可能是继发于疲劳的。此外，随着检查的继续进行，下咽残留物在会厌谷和梨状窝中也有所增加。侧卧姿势，慢流奶嘴瓶型的改变（从喂食器中辅助吸出液体），每隔 2~3 次吸吮一次从嘴里取出奶嘴，以加快喂食速度，但在消除误吸或改善吞咽功能方面均未成功。此外，还尝试了一种增稠的液体，但患儿无法将其从奶嘴中吮吸出来。

【读者问答】

1. 这个婴儿将如何获得必要的营养和水分？

（1）婴儿将继续采取完全的口服喂养。

（2）婴儿将继续接受鼻胃管喂养灌食，直到她的喂养和吞咽困难改善为止。届时，她将恢复口服喂养。

（3）婴儿将需要长期的非口服营养和补水方式（如胃管 /G 管），以确保增重和发育。

答案：（3）正确。这个婴儿需要放置 G 管，以满足营养和水分需求，并确保适当的增重和发育。鉴于基本的医疗诊断，根据患儿出现的气道阻塞，发育不良，喂养期间的能量消耗，及吞咽造影检查（VFSS）的结果，采取完全的口服喂养是不可行的。喂养和吞咽困难预计会持续很长一段时间，这将需要借助 G 管来改善喂养和吞咽困难。

（1）和（2）不正确。在初步咨询呼吸消化道专家组后，这名婴儿已经很难通过口服满足营养 / 补水需求；因此这一情况在短期内是无法改变的。进行 VFSS 期间记录的不协调和误吸现象可能会进一步损害她的呼吸功能。反复的被动口服喂养行为可能会导致患儿对口服产生厌恶感。如果持续采取口服喂养，发育不良是无法改善的，并可能影响进一步的外科医学治疗。由于她的喂养和吞咽困难与一种基本综合征有关，预计这些并不是过于棘手的医学问题，而且会随着时间的推移得到解决。因此，当喂养困难严重且预计短期内无法改变时，将可以考虑继续采取鼻胃管灌食喂养。

2. 如果婴儿不是口服喂养，如何促进积极的口腔体验、口腔运动技能的发展、正常的口腔感觉和发育性喂养技能？

（1）婴儿将从面部、口腔和口腔内的愉悦刺激中获得积极体验。此外，可以提供奶嘴来改善非营养性吮吸练习。SLP 和医疗团队可考虑采取用于治疗和发育目的的小剂量口服喂养，如将配方奶或母乳蘸在奶嘴 / 戴手套的手指上，或者少量口服喂养（< 2~5ml）。

（2）无须干预。一旦重新使用口服喂养，婴儿将毫不费力地恢复进食。

（3）婴儿不能用奶瓶喂养，但可以用勺子喂养，以促进发育的口腔运动、感觉和喂养技能的发展。

答案:(1) 正确。不是口服喂养的婴儿将从面部、口腔和口腔内的愉悦刺激中获得积极体验,这通常发生在母乳和奶瓶喂养期间。此外,婴儿将通过安抚奶嘴和适合年龄的出牙玩具获得口腔刺激,以促进正常的口腔感觉和呕吐反射。如果没有这一步,发生口服过敏 / 口服厌恶的现象就会增加(尤其是经历过口腔和面部附件进行的不愉快的治疗过程)。只要有可能,练习吞咽少量的配方奶或母乳将是非常可取的,以进一步促进正常的口腔感觉。这也能帮助婴儿练习形成团状物和 A-P 运输所需的口腔运动技能。治疗性喂养使婴儿有机会发展吞咽技能,如在协调口腔和咽部的阶段中,将呼吸和吞咽结合起来。限制这些喂食的量或次数有望将误吸或并发症降至最低,但允许婴儿在受控的最佳条件下体验无压力的口服喂养。最终,喂养方案的选择应该由医疗团队和 SLP 共同决定。

(2) 和 (3) 不正确。如果婴儿不是口服喂养,并且没有其他机会体验面部、口腔和口腔内的愉悦感,则会增加口服过敏或口服厌恶的可能性。经过一段时间后重新进行口服喂养,可能会错过技能发展的关键时期,这可能会导致对口服喂养产生作呕、抗拒或其他负面反应。在这种情况下,治疗的作用是促进口腔运动和口腔感觉技能的发展,这些技能应与年龄相适应,以使他们尽可能接近正常发育。为实现这一目标,护理人员和家长培训是必不可少的。鉴于这个婴儿年龄较小,目前不推荐用勺子喂食婴儿食品。因为很可能她的口腔运动技能无法完成这一步,否则患儿可能出现误吸或造成不愉快的口服喂养体验。

3. 根据基本的医学诊断,这个婴儿的内科治疗方案或手术干预方案是?这些干预措施将如何影响喂养和吞咽治疗计划?

(1) 患有 Pierre Robin 序列征的婴儿通常不需要任何内科或外科治疗。

(2) 这个婴儿只能在年龄适宜时才能进行腭裂手术。

(3) 在腭裂修复之前,这个婴儿可能要接受一些外科手术,包括改善气道通畅性的手术(如气管切开术、下颌骨牵引成骨术)。

答案:(3) 正确。Pierre Robin 序列征的婴儿常因下颌和舌头的后坠而出现气道阻塞。如果阻塞十分严重,建立通畅的气道通常需要进行手术。这项手术通常在婴儿完成颅面部疾病或腭裂修复前进行会比较好。由于疼痛、愈合和解剖结构的改变,这些治疗步骤将对术后立即或之后的口腔喂养能力产生影响。从长远来看,气道阻塞的修复通常会增加口服喂养的成功率,因为呼吸变得更加容易,并可以将呼吸结合到吮吸和吞咽过程中。在这名婴儿的案例中,之所以决定使用 G 管灌食喂养,很大程度上是因为她的气道阻塞相当严重,主要影响了她在睡眠期间的口腔喂养能力和维持气道通畅的能力。了解到下颌骨成骨手术的可能性很高,医疗团队希望确保手术和愈合过程中体重可以适当增加,直到牵引器完成转动和气道通畅性得到改善。在此婴儿病例中,开始采取治疗性口服喂养的时间和(或)吞咽重新评估与医疗团队的计划相协调,以优化结果并提供积极的口服喂养体验。

(1) 和 (2) 不正确。当然,如果存在腭裂,一旦婴儿长大(如 10~12 个月),腭裂就会被修复。然而,如前所述,如果气道阻塞严重,患有 Pierre-Robin 序列征的婴儿将需要外科手术来纠正。在不太严重的情况下,可以推荐其他治疗和医疗措施,如改变体位(俯卧或侧卧)或使用 CPAP 来缓解阻塞性睡眠窒息症。

【障碍描述和推荐治疗方法】

Pierre Robin 序列征的婴儿以颌后裂、小颌畸形、舌下垂和 U 形腭裂为特征,喂养困难、呼吸困难和气道阻塞是其常见的症状(图 27-1)。患儿的喂养计划不仅必须考虑到适当的营养和水分,而且还必须促进口腔运动、口腔感觉和喂养技能的发展。此外,在整体医学报告和计划干预措施的背景下制订喂养计划是至关重要的。在 JL 的病例中,患儿存在严重的呼吸困难、增重失败和口咽性吞咽困难,非口服营养治疗是十分必要的。此外,JL 将来计划接受外科手术,包括下颌骨成骨术以减轻上气道阻塞(在本次入院期间进行)和腭裂手术(接近 1 周岁时进行)。由于这些治疗步骤尚未完成,保证在此期间最大限度的发育和营养是至关重要的。

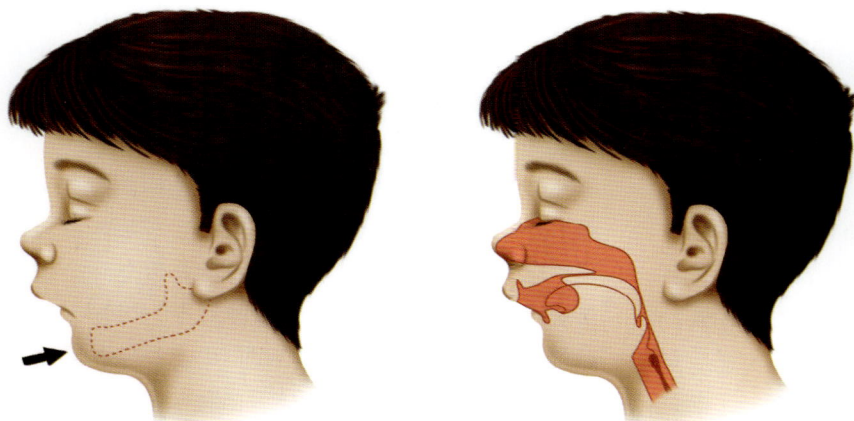

▲ 图27-1 微小和后颌畸形导致舌后位和上呼吸道阻塞

【结果】

进行 G 管置入和下颌骨成骨术。为了提高口服喂养技能和为进一步的口服喂养做准备，医疗团队同意进行治疗性口服喂养，包括将配方奶蘸在奶嘴和戴手套的手指上。一旦下颌骨成骨术完成，则需要每天通过专门的腭裂喂食器将 5ml 配方奶引入适用于早产儿的奶嘴。患儿若是在疲劳的状态下进行吞咽造影检查，会更容易出现口咽吞咽不协调、难以协调吮吸、吞咽和呼吸的顺序及吸气困难。因此，少量喂养可形成积极的口腔体验，同时将误吸风险降至最低。喂养治疗和处理的重点是父母的培训和 JL 接受少量口服喂养时的耐受性监测。接受培训后，她的父母在这些治疗性喂养方面变得相当熟练，让患儿保持直立的姿势，在她每 2～3 次吮吸后就取出奶瓶，并在两次吸吮之间提供休息时间。父母还接受了相关培训，以识别明显和临床的症状或体征，并在观察到这些症状后或 JL 在喂食过程中出现应激反应时停止进食。

JL 接受了为期几个月的治疗性口服喂养。在 4 个月大时，重复进行 VFSS 评估以推进口服喂养和引入勺子喂养的方式。正如预期的那样，患儿的口腔期损害程度保持不变，如有已知的腭裂及口腔和咽部吞咽不协调。但是，气道保护功能完备，没有出现误吸事件。建议缓慢进行口服喂养步骤。患儿逐渐习惯奶瓶喂养方式。在几个月的时间里，喂养量逐渐增加。此外，在喂养中还引入了果泥，增加了味道和口感。同时，患儿的家人遵循营养师的指导，随着口服喂养次数的增加，慢慢减少患儿对 G 管灌食喂养的依赖。因此，在患儿约 1 周岁接受腭裂修复后不久，就停止了 G 管灌食喂养的方式。

要点

◆ 给患有颅面部疾病的婴儿或儿童喂奶时，需要专用器具。

◆ 由于解剖学的发展，手术后口咽吞咽和相关的呼吸功能可能会改变。临床医生在考虑治疗方案时，应考虑这些手术可能产生的影响，包括使用仪器重新评估吞咽功能的时间。

◆ 当通过非口服方式补充营养和水分时，有必要为儿童提供口腔感觉和口腔运动刺激，以促进口腔感觉运动喂养技能的发展，可以进行适用于治疗方案的吞咽练习，并为进一步的口服喂养做好准备。

◆ 颅面畸形的儿童的喂养和吞咽障碍需要团队合作，包括整形外科、耳鼻喉科、胃肠病科、呼吸内科、言语语言病理学家和营养师。其他方面的专业人士也是不可或缺的，如社会工作者、职业治疗师和护士。最后患儿的父母也是整个团队中至关重要的一环。

推荐阅读

[1] Evans KN, Sie KC, Hopper RA, Glass RP, Hing AV, Cunningham ML. Robin sequence: from diagnosis to development of an effective management plan. Pediatrics. 2011; 127(5):936–948

[2] Miller CK. Feeding issues and interventions in infants and children with clefts and craniofacial syndromes. Semin Speech Lang. 2011; 32(2):115–126

选择性缄默症的语用疗法
Selective Mutism: A Pragmatic Approach

Suzanne Hungerford **著**

杨 柳 **译**　全交界　徐洋凡 **校**

【概述】

典型的选择性缄默症（selective mutism，SM）儿童在家能正常表达交流，但是在家庭以外的某些社交场合尤其在学校就会保持缄默。这种障碍通常被认为是焦虑症；但是选择性缄默症可能会导致：双语能力低下，发育迟缓，内向性格，不适应环境或言语语言障碍。

【临床病史和病情描述】

患儿 KL，女性，7 岁，由学校校长及母亲转诊到大学言语诊所就诊，他们称 KL 在学校从不说话，但是在家能正常讲话。在学校里除了偶尔点头，她不使用任何方式与人交流。当 KL 开始在教室里小便时，她的老师变得特别担心她。当其他同学在周围时她很少使用学校卫生间并且不吃不喝。

KL 在学校不和任何人说话，但是不考虑 KL 保持缄默这个问题，她能完成学业并且取得平均成绩。她母亲称当身边有不熟悉的人时，她会变得拘谨不安、避免眼神交流、低下头和不做出反应。尽管她不说话，但却能和熟悉的同学在学校里互动玩耍。

【临床测试】

病例资料采集是通过书面病例收集既往史和与 KL 母亲的面谈。据她母亲描述 KL 出生时正常，身体发育正常，无严重的疾病或外伤史。KL 在家里和姐姐父母说话时，表现得听力很好，说话也很正常。英语是家里表达的唯一语言。通过临床会诊，创建了一个矩阵图来分析和她说话的人和环境（表 28-1）。在评估期间，KL 的母亲为临床医生提供了 KL 在家大声朗读的录音，这个录音是学校老师布置的，用来评估阅读的流利程度。录音中显示了轻微的构音错误（f/θ 和 w/r）。

KL 缓慢地走入评估室，然后慢慢地坐在椅子上。她与医生之间没有任何眼神交流，她低下头朝下看了看，她的手僵硬地放在椅子上。她很少有自发的动作，也不会用言语或非言语来回应及试图用言语或非言语参与任何社交互动或活动。因此导致需要互动的听力筛查和言语/语言测试无法完成。

本研究利用社交技能改善系统（social skills improvement system，SSIS）来获取 KL 的社会技能及行为信息。SSIS 是一个基于观察数据的检查表。如表 28-2 所示，老师和父母的评价均考虑 KL 有严重的社会交往缺陷和显著的内在化特征（如焦虑）。此外，实用语言检查表被用来描述临床中 KL 在语言和非语言互动方面的缺陷，并追踪随时间变化的行为变化（表 28-3）。严重的缺陷不仅观察到语用学的所有语言方面，也存在于非语言方面包括身体距离、身体姿势、身体动作、手势、面部表情和眼睛注视。

【读者问答】

1. 以下哪一项关于 KL 病例的陈述最有可能是正确的？

(1) KL 的选择性缄默症很可能是由童年受虐或

创伤所致。

(2) 由于 KL 在学校成绩一般或良好，这种缺陷与教育无关。

(3) KL 最初并不适合认知行为治疗。

(4) KL 很可能只是拒绝说话。

答案：(3) 正确。认知行为疗法是一种基于治疗师和患者积极合作的干预疗法，并要求患者积极参与治疗过程。在治疗过程中，治疗师和患者必须共

表 28-1 言语的辨别刺激：基线

	家里（只有家庭成员在场）	家里（没有家庭成员在场）	教 室	走 廊	操 场	商 场	奶奶家
母亲	有表达					有（当她认为没有人能听到的时候）	有（当她认为没有人能听到的时候）
父亲	有表达						
姐姐1	有表达			有（当周边没人时）			有（当她认为没有人能听到的时候）
姐姐2	有表达			有（当周边没人时）			有（当她认为没有人能听到的时候）
奶奶	有（只在电话里表达）						有（轻声回答问题）
老师							
同龄人							

表 28-2 社交技能提升系统量表结果：家长及教师评分

	老师评分	家长评分
社交技能		
交流	低于平均水平	低于平均水平
合作	平均水平	平均水平
主见	低于平均水平	低于平均水平
责任	平均水平	低于平均水平
同情	低于平均水平	低于平均水平
参与度	低于平均水平	低于平均水平
自控力	低于平均水平	低于平均水平
总分	标准分数 = 62 百分位排名 = 1	标准分数 = 63 百分位排名 = 1
问题行为		
外向性	平均水平	平均水平
欺凌性行为	平均水平	平均水平
多动/注意力不集中	平均水平	平均水平
内在化	平均以上	平均以上
总分	标准分数 = 104 百分位排名 = 67	标准分数 = 111 百分位排名 = 80

社交技能得分低表明孩子的社交技能欠缺；问题行为得分高表明存在更多的问题行为

表 28-3　评价语言的语用方面

语言方面	评级（0 = 不合适；1 = 新出现的；2 = 合适）		
	时间点 1	时间点 2	时间点 3
（一）言语行为			
1. 言语行为成对分析（兼说者和听者角色）	0		
2. 各种言语行为（评论、主见、请求等）	0		
（二）主题			
3. 选择（适当选择话语话题）	0		
4. 介绍（新话题的介绍）	0		
5. 维护（话题跨语篇的维护）	0		
6. 改变（话语中话题的改变）	0		
（三）时间			
7. 开始（言语行为的开始）	0		
8. 响应（回应说话者的言语行为）	0		
9. 修复 / 修正（对会话中断的修复）	0		
10. 暂停时间（单词、句子、转折之间）	0		
11. 中断 / 重叠（在话语中）	0		
12. 对说话者的反馈（语言和非语言指标）	0		
13. 邻接（说话在同伴说话之后立即出现）	0		
14. 偶然性（语义相关的话语）	0		
15. 数量 / 简洁性（言语输出的）	0		
（四）跨言语行为的词汇选择 / 使用			
16. 特异性和准确性（内容方面）	0		
17. 衔接（语篇的统一性 / 连通性）	0		
（五）文体变异			
18. 交际风格的变化	0		
副语言方面			
（六）可理解性和韵律			
19. 可理解性	0		
20. 声音强度	0		
21. 音质	0		
22. 韵律	0		
23. 流畅性	0		
非语言方面			
（七）运动学和空间学			
24. 身体靠近	0		
25. 身体接触	0		
26. 身体姿势	0		
27. 脚 / 腿和手 / 手臂运动	0		

（续表）

	评级 （0＝不合适；1＝新出现的；2＝合适）		
28. 手势	0		
29. 面部表情	0		
30. 眼睛注视	0		

引自 Prutting and Kirchner，1987[4]

同努力，积极解决问题，评估导致不良情绪和行为的心理障碍。由于 KL 最初并没有与治疗师沟通这一环节，所以这种积极的治疗方法是不可行的；因此采取了行为疗法。

（1）不正确。研究表明儿童期受虐并不是选择性缄默症的常见原因。这种心理障碍最常见的原因是社交焦虑。社交恐惧症常见于选择性缄默症患者的家庭成员。

（2）不正确。许多共同核心学习标准包括口语交流技巧，比如"对说话者所讲内容进行提问和回答以帮助理解，并且"清晰地说出自己的感受和想法。"儿童通过在学习环境中与他人互动来学习语言和与学业有关的内容。

（4）不正确。选择性缄默症儿童不仅仅是简单地拒绝说话。事实是患选择性缄默症的儿童在某些社交场合是因为极度焦虑而无法说话。

2. 以下哪一项最准确地描述了言语语言病理学家在选择性缄默症的语言疾病评估和治疗中的作用？

（1）因为这是一个精神病学的问题，选择性缄默症并非言语语言病理学家的专业适用范围。

（2）言语语言病理学家的作用是监测孩子的交流技能，如果一年后没有进展就需转诊治疗。

（3）言语语言病理学家使用循证治疗可以有效地治疗选择性缄默症。

（4）言语语言病理学家在评估和治疗选择性缄默症时只能与跨专业团队展开合作。

答案：（3）正确。在相关循证实践中接受过适当培训的言语语言病理学家可有效帮助选择性缄默症儿童接受治疗。

（1）不正确。美国言语语言听力协会的执业范围文件表明，言语语言病理学家可能会对由精神病学引起沟通障碍的患者进行个体研究。

（2）不正确。选择性缄默症在早期接受干预治疗的效果会更好。选择性缄默症持续时间越长，预后越差。

（4）不正确。由于选择性缄默症的复杂性，最好使用跨专业团队来评估和治疗儿童选择性缄默症。理想情况下，团队应包括内科医生、学校老师、临床或教育心理学家和一位言语语言病理学家。在 KL 案例中，父母没有听取医生的建议，在 KL 的小型农村私立学校里，没有专业的学校人员愿意或能够在学校给她提供治疗。当跨专业的团队无法建立时，训练有素的言语语言病理学家可以并且应该为这种语用沟通障碍患者提供循证治疗。

3. 下列哪项是正确的？

（1）"缄默期"是第二语言的正常学习阶段；因此，环境语言是非母语的儿童不能诊断为选择性缄默症。

（2）有发音或语言迟缓或障碍的儿童不能被诊断为选择性缄默症。

（3）有发育障碍的儿童，如自闭症、脆性 X 综合征或智力残疾不能被诊断为选择性缄默症。

（4）以上都不是。

答案：（4）正确。研究表明选择性缄默症可能会导致发音或语言障碍和第二语言学习问题。此外，选择性缄默症的患者来自各种人群，包括其他发育性障碍的人群，如患有自闭症谱系障碍的人群。选择性缄默症出现似乎取决于患儿性格、发育情况和环境因素。虽然社交焦虑似乎是选择性缄默症的关键因素，但是原因总是因人而异的。

（1）不正确，一些刚进入陌生语言环境的儿童会经历一段沉默期。大多数孩子都会克服这段沉默期，并开始说一种新的语言，因为他们开始熟悉这种新语言；然而，非常焦虑或拘束的孩子可能会一直停留在沉默期，然后使得沉默寡言成为习惯，最终演变成选择性缄默症。

(2) 不正确，发音障碍和语言障碍是选择性缄默症可能会导致的现象。而交流障碍可能会使儿童对说话感到焦虑或拘束，这可能会发展成为选择性缄默症。

(3) 不正确，无论儿童有无发展性障碍，都可能会换上选择性缄默症。

【障碍描述和推荐治疗方法】

选择性缄默症儿童通常会发现在特定的社交场合中出现严重焦虑，并且难以开口讲话。选择性缄默症是一种相对罕见的疾病，对父母、老师和治疗专家来说是一种挑战。尽管经常被认为是难治性的心理障碍，新数据表明行为干预（如使用强化、塑造、刺激消退、系统脱敏）和认知行为疗法（旨在改变患者非适应性思维、情绪和行为的心理疗法）可以有效地治疗该障碍。其他的一般性治疗建议包括使用分散注意力的交流方式，减少说话压力和无误学习法。

和其他选择性缄默症儿童一样，KL 表现在特定语境中的语言和非语言社会互动（语用学）的整体失调，治疗最初针对语言互动之前的早期社会互动行为，并逐步发展到分层次的口头交流。早期发展技能的目标包括共同注意行为（身体面向和注视他人的方向）、共同情感、手势交流和互动游戏。相互的社会互动是通过手工操作开始的，所以，KL 就可以参与手工活动（如黏性物体）和非言语转换的游戏。对 KL 的手工协助逐渐减少，最终使得其可以独立参与这些非言语活动。采用脱敏方法来提高 KL 对噪声的耐受性。例如，借助玩具乐器和临床医生一起组成一个"乐队"。在游戏式的活动中，通过强化无音音素的非交际发声和辅音—元音的组合来形成言语。真正的词语最终形成，并慢慢地从非交际语境转移到交际语境。临床医生试图保持一种放松和支持性的氛围，并通过在新奇性、交流负荷、音量和形式（如进行书面和口头交流）等方面变化的行为，缓慢细致地推进治疗。

【结果】

一旦 KL 开始说话，语篇的语用方面将是治疗的重点。包括适当的言语音量，会话输出量，会话邻接性和偶然性，词汇特异性，及多种言语行为的使用（如提问、评论、提出意见）。在临床环境中获得的技能，然后通过刺激消退的方法被引入至学校环境中；开学前仅有 KL 和临床医生在学校图书馆见面交谈，随着时间的推移，老师和学生也会慢慢融入这种互动中。

标准化测试现在是可行的，并显示 KL 的语言技能在正常范围内；CELF-4 的综合标准分数在 90～104；PPVT-4 的标准分数是 100。KL 不再出现发音错误的行为，而且她通过了听力筛查。

在接受治疗两年半后，KL 可以在课堂内外与老师和同学交流。在新的社会环境中，她不再保持静止的身体姿势，并且欣然地笑了起来。出院 6 个月后，治疗专家给学校打了电访了解情况，她的老师报道说，她的社交和交际行为与同龄人无异，只是有点"霸道"。

要点

- 选择性缄默症是一种焦虑障碍，儿童在家里说话正常，但在外面很少说话，或者根本不说话。它不是由任何（其他）交流障碍引起的，这种障碍会阻止言语产生（如言语失用症、构音障碍）。

- 它的病因属于精神病学范畴，但选择性缄默症是一种深刻的语用交际障碍。所以，这种精神病因的沟通障碍也属于言语语言病理学家的执业范围。

- 利用循证实践方法，选择性缄默症可以被精神科医生、心理学家、行为治疗师、言语语言病理学家和跨专业团队有效地治疗。

- 选择性缄默症可能比缄默症更为普遍，临床医生可能需要首先把非言语交互行为和非交际环境下语音的产生作为最初目标。

推荐阅读

[1] Bergman RL, Gonzalez A, Piacentini J, Keller ML. Integrated Behavior Therapy for Selective Mutism: a randomized controlled pilot study. Behav Res Ther. [serial online]. 2013; 51(10):680–689

[2] Lang C, Nir Z, Gothelf A, et al. The outcome of children with selective mutism following cognitive behavioral intervention: a follow-up study. [serial online]. Eur J Pediatr. 2016; 175(4):481–487

[3] Toppelberg CO, Tabors P, Coggins A, Lum K, Burger C. Differential diagnosis of selective mutism in bilingual children. J Am Acad Child Adolesc Psychiatry. [serial online]. 2005; 44(6):592–595

[4] Prutting CA, Kirchner DM. A clinical appraisal of the pragmatic aspects of language. J Speech Hear Disord. 1987; 52(2):105–119

继发于大脑性瘫痪和 Moebius 综合征口腔期吞咽障碍的校内吞咽和喂养治疗

School-Based Swallowing and Feeding Treatment: Oral Phase Dysphagia Secondary to Cerebral Palsy and Moebius Syndrome

Emily M. Homer Katie C. Miranda 著
杨杏萍 译   康子浩 徐洋凡 校

【概述】

莫比斯综合征（Moebius syndrome，MY）是一种以面瘫为主要表现的非进行性颅面 / 神经紊乱性疾病，具体表现为无法微笑，无法皱眉，无法控制眼球活动，还可能出现呼吸系统问题、言语和吞咽障碍、视觉障碍、感觉统合失调、睡眠障碍和上肢运动障碍等。

【临床病史和病情描述】

患儿 ML，男性，7 岁，在 2 岁 6 个月时因诊断为莫比斯综合征、脑瘫和总体发育迟缓而转到学区接受综合评价。初筛显示，该学生在视觉、听觉、感觉、精细运动、粗大运动、言语、健康、吞咽困难、社交 / 情感 / 行为和学前预备 / 准备方面都存在问题。对其父母的访谈显示：其父亲和母亲均有抑郁症病史，母亲有听力障碍的家族史，父亲的姑妈有智力障碍。孕产史：足月儿，但由于缺乏保健服务，在怀孕的前 6～7 个月没有获得产前护理。顺产，分娩过程很顺利，但是发育里程碑却大大延迟了。既往史：无特殊，无重大事故和需要住院的疾病报告，没有每日用药的报告。ML 的父母表示他有咀嚼困难，存在喂养问题。但是 ML 目前接受的所有营养和补液均为口服。

【临床测试】

多学科特殊教育评估：特殊教育服务资格的评估过程包括学术测试及语言、运动和自助评估。特殊教育服务资格评估的组成部分符合《残疾人教育法》（Disabilities Education Act，IDEA）中所述的要求。学术测试显示 ML 有严重的发育迟缓。

言语和语言测试：言语语言病理学家（speech language pathologist，SLP）对 ML 的辅助技术需求及吞咽和进食的需求进行评估，以确定其交流能力。评估方式采取正式和非正式的评估、家长访谈及对学生进行观察。在评估过程中，尽管 ML 不能讲话，但他可以通过眼神结合发声来表示高兴和（或）不喜欢。由于他缺乏言语交际，无法获得平均语段长度。由于缺乏语言反应，也无法评估清晰度、流畅度和声音。完成了幼儿发展评估（developmental assessment of young children，DAYC）的沟通分测试，并证实 ML 显示的总体语言缺陷大于平均值的两个标准差。他在理解和使用词汇、理解口头信息、遵循口头指示、使用短期记忆和使用适当的社交语言技能方面表现出缺陷。辅助技术评估表明增强与他人的功能性沟通和互动的策略可能对 ML 有帮助。

吞咽和喂养：由于 ML 的年龄小和残疾，他并不能完全配合口部周围结构检查。因此，主要通过在玩耍过程中观察其结构和询问 ML 的父母以获得更多信息。评估期间未观察到 ML 流口水；然而他的父母反映 ML 经常流口水和磨牙，并且他是用吸管杯或吸管饮用液体。ML 通常在进食时一口吃很多，不过并没有发现窒息或咳嗽。他的父母也反映说，ML 将食物塞进嘴里，不加咀嚼就吞咽固体的食物，然而吞咽造影检查（video fluoroscopic swallow study，VFSS）显示没有误吸及渗漏。建议在 ML 建立协调能力后再对其尝试进行口部周围结构检查。

作业治疗 / 物理治疗：作业治疗评估显示 ML 的自我帮助和精细运动功能发育迟缓。上肢功能、姿势控制和机动能力下降。物理治疗评估显示 ML 粗大运动功能发展在 6～8 个月的水平。ML 的移动转移和一般活动依赖于他人；他表现有严重的粗大运动功能缺陷。发育档案 3（developmental profile 3）的结果显示 ML 在发育的所有领域都有中度到严重的缺陷，包括运动、适应行为、社交情绪、认知和沟通技能。

基于综合评价，ML 符合其他健康损害分类标准。除了特殊教育教学，他还应该接受言语语言病理学、辅助技术、职业治疗、物理治疗、适应性体育教育和保健等服务。他被转介到吞咽和喂养的医疗团队来进行口腔期吞咽困难的综合评价。

在学校期间，为了确保 ML 安全地进食，学校的吞咽和喂养的医疗团队就对他进行了临床评估。再次进行了口部周围结构检查。ML 面颊和嘴唇低垂，卷舌试验可以提示舌系带短缩（结舌）；但是由于无法配合检查，SLP 无法评估 ML 是否存在舌系带短缩情况，但发现其有高腭弓和牙列受损。在口腔期进食时，SLP 观察到 ML 存在轻度的舌和颌突出，表现为旋转咀嚼减少的咀嚼模式。他用自己喜欢的吸管杯或吸管饮用液体。打开杯子喝水时，观察到其圆唇受损，因此，他无法在没有辅助的情况下自发喝水。同时可见有固体食物和液体漏出。

【读者问答】

1. 迈克尔是一名患有唐氏综合征的 6 岁男学生，

患有口腔期吞咽困难。他在学校吃饭时需要以下几项保证安全：食物要软，要一口大小的量；在用餐和吃零食时要一对一的监督；每 3 口食物要有提示交替喝水 1 次；用低水流量的杯子盛稀的液体。为他制订了吞咽和进食计划，并对教室的工作人员进行了培训。以学校为基础的吞咽和喂养医疗团队的 SLP 应该做什么来协助实施学生的吞咽和喂食计划？

（1）对教室工作人员 / 喂食人员进行吞咽和进食计划的操作培训。工作人员需要接受计划的各项培训，包括学生食堂饭菜的配比结构修改。

（2）与老师分享吞咽和进食计划，并告诉她让她把计划放在容易得到的地方。

（3）让家长示范如何在学校给孩子喂食。

（4）培训老师以便她能培训她的助手。

（5）将吞咽和进食计划写进学生的个别教育计划（individual education plan，IEP）。

答案：（1）正确。重要的是，学校的教职人员必须完全了解该学生的吞咽和喂食计划，并且在团队 SLP 的监督下保证该计划的正确实施。

（2）不正确。虽然与课堂老师分享吞咽和喂食计划很重要，但仅仅给她 / 他一份存档是不够的。教职人员都需要接受实施该计划的培训。

（3）不正确。让家长们示范一下孩子在家里如何吃东西是很有帮助的；然而，学校必须根据吞咽和喂养医疗团队确定的安全标准来给学生喂食。作为治疗团队的一员，家长应该了解孩子的吞咽和喂养计划，因为孩子可以想在家里实行这个计划。父母可以选择不接受培训，但应该为孩子提供培训。

（4）不正确。教师必须掌握该计划的正确喂养方法并为学生提供安全的喂养方式；但是，他们不可以培训负责喂养的专业人士。团队的 SLP 和（或）作业治疗师（occupational therapist，OT）应该对至少 3 名教职人员进行培训。

（5）不正确。IEP 描述了学生的障碍情况，指出了学生将会接受哪种治疗方式，包括治疗目标和目的。吞咽和喂养计划是一个独立而详细的方案，描述学生在学校如何安全的进食。IEP 并不包括吞咽和喂养计划的全部内容。

2.玛丽，一名12岁的学生，就读于特需班。她的吞咽和喂养评估显示，当她独自一人时，她的脸颊和嘴唇会发出低沉的声音。她的吞咽和喂养计划包括切碎的和湿润的食物，吃下一口前先吞咽下去，并在用餐和吃零食时一对一监督。监测和询问是吞咽和喂养计划的一部分。既然已经制订了安全的吞咽和喂养计划，学校的SLP及吞咽和喂养医疗团队应该提供什么服务？

(1) 每月检查学生一次，以确保计划仍然适用可行。

(2) 定期向教职人员咨询，观察学生的饮食情况，并在需要时提供建议。

(3) 书面提醒教师和辅助的专业人员如何正确喂养学生。

(4) 对教职人员进行培训后，如有任何问题，请让教师联系吞咽进食医疗团队。

(5) 提醒教师应尽可能执行吞咽和喂养计划。

答案:(2) 正确。该团队应与教职人员密切合作，以确保计划的持续可行性，并如实执行。医疗团队应该对教职人员有问必答，演示喂养技能，并指导他们实施。监测的频率取决于学生和治疗师。

(1) 不正确。对于部分学生，建议每月进行一次检查；然而，每个孩子都是不同的，有些孩子需要SLP和其他团队成员更频繁的检查和更积极的参与。

(3) 不正确。虽然发送书面提醒可能是团队与老师沟通的一种方式，但它不应该是唯一的方法。吞咽和喂养训练采用实操的方法，所以SLP需要定期与教职人员会面。

(4) 不正确。医疗团队应该主动联系教师。接受过吞咽和喂养训练的专业人员必须为教职人员提供持续的监督和咨询服务。

(5) 不正确。计划必须始终如实执行，"尽可能执行"是不被接受的。

3.詹娜是一名3岁的学生，在综合评估中她被确诊为患有吞咽和喂养障碍的发育迟缓。该学校应：

(1) 建议家长到门诊部接受吞咽和喂养障碍治疗。

(2) 与家长交谈，要求医生提供医嘱，以便在学校解决吞咽和喂养问题。

(3) 将学生转介至学校的吞咽和喂养医疗团队，对学生的进食技能进行评估。

(4) 告诉教师，学生在食堂吃饭可能有一些困难，并且要留意她的进食情况。

(5) 将评估结果写在评估报告中，并建议学生自带午餐，因为自助餐厅的饭菜可能需要调整。

答案：(3) 正确。在评估小组确定了学生的吞咽和喂养障碍后，即可建议转诊至学校的吞咽和喂养医疗团队。核心团队由言语语言病理学家、职业治疗师和护士组成，评估学生的技能，并确定在校内安全的喂养方案。评估包括家长面谈，临床评估（观察学生在学校吃饭的情况），如果有呼吸问题，建议进行进一步的吞咽造影检查。

(1) 不正确。学校有责任在儿童需要留在学校时提供保健服务（包括吞咽和喂养）；因此，他们不能把学生转到不提供保健服务的私人诊所。

(2) 不正确。当学生有吞咽和进食障碍时，与家长和医生沟通是很重要的；然而，该学校并不需要按医生的医嘱来制订吞咽和喂养计划。如果有来自医生的医嘱，他们必须考虑，但最终需要遵循学校吞咽和喂养医疗团队的建议。

(4) 不正确。对于患有吞咽和喂养障碍的孩子，教师不应该负责决定安全喂养的食物和方式。

(5) 不正确。学校有责任为学生提供安全的环境。不能要求家长为学生提供符合安全标准的午餐。学生有资格获得免费或减免费用的学校餐，或者家长可以选择购买自助餐厅的午餐。如果为了保证孩子在学校的健康和安全及满足参加其课程的需要，学校应该调整膳食。

【障碍描述和推荐治疗方法】

ML的个别教育计划（IEP）主要针对功能交流、口腔运动技能和饮食耐受性/进步。以下目标将添加到ML的IEP中：

- 通过使用辅助技术策略（即视觉、声音输出设备、开关等）在结构化活动/用餐期间提出请求、标记和（或）终止，提高与同龄人和成年人功能沟通/互动技能，在10个疗程中有 8 个疗程达到 60% 的熟练程度。

- 每天进行 3～4 次口部运动练习，最多辅助 3 次，以提高吞咽和发音的力量、协调性 / 活动性和发音器官的感觉。
- 给予喂养和吞咽补偿策略；在没有误吸迹象 / 症状的情况下，接受最少量限制的饮食，根据进展，推进饮食，每周增加一种新的食物。

学校的辅助技术团队建议 ML 使用强化的沟通策略 / 设备在结构化活动中提出请求、评论，如吃饭时间。本研究尝试了以下增强和替代沟通策略：使用图片交换系统来请求最喜爱的玩具 / 食品；使用单信息语音输出装置来要求更多所需的食物、音乐及活动；借助多通道语音输出装置来参与教育活动和循环时间，如计数、星期几、年月和重复故事中的句子。

以下口腔运动练习被纳入治疗：

- 面部 / 唇部按摩以改善感觉。
- 戴手套轻敲嘴唇，用调整过的吸唾管拉嘴唇，以改善嘴唇的弧度。
- 用调整过的吸唾管拉舌头，改善舌体收缩。

由于他有姿势控制不良和脊柱侧弯的病史，SLP 向他的物理治疗师咨询在用餐时的最佳姿势，建议为 ML 配备一个改良的 Rifton 椅子，使他能 90° 直立地坐在一张幼儿桌旁。ML 坐在桌子旁时，背板也被用来支撑他的身体。作业治疗师还推荐使用可以改善舌缩回 / 圆唇且方便打开饮水的低流量训练杯，有适应握把的茶匙、叉子和吸盘碗。

SLP 推荐进食柔软的、可咬的固体和稀的液体。基于跨学科吞咽与喂养医疗团队收集的信息，制订了一个安全吞咽与喂养计划。喂养方法 / 注意事项包括：

- 每次吃 / 喝一茶匙。
- 一次咬一口 / 抿一口。
- 在学生用手进食时，引导其使用餐具
- 饭后 30min 保持直立姿势。
- 每吞 3～4 次后喝水。
- 所有的餐食都需要受教职人员 / 喂食人员直接监督，过量进食 / 快速进食需要受到提示。

建议工作人员根据需要提供口头和触觉提示以减缓速度。

- 教职人员 / 喂养人员确保 ML 每吞一口后口腔内没有残留（图 29-1）

所有的建议都记录在一份书面的吞咽和喂养计划中。对教职人员 / 喂养人员进行了相关教育，并在实施（包括修改饮食结构）方面表现出熟练程度。他们还掌握了关于误吸的体征 / 症状知识，如咳嗽、窒息、流泪、湿啰音、昏睡和呼吸困难。

根据联邦政府对学校自助餐厅的要求，需对 ML 的学校餐厅饮食进行调整，需出具一份由医生填写并签字的膳食修改处方，并告知学校的餐厅经理和工作人员，以确保其遵守规定。

【结果】

ML 接受言语和语言治疗，包括辅助技术和吞咽 / 喂养干预，每周 3 次，每次 20min。治疗过程在 ML 的独立教室进行；教职人员也接受了相关的知识培训以便辅助学校日的治疗任务。ML 逐渐使用一个小胶状开关来激活因果关系类玩具及应用计算机软件。在结构化语言活动和就餐期间，他还使用了一个双单元静态显示（如图所示图标）语音输出设备来提出更多请求和终止行为（如全部完成）。在 ML 连续激活开关和语音输出设备时，准确性越来越高，用时逐渐减少；但是他仍然需要多感官提示和暗示。

通过完成口腔运动训练和使用低流量杯，ML 的音调 / 感觉、舌头收缩和嘴唇弧度得到改善，固体和液体漏出现象仍然存在，但有所改善。在学校，他不再首选使用吸管杯，因为那需要吮吸，并且越来越多地尝试打开杯子。ML 在学校自助餐厅吃午餐时，会配备一个改装过的专属午餐托盘。为了满足吞咽和喂养计划的要求，教职人员在餐厅的混合站准备了改装过的餐盘，并在他用餐的整个过程中与他坐在一起，以确保他符合吞咽和喂养计划。ML 没有出现任何误吸或渗漏的迹象和症状，并在学校摄入了足够的水分和营养。在整个学年中，SLP 持续解决了 ML 在 IEP 中存在的各个功能性沟通和吞咽困难的问题。

学生安全进食：吞咽和喂养计划

学生：　　　　　　　　　　出生日期：　　　　　　　　　计划制订日期：

学校：　　　　　　　　　　老师：

吞咽和喂养个案管理：（个案管理者姓名）。如果对该学生的喂养计划有任何疑问，请通过以下方式联系个案管理者（言语语言病理学家）：

个案病史及注意事项：

喂养建议：

定位：

设备：

管饲：　　□管饲／不进食　　　□管饲和经口进食

（经口进食总量：）

饮食／食物准备（根据 IDDS）：

食物的性状：

　　　　　□液状　　　□浓稠　　　□嚼碎和湿润　　　□柔软，大小适中　　　□常规

液体的性状：

　　　　　□极稠（浓汤）　　　☑中等稠（泼状）　　　□轻度稠
　　　　　□略微稠　　　□稀

其他建议：

喂养计划技能／预防措施：

每一口食物的数量（具体的数量和大小）：

食物放置的地方：

使学生在进食后保持直立姿势_____min

每嚼_____下喝一杯水

其他的预防措施／评论：

吞咽及喂养计划训练

本人，以下签名者，已阅读并接受过实施（学生姓名）吞咽和喂养计划的培训，本人同意按规定执行吞咽和喂养计划。

姓名　　　　　　　　　　　　职位　　　　　　　　　　　　日期

_____　_____　_____
_____　_____　_____
_____　_____　_____

本人明白在教室里执行吞咽和喂养计划的责任。

签名：_____　（课堂老师）日期：_____

▲ 图 29-1　学生安全进食：吞咽和喂养计划

要点

◆ 在进行综合评价以获得特殊教育服务资格时，应考虑吞咽和喂养问题。学生入学后，就可以进行吞咽和进食的临床评估。如果一个学生不符合特殊教育服务的条件，那么学生的吞咽和喂养问题可以通过 504 计划解决。

◆ 学校的 SLP 涉及许多领域，包括辅助技术、吞咽和喂养。吞咽和喂养的识别和应对应该是学生整体交流和特殊教育计划的一部分。治疗性干预，以改善口腔运动和功能性进食技能，可以通过沟通工作完成。培训教职人员同时实施沟通和吞咽策略可以有效地深化技能掌握情况。

◆ 在学校中解决吞咽和喂养障碍问题应采用团队治疗方法和学区支持的方式，使每个人的角色和责任保持一致，得到明确，从而实现学校的安全进食。

◆ 在学校中解决吞咽和喂养问题时，必须制订安全的吞咽和喂养计划，对教职人员 / 喂养人员进行培训，并对计划的实施进行持续监督。

推荐阅读

[1] American Speech-Language-Hearing Association. Clinical topics/pediatric dysphagia. 2007. Available at: http://www.asha.org/Practice-Portal/Clinical Topics/Pediatric-Dysphagia

[2] Benfer KA, Weir KA, Bell KL, Ware RS, Davies PS, Boyd RN. Oropharyngeal dysphagia and gross motor skills in children with cerebral palsy. Pediatrics. 2013; 131(5):e1553–e1562

[3] Benfer KA, Weir KA, Bell KL, Ware RS, Davies PS, Boyd RN. Validity and reproducibility of measures of oropharyngeal dysphagia in preschool children with cerebral palsy. Dev Med Child Neurol. 2015; 57(4):358–365

[4] Homer E, Ed. Management of Swallowing and Feeding in Schools. San Diego, CA: Plural Publishing; 2016

[5] Overland L. A sensory-motor approach to feeding. Perspect Swallowing Swallowing Disord (Dysphagia). 2011; 20:60–64

3 岁以下儿童的早期识别和早期干预

Early Identification and Early Intervention in the Birth-to-Three Population

Nancy Lewis　著

赵玉香　王树杰　译　　徐洋凡　校

【概述】

通过早期的定期发育行为筛查，言语语言发育迟缓或障碍及其他发育问题的早期识别是至关重要的。在这些筛查过程中发现的发育迟缓，应及时转介到早期干预，以确保得到全面的评估，制订合适的治疗方案。

【临床病史和病情描述】

患儿 CJ，男，2 岁 9 个月，第一胎，足月正常儿，曾在 26 个月大的时候因为语言表达能力迟缓和严重的言语语音障碍（speech-sound disorder，SSD）转入到早期干预。他的母亲在 44 岁时生下他，除了分娩时间过长，其他方面并无异常。新生儿听力筛查和代谢筛查也均无明显异常。

CJ 的母亲反映说，她第一次感到担心是在 CJ 约 1 岁的时候，当时他还在咿呀学语，说话含糊不清令人难以理解，而且经常打自己的耳朵。美国儿科学会建议儿童在 9 个月、18 个月、24 个月或 30 个月进行标准化的发育筛查，并在 18 和 24 月时进行孤独症特异性筛查。据 CJ 的母亲说，他的儿科医生用"发育形式"来解释这一行为，但没有讨论出任何结果。当她对 CJ 沟通障碍和持续性拍打耳朵表示担忧时，儿科医生告诉她，CJ 的耳朵里有积液，但没有感染，也没有采取进一步的行动。

在 CJ 24 个月大的时候，他的母亲通过一位同事了解到早期干预，随后这位同事还建议 CJ 接受一位听力学家的检查。这位听力学家将 CJ 转介给一位耳鼻喉科医生，这位医生立即在 CJ 的耳朵双侧植入了导管，并建议他去当地的早期干预机构。

【临床测试】

接受早期干预后，CJ 在 26 个月大时进行了发育测试。早期干预团队进行了一个基于课程的夏威夷早期学习量表评估，表明 CJ 在沟通、认知、粗大运动、精细运动和生活自理等领域低于合格标准的 25% 或更多。他通过了视力检查。听力测试表明，CJ 对 20dB 的声音刺激有反应。声场测试结果显示，CJ 对 500~4000Hz 的窄带噪声刺激有反应，处于正常听力范围的边缘。声导抗测试显示双侧中耳压力降低。

接受早期干预后，CJ 进行了 Goldman-Fristoe 第 3 版（GFTA-3）发音测试[1]。在 CJ 33 个月大的时候，考虑到他的 SSD 的严重程度，对 CJ 进行了汉 - 刘易斯语音分析（第 3 版）（Khan-Lewis phonological analysis-third edition，KLPA-3）评估，这是公立学校发展学前教育综合评估（B 部分服务）的一部分[2]。KLPA-3 是对年龄 2 周岁至 21 岁 11 个月的儿童的语音加工使用情况的规范参考和深入分析。作为 GFTA-3 的配套工具，KLPA-3 可用来分析 GFTA-3 目标单词的语音变化，并识别产生这些语音变化的语音过程。虽然对单个词言语产生的评估有局限性，且不应该独立地使用，但是这种方法在评估那些说话让人难懂的孩子时，可以有效识别目标单词。

CJ 在 KLPA-3 中获得了 70 分的标准分数，与第二百分位相对应，年龄相当于不到 24 个月。核心语音加工出现频率图表显示了 12 个核心语音加工的出现频率（图 30-1）。此外，CJ 的语音产生特征是使用了 12 个补充语音加工中的 6 个和 9 个其他语音加工。CJ 的语音产生过度使用了多种语音加工，平均每字产生了 2.55 个语音加工。

CJ 的语音量表如图 30-2 所示。语音量表是一个儿童发出和发不出的语音的直观显示，而不考虑目标在字首、字中和字尾位置的准确性。每个表格按产生方式水平排列，按产生的位置垂直排列。浊音和清音的同源音放在一起。在 KLPA-3 中，当一个语音与目标语音相同，被准确地发出时，就圈起该音素。当发音与目标语音不一致时，则在恰当的格中记下一个计数标记。例如，如果目标单词 "five" 被发音为 "dive"，则在字首 [d] 格记下计数标记（目标 [f] 变成了目标 [d]），字尾的 [v] 会被圈起来（目标发音正确）。语音量表的位置、方式和发音的结构，可以一目了然地显示儿童语音库的临床相关趋势，例如过度使用某种特定类型的语音或完全省略其他类型的语音。

（一）KLPA-3 总结

从图 30-3 中的辅音分析总结，可以看出：

- 过度使用（超过 15% 的时间）12 个核心语音加工中的 9 个：塞擦消失、擦音和塞擦音塞音化、省略齿擦音、辅音元音化、硬腭音发音部位前化、软腭音发音部位前化、简化辅音群、缩减音节、尾音清音化。
- 使用 12 个补充语音加工中的 6 个：塞音化、塞擦音化、滑音化、省略首辅音、中音清音化、首音清音化。
- 使用了其他 9 个语音加工：齿间音化、硬腭音化、鼻音消失、齿槽音化、重复、唇音化、增加齿擦音、增加央元音、鼻音同化。
- 极其有限的语音库，主要由唇音和齿槽音闭塞辅音组成，并很少出现擦音。
- 元音拖长。

【读者问答】

1. 美国儿科学会推荐进行早期的定期发育行为筛查，应在什么时候：

(1) 在每个健康孩子预约检查时。

(2) 在 9、18，24 或 30 个月时进行发育筛查，并在 18 和 24 个月时进行孤独症特异性筛查。

(3) 美国儿科学会不建议筛查，而是依靠儿科医生的持续监测。

(4) 美国儿科学会没有关于孤独症特异性筛查的建议。

答案：(2) 正确。2006 年，美国儿科学会通过了关于发育和孤独症筛查的指南[5]。

(1) 不正确。虽然一些儿科医生可能会在健康孩子每次就诊时对他们进行筛查，但目前的美国儿科学会指南呼吁在 9、18，24 或 30 个月时进行周期性的发育筛查，并且在 18 和 24 个月时进行孤独症特异性筛查。

(3) 不正确。美国儿科学会建议儿科医生在健康儿童每次检查就诊时进行监测，并在 9、18，24 或 30 个月时进行发育或行为筛查。美国儿科学会认为早期儿童筛查是健康管理的重要组成部分，并为监测和促进身体健康，认知和心理发展提供了基础。

(4) 不正确。美国儿科学会指南包含在 18 和 24 个月时使用孤独症特异性筛查工具的定期计划。

2. 早期干预为什么样的儿童及其家庭提供法定服务？

(1) 在一个或多个发育领域表现出延迟，通常至少延迟 25%，有资格获得服务。

(2) 低于联邦贫困线的 100% 有资格。

(3) 在家庭里把英语作为第一语言的有资格。

(4) 居住于早期干预计划附近的大都市地区的有资格。

答案：(1) 正确。早期干预通过一个综合的、多学科的评估，来确定儿童是否有资格接受服务。各州需通过确定该儿童在一个或多个发育领域表现出的延迟百分比，来决定其是否有资格接受服务。

(2) 不正确。收入水平不是早期干预服务资格标准的一部分。早期干预计划为不同收入阶层的家

KLPA 3
KHAN-LEWIS
PHONOLOGICAL ANALYSIS

Linda M. L. Khan and Nancy P. Lewis

分析表格

姓名： CJ _____ □女 ☑男
年级／教育程度： _____ 学校／机构： 早期干预
母语： 英语
测试人： NL
测试原因： 语音难懂不清晰 _____

年龄计算			
	年	月	日
测试日期			
出生日期			
年龄	2	9	15

提示：不要跳转到下个月或下一年

评分概要				
总原始分 *	标准分数	置信区间 □90% ☑95%	百分位等级	年龄等价
93	70	67～73	2nd	

*. 语音加工出现的总次数等于总原始分

核心语音加工的产生频率				
	语音加工	产生次数	可能产生的总次数	产生率
方式	塞擦消失	6	8	75%
	流音滑音化	3	20	15%
	擦音和塞擦音塞音化	11	48	23%
	省略齿擦音	9	42	21%
	辅音元音化	15	15	100%
位置	硬腭音发音部位前化	12	12	100%
	软腭音发音部位前化	8	23	35%
省略	辅音群简化	11	23	48%
	省略字尾辅音	2	36	6%
	缩减音节	4	25	16%
浊音化	尾音清音化	9	35	26%
	首音浊音化	1	33	3%

元音变化
记录：
• 元音延长
• 增加元音 [a]

方言影响
□是 ☑否
记录：

整体清晰度
□Good □Fair ☑Poor
记录：
75% 不可懂，或有时根本听不懂。

▲ 图 30-1　CJ 在 2 岁 9 个月时的 KLPA-3 标准分数和核心语音加工出现率汇总

辅音分析

单字里的辅音语音库

字首辅音产生　　　　　　　字中辅音产生　　　　　　　字尾辅音产生

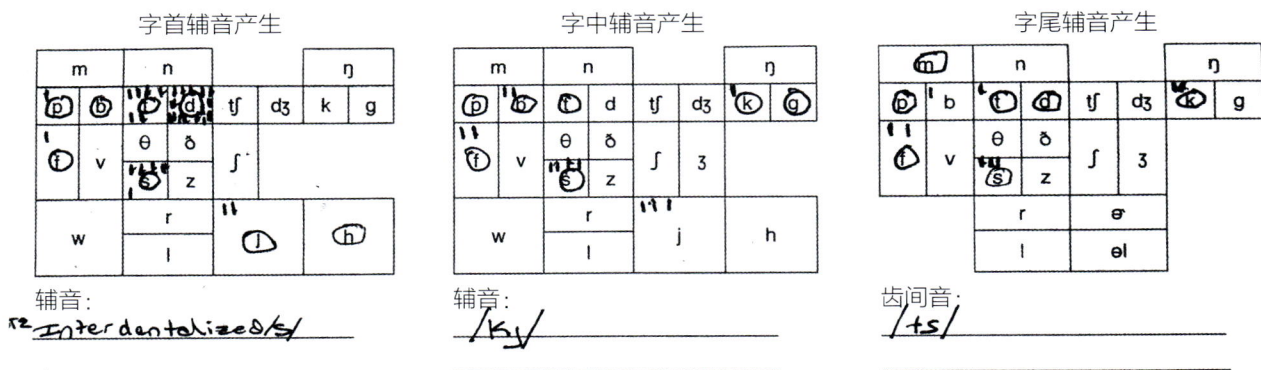

辅音：
Interdentalized/s/

辅音：
/k/

齿间音：
/ts/

▲ 图 30-2　CJ 在 2 岁 9 个月时 KLPA-3 单字里的辅音语音库

辅音分析小结

- 语音库：词首 =/p/b/t/d/f/s/j/h/　　　　词中 =/p/b/t/k/g/f/s/j/

　　　　　词尾 =/m/p/b/t/d/k/f/s/

- 核心语音加工：辅音元音化、硬腭音发音部位前化、塞擦消失、辅音群简化、软腭音发音部位前化、

　　　　　　　尾音清音化、擦音和塞擦音塞音化、省略齿擦音、缩减音节

- 补充语音加工：塞音化、塞擦音化、流音化、省略首辅音、中音清音化、首音清音化

- 其他语音加工：齿间音化、硬腭音化、鼻音消失、齿槽音化、重复、唇音化、增加齿擦音、增加央元音、

　　　　　　　鼻音同化

- 每个单词加工过程：2.55

　　　　　　　　　　在口语样本里一共使用了 153 个加工过程

▲ 图 30-3　KLPR-3 辅音分析总结：语音库、核心语音加工、其他语音加工和每个单词的加工过程

庭提供服务。

(3) 不正确。家庭第一语言是英语不属于早期干预服务资格标准。早期干预计划为符合条件的家庭提供服务，家庭第一语言并不是考虑因素。

(4) 不正确。地理位置不是早期干预服务资格标准的一部分。早期干预计划为符合条件的家庭提供服务，居住地区并不是考虑因素。

3. 根据《精神障碍诊断与统计手册（第 5 版）》（Diagnostic and Statistical Manual of Mental Disorders, 5th ed，DSM-5），言语语音障碍的定义为：

(1) 语音产生持续困难。

(2) 干扰导致有效沟通受限，即妨碍。

(3) 发病于发育早期；

(4) 不是由于先天或后天条件引起的；

(5) 以上所有。

答案：(5) 正确。DSM-5 定义的 SSD 包括了以上列出的 4 个的标准。SSD 通过多个语音产生错误持续影响沟通。它出现在儿童早期，先天或后天的原因未知。

4. 用语音法来评估导致儿童发音可懂性低的 SSD，包括：

(1) 快速筛选一个儿童的言语产生，以识别个体早期发育中正确的语音产生。

（2）对儿童言语产生系统深入分析，以识别语音过程、语音环境和语音库，这些信息记录了影响语音错误的规则和儿童可用的语音库。

（3）无法识别目标产生的自发的口语样本。

（4）一套能够使临床医生在语音系统层面上制订治疗计划的系统方法，能有效影响语音变化。

（5）（2）和（4）。

答案：（5）正确。语音评估方法为临床医生提供关于儿童言语产生系统的详细信息，使临床医生能够将结果与治疗计划相结合。

（1）不正确。儿童SSD语音评估法，是对影响儿童多种语音产生错误的规则和模式的深入分析。包括识别导致儿童语音清晰度降低的语音过程或模式。

（2）正确。儿童的SSD语音评估法，需要收集广泛的证据，其中包括语音过程用法、错误模式的语音环境，及语音库里可用的语音样本。

（3）不正确。当儿童患有SSD，其典型表现是语言表达能力下降，大多数时间会产生令人难以理解的语言。语音评估要求检查者将孩子的言语产生和预期目标词或短语进行比较，但通常由于儿童的语音极其难以理解而无法完成。

（4）正确。总结语音评估，有利于确定语音治疗目标和目的，为制订治疗刺激方案提供信息。

【障碍描述和推荐治疗方法】

早期干预是联邦政府授权的一项服务，作为一个综合运行的跨部门系统，为发育迟缓或有发育迟缓风险的婴幼儿提供多学科干预。早期干预专为3岁以下儿童及其家庭服务。在这个年龄段中，沟通障碍是最为广泛的发育迟缓之一。言语语言病理学家和听力学家在对早期识别发育问题以确保对接早期干预服务中扮演着重要的角色。沟通障碍可能以各种方式出现；然而言语语音障碍非常普遍，约15.6%的3岁儿童被发现患有言语语音障碍。大多数有资格接受早期干预服务的儿童都有沟通障碍。DSM-5[3]为SSD提供了以下标准：①语音产生持续困难；②干扰导致有效沟通受限，即妨碍；③发病于发育早期；④不是由于先天或后天条件引起

的。SSD理论上包括涉及构音障碍和语音障碍的情况。

CJ表现为严重的SSD，其特征是经常使用包括典型和非典型的多种语音加工及有限的语音库。在他的早期干预计划中，CJ每周接受一位经认证的言语语言病理学家的检查，每两月接受发育专家的检查。最初使用了逐声发音的构音治疗法，目标是"正确生成字首[p]和[b]音"。经过6个月的早期干预服务，CJ的言语内容仍然非常令人难以理解，并且使用多种语音加工的频率很高，语音错误多。

当CJ从早期干预服务转向公立学校发展学前教育服务时，治疗的言语语言病理学家采用了语音系统等级的方法进行干预。关于目标选择、干预和提供服务的方法，文献中存在广泛的差异[4]。虽然关于目标选择的系统化方法的重要性是毋庸置疑的，但一些人提倡使用一种发展性方法，这种方法的基础是早起发展的刺激性语音。然而另一些人则提倡一种复杂性方法，以促进后期发展的非刺激性语音的优化。

治疗患有SSD的儿童充满挑战。评估依赖于对难以理解的语音的正确转换，和对影响语音改变的语音加工或规则的深入分析。此外，临床决策包括：

- 提供服务
  ○ 个人或团体
  ○ 强度
    - 每周的天数
    - 疗程长短
    - 治疗时间
- 目标选择
  ○ 从哪里着手
- 对清晰度的影响
  ○ 发展策略或综合策略
- 治疗方法
- 反馈方法
- 出院标准

总之，对患有SSD的儿童进行语音干预的方法是基于语音系统的自然规律。语音加工描述了语音环境中的错误模式。治疗目标可以针对所有类型的语音（如减少擦音和塞擦音的塞音化），字结构

（如减少字尾辅音的省略），和（或）突出特点，比如浊音错误（如减少字尾清音化），而不是针对纠正单个语音的发音达到一个精确的百分比。语音矫正的研究报告将正确的语音产生概括为非直接定向的，从而增加了提高语音清晰度的可能性，同时缩短了实现这一目标的时间。

在查阅了 CJ 的 B 部分特殊教育学前计划的言语语言服务综合评估后，发展性方法被重新修订。最初的目标包括减少塞音化。塞音化通常包括从擦音和塞擦音到塞辅音的语音变化。在 CJ 的例子中，他不仅将擦音和塞擦音发成塞音，也将鼻音和滑音发成塞音。其他音的塞音化比擦音和塞擦音的要少见得多，但对语音清晰度也有负面影响。尽管塞音化持续发生，但 CJ 的语音库，包括了擦音在字首、字中和字尾位置的产生。CJ 语音库中的擦音有利于治疗方案的进一步实施，这也减少了塞音化现象。

【结果】

CJ 在 3 岁时，由于严重的言语语音障碍，他有资格通过公立学校 B 部分特殊教育服务。他参加了为患有严重 SSD 的儿童设计的每周 4 天的发展学前教育计划，并接受了每周 4 天、每次 30min 的个体治疗。言语语言病理学家与特殊学前教育教师合作，为 CJ 在课堂活动中练习他的言语或语言目标提供机会。CJ 还接受了每 3 个月一次的听敏度服务随访，以监测听力和中耳功能。

在接受干预 6 个月后对 CJ 进行了 KLPA–3 评估。表 30–1 显示了量化指标的变化。CJ 的原始分数减少了 25%，原始分数是基于 12 个核心语音加工出现次数的衡量标准。CJ 的 KLPA–3 标准分数和百分位等级使他有资格继续获得言语或语言服务。平均每字的语音加工可以刺激 CJ 整体的语音清晰度。

有关个别语音加工出现的百分比的定向评估中，核心语音加工数量减少了。并且总体上，CJ 使用了更少的补充或其他语音加工。语音库中，所有位置中擦音的使用增加，字首鼻音 [m] 和 [n] 的使用增加（先前的语音库中没有出现），而字首塞擦音的使用增加。

在 42 个月大时，CJ 的母亲报道说，他最近在整体语音清晰度上有了显著的提高。家庭成员和他的幼儿老师能更好地理解 CJ 的言语表达。此外，CJ 的语言表达能力也得到了提高，他在学校和家里显得更加自信和乐意与他人交流。

表 30–1　KLPA–3 治疗开始时的分数（36 月龄）和经过 6 个月的治疗后的分数（42 月龄）

KLPA–3 分数	语音治疗前	6 个月的治疗后
原始分数	93	70
标准分数	70	75
百分等级	第 2	第 5
平均每字加工数	2.55	1.91

要点
◆ 言语语言病理学家和听力学家在完善发育监测和早期的定期发育行为筛查方面，发挥了重要的作用，同时这些筛查是早期识别的补充。
◆ 早期干预为有言语、语言和（或）听力延迟或障碍的儿童提供服务，这些儿童依赖于医护人员（言语语言病理学家和听力学家）的早期识别工作。
◆ 据报道，15.6% 的 3 岁儿童患有 SSD，因为父母可以较早的发现孩子的沟通障碍。
◆ 语音分析是对语言表达令人难以理解的儿童进行综合评价的重要指标。
◆ 尽管治疗方法各不相同，但 SSD 的语音矫正方法可以指导临床医生选择儿童语音系统各个层面的目标，这可以提高语音清晰度。

参考文献

[1] Khan L, Lewis N. Khan–Lewis Phonological Analysis. 3rd ed. San Antonio, TX: Pearson; 2015

[2] Goldman R, Fristoe M. Goldman–Fristoe Test of Articulation. 3rd ed. San Antonio, TX: Pearson; 2015

[3] American Psychiatric Association. Diagnostic and Statistical Manual of Mental Disorders. 5th ed. Arlington, VA American Psychiatric Publishing; 2013

[4] Baker E, McLeod S. Evidence-based practice for children with speech sound disorders: part 1 narrative review. Lang Speech Hear Serv Sch. 2011; 42(2): 102–139

[5] Council on Children with Disabilities, Section on Developmental Behavioral Pediatrics, Bright Futures Steering Committee, Medical Home Initiatives for Children with Special Needs Project Advisory Committee. Identifying infants and young children with developmental disorders in the medical home: an algorithm for developmental surveillance and screening. Pediatrics. 2006; 118(1):405–420

案例 31

学龄前儿童和学龄儿童实用语言障碍治疗
Treatment of Pragmatic Language Disorders in Preschool and School-Age Children

Jessie L. Ginsburg **著**

尚亚茹 **译**　　何敏斯　徐洋凡 **校**

【概述】

患儿 CJ 是一个 3 岁的男孩，在被国家资助机构的心理学家诊断为社会沟通障碍后，他被转介接受言语和语言治疗。通常，儿童应在 3 岁时开始接受学前教育，参加活动并与同龄人互动，这可以培养他们强大的社会沟通能力以建立和维持友谊，并为学术成功打下基础。

【临床病史和病情描述】

患儿 CJ 是在 38 周通过剖腹产出生的。他和父母住在一起并且他们家仅仅说英语这一门语言。CJ 在他第 12 个月的时候开口说第一个单词，第 15 个月的时候学会走路，第 30 个月的时候可以说词组。CJ 接受了 3 年检查后，他的儿科医生建议对他的语言发展进行言语和语言评估。一位来自国家资助机构的心理学家诊断 CJ 患有社会沟通障碍。CJ 在 3 岁 7 个月的时候，他的父母在一个私立幼儿园为他办理了入学登记，CJ 在那每周学习 5 天，据报道，他在那里可以遵循老师的指示，参加课堂活动也并没有困难。但是他的老师观察到 CJ 有时会重复一些行为，于是他的父母通过当地学校寻找医院对 CJ 进行发展评估。

【临床测试】

在 CJ 3 岁 6 个月时，他所在学校的一个言语语言病理学家（speech-language pathologist，SLP）使用学龄前语言量表第 5 版（PLS-5）对他的语言进行了评估，并诊断他患有表达性语言障碍（表 31-1）。于是 CJ 的父母带他来到私人诊所就诊，由 SLP 使用地板时间观察检查表对他的玩耍进行非正式评估。这个评估揭示了 CJ 在集中注意力、进行简短互动、回答问题、解决问题、洞察力和情感思考都存在困难。

CJ 在 3 岁 8 个月时，一位学校心理学家评估了他的认知技能，评估结果提示 CJ 有资格接受基于自闭症谱系障碍标准的特殊教育服务。但因为学校无法提供往返治疗的交通，CJ 的父母拒绝了学校提供的服务。

2 个月后，CJ 的父母通过一家国家资助的机构，对 CJ 进行了发展评估。一个心理学家使用瓦恩兰适应性行为量表第 2 版（VABS-2）对他进行了评估。评估结果显示，CJ 在社会化领域的得分在第 5 百分位数，这表示他在社交技能方面存在显著缺陷。心理学家还使用自闭症谱系障碍诊断观察量表第 2 版（ADOS-2）评估 CJ。根据评估结果，心理学家诊

表 31-1　学前语言量表第 5 版（PLS-5）

	标准分数	百分位等级
听觉理解	97	第 42
富有表现力	84	第 14

断 CJ 患有低度至中度的自闭症谱系障碍。

【读者问答】

1. CJ 的治疗目标应该解决哪些主要缺陷？

(1) 接受和表达语言。

(2) 表达语言和听觉处理。

(3) 语用学。

(4) 富有表现力的语言和语用学。

答案：(4) 正确。在 PLS-5 的表达性交际子测试中，CJ 获得了 84 分，低于平均水平，因此，应通过治疗来解决表达性语言问题。CJ 被诊断出患有自闭症谱系障碍，这表明他在社交语言上有缺陷。因此，改善 CJ 语用语言应该是他治疗的首要目标。

(1) 不正确。在 PLS-5 中，CJ 并未表现出接受语言方面的缺陷，他的老师或父母也没有对他的语言理解感到担忧。

(2) 不正确。并未对 CJ 的听觉处理技能进行评估。

(3) 不正确。在治疗中 CJ 的语用语言应该具有针对性；然而，这不应成为唯一针对的缺陷领域。

2. 除了个别的言语和语言治疗外，还有什么其他类型的治疗方法推荐给 CJ？

(1) 职业治疗。

(2) 物理治疗

(3) 社会技能小组。

(4) 视觉治疗。

答案：(3) 正确。应推荐社交技能组，这可以解决 CJ 的语用语言缺陷。

(1) 不正确。虽然建议对职业治疗进行评估可能是合理的，但它并不在言语—语言病理学家实践范围内推荐治疗的课程。

(2) 不正确。CJ 的父母没有对 CJ 的运动发展表示担忧。

(4) 不正确。CJ 的父母没有对他的视觉或视觉处理表达担忧。

3. CJ 的父母应在治疗中扮演什么角色？

(1) 参加言语语言病理学家的辅导课程。

(2) 在家里监督 CJ 的治疗目标是否完成。

(3) 理解言语语言病理学家的治疗方法。

(4) 以上所有。

答案：(4) 正确。父母的教育和培训是 CJ 治疗成功的关键。言语语言病理学家在治疗时必须培训 CJ 的父母，让他们清楚 CJ 的治疗目标，以及如何在家监督他完成这些目标。言语语言病理学家还应运用策略并为家长提供参加治疗课程的机会。对家长进行教育和培训有助于确保 CJ 掌握新技能。

(1) 不正确。参与辅导课程是一个关键因素；然而，这不应成为 CJ 的父母在她的治疗中能够发挥的唯一作用。

(2) 不正确。在家里监督 CJ 完成治疗目标的确至关重要；但这也不应是他父母在他的治疗中扮演的唯一角色。

(3) 不正确。家长对言语语言病理学家治疗方法的理解很重要；然而，这不应成为 CJ 的父母在他的治疗中能够发挥的唯一作用。

4. CJ 的 SLP 应该与哪些专业人士进行定期交流？

(1) 老师。

(2) 听力学家。

(3) 作业治疗师。

(4) 物理治疗师。

答案：(1) 正确。对 CJ 的言语语言病理学家（SLP）来说，与 CJ 的老师合作以改善他的治疗结果是很重要的。应该让老师了解 CJ 的治疗目标，并教给老师一些策略，用以在课堂上完成这些治疗目标。

(2) 不正确。CJ 并无听力损失或耳道感染病史。

(3) 不正确。CJ 尚未经过专业治疗师评估。

(4) 不正确。CJ 并未接受物理治疗。

【障碍描述和推荐治疗方法】

CJ 在 3 岁 6 个月时，开始在一家私人诊所每周接受两次单独的言语和语言治疗。该治疗侧重于提高他的表达能力和语用能力，并注重家长的教育和培训。治疗目标包括回答特殊疑问句，参与多步符号游戏模式及会话转向。治疗专家不断告知 CJ 的老师他的治疗目标，及他在课堂上应当使用何种策略。言语语言病理学家建议 CJ 同时进行作业治疗评估；但是，由于时间安排上的困难，他的父母决定让他晚些时候再进行评估。

CJ 在 3 岁 9 个月时，他与另一个同龄人一起被安置在私人诊所的社交技能小组中。5 个月后，小组又增加了一个同伴。在此期间，CJ 继续在私人诊所每周接受 1～2 次个人言语和语言治疗。

【结果】

CJ 在 4 岁 6 个月时，再一次进行了 CELF-P（语言基础学前的临床评估）评估。在 CELF-P 的所有测试中，CJ 得分在第 55 百分位数，在正常范围内。这些结果表明他不再存在表达语言领域的缺陷。评估中，他使用了正确的语法，回答了与年龄相适应的特殊疑问句的问题，并且就他的年龄而言，他使用的语言属于典型的平均长度。

在 5 年的时间里，语言学家通过语言变异的发展评价（DELV）来评估了 CJ 的社会语言。他在语用学子测试中得分为第 5 百分位数，这表明他在语言的社会使用方面仍然存在重大困难（表 31-2）。因此，又重新使用学龄儿童的 CELF 评估对 CJ 的语言进行评估。他在所有子测试中的得分均位于正常范围内，但语用学评估除外，他得分仅为第 1 百分位数（表 31-3）。

CJ 目前 5 岁 7 个月。他最近在当地一家医院的神经精神科完成了一个为期 12 周的自闭症谱系障碍儿童综合日计划。该方案由 5 名儿童和 3 名特殊教育教师组成。在这个项目中，CJ 接受了由一名心理学家和一名神经学家进行的密集的言语治疗和职业治疗。接受治疗后，CJ 在表达语言和认知能力方面取得了很大的进步。尽管他在这方面已经取得了

相当大的进步，该项目的职业治疗师仍建议他继续进行作业治疗以提高感官能力。该项目的专业人士也建议 CJ 继续参加社交技能治疗以提高语用语言能力。CJ 目前每周会在一家私人诊所参加两个社交技能小组。这些小组的目标是培养他们的会话技能如保持话题、持续互动和适当的评论。这些课程还针对性地培养他们要进行成功的社会互动所必需的认知技能和游戏技能，包括轮流发言、解决问题、洞察力和情感思考等。

表 31-2　语言变异诊断评估

区　域	标准分数	百分位等级
语用	7	第 5

表 31-3　语言基础临床评估第 2 版

子测验	得　分	百分位等级
理解句子	15	第 95
语言概念	8	第 25
字结构	9	第 37
单词课	10	第 50
遵循指示	11	第 63
造句	10	第 50
回想句子	7	第 16
理解口语段落	7	第 16
语用能力简介	3	第 1

要点

- 言语语言病理学家与家长和教师的合作对于儿童言语和语言治疗的成功而言至关重要。父母和教师应该接受关于儿童治疗目标的教育并接受培训，还需了解一些他们可以在家庭，学校和其他环境中实现这些目标的策略。这种教育和培训对于确保儿童在不同环境中掌握众多技能至关重要。
- 自闭症谱系障碍儿童可能在接受和表达语言的测试中，得分位于平均范围内，但他们在使用社会语言方面仍然表现出了明显的缺陷。因此，对语用语言和游戏技能进行评估对于获得基线测量和取得治疗进展至关重要。
- 社交技能小组是治疗语用语言障碍的关键。

推荐阅读

[1] Greenspan S, Wieder S. The Child with Special Needs: Encouraging Intellectual and Emotional Growth. Reading, MA: Perseus Books; 1998

[2] Greenspan S, Wieder S. Engaging Autism: Using the Floortime Approach to Help Children Relate, Communicate, and Think. Philadelphia, PA: Da Capo Press; 2009

小儿获得性脑损伤的认知语言缺陷
Cognitive–Linguistic Deficits in Pediatric Acquired Brain Injury

Shayne Kimble 著

陈玉美 译　钟丽平 徐洋凡 校

【概述】

这个案例研究介绍的是一个因获得性脑损伤导致认知语言障碍的儿童的评估和治疗。小儿获得性脑损伤可由多种情况引起，包括机动车辆事故或非意外创伤（如虐待）。每个患者的临床症状可能都不相同，他们不同的临床症状是基于神经病理生理学表现出来的。

【临床病史及病情描述】

患者 AB 是一名 9 岁的右利手男童，在一次机动车辆事故后入院接受康复治疗。直到事故发生时，AB 没有明显的既往病史。他在读三年级，取得了"优良"的成绩，且既往无治疗服务或干预史。他与父母和妹妹一起住在家里。到达急症治疗中心后，磁共振成像显示脑部有广泛的剪切伤和多处挫伤。在 AB 病情稳定后，他被转移到一个住院康复机构进行评估。接受治疗后，他处于微意识状态，需要通过胃管供给水分和营养。微意识状态（minimally conscious state，MCS）一词多出现于植物人和无反应的患者中，他们仍存有极少的意识，但不能进行有效的交流[1]。该术语可进一步细分为两种状态，MCS（+）和 MCS（-）。这两种状态的区别在于患者的行为反应水平，反应水平较高的患者能够执行指令，反应水平较低的患者仅能感受到疼痛刺激。

【临床测试】

在父母双方在场提供相关信息的情况下，工作人员在床边对 AB 进行了评估，以确定他目前认知语言和吞咽功能方面的状况。虽然本章的目的集中在认知语言技能上，但在最初的评估中也进行了床旁吞咽检查，患者处于不能经口进食的状态，未见其出现有意识性的咳嗽和口部肌肉运动。随后又进行了跨学科评估，该评估是由物理治疗，作业治疗，和言语—语言病理学 3 个学科领域专家共同完成的，每个学科都需要执行 JFK—昏迷恢复量表（coma recovery scale，CRS）[2]中的部分内容。该数字量表的目的是帮助意识障碍患者进行鉴别诊断，预后评估和制订治疗计划。该量表有 6 个评估领域，包括运动与指令的一致性、物体识别、物体操纵、口腔反射性运动和对刺激的睁眼反应。AB 在无刺激的情况下可睁眼（CRS 唤醒部分得分为 2 分），无听觉惊吓或定位的反应（CRS 听觉功能得分为 0 分），有一次视觉惊吓反应（CRS 视觉功能得分为 1 分），无其他的运动反应（运动功能得分为 0 分），口腔反射性运动（CRS 口腔运动/言语功能得分为 1 分），不能进行有意识的沟通（CRS 沟通部分得分为 0 分）。AB 的母亲表示听到了他发出了一些极小的声音，但在评估期间没有观察到。在整个评估过程中，AB 持续向左侧注视。

【读者问答】

1. 根据患者的诊断结果，你觉得最需要进行以下哪一种评估？

(1) 初级语言发展测验（test of language development primary，TOLD-P）。

(2) 口语理解（comprehension of spoken language，CSL）。

(3) Goldman-Fristoe 构音测验（Goldman-Fristoe test of articulation，GFTA）。

(4) 小儿颅脑损伤试验（pediatric test of brain injury，PTBI）[3]。

答案：(4) 正确。PTBI 可能更适合由继发性脑损伤引起的广泛性脑功能障碍评估。记忆、定位和语言组织等技能通常会受到获得性脑损伤的影响，因此这些患者应该在住院的初次康复评估中就应该进行这些能力评估。虽然标准化的评估仅仅是全部评估过程中的一个关键部分，但可以成为一个有价值的评估工具。

(1) (2) 和 (3) 均不正确。虽然有些评估内容可能对学习和回归学校有帮助，但这些发展性语言 / 构音评估的子测试可能更适合评估那些非获得性脑损伤儿童的能力（如形态学 / 音位学）。

2. 在对获得性脑损伤住院患者进行康复治疗的团队中，哪些成员可以对这一类患者进行护理？

(1) 骨科医生。

(2) 神经病学医生

(3) 物理医学和康复医生（physical medicine and rehabilitation physician，PM&R）

答案：(3) 正确。虽然团队成员的角色可能因机构而异，但最常见的成员是物理医学和康复医生、儿科医生、临床心理学家、物理治疗师、作业治疗师、言语语言病理学家、社会工作者、护理协调员、护士、儿童生活专家、娱乐治疗师、营养学家、学校专家和矫正医师。

(1) 不正确。患者遭受了各种肌肉骨骼系统的创伤后，骨科医生的确是脑损伤小组的重要顾问之一，因为骨科医生可以在他们的领域内做出一些决策，但可能无法全面地护理好这一类患者。

(2) 不正确。同样，就像骨科医生一样，神经病学家在神经系统方面做决策时，也是一个关键的顾问，但可能无法推进具体情况下的护理工作。

3. 下列哪一项不是意识障碍？

(1) 昏迷。

(2) 最小意识状态。

(3) 植物人状态。

(4) 轻度创伤性脑损伤。

答案：(4) 正确。轻度创伤性脑损伤是脑震荡的典型术语。尽管人们相信患有轻度创伤性脑损伤或脑震荡的人可能会迅速而有阶段性地经历意识障碍，但它本身并不是意识障碍。

(1) 不正确。出现这种意识障碍的人通常没有行为迹象或觉醒，对刺激也不能表现出自主反应。这种意识状态的人可能表现为没有觉醒 / 睁眼动作，自主呼吸受损，脑干反射受损[1]。

(2) 不正确。处于这种意识状态的人，其意识已被严重改变，可表现为对自身或环境有意识行为的迹象，可能会出现自发的睁眼，出现一些重复性的意识行为迹象，对语言指令有反应，并进行目标定位和操作[4]。

(3) 不正确。一个处于这种意识水平的人类似于昏迷状态，但保留了自发或刺激诱发觉醒的能力，可能会表现出觉醒 / 睁眼和无目的的行为，可能有些患者会表现出对疼痛刺激存在反应 / 对声音做出定位反应的行为[4]。

4. 下列哪一项不是注意力的类型？

(1) 元认知。

(2) 集中注意力。

(3) 交替注意力。

(4) 持续注意力。

(5) 选择注意力。

(6) 分散注意力。

答案：(1) 正确。元认知不是注意力的一种类型，而是言语语言病理学家为了进一步了解自我意识而通常评估的一个认知领域。

(2) 不正确。集中注意力是一种感知内外刺激并做出反应的能力[4]。

(3) 不正确。交替注意力是指在不同任务之间进行注意力转移的能力[4]。

（4）不正确。持续注意力是保持注意力去完成任务的能力[4]。

（5）不正确。选择注意力是在有竞争性干扰的情况下依然保持注意力的能力[4]。

（6）不正确。分散注意力是同时对多个任务要求做出反应的能力[4]。

【障碍描述和推荐治疗方法】

AB 最初表现为最小意识状态（−），伴随有认知语言障碍和口咽部吞咽困难。经评估，患者无功能性沟通能力，需要持续通过胃管喂食。患者还表现出了一些新反应，如在没有刺激的情况下出现视觉惊吓和睁眼反应。在治疗急性获得性脑损伤时，考虑到儿童的状态可能会迅速改变，临床医生必须能够适应并进行批判性思考。为了使治疗目标实时更新，需要定期进行重新评估，因为患者可能在前一天还不能回答基本的是或否的问题，但第二天可能就能够回答复杂的"是什么、为什么、在哪里、谁、什么时候等"问题。随着 AB 在治疗中不断取得进展，该治疗团队的目标和干预做法也会经常发生改变。前 10 周是每天观察 3 次，每次 30min。

1~4 周：在最初的治疗过程中，我们尝试使用了基本的因果关系。我们给 AB 佩戴了一个带有他妹妹照片的单按键装置，当他按下这个装置后，就会播放他妹妹朗读的信息。这种有意义的奖励被用来引导他用上肢进行有意识的主动运动。肢体性提示是首先给予的，其他奖励则被整合到因果选择中，如气泡、熟悉的音乐、令人愉快的气味和深度压力。在此期间，吞咽困难的治疗目标是重建口部运动计划的技能，如把一个勺子放在他前面时，让他的下颌能够一步步张开，直到嘴唇能够包住勺子。之后继续为患者安排强化吞咽障碍治疗，以达到进一步协调吞咽的目标。

5~6 周：随着 AB 不断取得进步，我们设定了更高水平的目标。接下来两个基本方面的目标是提高语言接受能力，减少冲动性行为和增加注意力。随着这些能力不断提升，我们再设定更高难度的目标，其中包含语言输出（表达性语言）和完成更难

的指令。再下一步的目标是改善多种语言能力和更高的执行能力。随着 AB 跟随指示能力的提高，我们让 AB 做改良吞钡试验，在该试验中，他可以进食一般的食物和稀薄液体。

7~10 周：随着 AB 语言能力的提高，他的治疗目标已经扩展到执行指令、组织语言、记忆和其他执行能力。功能性治疗任务包括按照食谱进行烘焙，按照视觉指示参与乐高积木活动，编造适合年龄的故事，及具体和抽象的发散性命名。同时还有必要参与一些功能性和吸引性的活动，以帮助提高注意力和促进技能转移。

【结果】

每周，每个学科都会进行 CRS 评估（表 32-1）。随着 AB 的进步并掌握新的认知语言技能，研究小组使用 PTBI 进一步评估更具体的认知语言缺陷。随时间变化的分数见表 32-2。在第 10 周，康复小组确定 AB 已经满足回家庭、学校和门诊治疗的条件。对他重新进行 PTBI 评估，在所有的子测试中，他的数值评分和等级评分都得到了提高，详见表 32-2。总体而言，经过治疗，AB 的各种能力都得到显著改善。出院时，他能够使用接触防护器行走，在最低限度的帮助下完成所有日常生活活动，吃普通的食物和流质食品，独立进行交流，以满足基本需求。

表 32-1　JFK 昏迷恢复量表修订版得分

时　间	总　分
第1周	4
第2周	5
第3周	8
第4周	12
第5周	17
第6周	22
第7周	23

表 32-2　小儿脑损伤测试

时　间	定　位	跟随指令	命　名	语言流畅度	配对	数字广度	立即复述故事	是 / 否 / 可能	回忆图片	延迟复述故事
第 7 周	低	非常低	非常低	非常低	非常低	非常低	非常低	非常低	非常低	非常低
第 10 周	中	中	中	低	低	低	低	低	低	低

要点

◆ 对于获得性脑损伤的治疗，团队治疗是必要的，而且团队之间需要经常对治疗计划进行讨论和修订。

◆ 获得性脑损伤的患者通常会发生快速变化，因此临床医生必须灵活应变，并在治疗过程中始终保持批判性思维。

推荐阅读

[1] ASHA. Pediatric traumatic brain injury. Available at: http://www.asha.org/PRPSpecificTopic.aspx?folderid=8589942939&section=Resources

参考文献

[1] Reyst H, Brain Injury Association of America. The Essential Brain Injury Guide 5.0. Vienna, VA: Brain Injury Association of America; 2016

[2] Bruno MA, Vanhaudenhuyse A, Thibaut A, Moonen G, Laureys S. From unresponsive wakefulness to minimally conscious PLUS and functional locked-in syndromes: recent advances in our understanding of disorders of consciousness. J Neurol. 2011; 258(7):1373–1384

[3] Giacino JT, Kalmar K, Whyte J. The JFK Coma Recovery Scale-Revised: measurement characteristics and diagnostic utility. Arch Phys Med Rehabil. 2004; 85(12):2020–2029

[4] Hotz G, Helm-Estabrooks N, Nelson NW, Plant E. Pediatric Test of Brain Injury. Baltimore, MD: Paul H. Brookes; 2010

案例 33

学龄前口吃儿童的综合治疗法
A Holistic Approach to Treating a Preschool-Aged Child Who Stutters

Brooke Leiman **著**

赵玉香　王树杰 **译**　李青青　徐洋凡 **校**

【概述】

在治疗口吃儿童时，早期发现和早期干预至关重要。通过对口吃初期的干预，我们可以增加孩子长大后不再口吃的可能性，减少口吃的频率，降低其严重程度及减少口吃对孩子成年后的影响。

【临床病史和病情描述】

KE 是一个被诊断为口吃的 4 岁 6 个月的男童，只会说英语。他是足月出生的，在怀孕或分娩期间没有并发症。KE 语言发展十分迟缓，并在 3 岁时被诊断为接受 / 表达混合型语言障碍。他接受了大约 1 年的言语 / 语言治疗，从而提高接受性和表达性的语言技能。KE 没有进食或吞咽困难，他的两只耳朵的听力也都在正常的范围内。经推荐，他被送到了一个重点帮助儿童语言发展的半日制特殊教育幼儿园。

家长访谈显示，在评估前 6 个月，KE 的母亲已经开始注意到她儿子说话不流畅。他的言语不流畅是突然开始的，但是每天都在变化。根据 KE 母亲的描述，他的言语不流畅表现为单词重复（比如"be-be-because"）及停顿（如发不出来声音）。当 KE 说话不流畅的时候，他经常捂住嘴并且避免目光接触。当他刚开始口吃的时候，他并没有放弃说话，也没有逃避任何特定的语言情境。当 KE 口吃时，他的父母和姐姐通常会告诉他"慢一点"或"想一想你要说什么"。KE 的姐姐 3 岁时也曾出现过发

育障碍的症状，但这些问题在大约 3 个月以后就得到了解决。

正式的流畅性评估是基于以下考虑和风险因素：

- 男性。
- 口吃发作 6 个月。
- 共患言语 / 语言障碍。
- 口吃的负面影响（例如捂嘴、逃避眼神交流）。
- 父母的关爱。

【临床测试】

当 KE 跟随言语语言病理学家和他的母亲去测试室时，他很放松。他用一套农场和野餐玩具进行了假装游戏。在游戏过程中，KE 习惯用 1～3 个单词表达。他经常等着大人开口说话，然后再参与谈话。KE 与临床医生和他的母亲都进行了适当的眼神交流。他能回答各种各样的"什么"问题（如"你在玩什么玩具？"），但是很难回答有关过去事件的问题（如"你早餐吃了什么"）。

综合言语 / 语言评估大约在 3 个月前已经完成，结果表明 KE 需要以下几方面的帮助：

- 扩展言语的长度和复杂度。
- 改善适合年龄的语法结构。
- 随后的发展方向应包括空间和数量概念。
- 回答开放式问题。

口吃严重程度量表 –4（stuttering severity instrument-4，SSI-4）[1] 可用来评估 KE 的可观察到的口

吃的严重程度，该量表基于两个口语样本。在频率（即口吃音节数的百分比）、持续时间（即 3 次最长口吃事件的平均时长）和身体伴随行为等方面，对 KE 进行了评分。身体伴随行为指的是对口吃的不良反应，包括令人分心的声音、面部表情、头部运动和四肢运动。KE 的总分为 19 分，这表明他患有中度的说话流利障碍。虽然 SSI-4 显示中度口吃，但要重视口吃的可变性。据报道，KE 的口吃频率和严重程度会随时间和情境的变化而波动。

第 1 个 SSI-4 口语样本，是在 KE 和他的母亲做一个图片描述任务时收集的。这个样本包含 274 个音节。口吃式不流畅包括单音节字的重复（如 "can-can-can"）、单词部分重复（如 "h-h-hey"）、延长（如 "mmme"）和混合型的不流畅，其中包含说话停顿（即没有声音）然后是单词部分的重复。在口语样本中，有 4.01% 的音节出现了口吃式不

流畅现象。非口吃（典型）不流畅是指在试图表达一个想法或寻找一个单词时出现的不流畅。KE 的非口吃不流畅表现在短语重复（如 "我想要—我想要饼干"）和多音节单词重复（如 "因为—因为"）。在样本中有不到总音节数 1% 的音节出现了非口吃不流畅，并且不包括在 SSI-4 的频率计数中。总体而言，口吃式不流畅占所有不流畅的 85%（表 33-1）。

第 2 个 SSI-4 口语样本，是在 KE 和他妈妈玩野餐用具时收集的。样本中含有 73 个音节。SSI-4 的制作者鼓励样本至少收集 150 个音节。然而，在几次不同的游戏活动中鼓励 KE 后，最多只能收集到 73 个音节。口吃式不流畅包括单音节字的重复，在口语样本中占音节总数的 2.74%，在这个样本中没有观察到非口吃不流畅的现象（表 33-2）。

KE 的 3 次时间最长的口吃平均持续大约 2s。在评估过程中，KE 的口吃有时伴随着音调的升高。

表 33-1　第 1 个口语样本：274 个音节（图片描述）

口吃式不流畅			非口吃式不流畅		
类　型	总　数	口吃音节百分比	类　型	总　数	口吃音节百分比
字的重复（单音节）	4	1.46	短语重复	1	0.36
单词部分重复	1	0.36	整字重复（多音节）	1	0.36
延长时间	5	1.82			
混合型	1	0.36			
	11	4.00		2	0.72

表 33-2　第 2 个口语样本：73 个音节（对话）

口吃式不流畅		
类　型	总　数	口吃音节百分比
字的重复（单音节）	1	1.37
混合型	1	1.37
	2	2.74

这种行为在 SSI-4 等级量表上被评为"漫不经心的观察者几乎注意不到"。KE 也表现出了鼻孔张大的行为，这被评为"除非注意找否则不会注意到"。KE 的母亲记录的 KE 在口吃开始时捂嘴和避免眼神交流的这些行为，在评估过程中并没有被观察到，也不包含在 SSI-4 评分中（表 33-3）。

这两个口语样本除了能够得出 SSI-4 评分外，还可用于计算说话不流畅的加权测量值。Ambrose 和 Yairi[2] 开发了一个加权测量值，来区分那些表现出发育障碍的幼儿和被诊断为儿童期初发型流畅性障碍的儿童。公式为 [（单词部分重复 + 单音节重复）× 重复次数]+（2× 不合节律的发声）。加权得分为 4 分及以上表明存在障碍。更具体地说，分数在 4.00~9.99 表示轻度口吃，分数在 10.00~29.99 表示中度口吃，分数超过 30.00 表示严重口吃。当两个口语样本合并，KE 得到的加权测量值为 7.07{[（0.29+1.44）× 1.75] +（2×2.02）=7.07}，对应轻度口吃。

尽管通过 SSI-4 和加权测量获得的分数和严重性评级是有价值的，但这两个口语样本仅仅是口吃在某一天和一个环境中的概况。家长和儿童的访谈有助于给临床医生提供一份 KE 的完整资料，包括口吃在其他环境中看上去和听起来的样子、KE 口吃的认知 / 情感成分，他在日常生活中有效沟通的能力，及口吃对他生活质量的影响。在家长访谈中获得的信息可以在临床病史和病情描述部分找到。

除了家长访谈，我们还问了 KE 一些关于讲话的问题（例如，"告诉我你的讲话情况"，"什么时候觉得说话最困难"）。由于 KE 存在接受 / 表达混合型语言障碍，理解和回答这类问题对他来说很困难。虽然临床医生简化了问题并提供了多个可供选择的答案，但是 KE 经常不回答或答非所问。因此，临床医生在很大程度上依赖父母的报道和观察。同时临床医生也向 KE 的老师提供了一份调查问卷，但其老师并未交回问卷。

【读者问答】

1. 下列哪些因素不被认为是持续口吃的危险因素？

（1）口吃的严重程度。

（2）性别。

（3）发病后持续时间。

（4）家族史。

答案：（1）正确。因为口吃最初的严重程度可能会令医生迅速采取干预措施，因此可能不会持续到成年[3]。

（2）不正确。男性的口吃更有可能持续到成年，因此，性别被认为是一个危险因素。女性不仅比男性更容易克服口吃，而且克服得更早[3]。当儿童到达学龄期，男孩口吃的可能性是女孩的 3~4 倍[4]。

（3）不正确。口吃超过 6 至 12 个月的儿童更有可能在成年后继续口吃，因此，口吃发病后持续时间被认为是一个危险因素[5]。口吃超过 6 个月的儿童应由言语语言病理学家进行评估，以确保他们尽

表 33-3　SSI-4

子测试	任务执行情况	任务评分
频率	第 1 个口语样本：4.00 第 2 个口语样本：2.74	8
3 个最长的口吃事件的平均持续时间	约 2s	8
身体伴随行为	• 令人分心的声音（如音调升高）：漫不经心的观察者注意不到 • 面部表情（如鼻孔张开）：除非注意找否则不会注意到	3
		总分：19 分 百分级：41%~60% 严重程度等级：中等

可能在口吃发病初期时接受干预。

（4）不正确。有口吃家族史的孩子，特别是有持续性口吃家族史的孩子，口吃持续到成年的风险更大[6]。因此，家族史被认为是一个危险因素。如果一个孩子口吃且有家族史，他们应该通过言语语言病理学家的评估决定是否需要干预。

2. 当在口吃评估中进行鉴别诊断时，应考虑下列哪一项？

（1）口语样本的理论分析。

（2）儿童访谈。

（3）家长或教师报告或问卷。

（4）以上都是。

答案：（1）不正确。虽然在大多数情况下，临床医生必须理论分析口语样本，以确定儿童是否需要接受治疗，但不能仅根据这些样本做出诊断或制订治疗计划。由于口吃的可变性，儿童在样本中的口吃频率或严重程度可能低于平时。此外，口语样本通常不能提供关于孩子对口吃的反应，及口吃对他们的影响。

（2）不正确。虽然访谈是收集口吃信息的有效途径，并且经常提供对障碍的情感和认知成分的深入理解，但通常需要对口语样本进行理论分析以确定儿童是否需要接受治疗。此外，幼儿往往没有自我意识或意愿分享他们对口吃的感受，尤其是对一个不熟悉的人。采访家长和老师可以补充孩子无法或不乐意提供的信息。

（3）不正确。家长和老师的访谈或问卷调查是收集口吃信息的有效方法。然而，儿童的观点和对口语样本的理论分析也是必要的，以确定儿童是否需要接受治疗，并确保临床医生能全面考虑。

（4）正确。一个综合的口吃评估必须包括（但不限于）：①口语样本的理论分析；②儿童访谈/问卷调查；③家长访谈/问卷；④教师访谈或问卷。正式的言语/语言评估也被推荐用于鉴别诊断和确定是否共存沟通障碍。

3. 对错题：因为 KE 被诊断为接受/表达混合性语言障碍，所以 KE 的语言不流畅属于语言表达不流畅。

（1）对。

（2）错。

答案：（1）不正确。鉴于 KE 语言不流畅的类型、频率、身体紧张/挣扎行为和对口吃的消极反应，他被诊断为儿童期发病的流畅性障碍。尽管他同时被诊断为接受/表达混合性语言障碍，但 KE 并没有表现出言语表达不流畅的儿童的特征。

（2）正确。尽管 KE 表现出一些言语表达不流畅，但他大部分的不流畅被看作是口吃（例如，单音节字的重复、单词部分重复、延长和卡顿）。此外，身体伴随行为的出现，如音调升高、避免目光接触、鼻孔张开和撸嘴都有助于鉴别诊断。

4. 学龄前儿童口吃的治疗：

（1）应该始终遵循一种操作方法（如 Lidcombe 计划）。

（2）应该始终遵循一种间接方法（如需求—能力、Palin 亲子互动疗法等）。

（3）应根据孩子和家庭的情况满足个性化需要。

（4）完全不能接受口吃。

答案：（1）不正确。尽管学前口吃治疗的操作方法已经有研究支持，但是这是基于群体的平均水平，并不能证明适合所有儿童[7]。治疗应该是个性化的，以满足儿童和家庭的需要，因此，没有一种特定的方法可以始终适用于每个口吃的孩子。

（2）不正确。间接治疗学前口吃是另一种得到研究支持的方法[7-9]。然而，临床医生在决定最佳治疗方案时必须考虑孩子和家庭的特殊需要。

（3）正确。口吃是一种多重障碍，每个口吃的孩子都有一系列独特的因素导致他们出现口吃。因此，治疗计划的制订应该个性化，以满足儿童和家庭的需要。

（4）不正确。口吃是一种以神经为基础的障碍[10, 11]。虽然口吃肯定会对儿童的情绪产生影响，但是儿童期发病的流畅性障碍的发作并不是以心理为基础的。意识到自己说话不流畅并不会导致一个孩子出现口吃。事实上，以一种中立和可接受的方式承认口吃是有益的，这有助于帮助孩子建立健康的沟通态度。

【障碍描述和推荐治疗方法】

评估的重点是确定 KE 是否有流畅性障碍及是否有必要进行治疗。非正式和正式的测试结果表明，KE 患有轻度至中度儿童期发病的流畅性障碍（口吃），其特征是以单音节字的重复、单词部分重复、延长和卡顿。KE 还表现出了音调的轻微升高和鼻孔的扩张。他没有明显意识到自己的不流畅，在评估过程中也没有表现出沮丧。虽然在评估期间没有观察到，但他的母亲说，他口吃时有时会捂住嘴并且避免目光接触。不流畅的类型、频率和持续时间及身体伴随行为有助于区分典型的语言表达障碍，和对 KE 儿童期发病的流畅性障碍的诊断[2,12]。

基于此评估，KE 被确定为一个理想的治疗对象。除了他目前针对接受 / 表达性语言障碍接受的言语 / 语言治疗，还建议他每周接受一次针对口吃问题的治疗。由于他的家人愿意积极参与治疗过程和良好的依从性，KE 预后良好。在评估的时候，医生建议使用一种间接疗法来治疗口吃。研究表明，这种方法可以有效地消除或大大降低学龄前儿童口吃的频率和严重程度[7-9]。间接疗法侧重于改变儿童的环境，以提高流畅性和建立健康的沟通态度。持续的评估将决定是否或何时在 KE 的治疗计划中加入更直接的治疗方法。

【结果】

KE 的父母都被鼓励参与治疗过程，所以临床医生可以对他们独特的互动方式提供反馈。因为父亲的工作安排，只有母亲能安排参与治疗。临床医生建议他的父亲通过每周发送他和 KE 家庭"治疗时间"的视频来参与治疗。治疗始于让其父母了解有关口吃的信息，包括关于口吃的神经学成分、口吃的不同类型、KE 对口吃的不同反应方式，及环境如何影响口吃等。

临床医生向 KE 的母亲介绍了"特殊时间"的概念，即家长每周应完成 3 次 5min 的游戏，作为他们的治疗时间。一旦 KE 形成了特殊时间的习惯，KE 的母亲就可以继续采用以下互动策略：①减少提问；②以 KE 的言语 / 语言水平说话；③在游戏中以 KE 为主导；④通过增加停顿来放慢交流的速度[9]。在活动中，临床医生模拟了特殊时间的目

标，并为 KE 的母亲提供了一个练习和接受反馈的机会。

除了介绍互动目标外，每节课都有一部分专门用于讨论教学策略，旨在促进健康的沟通态度。临床医生探讨的话题包括：①如何应对口吃；②减少家庭成员之间的相互打断。在完成家庭训练计划后，KE 口吃时不再捂住嘴。当 KE 的母亲公开和他谈论口吃时，他报以微笑。虽然不流利但他坚持讲话，并且时不时会鼓励自己。然而，可观察到的 KE 口吃现象仍在继续，他的母亲开始注意到他眼睛周围的紧张。此外，KE 多次说"我不能说那个词"，或者在无法应对时完全跳过整个词。由于这些负面反应（如词汇回避、表达沮丧），所以在治疗中引入了一个更直接的治疗方法。直接疗法包括：①用儿童喜欢的方式来谈论口吃；②有目的地和不同类型的口吃儿童"玩耍"；③监控 / 捕捉口吃的时刻；④对比练习，目的是在紧张状态中"玩耍"；⑤练习如何通过伸展身体或从口吃中恢复过来以缓解紧张情绪。

初始评估 1 年后，我们对 KE 进行了重新评估。非正式和正式测试表明他患有轻度至中度儿童期发病的流畅性障碍，特征是单音节字的重复。也存在单词部分重复和延长但频率较低。在口吃的时候，KE 的音调有轻微的升高，但是没有观察到其他形式的身体紧张或沮丧感。他的父母分享说，在评估期间收集的口语样本可以代表他们在家里观察到的现象和学校里反馈的现象。与之前的评估相比，KE 依然表现为轻度到中度的流畅性障碍。然而，他的身体伴随行为减少了。KE 在谈论口吃问题上表现出了更强的能力和意愿，但他需要更多的练习来增加与家人以外的人谈论口吃时的舒适感。KE 的母亲说，她感觉自己更有准备去应对儿子的口吃，并表示，即便他继续口吃，她对儿子未来的担心也减少了。随着 KE 和他的同龄人逐渐长大，KE 的母亲很想知道，其他孩子在 KE 口吃时会做出怎样的反应。未来的课程将会集中于培养 KE 轻松应对同伴提出的有关口吃的问题或被取笑的能力。

要点

◆ 儿童初发型口吃受到神经学基础因素影响。因此，治疗方法必须与沟通障碍（如构音障碍）不同。孩子并没有养成或习得什么"坏习惯"，而是在孩子大脑的言语 / 语言区域的结构和功能上存在着细微的差异[10, 11]。

◆ 尽管许多儿童在言语和语言发展过程中会经历短暂的不流畅期，但发育障碍和口吃儿童的不流畅之间存在明显的区别。识别这些差异对于决定孩子是否能从早期干预中获益至关重要。

◆ 即使是年幼的儿童，口吃也是一种多方面的障碍，临床医生必须采取整体治疗的方法，包括考虑儿童可观察到的口吃，他们对口吃的反应，在他们的环境中其他人的反应，及口吃对他们参与日常角色和情景的意愿和能力的影响[13]。

◆ 对口吃儿童的评估应该持续进行。治疗目标和方法必须随着口吃和（或）孩子对口吃的反应（或其他人的反应）的改变而调整。

推荐阅读

[1] Rustin L, Cook F. Parental involvement in the treatment of stuttering. Lang Speech Hear Serv Sch. 1995; 26(2) 127–137

[2] Yaruss JS, Reardon-Reeves NA. Early Childhood Stuttering Therapy: A Practical Guide. McKinney, TX: Stuttering Therapy Resources; 2017

参考文献

[1] Riley GD, Bakker K. Stuttering Severity Instrument: SSI-4. Austin, TX: Pro-Ed; 2009

[2] Ambrose NG, Yairi E. Normative disfluency data for early childhood stuttering. J Speech Lang Hear Res. 1999; 42(4):895–909

[3] Yairi E, Ambrose NG. Early childhood stuttering I: persistency and recovery rates. J Speech Lang Hear Res. 1999; 42(5):1097–1112

[4] Craig A, Hancock K, Tran Y, Craig M, Peters K. Epidemiology of stuttering in the community across the entire life span. J Speech Lang Hear Res. 2002; 45 (6):1097–1105

[5] Yairi E, Ambrose NG, Paden EP, Throneburg RN. Predictive factors of persistence and recovery: pathways of childhood stuttering. J Commun Disord. 1996; 29(1):51–77

[6] Ambrose NG, Cox NJ, Yairi E. The genetic basis of persistence and recovery in stuttering. J Speech Lang Hear Res. 1997; 40(3):567–580

[7] de Sonneville-Koedoot C, Stolk E, Rietveld T, Franken MC. Direct versus indirect treatment for preschool children who stutter: The RESTART randomized trial. PLoS One. 2015; 10(7):e0133758

[8] Kelman E. Practical Intervention for Early Childhood Stammering: Palin PCI Approach. London: Routledge; 2017

[9] Yaruss JS, Coleman C, Hammer D. Treating preschool children who stutter: description and preliminary evaluation of a family-focused treatment approach. Lang Speech Hear Serv Sch. 2006; 37(2):118–136

[10] Chang SE, Zhu DC. Neural network connectivity differences in children who stutter. Brain. 2013; 136(Pt 12):3709–3726

[11] Beal DS. The advancement of neuroimaging research investigating developmental stuttering. Perspect Fluen Fluen Disord. 2011; 21(3):88–95

[12] Tumanova V, Conture EG, Lambert EW, Walden TA. Speech disfluencies of preschool-age children who do and do not stutter. J Commun Disord. 2014; 49:25–41

[13] Yaruss JS, Quesal RW. Stuttering and the International Classification of Functioning, Disability, and Health: an update. J Commun Disord. 2004; 37(1):35–52

朗道 – 克莱夫纳综合征相关的语言和认知缺陷
Language and Cognitive Deficits Associated with Landau–Kleffner Syndrome

Barbara Culatta　Carol Westby　**著**

杨　柳 **译**　　全交界　徐洋凡 **校**

【概述】

朗道—克莱夫纳综合征（Landau–Kleffner syndrome，LKS）[1]是一种以夜间抽搐和突然或逐步发展的失语症为特征的儿童神经系统疾病。本病例是一个 4 岁被诊断为患有 LKS 的儿童病例[1]。这个病例提高了临床医生对癫痫发作对语言功能产生负面影响的认识，并强调了语言障碍往往无法通过最初的观察立即得到正确的诊断。实际上，由于癫痫会在儿童睡眠时发生，因而进行诊断会变得更加复杂。

【临床病史和病情描述】

男孩 DG 在 7 岁时，被转诊至一个大学言语和语言诊所进行语言评估。他的母亲说在他 4 岁生日前不久，他对评论和命令反应不佳。她最初以为是他在反抗。但随后他的语言能力开始进一步衰退，4 岁时 DG 失去了口头交流的能力，也不能听从命令或对人的评论做出适当的口头反应。初步评估排除了自闭症谱系障碍，并最终被诊断为患有 LKS。为控制他的抽搐反应，我们对其采取了积极的类固醇激素治疗和随后的抗惊厥药物治疗。

【临床测试】

DG 在 7 岁时接受了全面的语言评估，根据国际功能分类，评估人员按照国际功能残疾和健康分类（International Classification of Functioning,

ICF）[2]对 DG 进行了语言能力和表现的评估。能力是指在标准化环境下执行一项技能或任务的能力；表现是指在自然环境中使用这些技能。

（一）能力评估

DG 在口语综合测评（comprehensive assessment of spoken language，CASL）的总体和分项标准（standard scores，SS）得分显著低于平均水平（CASL[3]：综合 SS =55，基本概念 SS =60，语法 SS = 53，段落理解 SS = 65，语用学 SS = 56）。

词汇：DG 能够理解很多具体和常用词。但他在理解空间、时间和数量等方面的词汇时表现出了困难（例如，第一 / 最后；都 / 相同；夫妇 / 不 / 没有；下面 / 下面 / 圆的 / 外面）和不太常见的单词，比如"拉伸"和"衡量"。DG 在语义联想、同义词和类属词方面也表现出了困难（例如，他不知道"宠物"这个词）。DG 无法给词语下定义。

语法 / 词法：DG 主要用简单的句子进行交流。他发表了相关看法，并就他所经历的事件提出了适当的问题。他在表示时态方面犯了语法错误（"我妈妈现在有一只鹦鹉"她年轻的时候有一只）。主语 / 动词不一致（"它能移动和转动"），连接动词错误（"他是在吃什么"）及动词过去时错误（如"他长大后"）。连词的省略妨碍了 DG 表达相关联思想的能力。

叙述技巧：在叙述巴黎的任务中，DG 回答了几个关于图片故事的问题，这些问题需要理解特定的故事语法元素（如初始事件、问题、解决方案、性格反应），但他只获得了 6 分，比一年级的平均分数低了大约 2 分。在叙述语言测量评估中，DG 需要复述一段叙述，他对几幅连续呈现的图片进行了评论，但并没有表达或传达图片之间的关系。他也很难回答关于故事语法元素的问题。如果不参照图片，DG 无法将故事中的任何动作联系起来，并且他在回答关于简单故事的问题时表现出困难的反应，特别是当没有清晰的图片可以参照时。

（二）评估表现

DG 可以根据熟悉的和情境化的事件回应简单的问题、评论和命令。当语言被去语境化、抽象化或以文本的形式呈现时，DG 则没有回应或做出无关的评论。他很难完成多步指令和理解解释（如他对于简单解释后提出的间接请求没有回应）。DG 很难从文本中进行推断。即使是幼儿园或学前班水平，在治疗过程中讨论文本时，DG 回答了几个明确的问题，但回答不出需要推论的问题。即使把他分到比他实际年龄小一岁的年级时，DG 仍不能在课堂上回答关于课文的对话。

在社交和会话互动方面，DG 难以用言语来表达自己的思想和想法，难以有组织、详细地复述生活事件和经历。当被要求复述经历或当他自发地讲述自己的经历时，他会用一些短语或句子来描述 1～2 个突出的行为，并需要问题提示。当会话主题是具体的、熟悉的或与当前上下文相关的，DG 偶尔也会参与与主题相关的话轮转换。在与人交谈时，DG 会回答一些问题，但往往会说一些离题、不相干的话。他很少详细阐述对方的话。他也很难把最近发生的引人注目的事件联系起来，容易做出支离破碎的评论。例如，当被问及最近去加州看神经科医生的事时，出现了如下对话：

成人：你不是刚从加州回来吗？

DG：是的。然后得到了白色的帽子和紫色的胶水。坏车！

成人：为什么？

DG：因为前面有两扇门，后面没有门。我们有一个坏车，非常坏的车，小型汽车；但它不合适。伤害了我的腿。

【读者问答】

1. 以下哪一种特征在 LKS 诊断中特别重要？

(1) 进食问题和口腔运动失用症。

(2) 渐进性感音神经性听力丧失。

(3) 语言正常发展后逐渐或突然丧失语言能力。

(4) 形态和句法发展迟缓

答案：(3) 正确。正常语言发展后逐渐或突然丧失语言能力是 LKS 的一个显著特征。

(1) 不正确。LKS 患儿可能有口腔运动功能失用症，但是许多其他有语言障碍而没患 LKS 的也可能有同样的问题。

(2) 不正确。患有 LKS 的儿童可能表现为听力丧失，因为他们的语言理解能力较差，但通常在耳朵或听神经水平上没有损伤。

(4) 不正确。患有 LKS 的儿童很可能显示词法和语法缺陷。但是许多患有其他语言障碍的儿童也是如此。但和患有其他语言障碍的儿童不同的是，LKS 患病儿童在发病前具有典型的词法和语法技能。

2. 下列哪项任务 / 活动可以评估能力？

(1) 商量游戏规则。

(2) 参加一个关于科学实验的课堂讨论。

(3) 告诉朋友你看过的电影。

(4) 给出词语的定义。

答案：(4) 正确。给一个词下定义是一种技能；了解一个词的意思并不能确保这个词将在自然的上下文中被有效地使用。

(1)、(2)、(3) 均不正确。它们是语言技能在自然语境中表现的例子。

3. 临床医生在制订目标和确定干预重点时，如何最好地处理世界卫生组织（World Health Organization，WHO）的国际功能分类（ICF）框架？

(1) 考虑对方在获得能力（技能）和功能（在自然环境中的表现）方面的需求。

(2) 利用一组指定的诊断类别。

(3) 陈述个人在标准化测试中的表现，并基于这些测试结果构建目标。

(4) 使目标符合通用的国家核心标准（Common Core State Standards，CCSS）。

答案：(1) 正确。ICF 的基础是评价个人的能力和功能。

(2) 不正确。国际功能分类（ICF）提供功能代码，而不是功能代码残疾原因的诊断。

(3) 不正确。标准化测试只衡量能力。目标应该基于学生的能力和表现的水平。

(4) 不正确。因为许多 CCSS 关注学术能力、技能和学术环境中的表现，符合 CCSS 的目标与 ICF 是一致的。然而，学术能力 / 表现只是功能的一个方面。当使用 ICF 框架时，言语语言病理学家不仅仅是学术领域，而且应该在生活的各个方面考虑能力和表现领域。

4. 下面哪个是更高级别的语言方面（宏观结构）示例？

(1) 回答关于故事中提到的具体事件的事实性问题。

(2) 用图形表示文本组织和从图例中重述文本。

(3) 对文本中的目标词进行解码。

(4) 将多音节单词分割成组成部分。

答案：(2) 正确。文本组织是文本的宏观结构；从图形中复述文本可以体现对宏观结构的理解 / 认识。

(1) 不正确。回答一个事实性的问题并不需要对文本的整体理解。一个人只需理解一个简单的句子，就可以回答许多事实性的问题。

(3) 和 (4) 均不正确。音节解码和音节分割是低级别组织技能。

【障碍描述和推荐治疗方案】

DG 在微观结构上（低词汇量和语法技能）和宏观结构上（更高的组织 / 推理技能）均存在缺陷。他在能力（特定技能）和表现（在自然环境中使用他的技能和知识）方面也有困难。因此，在社会和学术背景总是考虑如何培养更高的技能（宏观结构和推断）和技能影响（功能）期间，治疗侧重于培养基本技能（微观结构和能力水平）。他的治疗侧重于基本技能（微观结构和能力水平），同时一直考虑在社会和学术背景下如何发展更高的技能（宏观结构和推断）和影响表现（功能）。

治疗目标是建立在 CCSS、学术和考虑到的社会功能之上。将信息文本中的主题与实践经历和叙事文本中的内容相联系，反过来又为个人事件的叙述提供了基础。为了提高词汇、语法和讲话组织能力水平，治疗方案会将语言 / 读写活动插入到有趣话题中（例如，制作和放飞风筝的同时，谈论风力对风筝的推动作用及与《吉尔博托和风》的联系；把虫子和蜗牛拿来比较；长腿爸爸和蜘蛛；鼻涕虫和蜗牛）；描绘说明性和叙事性的文本结构。这些研究的重点是分辨性格思维和感受是如何影响他们的计划和行为，及着重寻找做出推断所需的重要信息。引用与 DG 的个人生活经历有关的人物情感和目标 / 计划，进行虚构叙述。通过回忆这些治疗中的经历，让 DG 将这些经历与他人联系起来，从而提高其语言运用的表现水平。

【结果】

根据 ICF 能力和表现的区别，3 年后再次评估 DG 的表现。

（一）能力结果

11 岁时，DG 在较低级别中取得了显著进步，基于能力的语言技能在正式测试——口语综合评估（CASL）、伍德科克—约翰逊测验成绩[4] 和韦氏儿童智力量表（WISC）[5] 中提高标准分数就是佐证。

词汇：在口语综合评估和韦氏儿童智力量表的词汇检测中，DG 得分在平均和低于平均分范围内。尽管分数如此，但他仍在获取抽象和关系（空间、时间、数量）术语和需要大量具体、直接的指令学习新的词汇上表现出相当大的困难。在学习专业词汇、情感和心理状态词语、多重意义词和在文本中遇到比喻性语言时，DG 需要参照许多例子着重强调其意义才能明白。

语法和词法：DG 在句子理解和语法语素口语综合评估的子测试上均属于平均分范围内。然而，在社会和学术背景下，如复述文本或编成故事，DG 在表达复杂语法结构上存在困难。尽管他能够使用"因为"来表示句子组合中的因果关系，但当涉及个人经历时，他无法再使用"因为"或"因为"来表示因果关系，也没有在比较和对比物体和事件时自发地使用"但是"。

阅读理解：DG 在阅读理解方面有所提高。在口语综合评估测试中，他的口语理解评分为 91 分，表明没有智力方面的缺陷。在韦氏儿童智力量表语言理解子测试中，他的评分为 80 分（第 18 个百分位数），属于平均分范围内。然而，在口语综合评估需要推理（一种更高水平的技能）的非文字语言和实用判断子测试中，DG 的成绩低于平均水平。在非正式评估方面，DG 可以通过在回答导向问题时加入故事语法元素来复述简单、组织良好的故事。他能够共同构思故事，并在图形表示中填充故事语法元素。然而，他难以回答有关人物内心状态与他们的计划和目标之间关系的推论问题。没有适当的支持，他无法绘制或复述信息性文本（如问题 / 解决方案、原因 / 结果、比较 / 对比或顺序结构）。在国家级标准参考测试中，他对信息性文本的理解能力得分低于熟练程度分数。

（二）表现结果

DG 在高层次语言和表现方面取得了进步，但是这些进步相比基本能力的技能进步幅度要小；到 11 岁时，DG 持续在高级语言领域表现出明显的困难。

在谈话和叙述情景时，DG 的表现缺陷尤其明显。他知道该说些什么，但很难融入课堂上的合作讨论，而且难以清晰地表达个人经历。为了理解 DG 的故事，听众们需要事先了解关于发生了什么的背景信息。当听众与他分享他们的知识，并将发生的事件按时间和因果顺序给予他构建性的支持后，DG 可以复述自己的经历。他与同龄人的互动仍然局限于发表评论、分享具体的事件或谈论他最喜欢的话题。尽管 DG 在讲述个人故事（一种能力技能）方面取得了进步，但他不知道什么时候该讲他的故事，也不知道如何回应别人讲的故事，缺乏运用生活情境讲故事的能力。在与同伴的谈话中，当成人建议讲述一个符合特定主题的个人故事来进行交流时，他可以用不止一句话来表达自己的观点。

由于他在标准化考试中的综合成绩，DG 不再在学校享有特殊教育服务。正式测试主要测量 DG 较低水平的语言和认知能力；其中很少有测试高水平话语能力技能的任务，也无法体现他在自然社会和学术环境中表现困难的严重性。DG 的工作记忆性差（标准化测试的第 1 百分位），抽象语言 / 推理和语言表达能力不足、处理速度慢及注意力方面也存在问题，这些问题很明显地导致了他在现实生活中的功能受限。他的母亲担心他的社交能力差、很难和朋友保持联系。

要点

- LKS 是一种罕见的神经系统疾病，会导致原本正常发育的儿童丧失语言技能。语言问题的第一个症状通常是听觉语言失认症。
- 确定解决能力问题的方法十分重要，同时也要安排有针对性的技能来提高表现能力。
- 临床医生和教师应当支持或在可能影响业绩的情况下尽力支持其能力水平的提高。
- 高水平的任务需要临床医生、教师和家长支持，使用跨越语境、内容和文本等技能。
- 在治疗过程中，必须维持基本技能和在真实情境中运用技能的最终要求之间的紧密联系。
- 通过标准化测试来衡量的能力的提高，可能无法预测患者在真实语境中的表现，也不能预测他们在自然语境中功能性地使用语言的能力。

推荐阅读

[1] Besag FM. Cognitive and behavioral outcomes of epileptic syndromes: implications for education and clinical practice. Epilepsia. 2006; 47 Suppl 2:119–125

[2] Dempsey L, Skarakis-Doyle E. Developmental language impairment through the lens of the ICF: an integrated account of children's functioning. J Commun Disord. 2010; 43(5):424–437

[3] Westby C, Culatta B. Telling tales: personal narratives and life stories. Lang Speech Hear Serv Sch. 2016; 47(4):260–282

参考文献

[1] Landau WM, Kleffner FR. Syndrome of acquired aphasia with convulsive disorder in children. Neurology. 1957; 7(8):523–530

[2] World Health Organization (WHO Workgroup for development of version of ICF for Children & Youth). International Classification of Functioning Disability and Health - Children and Youth Version (ICF-CY). Geneva, Switzerland: World Health Organization; 2007

[3] Carrow-Woolfolk E. The Comprehensive Assessment of Spoken Language. San Antonio, TX: Pearson; 1999

[4] Woodcock RW, Shrank FA, McGrew KS, Mather N. Woodcock-Johnson IV Tests of Achievement. Rolling Meadows, IL: Riverside; 2014

[5] Wechsler D. Wechsler Intelligence Scale for Children. 5th ed. Bloomington, MN: Pearson; 2014

先天性巨细胞病毒感染和创伤性脑损伤患儿的喂养和语言治疗

Feeding and Language Therapy in a Child with Congenital Cytomegalovirus and Traumatic Brain Injury

Debra L. Kerner 著

钟影雪 译 周钰 校

【概述】

这个病例说明，在病情复杂的情况下，要在多个相关领域之间进行沟通存在巨大的挑战，这些病情包括进食困难、语言缺陷及认知和听觉受损等。为此，我们提出了一种基于循证证据的合理治疗方案[1-6]。

【临床病史和病情描述】

MD 是一个 8 岁 6 个月岁的男孩，因其母在孕 35 周时对超声刺激无反应而通过急诊剖宫产出生。他出生时体重 2.5kg，身长 45.7cm。出生后的并发症包括先天性巨细胞病毒感染、2 级脑室内出血（intraventricular hemorrhage，IVH）、肌张力低下、肝衰竭、低血小板、高胆红素、严重听力损失及动脉导管未闭（patent ductus arteriosus，PDA）。他同时还患有视网膜病变、眼球震颤和视网膜炎等疾病，因此需佩戴矫正镜。他 12 个月之前便已经历了多次手术，包括 14 次输血，PDA 修复，因进食困难而必须植入胃造口术纽扣（G 键），及双侧耳蜗植入。他的 G 键被用于药物治疗，偶尔也用于补水，视需要而定。MD 通过口服液体，果泥和机械软食品经口摄入热量。他无法使用语言，因此只能使用 ProLoQuo2Go（一款应用）作为他的主要

交流手段。他偶尔还可以使用极少量的手语进行交流。MD 就读于一所以残疾儿童教育为主的私立学校。他在学校除了言语治疗、集体言语治疗、音乐治疗和作业治疗外，还接受了个体化作业治疗、物理治疗和马术治疗。

【临床测试（检查）】

一位临床医生在 MD 6 岁 4 个月时进行的初步评估显示，MD 在所有交流领域的总体功能相当于 12～18 个月大小的儿童。使用圣地亚哥作业治疗喂养技能清单（San Diego occupational therapy feeding skills）和莫里斯和克莱因喂养清单（Morris and Klein feeding checklist），他的摄食技能相当于 6～8 个月的儿童。在他进行第 1 次评估时，我们还没有引入增强交替交流（augmentative and alternative communication，AAC）设备，因此他只能通过手语进行交流，而使用这种手语交流时，只有熟悉的交流伙伴才能识别出不到 30 个的肢体语言。

MD 在 8 岁 2 个月时进行了下一次评估。因为他的认知水平和沟通技巧不足，所以他并不适合进行标准化测试。我们曾利用皮博迪（Peabody）图片词汇测试（第 4 版）进行测试，但还是停止使用了。随后我们使用了功能沟通模式修订（functional communication profile revised，FCP-R）（表 35-1）和

罗塞蒂幼儿（Rossetti infant–toddler）语言量表以评估其整体沟通能力（表 35-2）。虽然这项测试并不适合他的年龄，但鉴于他在所有交际领域的认知功能都很差，因此该测试确实能够提供更有意义的临床信息。他在所有领域的总体成绩证实了他的各项能力并不一致。他在互动依恋得分相当于 15～18 个月，语用学领域相当于 15～18 个月，游戏领域相当于 21～24 个月，手势领域相当于 24～27 个月，语言理解相当于 30～33 个月，语言表达相当

于 18～24 个月。

从几个喂养清单和指南可以看出，MD 总体摄食技能相当于 12～14 个月儿童。他只能食用稀薄的液体和研磨的、捣碎的或手工制成的软固体。他在吃非汤泥化食物时使用了补偿策略，包括进行非分离的咀嚼，他用舌头表面吮吸食物，把小块食物丸推到舌头前表面，并用他的前中央门牙后面来吮吸食物，从而延长食物丸在口内的时间，以促进丸粒分解。他还会把食物放在后臼齿上，学习如何将

表 35-1　功能沟通概况

领域评估	正常	温和	适度	严重	很严重
感觉				×	
运动			×		
行为			×		
专注			×		
接受性语言					×
表达性语言					×
务实/社交					×
演讲					×
声音	×				
口试				×	
流畅	×				

表 35-2　罗塞蒂婴儿 – 托德勒语言量表

月　龄	互动依恋	语用学	手　势	玩　耍	语言理解	语言表达
9—12	2/4	2/3	5/5	4/6	12/12	5/8
12—15		3/5	3/5	3/6	7/9	8/13
15—18	2/3	2/3		4/4	5/6	4/7
18—21		1/4	1/4	1/3	4/5	3/5
21—24			2/5	2/3	2/4	3/8
24—27			2/4	1/3	3/4	2/5
27—30				2/3	2/3	1/6
30—33				0/3	2/4	1/6
33—36				0/3	1/5	0/6

食物从侧面转移到口腔中央，咀嚼时他的嘴唇很灵活。他还会用吸吮的动作从杯子里吸出液体，尽管他有时会因多次吞咽而呛到，但并没有出现前漏。他还学会了独立地用手指吃便利的食物。

为完成 AAC 评估，我们需要使用多种检查表，包括 AAC 需求评估检查表（Van tatenhove）、审计咨询委员会需求评估核对表（Van tatenhove）等。在 Brown 第二阶段，MD 执行了一系列操作；MD 可以做出一系列相关的动作（如打招呼、重复出现、拒绝、停止活动、评论、指示和关联）。他还使用了语义关系，包括代理动作、动作对象、位置词和属性。MD 可以操控多台设备以完成所需的项目 / 活动，及自发地对结构化活动中发生的事件进行评论。

【读者问答】

1. MD 可以不加咀嚼地吞咽菜泥和手工软食。那么在吞咽的 4 个阶段中，他在哪个阶段会出现最大的困难，为什么？

(1) 口腔阶段。

(2) 口腔转运阶段。

(3) 咽期。

(4) 食管期。

答案：(1) 正确。这是食物磨碎（咀嚼和湿化）的初始阶段，人要用舌头将食物带到尖牙后区域并侧向旋转，将食物放在下牙的咬合面上进行食物加工。在这一阶段，舌头和软腭一起循环运动与颌骨运动协调。舌运动与颊运动协调，以保持食物在下牙的咬合表面。舌骨在喂食过程中也会不断移动，并有助于控制下巴和舌头的运动。当食物放在嘴里时，嘴会合上，颊肌收紧，以防止食物残留在侧颊沟中。继而进行咀嚼，使食物和唾液混合，为吞咽做好准备。(1) 是正确的，因为 MD 无法咀嚼食物，因此一旦食物进入口腔，就会立即进入运输阶段。

(2) 不正确。当有一部分食物可以吞咽时，食物被放置在舌头表面，并通过咽喉回流到口咽。舌尖上升，触及牙槽嵴，后舌下降，打开口腔后部；然后舌面向上移动，将咀嚼过的食物沿腭挤压回咽。在正常人吃固体食物时，食物在口咽部团块聚集的持续时间从几分之一秒到 10s。MD 能够操纵

他的下巴和舌头，并能够推动食物丸到口咽，因此这一阶段没有困难。

(3) 不正确。这是吞咽过程中最复杂的阶段，也是在 1s 内发生的、最迅速的阶段，包括①食物通过，推动食物丸经过咽、食管上括约肌（upper esophageal sphincter，UES）之后，进入食管，②气道保护，在食物通过过程中，要将喉和气管与咽隔开，防止食物进入气道。用软腭阻住鼻咽部，以避免食物进入鼻腔，接着关闭声带，喉向上移动，会厌倾斜且喉关闭，避免食物进入气管。3 个咽缩肌自上而下收缩，将食物丸输送到食管。MD 在此阶段并未出现困难。

(4) 不正确。这是吞咽过程的最后一个阶段，其中食物丸从 UES 的下部流经食管下括约肌（lower esophageal sphincter，LES）进入食管。在休息时，LES 会自动紧张，以防止胃反流，而在吞咽期间则会放松，以允许食物丸进入胃部，在这一过程中，喉部降低，声带打开，从而可以呼吸。MD 在此阶段没有出现困难。

2. 鉴于 MD 的病史，并且他厌恶摄入混合质地的食物，那么在喂养治疗中最好使用何种方法才能产生良好的效果？

(1) 纯粹的行为方法。

(2) 多种方法的结合。

(3) 纯粹的感官方法。

(4) 没有办法（如让他独立发展技能）。

答案：(1) 不正确。纯粹的行为喂养计划一般指使用食物（首选）、玩具、书籍或电视来协助儿童吃具有挑战性的食物。这种方法没有考虑到 MD 关于感官和运动方面所存在的困难。此外，这种类型的计划只能鼓励那些运动技能受损的儿童吞下菜泥，并且很有可能存在儿童摄入固体时窒息的风险。

(2) 正确。单一的喂养治疗方法可能不适合 MD。他对治疗的结构化和行为方法都有很好的反应。在考虑治疗方法时，要考虑到进餐时的听觉刺激，环境，嗅觉和嗅觉敏感性及触觉，前庭和本体感受输入，这一点很重要。MD 需要直接接受口腔运动技能训练，及一种改进的喂养行为方法。MD 在配合职业治疗喂养方面取得了很大的进步，在 12

个月的时间里，他的整体喂养技能进步了 6 个月。

(3) 不正确。严格的感官方法一般鼓励儿童去闻、摸、玩和品尝食物。然而，这种方法并不能帮助 MD 以其有限的运动技能来掌握安全饮食所需的技能。

(4) 不正确。如果没有直接干预，他将无法熟练进食，而且由于他的残疾，他可能面临营养不良或挑食的风险。

3. 什么样的语言治疗方法适合 MD ？

(1) 没有特异办法。

(2) 核心词汇方法。

(3) 应用行为分析。

(4) 基于游戏治疗。

答案：(1) 不正确。不使用基于特定证据的治疗方法是既无效又无意义的，并且可能导致保险报销凭证不足。作为实践语言病理学家，使用基于证据的治疗方法进行治疗也属于我们的职责范围之内。

(2) 不正确。核心词汇方法并不适用，因为这种方法只适合用于患有不一致语言缺陷的儿童，且该儿童患有的潜在缺陷必须是语音规划缺陷而非认知语言缺陷。由于 MD 是非语言缺陷，因此它不是适当的治疗方法。

(3) 不正确。虽然该方法基于证据，但并不适合用于 MD。应用行为分析（applied behavior analysis，ABA）原则喂养往往有巨大的负面影响，特别是在运动技能差的情况下。对于家庭来说，ABA 也是非常耗时的（25～40h/ 周）。

(4) 正确。基于游戏的治疗方法涉及每个游戏级别的沟通技巧知识。以游戏为基础的治疗对幼儿是有效的，因为他们注意力很少会转移，往往精力充沛。基于游戏的治疗可以让 MD 有机会能够主导活动并模拟治疗任务。治疗与视频结合，再加上 ProLoQuo2Go 这款应用，有助于帮他保持动力和集中注意力。

4. 最初 MD 的 ProLoQuo2Go 应该如何编程，什么样的词汇及什么样的语言治疗方法适合 MD ？

(1) 每个屏幕 20 个图标，将核心和边缘词汇组合在一起。

(2) 只有核心词汇。

(3) 整个屏幕上有 1×1 个图标，由 64 个词汇组成。

(4) 根据需要或根据工作人员 / 家长的要求编写程序词汇。

答案：(1) 正确。由于他存在视觉缺陷并缺乏语言技能，MD 在使用这款应用时，需要进行适当的刺激，包括使用核心词汇。最初放入他的高频词汇是为了可以通过提高他的沟通能力，来扩大他的词汇列表。个性化和激励性的边缘词汇也可以安排在其中。

(2) 不正确。虽然核心词汇是必要的，但不应限制表示个性化的边缘词汇，这往往可以发挥激励作用。如果患者经常使用个性化词汇，在设计内容时必须考虑到加入边缘词汇。

(3) 不正确。让语言学习困难者学习带有小图标的全面词汇可能带来压倒性后果。此外，MD 的视觉和运动缺陷也可能是有问题的，而且，根据他目前的语言技能，他不太可能熟练地使用这些图标。

(4) 不正确。这种方法没有包含核心词汇，而循证核心词汇对语言开发而言至关重要。仅根据周围环境的需求来设计词汇可能无法设计出效果良好的词汇。

【病情描述和推荐治疗方案】

MD 存在几种沟通障碍，这些障碍综合起来，给治疗带来了独特的挑战。他被诊断为创伤性脑损伤，其原因是出生时 IVH2 级、听力障碍、接受和表达语言障碍及进食困难。同时，他认知功能明显受损，并出现类似自闭症的特征，包括社交情感反应困难，与他人接触时的异常眼神交流和肢体语言，及与他人发展关系方面存在缺陷等等。

在喂养方面，治疗的重点是提高 MD 对不同质地食物的耐受性，及掌握咀嚼和食用各种食物的必要技能。在治疗中，我们采用了综合的方法和策略，从而培养 MD 进食时口腔各阶段的技能。在语言方面，我们采用了一种综合治疗方法，包括以游戏为基础的治疗方法，重点放在运动和因果关系上。这种方法让 MD 有机会利用他的 AAC 设备，开发自然和自发的语言。在 Brown 发展阶段的层次结构指导下，我们推荐采用系统的治疗方法，并让他的认知水平按照语言的自然进程去发展。我们还将课堂主题活动纳入了治疗方案中，以帮助并促进

MD 与他人交流。

【结果】

在治疗后期的几次随访中，我们发现 MD 改善喂养的预后较为合理。在为期 10 个月的喂养治疗中，他不断地在取得进步，进食方面，从完全仅限于摄入泥状物进步到可以摄入泥状物和手工制作软食相结合。他需要先把食物放在他的咬合白齿上，再开始咀嚼而不是使用阶段性的咬和吮吸方式。他自己吃小点心的时候，摄食技巧也已经有所提高，用杯子饮水没有从前面洒出去。对 MD 学校的工作人员和家属后续随访的建议变动很小，也就是按部就班的进行治疗。

MD 在交际效率方面也取得了重大进展。在治疗开始时，MD 的总体沟通技能相当于 12～18 个月的儿童。在不到 24 个月的治疗期间，他的总体沟通技巧已经相当于 8～33 个月的水平。要具备操作 ProLoQuo2Go 的能力，需要进行有条不紊和连续的常规活动，及基于游戏的活动，保持 MD 的兴趣，并创造自然的沟通机会。他受电子产品的激励非常大，因此在治疗过程中经常使用视频和视频模仿等方法。他能够表达 2 个三字的话语（Brown 第二阶段），并操控多个设备。继续治疗的目标是增加核心词汇并向 Brown 第三阶段迈进。

要点

- AAC 评估对于确定非语言患者有效的沟通方式至关重要。
- 对医疗条件的正式诊断并不一定能确定恰当的治疗方案。对能力、兴趣和沟通技能的彻底评估对于确定适当的干预策略至关重要。
- 为了确定合适的治疗策略，必须全面了解进食技巧的典型发展。发育喂养技能并不总是与时间年龄相称。

推荐阅读

[1] Sharp WG, Jaquess DL, Morton JF, Herzinger CV. Pediatric feeding disorders: a quantitative synthesis of treatment outcomes. Clin Child Fam Psychol Rev. 2010; 13(4):348–365

[2] American Speech-Language-Hearing Association. Augmentative and alternative communication: knowledge and skills for service delivery [Knowledge and Skills]. Available at: http://www.asha.org/policy/KS2002–00067/. doi:10.1044/policy.KS2002–00067

[3] Van Tatenhove G. Normal Language Development, Generative Language & AAC 2007;1–11. Available at: http://www.texasat.net/Assets/1–normal-language–aac.pdf

参考文献

[1] Morris SE, Klein MD. Pre-Feeding Skills: A Comprehensive Resource for Mealtime Development. 2nd ed. Austin, TX: Pro-Ed; 2000

[2] Fernando N, Potock M. Raising A Healthy, Happy Eater: A State-by-Stage Guide to Setting Your Child on the Path to Adventurous Eating. New York, NY: The Experiment; 2015

[3] Rowell K, McGlothlin J. Helping Your Child with Extreme Picky Eating. Oakland, CA: New Harbinger; 2015

[4] ASHA Pediatric Feeding History and Clinical Assessment Form (Infant 6 months and older). Available at: http://www.asha.org/uploadedFiles/Pediatric-Feeding-History-and-Clinical-Assessment-Form.pdf

[5] AAC Needs Assessment Checklist by Gail M. Van Tatenhove PA. 2016. Available at: http://praacticalaac.org/praactical/aac-assessment-forms/

[6] Typical Developmental Feeding Skills. Available at: http://sandiegooccupationaltherapy.com/wp-content/uploads/2012/01/TypicalDevelFeeding.pdf

[7] ASHA Traumatic Brain Injury Deficits. Available at: http://www.asha.org/public/speech/disorders/TBI/#deficits

学龄儿童复杂的言语语言障碍的评估和治疗的心理语言学方法

Psycholinguistic Approach to Assessment and Treatment of Complex Speech-Language Impairment in a School-Age Child

Toby Mocrae Emily Berteau Kaitlin Lansford **著**

杨栋栋 **译**   李婉婷 徐洋凡 **校**

【概述】

患有复杂言语语言障碍的儿童在言语加工时可能存在一个或多个层级的缺陷，如输入加工、储存语言学知识，和（或）输出加工。而心理语言学方法可以用来鉴别这些孩子的缺陷层级，从而为治疗提供明确的目标。

【临床病史和病情描述】

HH，女性，6 岁 11 个月，大约 4 岁时因诊断言语语音障碍（speech-sound disorder，SSD）开始接受言语治疗。虽然取得了一定的治疗效果，但是她最近又陷入了停滞状态，因此我们再次对她进行了全面的言语语言评估。

【临床测试】

本案例采用 7 步循证实践学（evidence-based practice，EBP）决策过程法作为病情测试和干预的基本方法，对心理语言学方法和治疗言语语言障碍时的信息[1]进行评估。具体应用过程中，存在以下临床问题（第 1 步），使用包括群体（population，P）、干预（intervention，I）、比较（comparison，C）、结果（outcome，O）四部分的 PICO 模式：在治疗言语语言障碍的儿童中（P，群体），使用心理语言

学方法（I，干预）时，对比其基线或不同治疗方法（C 比较），能否提高患者言语语言的表现（O，结局）？许多被证明和严格评估的研究支持这种方法用于言语语言的评估和治疗（第 2~5 步）[2-4]。基于这些证据的支持，该方法用于复杂的言语语言障碍患者的治疗是合适的（第 6 步）。

根据心理语言学模型，儿童可能在以下的环节中存在缺陷：输入加工、存储语言知识和（或）输出加工[5]。全面测试可用于精确地鉴别言语加工的损伤层级。确定损伤的水平可以为治疗提供目标。在本案例中，评估输入、存储、输出的检测包括以下方法：

- 听力筛查：20dB 的纯音听阈测试频率包括：500Hz、1000Hz、2000Hz 和 4000Hz。
- 听觉辨别包括非正式评估（听患者录音中正确的和不正确的词语发音的区别）和正式评估 [言语评估和交互学习系统（speech assessment and interactive learning system，SAILS）[6]]。
- 全面的语言理解和语言表达：《语言基础临床评估（第 4 版）》（clinical evaluation of language fundamental，fourth edition，CELF-4）[7]。
- 词汇表达：《表达性词汇测试（第 2 版）》（expressive vocabulary test，second edition，EVT-2）[8]。

- 词汇理解：皮博迪图片词汇测试（第 4 版）（peabody picture vocabulary test，fourth edition，PPVT-4）[9]。
- 语音加工（包括语音意识，语音存储和快速命名）：语音处理综合测验（comprehensive test of phonological processing，CTOPP）[10] 和部分语音意识测试（第 2 版）（portions of the phonological awareness test，second edition，PAT-2）[11]。
- 无意义词语复述测试（nonsense word repetition，NWR）：音节重复任务（syllable repetition task，SRT）[12]。
- 真实和无意义的词汇解码：词汇阅读效率测试（第 2 版）（test of word reading efficiency，second edition，TOWRE-2）[13]。
- 言语运动控制：口腔发音和言语运动协议（oral and speech motor protocol，OSMP）[14]。
- 语音产生：戈尔德曼－福利斯托弗语音清晰度测试（第 2 版）（Goldman-Fristoe test of articulation，second edition，GFTA-2）[15]。
- 词与词的不一致性：清晰发音和音位学诊断评估的词语不一致性评价（美国版）（word inconsistency assess- ment from the diagnostic evaluation of articulation and phonology，American edition，WIA）[16]。

【读者问答】

1. 言语加工的哪个方面（输入，存储，和或输出）是通过听觉辨别任务评估的？

(1) 仅有输入。

(2) 输入和存储。

(3) 仅有存储。

(4) 输出。

答案：(2) 正确。听觉辨别任务包括听所接受的刺激（输入）和唤起已存储的、有感知特色的发音和词汇方面的知识。

(1) 不正确。成功辨别正确和不正确的发音需要听者采用长时记忆对这些发音进行明确的分类。

(3) 不正确。听觉辨别任务必须包括听觉输入，因此，不仅限于存储。

(4) 不正确。这些任务要求孩子听到正确发音时指出笑脸，听到不正确发音时指出哭脸，因此不需要言语输出。

2. 在 HH 的病例中，她在言语加工的输入、存储和（或）输出的哪个领域有问题？

(1) 输入。

(2) 存储。

(3) 输出。

(4) 以上都是。

答案：(4) 正确。HH 在听觉辨别力（输入、输出），听觉记忆（存储）及语音产生（存储和输出）方面存在问题。例如：在语音加工的各个层级均有缺陷。

(1) 不正确。HH 的缺陷不仅仅涉及输入。

(2) 不正确。HH 的缺陷不仅仅涉及存储。

(3) 不正确。HH 的缺陷不仅仅涉及输出。

3. 快速命名需要用到很多相似的技巧，下面哪项最接近？

(1) 听觉辨别。

(2) 语音产生。

(3) 流利阅读。

(4) 阅读理解。

答案：(3) 正确。快速命名涉及视觉和语音信息快速地加工，这些技巧也是实现流利地阅读所需要的。

(1) 不正确。快速命名涉及言语输出，而听觉辨别不涉及。

(2) 不正确。快速命名涉及视觉信息的快速加工，而语音的产生不需要。

(4) 不正确。阅读理解与口语能力密切相关，包括词汇，而快速命名与视觉和语音信息的加工相关。

【障碍描述与推荐治疗方法】

基于这些评估策略，可以看出 HH 在输入、存储、输出方面有障碍。在输入方面，尽管 HH 通过了听力筛查，但发现她在正式和非正式的听觉辨别评估上仍存在缺陷。听觉辨别任务涉及输入和存储的某些方面技能（例：大脑中存储的语音和词汇方面感知性质的知识）。HH 需要用指出开心或伤心的面部表情代表发音正确的词语或发音不正确的词语，这样可以找出她发音困难的词汇。测试后发现，以下语音在词语首位时，她很难区分这些读音：[kr] 正确率 50%，[kw] 正确率 50%，[fl] 正确率 50%，[sl] 正确率 50%，[ð] 正确率 8%，[v] 正确率 50%。她在区分他人口中讲出词首为 [r]（正确率 60%）、[θ]（正确率 75%）的正确和错误的发音时也存在困难。存储方面，HH 在 PPVT-4 的得分是 101 分，基本符合她这一年龄的语言理解能力。她在 EVT-2 的测试标准分是 89，这表明她具有与年龄相适应的词汇表达方面的存储和输出能力。在输出方面，她在 OSMP 的全面能力得分为 106，这表明她在言语运动任务的能力方面有缺陷（如响度变化）。此外，HH 在 OSMP 的 5 个轮替运动任务中的 3 个得分比 Rob-bins and Klee[14] 报道的（最大年龄组的测试）6 岁 6 个月到 6 岁 11 个月儿童的平均分还要低至少 2 个标准分。HH 在 GFTA-2 的测试中标准分为 73 分，表明她在言语语音产生中存在缺陷。这个测试任务也涉及存储方面，因为它需要利用到存储的词汇表述，包括语音表征。

HH 在 CELF-4 的子量表测试中，回忆语句得 6 分，在造句方面得 5 分，提示她在听力和精确地复述口语句子和正确的语义语法的句子的过程中存在困难。HH 在子量表中的这些缺陷的原因，或者至少部分原因是听觉记忆障碍造成的。在语音加工方面，HH 在快速命名上存在困难，她的快速命名组合任务的标准得分为 79 分，以及 CTOPP 上替代快速命名组合任务的标准得分为 57 分。快速命名同样需要一些流利阅读方面的技巧（如快速地进行视觉加工和语音信息加工），而且这已被证明是以后阅读流利度的最强预测因素之一[17]。HH 在 CTOPP 和 PAT-2 的测试中得到了大部分的与其年龄相匹配的得分。在 PAT-2 的测试中发现她在辨别词语的中间和最后的音位时存在障碍。她在 CTOPP 的语音存储组合中得了 88 分，表明她的语音存储处于低水平。她在 NWR 任务测试中（音节重复任务），也出现了语音存储方面的障碍。NWR 任务涉及输入、存储、输出这几个方面。HH 在这个任务中的大部分（约 7/8）的辅音转换表现出了目标辅音的不同处理方式，表明 HH 存在听觉感知编码问题[18, 19]。此外，随着音节长度增加，HH 对于无意义单词的复述出现困难（2 个音节：100% 的正确率；3 个

音节：72% 的正确率；4 个音节：56% 的正确率），表明她在语音存储方面存在障碍[18, 19]。与患有言语语言的损害的同龄儿童比较，HH 在 NWR 量表的测试中使用了大量典型的辅音元素，这代表着她有着正常的言语运动计划或编码。这个发现可以排除 HH 患有儿童言语失用症（CAS）的诊断。虽然 HH 的 WIA 量表得分为 44%，这表明难以持续产生单词，但这种增加的音节到音节的不一致性常见于典型的语言发展期的儿童和非失语症的儿童[20]。最后，HH 在 TOWRE-2 的测试中实词得分 73 分，无意义的词得分 78 分，表明她在单一词汇的解码方面存在问题。

心理语言学方法并非提供一个特别的治疗方案，而更多的是强调使用特殊的技巧，解决特定的功能缺陷。输入、存储和输出的缺陷被确定为靶点，鉴于阅读能力对学业至关重要，因此编码成为治疗的首要任务。我们用 Lindamood 阅读、拼写和言语序列排列法（Lindamood Phoneme Sequencing Program for Reading, Spelling, and Speech, Fourth Edition, LIPS-4, 第 4 版）来确定 HH 是否存在音素意识、编码和直接拼写及其他方面的缺陷。HH 可以通过鉴别词语里中间和最后的辅音，把音素意识直接找出来。在输入方面，HH 的听力辨别困难是在 LIPS 活动中诊断出来的，通过她在单独的、和词语中的不同发音时，注意力的感知质量的不同来区分。在这一过程中，我们需要特别注意最小对立体之间的差异，因为 HH 很难发出目标音和她的错误音，而她也无法区分出这种差异（如 shoe 里的 /ʃ/ 和 sue 里的 /s/）。在输出方面，我们可以通过她在 LIPS 活动中正确的口语发音来判定 HH 存在发音困难。尤其需要特别注意的是最小对立体中，目标音和 HH 的错误音之间的差异。如果通过 LIPS 这种附加的处理方式发现无效，那么还可以通过 SAILS 的感知训练法和正式的语音介入来直接确定（如最小对立体疗法）。HH 的听觉记忆问题可以通过对口语句子的细节回顾和回答问题来鉴定。

【结果】

Gillam and Gillam's[1] 的 7 步循证实践学决策

过程法中的第 7 步指的是对使用特殊方法得到的治疗结果进行的评估。我们收集了一些足以判断治疗效果的数据。在 LIPS 的测试中，HH 在实词和无意义词的解码和拼读的治疗活动的表现分别如图 36-1 和图 36-2。HH 在接受治疗约 4 个月后，她在解码和拼写两者方面的准确性有所提高。最开始，集中训练字形为辅音元音（consonant-vowel，CV）和元音辅音（vowel-consonant，VC）的词语，接下来贯穿整个训练过程的是字形为辅音元音辅音（CVC）的词语，最后是混杂字形的训练。对话训练准确度基本很高，60% 及以上的阅读和 70% 以上的拼写占大多数。此外，在大约 72% 的对话训练中，我们又加入了新的目标，包括新的字母和发音及新的解码和拼写条件等。（例：当一个单词以字母 e 结尾时，这个单词中的元音要发各自的音名，即长元音，而字母 e 本身不发音）。当确立新的技能为目标时，HH 的准确度依然保持着令人鼓励的水平。DIBELS 的无意义词汇流利度的测试是

一个独立的阅读流利性测试，大约持续了数周。在治疗结束时，HH 正确语音解码的词语和完全地阅读词语的数量（分别为 22～32 个和 5～9 个）比治疗初期和中期（分别为 19～26 个和 4～7 个）稍微有所提高。但 HH 在流畅地解码词语方面依然持续性存在困难。因此 HH 需继续接受针对解码和拼写技巧的训练。在一个接一个的训练中，准确性和持续性是最首要的问题，而这可以通过自我监督和自我纠正来提升。一旦准确性和持续性提高了，那么我们将重点关注如何减少反应延迟、提高阅读流畅度。

图 36-3 是 HH 在音素意识任务中鉴别词语中间和词语末尾的发音的表现。HH 的准确性正在稳步地提高，因此这些任务没有再继续进行下去。在 DIBELS 因素分割流畅性测试中，要求 HH 在 1min 内尽可能多地将口语词汇分割成部分发音，这个训练也持续了数周。这些测试是从更高级的分割词语技巧中得出的鉴别语音的基本方法。图 36-4 是 HH

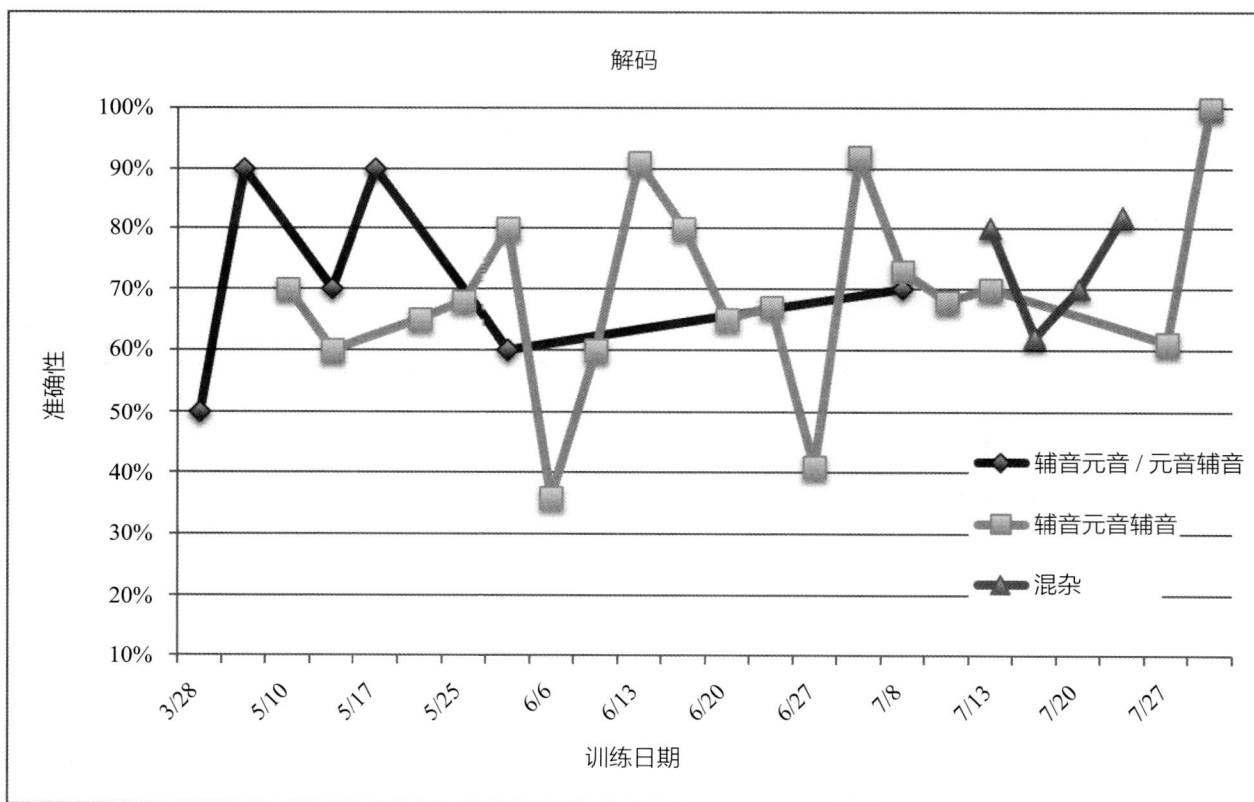

▲ 图 36-1 在 LIPS 训练中单一的实词和无意义词语解码的准确性

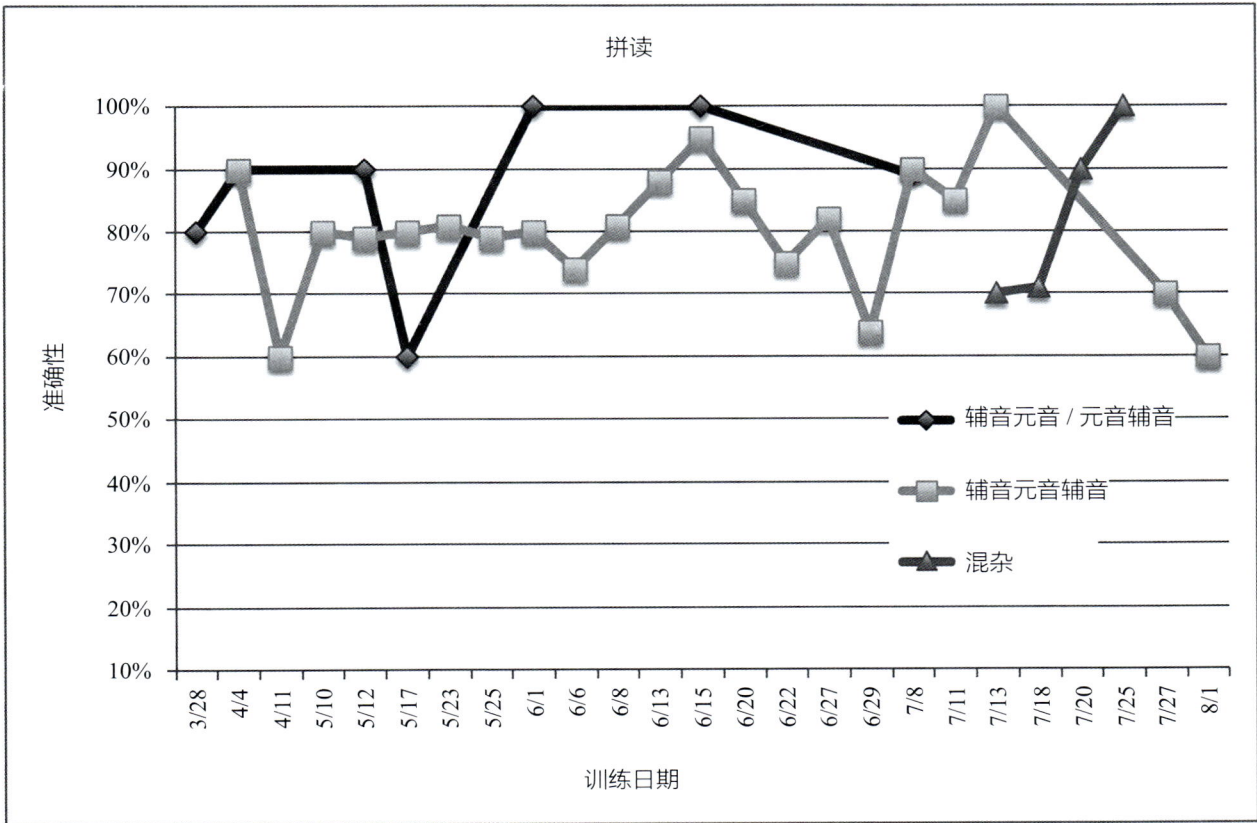

▲ 图 36-2 在 LIPS 训练中单一的实词和无意义词语拼读的准确性

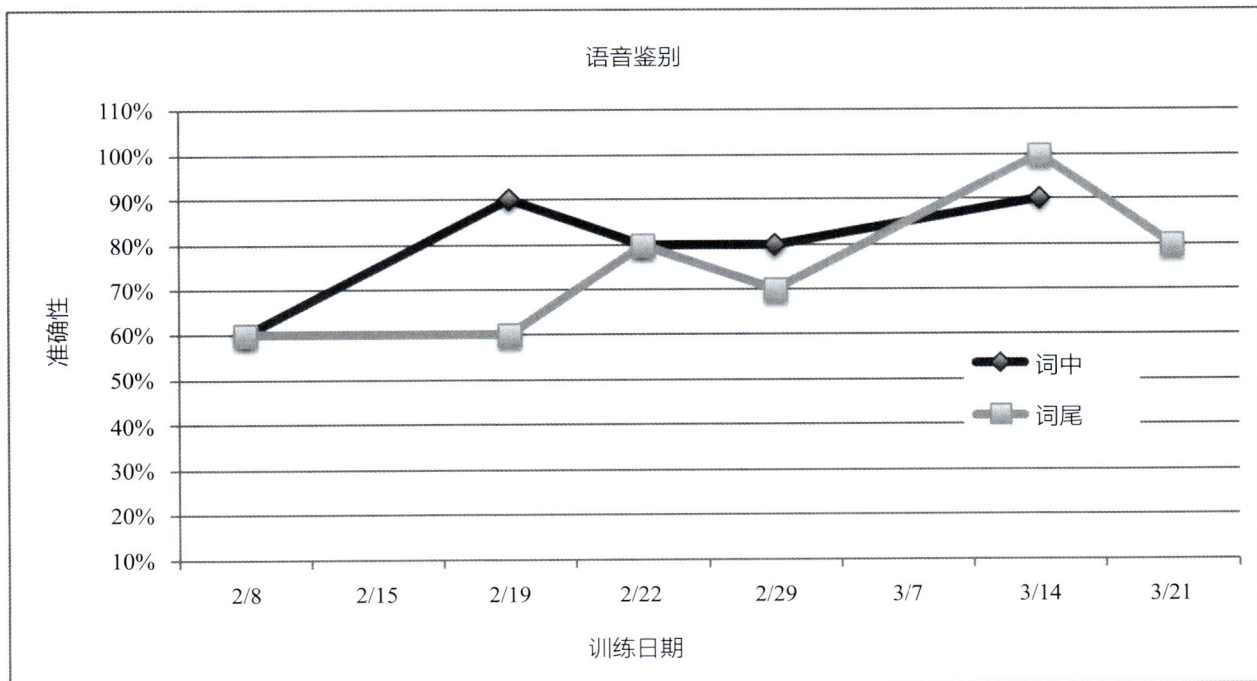

▲ 图 36-3 鉴别口语词汇中间和末尾发音的准确性

在这些测试中的表现。通过治疗，HH 在流畅的分割方面表现了稳步地提高。HH 的听觉记忆活动也被记录下来。HH 一直在进行治疗，但是只有一次得分大于 70%。这个方法将以持续地训练 HH 为目标，如强调通过回忆可视化的条目或性状的策略来提升听觉记忆。

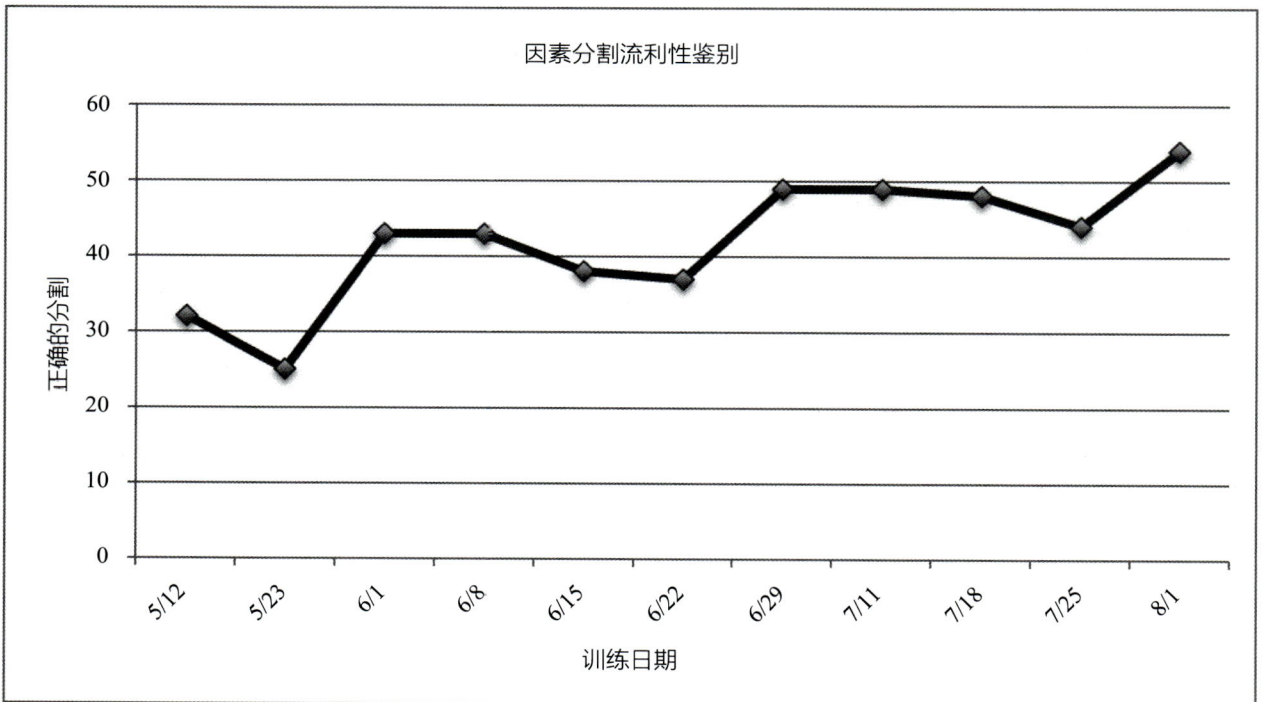

▲ 图 36-4　1 分钟内从口语词汇中准确分割的音素数量

要点

◆ 以循证医学的方法来治疗有言语语言障碍的儿童是一个可行的方法，这其中涉及创建临床问题、找出并评估多种问题的证据、将这些证据整合后做出结论及最后评估结果[1]。

◆ 用心理语言学的方法对言语语言进行评估和治疗包括鉴别输入过程、语言知识的存储和（或）输出过程的缺陷，而且将这些缺陷作为治疗的目标[5]。

◆ 心理语言学的方法可能适合于某些患有复杂的言语语言损害的儿童，但是言语语言学的病理学家不要总是期望在所有领域都取得快速递展。

参考文献

[1] Gillam SL, Gillam RB. Making evidence-based decisions about child language intervention in schools. Lang Speech Hear Serv Sch. 2006; 37(4):304–315

[2] Pascoe M, Stackhouse J, Wells B. Phonological therapy within a psycholinguistic framework: promoting change in a child with persisting speech difficulties. Int J Lang Commun Disord. 2005; 40(2):189–220

[3] Pascoe M, Stackhouse J, Wells B. Children's Speech and Literacy Difficulties: Book 3. Persisting Speech Difficulties in Children. Chichester, UK: Wiley; 2006

[4] Waters D, Hawkes C, Burnett E. Targeting speech processing strengths to facilitate pronunciation change. Int J Lang Commun Disord. 1998; 33 Suppl: 469–474

[5] Stackhouse J, Wells B, Eds. Children's Speech and Literacy Difficulties 1: A Psycholinguistic Framework. London, UK: Whurr; 1997

[6] Rvachew S. Speech Assessment and Interactive Learning System [Computer software]. Montréal, QC: McGill University; 2011

[7] Semel E, Wiig E, Secord W. Clinical Evaluation of Language Fundamentals. 4th ed. San Antonio, TX: Pearson; 2006

[8] Williams KT. Expressive Vocabulary Test. 2nd ed. Bloomington, MN: Pearson; 2007

[9] Dunn L, Dunn D. Peabody Picture Vocabulary Test. 4th ed. Bloomington, MN: Pearson; 2007

[10] Wagner R, Torgesen J, Rashotte C. Comprehensive Test of Phonological Processing. Austin, TX: Pro-Ed; 1999

[11] Robertson C, Salter W. The Phonological Awareness Test. 2nd ed. East Moline, IL: LinguiSystems; 2007

[12] Shriberg LD, Lohmeier HL, Campbell TF, Dollaghan CA, Green JR, Moore CA. A nonword repetition task for speakers with misarticulations: the Syllable Repetition Task (SRT). J Speech Lang Hear Res. 2009; 52(5):1189–1212

[13] Torgesen JK, Wagner RK, Rashotte CA. Test of Word Reading Efficiency. 2nd ed. Austin, TX: Pro-Ed; 2012

[14] Robbins J, Klee T. Clinical assessment of oropharyngeal motor development in young children. J Speech Hear Disord. 1987; 52(3):271–277

[15] Goldman R, Fristoe M. Goldman–Fristoe Test of Articulation. 2nd ed. San Antonio, TX: Pearson; 2000

[16] Dodd B, Hua Z, Crosbie S, Holm A, Ozanne A. Diagnostic Evaluation of Articulation and Phonology (U.S. ed.). San Antonio, TX: Pearson; 2006

[17] Norton ES, Wolf M. Rapid automatized naming (RAN) and reading fluency: implications for understanding and treatment of reading disabilities. Annu Rev Psychol. 2012; 63:427–452

[18] Lohmeier HL, Shriberg LD. The Syllable Repetition Task (Technical Report No. 17). Madison, WI: University of Wisconsin-Madison; 2011

[19] Shriberg LD, Lohmeier HL, Strand EA, Jakielski KJ. Encoding, memory, and transcoding deficits in Childhood Apraxia of Speech. Clin Linguist Phon. 2012; 26(5):445–482

[20] Macrae T, Sosa AV. Predictors of token-to-token inconsistency in preschool children with typical speech-language development. Clin Linguist Phon. 2015; 29(12):922–937

[21] Lindamood PC, Lindamood PD. Lindamood Phoneme Sequencing Program for Reading, Spelling, and Speech. 4th ed. Austin, TX: Pro-Ed; 2011

复杂神经源性疾病患儿沟通和进食障碍的治疗
Treatment of Communication and Feeding Disorders in a Complex Pediatric Patient with a Neurogenic Disorder

Alicia Morrison–Fagbemi 著

谭肖玲 译 吴悯妍 徐洋凡 校

【概述】

医学领域中，复杂的儿科病例不但需要临床医生制订以人为本的干预计划，还需要家属与护理人员的共同努力。本病例介绍的是一位患有神经源性综合征的小儿患者，表现为进食困难和交流障碍。在这个病例中，使用的治疗方法主要是寻找神经源性疾病沟通障碍的病因、评估并确定最佳的临床治疗方案。

【临床病史和病情描述】

患者 LG 是一名 15 个月大的足月男婴，未出现新生儿缺氧情况。他出生体重 3.5 公斤，各项指标（外观、脉搏、表情、活动和呼吸）正常。他在出生后 2 个月内表现出以神经系统失调为特征的进食障碍。在 3 个月大时，出现运动迟缓和眼部发育延迟，无外伤、疾病或住院治疗病史，由基因检测被诊断患有影响运动和语言发育的莫厄特威尔逊综合征（Mowatt–Wilson syndrome）。这种综合征除了给 LG 带来了粗大运动技能及精细运动技能受损外，也给他的语言功能造成了障碍：他只能说出单个的开元音，而且他极少使用非语言交流。

【临床测试】

LG 被转介进行门诊言语和语言评估，给予个性化的训练计划。临床测试包括正式和非正式的沟通能力测评。沟通模块可用于评估 LG 的沟通能力并确定治疗目标，沟通模块是一种在线评估工具，可用于识别儿童的交流方式，并确定交流目标的框架。它主要是为语言病理学家和教育工作者设计的，用于记录严重或多重残疾儿童（包括感觉，运动和或认知障碍儿童）的沟通技巧。在线版本还提供了家长定制功能，以便家长与护理孩子的专业人员都可以访问个人资料，并在该功能下，家长可以介绍孩子在家中的交流情况。

图 37–1 沟通模块概要介绍了沟通的 4 个主要方面：

(1) 沟通的 4 个原因。
(2) 7 个沟通层次。
(3) 24 条特定信息（如"我想要那个"）。
(4) 9 种用于交流的行为（如简单的手势）。

该模块概要令沟通行为和所用消息呈现可视化。在游戏过程中收集非正式测量数据：LG 在 1 级（故意行为）。

令人欣慰的是，LG 在语音和简单手语的配对交流中展现出了他拥有共同注意的能力，这表明他能接受其他沟通方式。在一次日常早餐中，我们对他进行了喂食技巧的非正式评估，那天早餐有苹果酱、土豆泥和谷类食品。进食过程中，他吃苹果酱时出现两次呕吐，随即弓着身体开始哭泣，并扭头拒绝再吃土豆泥。开始吃饭 10min 后，LG 开始咳嗽和呕吐，喝水后才得以缓解。接着他坐在母亲

等级 1 无意的行为	A1 表达 不适	A2 表达舒适		A3 表达出对他 人的兴趣
等级 2 有意的行为	B1 提出 反对	B2 继续行动	B3 对某物提出需求	B4 吸引注意力

▲ 图 37-1　LG 基于他仅在第二级沟通阶段（用灰格表示）使用了先兆的沟通手段，因此我们通过在线评估确定了治疗目标

黄色的格子代表 LG 表达不适的能力，表现出与家人相处的舒适感、调节能力及对他人的关注。这些目标域为交流喜好和不喜欢的活动建立了一个框架，并将语言分别配对到这些区域。此外，表格也显示了孩子是如何在与声音和简单的手语进行配对交流时，展现出他共同注意的技能，这表明他可以接受其他沟通方式（沟通矩阵是俄勒冈健康与科学大学 2017 年"设计学习"项目）

的腿上，抬起了头和脖子，咳嗽了一声就不再吃土豆泥了。他在进食过程中表现出不舒服，并在喂食期间一度睡着。他母亲说，他每顿饭能摄入大约 28.35g 的泥状食物，液体食物则由父母用奶瓶喂食。为了确保他的安全，只有在他身体保持直立、轻微倾斜后才能喂食。他母亲说他喝水时不会咳嗽，而且最好使用带有软管的杯子。医生建议他们进行随访，进行一次吞钡实验的摄食评估。改良钡餐检查（modified barium swallow，MBS）表明 LG 存在口腔吞咽困难，表现为咀嚼减少和口腔不能咀嚼固体食物。会厌抬高在正常范围内，未发现咽残留，未发现钡剂经喉渗入或误吸。

【读者问答】

1. 鉴于罕见遗传病的病因不明，对于家庭和儿童而言，医生首先应该怎么做？

(1) 讨论自然语言的发展，并在 3 个月后重新评估。

(2) 寻找辅助沟通或改善沟通的方式，并进行早期干预。

(3) 通过各种方式进行交流，包括使用简单的语言、手语和使用增强交替交流（augmentative and alter-native communication，AAC）方法。

(4) 为孩子的父母提供与语言发展有关的信息，

及促进持续性交流的策略，以帮助孩子提高言语和语言能力。

(5) (3) 和 (4) 都正确。

答案：(5) 正确，即 (3) 和 (4) 都正确。最佳的初始做法是采用综合沟通方法，该方法应将多种方式与家长咨询相结合。综合的沟通方法可以促进语音、手势、面部表情、手语等方面技能的提高，并且使用简单的增强性交流辅助工具可以促进全面的学习。

(1) 不正确。它不能为家庭提供子女交流所需的支持。讨论语言发展的确对于教育家庭很重要，但是更需要对孩子进行早期干预。目前不适合进行重新评估。

(2) 不正确。多种沟通策略仅对于促进语言和声音至关重要。

2. 在考虑使用增强交流手段时，下面哪个答案是良好的初始干预方法？

(1) 对抽象对象使用图片提示。

(2) 使用一种简单的语音生成设备，用以让孩子继续进行或重复某一简单指令。

(3) 所有沟通交流不仅要使用手势和简单的手语，还要使用语音。

(4) (2) 和 (3) 都正确。

答案：(4) 正确，即 (2) 和 (3) 都正确。全面的

交流策略是合适的。就其本身而论，将语音与简单的增强型沟通设备配对，能够为使用 AAC 的动态语言显示奠定了基础知识，而语音的使用也可以让孩子能够使用开元音来表达自己简单的需求和意愿。简单的手语也能促进直接因果任务中的沟通表达（如要求"更多"或"给我"）。

(1) 不正确。对抽象对象进行图片提示是沟通的第一步。在 AAC 动态语言中，语言符号是从具体到抽象的构建，具体对象与想要传达的消息的含义具有更强的联系。

3. 鉴于 MBS 评估结果，喂食干预的第一步是什么？

(1) 从固体食物开始并促进咀嚼运动。

(2) 慢慢过渡到自然的喂养。

(3) 首先解决反感食物的问题，可以先把食物近距离放在孩子面前，暂不进食，让孩子先适应各种刺激的气味或触感，从而提高他在进食过程中的舒适度与容易程度。

(4) 对食物过敏进行测试，以缓解他在进食时感到的不适。

(5) (3) 和 (4) 都正确。

答案：(5) 正确，即 (3) 和 (4) 都正确。在治疗性喂养中，解决 LG 对食物的反感和恐惧至关重要。因此，第一步就是应用连续口腔感觉（sequential oral sensory，SOS）方法培养他对气味的耐受性和接近食物的能力。对于医生而言，重要的是要排除食物过敏，以解决进食期间身体拱起和（或）不适的原因。同时，医生还需要进行常规随访，以确保安全吞咽，还可能需要与营养师和肠胃科医生进行协调。

(1) 不正确。根据他当前的缺陷，孩子不适合这种程度的干预。

(2) 不正确。由于 LG 自然进食技能受损，因此需要干预，以改善与维持适当的营养。

4. 在考虑对孩子进行持续治疗和确定治疗目标时，在言语和语言方面应该怎么做？

(1) 与 LG 家人交谈，告诉他们如何治疗及如何让 LG 向学校生活过渡。

(2) 通过非正式指标和沟通矩阵重新评估 LG 的沟通能力。

(3) 探索具有 AAC 动态语言功能的高科技设备和应用程序，这些可以当作 LG 首选的通信设备。

(4) 确保在干预治疗中培养 LG 的社会亲密性和务实技能。

(5) 以上所有。

答案：(5) 正确。需要采取以上所有策略来确保对干预治疗进行适当的评估。重要的是要保持动态评估，并在干预治疗、确定治疗目标和家庭支持行动等三方面制订计划。家庭对于治疗过程至关重要，因此优先考虑家庭支持，倡导他慢慢学会向学校生活过渡。同样重要的是要记住，语用学是干预治疗中使用 AAC 动态语言个性化的重要组成部分，所以必须促进和鼓励 LG 保持和同龄人与社会的密切联系。

【障碍描述和推荐治疗方法】

LG 患有中度至重度神经源性沟通障碍，特征是语言和进食障碍严重，并伴随有严重的粗大运动技能及精细运动技能受损，这可能会影响他使用手语及动态高科技辅助性通信设备的能力。他的治疗计划包括同时针对交流和进食进行干预。建议使用整体通信方法，并搭配低技术的替代或辅助型通信设备。在治疗过程中，还需把重点放在家庭教育和咨询上，我们会告知家长语音和语言的治疗目标及包括其他交流手段的策略，包括手语、手势和促进语言表达的实用技能。尽管 LG 的治疗计划曾考虑增加补充性或替代性的沟通策略，但并未采用这些策略来代替语音或语音产生策略。LG 每周会接受 4 次治疗，每次疗程 30min。有两节课专门用于喂养治疗，有两节课专门用于言语和语言发展及增强性沟通干预。

【结果】

经过 6 个疗程的治疗，LG 形成了一种自己的多模型语言系统。3 岁那年，他能够简单地通过手语和非语言进行交流。LG 现在能够使用带预设图标的 iPad 来进行沟通交流。LG 说话时总会发出类似于"更……"的音，并且伴随着手势。当他使用设备进行交流时，他会通过成对地使用单词组合，来稳步提高识字能力。在进行重新评估时，我们用线上沟通矩阵来记录进度，并对治疗目标进行调整。

LG 的吞咽能力与喂养技能得到了改善，然而口腔准备缺陷依然存在。目前，他可以进食多种质地的食物，并可以使用吸管。LG 被诊断出麸质和乳制品过敏，于是开始改变他的饮食习惯，并请营养学家到家中进行定期会诊。最后，我们还安排了解决吞咽问题的专家和肠胃科医生进行例行随访。

要点
- 在规划干预措施与确定治疗目标时，必须采取多种模式的综合沟通方法及以人为本的干预措施，且需让家庭也参与评估过程与确定治疗目标的各个方面之中，这对推动治疗进展而言至关重要。
- 在家庭和护理人员的教育中，言语语言病理学家的角色十分关键。
- 在进行沟通评估中，应采用分层方法来推动语言里程碑的适当发展。

推荐阅读

[1] Stremel-Campbell K, Rowland C. Prelinguistic communication intervention: birth-to-2. Top Early Child Spec Educ. 1987; 7(2):49–58

[2] Rowland C, Schweigert P. Tangible symbols, tangible outcomes. Augment Altern Commun. 2009; 16(2):61–78

[3] Rowland C, Schweigert P. Cognitive skills and AAC: Where we've been, what we know and the questions we should ask. In: Light J, Beukelman D, Reichle J, Eds. Communicative Competence for Individuals Who Use AAC. Baltimore, MD: Paul Brookes; 2003

语言能力低下儿童的语言评估
Language Assessment in a Child with Minimal Verbal Skills

Kristen E. Muller　Nancy C. Brady　著
康子浩　译　　杨杏萍　徐洋凡　校

【概述】

本案例内容介绍了对于患有智力发育障碍及语言能力低下的儿童，应当如何进行沟通评估和治疗推荐。JZ 是一个 11 岁男孩，他被诊断出患有脆性 X 染色体综合征和自闭症谱系障碍（autism spectrum disorder，ASD）。

【临床病史和病情描述】

JZ 是一个 11 岁男孩子，他在 2 岁 5 个月的时候被诊断为脆性 X 染色体综合征和自闭症谱系障碍（ASD）。在进行评估的时候，他能够说出"不"，并能够示意"请""更多"和"吃"。他的 iPad 上有触摸聊天的功能，不过他的父母和老师反映他从来不使用这个功能。JZ 的课堂老师反映，JZ 对课堂任务只有 3min 热度，经常没过一会就站起来，在教室里跑来跑去。然而，他的老师也表示可以很容易把 JZ 重新引导回到他的座位上。JZ 在学校不会主动与同学们交流，除非同学们有他想要的物品。JZ 妈妈认为 JZ 在大部分时间都是非常随和的，除非在他既定的时间表里有突发情况发生，或者他拿不到他非常喜欢的玩具。当遇到上述两种情形时，JZ 会击打自己的头部、腿部和躯干，并把两只手腕互相碰撞。JZ 的妈妈担心 JZ 在表达自己的基本需求时会伤害到自己。

【临床测试】

我们采用了皮博迪图片词汇测试（第 4 版）（Peabody picture vocabulary test，fourth edition，PPVT-4）和沟通复杂性量表（communication complexity scale，CCS）来对 JZ 进行语言评估。沟通矩阵是一种通过家长参与来展示具有复杂沟通需求的个体是如何请求或拒绝某一行为的测量方式，其中包括被测评儿童活动、评论和提问的概况。JZ 的沟通矩阵测试结果表示他的沟通一直处于"非传统沟通"的等级，他只能用肢体动作、发声、面部表情和简单的手势进行交流。JZ 开始常规交流水平的特征是：指向、点头、摇头、挥手或将目光从一个人身上转移到自己想要的东西上面。他偶尔会有以上这些行为，但还没有完全掌握。这种常规的交流行为通常应用于有意识的交流。在 PPVT—Ⅳ测试中，JZ 获得了 12 分的初始分数，这表明他对 12 张照片做出了正确的回应。他的平均得分为 20 分（正常范围：85～105 分），百分比排名是 0.1。CCS 中提到沟通有 3 个层次。第一级是"预先意图交流"（2～5 分），这个层次的交流包括为了玩具或行动而改变行为。例如，一个人可能会看到一个物体，进而伸手去够这个物体。第二级是"有意的非符号沟通"（6～10 分）。这个层次的沟通由以下行为组成，清晰地指定一个事件或物品，并交给沟通对象。例如，一个人可能试图打开一个易拉罐，但随后将易拉罐交给某人请求帮助。第三级是意图符号化沟通（11～12分）。这个层次的交流由言语、符号或通过增强信号的装置使用符号这3个元素所组成。在12个不同的行为当中，JZ 3个层次的最高分分别是9分、9分、8分，平均为8.67分。这个分数表明 JZ 可有意识地用各种手势和声音进行交流，但尚未达到使用符号的沟通模式，包括使用单词、标志或符号。

【读者问答】

1. 孩子看到一个想要的玩具，但这个玩具在他能接触到的范围以外。于是孩子先看着玩具，然后看向母亲，最后一边发出声音一边看回玩具。孩子的这种行为属于哪种交流？

(1) 预先意图交流。

(2) 有意的非符号沟通。

(3) 意图符号化沟通。

(4) 扩张性和替代性交流（AAC）。

答案：(2) 正确。伴有发声的凝视是与沟通对象的有意的非符号沟通，但仍不是符号化的沟通，因为这个沟通还包括口语或扩充语。

(1) 不正确。预先意图交流是指涉及带有目的的行为，而不是指向另外一个人。

(3) 不正确。意图符号化沟通包括单词的使用，无论是口语上的使用还是扩张性和替代性交流。

(4) 不正确。扩张性和替代性交流是指使用沟通工具交流，如图片、手势、示意还有补充言语的语音生成装置。

2. 假设在你面前的是一个被诊断患有自闭症的7岁男孩。他的母亲和老师反映，他能够与成年人或者同龄人就他喜欢的话题进行短暂的交流。但他母亲最担忧的问题是她儿子在学校里不能交到朋友或者不能跟上同学们的进度。你会选择用哪种评估方法来评估这个学生？

(1) 沟通复杂性量表。

(2) 社会交往问卷。

(3) 沟通矩阵。

(4) 语言样本。

答案：(4) 正确。语言样本可以让你观察话语的平均长度，总字数和不同单词的数目。沟通复杂性量表和沟通矩阵适合使用于那些说话很少，且说的话少于30个单词的人。社会交往问卷是自闭症的筛选工具，而这位学生已经被诊断为自闭症谱系障碍。

(1) 不正确。沟通复杂性量表适合使用于那些说话很少，且说的话少于30个单词的人。

(2) 不正确。社会交往问卷是自闭症的筛选工具，而这位学生已经被诊断为自闭症谱系障碍。

(3) 不正确。沟通矩阵适合使用于那些说话很少，且说的话少于30个单词的个体。

3. 你正在对一个10岁的脑瘫女孩进行评估，她正在使用 iPad 上的增强性和替代性交流软件与你交流，她的妈妈反映，女儿在家的时候会用 iPad 跟人交流，大概能讲15个不同的单词，如果你想更进一步地了解更多关于这个女孩如何在家里交流，你会使用哪些额外的评估方式？

(1) 沟通矩阵。

(2) 马伦早期学习量表（Mullen scales of early learning）。

(3) 皮博迪图片词汇测试第4版（PPVT–Ⅳ）。

(4) Goldman–Fristoe 构音测试。

答案：(1) 正确。沟通矩阵是一种有家长参与的测量方式，可以让你了解她在不同的情景下是如何与他人沟通的。

(2) 不正确。马伦早期学习量表一种检查早期智力发展的标准化评估。对护理人员进行问卷调查可以提供更多关于家庭中自然沟通的信息。

(3) 不正确。第4版皮博迪图片词汇测试是一个标准化接受性语言评估。这提供的是词汇知识方面的信息，而不是关于他们在家里的交流。

(4) 不正确。Goldman–Fristoe 构音测试是一个关于构音清晰度的评估，无法提供关于家庭中自然沟通的信息。

4. 一个孩子和教师在玩一种球类玩具。教师往球类玩具里面放进一个球，孩子看着玩具球，然后再看向教师，接着一边拍手一边呼喊着。这个沟通行为的功能是什么？

(1) 行为规范。

(2) 共同注意力。

(3) 提出问题。

(4) 拒绝。

答案：(2) 正确。这种行为是共同注意力，因为孩子在和教师进行交流好像在说"这很有趣"。这个孩子并不是在表示要求或者拒绝。

(1) 不正确。涉及请求或拒绝某项物品、活动的沟通行为是属于行为规范行为。孩子的这种行为是一种社会交换，而不是请求或抗议。

(3) 不正确。这种交流行为是分享社交乐趣，而不是问一个问题。

(4) 不正确。这种交流行为是分享社交乐趣而不是拒绝玩具球或想要玩玩具球。

【障碍描述和推荐治疗方法】

根据评估的结果，JZ 主要使用有意的非符号性沟通（如手势、眼神凝视、发声）去表达自己想要的和需要的。这些交流行为是针对一个交流伙伴的，但对交流伙伴来说，这可能比象征性的交流更难理解（如言语、指示、符号）。例如，符号交流通常有助于与不太熟悉的伙伴交流时或者是创造新的话语。因此，JZ 的一个治疗目标就是引入符号形式的交流，从而来提高潜在的交流效果。第二个目标是继续鼓励他在适当的语境中使用非符号交流，比如对家人和护理人员。

目前治疗的重点是在 JZ 现有的沟通技能基础上，进行功能性交流，并使用 AAC 设备进行符号沟通的教学。沟通的伙伴可以通过满足 JZ 的要求，去促使他加强言语和手势的交流行为。（例如，如果 JZ 示意要更多的，就给他更多，如果 JZ 示意拒绝的，就停止该行为），还要给予口头或手势上的赞扬（例如，鼓励他勇于说"不"、击掌、竖起大拇指）。还可以教他使用核心词汇，并模拟它们在请求、评论、抗议和提问等方面的使用，从而让他掌握新的 AAC 技能，或者运用一些额外的教学策略去创造一个自然场景下的交流。例如，把他最喜欢的玩具放在他够不到的架子上。当他用手势或发音表示想要玩具时，沟通对象可以在他的 AAC 设备上，设置一个代表着帮助获取玩具的请求。最后，还需要在多种环境下（如教室、餐厅、家庭、社区）对干预治疗进行优化和扩大化，关于如何完成他一整天的交流沟通方面的治疗目标，还需对其家人、老师及专业护理人士进行培训。

【结果】

随着时间的推移，JZ 开始用他的 AAC 设备和（或）言语做出独立的请求和评论。随着词汇量的扩大和环境的变化，他的设备也会定期更新。初步评估 5 个月后，我们再次使用 CCS 和沟通矩阵对他的沟通能力进行评估。JZ 在 CCS 项目上的 3 个层次分别是 9 分、11 分和 11 分，平均为 10.33 分。JZ 的沟通矩阵测试表明，他一直在传统沟通层面上进行沟通，并在具体的符号层面掌握了新的技能。这些分数也表明，治疗取得了较大的进展，并且出现了更多次数的象征意义的沟通。

要点

◆ 早期言语前的交流可以通过诸如 CCS 和沟通矩阵这样的评估来衡量。

◆ 那些语言交流能力低下的人一般会使用预先意图和有意的符号沟通进行交流，如眼睛注视，手势和发声。

◆ 治疗干预目标包括帮助患者达到更高级别的沟通水平，如符号沟通与促进跨语境沟通。

推荐阅读

[1] Abbeduto L, Brady N, Kover ST. Language development and fragile X syndrome: profiles, syndrome-specificity, and within-syndrome differences. Ment Retard Dev Disabil Res Rev. 2007; 13(1):36–46

[2] Brady N. Augmentative and alternative communication for children with Down syndrome or fragile X syndrome. In: Roberts J, Chapman R, Warren S, Eds. Speech and Language Development and Intervention in Down Syndrome and Fragile X Syndrome. Baltimore, MD: Paul H. Brookes; 2008:255–274

[3] Brady NC, Fleming K, Thiemann-Bourque K, et al. Development of the communication complexity scale. Am J Speech Lang Pathol. 2012; 21(1):16–28

[4] Rowland C, Fried-Oken M. Communication matrix: a clinical and research assessment tool targeting children with severe communication disorders. J Pediatr Rehab Med. 2010; 3:319–329

学龄前儿童的极重度语音障碍
A Profound Phonological Disorder in a Preschooler

Jennifer St. Clair **著**

邓　成　梁振文 **译**　韩　冰　徐洋凡 **校**

【概述】

无论是熟悉的人还是陌生人，都很难与患有极重度语音障碍的儿童进行沟通。这些孩子通常只能发出一些元音和辅音，而且通常很难发出多个类别的声音，经常省略部分音节或字词的拼读。

【临床病史和病情描述】

患儿 BM 是一名 4 岁 2 个月大的男孩。值得注意的是，他在 35 周时通过剖宫产术出生。他出生体重约 2.4kg，但出生后没有住院。BM 在 5 个月时会爬行，11 个月时会走路，15 个月时会跑步。他第 19 个月学会了说第一个字。测试时，BM 的父母反映，他很少组合单词，而且通常每次只能使用一个单词。他的父母还说，BM 几乎完全可以理解别人对他说的话，但他通常只能用手势和"咕噜"来表达自己的需求和愿望。报告显示他的词汇量仅为 15 个单词，而且他的话语可理解性仅有 50%。

【临床测试】

我们在一所大学的诊所中完成了评估，在言语语言病理学家的监督下，由研究生临床医生进行。评估包括家长访谈、口部运动检查、学龄前儿童语言能力量表（第 5 版）（preschool language scales-5，PLS-5）和霍德森语音模式评估（第 3 版）（Hodson assessment of phonological patterns-3，HAPP-3），及采集自发语言样本。

口部运动检查未发现异常。BM 在 PLS-5 的听力理解子测验中获得了 102 分的平均标准分数。曾尝试进行表达交流子测验，但由于 BM 表现出强烈的挫折感而中止。例如，在回答一次典型的难理解的问题后，他拒绝重复回答。停止该子测试的原因是主考官认为 BM 语言的可懂度会影响分数；他的分数并不能反映他的能力。HAPP-3 显示，以下问题出现频率在 40% 以上：辅音序列 / 簇（115%），元音后单音（94%），流音（100%），擦音（100%）和软腭音（100%）。这些分数与严重程度评分中的"极其严重"相符。

一份自发的语言样本显示，平均话语长度为 1.2，不熟悉的听者估计可以理解 20%。他的音位库包括元音 [i]、[o]、[ɪ] 和 [ʌ]，及辅音 [h]、[m]、[t] 和 [p]。他能听懂所有与年龄相符的口头指示，而且似乎能听懂考官和他的父母对他说的所有话。当听者不能理解他所说的话或让他重复话语的时候，他立即表现出挫败感。

【读者问答】

1. BM 最可能的诊断是什么？

(1) 表达性语言障碍。

(2) 语音障碍。

(3) 儿童言语失用症（childhood apraxia of speech，CAS）。

(4) 接受性语言障碍。

答案：(2) 正确。他在影响词形和理解度的各种声音上存在发音困难。

（1）不正确。虽然目前还不能排除表达性语言障碍，但仍没有足够的证据支持这一诊断。由于挫败感和无法被理解，他无法完成 PLS-4 的表达部分。表达性语言应该在他表达清晰度提高、挫折感减少时进行重新评估。

（3）不正确。他没有表现出 CAS 的任何特征：即摸索、前后不一致或明显的元音困难。

（4）不正确。他的听力理解分数在平均范围内。此外，他的父母或评估者从没表示他在感受语言方面有困难。

2. 哪种治疗方法最合适？

（1）霍德森循环（Hodson's cycles）法。

（2）传统构音法。

（3）核心词汇法。

（4）以上都是。

答案：（1）正确。由于潜在目标较为严重且数量多，表达性语言障碍的判断是正确的。霍德森循环法将通过判断靶向缺失的声音类别，一次针对多个问题音。音节形状也是潜在的目标。相比一次针对一个音素，依照每周的情况及每周循环目标的方法，将更快提高整体的可理解性。

（2）不正确。传统的发音方法会针对每个单独的音素直到掌握为止，这将是一个非常缓慢的方法，考虑到潜在问题的数量和他受挫的程度，该方法不适用。

（3）不正确。核心词汇表方法通常用于前后矛盾的患者。BM 不存在这一问题，所以这不适合他。

（4）不正确。原因在答案（2）和（3）处已列。

3. 应该首先解决哪两个目标？

（1）流音和软腭音。

（2）软腭音和擦音。

（3）最后辅音缺失（final consonant deletion，FCD）和流音。

（4）FCD 和辅音序列 / 簇。

答案：（4）正确。首先解决这两个目标音将极大地提高他的可理解性。因为他很快就表现出挫败感，所以让他快速成功是最重要的。如果单词 / 音节正确，即使音素错误，也会最大限度地提高他的可理解性。

（2）不正确。软腭音和擦音不会像 FCD 和辅音序列 / 簇那样明显地影响他的可理解性。

（3）不正确。流音对于他的年龄是一个不适当的目标。

（1）不正确。流音对于他的年龄是一个不适当的目标。

4. 在判断可理解性时，熟悉的听者和不熟悉的听者谁更有价值？

（1）熟悉的听者理解的比例更有价值。

（2）不熟悉的听者理解的比例更有价值。

（3）两者同等重要。

（4）两者都不重要，而仅有测试分数重要。

答案：（3）正确。其中一个并不比另一个重要。这两个分数在确定诊断和严重程度时都提供有价值的信息，都能更准确地反映实际的严重程度，这些分数也能够看出 BM 是否取得了进步。

（1）不正确。如果只考虑熟悉听者的比例，那么可能会出现偏高的可理解性。

（2）不正确。如果只考虑不熟悉听者的比例，那么可能会出现偏低的可理解性。

（4）不正确。决不应仅仅考虑测试分数。为了准确地进行评估表现，必须考虑其他信息。

【障碍描述和推荐治疗方法】

经评估后发现，BM 存在严重的语音障碍，其特点是单词 / 音节发音困难，包括最后的辅音和辅音序列 / 簇及流音、软腭音和擦音。熟悉的听者可以理解他话语的 50%，不熟悉的听者可以理解 20%。他的音位库由元音 [i]，[o]，[ɪ] 和 [ʌ]，及辅音 [h]，[m]、[t] 和 [p] 组成。当听者听不懂他的时候，他的挫败感很高。没有观察到他存在接受性或表达性语言障碍。

建议 BM 每周接受 90min 的治疗，且推荐采用霍德森循环法（至少 3 个 10 周循环）在小组环境中进行治疗。

【结果】

在改良的霍德森循环法下，BM 接受了 5 个循环治疗（每个循环 10 周）。每周针对性地解决一个目标音（如辅音序列 / 簇、FCD、流音、软腭音和擦音）。根据之前的测试情况轮换这些目标。在每个循环的第 10 周，应用 HAPP-3 评估进展并确定下一个循环的目标（表 39-1）。5 个循环后通过出现的百分比反映出进展情况。

治疗依照改良的霍德森循环法，以儿童为导向。每节课时间表如下：

- 听力时间（BM 聆听，采用扩音器，听一系列的目标词）。
- 学前测试（评估 BM 说出目标单词的情况）。
- 活动时间（以 BM 为导向，使用年龄相符的玩具，尽可能多地使用目标词）。
- 聚焦语音意识（集体阅读一本包含多个目标音的书）。
- 听力时间（BM 聆听，采用扩音器，听一系列的目标词）。
- 学后测试（评估 BM 说出目标单词的情况）。

在治疗结束时，BM 为 5 岁 8 个月，不熟悉的听者可以理解 BM 所说的 90%，而熟悉的听者可以 100% 理解 BM 所说的话。他在表达和接受语言方面没有出现困难。BM 在 5 岁 6 个月时重新接受 PLS-5 评估，听力理解的标准分数 SS=108，表达交流的标准分数 SS=98，两方面的得分均在平均范围内。但是出院时，BM 依然在 [r] 和 [l] 发音上存在障碍。

表 39-1　BM 接受治疗后的 HAPP-3 评估结果

评估日期	出现百分比					
	10 月 6 日 治疗前	2 月 5 日 循环 1 结束	3 月 2 日 循环 2 结束	6 月 3 日 循环 3 结束	8 月 26 日 循环 4 结束	12 月 4 日 循环 5 结束
辅音序列 / 簇	115	104	104	84	55	38
最后辅音缺失（FCD）	94	90	80	50	30	10
流音	100	100	100	80	75	60
软腭音	100	90	95	80	60	25
擦音	100	95	80	60	45	20
严重程度	非常严重	非常严重	严重	严重	中等	轻微

在每个 10 周循环结束时 HAPP-3 的评估结果

要点

- 语音障碍儿童的表达性语言分数低并不一定代表儿童存在表达性语言障碍。
- 确定目标音需重点考虑对可理解性影响最大的因素。
- 曾经患有严重语音障碍的儿童尽管可理解程度达到 100%，但仍有可能在 [r] 和 [l] 发音上存在障碍。

推荐阅读

[1] Crosbie S, Holm A, Dodd B. Intervention for children with severe speech disorder: a comparison of two approaches. Int J Lang Commun Disord. 2005; 40 (4):467–491

[2] Hodson BW. Enhancing phonological patterns of young children with highly unintelligible speech. ASHA Lead. 2011; 16:16–19

[3] Hodson B, Paden E. Targeting Intelligible Speech: A Phonological Approach to Remediation. 2nd ed. Austin, TX: Pro-Ed; 1991

[4] Rudolph JM, Wendt O. The efficacy of the cycles approach: a multiple baseline design. J Commun Disord. 2014; 47:1–16

案例 40

7q11.23 扩增综合征患儿的运动性言语障碍
Childhood Motor Speech Disorders in a Child with 7q11.23 Duplication Syndrome

Shelley L. Velleman　Myra J. Huffman　Carolyn B. Mervis　**著**

邓　成　梁振文　**译**　　韩　冰　徐洋凡　**校**

【概述】

儿童言语失用症（childhood apraxia of speech，CAS）和儿童神经源性言语障碍（childhood dysarthria，CD）经常并发，这在患有神经发育综合征的儿童中尤为常见，从而使得疾病鉴别诊断和病情干预变得困难。

【临床病史和病情描述】

患儿 DC，女，被列为 7q11.23 扩增综合征纵向研究的研究对象。7q11.23 扩增综合征是一种以 CAS，CD 症状（如肌张力低下）和社交焦虑症为特征的遗传性疾病。DC 在 2 岁 2 个月出现此症状。DC 与她的母亲，还有一个弟弟和两个同父异母的哥哥住在一起。DC 的妈妈是监护人，一直竭尽全力满足 DC 在沟通、成长与教育等方面的需求。在 DC 2 岁 2 个月至 8 岁 9 个月期间，我们对她的言语，语言和认知能力进行了 5 次评估。

【临床测试】

我们在 DC 2 岁 2 个月时，首次使用了马伦早期学习量表（Mullen Scales of Early Learning）[1] 对她进行正式评估。DC 的视觉接受度（非语言推理）和接受性语言的 T 分数均属于同龄孩子的正常范围内。但是，她的运动 T 分数处于临界点，语言表达的 T 分数也处于最低水平（< 1%）。在麦克阿瑟·贝茨的沟通发育库：单词和句子（MacArthur–Bates communicative development inventory：words and sentences）[2] 评估中，结合她母亲的回答，DC 的自发（非模仿）表达词汇包括 7 种：2 个口语单词和 5 个手势符号（< 1%）。

在她与母亲一起自由活动及互动游戏 / 诊断治疗的环节中，我们收集了语音样本。DC 很少说话，而且通常她说话时会很小声，但偶尔也会很大声。我们注意到，她对触碰口腔十分敏感，并会避免摄入某些质地的食物。据她的母亲说，DC 偶尔会默默地朗读较长的音节序列。她还喜欢将舌头靠在下嘴唇上，有时会偏向右侧，偶尔出现不对称的缩唇（即微笑），尽管能够闭唇，但无法缩回或突出唇来充分地发出紧元音（如 [i] 和 [u]）。她只能发出 4 个可识别的单词："mmhmm"（表示"是"）、"uh-oh"、"妈妈"和"喵"。尽管她确实能模仿一些音效（如无声的双唇擦音 [ɸ] 像水注入时发出的噪声）和音节 [bæ]，但她对其他字词或其他大多数音节都不敏感。DC 大多数时候只能发出一个元音或一个辅音（主要是 [m]）。此外，她还会用有韵律的长鼻音元音，如抗议发声（[ʔʌʔʌʔ]）、假哭声、咕哝声、一些符号、手势和其他肢体语言进行交流。表 40-1

表 40-1　2 岁 2 个月时的语音库

	初　期	中　期	末　期
辅音	m, ʔ	m, ʔ	ʔ
元音		ɪ, ə, ʌ, æ, ʊ	

为她 2 岁 2 个月时的语音库。

尽管 DC 存在许多发音障碍，但她在恰当的时候也会笑，会用点头来表示同意，会指着有趣的物体表示想要，能遵循简单的指示，能进行轮流对话，还能进行简单的扮装游戏。有时，她还可以结合两种方式（如手势和发声）来传达更复杂的信息。当有人把一本书递给她时，DC 会把它朝上，指向一幅图画。

【读者问答】

1. 针对 2—3 岁儿童的合适沟通样本分析包括：

(1) 语音库。

(2) 音位结构库。

(3) 韵律的功能运用。

(4) 其他沟通方式的功能性使用。

(5) 以上所有。

答案:(5) 正确。为了使交流沟通样本评估完整，(1) 至 (4) 都应包括在内。

(1) 正确，但不完整。通常，正在学习英语的儿童到 2 岁时将大约能够掌握 10 个辅音 [3]，其中大约一半位于口腔的最终位置和初始位置 [4]。到 3 岁时，他们应掌握大约 12 个不同的辅音 [3]。如果无法掌握足够数量的音素可能会造成儿童语言能力延迟或交流混乱。

(2) 正确，但不完整。仅掌握符合年龄期望的音节远远不够，还必须能够灵活地将它们组合成各种音节和单词的形式。根据 Stoel-Gɛmmon 的说法 [4]，通常所有正在学习英语的 2 岁儿童都能够掌握 CV（辅音—元音）和 CVC 音节。大多数也能掌握 CVCV 和 CVCVC 单词。其中，大约一半的人至少能掌握一些辅音连缀。儿童成长到第 42 个月时，至少能够使用一些发音集群，即使发音可能并不是非常准确（如发音是 [tw]，而不是 [tʊ] ）[5]。

(3) 正确，但不完整。韵律是幼儿识别并发出语音的第一步。到 18 个月时，他们的音调已经与周围人所说的语言音调一致 [6]，并且尽管儿童在 3 岁时，他们还没有形成成熟的语调 [8]，但他们应当可以使用语调的某些方面来实现标记语法功能 [7]。

(4) 正确，但不完整。交流手势、面部表情和其他身体语言（引导、哑剧等）通常先于或与有意义的词语一起出现。事实上，这些其他语言似乎不仅为儿童掌握一个单词，而且为他们掌握两个单词的组合奠定了基础 [9]。对于言语迟缓的儿童来说，非口头信号是补充口语表达的重要沟通工具。缺乏交流意图的儿童有患上社会语用障碍的风险，如自闭症谱系障碍。

2. CD 的主要症状包括：

(1) 辅音和元音之间的过渡不佳。

(2) 摸索发音器官的使用。

(3) 不准确的辅音闭合。

(4) 音位结构错误，甚至比语音错误更严重。

(5) 多音节单词的重度音节判断错误。

答案：(3) 正确。辅音不准确闭合是由于肌肉张力低下，例如，肌肉紧张低会导致难以完成辅音的闭合，并可能导致塞音的摩擦 [10]。

(1) 不正确。这是 CAS 的一种症状，由运动规划和指令功能受损引起。

(2) 不正确。这是 CAS 的一种症状，由运动规划和指令功能受损引起。

(4) 不正确。这是 CAS 的一种症状，由运动规划和指令功能受损引起。

(5) 不正确。这是 CAS 的一种症状，由运动规划和指令功能受损引起。

3. CAS 的主要症状包括：

(1) 由于音节或单词分开而导致发音断断续续。

(2) 说话音量低。

(3) 停顿的间隔长。

(4) 发音模糊不清。

(5) 长元音发声能力弱。

答案：(1) 正确。这是运动规划和编程受损的结果。似乎每一个声音、音节或单词（取决于受损的程度）都是按顺序计划的，由于可能正在思考下一段发音 [11]，因此在发出每个音节的过程中，会有不恰当的停顿。

(2) 不正确。这是 CD 的症状之一，由肌张力低下 [10] 引起。当然，有些孩子可能会因为其他原因而轻声地说话。

(3) 不正确。这是 CD 的症状之一，由肌张力低下 [8] 引起。

（4）不正确。这是 CD 的症状之一，由肌肉收缩的神经协调性差引起[10]。

（5）不正确。这是 CD 的症状之一，由肌张力低下[12]引起。

4. 言语—声音障碍（包括运动性言语障碍）的治疗建议不包括：

（1）每疗程进行多次试验。

（2）多进行非言语的口头运动练习。

（3）获取持久、多样的反馈，以确保 CD 已熟练掌握技能。

（4）持续对掌握的新技能进行反馈。

（5）进行可变刺激和随机试验，以确保 CD 已熟练掌握技能。

答案：（2）正确。不推荐使用这种方法进行语音治疗干预。研究表明，语言的神经控制与非语言功能的神经控制大不相同，如咀嚼和吹气。这两种功能的发展进程也不同。目前没有研究证据表明，我们可以使用非言语的口头运动练习来促进言语产生[13, 14]。

（1）不正确。这是推荐使用的策略。进行更多的运动练习能让 CD 进行更全面的学习[15]。

（3）不正确。这是推荐使用的策略。持久、多样的反馈会鼓励孩子越来越多地使用他/她的自我监控和反馈系统，从而进行更全面的学习[16]。

（4）不正确。这是推荐使用的策略。最初学习一项技能时，患者需要持续的反馈，直到他/她开始形成自己的自我监控和反馈系统[16]。

（5）不正确。这是推荐使用的策略。真实的沟通情况是多种多样且不可预测的。因此，为了能够给新技能按照功能分类，我们必须让患者在不同的刺激程度和不同种类的混合试验中进行练习[17, 18]。

【障碍描述和推荐治疗方法】

DC 在 2 岁 2 个月时语言障碍非常严重。然而，她拥有沟通意图，这是一种相对优势。因此，干预治疗措施包括在日常活动（读书、唱歌、日常活动）中模拟简单的发声，包括情绪词汇（"哦，哦，哇，哈哈"）和关键词和短语（"我的，不，停止，更多，去"）。我们还继续鼓励她使用手语和增加图片交流，以减少挫折感和增加常规交流。尽管她在触觉上有防御心理，但我们建议采取作业治疗，确定触觉方面的潜在功效，如针对口腔和肌肉发音目标重构的提示疗法（PROMPT）[19]中所提到的方法等等。

【结果】

在经过 1 年的干预治疗后，我们在 DC 3 岁 2 个月时对她再次进行了评估。在马伦量表上，视觉接受（非言语推理）和接受语言的 T 分数继续属于正常范围内，而她的表达语言的 T 分数虽然处于第一个百分位，但不再是最低水平。再者，我们观察到，她在与她的母亲玩耍及在诊断治疗过程中，当她旋转着咀嚼时，嘴唇会有时分开，有时闭合。她用嘴唇把一个盛满布丁的勺子舔干净了，但没有舔干净嘴唇周围的布丁。她还用吸管喝饮料时没有漏出。她在玩扮装和因果游戏时，还能和他人进行眼神交流。DC 在语言方面取得了惊人的进步：她现在掌握了大约 40 个不同的、且可识别的、模仿和自发的单词。许多（但不是全部）发声很低。她现在还能说出 1～2 个单词：如"婴儿的手"。DC 会发的辅音和元音数量也大大增加了，如表 40-2 所示。

表 40-2　3 岁 2 个月时的语音库

	初　期	中　期	末　期
辅音	b, p, d, t, g, k n w, j f, dʒ, tʃ	p, d, k, ʔ m, n f, s, ʃ	b, p, d, t, k, ʔ m, n f
元音	i, ɪ, e, ɛ, æ, u, ʊ, o, ɑ, ʌ aɪ, aʊ		

然而，她在发 [w] 的音时依然会嘴唇不太圆，并且发音的方式也不那么正确。尽管她惯用的音节形式主要是 CV（辅音—元音），她也掌握了很多更复杂的辅音结构（即 CVC 音节形式）。DC 掌握的大部分单词的长度为 1～2 个音节。她在发双音节词时，往往会在两个音节中间进行一个轻微的停顿，如将 doggie 读作 [gɑ. di]，或将 bottle 读作 [bɑ. dɛ]。她在发 "backpack" 这个音时，把一个辅音序列（CVCCVC）重复发了 2 次，而且发音过程中，她似乎在很努力地把两个音连接起来。她还掌握了将韵律与单词结合在一起，以表达自己沟通意图，如问题、评论和命令等。

DC 的症状表明，她至少患有两种运动言语障碍。CD 的症状主要有言语缓慢，唇肌肌张力低下，嘴唇和舌头不对称及进食技巧习得延迟。而 CAS 的症状则包括音律不全，音节分离，话语前后不一致及言语不清。但是，由于她的表达能力有限，因此在她 3 岁 2 个月时，我们并没有做出诊断。然而她却表现出了很强的社交互动和游戏技巧。

在她 3 岁 2 个月的时候，我们鼓励家长扩展 DC 的话语库，让她练习填空提示（"巴士上的轮子____"），并以重复的方式来模仿简单的、完全符合语法的话语。例如 "看，有一只狗。它是一条大狗。狗跑得很快。哇，它是一条跑得很快的狗！"。我们还建议让 DC 在一个想要的物体或活动和一个不想要的物体或活动之间做出选择，最理想的是，一个人把两个物体放在自己的脸附近，鼓励她选择正确的单词，构建视觉模型。

DC 在 4 岁 2 个月时再次接受了评估。我们尝试给她进行儿童语言运动产生的评估（verbal motor production assessment for children，VMPAC）[20]，但她没有依从。她在语音模式评估第 3 版（hodson assessment of phonological patterns –3，HAPP–3）[21] 的分数低于第 1 个百分位。在评估中，DC 只能缓慢而努力地说出单词和短语，但很自然，并且表现出摸索，前后话语不一致，元音失真，非典型错误模式及对发音的控制不佳等问题。我们还注意到，她在短语中单词之间存在协同发音和简化问题：如将 Turn the heaton 读作 [tɝ·nəigɑn]，或将 Wantit num–nums 读作 [wʌ dɪʔnʌnʌms]）。尽管她对脸部

触觉提示有抵触情绪，但她对手势提示及在检查提示或空中进行的触觉提示反应良好。综上，可诊断 DC 患有 CAS，并伴有 CD 症状。

在 5 岁 7 个月时，DC 可以发出重音相同的多音节单词和异常停顿的完整句子。但话语前后不一致、发音异常、元音偏差、费力摸索等问题依然存在，这恰好符合 CAS 的病症。构音障碍的症状也持续存在，包括不成熟地咀嚼，不准确地发出辅音，无法向外侧移动舌头，持续的呼吸，音调范围减小，鼻翼控制下降与鼻漏音等等。在进行 VMPAC 评估时，她很困难地完成了此次评估，所有区域的评分都属于严重范围内：整体运动控制（通用和特定的运动系统支持语音的产生），口头运动控制（下颌，嘴唇/面部和舌头的自主运动控制），排序（非言语和言语运动排序），连接的言语和语言控制（单词，短语和句子）及言语特征（音调控制，声音共鸣，音色，响度，韵律和速率）。在 Goldman–Fristoe 够音测验 –2（Goldman–Fristoe test of articulation–2，GFTA–2）[22] 中，她获得了 75 分的标准分数，这是该年龄段的第 4 个百分位，然而她的 HAPP–3 得分再次低于第 1 百分位。接着我们还采用了语音处理综合测验 –2（comprehensive test of phonological processing–2，CTOPP–2）[23] 来评估她的阅读准备情况。她的语音意识得分为第 6 百分位，语音记忆得分为第 3 百分位。因此，我们建议 DC 进行音节控制练习 [24, 25]、发音手势练习（如 Kirkpatrick 等的跨音节移动练习 [26]）、反向构建练习，并结合正确的单词重音、句子重音和句中停顿练习 [24]。

DC 最近的一次评估是在 8 岁 9 个月。虽然她各方面都在不断进步，但在大多数方面仍然不及同龄人。她在类似于 IQ 量表的 "一般能力量表"（General Conceptual Ability，GCA）和 "差异能力量表Ⅱ"（differential ability scales–Ⅱ，DAS–Ⅱ）[27] 中的测试分数仍处于临界范围，非语言推理在较低的正常范围内，而语言技巧在临界范围内。在皮博迪图片词汇测试（第 4 版）（Peabody picture vocabulary test–4，PPVT–4）[28] 和表达性词汇测试（第 2 版）（expressive vocabulary Test，Second edition，EVT–2）[29] 中，她的标准分数都处于较低的正常水平。在《语言基础临床评估（第 5 版）》

（clinical evaluation of language fundamental，5th Edition，CELF-5）[30] 中，DC 语言表现方面各项子测试的分数存在很大差异；她在造句和句子回忆子测试中得分在正常范围内，在句子理解得分处于临界范围内，在单词结构、语言概念和跟随方向上得分较低。从 CTOPP-2 评测来看，DC 已经取得了一些进步，现在她的语音意识和语音记忆力都达到了第 14 个百分位（位于较低的正常范围内）。在韦氏个人成就测验（第 3 版）（Wechsler individual achievement test Ⅲ，WIAT- Ⅲ）[31] 中，DC 的单字阅读和短文阅读准确率在其同龄孩子的正常水平范围到低水平范围之间。她的伪词解码、口头阅读速度和阅读理解力都较弱，这几项得分都位于临界范围内。在 VMPAC 评估中，DC 在除语音控制之外的所有方面的得分都位于严重范围内，尽管她在语音控制方面表现有一定的提升，但她还不能很好地控制韵律，这影响了她的话语清晰度。现在，DC 还会使用一些不恰当的代偿方法来纠正自己的发音，例如她会用左手食指压在牙齿上，或者用拳头压在颧骨上，从而暗示舌头移动。她偶尔还会咬住嘴唇，用这个姿势来固定自己的下巴，这导致了她说话时会出现面部扭曲。当她的下巴向一个显然出乎她意料之外的方向移动时，她会睁大眼睛。她现在说的句子比以前说的更长，也更符合语法要求，但是仍然存在语法和语音错误。与同龄儿童相比，她在 GFTA-2 上的得分跌至第一百分位以下。她仍然很难区分前辅音（[d] 和 [t]）与后辅音（[g] 和 [k]），并很难发出从连续音（[s]、[f]）变为停止音（[t]、[p]），然后接着读剩下的句子。考虑到她的语音障碍的严重程度和非典型性，我们建议 DC 继续接受强化的言语语言治疗，以提高语音发音的一致性和准确性。我们还建议包括 DC 练习简单的重复序列（如 [bababababa]）并通过平滑地直接张开和闭合动作来实现稳定的口语姿势，而无须使用明显的补偿性自我暗示策略，从而来提高她在对话中灵活运用韵律的能力，并掌握与年龄相符的语音在单词中的一致使用。此外我们还强烈建议 DC 进行强化的系统语音学习，并辅以阅读理解专注力的其他学习。

要点
- CAS 和 CD 经常并发，在患有神经发育综合征的儿童身上尤为常见。
- 虽然通过适当的干预治疗有望在治疗病情上取得进展，但 CAS 是一种与语言和读写困难及口腔运动、运动言语和言语缺陷相关的长期性疾病。
- 必须教导患儿适当的补偿策略，因为这些孩子往往会采取不恰当的方法来吸引人们关注自己的不幸。

【致谢】

该病例来源于 Simons 基金会（238896）和国家儿童健康和人类发展研究所（R37 HD29957）中关于 7q11.23 扩增综合征研究数据库。我们感谢这个孩子和她的母亲，及路易斯维尔大学（University of Louisville）神经发育科学实验室的现任和前任成员参与该治疗研究。

推荐阅读

[1] Lewis BA, Freebairn LA, Hansen AJ, Iyengar SK, Taylor HG. School-age followup of children with childhood apraxia of speech. Lang Speech Hear Serv Sch. 2004; 35(2):122–140
[2] Velleman SL, Mervis CB. Children with 7q11.23 duplication syndrome: speech, language, cognitive, and behavioral characteristics and their implications for intervention. Perspect Lang Learn Educ. 2011; 18(3):108–116
[3] Wetherby AM, Prizant B. Communication and Symbolic Behavior Scales Developmental Profile. Baltimore, MD: Brookes; 2002
[4] Dale PS, Hayden DA. Treating speech subsystems in childhood apraxia of speech with tactual input: the PROMPT approach. Speech Lang Pathol. 2013; 22:644–661

参考文献

[1] Mullen EM. Mullen Scales of Early Learning. Circle Pines, MN: American Guidance Service; 1995

[2] Fenson L, Marchman VA, Thal DJ, Dale PS, Rezrick JS, Bates E. MacArthurBates Communicative Development Inventories: User's Guide and Technical Manual. 2nd ed. Baltimore, MD: Brookes; 2007

[3] McIntosh B, Dodd B. Two-year-olds' phonological acquisition: normative data. Speech Lang Pathol. 2008; 10(6):460–469

[4] Stoel-Gammon C. Phonolical skills of 2-year-olds. Lang Speech Hear Serv Sch. 1987; 18:323–329

[5] Smit AB, Hand L, Freilinger JJ, Bernthal JE, Birc A. The Iowa articulation norms project and its Nebraska replication. J Speech Hear Disord. 1990; 55(4):779–798

[6] Hallé PA, de Boysson-Bardies B, Vihman MM. Beginnings of prosodic organization: intonation and duration patterns of disyllables produced by Japanese and French infants. Lang Speech. 1991; 34(Pt 4):299–318

[7] Branigan G. Some reasons why successive single word utterances are not. J Child Lang. 1979; 6(3):411–421

[8] Loeb DF, Allen GD. Preschoolers' imitation of intonation contours. J Speech Hear Res. 1993; 36(1):4–13

[9] Iverson JM, Goldin-Meadow S. Gesture paves the way for language development. Psychol Sci. 2005; 16(5):367–371

[10] Pennington L, Parker NK, Kelly H, Miller N. Speech therapy for children with dysarthria acquired before three years of age. Cochrane Database Syst Rev. 2016; 7(7):CD006937

[11] ASHA. Childhood Apraxia of Speech [Technical Report]. Rockville Pike, MD: American Speech-Language-Hearing Association; 2007

[12] Thoonen G, Maassen B, Gabreels F, Schreuder R. Validity of maximum performance tasks to diagnose motor speech disorders in children. Clin Linguist Phon. 1999; 13(1):1–23

[13] Forrest K. Are oral-motor exercises useful in the treatment of phonological/articulatory disorders? Semin Speech Lang. 2002; 23(1):15–26

[14] McCauley RJ, Strand E, Lof GL, Schooling T, Frymark T. Evidence-based systematic review: effects of nonspeech oral motor exercises on speech. Am J Speech Lang Pathol. 2009; 18(4):343–360

[15] Edeal DM, Gildersleeve-Neumann CE. The importance of production frequency in therapy for childhood apraxia of speech. Am Speech-Lang Pathol. 2011; 20(2):95–110

[16] Maas E, Robin DA, Austermann Hula SN, et al. Principles of motor learning in treatment of motor speech disorders. Am J Speech Lang Pathol. 2008; 17(3): 277–298

[17] Skelton SL. Concurrent task sequencing in single-phoneme phonologic treatment and generalization. J Commun Disord. 2004; 37(2):131–155

[18] Skelton SL, Hagopian AL. Using randomized variable practice in the treatment of childhood apraxia of speech. Am J Speech Lang Pathol. 2014; 23(4):599–611

[19] Hayden D. The PROMPT model: use and application for children with mixed phonological-motor impairment. Adv Speech-Lang Pathol. 2006; 8(3):265–281

[20] Hayden D, Square P. Verbal Motor Production Assessment for Children (VMPAC). San Antonio, TX: Psychological Corporation; 1999

[21] Hodson BW. Hodson Assessment of Phonological Patterns (HAPP-3). 3rd ed. East Moline, IL: LinguiSystems; 2004.

[22] Goldman R, Fristoe M. Goldman-Fristoe Test of Articulation-Second Edition (GFTA-2). Circle Pines, MN: American Guidance Service; 2000

[23] Wagner RK, Torgeson JK, Rashotte CA, Pearson NA. Comprehensive Test of Phonological Processing-2 (CTOPP-2). Austin, TX: Pro-Ed; 2013

[24] Velleman SL. Resource guide for Childhood Apraxia of Speech. Florence, KY: Cengage; 2003

[25] Thomas DC, McCabe P, Ballard KJ. Rapid syllable transitions (ReST) treatment for childhood apraxia of speech: the effect of lower-dose frequency. J Commun Disord. 2014; 51:29–42

[26] Kirkpatrick J, Stohr P, Kimbrough D. Moving across syllables. Tucson, AZ: Communication Skill Builders; 1990

[27] Elliott CD. Differential Ability Scales-II. San Antonio, TX: Psychological Corporation; 2007

[28] Dunn LM, Dunn DM. Peabody Picture Vocabulary Test-4 (PPVT-4). Minneapolis, MN: Pearson Assessments; 2007

[29] Williams KT. Expressive Vocabulary Test-2. Minneapolis, MN: Pearson Assessments; 2007

[30] Wiig EH, Semel EM, Secord WA. Clinical Evaluation of Language Fundamentals-5. San Antonio, TX: Pearson; 2013

[31] Wechsler D. Wechsler Individual Achievement Test-III. San Antonio, TX: Pearson; 2009

在复杂的医疗案例中优化临床决策
Prioritizing Clinical Decisions in a Complex Medical Case

Erin Embry **著**

吴传安　沈龙彬　**译**　　朱渔钇　徐洋凡　**校**

【概述】

在临床实践中，言语语言病理学家面对的通常是患有多重共发障碍的患者，这使得鉴别诊断和选择优先干预目标的过程变得复杂。本病例报告强调了该过程中的挑战并基于循证医学方法提供了系统的临床决策指南。在本病例中，一位 65 岁女性遭遇了左大脑中动脉脑血管意外（middle cerebral artery cerebrovascular accident，MCA CVA）（图 41-1）。

【临床病史和病情描述】

BR 是一名 65 岁的妇女，因双侧胸腔积液被送往市中心急诊室。医院使用利尿药和香豆素对其进行治疗。第 2 天，患者反应迟钝，出现失语症、左凝视倾向、右面部下垂、在有害刺激下呈右侧偏瘫性姿势等症状。头部 CT 显示没有出血，但有早期的左大脑中动脉脑血管损伤。此时，BR 正处于使用组织纤溶酶原激活物（一种用来分解血凝块的蛋

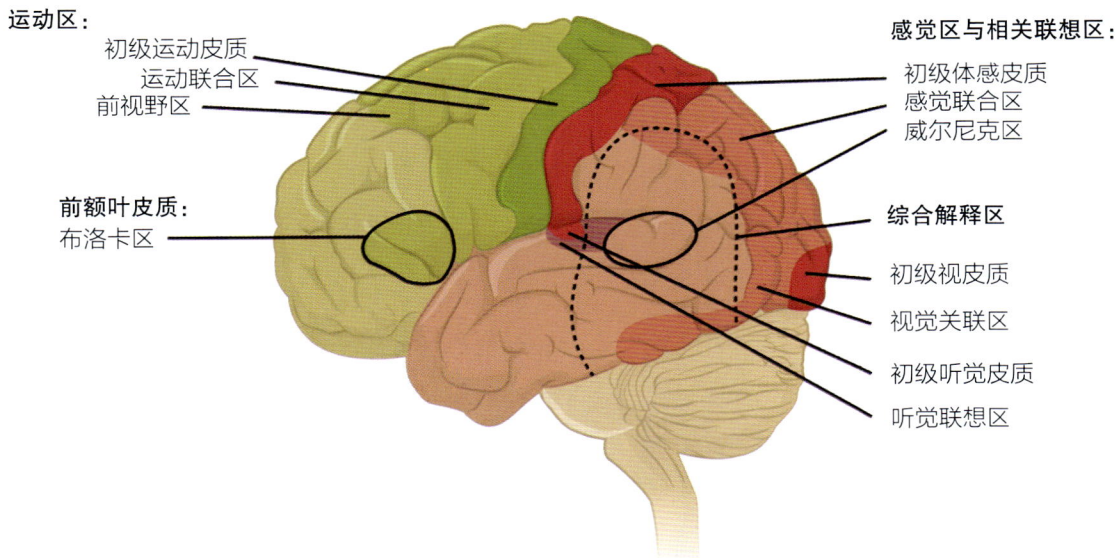

运动区：
初级运动皮质
运动联合区
前视野区

前额叶皮质：
布洛卡区

感觉区与相关联想区：
初级体感皮质
感觉联合区
威尔尼克区

综合解释区

初级视皮质

视觉关联区

初级听觉皮质

听觉联想区

▲ 图 41-1　复杂患者的评估和治疗登记

白质）的最佳窗口期，但由于她在美国国立卫生研究院卒中量表（National institutes of health stroke scale，NIHSS）中得分高达 28 分（图 41-2），因此最终未能成功使用。

由于患者感知的敏感性不一致，医院并未使用鼻胃管，而是采取放置经皮内镜下胃造口术（percutaneous endoscopic gastrostomy，PEG）的方法为患者提供营养。磁共振成像结果显示，患者左大脑中动脉梗死，伴有中线移位，且顶叶和额叶白质出现斑片状亚急性出血及周边层状坏死。经过 2 周急症护理后，BR 的病情趋于稳定。她在病床边接受了纤维喉镜吞咽检查评估后，提前进食可咀嚼的柔软食物及稀流质。她的损伤主要与口腔准备期和吞咽的口腔阶段有关。由于严重的右侧偏瘫，她基本丧失了说话能力。BR 随后被转到住院部接受了高强度的言语治疗、作业治疗和物理治疗。

入院前，BR 的既往病史包括新诊断的房颤和充血性心力衰竭、轻度抑郁、吸烟和社交型饮酒等。她计划出院后和丈夫一起回家，并根据需要继续接受治疗。

【临床测试】

由于 BR 脑卒中较为严重，她有与沟通、认知和吞咽相关的多种障碍问题。尽管从记录上来看，BR 可进食含稀液的半流质食物，但其经口进食的总体食物摄入量很有限。BR 入住康复病房，随即进行了临床吞咽测评以评估其吞咽功能的任何潜在变化。由于 BR 无法执行基本指令，因此口腔运动测试中断。在非言语任务中观察到有口腔运动失用症的迹象。休息时，BR 表现出明显的右侧面部 / 唇部不对称。其牙齿排列自然而完整。在给 BR 进行固体咀嚼试验中，发现她对食物 / 液体的摄入更加具有自发性，但由于口腔运动的无力及运动范围的缩小，BR 上下唇有一定闭合性，但仍无法迅速形成及吞咽食团。随着试验次数的增加，其及时性有所改善，表现在反射性吞咽较为及时且舌骨喉肌（hyolaryngeal）适当上升。BR 吞咽后，在她口腔右外侧沟发现有少量的残留软固体，这可能是由感觉障碍所致。建议 BR 坚持目前的饮食方案，包括计算每日卡路里及视需要通过管饲补充进食。

对 BR 进行言语、语言和认知的综合评估，建立基本测量标准，并实施基本沟通系统训练。考虑到她对一步指令的反应有限及语言输出减少的情况，应使用非标准化的措施代替正式评估，以此评估她基本的表达性语言技能和接受性语言技能。

以下是她接受性语言技能评估的基线数据：对与自身 / 环境有关的简单是非题回答（通过指向书面文字或点头）=2/10（20%）；按照简单的一步指示指令 =3/10（30% 只有视觉提示）；辨认身体部位 =0/5；识别两个真实的、有功能的物体 = 1/10（10%）。以下是对表达性语言技能评估的基线数据：患者自动排序能力（如每周天数、ABC、生日快乐等）=0/5；尽管有证据显示病患能唱一些歌曲旋律，在患者尝试完成各种任务却都以失败告终时，她会下意识地说"哦，上帝！"，具有可视提示符的 CV/CVC 单词重复次数 =0/5，患者需要手把手的帮助才能指向代表基本欲望和有需要的图片。

除了 CV/CVC 单词之外，BR 还无法重复或模仿其他反射性发声，如咳嗽，叹气，或清嗓子。此外，当她试图讲话时，可明显观察到她的迟疑。虽然由于 BR 的语言和言语障碍，我们对她的认知功能评估有限，但对其进行结构化任务评估时发现，整体上而言，她的持续注意力在不断降低，且平均每 25s 医生就需要提示她以便其重新集中注意力。还可以观察到她的左侧视野注意力明显缺失。BR 因不能顺利地与人进行沟通而表现出高度挫败感，因此我们也要密切注意她当前的缺失感等心理状况。

【读者问答】

1. 28 分在 NIHSS 中意味着什么？这在预后方面又意味着什么？

答案：NIHSS 是一项标准化的量表，医生用它来量化卒中的严重程度和功能影响。该分数综合了神经系统测试的组成部分，包括颅神经（视觉）、运动、感觉、小脑、注意力不集中、语言和意识丧失。分数超过 15～20 分即可认为该患者病情更严重，且与低于 20% 的良好或优秀的结果相关[1]。

2. BR 同时存在多种障碍。对于有吞咽障碍和各种沟通障碍的患者，你如何确定评估和治疗的优先顺序？

美国国立卫生研究院卒中量表

病区号码 ___.___.___
出生日期 ___/___/___
医院 _____(___.___)
测试日期 __ __/__ __/__ __

时间间隔：[ ] 基线   [ ] 治疗后 2h   [ ] 出现症状后 24h±20min   [ ]7～10 天

[ ]3 个月 [ ] 其他 _____(___ ___)

时间：___ ___:___ ___ [ ]am [ ]pm

个人管理量表 _____

按所列顺序管理脑卒中量表项目。在每次测试后记录患者在每个类别中的表现。禁止重复测试修改评分，严格按照每种测试方法的指令进行操作。分数应反映出患者的实际行为，而非临床医生认为患者应该有的行为；医生在测试时应迅速记录答案。禁止在无说明的情况下引导患者（即重复要求患者给出特定反应）

说明	评分标准	分数
1a. 意识水平：如果由于气管内插管、语言障碍、气管创伤 / 绷带等障碍而无法进行全面评估，则研究者必须选择一种治疗方案 / 应对措施。只有当患者对伤害性刺激动作没有反应时（除了僵硬姿势），才能得 3 分。	0= 警觉，反应灵敏。 1= 不警觉，但受到轻微刺激时能做出回答或者给出反应。 2= 不警觉，需反复刺激，反应迟钝，且需在强烈刺激或疼痛刺激下才能给出反应（非固定）。 3= 仅能做出反射运动，或仅有自主神经反应，完全无反应或反应迟缓。	___
1b. 意识水平问题：询问患者月份和年龄。答案必须完全正确——相近答案不给分。无法理解问题的失语症和昏迷患者得 2 分。因气管插管，气管创伤，任何原因引起的严重构音障碍、语言障碍或因其他不属于失语症的问题而无法说话的患者得 1 分。关键在于测试员只对初始答案进行评分，且不能以口头或非口头方式来"帮助"患者。	0= 正确回答两个问题。 1= 正确回答一个问题。 2= 未能正确回答任何问题。	___
1c. 要求患者先睁开眼睛，再闭上，然后将不麻痹的那只手握紧，再松开。如果双手都无法握紧，则替换另一个命令。如果患者对命令做出明确尝试，但由于身体虚弱而未完成，则给予分数。如果患者对命令没有反应，则测试员应向患者进行演示（不使用口头语言），视结果得分。对于有外伤、截肢或其他身体障碍的患者，测试员应给予适当的一步式指令。只要患者做出首次尝试即可得分。	0= 正确执行两项任务。 1= 正确执行一项任务。 2= 两项任务均未正确执行。	___
2. 最佳凝视测试：只测试水平眼动。有自发型眼动或（头眼连动反应）眼动即可得分。但是热量测试还没有完成。如果患者能通过自发性或反射性活动来克服眼球共轭性偏斜，则得分为 1。如果患者有孤立性周围神经轻瘫（CN、Ⅲ、Ⅳ或Ⅵ），则得分为 1。眼球凝视在所有失语症患者中都是可以被检验的。眼外伤患者、既往失明患者或其他视力、视野障碍患者应进行反射运动测试，并由测试员评分。测试员与患者建立眼神交流，在患者身边来回走动，这样做偶尔能缓解患者的部分凝视麻痹症状。	0= 正常。 1= 部分凝视麻痹，单眼或双眼凝视异常，但不存在强迫偏离或完全凝视麻痹。 2= 强迫性偏离，或无法通过头眼操作克服的完全性凝视麻痹。	___

▲ 图 41–2 美国国立卫生研究院卒中量表

美国国立卫生研究院卒中量表

病区号码 ____.____.____

出生日期 ___/___/___

医院 _____（ ___.___ ）

测试日期 __/___/__

时间间隔： [ ]基线　　[ ]治疗后 2h　　　[ ]出现症状后 24h ± 20min　　　　[ ]7～10 天

[ ]3 个月　[ ]其他 _____（ ___ ___ ）

说明	评分标准	分数
3. 视觉：用对诊法筛检视野（上及下象限）。酌情使用手指计数法或视觉惊吓法。测试者可以鼓励病患，若病患眼睛能适当地注视动作中手指的方向，则以正常情况来计分。若患者有单眼盲或眼球摘除的情况，则计算正常眼的视野。只有在发现有清楚的不对称，包括象限偏盲的情况下，才算 1 分。病患因任何原因而引起失明的情况，算 3 分。此时进行双边同时刺激。若患者有单侧忽略，得 1 分。此结果可用来回答第 11 题的问题。	0= 无视觉损失。 1= 部分偏盲。 2= 完成。 3= 双侧（失明，包括皮质盲）。	___
4. 面神经麻痹：口头要求患者（或者以表演的方式鼓励患者）露出牙齿、扬起眉毛或闭上眼睛。在患者反应迟钝或不理解的情况下，给予疼痛刺激并依照面部的痛苦表情是否对称来计分。如果面部外伤用绷带、气管插管、胶带或其他物理隔离物阻塞面部，应尽可能将其取出。	0= 正常对称移动。 1= 鼻唇见褶皱双平，微笑时不对称。 2= 部分性麻痹（下半部的脸完全或近乎瘫痪）。 3= 两侧完全瘫痪（上下面部无活动）。	___
5. 运动上肢：患者肢体保持适当姿势，掌心向下，成 90°（患者端坐时）或 45°（患者仰卧时）伸展手臂。若手臂在 10s 内垂下，则计作晃动。对于失语症病患则使用急促的语气或以肢体动作进行引导，但不可使用疼痛刺激。从患者不感到麻痹的手臂开始，依次测试上肢。只有患者肩膀做过截肢或关节黏合手术的个案才可计 9 分，且评估者必须清楚地说明给 9 分的理由。	0= 无晃动：肢体成 90°（或 45°），持续 10s。 1= 移动：肢体成 90°（或 45°），在 10s 前就开始晃动，但未撞到试验台或其他支撑物。 2= 一些克服重力的尝试：肢体不能达到或保持 90°（或 45°），患者肢体垂至试验台，但患者尝试克服重力影响。 3= 未尝试克服重力影响，肢体下垂。 4= 无移动。 UN= 截肢或关节融合，解释：_____ 5a. 左臂。 5b. 右臂。	___ ___
6. 运动下肢：患者肢体保持适当姿势，下肢成 30° 伸展（通常以仰卧的姿势进行测试）。若腿在 5s 内垂下，则计作晃动。对于失语症病患则使用急促的语气或以肢体动作进行引导，但不可使用疼痛刺激。从患者不感到麻痹的腿开始，依次测试下肢。只有患者臀部做过截肢或关节黏合手术的个案才可计 9 分，且评估者必须清楚说明给 9 分的理由。	0= 无移动：腿保持 30°，并持续 5s。 1= 移动：患者下肢成 30° 保持不足 5s 即下垂，但并未垂至试验台。 2= 尝试克服重力影响：下肢成 30° 保持 5s 即垂至试验台，但患者尝试克服重力影响。 3= 患者未尝试克服重力影响，肢体即刻下垂至试验台。 4= 无移动。 UN= 截肢或关节融合，解释：_____ 6a= 左腿。 6b= 右腿。	___

▲ 图 41-2（续）　美国国立卫生研究院卒中量表

答案：安全是治疗过程中的优先事项，安全性引导着整个评估过程和治疗过程。在急性治疗阶段，如果患者吞咽功能受到影响，将加剧其营养不足的风险。而临床治疗中最迫切的需要是确定病情发生的原因并实施治疗计划，让患者在满足水分与营养需求的同时，安全地食用质地限制最少的食物。如果患者的病情稳定，下一步就是确定最有效的治疗方法以便患者能向护理人员和医院工作人员表达其基本需求。具体治疗方法具有高度灵活性，应基于患者的个体需要进行灵活调整。在一般情况下，评估和治疗的过程都强调单个技能和重叠技能，同时要尝试获得相关的鉴别诊断，需要注意，在该阶段，相应的临床表现可能会迅速出现。对于一个基本上失语、交流欲望有限的患者，临床医生必须要意识到患者在每个阶段的潜在认知过程。可以基于层级法来校正患者需要的技能，从理解（书面／阅读）开始，逐步发展到注重运动、言语产生和语言表达（口语／书面）（图 41-3）。

3. BR 在急诊科进行了最初的吞咽评估，但该评估未在康复科再次进行。为什么吞咽评估没有重复进行？

(1) 两次测试之间至少需要隔 2 周的时间。

(2) BR 的吞咽困难主要局限于口腔准备期／口腔期，根据临床评估就可以决定其饮食方案。

(3) 患者在 2 周内不太可能有任何功能上的改善。

(4) 如果 BR 警觉性／觉醒性下降，她就不能做纤维喉镜吞咽检查。

答案：(2) 正确。BR 在急症室接受了纤维喉镜吞咽检查，据其结果可知其主要损伤与吞咽的口腔准备阶段和口腔吞咽阶段相关，咽部阶段处于正常功能范围内，没有观察到有渗透现象或物质的吸入。也就是说误将更黏稠质地物体吸入的风险显著降低，因此，临床医生可以在一定程度上放心进行研究，在无须额外仪器评估的情况下，推荐改善饮食方案。

(1) 不正确。临床医生虽然应始终考虑患者的安全性和耐力水平，且应仔细确定在哪个时间段内进行后续检查对患者的实际需要最有帮助，但仍然可以在 2 周内进行第二次纤维喉镜吞咽检查（就有如视频频闪检查般方便）。

(3) 不正确。BR 病情稳定后被转到住院部的康复病房。由于其卒中的大脑区域大小和位置，病情恢复较为缓慢。另外，虽然 BR 病情仍处于急性期，但据报道显示，其吞咽功能有所改善，且神经系统自发恢复的可能性很大。

(4) 不正确。虽然从急症护理病房转到住院部康复病房通常要求患者忍受每天至少 3h 的治疗，但文中没有明确报道这一信息。

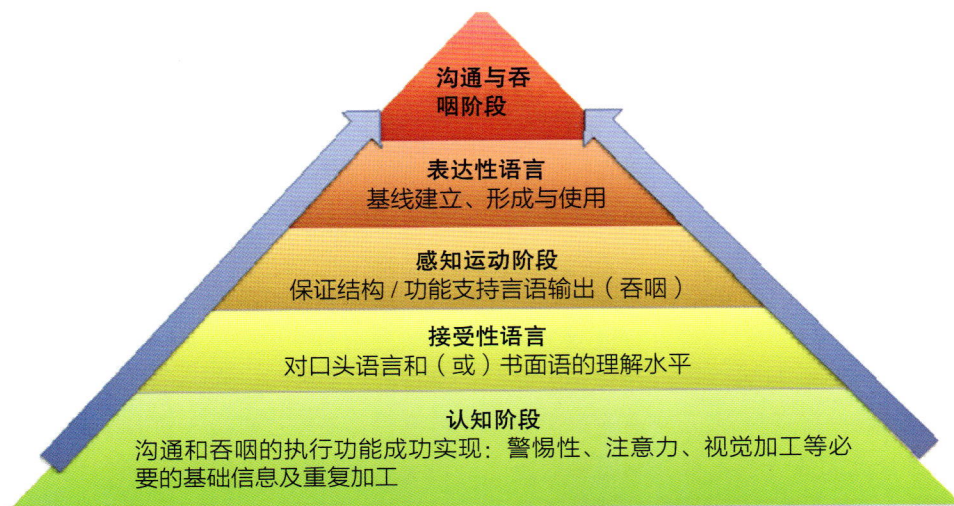

▲ 图 41-3　复杂患者的评估和治疗等级

4. 根据 BR 的陈述，您会向团队和护理人员提供哪些有效促进沟通的建议？

(1) 替代 / 扩大性沟通。

(2) 以是非题的形式提问。

(3) 以选择题形式提问。

(4) 手势和（或）视觉选择。

(5) 写下信息。

答案：以上都是正确的。在急性护理阶段，继续为 BR 提供多模式的交流方式对她很有帮助，因为这提供了多种交流机会，这些交流在最初评估期间可能失败，但随着其状态变得更加稳定，交流可能成功。值得注意的是，虽然每种方法都有优点，但这些方法都应该基于她的强项，并系统地加以介绍。基于最初的评估，BR 很可能在回答结构化的是非题时成功率最高，回答表明其基本需求的选择题时成功率排其次，如果这些反应与视觉线索相结合，如使用手势和真实物体或图片上的物体，效果就会得到加强。她对书面文字的理解能力尚未有定论，因而书面支持（written support）不能单独使用，但它也可能对测试有所帮助。然而，在 BR 的语言表达得到改善之前，使用另一种交流方式，如使用基本的画板，将是另一种潜在的辅助手段。由于观念性和运动性失用症同时存在且限制了指向的准确性，独立进行这种操作方法具有一定挑战性。

【障碍描述和推荐治疗方法】

BR 表现出多重障碍：轻度口咽部吞咽困难，其特征是由于口部肌肉无力和口部失用症导致的固体食物进食困难，及伴有严重言语失用症的完全性失语症。还有迹象表明 BR 在注意力与执行功能方面存在认知障碍。在早期阶段，对言语、语言和认知障碍进行鉴别诊断比较困难，尽管采用物理治疗和作业疗法对运动失用症进行干预，运动障碍也不一定会比语言障碍更严重，语言障碍也有可能比认知障碍更严重。此外，由于口部肌肉无力，BR 可能存在构音障碍，这也有可能是由于言语输出受限所致。BR 始终对自己无法进行正常交流而感到非常挫败，在这种情况下，她会下意识地回应"哦，上帝"。BR 的临床报道显示，她需要在护工和家人的帮助下才能满足自己所有日常的基本需求。

由于 BR 可以安全进行半流质饮食，并根据自身需求通过 PEG 管补充营养，治疗的重点逐渐转移至在她与家人及医院工作人员之间建立基本的沟通系统。认知障碍及严重的运动失用症影响了 BR 在言语发声和指向方面的启动及协调功能，导致她无法独立地进行交流。因此，我们采用了一种多模态的方法，首先以功能导向意义的卡片在单词初始位置代表目标声音，通过这个声音刺激来提高听觉理解，同时使用普通卡片和是 / 否的交流板进行日常互动训练。用于改善言语输出的治疗以运动学习原则为基础，结合了传统的失用症矫正方法，其预期是改善口腔的感觉、运动、吞咽功能。代偿性训练、体位性和（或）吞咽治疗技术的不同训练方式不可用。

由于出院需满足以下条件：①有家庭支持；②有额外的护工照顾及治疗。因此患者教育和家庭教育、咨询及培训也在同步进行。

【结果】

在 BR 急性住院康复治疗的 4 周结束时，她就一直在接受机械的流质进食，直到她的鼻胃管被移除。在高度的情景语境中学习，让她对言语指向、客体识别和社会交流的理解都有所提高，但在非语境中理解抽象信息仍然存在障碍。语言表达有所进步，但进步仅局限于单个单词的发音，且语速和准确度的改变降低了这些单词输出的准确性。使用口头、手势和书面语的组合进行回答，CV/CVC 单词的重复率不一致，约为 20%，是非题的回答准确性提高 2 倍至 40%。

然而，对治疗进展影响最大的是 BR 的抑郁症，这导致她在所有治疗中都缺乏治疗动力，治疗次数减少。联合治疗计划的实施能实现对她的最大化治疗及促进更积极的社会互动。除了是 / 否的回应板外，她拒绝使用其他通讯板。她的家人也接受了关于改变沟通方式的培训，以促进 BR 是 / 否的回应，降低她沮丧程度。BR 非常喜欢狗，如果有可能，宠物陪伴性治疗也被纳入到治疗过程中。尽管临床付出了所有的努力，但整个治疗团队一致认为，在康复期间，BR 并没有成功激发她的全部潜力，在出院回家与家人团聚后，家庭护理机构和私人康复治疗师为她提供了额外的护理支持，持续康复治疗。

要点

◆ 脑卒中个体的临床表现不同，这取决于他们的健康史、活动水平、教育背景和梗死的严重程度。

◆ 同任何评估与治疗计划一样，当患者在认知、交流及吞咽功能等方面有多种治疗需求时，安全性是干预的首要目标。

◆ 患者的功能障碍恢复通常很缓慢，治疗过程中，治疗频率与方式，刺激的类型，项目的选择，治疗的反馈及患者的动机都是帮助患者恢复或改善功能障碍的重要预后指标。

推荐阅读

[1] Teasell R, Hussein N. Evidence-based review of stroke rehabilitation: clinical consequences of stroke. Last updated November 2013. http://www.ebrsr. com/sites/default/files/chapter2_clinical-consequences_final_16ed.pdf

[2] Maas E, Robin DA, Austermann Hula SN, et al. Principles of motor learning in treatment of motor speech disorders. Am J Speech Lang Pathol. 2008; 17(3): 277–298

[3] Wambaugh JL, Duffy JR, McNeil MR, et al. Treatment guidelines for acquired apraxia of speech: a synthesis and evaluation of the evidence. J Med SpeechLang Pathol. 2006; 14(2):15–34

[4] Alexander MP, Lovreso F. A specific treatment for global aphasia. In: 21st Clinical Aphasiology Conference Proceedings. Austin, TX: Pro-Ed; 1993:277–289

参考文献

[1] Adams HP, Jr, Davis PH, Leira EC, et al. Baseline NIH Stroke Scale score strongly predicts outcome after stroke: a report of the Trial of Org 10172 in Acute Stroke Treatment (TOAST). Neurology. 1999; 53(1):126–131

跨性别女性的语音训练
Transfeminine Voice Training

Christie Block **著**

韩懿晶　陈卓铭　**译**　　徐洋凡　**校**

【概述】

该案例报告介绍了通过解决跨性别女性的性别表达需求进行女性语音训练的方法。

【临床病史和病情描述】

Z 是一位 27 岁的跨性别女性，她想要增强嗓音中的女性化特征。她出生时是男性，但自幼就认为自己是女性，并且患有性别焦虑症（即由于性别分配和性别认同不匹配导致的困扰）。她觉得自己的声音与她的性别身份不符，且认为她的声音是其他人误认其性别的主要原因（即错误地认为自己是男性身份）。她并不担心自己对语言的使用，她觉得自己很有女人味。近 12 个月以来，Z 表现出越来越多的女性化特征（包括衣着、发型和妆容）。她的嗓音柔和，是一名发型师，每周会光顾 3～4 次酒吧和餐馆。她报告说，她在外出后会出现暂时性的声音嘶哑，人们在嘈杂的环境中偶尔听不到她说话。她没有服用药物，但她计划在下个月开始激素替代疗法。她并不打算做性别相关的手术，其他方面也很健康。她身高 165cm，重 56.69kg。

【临床测试】

对各种语音和语音参数进行了感知觉上的观察。结果发现，大约有 25% 的发音在结束时都出现了声门撕裂的现象，这是因为患者稍微减弱了对呼吸的控制。在音高高于 200Hz 时，观察到声带紧张（vocal strain）现象。语调模式主要是降调和断音。共振主要集中在胸部而不是面部和头部。无法对语速进行评价。在诊断训练任务中，Z 成功地利用了多种线索并给出了相应反馈。

使用市售的语音分析软件、秒表、声级计和人工计算，对持续发声（sustained phonation）和连读现象（connected speech）进行声学测量和分析。

患者声音的基础频率（f_0）为 134Hz，平均会话频率范围为 15 个半音（86～213Hz）。最大发声频率范围为 35ST（103～770Hz）。133Hz 时的抖动和闪烁分别为 0.6% 和 2.6%。连读期间的平均强度为 69dB。在 137Hz 下，最长发声时间为 21s。频谱分析显示无声带功能障碍。最后，进行了视频鼻镜检查，排除了喉部病理。

【读者问答】

1. 在训练 Z 的女性发声技巧时，言语语言病理学家（SLP）应：

(1) 用个人的观点来看待一个女性应该如何行事。

(2) 仅针对 Z 的语音发音技巧，并向心理治疗师寻求所有相关咨询。

(3) 明确她在转换过程中应该接受的各种服务。

(4) 根据 Z 的需要，用基于已知性别规范的技术指导 Z。

(5) 明确 Z 患有性别焦虑症。

答案：(4) 正确。言语语言病理学家应该根据生理差异和社会期望，在语音和言语中使用已知的性别标记，这样做能帮助 Z 更自然地进行沟通，也有利于大众认可她的女性性别。

(1) 不正确。Z 应成为什么样的女人应该由她自己决定，而不应该由 SLP（言语语言病理学家）决定。临床医生应该使用工具来帮助她获得自己独特的女性风格，反映自己的个性。

(2) 不正确。与任何咨询语音问题的患者一样，临床医生应提供咨询服务，且应该将感受与沟通技巧联系起来，从而最大限度地提高理解力和整体满意度。这可能包括讨论：①患者不断变化的声音和她的性别认同之间的联系；②接受她可能的最好的声音；③处理由于她的声音而导致性别误解的情况。以下情况建议转诊心理治疗：①除发音问题外，患者因性别认知困难而出现痛苦或困扰情绪；②有迹象表明患者有抑郁或焦虑等相关精神健康问题。

(3) 不正确。跨性别者的需求是多样的。跨性别者不需要预先设定好的过渡服务。跨性别健康服务提供者，包括言语语言病理学家，能让客户了解现有服务。

(5) 不正确。无论 Z 是否有性别焦虑，SLP 都应协助 Z 改变其表达性别的方式，且应由心理健康服务提供者而非 SLP 对性别焦虑症做出诊断。

2. Z 的声门撕裂，声带紧张，声音嘶哑和响度问题应：

(1) 不作处理，因为在视频频闪检查中没有发现声音病理。

(2) 在开始进行女性语音训练之前，先解决并彻底解决。

(3) 与女性语音训练同时进行。

(4) 由喉科医师进行治疗。

(5) 主要通过嗓音卫生（vocal hygiene）指导来解决。

答案：(3) 正确。在 Z 的案例中，增强女性化语音特征的训练可以与开嗓练习和解决发声困难的康复任务同时进行。

(1) 不正确。即使在视频闪仪检查中没有观察到声音病变，也应该解决发音障碍。干预的目的是改变她的声音。即使视频闪仪未发现阳性结果，也

需要采取干预治疗方法缓解她的声带症状。此外，如果没有适当的指导，她现阶段的发音困难症状可能加重和（或）导致声带病理。

(2) 不正确。因为 Z 的言语障碍是间歇性的，且通过视频闪仪检查排除了声带病变（vocal pathology）的可能性。只要 Z 的言语障碍轻微并可以治愈，则没有必要延迟解决其有关女性表达的主要诉求，因为后者对她的生活会造成更大的负面影响。

(4) 不正确。Z 的嗓音障碍似乎是行为上的，不必进行医学或手术干预，因此应由 SLP 而非喉科医生治疗。

(5) 不正确。Z 在言语障碍治疗过程中必须接受声音卫生指导，且首先应进行开嗓活动（vocal warmup）和康复练习。

3. 更多的女性共鸣应该专注以下练习：

(1) 共鸣位置前移。

(2) 打开口腔。

(3) 降低喉位。

(4) 改变声带的长度。

(5) 降低舌根位置。

答案：(1) 正确。在面部遮罩中，将共鸣能量位置前移，可使音调变"小"或音色变"亮"，人们普遍认为这样更具女性化特征。

(2) 不正确。当口腔打开时，共鸣效果听起来可能会"更明显"或更男性化。

(3) 不正确。降低喉位可以通过减少声带张力来降低音调。通过在颈部留出更多空间，它还可以减少女性感，让共鸣听起来更具男性化特征。

(4) 不正确。改变声带的长度会影响音调，但不会影响共振。

(5) 不正确。降低舌根位置会使口腔张开，从而导致共鸣更具男性化特征。

4. Z 增加女性语音模式以改善交流的预后是：

(1) 优秀，因为她的内在动机水平高。

(2) 非常好，由现阶段她的技能和生活状况可知。

(3) 好，因为她将很快开始激素替代疗法。

(4) 一般，因为她没有选择音调提升手术。

(5) 欠佳，因为作为跨性别者，Z 面临着自身的

生理局限及外界不可控的反应。

答案：(2) 正确。Z 可以让自己的声音更具女性化特征，在大多数情况下，这么做有利于满足她对自身的性别认同需求，促进身心一致。该判断基于以下因素：①男性的基线 f_0 处于正常水平的较高值；②Z 体型相对较小；③Z 能够随即在日常生活中练习和使用其技能；④测试期间 Z 对诊断性治疗任务的反应能力。

(1) 不正确。在治疗过程中，尽管患者治疗的动机水平很重要，但它并不是决定治疗成功与否的唯一因素。

(3) 不正确。激素替代疗法并未对跨性别女性的嗓音造成影响。与此相反，睾酮治疗法（testosterone therapy）可在一定程度上降低跨性别男性的音高。

(4) 不正确。对跨性别女性的行为训练通常可以促进女性化交流。手术提高了跨性别者音高，这解决了女性化交流的其中一个方面，且与不同的客户反馈有关。

(5) 不正确。自身的生理限制和来自外界的不可控反应可能会限制 Z 与他人交流。然而，积极因素远远超过这些消极因素。第一，Z 目前的技能和生活状况表明，她能够明显改变自己的声音，并在日常活动中利用这些变化；第二，增加女性化语音模式并没有那么难，因为女性模式和男性模式之间存在明显的重叠部分，且可以采用多种技术增加女性化语音模式；第三，再细微的变化也会对 Z 的生活产生积极影响。虽然性别歧视无法完全避免，但这种情况发生的概率可以下降到训练前的几分之一。

【障碍描述和推荐治疗方法】

Z 的声音呈现男性化特征，表现为音高降低（频率为 134Hz），对话音域减小（86～213 Hz），音调模式主要为降调和断音及胸腔共鸣。此外，Z 声门疲劳，声音紧张。Z 还报道了在嘈杂环境中声音嘶哑和交流困难加剧的情况。

Z 在 9 周内进行了 6 次技能训练，在随后 11 个月内进行了 3 次维护训练（音频 1 至音频 3）。通过嗓音卫生指令、开嗓、恢复双向呼吸控制任务和半封闭声带练习，同时解决了女性发声障碍。由于音调被认为是决定性别的最重要因素，因此它是干预的主要目标。G3（196Hz）被用作目标平均 f_0，它比女性平均 f_0（20-29 岁时的 224Hz）低两个半音，而高于女性音调的最低感知阈值（155Hz）4 个半音。语调问题可通过更全面的表现力来解决，包括更宽的音调运动和重音上的连音或像连音一样拉伸的元音。通过在脸部遮罩中前移共鸣位置来解决共鸣问题，以形成"较小"或"较亮"的音调。随着 Z 的语言水平达到更高层次，引入了短语以使她能在更长的时间内一致地重置音调。随后通过呼吸控制和膈肌呼吸技术来解决音量问题，以使 Z 能在嘈杂的环境中保持女性的声音并防止声音恶化。运用音频和视频反馈工具及录音，以促进技术的一致性，增加声音的感知度并监测治疗的进展。测试员给 Z 布置了每日家庭作业及正念方法，以便将它们应用到日常生活中。在整个治疗过程中，Z 进行了大量有关声音和身心联系的咨询，例如身份发展，风险承担、授权和接受她最好的声音。

【结果】

仅在 9 周内，Z 的所有项目都得到了改善，并持续了 13 个月。Z 在每天的互动中都坚持早晨的开嗓活动、注意发音技巧。在第 4 节（第 7 周）时，她的 f_0 升高至 180Hz，在训练结束时（第 53 周，第 9 节），其 f_0 升高至 190Hz。她的共鸣位置前移，并且音域更宽，连音更连贯。声门紧张（glottal fry）的情况几乎完全消失，Z 报告说在嘈杂环境中说话也没什么困难。在最后一次会议中，Z 报告说她对自己的进步非常满意，这让她的生活更充实，外界负面反应也更少了："我听到了我的声音，我想'哦，真是松了一口气！'"

编号	音频 1	音频 2	音频 3
题目	训练前	第 4 节，第 7 周	第 9 节，第 53 周
说明	彩虹通道，134Hz	彩虹通道，180Hz	彩虹通道，190Hz
持续时间	18 秒	19 秒	18 秒

要点

◆ 跨性别语音培训包括多种技术技能的教学及与身心联系相关的广泛咨询。

◆ 根据客户对性别表达的需求和兴趣，SLP 使用已知的性别规范来指导客户形成自己认同的个性化技能。

◆ 再细微的语音变化也可能会对跨性别客户的日常生活产生重大影响，并且如果客户每次都参加训练并对训练任务具有良好的响应能力，则可以相对快速地完成声音的转变。

◆ 应根据发音障碍的严重程度，在女性语音训练之前或同时解决声音障碍。

◆ 跨性别语音训练需要语音和语音障碍方面的高级技能，并对跨性别者健康，经验和多样性有深刻理解。

推荐阅读

[1] Adler RK, Hirsch S, Mordaunt M, eds. Voice and Communication Therapy for the Transgender/Transsexual Client: A Comprehensive Clinical Guide. 2nd ed. San Diego, CA: Plural Publishing; 2012

[2] Block C. Finding our voices, literally. In: Erickson-Schroth L, Ed. Trans Bodies Trans Selves. New York, NY: Oxford University Press; 2014:128

[3] Coleman E, Bockting W, Botzer M, et al. Standards of care for the health of transsexual, transgender, and gender nonconforming people, version 7. Int J Transgenderism. 2011; 13:165–232

[4] Davies S, Papp V, Antoni C. Voice and communication for gender non-conforming individuals: Giving voice to the person inside. Int J Transgenderism. 2015; 16(3):117–159

严重创伤性脑损伤后的认知康复
Cognitive Rehabilitation following Severe Traumatic Brain Injury

Joanna Close 著

周　钰 **译**　梁俊杰　徐洋凡 **校**

【概述】

除了身体、感觉和行为方面的困难外，颅脑损伤（traumatic brain injury，TBI）还会损害认知功能和沟通能力，所有这些都会对个体独立活动的能力造成损害。认知上的变化可能发生在注意力、记忆/学习和执行功能方面，如计划、组织、启动、目标设定、问题解决和自我意识。沟通障碍表现为口语和书面语的理解及表达困难，或语用能力较差。

【临床病史及病情描述】

PY 是一名 53 岁的男性患者，他在家门口昏迷了一段时间后才被人发现，随即被救护车送往医院。影像学检查显示其左侧硬脑膜下血肿（subdural hematoma，SDH），广泛的蛛网膜下腔出血，右侧颞骨骨折。随着其格拉斯哥昏迷等级评分下降，进行了紧急开颅手术以消除硬脑膜下血肿（subdural hematoma，SDH），根据对 PY 的眼睛、语言和运动反应的客观评估可知，他的意识水平有所下降。他在急诊病房住了 2 周，随后 2 周被转入急诊住院患者康复中心。其创伤后失忆症估计会持续 4 周以上。

【临床测试】

在 PY 患急性脑损伤超过 1 年半的时间里，他接受了首次门诊语言/言语评估。综合评估包括对 PY 和他女儿的访谈，内容涉及他的受伤情况和康复过程、持续的认知沟通障碍、当前日常活动、补偿性策略的使用、额外的缓解因素（如睡眠不良、抑郁症状）及患者/家庭的康复目标。

在受伤之前，PY 独立生活，全职从事微芯片处理技术工作。在受伤后和随后的康复过程中，他回到家里与妻子和成年的女儿住在一起。在进行言语语言病理学（speech–language pathology，SLP）评估的时候，PY 还没有返回工作岗位，但是 PY 说重返工作岗位是他的首要目标。虽然他和他的女儿都说他的病情与刚受伤时相比有了显著的改善，但是在日常生活的基本活动中，他仍然需要家庭的帮助，如财务管理、开车、购物、做饭和做家务。他主要是靠一个人看电视、每周和家人出去郊游来打发时间。

PY 起初否认他在认知、交流方面存在一定困难，但最终报告显示他的记忆力较差，体现在他经常忘记喜欢的电视频道和他的狗的名字，而且经常忘记按时吃饭。他的女儿还观察到 PY 在开始和完成一项任务方面存在困难，记忆力和单词检索能力也在下降。

测验采用韦氏成人阅读测验（Wechsler test of adult reading，WTAR）和可重复的成套神经心理状态测试（repeatable battery for tassessment of neuropsychological status，RBANS）对 PY 进行评估。他的 WTAR 结果表明其发病前的智力水平属于平均智力水平范围内的较高值（原始分数 =44，标准分数 =116）。PY 和他的女儿都完成了梅奥—波特兰适应性问卷第 4 版参与指数（Mayo–Portland adaptability inventory–4, participation index，M2PI）问卷调查，以评估获得性脑损伤患者的活动和社会参与能力。RBANS 和 M2PI 的结果分别见表 43–1 和表 43–2。

表 43–1　RBANS 评估结果：PY 受伤 1 年半后在门诊进行的初步评估

	得　分	百分等级
即时记忆	65	第 1
视觉空间 / 构造	109	第 73
语言	75	第 5
注意力	75	第 5
延迟记忆	60	第 0.4
总量表	70	第 2

表 43–2　治疗患者和家庭成员在社会参与 / 整体残疾水平、M2PI 上的评分（得分越低，独立性越高）：在 PY 受伤近 1 年半后进行初步评估

	原始分数	T 值
PY	22	52
女儿	21	50

【读者问答】

1. 还有哪些标准化的 SLP 评估工具可以用来指导治疗？

(1) 波士顿命名测试（BNT）。

(2) 蒙特利尔认知评估（MoCA）。

(3) 主观评定量表。

(4) 正式驾驶员评估。

(5) 以上所有。

答案：(1) 正确。波士顿命名测试可能会提供更多 PY 在单词检索方面的困难的信息，这些信息既有患者自己报道的，也有他人提供的。

(2) 不正确。蒙特利尔认知评估是一个认知筛选工具，而不是一个标准化的评估，且 RBANS 能

够提供比 MoCA 更全面的认知功能信息。

(3) 不正确。主观评定量表虽然可能有助于设定治疗目标，但它不是一种标准化的评估。

(4) 不正确。驾驶员康复训练可能会让 PY 病情好转，但这通常是通过职业治疗（OT）来解决的。

(5) 不正确。

2. 根据最初评估的结果，您将如何描述 PY 的缺陷？

(1) 注意力障碍。

(2) 语言障碍。

(3) 记忆障碍。

(4) 执行功能障碍。

(5) 以上都是。

答案：(3) 正确。根据最初的正式和非正式评估，PY 最大的缺陷体现在记忆和学习领域。

(1)、(2)、(4)、(5) 不正确。虽然他在标准化测试中表现出注意力和语言能力不足（在每个领域都排在第 5 个百分位），但他在即时和延迟语言回忆测试中却表现出了显著的缺陷（第 1 个百分位和第 0.4 个百分位）。此外，PY 说自己不太能"记住东西"。

3. 你还会考虑哪些其他的医疗服务？

(1) 神经心理学。

(2) 康复心理学。

(3) 睡眠诊所。

(4) 职业康复。

(5) 以上所有。

答案：(5) 正确。神经心理学、康复心理学、睡眠诊所和职业康复将对 PY 有所裨益。考虑到受伤后的时间和 PY 重返工作的愿望，更全面的神经心理评估对他的作用可能会更大，这也将有助于指导和支持职业康复。鉴于认知沟通功能和标准评估中的表现对许多因素都很敏感，治疗慢性失眠和抑郁评估的干预措施可能会对他有所帮助。这将有助于患者转诊至正式的睡眠评估和康复心理学家处。

4. 你最初会推荐哪些认知康复方法？

(1) 环境改变。

(2) 直接注意力训练。

(3) 机械记忆辅助练习册。

(4) 认知辅助技术（assistive technology for cognition，ATC）。

(5) 以上所有。

答案：(4) 正确。有越来越多的迹象表明，认知辅助技术能够提高存在认知缺陷的个体的独立性和生活参与度。考虑到 PY 有记忆障碍且他大部分日常生活的基本活动仍依赖于家人这一情况，认知补偿（cognitive prosthesis）的评估将对他有所帮助。

(1) 不正确。PY 没有表现出要对其所在物理空间进行环境改造的巨大需求，比如给厨房橱柜和抽屉贴上标签，或者建立一个支付账单的归档系统。

(2) 不正确。考虑到 PY 最严重的缺陷是在记忆领域，直接的注意力训练，如注意力过程训练Ⅱ（Attention Process Training Ⅱ，APT–Ⅱ）不利于减轻他对即时和延迟回忆的困难。

(3) 不正确。参与机械记忆任务在认知重建过程中并未基于循证方法。

(5) 不正确。

【障碍描述和推荐治疗方法】

PY 在处理速度、工作记忆、语义和音位语言流畅性、即时和延迟学习等测试中表现低于预期。表现为：他在沟通中检索单词存在一定困难，缺乏主动性和计划性，对自己的残疾缺乏认识和了解。他的缺陷与他的受伤情况是一致的，并且该缺陷显著地影响了他的一般功能、独立性和生活参与／生活质量。治疗建议包括恢复性和补偿性方法。最初的治疗目标包括对 ATC 的评估和训练，制订常规的每日／每周的日常生活计划，增加活动，社交和日常生活基本活动的参与，参与定期的认知语言刺激，训练单词检索策略和语义加工处理活动，及目标管理培训的组成部分。

【结果】

在 14 个月的时间里，医院总共对 PY 进行了 36 次观察。无论是从客观上还是主观上来看，PY 在认知功能、整体独立性和生活参与性方面都有了进步。在认知沟通治疗期间，PY 学会了使用并依靠辅助设备或技术来帮助记忆（例如，使用 iPod/iPad 来坚持常规的日常生活，包括与家庭相关的任务和责任、独立管理医疗预约、定期参与认知刺激练习）和导航（如应用智能手机 GPS 来支持驾驶方向和地理定位）。他在谈话中独立使用单词检索策略，并主观认为自己在语言表达上有了改善。他在认知上仍然缺乏灵活性，也还需要继续在设定目标和解决问题方面努力。然而，他的女儿说，在一些更困难的家庭任务中，PY 开始任务和完成任务的能力有所提高。（如每周饮食计划和定期晚餐准备，安装新窗帘）。总的来说，PY 认为自己的认知功能得到了改善，他减少了对"新常态"的焦虑。

治疗后，PY 最显著的进步体现在完成日常生活基本活动的独立性提高，如表 43-3 和表 43-4 中 M2PI 治疗前后的得分所示。出院时，PY 可以独立开车、购物、做饭、完成许多与家庭相关的任务、管理他的健康和医疗预约，及越来越多地参与社交活动（例如，加入脑损伤互助小组、重新加入地理俱乐部、每周与亲友出游）。尽管他最初的目标之一是重返原来的工作岗位，但在离职时，他并不打算这么做。

表 43–3 经过 11 个月的常规认知沟通治疗，PY 在神经心理状态评定量表（RBANS）上的表现

	得 分	百分等级
即时记忆	76	第 5
视觉空间／构造	105	第 63
语言	79	第 8
注意力	82	第 12
延迟记忆	71	第 3
总量表	78	第 7

表 43–4 在接受了 7 个月的定期认知沟通治疗后，PY 和他的女儿注意到了自身功能的改善，这可以通过对社会参与／整体残疾水平、M2PI 评分观察到。值得注意的是，分数越低，独立程度就越高

	原始分数	T 值
PY	8	37
女儿	10	39

要点

◆ 脑损伤患者的综合评估除了标准化的评估工具外，还应包括对患者和其家庭成员进行全面的临床访谈，以共同制订个性化的治疗计划和评估进展的方法。

◆ 认知沟通疗法可以同时结合直接疗法和间接疗法，并借鉴许多其他领域，如失语症学、咨询服务、作业疗法和神经心理学。

◆ 以训练认知辅助技术的使用为重点的治疗不仅应包括初始习得阶段，还要强调归纳和保持，以确保设备持续使用，以确保最佳的认知功能。

◆ 认知沟通治疗成功与否可以通过前后标准化的评估结果来衡量，但应强调功能性和以患者为中心的衡量标准，如主观报告、参与指数或目标达成量表，以更好地体现患者功能上的进步。

推荐阅读

[1] Coelho C, Ylvisaker M, Turkstra LS. Nonstandardized assessment approaches for individuals with traumatic brain injuries. Semin Speech Lang. 2005; 26 (4):223–241

[2] Kennedy MR, Coelho C. Self-regulation after traumatic brain injury: a framework for intervention of memory and problem solving. Semin Speech Lang. 2005; 26(4):242–255

[3] Lewis VJ, Dell L, Matthews LR. Evaluating the feasibility of goal attainment scaling as a rehabilitation outcome measure for veterans. J Rehabil Med. 2013; 45(4):403–409

[4] Powell LE, Glang A, Ettel D, Todis B, Sohlberg MM, Albin R. Systematic instruction for individuals with acquired brain injury: results of a randomised controlled trial. Neuropsychol Rehabil. 2012; 22(1):85–112

[5] Sohlberg M, Turkstra L. Optimizing Cognitive Rehabilitation: Effective Instructional Methods. New York, NY: Guilford Press; 2011

案例 44

大学橄榄球运动员多次遭受脑震荡后处理不当
Multiple Unmanaged Concussions in a Collegiate Rugby Athlete

Michael R. Fraas　著

韩　冰　译　　邓　成　徐洋凡　校

【概述】

一名运动员在大学橄榄球比赛中遭受多次脑震荡，从而在认知和情绪管理方面出现了严重的问题，本报告阐述了该病例的治疗方案。

【临床病史和病情描述】

患者 PP，是一名 21 岁的物理专业大学生，他在语言和听力医疗中心参加了一项与运动相关的脑震荡病理研究。PP 和他的橄榄球队友都将接受橄榄球赛季前的基线测试，该测试运用标准脑震荡医疗评估方案来进行，内容包括脑震荡病史，神经认知和平衡测试及症状检查表。在数据收集后，PP 告诉首席研究员，"我可能不符合你研究的要求"，因为在过去的 6 个月里，他在橄榄球比赛中遭受了 5 次脑震荡（表 44-1）。

父亲因癌症去世后，7 岁的 PP 被诊断为患有抑郁症。高中时，他踢足球和练摔跤。PP 表示，"在比赛时，有好多次眼前的所有东西都变得很模糊，但我甩甩头保持清醒，然后继续比赛下去。"PP 是个优秀的学生，高中毕业时绩点高达 3.7。他理科成绩优异，但在阅读和写作方面很吃力。他认为与母亲和朋友关系密切，他们为他提供了强大的情感和社会支持。PP 说自从他受伤以来，抑郁、焦虑和认知困难及"情绪崩溃"的情况有所增加。秋季即将结束，医疗中心让 PP 在休假期间尽量保持身心愉快，并在初冬时节详细报道临床摄入量和认知评估。2014 年 1 月，本季度开始前几天，PP 遭遇车祸，导致第 6 次脑震荡。PP 否认在车祸中头部受伤。

表 44-1 单个赛季的脑震荡史

受伤日期	受伤情况	患者描述
2013 年 4 月 13 日	头部被踢	"一切都变黑了……但是，我继续比赛。"
2013 年 4 月 27 日	膝盖撞到头部	"我慢慢爬起来，继续比赛，直到我的头疼得厉害……然后我就下场了。"
2013 年 4 月 28 日	"铃响了"	"我没有在这场比赛首发上场，但一个队友摔断了锁骨，我要替换他……我觉得头嗡嗡响，但不是很严重，所以我认为是脑震荡。"
2013 年 5 月 11 日	头碰头	"我头左后侧瞬间失去了知觉，短暂地昏过去了。"
2013 年 9 月 23 日	头碰头	"我们撞击的力度比平时小，我记得接下来发生的事情，我脸朝下蜷缩在草地上，我睁开眼睛但什么也看不见。"

【临床测试】

神经心理学家对 PP 的情况进行评估。值得注意的是，这些分数是在 2013 年底获得的，时间早于 2014 年 1 月，即他遭受第 6 次脑震荡的时候。接下来的测试集中于其认知领域，并对其结果进行如下总结：①韦氏成人智力量表（第 4 版）（Wechsler adult intelligence scale– Ⅳ，WAIS– Ⅳ）；②数字广度测验 –4；③伍德库克 – 约翰逊（第 3 版）（Woodcock– Johnson Ⅲ，WCJ– Ⅲ）认知能力测试（概念形成、视觉匹配、数字反转和决策速度子测试）；④加州语言学习测试（第 2 版）；⑤连线试验 A 和 B；⑥威斯康星卡片分类测验 –64（Wisconsin card sorting test– 64，WCST–64）；⑦波士顿命名测试（Boston naming test，BNT）；对照口语词汇联想测验（controlled oral word association test，COWAT）；⑧贝克抑郁量表 –2；⑨俄勒冈脑震荡意识和管理计划（oregon concussion awareness and management program，OCAMP）脑震荡后症状清单。

（一）学习和记忆

故事中呈现的听觉信息的即时回忆处于平均水平（25%）范围内的较低值。他在延迟 30min 后回忆起这些信息的能力在平均水平（50%）范围内。与日常社交活动相关的视觉信息的即时回忆在平均水平（50%）范围内。他在延迟 30min 后回忆起这些信息的能力也在平均水平（63%）范围内。

（二）语言和非语言推理、概念形成

在知觉推理（WAIS– Ⅳ）和概念形成（WCJ– Ⅲ）的测试中，PP 的表现为一般到中等以上水平。

（三）学术能力

在广度成就测验 4 中，PP 的单词识别得分为 37%，拼写得分为第 23%。

（四）注意力和集中力

在 WAIS– Ⅳ 测试中，PP 工作记忆指数在平均范围内（37%）。在数字广度的子测试中，他能够向前重复最多 6 位数字，向后重复最多 4 位数字，这在低平均值（25%）范围内。他在心算任务和视觉工作记忆和注意力（空间跨度）评估任务中的表现

在平均（50%）范围内。

（五）处理速度、执行功能和思维灵活性

处理速度在 WAIS– Ⅳ 测试中处于平均水平（34%）范围内的较低值，在 WCJ– Ⅲ 中低于平均水平。在规定时间内，他处理语言符号的能力在平均水平（37%）范围内。在评估简单视觉扫描和处理速度的任务中，（他的）表现处于平均水平范围内的较高值。在这项任务的一个更复杂的版本中，也评估了心理灵活性，（他的）表现在平均水平范围内。在执行功能的任务中，要求受试者在非结构化环境中完成测试项目（WCST–64），他的表现处于平均水平范围内的较低值。错误总数处于平均水平（18%）范围内的较低值，持续反应和持续错误数处于轻度受损至平均水平（14% 和 12%）范围内的较低值之间。

（六）语言功能

在评估语言流利性的任务中（如 COWAT），他的表现处于轻度受损范围。在图片命名任务（BNT）中，他的表现处于平均范围内。

（七）情绪功能

使用贝克抑郁量表 2 对 PP 进行测试，得到的分数表明他处于中度抑郁。症状包括悲伤、沮丧、失败感、无精打采、不自信、自我批评、不安、难以做出决定、精力下降、易怒、注意力不集中和疲劳等。

（八）脑震荡症状

在 OCAMP 脑震荡后症状检查表上，可以看出在过去 2 天中，表上 23 种症状中的每一种分别对受试者的影响有多大。症状可分为 4 类，即身体症状、思想症状、睡眠症状和情绪症状。从得分情况可以看出，在身体症状类别中，PP 的头痛、疲劳和麻木 / 刺痛等症状被评为严重。在同一类别中，他的头晕、视觉问题和对光和噪音的敏感性等问题被评为中度严重。在思维类别中，PP 的 4 种症状（感觉精神模糊、感觉迟钝、难以集中注意力和难以记忆）都很严重。在睡眠症状类别中，出现了嗜睡和比平时睡得多等属于严重症状的情况。构成情绪类别的所有 4 种症状（易怒、悲伤、紧张和感觉

更情绪化）都被评为严重。

【读者问答】

1. 一名高中足球运动员在上半场比赛中受到"重击"后跌跌撞撞地离开了球场。他虽然清醒，但未能通过运动教练（athletic trainer，AT）用边线脑震荡测试工具对他进行的脑震荡测试。中场休息时，他向运动教练报道说，他感觉很好，准备重返赛场。基于运动员以上情况，以下哪一项做法最合适？

(1) 运动员最了解自己的感受，应该允许他自己决定什么时候准备重返赛场。

(2) 运动员从未失去意识；因此，他没有遭受脑震荡。他应该被允许重返赛场。

(3) 运动员不应该在接下来的比赛中上场。他应该遵循重返赛场的指导方针，只有在得到脑震荡治疗方面训练有素的医生批准后才能重返赛场。

(4) 运动员不应该在接下来的比赛中上场。如果他在24～48h内没有症状，他可以全面恢复练习。

(5) 运动员应该去急诊科做头部X线检查。如果脑震荡的结果是阴性的，他应该被允许重返赛场。

答案：(3) 项正确。医生和运动脑震荡研究专员组成的专家团队已经制订了指导方针，概述了安全有效的脑震荡管理规范，包括以下建议：①疑有脑震荡的运动员应该被立即带离赛场，不应允许当天返场比赛；②应该实施分级的返回赛场方案；③在精通脑震荡治疗的医生治好他或她之前，运动员不应该被允许重返赛场。美国50个州都通过了立法，要求提出类似的建议。

(1) 不正确。运动员未报道的脑震荡案例高达50%～60%。未能报道脑震荡的主要原因是运动员想继续比赛，他或她不想让队友失望，或者他们没有意识到自己有脑震荡。

(2) 不正确。失去意识不是判断是否为脑震荡的标准。只有不到10%的脑震荡会导致意识丧失。

(4) 不正确。高中生运动员的大脑功能可能需要7～10天才能恢复正常。分级重返赛场方案确保在由专业的医生批准重返赛场前，运动员至少要休息7天。

(5) 不正确。大多数脑震荡会导致大脑细胞水平的变化。静态成像方法，如X线检查、计算机断层扫描或磁共振成像等只能检测结构的表层结构变化。因此，它们只适用于检测更严重的脑震荡（如导致挫伤或颅内出血的脑震荡）。

2. 以下关于脑震荡的说法哪个是正确的？

(1) 防护设备（如头盔和护口器）可有效预防脑震荡。

(2) 女性比男性更不容易遭受脑震荡。

(3) 遭受过一次脑震荡不会增加你再次遭受脑震荡的风险。

(4) 有学习障碍（learning disability，LD）或注意缺陷多动障碍（attention deficit hyperactivity disorder，ADHD）病史的运动员和没有发育障碍病史的运动员之间脑震荡风险没有差异。

(5) 以上都不正确。

答案：(5) 正确。(1) 至 (4) 都是不正确的描述。

(1) 不正确。没有临床证据表明目前可用的防护设备可以预防脑震荡[1]。生物力学研究表明，使用安全帽和头盔可以减少对大脑的冲击力，但这并不代表这么做可以降低脑震荡发生率。在滑雪、滑雪板、自行车、摩托车和马术等运动中，使用头盔可以减少头部（如颅骨骨折）和面部损伤。护口器可以保护牙齿和口腔免受伤害。然而，没有研究表明这些防护设备真正减少了脑震荡的发生率。

(2) 不正确。有证据表明女性比男性更容易患脑震荡。在足球、篮球和垒球/棒球等运动中，女性脑震荡的发生率高于男性。此外，女性在神经心理学测试中表现较差，遭受脑震荡后的症状也比男性多。与男性相比，女性的恢复时间也比男性长[2]。

(3) 不正确。一个人在遭受过一次脑震荡后，随后的每次受伤，患脑震荡的风险呈指数增长。对于一个受了1次伤的人来说，他们第二次脑震荡的风险要大1～2倍。如果一个人遭受了2次脑震荡，他们患第三次脑震荡的可能性是前一次的2～4倍，如果他们遭受了3次脑震荡，他们患第4次脑震荡的可能性是前一次的3～9倍。

(4) 不正确。最近已经开始有研究表明，有学习障碍（learning disability，LD）或注意缺陷多动障碍（attention deficit hyperractivity disoder，ADHD）发育病史的人更有可能遭受脑震荡。他们患多发性脑震荡的可能性也是其他人的 2～3 倍[3]。据报道，患 ADHD 或 LD 的人会表现出更多的脑震荡症状，他们在神经认知功能测试中表现更差。

3. 一名 22 岁的女大学生足球运动员向一家语言病理医疗中心报告，在 1 周内遭受两次脑震荡后，她出现了头痛、记忆力下降、注意力难以集中和焦虑等症状。经过正式的标准化认知测试后，得到了以下结果：①她在解决问题、即时和延迟听觉和语言记忆、视觉空间意识及集中和持续注意力方面处于正常范围内；②她在选择性、交替性和分散性注意力、处理速度和工作记忆方面受损。以下哪一项是解决她的以上症状的最佳治疗方法？

(1) 注意力过程训练（Attention Process Training，APT）。

(2) 无错学习记忆训练。

(3) 有助于提高注意力的扫描训练。

(4) 时间压力管理。

(5) (1) 和 (4)

答案：(5) 正确。APT 和时间压力管理都能有效解决这位运动员脑震荡后出现的症状。

(1) 正确。APT 是一个结构化程序，它遵循分层组织的临床注意力理论[4]。它能解决所有级别的注意力处理问题，包括集中、持续、选择性、交替和分散。它还侧重于训练过程中技能的归纳，并逐渐发展到临床环境之外的新环境。

(4) 正确。时间压力管理利用结构化的问题解决策略来弥补精神迟钝和更高层次注意力处理的不足[5]。

(2) 不正确。无错学习是记忆训练的一种形式。它对于遭受中度至重度脑损伤并出现记忆障碍的人来说是一种有效的学习方法，前提是患者的即时和延迟记忆力能力在正常范围内。

(3) 不正确。扫描训练可以有效解决集中和维持注意力时会出现的问题，也可以改善视觉空间处理缺陷。这两类症状对客户来说都不难应对。

【附加测试】

PP 于 2014 年 1 月返回言语语言和听力诊所进行后续评估。由于他在第 6 次脑震荡（即车祸）之前接受了脑震荡生命体征计算机化神经心理学检查，所以这有利于确认他的行为是否有所改变。表 44-2 显示了他从 2013 年 10 月（车祸前）到 2014 年 1 月（车祸后 1 周）期间的测试原始分数和随后转换的百分比数。

与标准数据相比，2013 年 10 月，PP 在视觉记忆、精神运动速度、执行功能和认知灵活性方面的得分在平均范围内。他在反应时间上的分数处于中度受损范围，在语言记忆方面严重受损。车祸后，PP 在视觉记忆方面的得分在平均范围内，但他在精神运动速度和执行功能方面的表现属于中度受损范围，而语言记忆、认知灵活性和反应时间属于严重受损范围。

表 44-2　两个时期的计算机化神经心理学结果

认知领域	时间 1：2013 年 10 月		时间 2：2014 年 1 月	
	分数	百分比（%）	分数	百分比（%）
语言记忆	41	1	39	1
视觉记忆	47	47	37	37
精神运动速度	175	34	150	3
执行功能	49	42	28	6
认知灵活性	46	34	25	1
反应时间	735	5	942	1

【障碍描述和推荐治疗方法】

PP 可能在他的高中和大学体育生涯中遭遇多次脑震荡。有来自体育文献的证据表明，每一次持续的脑震荡都会导致随后受伤的风险增加[6, 7]。PP 说，他上一次在橄榄球活动中遭受的脑震荡时，让他的头撞上了队友的头，"比平时的撞击力度小"。此外，PP 否认在上一次车祸中，脑震荡是由于头部受到撞击而引起的。关于 PP 的康复，最让人担心的问题是：多次经历脑震荡，可能会导致神经心理功能的长期性缺陷[8-9]。

基于神经心理学和言语语言病理学的评估结果及 PP 对于自己课堂表现的主观报道，研究人员确定了 PP 认知康复的目标，包括处理速度、执行功能、更高水平的注意力和工作记忆及语言记忆。PP 的报道显示，他在课堂上难以集中注意力、容易分心、不知所措、沮丧，并且存在单词检索困难。正是考虑到 PP 出现的以上症状，才由此确立了上述的康复目标。

遵循认知康复的标准模式，治疗暂定每周 2 次，每次 50min，包括 3 个阶段：获得、应用和适应。在获得的过程，他接受了脑震荡相关知识的教育，也包括脑震荡是如何致使他出现情感和认知问题的知识。临床医生与项目伙伴合作，制订相关且可衡量的目标来满足他的康复需求。在初始阶段，临床医生还向 PP 解释了用于解决他的缺陷的认知策略。这些策略包括：用 APT[4] 解决工作记忆中持续的、选择性的和交替的注意力问题和缺陷；时间压力管理[5] 来解决相关问题处理速度，执行功能，和注意力，记忆策略（PQRST）回忆起复杂的口头和书面信息[10]，以上所述提供了一些方法让他能够在课堂上有所表现；轨迹记忆法能够增强他的口头记忆。通过大学残疾资源中心建立起来的办公处也可以给 PP 提供额外的支持。

在应用阶段，PP 在临床医生的指导和支持下，开始在临床环境中应用认知策略。随着治疗过程的进行，治疗任务愈加复杂，PP 的表现从一个疗程过渡到另一个疗程有进步时，治疗的等级开始下降。以下简要描述了初期治疗的内容。

（一）注意力过程训练

这个结构化的程序遵循一个分层次组织的临床注意力理论。在全面评估后，患者往往在注意力区域方面表现欠佳，治疗从与这方面相匹配的活动开始。APT 侧重于在整个培训过程中开发患者的对全身技能的概括，并将其逐渐应用发展到临床环境之外的新环境。就 PP 的案例而言，康复目标是从临床上持续、选择的和交替的注意力训练过渡到阅读课本或听讲座等活动且注意力保持集中。

（二）时间压力管理

选择这种策略是为了解决 PP 处理速度慢带来的问题，这让他有种超负荷感。他们让 PP 遵循解决问题的策略，这有助于他控制和调节信息输入。这个策略教会了他如何制订一个长期计划，如何以最大限度地减少他的负担感，如何在任务执行过程中进行短期的即时调整。PP 特别担心他不擅长的阅读、理解和回忆大量信息等问题。因此，医疗中心用组织记忆战略 PQRST 来帮他解决这些问题。PQRST 的步骤包括：预览要回忆的信息；询问关于课文的关键问题；仔细阅读材料，回答问题；陈述答案；并定期测试信息在脑海中的保留情况。该策略是一种自我启发性的策略。它能促进主动学习，有助于阐述和复习学过和记过的信息。

PP 学会了实施逻辑策略的方法，这种方法利用视觉意象来提高语言记忆技能。目标词被转换成视觉表征，这些视觉表征在心理上能与一个患者熟知的地方的不同位置联系在一起，在本案例中，则指的是 PP 公寓的房间。

大学残疾人资源中心为残疾人设立了几个课堂适应条例，包括减少课程负担，讲课时记笔记，延长考试时间，延长作业的截止日期。

在适应阶段，在应用阶段学到的策略被应用到更多的功能性的任务和日常任务中。这一阶段的重点是通过阅读作业锻炼阅读能力和记忆力，在讲座中提高他保持注意力的能力，来促进 PP 的恢复。

【结果】

经过两个季度的认知康复，PP 说，他在课堂上更加专心，也能够阅读和记忆教材内容，他的情绪爆发不再那么频繁，也不再头痛，他能够从头到尾完成一门课程（12学分）的学习任务。表44-3展示了治疗结束时进行的计算机化神经心理学测试的原始得分和随后转换的百分比得分。与车祸后进行的测试相比，PP在所有认知领域的表现都有所改善。他在语言记忆、视觉记忆和反应时间方面的分数达到或超过了车祸前初始基线测试的分数。PP在原定毕业日期的1年后获得了物理学士学位。

表 44-3　认知康复后的计算机化神经心理学结果

认知领域	时间3：2014 年 7 月	
	分　数	百分比（%）
语言记忆	60	96
视觉记忆	47	47
精神运动速度	158	12
执行功能	44	25
认知灵活性	41	18
反应时间	645	27

在整个治疗过程中，PP通过学习和咨询了解到多次遭受脑震荡的严重性及他回到橄榄球队将面临的风险。PP认为，他的脑震荡只有一次被医院诊断出来，但从他对伤势的描述来看，他的大多数伤势都没有得到很好的处理。当运动员被怀疑患有脑震荡时，建议立即停止比赛，并且在没有精通脑震荡诊断和治疗的医学专家批准之前不允许重返赛场[11]。建议运动员在此期间不要参加橄榄球运动或任何要与人进行肢体接触的运动，否则他进一步受伤的风险会更高。值得庆幸的是，PP已经得出了同样的结论并对此有相同的看法，他不打算继续参与高风险运动了。

当他的父亲因癌症去世时，他过去的病史对他7岁时的抑郁症有较大的影响。他目前被诊断出的抑郁、焦虑和情绪调节困难等症状令人担忧。在整个治疗过程中，PP似乎越来越担心他控制情绪的能力。PP被转诊至一位专门研究青少年创伤的心理学家处。临床医生很快发现，由PP父亲去世而引发的相关心理问题从未得到充分解决。PP每周都去心理治疗，他有效调节情绪的能力似乎有所提高。

要点
- 多次遭遇脑震荡会增加后续脑损伤的风险，尤其是当损伤处理不当或运动员过早恢复比赛时。
- 多次脑震荡会导致复杂的认知和情绪后遗症。
- 认知康复应遵循证方法，临床医生及其患者可通力合作，一起制订康复目标。
- 在诊所学到的策略应与患者相关，治疗应侧重于促进对患者自然环境中功能活动的概括。

推荐阅读

[1] Cicerone KD, Langenbahn DM, Braden C, et al. Evidence-based cognitive rehabilitation: updated review of the literature from 2003 through 2008. Arch Phys Med Rehabil. 2011; 92(4):519–530

[2] Haskins EC, Cicerone K, Dams-O'Connor K, et al. Cognitive Rehabilitation Manual: Translating Evidence-Based Recommendations into Practice. Reston, VA: American Congress of Rehabilitation Medicine; 2012

参考文献

[1] McCrory P, Meeuwisse WH, Aubry M, et al. Consensus statement on concussion in sport: the 4th International Conference on Concussion in Sport held in Zurich, November 2012. Br J Sports Med. 2013; 47(5):250–258

[2] Covassin T, Elbin RJ. The female athlete: the role of gender in the assessment and management of sport-related concussion. Clin Sports Med. 2011; 30(1): 125–131, x

[3] Nelson LD, Guskiewicz KM, Marshall SW, et al. Multiple self-reported concussions are more prevalent in athletes with ADHD and learning disability. Clin J Sport Med. 2016; 26(2):120–127

[4] Sohlberg MM, Mateer CA. Cognitive Rehabilitation: An Integrative Neuropsychological Approach. New York, NY: Guilford; 2001

[5] Winkens I, Van Heugten CM, Wade DT, Habets EJ, Fasotti L. Efficacy of time pressure management in stroke patients with slowed information processing: a randomized controlled trial. Arch Phys Med Rehabil. 2009; 90(10): 1672–1679

[6] Guskiewicz KM, McCrea M, Marshall SW, et al. Cumulative effects associated with recurrent concussion in collegiate football players: the NCAA Concussion Study. JAMA. 2003; 290(19):2549–2555

[7] Zemper ED. Two-year prospective study of relative risk of a second cerebral concussion. Am J Phys Med Rehabil. 2003; 82(9):653–659

[8] Covassin T, Elbin R, Kontos A, Larson E. Investigating baseline neurocognitive performance between male and female athletes with a history of multiple concussion. J Neurol Neurosurg Psychiatry. 2010; 81(6):597–601

[9] McCrory P, Meeuwisse W, Johnston K, et al. Consensus Statement on Concussion in Sport: the 3rd International Conference on Concussion in Sport held in Zurich, November 2008. Br J Sports Med. 2009; 43 Suppl 1:i76–i90

[10] Wilson B. Single-case experimental designs in neuropsychological rehabilitation. J Clin Exp Neuropsychol. 1987; 9(5):527–544

[11] McCrory P, Meeuwisse WH, Aubry M, et al. Consensus statement on concussion in sport: the 4th International Conference on Concussion in Sport held in Zurich, November 2012. Br J Sports Med. 2013; 47(5):250–258

口面瘘患者的吞咽功能治疗

Management of Swallow Function in a Patient with an Orocutaneous Fistula

Amy Fullerton 著

徐洋凡 译　　洪晓冰 校

【概述】

大体积口腔肿瘤治疗后的言语和吞咽预后可能对言语和吞咽功能产生不同的影响。对这些缺陷的预测和适当的治疗计划可以最大限度地减少因失用性萎缩引起的功能丧失，并有助于安全恢复经口进食。文献还肯定了术前咨询在降低总体成本和住院时间及改善功能性预后的作用。可能需要根据术后水肿，皮瓣裂开和（或）瘘管形成及急性放射毒性的存在和持续时间来调整康复计划，而所有这些因素都会增加康复的难度。

【临床病史和病情描述】

TL 是一名 65 岁的女士，她患有右牙槽 pT4aN0M0 鳞状细胞癌，在接受合并腓骨游离皮瓣和双侧改良根治性颈淋巴结清扫术的联合下颌骨放疗后，她接受了预防性胃造口管置入术和拔牙。手术 5 周后，她以 2Gy/ 次的比例接受了总计 60Gy 的口腔和颈部的放疗。用调强放射治疗（intensity-modulated radiotherapy，IMRT）代替常规放射疗法以减少对正常组织的药剂使用量，特别是减少了对脊髓，唾液腺和臂丛的辐射。

【临床测试】

肿瘤治疗之前，吞咽功能的基线评估包括功能性口腔摄入量表（functional oral intake scale，FOIS），该量表分为 7 级，用于测量患者的饮食状况。得分低于 6 表示不同程度的口腔摄取功能障碍。TL 的基线得分为 7，表明她可以正常经口进食。用爱荷华州口腔表现仪器（iowa oral performance instrument）测量口径和舌头力量。齿间口孔径为 55mm，舌腹压力（间接测量舌头力量）为 56 kPa。这些数据都在她年龄可接受的正常范围内。头颈部功能状况量表（performance status scale for head and neck，PSS-HN）的分值为 0～100 分，根据经口进食能力，以 10 分为一个梯度递增。分数为 0 表示不能经口进食，分数为 100 表示可以正常经口进食。检测吞咽功能的荧光吞咽造影检查遵循吞咽毒性动态成像等级（dynamic imaging grade of swallowing toxicity，DIGEST）工具的研究方案，这是一种可靠且有效的量表，结合了咽部残留物和渗漏 / 误吸分数，可表明吞咽损害程度。DIGEST 分数包括安全性和有效性的子分数（此时两者均为 0）及总体分数（基线时也为 0）。在术前诊断中，评分的情况均在功能范围内，未发现明显的吞咽缺陷。正如预期的那样，TL 的报道表明她的正常饮食未受限制，也没有食欲不振或消化不良等症状，而且她的体重在过去几个月中一直保持稳定。术前言语功能的评估内容包括脑神经完整性的口腔运动能力分析、轮替运动及单独的或复合的音素库。基线言语也在功能限度内，没有构音障碍或发音不精确现象。TL 认为术后她的言语能力没有受到影响，目前她对自己的基本言语功能表示满意（表 45-1）。

表 45-1 患者术后不同时期各项功能变化

	术 前	术后 7 天	术后 25 天	强度调节放射治疗 1 个月后	强度调节放射治疗 3 个月后
头颈部功能状况量表	100	0	0	60	80
功能性口腔摄入量表	7	1	1	5	6
吞咽毒性动态成像等级	0	1	2	1	0
安全性	0	0	1	1	0
有效性	0	2	2	1	0
受损音素	无	[m]、[f]、[v]、[b]、[p]、[ʃ]、[ʒ]	[f]、[v]、[ʃ]、[ʒ]	[ʃ]、[ʒ]	[ʃ]、[ʒ]

【读者问答】

1. 在进行游离皮瓣外科手术重建涉及言语和吞咽的口咽组织后，什么时候安排吞咽造影检查比较好？

(1) 术后（postoperative day，POD）1 天。

(2) 术后（POD）5 至 14 天。

(3) 术后（POD）30 天。

(4) 不需要进行吞咽造影检查。

答案：(2) 正确。这个时间段可能存在口面瘘，此时有助于可靠地评估术后吞咽功能。

(1) 不正确。术后的急性水肿会影响结果的可靠性，而且在术后，手术引流和（或）气管造口对患者的影响可持续 3～5 天，他们可能会出现视野模糊和功能紊乱等症状。

(3) 不正确。30 天太长了，在此期间患者很难做到不经口进食，而且这也不利于后期康复。

(4) 不正确。进行一项吞咽造影检查是必要的，这不仅可以指导适度的经口进食和术后康复，还能分析术后言语/吞咽结构在解剖和生理方面发生的变化。

2. 当可能出现渗漏或瘘管情况时，术后初次进行吞咽造影检查，应该使用以下哪种造影剂？

(1) 泛影葡胺。

(2) 泡影葡胺。

(3) 三碘三酰苯。

(4) 硫酸钡（BaSO₄）。

答案：(3) 正确。三碘三酰苯适合口服，因为它

的渗透压很低，为 520mOsm/L，几乎是等渗。虽然不鼓励大量使用这种造影剂，但与高渗对比剂相比其耐受性更好。

(1) 不正确。泛影葡胺是美国食品药品监督管理局（food and drug administration，FDA）批准的口服造影剂，为柠檬口味。它的渗透压高达 1900mOsm/L，约为细胞外液的 6 倍。如果发生误吸，可能会发生严重的肺部并发症，包括肺水肿和肺炎，而且肺部有大量渗透性积液可致死。泛影葡胺也可能含有促进甲状腺生成的碘介导，大多数头颈癌患者不能使用该试剂。

(2) 不正确。泡影葡胺不适合口服。

(4) 不正确。尽管硫酸钡（BaSO₄）不溶于水适合口服，并且经常用于吞咽造影检查，但它不适用于有游离皮瓣重建术史或可能有瘘管的患者，因为它将会让瘘管在术后一直处于不闭合状态。

3. 在进行复合型下颌骨切除术后，可能会出现以下哪些言语障碍？

(1) 唇齿音，双唇音和齿间音：[m]、[f]、[v]、[b]、[p]、[ʃ]、[ʒ]。

(2) 齿龈音和软腭音：[l]、[t]、[d]、[θ]。

(3) 硬腭音和软腭音：[k]、[g]、[ð]、[ŋ]、[j]。

(4) 声门音：[h]。

答案：(1) 正确。由于放射治疗前需要拔牙，因此这些声音会受到影响。

(2) 不正确。舌头的运动范围不会受到影响。

(3) 不正确。软腭结构和舌头的运动范围不会受到影响。

（4）不正确。声门运动不会受到影响。

4. 辅助放疗如何影响言语预后？

（1）将改善言语预后。

（2）它不会影响言语预后。

（3）会减缓言语预后。

答案：（1）正确。放射疗法将进一步减少皮瓣体积，并改善与天然口腔结构的贴合性。

（2）不正确。请参阅上述原因。

（3）不正确。黏膜炎的发展可能会暂时阻碍语言的康复和进步。

5. 辅助放射治疗如何影响吞咽预后？

（1）会改善吞咽预后。

（2）不会影响吞咽预后。

（3）会减缓吞咽预后。

答案：（3）正确。众所周知，放疗对吞咽功能有短期和长期影响，包括发作期较晚及与放射相关的吞咽困难。

（1）不正确。放疗及其伴随的后遗症，例如黏膜炎、红斑及可能出现的鹅口疮，可能会在依赖肠内营养时期造成失用性萎缩。

（2）不正确。放疗通常会对吞咽预后产生有害影响。

【障碍描述和推荐治疗方法】

术后第 7 天重复进行吞咽检测，发现口腔期有障碍，其特征是分泌物和推注物质前部大量流失，还观察到口底（口服）推注物滞留，由前向后的推送能力差。咽期完好无损，具有气道保护功能。但是可见数个颏下透明密度影，没有明显的瘘管（图 45-1），建议 TL 不经口进食。3 天后，TL 出现了右口面瘘，需要包扎（图 45-2）。TL 服用了两个疗程的抗生素，2 周后取出了包扎物。

术后口腔运动评估显示，口腔底部和右下颌骨的前大腿皮瓣位置良好。颈部切口略有红斑，但是干燥的。在右颈部的每个切口处都观察到堆积，位置大概是在去除彭罗斯引流管的地方。由于皮瓣浮

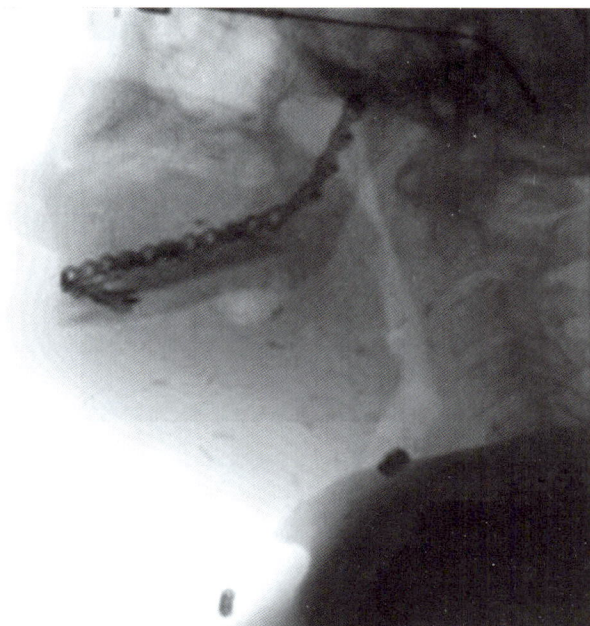

▲ 图 45-1　复合性下颌骨切除术伴数种亚膜下混浊的术后侧位 X 线检查，无过度渗漏

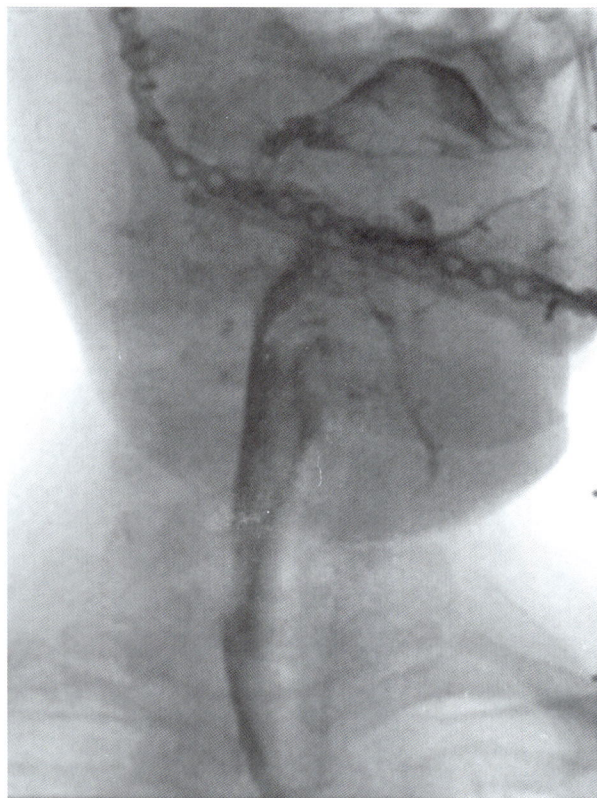

▲ 图 45-2　复合下颌骨切除术后经咽食管腔钡造影剂前外侧摄片，可见左侧口腔前皮肤造影剂渗漏

肿，该患者牙齿游离性缺失，表现为牙龈错位咬合及口腔呈打开状态，导致唇部无法闭合，且右侧闭合度小于左侧。言语的活动强度 / 活动范围不会受到影响。言语 / 吞咽任务期间，观察到患者适当控制了口腔分泌物，解决了之前分泌物漏出的问题。

术后言语评估显示患者口腔轮替运动完好，并且尽管在发出唇齿音 / 双唇音和齿间音方面的困难无法估计，但仍具有一定的可理解性。这些缺陷缘于术后急性水肿，预计在接下来的几天内会消失。因此，未特意指出这些声音的康复治疗。已知语境下的整体可理解性为 95%，未知语境下的可理解性为 85%。

术后瘘管是手术切除后意料之外的罕见并发症，言语语言病理学家（speech-language pathologist，SLP）应对此有所警觉，以便在愈合过程中识别和管理言语 / 吞咽功能。尽管不易预测，但仍需监测一些危险因素，包括贫血、恶病质、放疗史，需要进行自由瓣重建的大肿瘤及需要全喉切除的声门原发肿瘤。若出现以上描述的一种或多种症状，术后瘘管形成的概率为 13%～35%。

口腔瘘管的治疗由手术团队负责，通常采取保守的方法，包括伤口包扎，抗生素的使用及推迟经口进食的时间。言语语言病理师在以下领域发挥重要作用：早期识别或确诊瘘管，指导恢复经口进食及在伤口愈合期间提供渐进性康复。治疗性锻炼并不是活动性瘘管的禁忌。但应禁止经口进食，因为它可能会延长伤口的愈合时间并产生并发症，例如皮瓣裂开，皮瓣活力丧失和持续感染。

【结果】

尽管 TL 在术后数周内一直未经口进食，并且推迟了放射治疗，但她最终恢复了经口进食，并且言语表达清晰，她对此很开心。在完成 IMRT 的几个月后，TL 和她的女儿表示，即使有意料之外的并发症，但通过与 SLP 的定期交流和可靠的治疗周期相关知识教育，包括恢复经口进食和言语功能，治疗的过程都在可控范围内。在整个癌症治疗过程中，她坚持吞咽治疗。尽管在工具性吞咽评估过程中没有出现渗漏 / 误吸的情况，医生仍建议每天进行 20 次超声门上吞咽，门德尔松手法，和空吞咽以保持功能的稳定。在 IMRT 期间继续进行了预防性干预，但医生调整了她的治疗方法并加入了咽部切除术治疗方法，包括以下 10 个练习中的 4 组：

- 持续发出假音 5s。
- 保持门德尔松（Mendelsohn）的动作 5s。
- 按住舌头 5s（对患者的指示："将整个舌头压在嘴上并保持住"）。
- 手动下巴拉伸 5s（对患者的说明："张开并向下拉下巴以增加拉伸量"）

在完成 IMRT 后，她就以上锻炼持续练习了 1 个月，并保持经口进食，仅在放射治疗达到最高毒性时，她才改成吃软食和稀液体。随后，在 IMRT 后的 1 个月和 3 个月后，SLP 对她进行了评估，此时，她说她对自己的吞咽和言语功能感到满意，SLP 也认为她恢复得很好。

要点
- 识别危险因素和尽早发现瘘管会稍微延长恢复经口进食的时间。
- 在手术前，言语语言病理学家们有必要告知患者以下手术相关事宜：手术和放射治疗中可能会出现的风险、确定恢复经口进食的时间及预期的言语和吞咽障碍。
- 言语语言病理学家们的引导性治疗干预在手术的前后及在放疗的前后都很重要。

推荐阅读

[1] Clarke P, Radford K, Coffey M, Stewart M. Speech and swallow rehabilitation in head and neck cancer: United Kingdom National Multidisciplinary Guidelines. J Laryngol Otol. 2016; 130 S2:S176–S180

[2] Hutcheson KA, Barrow MP, Barringer DA, et al. Dynamic Imaging Grade of Swallowing Toxicity (DIGEST): scale development and validation. Cancer. 2017; 123(1):62–70

[3] van la Parra RF, Kon M, Schellekens PP, Braunius WW, Pameijer FA. The prognostic value of abnormal findings on radiographic swallowing studies after total laryngectomy. Cancer Imagi. 2007; 7:119–125

肌萎缩性侧索硬化患者构音障碍的循证干预
Evidence-Based Intervention for Dysarthria in a Patient with Amyotrophic Lateral Sclerosis

Amy Lustig　著

杨杏萍　译　　康子浩　徐洋凡　校

【概述】

几乎所有被诊断为肌萎缩性侧索硬化（amyotrophic lateral sclerosis，ALS）的患者在患病的某个期间都会经历言语交流能力的下降。言语语言病理学家以治疗构音障碍为治疗的重要目标，由此最大限度地提高患者交际能力，且必须采用循证实践来优化疗效。

【临床病史和病情描述】

患者 DS 是一名 71 岁的白人男性，居住在社区，长期从事土木工程工作。在被诊断为 ALS 的约 6 个月后进行了言语病理学评估。其既往病史包括：高血压（在利尿药控制下比较稳定），胃食管反流病（gastroesophageal reflux disease，GERD）（有反复发作的胃灼热症状，用咀嚼性抗酸药治疗效果欠佳），轻度的抑郁和焦虑（未进行系统治疗）。在评估过程中，DS 报告自己在说话、吞咽及打字方面都存在困难，打字困难尤其体现在他完成一本书的制作过程中，他甚至无法进行简单的电子邮件通信。此外，他还存在步行障碍，且日常生活自理能力不足。他形容自己的言语"更柔和、更安静"，所以他需要更努力才能"把话说出来"。这些症状在平时、在打电话时及在小组活动中尤其明显。他说话时还经常咳嗽，偶尔流口水。DS 的妻子证实，DS 的言语可理解度正在逐渐降低，为了理解 DS 说的话，她有时不得不要求他重复好几次。他们一致认为，这些语言变化早在 DS 确诊 ALS 前的 9～12 个月里就开始加剧了（见附录）。

【临床测试】

对 DS 的言语、语言和认知状态进行了结构测试。由于蒙特利尔认知评估量表（Montreal cognitive assessment，MoCA）只能提供认知筛查而不能反映详尽的认知状态，因此除了 MoCA 以外，每一项测试都已标准化。Frenchay 构音障碍评估（FDA-2）[1] 结果显示 DS 患有中重度的上下运动神经元混合型构音障碍。唇功能优于喉和舌功能，由于 DS 的咳嗽反射功能严重受损，可视喉镜检查发现吞咽时的舌束状结构及腭功能变化比说话时更好。轻度倾斜的姿势和缓慢的语速可能影响测试结果，口腔分泌物的持续存在会干扰言语的产生和可理解性。Robertson 言语障碍量表（修订版）[2] 中的知觉言语障碍量表评估显示，DS 诊断为中重度的混合性痉挛性—松弛性言语障碍，其特征是语速较慢、相等和过多的或过少的重音和音调、鼻音过重、嗓音过紧及错误的辅音和元音生成，特别是对于浊音/清音同源词、摩擦音和复杂的辅音混合词。在会话中，DS 整体的言语可理解性为 75%，单字和短句的可理解性为 85%。在交谈中，声音强度下降，波动在 59～64dB（正常对话范围在 72～77dB）。

在 MoCA[3] 测试中，DS 的得分为 27/30，处于该年龄阶段的正常范围内；但在视空间结构、单词延迟回忆和语言流利性方面仍存在缺陷。在波士顿命名测试（Boston naming test，BNT）[4] 中，DS 的得分为 14/15，处于该年龄阶段的正常范围内。DS 和他的妻子均否认存在找词困难、语言理解障碍、阅读或书写障碍的问题，但是与这些活动的生理机制有关的困难除外（如拿笔等）。

【读者问答】

1. 针对构音或呼吸强度和运动范围的有效练习是否适合 DS？

（1）是的，因为它们有助于增强肌肉力量和控制力。

（2）不，因为这样做不仅不能增强肌肉力量或控制力，反而会增加疲劳。

（3）是的，因为这是传统的言语语言病理学家治疗言语障碍的方法。

（4）不，因为呼吸强度的训练不会影响言语的清晰度。

答案：（2）正确。由于肌萎缩性侧索硬化症的病理生理学特征表现为功能性运动神经元数量持续不断减少，加强运动是否有利于肌萎缩性侧索硬化症治疗还存在争议。目前还没有针对肌萎缩性脊髓侧索硬化症患者言语构音清晰度的随机试验发表，只有少数案例研究报告了高强度训练对言语可理解度和音质存在不利影响[5, 6]。

（1）不正确。2013 年，Cochrane 对 ALS 或其他运动神经元疾病患者的阻力和（或）有氧运动训练的随机和准随机研究进行了回顾，没有发现关于这一类人群进行有氧运动的研究，也没有证据表明抗阻训练的益处[7]。

（3）不正确。干预目标和指标应根据具体需求和情况进行调整、考虑潜在障碍的性质，并基于可获得的最佳临床证据来预测治疗选择和效果。当潜在的障碍能够适应干预的核心目标时，针对肌肉力量的构音障碍干预是合适的（即当运动神经元有助于促进肌肉收缩力时）。当潜在的情况与传统的干预措施不一致时，例如与可用运动神经元数量的持续下降有关的肌萎缩性侧索硬化，必须使用其他方法来最大限度地增强肌肉力量来治疗构音障碍。

（4）不正确。普遍认为呼吸肌力和可理解言语之间呈强烈正相关。

2. 在 DS 的疾病发展轨迹中，引入增强交替交流（augmentative and alternative communication，AAC）策略是否合适？

（1）不合适，因为了解他的人仍然可以理解他的言语。

（2）不合适，因为他更喜欢说话，而不是采取补偿策略。

（3）是的，为了节省精力他目前不应该讲话。

（4）是的，因为将来这可以为他的交流提供选择。

答案：（4）正确。应鼓励 ALS 患者通过缓解疲劳、保存言语和语音输出及使用增强 / 补偿通信策略来最大限度地提高可理解性。

（1）不正确。尽管熟悉 DS 的人能很好地理解他的言语，但他的言语可理解性将持续下降。此外，让他的一些关系最亲密的亲友熟悉他可能会使用的其他交流策略可以提高他使用这些策略时的舒适度，并提供帮助。

（2）不正确。事实上，几乎每个人都喜欢通过说话，而非利用另一种方法来沟通，但有一个关键点应该注意：如果 DS 声称在生病期间他宁愿完全依靠口头交流，并且对探索替代方案完全不感兴趣，那么就有必要尊重他的意愿。前提是他能充分意识到做出这种选择会带来的后果。

（3）不正确。虽然替代的交流策略可以节省精力，但如果他言语还具有一定的可理解性，DS 就可能继续讲话。在言语仍然可理解的情况下，没有足够的证据支持应该为了保存精力而充分避免运动言语产生。然而此时可以在言语交流中加入附加物，且可介绍其优点，这也是 DS 在很短的时间内可以考虑实现的。例如，在电话通话或其他具有挑战性的交流情况下使用可以提高可理解性和交流效率的声音放大器。

3. 在病程中，你认为 DS 的言语可懂度会怎么样？

（1）情况会越来越糟。

（2）它将无限期地保持在目前的水平。

（3）有相当的机会提高语音清晰度。

（4）它会随着时间的推移而变化，从非常容易理解到难以理解。

答案：（1）正确。众所周知，绝大多数 ALS 患者的言语可理解性逐渐下降，延髓患者的语言可理解性下降得更快。

（2）不正确。不同的人会以不同的速度衰退，但随着时间的推移，几乎所有人的言语可理解性都会下降。

（3）不正确。目前还没有病例报道 ALS 患者的言语可理解性得到改善。

（4）不正确。尽管由于疲劳、压力和药物影响等因素，言语可理解性每天都会发生一定程度的改变，但总体而言，言语可理解性会随着时间的推移而持续下降。

4. 除了 DS 的发音扭曲，还有什么其他因素会影响他的言语可理解性？

（1）背景噪音，如音乐、电视或谈话。

（2）因为觉得自己说得不好而不愿意在公共场合讲话。

（3）跟上快节奏讨论带来的压力。

（4）以上都是

答案：（4）正确。许多因素都有助于提升言语可理解性。背景噪音或其他干扰会把我们的注意力从说话人身上转移开，或者对听觉构成挑战，使解码口语变得更加困难。许多伴有构音障碍和其他与 ALS 相关的疾病的 ALS 患者，都在与这些变化做斗争，并承受着自信心和个人认同感的负面影响。即使是与亲密的朋友或家人，与 ALS 同时出现的交流和认知问题也会导致在参与快节奏、话题复杂或频繁变化或竞争激烈的群体对话时出现困难。

【障碍描述和推荐治疗方法】

ALS 是一种致命的神经退行性疾病，影响脊髓上、下运动神经元、运动皮质和脑干，导致肢体、延髓和呼吸肌肉组织渐进性衰弱和萎缩。

大多数被诊断为 ALS 的患者都患有言语和吞咽功能的进行性障碍，通常伴有延髓下降（bulbar decline）。ALS 的语言构音障碍最常见的是混合的弛缓/痉挛型，同时累及上、下运动神经元。言语可理解性下降主要是由于口腔肌肉运动减少和发音变化，导致发音迟缓、含糊、不精确、刺耳、低尖、鼻音过重和单调的声音共振

DS 接受了为期 8 个月的定期言语治疗。具体方案时：开始每周治疗 1 次，为期 1 个月；然后每 2 周治疗 1 次，为期 2 个月；接着每 3 周治疗 1 次，为期 2 个月，然后剩下 3 个月，每 2 周治疗 1 次。DS 敏锐地意识到自己说话的言语可理解性和声音质量都有所下降。起初，他要求以最大限度地进行语音清晰度和发音能力的练习，但在知晓避免最大限度练习的理由后，他勉强同意了。最终，双方做出妥协，治疗师向他提供一系列具有挑战性的单词和短语以获得可理解性的反馈，前提是他同意与另一个人一起练习，而不能以重复或疲劳的方式进行练习。在为期 10 周的过程中，我们提供了 4 份清单，并且在进行言语治疗时定期检查。DS 提供了一个便携式声音放大器和轻量级头戴式麦克风，以最小的努力调大音量，增加音位对比。DS 在他认为特别具有挑战性的交流场合中使用了这种设备，比如在吃饭、开车和打电话的时候。

DS 还参与了一个 AAC 设备的两项试验，（一项在治疗的第 1 个月进行，另一项在第 3 个月末进行）。该试验可产生数字语言言语和各种接口多种界面模式，包括直接键盘选择、头型鼠标、扫描/切换接口界面和眼睛注视技术（eye-gazed）。8 个月的治疗后，DS 的言语可懂度仍呈现显著下降，从 75% 下降到 45%。尽管 DS 他最初不愿意考虑使用言语生成沟通设备，但是他意识到他最终可能会失去生成可理解的言语和使用上肢的能力。AAC 治疗方法对于那些在几周内死亡的 ALS 患者是非常成功的，且被认为是该人群言语病理干预的核心组成部分[8]。AAC 解决方案包括"低技术"方法，如声音放大器、通过激光笔访问的字母板、头鼠标、扫描/切换界面，或寻求指向或共享眼睛注视（eye-gazed）策略的护理人员协助，及充分考虑上肢和下肢损伤可能性的"高科技"方法，如通过复杂的眼球跟踪技术访问言语生成计算机系统。

此外，建议 DS 联系他的医疗提供者，讨论他的反流症状和药物管理的可能性。通过改进反流管理，减少说话时的口腔分泌物及吞咽时的咳嗽/窒息事件发生的可能性。

【结果】

治疗目标和结果总结见表 46-1。DS 通常愿意在私人场合使用扩音器，比如他的公寓里，他的妻子（有轻微听力损失）发现这对提高他的言语可理解性非常有帮助，她几乎不再需要让他重复话语。他自己主动开始使用该设备的次数并不多，但当有人建议他使用它时，他通常都会是接受的，并最终，在大约 85% 的合适的机会中他会上自发主动使用声音放大器扩音器。起初，DS 特别不愿意在公共场合使用该设备，比如他居住的居民区的餐厅。大约在拥有 ACC 设备 2 个月后，DS 才愿意在公共场合使用它，一次在和朋友吃饭时，他认为在交流过程中使用该设备能让谈话能更成功地持续下去，但不好的地方在于，麦克风太接近他的嘴，干扰了他吃饭。8 个月后，DS 和他的妻子都证实了他在公共场合使用扩音器的机会约占 65%，对话参与成功率为 75%。该设备不足之处包括：保持小组对话速度、疲劳，且当这个装置放在桌子上而不是戴在腰间时，患者的注意力会被分散。

医生给 DS 开了质子泵抑制剂（proton pump inhibitor，PPI）来控制他的胃食管反流症状，且有可能减少口腔分泌物。在开始用药的 2 周内，DS

报告说他在进食时不再有咳嗽和窒息的情况，他的胃食管逆流症状也得到了缓解。说话时也不再咳嗽和流口水。

两个疗程包括各种 AAC 选项的试验；DS 选择了一个专用的言语生成设备，提供多种界面模式，包括眼睛凝视、头—鼠标和扫描/切换方法。这个设备是在治疗的第 4 个月内完成的。DS 更倾向于使用眼睛凝视技术，他使用该技术概率约为 70%，成功率约为 90%，这被认为只是一个还算成功的结果。设备使用中的挑战与几个因素有关，如疲劳、座位、位置问题及眼凝视校准（eye-gaze calibration），即与处在中心屏幕的目标相比，对屏幕边缘和角落的目标进行访问。对首选程序的视觉呈现进行了修改，以尽量减少访问显示边缘和角落目标的需要。DS 的妻子和孩子也接受了设备使用、简单编程和故障排除方面的培训。

在治疗的第 7 个月里，DS 的眼睑开始轻微下垂，眼部分泌物变得更黏稠，这两个变化进一步阻碍了眼睛注视界面的使用。此时，DS 从眼睛注视过渡到头鼠标使用，成功率达 85%，在 90% 的相关机会中也是如此。使用头鼠标的困难主要与保持舒适的直立头部位置、协调头部移动以达到预期目标的时机及持续和快速的疲劳有关。对于眼睛注视和头

表 46-1　构音障碍干预目标和结果

干预	目标	符合率（%）	成功率（%）
声音放大器（私人设置）	言语可懂度	80	90
声音放大器（公用设置）	言语可懂度	65	75
使用 PPI	分泌管理	100	100
使用 AAC（眼睛注视）	为交流而生成的言语；快速的帮助；写作/编辑；阅读	90	70
使用 AAC（头鼠标）	为交流而生成的言语；快速的帮助；写作/编辑；阅读	90	85

AAC. 辅助沟通策略；PPI. 质子泵抑制药

鼠标界面模式，通过生成自发的口语词汇和短语的培训，以创建组织好的单词和短语的数据库，可以通过快速访问这些词语和短语来表达日常需求，并确保访问诸如数字化书籍和快速选择帮助选项之类的应用程序，满足了 DS 表达的需求和兴趣。DS 还通过打字的方式来继续写他的书，完成了手稿。DS 的妻子和孩子通过提醒、直接帮助、解决问题及积极鼓励的方式，确保 DS 随时可以使用该设备，他们是他的重要伙伴。

要点

- 肌萎缩性侧索硬化症是一种致命的疾病，其功能下降的速度和程度因人而异，但在整个疾病治疗过程中呈进行性下降。
- 肌萎缩性侧索硬化症患者首选 AAC，而不是费力的运动，以最大化言语交流和减少疲劳。
- 肌萎缩性侧索硬化症患者可能在不同的时间点接受不同类型的 AAC 干预（例如，声音放大器和语音产生装置），并且可能需要随着时间的推移对 AAC 策略进行修改。应在患病期间保持联系，以确定不断变化的需求和优先事项，并将设备使用目标与个人有意义的活动联系起来。
- 鼓励家庭成员协助和鼓励 AAC 的使用，可以极大地改善患者的就医和治疗效果。
- 通过医疗管理来识别和解决症状非常重要，如流口水或胃酸反流，这样才能最大限度地发挥功能性言语治疗目标的好处。

【附录】

诊断肌萎缩性侧索硬化症后约 10 个月收集的声音片段[①]

1. SMR（顺序运动速率）-pa-pa-pa。

2. SMR（顺序运动速率）-ta-ta-ta。

3. SMR（顺序运动速率）-ka-ka-ka。

4. AMR（备用运动速率）-pa-ta-ka。

5. 从 1 顺数到 5。

6. 从 5 倒数到 1。

7. 音调上升。

8. 音调下降。

9. 长音 [ah]

10. 单音节词：pet – thumb – dish – neck – safe – zero– juice.

11. 双音节词：behind – weather– rubbish – message– kitchen – power– finger.

12. 三音节词：yesterday – passenger– beautiful – visitor– tobacco – direction – charity.

13. 四音节词：population – development – majority– fundamental – generation – humanity – liberation.

14. 短 语：You have to pay. – Go to bed. – She looks sad. – Where's my coat？ – Do what you like. – Is that a joke？ – I need my hat.

15. 长句：My daughter is a nurse. – What do you think？ – She gave me a coin. – Can you go to the shop？ –Put it in a dish.

16. 自发的演讲样本：Byberly has… has a green–house that my wife is very much involved with. Uh … she mainly has orchids there. And sometimes she has to repot them and she shows other ladies how to repot them. Uh …A couple days ago，a man put a plant in there that they think has a disease and would spread to the other plants. And she got an expert in there and they are attempting what disease they may have. Um … there is a great interest in orchids around here because several of the ladies have got them.（Byberly 有……有一个温室，我妻子也参与其中。嗯……她那里主要种植兰花。有时她得重新包装，她向其他女士展示如何重新包装。嗯……几天前，一个人把一株植物放进去，他们认为那株植物有疾病，会传染给其他植物。她请来了一位专家，他们正在尝试搞懂它们可能患有的疾病。嗯……他们对兰花很感兴趣，因为有几位女士买了兰花。）

---

① 结构化单词和短语采自 Frenchay 构音障碍评估材料。

推荐阅读

[1] Hanson EK, Yorkston KM, Britton D. Dysarthria in amyotrophic lateral sclerosis: a systematic review of characteristics, speech treatment and augmentative and alternative communication options. J Med Speech-Lang Pathol. 2011; 19(3):12–30

参考文献

[1] Enderby PM, Palmer R. Frenchay Dysarthria Assessment. 2nd ed. Austin, TX: Pro-Ed; 2008

[2] Robertson SJ. Dysarthria Profile (Revised). Chesterfield, UK: Winslow Press; 1982

[3] Nasreddine ZS, Phillips NA, Bédirian V, et al. The Montreal Cognitive Assessment, MoCA: a brief screening tool for mild cognitive impairment. J Am Geriatr Soc. 2005; 53(4):695–699

[4] Kaplan E, Goodglass H, Weintraub S. The Boston Naming Test. 2nd ed. Philadelphia, PA: Lea & Febiger; 1983

[5] Dworkin JP, Hartman DE. Progressive speech deterioration and dysphagia in amyotrophic lateral sclerosis: case report. Arch Phys Med Rehabil. 1979; 60 (9):423–425

[6] Watts CR, Vanryckeghem M. Laryngeal dysfunction in amyotrophic lateral sclerosis: a review and case report. BMC Ear Nose Throat Disord. 2001; 1(1):1

[7] Dal Bello-Haas V, Florence JM. Therapeutic exercise for people with amyotrophic lateral sclerosis or motor neuron disease. Cochrane Database Syst Rev. 2008:CD005229

[8] Beukelman D, Fager S, Nordness A. Communication support for people with ALS. Neurol Res Int. 2011:714693

右大脑半球功能障碍在慢性恢复期的康复
Rehabilitation of Right Hemisphere Disorder in the Chronic Phase of Recovery

Jamila Minga **著**

周　钰 **译**　　梁俊杰　徐洋凡 **校**

【概述】

右大脑半球功能障碍（right hemisphere deficit，RHD）导致的认知沟通障碍进行直接治疗方面，高质量的研究不多，这可能与患者群体的广泛异质性有关。然而，针对其他神经性群体的理论和治疗方法也可以应用于指导康复。

【临床病史及病情描述】

患者 CP 是一位 48 岁的女性，有糖尿病和高血压病史，在吃饭过程中反应迟钝，随后出现左侧无力和面部下垂。脑部计算机断层扫描（computed tomography，CT）显示右大脑中动脉（middle cerebral artery，MCA）梗死。报告显示，她失去了"滤过筛选能力"和"生活管理的能力"。据其近亲和朋友反映，CP 经常发表不恰当的言论，而且不允许他们参与对话。CP 和她 13 岁和 9 岁的两个女儿住在一起。她还拥有硕士学位，在一家医疗保险公司担任管理人员，在那里她管理着 8 名员工。CP 寻求残余执行功能障碍的治疗方法，她想重新融入社会及继续工作。

【临床测试】

CP 在脑卒中发生大约 10 个月后，接受了初步认知能力的评估，采用了认知 – 语言快速测试（cognitive–linguistic quick test）[1]。根据认知领域的受损严重程度分析，她在注意力和视空间能力方面为轻度受损，在执行功能（executive function，EF）上评定为中度受损。表 47–1 提示她的记忆和语言在正常范围内（within normal limit，WNL）。同理心的测量结果低于平均水平；她在多伦多共情问卷（Toronto empathy questionnaire）得分为 45 分[2]。

表 47–1　治疗前认知领域受损严重程度评分

认知领域	分　数	严重程度		
		正常范围	轻　度	中　度
注意力	149	215～180	179～125	124～50
记忆力	177	185～155	154～141	140～110
执行功能	17	40～24	23～20	19～16
语言	33	37～29	28～25	24～21
视觉空间能力	60	105～82	81～52	51～42

在此还观察到其有视觉空间忽略。测试时 CP 从她的时钟绘图中忽略了数字 6、7 和 8，并在迷宫和设计生成任务中忽略了页面最左边的部分。采用苹果消除测验（apples cancellation test）进一步评估忽视症的具体情况。测试检测到存在自我中心型和非自我中心型的左侧忽视症。她选择完整苹果的总数为 40/50，在左侧的假阳性（不完整苹果）数量为 6/50，假阳性被鼓励在页面的左下象限。

【读者问答】

1. 大脑行为关系的知识可以指导评估和治疗方法。CP 的右脑中动脉分布有损害。当 EF（执行功能）和视空间能力受损时，哪些脑叶最有可能与之相关？

(1) 右额叶和颞叶。

(2) 右额叶和顶叶。

(3) 左额叶和颞叶。

(4) 左颞叶和右枕叶。

答案：(2) 正确。MCA（大脑中动脉）支配大脑半球、丘脑和基底神经节的大部分外侧表面。由于涉及右脑中动脉，可能会损害到右侧额叶的执行功能和右侧顶叶的视空间能力。

(1) 不正确。颞叶与执行功能或视空间能力受损无关。

(3) 不正确。脑血管意外（CVA）发生在右脑中动脉（MCA），该 MCA 不为左半球供血。

(4) 不正确。脑血管意外（CVA）发生在右脑中动脉（MCA），该 MCA 不为左半球供血。枕叶与视觉感知有关。

2. CP 在多伦多同理心问卷中的得分低于平均水平。如果她打算回到以前的工作岗位继续工作，以下哪些方面可能会受到同理心减弱的影响？

(1) 沟通。

(2) 组织。

(3) 管理。

(4) (1) 和 (3) 都有。

答案：(4) 正确。同理心是在欲望、需求和情绪状态方面，站在他人的角度考虑问题的能力。同理心在沟通中起着重要作用，因为一个人在考虑如何及何时进行沟通的问题时，会将交流对象的观点纳入考虑范围内。管理需要有效沟通的能力，并对员工表现出同理心。

(2) 不正确。同理心不会影响组织能力。组织可以归入执行能力。

3. 如果临床医生试图以患者较为担心的症状为基础，并进行优先治疗，那么应该优先考虑哪个方面？

(1) 执行功能。

(2) 左侧视空间忽略症。

(3) 语用沟通。

答案：(1) 正确。CP 的大多数缺陷都与执行功能相关。她说自己在生活管理和沟通过滤（filtering communiction）方面有困难。更重要的是，她先前的工作需要她拥有完整的执行功能。在获得性障碍（如创伤性脑损伤）的研究中有针对执行功能缺失的循证治疗，因此治疗应首先针对执行功能开展。

(2) 不正确。忽略症并不是 CP 寻求治疗的主要动机之一。此外，她的忽视只表现在一个视野象限内，忽略似乎没有影响她的正常工作。为了进一步评估视觉能力，特别是确定检查到的缺陷是真正的忽略症还是上斜视，可能需要额外的测试。

(3) 不正确。对于 RHD 的成年人来说，认知过程与语言产出中的语用沟通障碍有关。目前，人们发现语用沟通在认知领域有所提高，特别是在认知治疗包含交际任务使用的情况下。

【障碍描述和推荐治疗方案】

RHD 可导致认知语言缺陷，从而影响生活质量。这些缺陷的表现形式可能差别很大。患有 RHD 的成年人通常用适当的语法、词法和句法（即保留了基本的语言能力）来表达自我。然而，正如本案例所指出的，语言的语用方面可能受到损害。潜在的认知缺陷被认为是导致语用沟通异常的原因[2, 4]。虽然语用沟通在与 RHD 相关的文献中没有得到广泛的研究，但文献可以指导认知缺陷的治疗[5]。以治疗认知缺陷为目标可以提高沟通能力。

在慢性恢复期，CP 存在注意力、执行功能和语用沟通方面的缺陷。功能性康复以患者动机为导向；考虑到 CP 的目标是重返工作岗位，及她发现自己的组织能力不足，建议对执行功能和视空间忽略进行专门治疗。执行功能的治疗与执行功能／额叶功能障碍模型一致。执行功能的缺陷会影响沟通的各个方面；社交互动能力受损可能是无法组织思想、转移注意力和无法制订计划的原因。在这个模型中，治疗重点包括组织能力、计划能力和问题解决能力。此外，还建议在执行功能治疗中加入交际活动和任务。CP 的目标是重返工作，同时希望提高自己的居家生活组织能力。

棱镜适应干预是治疗慢性忽略症的一种方法。在慢性康复阶段，越来越多的证据证实这种疗法有效。然而，这种方法需要与神经眼科医生密切合作。在缺乏这种协作的情况下，治疗忽视症的标准疗法是视觉扫描训练。此外，也推荐患者进行职业咨询。CP 管理着 8 名员工，在治疗开始时，还不清楚她是否能重返工作岗位。

【结果】

CP 每周参加 1 次个体治疗，持续 10 周，然后会转向持续的小组治疗。个体治疗侧重于执行功能与嵌入式的交流活动和视觉空间能力的提升。小组治疗以每月 1 次的频率进行。小组治疗侧重于改善执行功能技能、计划能力、问题解决和组织能力的提升。

经过了 12 周的治疗后，治疗团队收集了她的认知状况数据。数据显示，她在注意力、视觉空间能力和执行功能方面都有提高（表 47-2）。有趣的是，CP 说她与亲密朋友和爱人的沟通能力得到了提高。她说，她更清楚自己与别人交流的内容和方式，在交谈中也会问更多的问题。CP 作为行政助理重返了工作岗位。

考虑到 CP 处于慢性康复阶段，这些能力上的提高很可能是治疗的结果，而非自发恢复。但是，没有对这一结论进行正式验证。如果能确定这些进步是仅仅随着时间的推移而发生的，就可以排除这样的结论。

表 47-2　治疗后认知领域严重程度评分

认知领域	分　数	严重程度		
		正常范围	轻　度	中　度
注意力	189	215～180	179～125	124～50
记忆力	172	185～155	154～141	140～110
执行功能	22	40～24	23～20	19～16
语言	34	37～29	28～25	24～21
视觉空间能力	62	105～82	81～52	51～42

> **要点**
> - 右侧大脑半球功能障碍可导致许多认知语言缺陷，从而对生活质量产生负面影响。人们越来越需要了解改进认知过程对语用交际的作用。
> - 执行功能是一种可能导致右侧大脑半球功能障碍患者沟通行为异常的认知缺陷的原因。
> - 执行功能在结构化背景下以循证治疗为目标。以 EF 为目标可以提高语用沟通能力，特别是在治疗中进行交际活动时（如组织一次演讲或解决对话中出现的问题）。

【鸣谢】

作者感谢罗伯特·梅奥博士和玛格丽特·布莱克博士对她职业发展的持续指导和贡献。

推荐阅读

[1] Lehman Blake M, Frymark T, Venedictov R. An evidence-based systematic review on communication treatments for individuals with right hemisphere brain damage. Am J Speech Lang Pathol. 2013; 22(1):146–160

[2] Minga J. Discourse production and right hemisphere disorder.

Perspect ASHA Spec Interest Groups.. 2016; 1(2):96–106

[3] Spreng RN, McKinnon MC, Mar RA, Levine B. The Toronto Empathy Questionnaire: scale development and initial validation of a factor-analytic solution to multiple empathy measures. J Pers Assess. 2009; 91(1):62–71

参考文献

[1] Bickerton WL, Samson D, Williamson J, Humphreys GW. Separating forms of neglect using the Apples Test: validation and functional prediction in chronic and acute stroke. Neuropsychology. 2011; 25(5):567–580

[2] Helm-Estabrooks N. Cognitive-Linguistic Quick Test. San Antonio, TX: Psychological Corporation; 2001

[3] Martin I, McDonald S. Weak coherence, no theory of mind, or executive dysfunction? Solving the puzzle of pragmatic language

disorders. Brain Lang. 2003; 85(3):451–466

[4] Tompkins CA. Right Hemisphere Communication Disorders: Theory and Management. San Diego, CA: Singular Publishing Group; 1994

[5] Cicerone KD, Langenbahn DM, Braden C, et al. Evidence-based cognitive rehabilitation: updated review of the literature from 2003 through 2008. Arch Phys Med Rehabil. 2011; 92(4):519–530

通过阅读对专业护理机构的痴呆症患者进行干预
Reading as Intervention for a Skilled Nursing Facility Resident with Dementia

Susan Ostrowski　著

谭肖玲　译　　黎佩珊　徐洋凡　校

【概述】

阅读障碍可能会在痴呆症发病过程中逐步显现。但是，阅读障碍真正发生的概率是未知的。对于痴呆症患者来说，易懂的阅读材料有助于功能性恢复和治疗康复。

【临床病史和病情描述】

患者 EB 是一位 87 岁的女性，她以前是一位家庭主妇和社区志愿者。她的丈夫去世了，女儿住在附近，儿子住在外地。她被诊断出患有阿尔茨海默病（Alzheimer's disease，AD）、慢性心力衰竭和糖尿病。在过去的 10 年里，EB 独自住在她女儿家附近。3 个月前，因为自理能力日益下降和生活困难而被送往一家专业护理机构（skilled nursing facility，SNF）。随后护理人员对 EB 进行言语病理学评估，这个评估是该机构跨学科团队领导的研究成果之一，内容主要涉及认知功能下降、焦虑导致的神志恍惚、偶尔的性情暴躁和潜在的抑郁症。

【临床测试】

为了确定言语病理学治疗在临床上是否适合 EB，并确定她的需求和优势，研究人员进行了正式和非正式的认知和语言评估。首先，为了获得重要且有意义的病情信息，他们在安静的环境中与 EB 进行了一对一的放松交谈。谈到新的生活环境时，EB 表示：我不知道这里的一切是怎么运作的，我

也想知道我以后应该去哪。EB 谈到了她以前做过的一些有意义的活动，包括缝纫妇女会、阅读分享会和志愿者工作。她还说，"想念和朋友在一起的时光"。

她的家人和 SNF 的工作人员也进行了会谈。她的孩子们说，他们对母亲所受到的照顾感到满意，但他们同时也希望以后能够与她更好地沟通。在过去，EB 有自己的生活习惯，她喜欢与他人交往，喜欢读书，虽然她已经很长时间没有读过书了。她的女儿说，她妈妈几乎丧失了阅读能力。她补充说，EB 一直戴着眼镜并且从来没有戴过助听器。EB 最后一次视力或听力评估的日期不得而知。

护理人员报告说，每天晚餐前 1h 左右，她都在焦虑地来回走动，并反复询问相同的问题。当工作人员试图让她远离出口或去参加一项活动时，她还会时不时提高她的音量，显得十分焦躁。工作人员说，EB 每天可以参加 3 项娱乐活动，但实际上她每周差不多只参加 2 次活动。工作人员补充道：EB 担心如果她去参加某个活动，就会错过孩子们的探访。所以当他们鼓励她与其他居民进行社交和交谈时，总是以失败告终。

在 EB 与工作人员之间的互动过程中，工作人员发现 EB 经常误解和混淆一些事。通过认知语言快速测验（cognitive linguistic quick test，CLQT）和间隔检索（spaced retrieval，SR）检查正式对 EB 的记忆、问题解决能力和语言能力进行评估。总的来说，这些评估显示出她存在明显的工作记忆和问题解决能力缺陷。她通过适当的视觉支持、间隔检索

练习和断断续续的提示来记忆和回忆新信息（但是最多也只可以记住或者回忆 2～3 个元素）。

此外，工作人员在低刺激和高刺激环境下均对她进行了非正式的认知和语言评估，EB 在两种环境下的表达均属于功能性言语表达。但是在高刺激环境下，语言理解能力下降，要求重复的次数增加。

听力测评包括有录音和没录音形式的外耳测试及在嘈杂和安静的环境下识别出他人说出的单词或句子。这项测评显示 EB 存在双侧中度耵聍嵌塞。另外，她在没有文字或图片指引的噪音环境中难以理解别人说的话。在理想的听力条件下与人进行交谈时，EB 有基本的功能性言语感知能力，但是她不擅长听取较长的语言信息。

在有和没有眼镜的情况下对她的视力和阅读能力进行检测，运用亚利桑那州痴呆症交流障碍筛查（Arizona battery for communication disorders of dementia，ABCD）对她进行视野筛查、颜色识别筛查、环境中的阅读标志和口头阅读筛查。尽管戴眼镜和不戴眼镜在视觉感知上没有明显差异，但在整个评估过程中 EB 都选择戴着眼镜。检测结果显示她没有视野忽略症或色觉缺陷。不过她注意和阅读标牌的能力不一致。EB 对当前环境中常见的日程表类辅助工具（如日历、娱乐日程表、每周菜单等）的理解能力有限，但她能够识别和理解模拟时钟。

EB 不能流利地阅读及理解典型的书报材料。然而，当改编版阅读材料呈现以下特点时：即高对比度、空白处较多、大字体、无边框、字体均匀等，她能够较好地进行完整的字母识别和解码。借助改编过的易读书报材料，她不仅可以缓慢地大声朗读，而且她的功能性理解能力也有所提高。她能理解文字信息，而且她理解文字信息的能力与理解口头信息的能力相称。她本人认为，借助读书来放松对她而言是一种享受。

【读者问答】

1. EB 的个人经历会影响治疗重心，对此我们可以得出以下哪种观点？

(1) EB 神志恍惚和情绪激动很可能是因为她缺乏体育锻炼。

(2) 过去 EB 通过安排自己的一天来获得安全感和舒适感。阅读、团体合作和志愿者活动为她的生活带来了成就感和目标。

(3) EB 在过往生活中不需要适应许多新情况，因此，她可能很难适应长期住在护理机构。

(4) EB 喜欢独居，且希望对自己的生活有一定的掌控权，也许依赖他人的照顾是她痛苦和沮丧的根源。

答案：(2) 正确。即使在认知能力下降的情况下，在疾病发生前所表现出的个性特征往往会持续存在。过去她对自己的生活有很高的参与度，现在没有这种组织参与感，她可能会感到不安。她是一个善于交际且喜欢与人相处的人。在这个时候，不和他人沟通、接触，她可能会感到失落和焦虑。

(1) 不正确。虽然锻炼可能对 EB 有益，但她和她的家人都没有提到：在 EB 发病以前的生活里，体育锻炼对她来说很重要。

(3) 不正确。该说法过于宽泛和普遍，不利于确定个性化计划的重点。

(4) 不正确。与 (3) 类似，该说法过于宽泛和普遍，不利于形成个性化治疗方案。若无个性化治疗方案，可能无法适应 EB 的个性化需求和个体优势，也不利于设立有意义且实际的目标。

2. 对于 EB 来说，哪些目标在临床上是合理且有效的？

(1) 使用典型的练习册来提高语言能力和认知游戏的参与度（如集中注意力、各种科目的知识竞赛）是有效的治疗目标，这可以提高 EB 的记忆力和单词查找能力，并使她能够更好地表露出自己的愿望和需求。

(2) 由于 EB 病情的发展状况，目前没有合适的目标。

(3) 策划一些 EB 过去喜欢参加的活动，比如与他人交流的社交活动、小组活动或者读书活动。这样可以减轻她可能存在的社交孤立感、迷失方向感和焦躁不安感。

(4) 考虑到 EB 的焦虑和抑郁症状，完成 Cohen–Mansfield 激越情绪行为量表（Cohen–Mansfield agitation inventory，CMAI）和老年期抑郁症量表（geriatric depression scale，GDS）有助于为焦虑症和抑郁症的药物治疗提供客观信息。

答案：(3) 正确。一个合理的、有效的治疗方法应该以促进 EB 参与她过去喜欢的活动为目标，并对治疗方案进行相应的调整。

(1) 不正确。虽然语言练习和记忆游戏在传统的言语治疗中很常见，但是没有科学证据表明孤立的语言或记忆活动可以提高痴呆症患者的回忆或交流能力。护理计划必须采用循证干预措施，意在提高安全性、沟通能力、独立性和生活质量（例如，用一本关于交际的书回忆家庭探访细节：了解晚餐菜单、打电话、使用护理呼叫按钮；记住使用助行器、记住安全转移的步骤；理解活动日历、使用电视遥控器、整理餐具；使用生活故事书来提高社交能力；使用模拟存在疗法来减少焦虑；积极参与日常生活活动、接受药物治疗等）。

(2) 不正确。记忆受损的老年人的治疗不一定需要是恢复性的。当目标是改善功能时，非恢复性的治疗是合理的，通常需要记忆辅助、环境变化、护工培训和使用合适的材料来进行治疗。

(4) 不正确。虽然标准化评估在某些情况下可以提供有用的信息，但这些量表目前对 EB 的护理计划来说并不是最重要的。考虑到 EB 没有伤害自己或他人，首要任务是确定她对循证治疗技术和策略的反应，这能让她在当前环境中处于一个较为自在的状态，从而使 EB 与他人多交流、多阅读和多参与活动。

3. 如何利用间隔检索（spaced retrieval，SR）和无错误学习（errorless learning，EL）来从功能上使 EB 受益？

(1) 帮助她回忆每日日程安排。
(2) 提醒她记得戴上眼镜。
(3) 帮助她记住一周中的某一天。
(4) 帮助她记住设施的名称。

答案：(1) 正确。对于 EB 来说，日程表是一个很好的视觉定向辅助工具，可以减少困惑感和焦虑感。但是在使用过程中，其效果会受她的主观性影响。SR 和 EL 将全天增强她视觉辅助的线索回忆，也许还能增强自由回忆。

(2) 不正确。虽然记得戴眼镜是一个功能性目标，但她在这一方面并未表现出有健忘的症状。戴眼镜是她的程序记忆，在治疗中无须处理。

(3) 不正确。回顾一周中的某一天并不是一个功能性目标，因为它并不会影响 EB 的行为、活动水平、参与度或情绪。

(4) 不正确。尽管回忆设备的名称通常是治疗的目标，但她回忆设备名称不太可能会影响她的行为，活动水平，参与度或情绪。

【障碍描述和推荐治疗方法】

正式和非正式的评估结果证实，EB 在视力和听力方面有功能性障碍，工作记忆和短期记忆有中度缺陷及执行功能有严重缺陷。在语言、阅读和注意力持续方面，她表现出了符合她年龄和环境的功能性技能。阿尔茨海默症的诊断并不是引起她焦虑和激动的重要因素。和许多痴呆症患者一样，她的沮丧和不安主要是由于环境的局限性及她与护理伙伴沟通不畅所致。听力受损和视力下降也可能致使她不与人交流、与社会脱节、情绪失控和迷茫。

从广义上讲，对痴呆症患者进行干预的目的是减少其生理或心理缺陷，最大限度地发挥功能性能力的作用，还可以有助于护理计划的设计，使患者在限制性最小的环境中生活时，尽可能地不被痴呆症的症状所困扰。给 EB 言语治疗（每周 3 次，为期 4 周）的理由如下：

通过环境改造、交流伙伴培训，视觉记忆辅助及采用合适的材料进行有意义活动等形式来进行治疗干预，最终使她实现可衡量的功能目标，这种预期是合理的。

EB 的目标如下：
- 多参加娱乐活动。
- 与同龄人进行更多积极的交流互动。
- 少焦虑彷徨。
- 与人交流时，少使用激动的言语。

护理计划旨在与 EB、她的家庭成员及护理团队协同工作。护理计划包括以下建议和治疗策略。
- 与听觉相关的建议：建议进行双侧的耵聍嵌塞的治疗和进行听力评估。与家人和工作人员讨论背景噪声对言语识别、困惑和沮丧感的影响。经 EB 同意，在护理和拜访期间创造一个安静的环境，包括关闭电视和收音机，关上门、使传呼机及电话保持静音状态及与她在一起时避免与其他人进行交谈。

- 与视觉相关的建议：建议进行全面的验光测试。此外，还建议在她的房间中增加用于完成康复治疗任务的灯光和利于产生轻松氛围的灯光。

- 沟通补偿策略：为了最大限度地减少沟通不畅的所带来的挫折感，为她的交流伙伴提出以下交流建议：

  ○ 在谈话过程中保持眼神交流。
  ○ 在询问或详细说明某件事前，先引进一个话题。
  ○ 不要频繁转移话题。
  ○ 问是 / 否问题并提供二元选择而不是问开放式答案的问题。
  ○ 不要直接询问最近的事件。
  ○ 使用只有一个中心意思的句子。
  ○ 语速不要过快。
  ○ 给她时间，让她安静地整理她听到的话并给出她的回答。
  ○ 要习惯保持安静。

- 日程表提示卡（图 48-1，空白；图 48-2，已完成）。

我住在康涅狄格州石溪山

今天是 _____

星期几

_____

年，月，日

_____

_____

_____

_____

_____

_____

_____

_____

_____

_____

_____

▲ 图 48-1 空白的每日日程表

- 鉴于 EB 过去对日程表有依赖性，我们与她共同设计了一份易读的日程表，其中顶部印有居住地和日期。她希望将日程表放在方便拿的地方（如步行时放在包中）。在日程表上记录下以下信息是很重要的：吃饭、治疗、娱乐活动、喜爱的电视节目，看医生，特别是探亲和访友等。为了使她的日程表易读，打印时有一些注意事项，如打印字体颜色应为黑色，用印刷体而不是草书，不要用大写字母，要使用大号字体，并且也没有让人分心的印刷内容。通过观察工作人员对表格的使用，书面日程表有效地减少 EB 迷失感和她对错过家人拜访的焦虑感，还提高了 EB 娱乐活动的参与度。在早上或在 EB 午休后，工作人员会和她一起复习日程表的内容。他们运用了循证记忆干预措施（如 SR 和 EL）来提高她对日程表及其位置的回忆。

- 独立地独自阅读改编材料：循证痴呆症护理蒙特梭利原则（dementia-care Monterssori principle）指开展有意义的活动、维持能力，改编书籍材料和创造合适的环境。鉴于 EB 过去对阅读的兴趣和目前的阅读能力，研究

我住在康涅狄格州石溪山
今天是 ＿＿＿＿＿ 星期二
星期几
2017 年 1 月 17 日
年，月，日
8：30 ＿＿＿＿＿ 早餐
10：00 ＿＿＿＿＿ 锻炼
12：00 ＿＿＿＿＿ 中餐
1：30 ＿＿＿＿＿ 休息
3：00 ＿＿＿＿＿ 阅读
5：00 ＿＿＿＿＿ 和 Andy 共进晚餐

▲ 图 48-2　完成的每日日程表

人员采取了该原则来加强独立阅读的能力，意在减少无聊感、烦躁不安和焦虑情绪。他们调整了书籍的印刷格式（如宽边距、无衬线、均匀的字体、粗体印刷、大字体、简单语法的短句和辅助图像）。EB 还与护理人员和负责娱乐活动的工作人员讨论了她对书籍内容的喜好。

优化环境因素以提高她的独立阅读体验，包括以下几点：

- 阅读处，上方和后方有充足照明。
- 安静的环境。
- 使用桌面书架。
- 阅读椅提供了最佳的背部、肩部、手臂、颈部和头部倚靠体验。
- 阅读以加强家庭交流：用改编书籍让家庭成员参与互动式阅读，这可以促进他们与 EB 之间的交流。这些建议包括以下内容：
  ○ 允许 EB 以自己的速度及方式探索这本书，她可能不是按照顺序阅读的。
  ○ 跟随她的思维。
  ○ 避免师生模式（即你们负责讲解和阅读，她只负责听）。
  ○ 在她阅读和表达想法时保持沉默。
  ○ 使用温和的评论而不是直接的提问。

- 家庭制作的无障碍阅读材料：她的家庭成员学习了如何为母亲创建个性化、无障碍阅读材料（如改编在线文章、高趣味性书籍、生活故事书）。
- 与朋友一起阅读（图 48-3）：通常由于听觉、语言和记忆问题，她常常不能与同龄居民正常交流，改编书籍可以作为促进她与同龄人交流的有效手段。在不依赖员工干预的情况下，EB 和一个同龄伙伴长期一起读书并和彼此保持联系。可触摸的、可视化的易懂的阅读材料让彼此理解和记住对方所说的话变得更加容易。为了减少她傍晚时情绪暴躁的频率，工作人员鼓励她与另一位患者一起阅读一本改编版本的书（即和朋友一起阅读）。加强了优化阅读体验的环境和互动交流建议（第 5 号和第 6 号治疗方法）。"与朋友一起阅读"作为下午的活动被添加到 EB 的日程表和护理计划中。
- 阅读连接小组（图 48-4）：鉴于 EB 过去与委员会和社会团体打交道的经历，每周她与言语语言病理学家一起参加了阅读连接小组活动。言语语言病理学家对最佳阅读环境和互动推荐（图 48-5 和图 48-6）进行模拟和回顾，以促进她的舒适度和她对团队活动的

◀ 图 48-3　与朋友一起阅读

◀ 图 48-4　阅读连接小组

阅读连接

帮助有记忆障碍的成年人阅读

- **减少环境刺激**
  - 减少背景噪音（电视、音乐、噪声）
  - 征得他们的同意后，把他们安排在看不到周围有人走动的地方

- **照明情况**
  - 让上方和后方的照明保持最亮

- **不要面对窗户**
  - 将强光置于他们面前会使阅读区域变暗
  - 而且，老年人很难适应在强光下阅读

- **姿势辅助**
  - 离阅读的桌子近一些
  - 桌面的高度在肘部或肘部以上
  - 放置枕头或靠垫在背后，不要驼背
  - 肘部可以放置在表面休息（椅子扶手或桌子）

- **图书摆放**
  - 书应该以一定角度立起来，不要平放在桌面上
  - 比如利用斜板、文件夹、桌子边缘

- **眼镜**
  - 时刻关注患者是否佩戴眼镜
  - 然而，也不要以为读者佩戴眼镜就能看得更清楚（他们戴的眼镜可能还是原来测量的度数，也有可能是远视眼或者不小心戴了别人的眼镜）
  - 用眼观察他们佩戴和不佩戴眼镜进行阅读的舒适度差异
  - 如果患者需要眼镜，要把它擦干净再使用

www.reading2connect.org　　860.235.4348　　reading2connect@gmail.com

▲ 图 48-5　环境建议

阅读连接

重新发现阅读的乐趣

我们与痴呆症患者一起阅读时需要注意什么？

- **交流是最重要的**
  当接近一名患者时
    – 请从患者的前面慢慢靠近他
    – 有眼神交流
    – 保持微笑
    – 说话语气要温和
    – 尽量高兴地与患者进行沟通，并介绍自己
    – 沉稳地、轻柔地与患者进行肢体接触

- **介绍书籍**
  当感觉到患者很放松时
    – 慢慢地把书放在她面前
    – 就封面谈谈自己的想法或问一个简单的问题，这样不会使她情绪暴躁
    – 观察她感兴趣或排斥的内容
    – 如果这是她想要的书，帮她拿着书并一起阅读

- **准备阅读**
  当她表现出对这本书感兴趣时
    – 轻轻地协助她维持最舒服的阅读姿势（用柔软的东西给她靠着、让她靠近桌面坐着、确保桌面高度在她手肘的位置）
    – 阅读过程中给予她适当的帮助和定位书籍内容
    – 根据需要调整灯光
    – 尽量减少外界环境刺激
    – 根据需求清洗和调整眼镜
    – 评估功能性视力

- **与书籍互动**
  每个人在阅读过程中需要不同种类和不同程度的帮助，以下是一些帮助读者的方法
    – 预习书本内容
    – 跟随读者的脚步
    – 尊重她的选择和独立性
    – 静静地给予她帮助，不要打扰她对书的探索
    – 确认阅读过程中的谈话是有助于还是阻碍她阅读书本内容
    – 在阅读过程中，在需要安静的环境时保持安静
    – 不需要按顺序阅读
    – 避免师生互动模式（即你负责讲解和阅读，她只负责听）

www.reading2connect.org　　　　860–235–4348　　　　reading2connect@gmail.com

▲ 图 48–6　互动建议

参与度。此外，每周阅读连接小组活动也包含在她的日程表中。

【结果】

到治疗结束时，视觉记忆辅助工具、环境改造和沟通策略得到较好实施。娱乐活动工作人员报道说，EB 的活动出勤率从治疗前的每周 2 次增加到每天 2 次。据娱乐工作人员说，她看起来似乎认可改变版本书籍的作用，并且大多数时候愿意参加写在她日程表上的活动。他们还说 EB 喜欢阅读。然而工作人员却注意到她很少独自阅读。家属和工作人员的结论是：EB 在与家人或其他患者一起进行互动阅读时最喜欢阅读。一名工作人员说：当我们邀请她与另一位患者一起阅读时，她就会兴奋起来。

护工报道说，她同意而且也很享受每周下午与 4～5 个朋友一起阅读的时光。工作人员还报道说，她下午会出现的神志恍惚和言辞激动的频率从每周 7 天、每天约 1h，减少到每周 3 次，每次约 15min。陪伴阅读似乎是一种能够有效解决 EB 的躁动、重复提问、高度困惑和不安的非药理学策略。此外，她的家人还说，对环境因素重要性的认识、沟通策略的使用及改编的阅读材料使他们与母亲的沟通更加成功、充实和轻松。

要点

- 痴呆症患者的认知言语疗法应是功能性的，侧重于优化视觉和听觉反应，指导交流的伙伴和优化环境，来避免缺陷和利用个人的剩余能力。
- 痴呆症患者表现出的执拗行为不是随机的。它们是一种沟通方式，也可以更准确地称为反应行为。这些行为通常与以下因素有关：身体不适或疼痛、与护理伙伴的沟通不畅和（或）不理想的环境。
- 对痴呆症患者的认知 / 语言评估是一个动态且高度个性化的过程，贯穿于整个治疗过程，且涉及对干预措施有效性的检测。

推荐阅读

[1] Bourgeois M. Memory Books and Other Graphic Cuing Systems. Baltimore, MD: Health Professions Press; 2007

[2] Dixon PS, Ostrowski S. Making reading easier for people with dementia. vertical bar Advance Senior Care. 2016. Available at: http://www.iadvanceseniorcare.com/article/memory-care/making-reading-easier-people-dementia

[3] Kitwood T. Dementia Reconsidered: The Person Comes First. Philadelphia, PA: Open University Press; 1999

[4] Basting AD. Forget Memory. Baltimore, MD: The Johns Hopkins University Press; 2009

血管意外后双语女性的言语语言和吞咽困难评估
Speech–Language and Dysphagia Assessment in a Bilingual Female Post Cerebrovascular Accident

Luis F. Riquelme **著**

梁俊杰 **译**　　赵玉香　徐洋凡 **校**

【概述】

在该案例中,一名 81 岁的双语女性(西班牙语 / 英语)罹患左侧大脑脑血管意外(cerebrovascular accident,CVA)。该个案描述其言语—语言 / 吞咽困难评估和干预过程。该患者的第一语言为西班牙语,第二语言为英语,在疾病初期该患者表现出两种语言的相等程度的受损。双语言语语言病理学家(speech–language pathologist,SLP)的评估和治疗可以在很大程度上帮助这类患者,因为双语 SLP 可以理解患者两种语言呈现的反应,并能提供两种语言的语言刺激。

【临床病史和病情描述】

81 岁女性 AS,既往病史包括糖尿病、高血压和高脂血症,就诊于当地急诊中心的急诊室。首次计算机 X 线断层扫描(CT)并未发现急性颅内出血、肿块效应或中线偏移。然而在右侧基底节区注意到有一个信号减弱区,这种信号减弱与腔隙性梗死接近。鉴于 AS 到达急诊室时存在卒中的征兆 / 症状,她接受了吞咽筛查,但未能完成(即她在连续喝了约 80ml 水后开始咳嗽),她被暂时性禁食禁饮(nil per os,NPO)。根据 AS 的女儿所述,在脑血管意外之前,AS 是完全的双语者(西班牙语和英语),但她的母语 / 第一语言是西班牙语。AS 是一位退休裁缝,另外,她还做过短期家庭保健助手。AS 的家乡是洪都拉斯(Honduras),在美国居住了 20 多年。

【临床测试】

AS 被送进急性卒中单元,并于第二天早上接受了言语—语言病理学评估,实施评估的医生是单语者(英语)。首次评估关注 AS 最直接的需求:经口进食的能力。本次评估有口译员参与,但由于语言症状学的复杂性,该名医生最终选择等待另一名使用西班牙语的医生来对 AS 进行全面语言评估。评估结果显示患者有轻度口咽吞咽障碍,其特征是临床上观察到的轻度食团控制延迟。此外,最初的单语评估结果在失语症或言语失用上存疑,需要双语医生进一步确诊。这次评估结果显示 AS 有轻度口咽期吞咽困难,特征为临床上注意到的轻度食团推送延迟。此外,首次单语评估留下关于失语症或言语失用的鉴别疑问,供双语临床医生进一步鉴别。该评估得出以下建议:用中性液体混合切碎食物,并由说西班牙语的评估人员进一步实施言语评估。中性液体是当地机构使用的液体分类,主要指一组不包含酸性或脂肪物质的液体。其他所有液体都被允许使用。鉴于酸性或脂肪物质对肺部的侵害性比其他“中性”物质更高,因此该类别可减少吸入性肺炎发生的风险。

SLP 第二次评估由一名说西班牙语的医生实施。在回答简单是或否问题、执行指令和两物体辨别中，AS 表现出较差的理解力（＜10%）。以英语和西班牙语呈现评估资料时得到的结果是一致的。AS 口语表达混合西班牙语和英语的韵律特征，难以理解。乱语中包含大概 10% 的真词；这些词并没有什么实际意义。同样，口语中混合英语和西班牙语。总体而言，AS 配合程度高。评估结果显示，AS 有中度至重度流利性失语症，推荐由双语医生（西班牙语和英语）实施言语—语言治疗。

在入院后第 4 天对 AS 进行首次大脑磁共振扫描，结果显示其左侧颞顶叶区急性脑梗死，梗死区内存在信号减弱的病灶，与梗死后出血的特征相匹配。另外还伴有轻度慢性微血管变化与轻度皮质萎缩。在入院 2 周后，AS 出院回家，随后她被转介至门诊接受康复治疗，包括言语—语言治疗再评估及治疗。首次发病约 8 周后，在门诊中心为 AS 提供治疗的西班牙语和英语双语医生对 AS 进行了再次评估。结果仍为中度至重度流利性失语，但理解力有所提高，口语表达有轻微改善。采用西班牙语评估的数据显示如下：回答简单是或否问题——正确率 62%；常见两物体辨别——正确率 66%。口语表达仍以乱语为主，但增加了具体词汇的使用。此时患者的乱语包括简单的短语，可理解的口语表达提高到 30%。在乱语中，也出现一些虚构词。使用波士顿诊断性失语检查（Boston diagnostic aphasia examination，BDAE，来自西班牙或阿根廷的正式有效西班牙语版本）的子测试对口语表达进行更直接的测试。指物命名：正确率 20%；使用 Cookie Theft 图片描述任务进行图片描述，与对话输出描述相似。对常见物体与标签匹配的阅读正确率为 60%，而书写能力只限于写 AS 自己的名字。采用英语评估得出相似的结果。

【读者问答】

1. 让会说患者母语的人实施评估时应注意什么？有什么意义？（鉴于在 CVA 之前患者为西班牙语／英语双语者）

(1) 测试中使用主导语言就足够了；

(2) 需要同时比较两种语言的熟练程度和障碍点；

(3) 要注意让患者感到自在；

(4) 评估患者不需要检测者具备双语能力；

答案：(2) 是正确的，理解、加工和表达选择上的差异是决定治疗语言和整体预后的重要因素。普遍认为双语者具有混合了词汇和形态句法的神经组织；然而仍有迹象表明，脑血管意外（CVA）后跨语言迁移现象不尽相同。Kohnert[1] 对第一语言（first language，L1）和第二语言（second language，L2）在语言或交流方面是否等效这一问题存疑：

(1) 不正确。AS 在 CVA 之前是双语者；因此，需要解决在患者神经系统发生意外后两种语言的交互作用。

(3) 不正确。患者的语言熟练程度可能无法让她在说这门语言时感到自在。需要考虑整体沟通效率。

(4) 不正确。上文已提出在 CVA 之前使用两种语言进行测试的观点。

2. 如果通过口译员进行评估，结果会有不同吗？

(1) 是的，使用正式口译员进行评估总是可以获得更准确的数据。

(2) 是的，使用双语 SLP 进行评估总是可以获得更准确的数据。

(3) 很少证据表明使用口译员进行评估会造成较大的诊断差异。

答案：(3) 正确。临床直觉认为在测评中使用口译员是第二好的替代方式；然而没有研究证据支持这一说法。在 2012 年，该本地机构的 SLP 团队开展了一个小规模的表现改良项目，提供口译服务和以母语为对应语言的 SLP 成员帮助，协助语言背景是西班牙语或俄罗斯语且需要接受言语—语言评估的 CVA 患者评估。项目假设：当评估人员的母语与患者母语相同时，其评估结果将不同于使用口译员进行评估得出的结果。所有测试均在同一天进行，且测试者对于前一次评估结果均不知情。9 名患者参加了这个项目，其中 4 名患者说俄罗斯语，5 名患者说西班牙语。我们发现，以相应语言为母语的口译员和言语语言病理学家（SLP）实施的评估结果并没有差异。鉴于参与人数较少，需谨慎对待该结果。

（1）不正确。没有足够研究证据能得出该结论。

（2）不正确。关于此问题的证据不足。

3. 了解神经影像结果有助于诊断患者沟通能力，正确还是错误?

（1）正确。

（2）错误。

答案：(1) 正确。大脑多部位损伤有助于解释一些语言处理行为。简而言之，大脑局灶性损伤可能导致一种维度的语言障碍，然而在大脑弥漫性损伤中，认知因素在语言加工的神经关系中扮演着更重要的角色。

如果在评估过程中仅考虑行为沟通因素，一些临床判断可能会受到质疑。虽然神经影像数据并非总能获得，但是确定脑损伤的部位和周围组织情况有助于检测者形成更科学的假设，并据此提供更好的建议。

【障碍描述和推荐治疗方法】

AS 患有明显的中度至重度流利性失语。她的理解能力有限，简单听觉输入为 60% 到 70%，但她表现出社会适应性，符合这类临床人群的预期表现。虽然她的语言表达大部分是乱语，但仍可发现混合西班牙语和英语的韵律特征。需要注意的是，增加的实词和简单短语大部分为西班牙语。入院后第一天进行首次检查，发现患者有轻度口咽期吞咽困难，出院时该症状缓解。由于 AS 没有任何吞咽困难的症状，门诊评估方案未涉及吞咽相关评估。

AS 的家庭特别是她的独女对她大力支持。她女儿参加了约 80% 的课程，并支持把治疗目标转移至家庭进行。在流利性失语症中很难对比两种语言的熟练程度。鉴于第一语言（L1）和第二语言（L2）都在优势半球加工处理，且存在重叠区域，由此估计两种语言均受 CVA 影响。在接受门诊语言治疗中，治疗所用语言种类的选择至关重要。关于双语者局灶性脑损害后的语言恢复存在几种假设。最著名的是并行和非并行假设（在大脑受损前 L1 和 L2 的熟练度是相似或不相似的）、Ribot 规则（在 1881

年提出：L1 将会是大脑受损后使用较多的语言）和 Pitre 规则（在 1985 年提出：在大脑受损后优势语言将会是首先恢复的语言）。在决定双语者的治疗语言时，需考虑以下 3 个因素[2]：

- 发病前语言发展史，包括教育经历、就业史和发病前双语程度的估计。
- 在每种语言中的强项和弱项。
- 环境因素：患者康复中选择的语言，家庭常用的语言和出院后社会文化环境中所使用的语言[3]。

考虑到 AS 更擅长使用西班牙语，且英语口语表达也有进步，因此治疗主要使用西班牙语，同时使用少量英语。基于双语 SLP 实施治疗，这种理想的临床方案是可行的。值得高兴的是，证据表明：无论治疗语言是哪种，其他语言都会同样获益。近期，一项研究对 14 个有关双语失语症患者治疗效果的案例进行系统回顾，分析显示，超过半数以上的研究发现跨语言迁移的证据是存在的。该项回顾分析同时显示，对于 L2 的治疗会导致 L1 出现接受性和表达性语言改变，这种情况甚至出现在慢性双语失语症患者身上[4]。

【结果】

随着治疗的进步，患者对西班牙语和英语的理解能力有所提高，口语表达内容也有所增加。对结构化和非结构化任务的理解提高到 95%，且两种语言之间无显著性差异。从简单短语到饱含内容的叙述，表达性语言增加，准确性达 80%。尽管口语表达通常使用西班牙语，但英语表达也明显增多。书写能力主要针对和促进家庭日常活动（家庭活动）中的表达。英语阅读理解能力提高到 90%（BDAE 阅读句子和段落子测试）。尽管没有正式测试，但是患者仍能够阅读报纸并与女儿和医生进行讨论。最终 AS 能处理自己的银行业务、管理她美国和国外的房地产。她的沟通障碍转变为轻度非流利性失语症，伴轻度理解障碍。她的双语相互支持，因为她常常在语言之间互相检索词汇，且必要时可进行间断翻译。

要点

◆ 双语 SLP 的治疗能在极大程度上帮助患者，因为双语 SLP 能够接受两种语言反应，同时能提供两种语言刺激。

◆ 无论通过哪种语言来提供语境，治疗目标都需要针对处理输入或输出的语言。

◆ 试图了解双语情况下语言障碍的病理生理学时，神经影像学数据可能有所帮助。

◆ 在治疗有语言障碍的双语成人时，治疗语种的选择受到了人们一定的关注；然而，仍有重要问题尚待解决。未来研究应该关注：理解网络是否在持续改善未用于治疗中的语种，及当非主导语言被用于治疗时，治疗进度是否会延迟。

推荐阅读

[1] Riquelme LF. Working with limited-English speaking adults with neurological impairment. Perspect ASHA Spec Interest Groups (SIG 15). 2006; 11(2):3–8

参考文献

[1] Kohnert K. Language Disorders in Bilingual Children and Adults. San Diego, CA: Plural Publishing; 2008

[2] Riquelme LF. Clinical issues with Hispanic and Asian populations: Part 1: Choice of language for intervention with adult populations. Maui, Hawaii: ASHA Teleseminar; 1994

[3] Wallace G. Multicultural Neurogenics: A Clinical Resource for Speech-Language Pathologists Providing Services to Neurologically Impaired Adults from Culturally and Linguistically Diverse Backgrounds. Tucson, AZ: Communication Skills Builders; 1997

[4] Faroqui-Shah Y, Frymark T, Mullen R, Wang B. Effect of treatment for bilingual individuals with aphasia: A systematic review of the evidence. Neurolinguistics. 2010; 23(4):319–341

案例 50

母语为乌克兰语的 30 岁女性的口音调整
Accent Modification in a 30-Year-Old L1 Ukrainian Speaker

Darlene M. Monda **著**

李金萍 **译**　　陈玉美　徐洋凡 **校**

【概述】

本案例介绍了对一位英语口语带有中等乌克兰口音的女性的评估和管理。专业人士常常会通过调整口音从而促进他们的职业发展。NS 特别希望在与孩子的日常交流、朋友的社交及职场生活等不同的场合中提高自己使用标准美式英语（standard American English，SAE）进行交流的效率与信心。作为一名未来的言语语言病理学家（speech-language pathologist，SLP），她特别关注自己有效提供服务的能力。

【临床病史和病情描述】

患者 NS 是一名 29 岁的女性，她提出给自己做口音调整的需求。NS 的母语是乌克兰语，但目前她在几乎所有场合中（包括与她两个小孩的日常交流）都说英语。2001 年，15 岁的她在强化英语学习后，从乌克兰移居到美国，但她继续跟丈夫及父母说乌克兰语。在进行评估时，她正在攻读沟通科学与障碍的硕士一年级课程。NS 称自己是一个完美主义者，她对自己口音中的某些成分具有敏锐的觉察力，对治疗方法表现出学术研究兴趣及个人兴趣，并强烈希望提高自己的言语和语言能力，使其英语口语听起来尽可能纯正和地道。

【临床测试】

出于学术目的，在会话过程中进行了非正式

的表达性和接受性语言评估。评估观察到句子中的冠词经常被 NS 省略，如："I like restaurant Spotted Pig"。其认知能力、语音及流畅性被非正式地纳入正常范围内。口腔感觉运动（oral-sensorimotor）检查发现口面部的力量、稳定性、对称性、速度、运动范围及协调性均无异常。言语生成方面采用外国口音康普顿语音评估测试（Compton Phonological Assessment of Foreign Accent Test）进行正式的评估（表 50-1），并对治疗进行非正式观察。NS 可以朗读单词、可无须提示自行更正言语内容、生成句子中的所有单词及能口头朗读康普顿测试中的文章。

NS 有中等的乌克兰口音，特征是元音歪曲、音节重音不正确及出现发音替换，其替换与其他母语为乌克兰语的人说英语时出现的发音替换一致。我们获得了一个非正式的会话性言语 / 语言样本来评估语言使用、音节重音、韵律、速率、强度、流畅性和共振。NS 在会话语境中出现音位错误的频率增加，语速变快和自我监督程度降低都对音节重音、流畅性和韵律产生了负面影响。此外，在会话性话语中，可察觉到 NS 有轻度的鼻音。会话过程中 NS 的语速变快，与典型纽约人的语速感知相匹配，但流畅性、韵律和口腔共鸣能力略有下降。由于 NS 认为自己有口音问题，她把说话时的声音音量控制到低于正常限度。NS 具备功能性听力，其"两个学期前"的听力评估报告显示听力完好。

表 50-1 康普顿刺激词反应子测试结果（2014 年 2 月 1 日）

预期的元音	元音发音：单个单词	刺激词的例子	元音发音：句子	例 句	英文单词
[e]	[ɛ]	[snɛk]	—	—	Snake
[ɪ]	[i]	[witʃ]	[i]		Witch
[ɪ]	[ɛ]	[kɹɛb]、[twɛnz]	—	—	Crib、twins
[i]	[ɛ]	[ʃtʃɪŋ]	[ɛ]	ʃtʃɪŋ	
[ɛ]	[æ]	[θɹæd]	[æ]		Thread
[ɪ]	[ɛ]	[pɛg]、[pɹɛnt]	[ɛ]×1	[pɹɛnt]	Pig、print
[ʌ]	[æ]	[gæm]、[glæv]	[æ]	[glæv]	Gum、glove
[a]	[o]	[bol]	[o]	[bol]	Ball
[ʊ]	[ʌ]	[pʌt]	[u]	[luk]	Put、look
预期的辅音	辅音发音：单个单词	刺激词的例子	辅音发音：句子	例 句	英文单词
[ŋ]final	[ŋg]	[rɪŋg]			Ring
[θ] initial	失真的 [θ]	[θɚd]	—	—	Third
[θ] final	[t]	[tit]	—	—	Teeth
[k] final	—	—	[g]	[tʃɹæg]	Truck
[z] final	—	—	[s]	[nois]	Noise

【读者问答】

1. 哪些正式和（或）非正式的测试将有助于治疗计划进一步形成？

(1) 为获得更多语音生成的信息而进行的语音过程测试。

(2) 使用声学分析程序（如 Praat）测量声音强度、音调和共振，以获得可比较的基线数据。

(3) 分析录音言语 / 语言样本，评估会话语境中的语言使用、音节重音、韵律、速率、强度、流畅性和共振。

(4) 使用单词表来确定目标音协同发音的变异性。

答案：(3) 正确。这里的每一个因素都会影响口音的感知。要在所有的交际语境中使用标准美式英语，就必须处理语言输出的所有方面，这就需要对语音模式进行全面的概述。在会话层面上对这些语音参数的分析将对从孤立的词、句子和朗读中获得的信息做出补充。

(1) 错误。语音过程可能存在于非母语的语音中，但它们不是导致口音出现的原因。NS 没有言语障碍，而是习惯受到语言（第一语言）模式的影响。

(2) 错误。嗓音的仪器分析对于确定与口音相关的生成差异的存在或指出解决方案是不必要的。非正式评估并不代表需要更全面的嗓音评估。

(4) 错误。协同发音对音素产生的影响在治疗中是有用的，但最好通过连读样本而非单个单词来评估。

2. 你如何预测这位来访者的治疗是否成功？

(1) 对比在标准美式英语（SAE）中产生的错误和正确发声的数量。

(2) 考虑兴趣、动机、教育水平、语言掌握程度和日常的使用。

(3) 比较第一语言（L1）中所有缺失的音素和掌握标准美式英语（SAE）音素的数量。

(4) 以上都不是

答案：(2) 正确。预后取决于几个因素。最重要的是，NS 很积极地提高清晰度以确保职业成功。此外，她在评估过程中进行了自我校正。到目前为止，她的学术和专业成就证明了她有足够的智力和执行能力，两者都是口音修饰的良好预后指标。最后，她的职业选择和她可以在大多数情况下使用第二语言的能力为她提供了大量的机会以实现她想要的结果。然而，进步的挑战可能包括在家里缺乏优秀的标准美式英语（SAE）示范者，其次是需要花大量的时间满足研究生院的要求及养育子女和其他的义务。此外，第二语言（L2）长期的不良使用会导致错误模式的习惯化，随着时间的推移，如果没有达到预期效果，她的完美主义反而会限制她的积极性。

（1）不正确。通过对比标准美式英语（SAE）产生的错误语音和正确语音的数量这一定性参数，对严重程度进行定量评估会缩小评估的范围。虽然错误音素的数量是考虑治疗时间长短的一个因素，但如果不考虑答案 (2) 中的复杂因素，那它就不是一个可以充分判断预后的指标。

（3）不正确。语言间音素的比较研究具有学术意义，但这不是一种确定潜在变化的实用手段。在语音研究中，还有许多未知但有影响的超语言特征尚未被发现，这使得这种做法不切实际。

（4）不正确。

3. 什么样的分类可以指导你的治疗计划，什么样的治疗模式可以有效地促进人们适当且自然地使用标准美式英语（SAE）？

（1）在标准美式英语（SAE）中出现错误音素的频率，可以通过教育进行纠正，及在单词、句子和会话层面上的练习进行治疗。

（2）通过自我监控和自我纠正的机会，及环境线索使用的训练，对可理解性和纠正产生明显的影响。

（3）在不同的语境中通过训练和练习提升对错误的刺激层次。

（4）以上皆是。

答案：（4）正确。对可理解性产生负面影响的语音识别是选择言语生成目标的主要指标。最有效的改变途径是学会自我监督和自我纠正。利用环境提示以注意、评估和适应听者的理解，对功能性沟通的改变也是至关重要的。在标准美式英语（SAE）中出现错误音素的频率也是治疗计划的一个主要决定因素。对一些出现频率较高音素的正确发音将极

大地影响说话者对自己口音改善的认识。在发声教育开始时就在会话层面上进行练习可以使他们及早意识到改变的必要性。在一些案例中，对那些成功后更加努力进行训练的人来说，可刺激性可能是早期目标选择的最关键因素。在所有情况下，系统训练和自然的练习都是必不可少的。

4. 口音调整患者的最佳出院标准是什么？

（1）患者对病情的满意度或临床医生在治疗中无法确定会获得怎样的好处。

（2）出现音素错误发音和音节重音不当的频率下降，对会话中一些频繁出现的音素能正确发音及能正确使用语言。

（3）通过音位平衡的朗读样本，以适当的语调模式和语速来掌握所有目标音的准确发音。

（4）在会话中，对目标音能进行准确的自我监测和自我纠正、语调模式稳定、能以适中的语速正确地使用语言。

答案：（1）正确。每个希望调整自身言语模式的人，比如调整外国口音或地方口音，他们都有自己的治疗理由和结果标准。如果患者对进步感到满意，坚信其在治疗之外还可以取得持续进步，或者如果患者在渴望改变和愿意为之付诸行动之间找到一个平衡点，那么一个合乎逻辑的终点就达到了。临床医生或患者无法观察或估计病情进展，这同样是一个强有力的出院理由。当这种情况发生时，就不再有改善的"合理预后"，且美国言语语言听力协会首选的实践模式建议日后再重新进行评估。

（2）不正确。音素错误发音和音节重音不当的出现频率下降、会话中频繁出现的音素的正确发音和语言的正确使用都是可取和可测量的结果，但这并不表明患者准备结束治疗。如果某个特定的人没有掌握自我监测和自我纠正技能，或者只是希望继续为进一步掌握这些技能而努力，则不予出院。

（3）不正确。目标音的准确发音和一贯正确的语调模式是积极的治疗结果，但掌握程度不能由朗读水平来决定。即使患者对文本并不熟悉，从文本中产生言语时也存在积极情况和消极情况。包括视觉再现、他人的话语，及缺乏与会话性言语的连通性带来的影响。虽然精选的朗读文章提供了一种练习和接触各种形式表达的方法，会话性言语仍然是

衡量患者掌握程度一个更重要的评价指标。

(4) 不正确。虽然成功的关键在于对目标音进行准确的自我监控和自我纠正、稳定的语调模式，以及在会话中以适中的语速正确地使用语言，但也必须尽可能地满足患者的目标。例如，在专业场合中，说话者能被听众认可为目标语言的母语者非常重要，而能够获得超越自我纠正水平的进步同样重要。基于这个原因，患者的满意度及持续的治疗效果，是口音调整患者首选的出院标准。

【诊断、治疗建议及目标】

NS 说英语带有一定的口音，主要表现为音素发音错误、音节重音不当和语调不当、冠词误用和省略。语速过快和说话音量较小进一步降低了言语的可理解性。语言错误主要是冠词的错位和省略。其流畅性在正常范围内，但韵律特点表现为重音模式不一致。建议 NS 每周进行一次 50min 的课程，主要学习标准美式英语（SAE）元音和辅音的辨别和产生、冠词的正确使用及适当的语调。这些治疗目标在自然语境下的治疗过程中得到解决，如对话、演讲练习、测验实施、面试角色扮演及对话式阅读。早期的治疗目标包括在单词和短语中紧元音和松元音的准确发音、单词末尾辅音的准确发音、

认识到特定目标语音发音错误的表现、自我纠正、使用适当的英语语法成分及在所有交际语境中单词和短语的元音替换和母音形变（vowel distortion）。随着患者掌握音素，治疗目标也相应增加，重点放在患者的自我监控和自我纠正，这有助于降低语速、改善音节重音、韵律及冠词的使用。标准美式英语（SAE）元音的纠正也有助于增强口腔共鸣。NS 在 15 个月的时间里参加了 41 次 50min 的口音调整治疗，并于 2015 年 5 月结束治疗。

【结果】

在后续的测试中，再次使用康普顿语音评估测试（表 50-2），结果显示 NS 目标音素的发音错误率降低、音节重音和整体韵律有了改善及不再有冠词的省略和错位现象。根据 NS 自己的报道，她对自己的话语意识越来越强，特别是在"过度发音"和降低语速方面。NS 说，虽然她感觉自己的表达"更加自由和流畅"，但她仍然能认识到错误，然后"我回家练习"。最重要的是，NS 对自己作为言语语言病理学家（SLP）实习生进行临床实习表现出充分的自信。后续测试证实了这些进步，同时提供了持续改进的目标。在获得自我意识、自我监控和自我纠正的方法后，NS 停止了治疗。

表 50-2 康普顿刺激词反应子测试结果（2015 年 4 月 29 日）

预期的元音	元音发音：单个单词	刺激词的例子	元音发音：句子	例 句	英文单词
[ɛ]	[æ]	[θɹæd]	[æ]		Thread
[ɪ]	[ɛ]	[pɛg], [ʃtʃɪɛn]	[ɛ]	ʃtʃɪɛn	Pig
[ʌ]	[o]	[glov]	[o]	[glov]	Glove
预期的辅音	辅音发音：单个单词	刺激词的例子	辅音发音：句子	例 句	英文单词
[ŋ] final	[ŋg]	[rɪŋg]			Ring
[z] final	–	–	[s]	[nois]	Noise

要点

◆ 成功口音调整的预后是复杂的，要求高水平的动机和自主性，并控制语速等综合技能。

◆ 自我监控和自我纠正技能的训练有助于持续进步，就算治疗结束，该训练也非常重要。

◆ 以患者为中心的材料和自然的实践是最适用于日常生活的。

推荐阅读

[1] Menon MS. Foreign Accent Management. San Diego, CA: Plural Publishing; 2007

[2] ASHA Preferred Practice Patterns. Guidelines on admission and discharge criteria. http://www.asha.org/policy/GL2004–00046.htm#sec1.4

案例 51

认知状态对肌萎缩性侧索硬化患者 AAC 干预的影响
Influence of Cognitive Status on AAC Intervention in a Case of Amyotrophic Lateral Sclerosis

Michelle Gutmann 著

曾 静 译　　洪晓冰 徐洋凡 **校**

【概述】

肌萎缩性侧索硬化（amyotrophic lateral sclerosis，ALS）会导致严重的言语、语言和认知障碍。对于患有这一病症的特殊人群，应同时考虑低技术和高技术支持的增强交替交流（alternative and augmentative communication，AAC）策略。

【临床病史和病情描述】

患者 RL，一名 62 岁的女性，一个月前被诊断为延髓型肌萎缩性侧索硬化，在一家综合学科性的肌萎缩性侧索硬化诊所初次接受了言语病理学医生的咨询。RL 的丈夫陪伴妻子来到诊所，十分担忧 RL 的说话能力。RL 告诉医生她注意到自己的声音和言语发生变化已有 8～9 个月。声音沙哑到听不清楚时，她去看了家庭医生，但医生无法确定这种嗓音变化的病因，并将 RL 转介给当地耳鼻喉科医生。根据 RL 的描述，耳鼻喉医生也无法诊断出声音变化背后的任何器质性病变。RL 继续定期参与社交活动和社区活动，她还是一个狂热的锻炼者。随着时间的推移，RL 的言语能力开始加剧恶化，她再次拜访了家庭医生，后者将她介绍给了当地的神经科医生。神经科医生怀疑她患上了肌萎缩性侧索硬化，并建议 RL 进行进一步检查。之后，一名来自一家大型教学医院综合学科性诊所的神经科医生对 RL 进行了诊治。RL 接受了包括脑电图、神经

传导和磁共振成像在内的一系列检查来确认是否患上肌萎缩性侧索硬化。RL 和她的丈夫都对这个诊断十分担忧。值得注意的是，RL 的丈夫经常出差，一周大部分时间都不在家。

【临床测试】

在首诊时，临床医生解释了综合学科小组成员中言语语言病理学家（speech-language pathologist，SLP）的作用，口头交代了关于 ALS 患者语言、言语损害和吞咽障碍方面的信息，提供了相关的书面资料，并讨论了安排全面评估的必要性。RL 和丈夫在首诊后大约 3 周进行了言语、语言和认知的筛查。结果总结在表 51-1 中。

在评估时，RL 是能独立行走的，并且能独立进行所有日常活动。延髓功能，如说话、吞咽及呼吸（在较小程度上），受影响最明显。值得注意的是，尽管 RL 在一些认知任务如执行功能和揭示整体语言理解能力的 MoCA 量表上表现不佳，被指出有言语持续情况，但能基本完成对话。

鉴于门诊评估时 RL 有严重的构音障碍，因此讨论和论证了 AAC 选项的介入。为满足 RL 这类非卧床病患的当前沟通需求，我们选择了几个 AAC 选项进行演示。展示了 Lightwriter，一种支持文本到合成语音输出的专用设备，具有专有的双面屏幕、可以支持 QWERTY 或 ABCD 布局的键盘。还展示了一款可安装各种市面上现有的文本转换语音

app 的移动平板电脑。表 51-2 总结了每种 AAC 选项的特点。

【附加评估】

大部分门诊评估都服务于如何选择合适的 AAC 选项。诊所为 RL 及其丈夫介绍和演示每个备选 AAC 选项，RL 随后可试用任一设备。临床医生提问 RL，RL 用她当时正在试用的 AAC 设备给出回答。这样，在测试不同设备时 RL 被置于相似的应用环境中，回答的措辞也相似。与每次实验都用各不相

表 51-1　临床言语、语言和认知评估总结

测　试	描　述	结　果
理解句子测试（SIT）	屏幕上显示 11 个长度不断增加的脱离语境的句子。在患者读每句话的时候录音。之后由不熟悉内容的听众转录句子，最后将实际呈现的句子与听者转录的句子进行比较，为评估提供依据	• 64% 可懂度 • 沟通效率比为 0.59
单词可懂度测试（WIT）	57 个独立的单词出现在屏幕上。在患者读每个单词的时候录音。将实际呈现的单词与听众转录的单词进行比较，为评估提供依据。单词呈现的时候存在不同的刺激形式（以短语或者单个单词的形式）	• 52% 可懂度
蒙特利尔认知评估（MoCA）	检测执行功能、记忆、注意力、语言和抽象思维的认知筛查工具	• 21/30（对受过 12 年教育的人而言 ≥ 26 分为正常范围） • 轻度认知障碍范围：（19～25.2）/30
肌萎缩性侧索硬化功能评定量表（修订版）（ALSFRS-R）	标准等级量表广泛用于跨领域的功能评估，如运动技能、着装能力、言语和呼吸能力。分数范围为 0（最大残疾）～48（无残疾）分	• 35/48：从反映 RL 最近就诊情况的电子病历得出的分数
构音障碍分期	ALS 中广泛使用的言语分阶段系统	• 第四阶段：言语＋非言语交流（写作）

ALS. 肌萎缩侧索硬化症

表 51-2　AAC 备选选项

设　备	支持的功能	操作所需的技能
Lightwriter SL-40	• 文本到语音 • QWERTY 或 ABCD 键盘 • 引人注意的铃声 • 单词预测 • 内存短语 • 内存篇幅较长的预制文本	• 直接选择 • 单指操作即可 • 打字（单指或多指）
带语音 app 的 iPad（免费版）	• 文本到语音 • 显示各种文本布局 • 引人注意的铃声 • 单词预测 • 预编辑短语 • 高级版本支持额外的功能，如语音更优质、内存短语分类存放	• 直接选择 • 滑动、点击、按"主页"按钮 • 打字（单指或多指）
带辅助聊天 app 的 iPad	• 文本到语音 • 单词预测 • 内存短语	• 直接选择 • 滑动、点击、按"主页"按钮 • 打字（单指或多指）

ABCD. 键盘字母布局；app. 应用程序；QWERTY. 典型键盘的布局

同的特别任务相比，这种方式可以更容易地比较不同设备的性能。此时的考虑因素包括个人偏好及设备检测的客观数据。表 51-3 总结了 RL 试用每一种 AAC 设备的表现。

评估结束时，RL 表示她想在家尝试一款 Lightwriter 的设备。临床医生认为这一选择可行，并表示可为患者找一个租借点。尽管 RL 言语功能受损严重，并可能即将完全丧失言语能力，但认知水平对 AAC 选项选择影响最大。在试验过程中，RL 无法执行"滑动""点击"和"触摸主页按钮"等基本功能，因此不能正常使用平板电脑。虽然 RL 能够在手把手的帮助下执行"点击图标"这类操作任务，但她无法准确理解和独立执行要求的动作。结合她在评估过程中使用设备的能力，首选是有可自定义功能的基础专用设备。她可以键入单个单词和短语，并在键盘上定位按键。她也可以使用删除功能和用铃声来引起注意。有趣的是，RL 的丈夫极力主张 RL 使用移动平板电脑。他的理由是，他妻子的许多朋友也在使用平板，这样她在和他们在一起时不会有心理压力。但是 RL 无法执行基本操作（如"点击图标打开应用程序"，或"按下'主页'按钮"），而 RL 的丈夫低估了这些操作对使用平板的重要性。

【读者问答】

1. ALS 患者，患有中等程度的混合型（痉挛性 - 弛缓性）构音障碍，同意参加 AAC 评估。在评估 AAC 项目之前，应该确定评估哪些领域，以便对患者的基本能力水平有一个全面的了解？

(1) 精细运动技能、粗大运动技能和口腔运动技能。

(2) 言语、语言和认知。

(3) 精细运动、听觉理解力。

(4) 更高水平的语言能力。

答案：(2) 正确。如果没有对患者的言语、语言和认知能力进行全面评估，你可能会高估或低估患者的能力，因为他们熟悉语境，能轻松进行此类对话交流。考虑到言语表达对于构音障碍患者来说非常费劲，明智的评估者还需要评估跨领域能力，而不是过度评估某单一领域的能力。

ALS 曾经被认为是纯粹的运动障碍，现在知道 ALS 患者的认知功能也时常受到影响。评估认知能力很重要，因为它对 AAC 应用的评估和使用都有明显影响。

(1) 不正确。尽管对所有功能域的全面评估很重要，但 SLP 并未接受过详细评估精细和（或）粗大运动技能的培训。精细运动技能涉及 AAC 的操作，粗大运动技能涉及 AAC 的便携性和潜在的安装条件，这些信息很重要，但不在 SLP 的范围内。口腔运动技能的评估在 SLP 的范围之内，是 AAC 评估的一个重要组成部分。

(3) 不正确。尽管了解患者的精细运动能力和

表 51-3　各种 AAC 选项的性能

设　备	操作需要的技能	性　能
Lightwriter SL-40	• 直接选择 • 单指操作即可 • 打字（单指或多指）	• 优选键盘字母布局 • 能够拼写单字和短句 • 亨特和派克打字员仍然能够使用惯用右手的食指 • 双屏
带语音 app 的 iPad（免费版）	• 直接选择 • 滑动、点击、按主页按钮 • 打字（单指或多指）	• 拖动和点击的命令难度极大 • 可以模仿但只是短暂地执行 • 选择铃声功能 • 单词预测功能可能会令人困惑
带辅助聊天 app 的 iPad	• 直接选择 • 滑动、点击、并按下主页按钮 • 打字（单指或多指）	• 与上面的滑动和点击命令相同 • 喜欢大的"说话"图标 • 支持在分类中保存短语

app. 应用程序

听觉理解力很重要，但仅评估这些能力不足以提供足够的信息来说明 AAC 的潜在用途，以满足全面评估的要求。

（4）不正确。更高水平语言能力的信息很重要，并且可能与患者在 AAC 系统中使用的词汇/语言类型相关。然而，这些能力本身不足以提供 AAC 选项所需的全面信息。

2. 鉴于 RL 的当前状态，您考虑 AAC 系统应该具备哪些功能？

（1）需要安装在轮椅上的专用眼动追踪系统。

（2）一个在移动平板上运行的以图片为沟通符号的 app。

（3）一个市场上可购买到的、以图片为沟通符号的大号交流显示屏。

（4）一个支持文本到语音输出的轻巧便携设备。

答案：（4）正确。由于患者仍然可以独立行走和识字，因此能满足患者需求的 AAC 选项需是便携式的，可支持直接选择作为输入方法（即通过直接敲击激活所需按键的功能），并能锻炼患者现有的拼写能力。患者须与经常出差的丈夫通电话，因此 AAC 还应尽可能支持这一需求。

（1）不正确。需要安装在轮椅上的眼动追踪系统不是便携式的；对于一个独立行走的人来说，它可能太重而无法携带。随着技术的进步，以眼动作为交流输入方法的平板电脑很有可能在未来实现。然而，现在的专用眼动系统往往比移动平板电脑更大更重。

（2）不正确。患者使用在移动平板电脑上运行的以图片作为沟通符号的 app 时无法运用自己的识字技能，并且需要额外的学习。鉴于 RL 在评估期间使用诊所的平板电脑有困难，使用平板电脑对她来说可能不太现实。

（3）不正确。一个可购买的、以图片为沟通符号的大型交流显示屏不能满足患者对语音输出的需求，并且考虑到显示屏只能容纳有限数量的图片，RL 可以表达的内容在使用 AAC 时将受到限制。

3. 在了解 ALS 患者言语和运动恶化的典型临床轨迹的情况下，在您的患者疾病进展的后期，您考虑 AAC 应该具备哪些功能？

（1）AAC 支持通过触摸直接选择，因为这是您的患者现在使用的操作方式。

（2）AAC 支持多种访问方式，以适应患者运动能力退化的状况。

（3）一个可购买的以图片为沟通符号的交流显示屏，带有用于选择操作的头部指示器。

（4）患者可以通过按下按钮实现打印/书写并擦除信息的电子板。

答案：（2）正确。ALS 患者言语和运动功能恶化的典型临床轨迹意味着患者的需求通常会随着疾病的进展而变化。就 AAC 而言，这意味着患者可能需要替代的访问方式（即他们可能无法再在键盘上打字或在平板电脑上点击图标/字母）来使用 AAC 系统。同样，随着言语能力的恶化，他们可能会变得更加依赖 AAC。临床医生需要提前为这些变化做好计划，并致力于提供各种设备选择来满足患者不断变化的需求。

（1）不正确。直接选择意味着使用 AAC 系统的人直接从可用选项中选择所需项目（例如，在键盘上打字，或触摸所需项目/短语的图片）。随着疾病的发展，运动功能不断恶化，通过触摸方式直接选择的访问方法可能不可行。

（3）不正确。尽管 ALS 患者可以使用市场购买到的以图片为沟通符号的交流显示屏，但这只能作为沟通系统的一部分。且头部指示器（即戴在头部并位于头带前额上的触针或棒）可能因患者运动功能下降不能使用。通常，患者颈部的肌肉功能会明显变弱，因此可能会丧失转动头部的能力。

（4）不正确。随着运动功能下降，患者可能无法书写。同样，没有语音输出的交流将是极其受限的，尤其是随着疾病的发展，言语功能可能会恶化或丧失。

4. ALS 患者的配偶在 AAC 评估后购买了一台移动平板电脑。根据您对评估期间患者无法使用平板电脑的了解，您向患者丈夫忠告：

（1）ALS 患者与沟通有关的认知能力和身体功能会不可逆转地逐渐衰退。

（2）他该如何停止工作，如何成为妻子的全职保姆。

（3）他妻子的认知能力极有可能停留在目前的状态的原因。

（4）如果强迫妻子每天使用平板电脑，她使用平板电脑的技能将会变得如何。

答案：（1）正确。信息咨询——ALS 患者认知能力和身体功能逐渐衰退，这些能力通常与沟通，特别是与 AAC 的使用有关——应谨慎告知。提供的信息量应与丈夫接收和整合信息的意愿相吻合。在这个关键点上，情感咨询可能也很合适。

（2）不正确。虽然这可能是需要经历的一个过程，但该选项与购买移动平板电脑和患者无法使用平板电脑无关。

（3）不正确。ALS 患者的认知能力下降不是静态的，患者的认知状态很可能会在病程中继续恶化。

（4）不正确。除了不仁道之外，强迫某人使用任何 AAC 选项，并不能保证系统能够有效地使用。鉴于妻子在评估期间无法独立使用移动平板电脑，她不太可能在强迫的情况下获得这一技能。

【障碍描述和推荐治疗方法】

ALS 可能伴随或继发认知障碍，认知障碍会影响 AAC 干预的类型和程度。ALS 的认知障碍与阿尔茨海默病等疾病不同，它往往进展更快。就 AAC 干预而言，当怀疑和（或）记载到认知能力下降时，应尽快开始介入 AAC 设备，如此患者在学习设备操作时，还可以开发那些通常会被保留下的程序式记忆。如果 RL 在症状出现的早期被诊断为 ALS，如果她那时愿意考虑选择 AAC，而不是在 AAC 还可作为可行的主要沟通手段时过度依赖使用言语沟通，那么 AAC 的干预可能会更成功。

虽然支持文本到语音转换的便携式 AAC 在疾病进展期间可能无法继续满足她的需求，但在评估期间，这一治疗选择是合理的。一旦 AAC 的介入被纳入患者诊疗常规，如果需要，将操作技能转移到另一个设备和（或）访问方式，可能是预测早期干预成功的前提。由于 ALS 的自然发展轨迹包括身体和运动能力的日益恶化，因此很可能在以后的康复治疗中需要不同的 AAC 选项。因此，获得一批租借的 AAC 设备对于满足 ALS 患者的需求至关重要。由于沟通需求在疾病的过程中可能会发生多次变化，因此获得各种不同的设备至关重要，这

样人们就可以在需要时租用，然后在不需要时将其返还。

【结果】

在随后与 RL 丈夫的电话随访中，他告诉临床医生，在他们返回家乡的路上，他们在当地的一家零售商那里停下来看平板电脑。销售文员给 RL 和她老公展示了几款平板，当售货员问 RL 觉得自己是否会用及其他各种无关痛痒的问题时，RL 反复回答"会"。为了避免再次出行，那时便购买了平板电脑。

临床医生口头回顾了评估的所有结果，强调了 RL 在遵循步骤使用平板电脑的基本功能时遇到的困难。RL 的丈夫仍然希望她能学会用平板电脑进行交流。他不断重申 RL 对店员的所有问题都回答"是"。临床医生向其解释了言语持续现象及言语持续是如何在答案没有反映说话者的真实意图时实现语用功能的。

临床医生找到了一个 Lightwriter 的租借点，安排发送给 RL 家一台设备，他们已经在当地社区中找到一名可协助实施 AAC 介入的临床医生。RL 的丈夫表示，同时使用 Lightwriter 和平板电脑太夸张，他更希望他太太学会使用平板电脑。

随后，一位更靠近 RL 家的临床医生联系了这位医生，以制订并优化干预措施。我们开发了一个支持用"是"和"否"交流的 app，但不需要输入实际单词。我们还讨论了一个策略，比如一个带有储存信息的消息平台，用于常见的请求、评论和社交互动。当地临床医生认为这可能是一个方法，因为尽管已向 RL 反复说明平板电脑基本功能的使用方法，但 RL 仍无法有效地使用它。当地临床医生采用了技术含量较低的 AAC 项目，如以带有文字的图片为沟通符号的交流显示屏。

尽管确定了可行的 AAC 项目，并为 RL 提供了一个 AAC 设备租借点，但 RL 的 AAC 的干预采取了另一种方式。RL 的丈夫希望她拥有自己的移动平板电脑作为沟通设备，以改变 RL 无法使用平板电脑的现状。RL 的丈夫花了大量时间试图说服 RL 使用移动平板电脑，而不是学习使用其他 AAC 设备。RL 身体状况的急剧下降导致使用低技术沟通

设备（如显示器）的进展有限。她的认知和沟通能力都在持续下降，认知能力的恶化进一步加剧了沟通障碍。在 RL 去世前，她有严重的构音障碍，但还没有掌握使用 AAC 功能的方法。

要点

- 尽管移动平板电脑和 apps 在市场上激增，但尚未对充当 ALS 患者的 AAC 设备的移动平板电脑进行随机对照试验。
- 选择 AAC 应基于个例的当前需求和将来预计的需求。
- 在可能的情况下，提供 AAC 设备租借点非常适合 ALS 患者的需求。这适用于 AAC 及他们可能需要的所有其他设备（如轮椅、淋浴椅、Hoyer 电梯）。
- ALS 所引发的认知障碍需要详细记录，认知障碍可能会缩短患者寿命并减少用于使用 AAC 的认知资源。

推荐阅读

[1] Elamin M, Phukan J, Bede P, et al. Executive dysfunction is a negative prognostic indicator in patients with ALS without dementia. Neurology. 2011; 76 (14):1263–1269

[2] Hanson EK, Yorkston KM, Britton D. Dysarthria in amyotrophic lateral sclerosis: a systematic review of characteristics, speech treatment, and augmentative and alternative communication options. J Med Speech Lang Pathol. 2011; 19(3):12–30

[3] Körner S, Sieniawski M, Kollewe K, et al. Speech therapy and communication device: impact on quality of life and mood in patients with amyotrophic lateral sclerosis. Amyotroph Lateral Scler Frontotemporal Degener. 2013; 14(1): 20–25

与帕金森相关的神经源性言语障碍
Dysarthria Associated with Parkinson's Disease

Jessica E. Huber　著

陈卓铭　**译**　　詹慧敏　徐洋凡　**校**

【概述】

帕金森病（Parkinson's disease，PD）患者通常会出现明显的言语和声音的变化，称为运动性神经源性言语障碍[1, 2]。与 PD 联系最紧密的言语特征，包括响度降低、声音微弱、呼吸困难、声音嘶哑、语速过快和发音不准[3]。PD 也会影响患者的自我监测[4] 和认知资源[5]，降低他们在日常交流环境中感知说话的变化及改变发音的能力。这个病例是一个患有晚期 PD 和严重的神经源性言语障碍的患者，缺乏以前的治疗反馈使制订治疗计划变得复杂。

【临床病史和病情描述】

DG 是一位 73 岁女性，在 12～14 年前被诊断患有特发性 PD。她和丈夫住在家里。她主要症状是声音强度下降，并随着多巴胺能药物的变化而变化。尽管她没有抱怨发声困难，但在丈夫晚上下班回来时，她经常会发不出声音。DG 是一名退休护士，她的丈夫通常是她整天唯一的交流伙伴。她偶尔会有访客，但除此之外大多时候闲居家中。DG 表示，由于说话困难，她通常避免进行交流。一般来说，如果白天会用到声音的话，她的声音情况就会好一些，在之前有访客的日子里，她到晚上的声音较现在好一些。3 年前，一位耳鼻喉科医生对她进行评估，结果显示声带没有明显变化。在过去的 2 年中，她在两个机构接受了 Lee Silverman 语音治疗程序（Lee Silverman voice treatment program，LSVT

LOUD）[6]。LSVT LOUD 是一项强化的行为治疗方案，可提高声音响度、清晰度和自我监控能力。她和她的丈夫称加入该计划后声音没有明显改善。她在蒙特利尔认知评估（Montreal assessment of cognition，MoCA）中得分在正常范围内[7]。

【临床测试】

知觉特征：在知觉上，她的言语特征表现为中度至重度的发音过弱，言语速度略有下降及偶发的发音错误。她的声音质量表现为，有中重度的气息声和中度嘶哑。在仔细听的情况下，她能理解大部分的谈话内容（75% 的内容）。她的丈夫协助其恢复沟通能力。

口颜面检查：DG 表现出轻微的右唇下垂，但嘴唇伸缩与闭合自如。还观察到眼和下颌肌张力障碍。舌头从口腔一侧移到另一侧的能力和力量中度降低，观察到舌头震颤及轻微的自主性咳嗽。交替运动和顺序运动速度缓慢但有节奏。

呼吸功能：通过测量最大吸气压和呼气压来评估肌肉的吸气和呼气强度。DG 呼吸气压远低于预期（表 52-1）。

语音评估：对话期间 DG 的声压水平平均为 66.3dB（嘴到麦克风距离为 6cm），大大低于已发布的规范（约 80dB）[8]。使用 SpeechVive 设备[9] 来确定她是否对噪声的声音强度变大有刺激反应。SpeechVive 设备是一种小型可穿戴设备，可通过在一只耳朵中播放噪音升高声压级，从而产生伦巴第

表 52-1　最大吸气压和呼气压结果

测　量	患者压力：评估（cmH$_2$O）	患者压力：治疗 6 周后（cmH$_2$O）	预期压力[13]（cmH$_2$O）
最大呼气压	52	102	121
最大吸气压	24	44	56

效果。在交谈过程中，DG 使用 SpeechVive 设备时，她的声压级平均提高到 69.3dB。但是，在整个会话过程中，强度会有所不同。在说到句子结尾和说简短的一到两个词时她发音强度往往较低。使用沟通参与条目库（communication participation item bank，CPIB）[10]，评估 DG 取得 3/30 的分数，报告称她的状况严重影响了交流。她的丈夫获得了 2/30 的分数，表明在沟通交流方面同样存在很大困难。

吞咽评估：DG 和丈夫在进餐期间常常会咳嗽，尤其是在进食稀薄液体时。DG 称，偶尔她在吞咽嚼碎的固体食物时会很困难，但是吞咽制成果泥的食物却没有什么问题。DG 被转介到当地医疗机构进行吞咽造影检查（videofluoroscopic swallow study，VFSS）。

【读者问答】

1. 最大呼气压降低反映出哪些肌肉可能很弱？

(1) 膈肌。

(2) 斜角肌。

(3) 肋间外肌。

(4) 腹肌，包括腹直肌，腹内外斜肌及横腹肌。

(5) 环杓后肌和环杓侧肌。

答案：(4) 正确。腹肌的作用是增加肺泡压力并引起呼气。

(1) 不正确。隔膜是吸气的主要肌肉。

(2) 不正确。斜角肌是小而弱的肌肉，可抬高第一肋骨。

(3) 不正确。肋间外肌大部分是与吸气相关的肌肉。

(5) 不正确。环杓后肌和环杓侧肌与杓状软骨运动有关，能生成真正的声带运动。

2. 考虑到她的生理表现，除了她的言语表达外，您最想评估以下哪些问题？

(1) 走路。

(2) 平衡。

(3) 进食和吞咽。

(4) 认知功能。

(5) 语言能力。

答案：(3) 正确。根据她的音质和口颜面检查结果，她很可能同时有口腔期和咽期吞咽问题，有误吸的危险。

(1) 和 (2) 不正确。他们不在言语语言病理学家的实践范围内。

(4) 不正确。她和丈夫的认知能力没有变化。她的主要烦恼与言语有关。她在 MocA 筛查中得分正常，似乎能够充分判断自己的沟通情况，并报告自己情况。

(5) 不正确。一般来说，PD 患者的语言变化与认知变化有关。鉴于认知的任何变化都是微妙的，语言可能是可以接受的。

3. 你会用什么方法来改善 DG 的沟通？

(1) LSVT　LOUD。

(2) 单独使用 SpeechVive。

(3) SpeechVive 结合发声练习和行为治疗来改善声音和优化沟通修复策略。

(4) 起搏治疗以提高说话速度。

(5) 口腔运动锻炼，增强嘴唇和舌的力量。

答案：(3) 正确。SpeechVive 可有效提示人声强度增加。但是，效果是多变的，这表明除了每天使用 SpeechVive 设备外，还需要进行行为治疗。

(1) 不正确。在过去的 2 年中，她参加了两门 LSVT LOUD 课程，但没有任何进步。不过，努力进行发声练习可能对她有所帮助。

(2) 不正确。SpeechVive 设备效果多变，因此需要进行其他行为疗法以改善语音和交流。DG 自己称练习后，她的声音有所改善，这说明发声练习对她有益。

(4) 不正确。我们无意提高她的讲话速度，即使她的语速很慢。她较慢的语速可能有助于提高清晰度。

(5) 不正确。口腔运动锻炼尚未证明具有提高言语能力的临床功效。

4. 如果要尝试增加呼吸肌力量的治疗方法，您会选择哪种？

(1) 使用 PowerBreathe 进行吸气肌肉力量训练。

(2) 使用 EMST 150 进行呼气肌肉力量训练。

(3) 用呼吸器同时进行吸气和呼气肌肉力量训练。

(4) 用激励肺活量计进行吸气和呼气肌肉力量训练。

(5) 使用 PowerBreathe 和 EMST 150 进行吸气和呼气肌肉力量训练。

答案：(2) 正确。由于她正面临声音强度方面的严重问题，因此加强呼吸系统至关重要。有数据充分表明，呼气训练可提高 PD 患者的呼气强度[11]。此外，根据吞咽评估的结果，EMST 150 的治疗可改善鼻咽部抬高情况，这可缓解患者误吸问题[11]。最后，通过改善呼吸过程中腹部对横隔膜和肋骨的支撑的方法，治疗呼气肌强度可能会增加最大吸气压力。

(1) 和 (5) 不正确。PD 患者练习吸气力量的疗效数据较少。而且，患者通常难以同时进行两种治疗。如果同时进行两种治疗，患者每天需要进行 60min 的呼吸运动，每周至少 5 天。

(3) 和 (4) 不正确。这些设备的负荷不足以提高患者力量。

【障碍描述和推荐治疗方法】

DG 由于 PD 出现中度至重度的神经源性言语障碍。主要障碍与呼吸无力和喉部阀门有关。建议每周进行两次治疗，持续 6 周。治疗的重点是，通过包括低技术增强系统在内的沟通修复策略，提高音质，改善言语时的呼吸方式，使得患者言语清晰[12]。开始使用 EMST 150 进行呼气肌肉力量训练，每天进行 5 组呼吸练习，每天 5 次，至少连续 5 天。教授 DG 发声练习后教了发声热声运动，要求她每天进行 2 次训练，一次是在早晨，一次是在丈夫回家之前的下午。也开始使用 SpeechVive 设备对其进行治疗。她每天至少佩戴 3～8h，并每天跟着设备大声朗读 30min。我们还鼓励她在每周参加更多的社交活动。DG 还通过 VFSS 进行吞咽的安全性和效率评估。评估表明，DG ①口腔运输咀嚼过的固体食物间歇性减少；②吞咽启动延迟；③喉部抬高情况适度减少；④吞咽过程中会误吸一定稀薄液体；⑤咽部残留适量固体，导致吞咽后不稳定的误吸。

【结果】

在 6 周的治疗期间内，DG 的音质和声音强度得到改善。她讲话更加清晰，能很好地使用文本语音转换系统进行交流补救。但是，如果没有 SpeechVive 设备，她将无法保持用较高的声音说话。建议她在交流期间每天继续使用该设备。她的吸气和呼气肌肉力量增强了，但仍低于正常水平（表 52-1）。因此建议她继续进行呼气肌力量训练。吞咽治疗是在言语治疗期间进行的，因为大部分言语练习都可以通过 SpeechVive 在理疗室外进行。

要点

- 要考虑 PD 患者的呼吸肌力量，尤其是呼气力量，这很重要。
- LSVT LOUD 治疗法未成功，表明需要改良或替代疗法。
- 即使患者口腔运动无力，口腔运动练习也不是改善言语的可行方法。
- 诸如 SpeechVive 之类的技术治疗方法可以与其他言语和吞咽治疗方法结合使用。

推荐阅读

[1] Sapienza CM. Respiratory muscle strength training applications. Curr Opin Otolaryngol Head Neck Surg. 2008; 16(3):216–220

[2] Fox CM, Morrison CE, Ramig LO, Sapir S. Current perspectives on the Lee Silverman Voice Treatment (LSVT) for individuals with idiopathic Parkinson disease. Am J Speech Lang Pathol.

2002; 11:111–123

[3] Stathopoulos ET, Huber JE, Richardson K, et al. Increased vocal intensity due to the Lombard effect in speakers with Parkinson's disease: simultaneous laryngeal and respiratory strategies. J Commun Disord. 2014; 48:1–17

参考文献

[1] Logemann JA, Fisher HB, Boshes B, Blonsky ER. Frequency and cooccurrence of vocal tract dysfunctions in the speech of a large sample of Parkinson patients. J Speech Hear Disord. 1978; 43(1):47–57

[2] Ho AK, Iansek R, Marigliani C, Bradshaw JL, Gates S. Speech impairment in a large sample of patients with Parkinson's disease. Behav Neurol. 1999; 11(3): 131–137

[3] Darley FL, Aronson AE, Brown JR. Differential diagnostic patterns of dysarthria. J Speech Hear Res. 1969; 12(2):246–269

[4] Ho AK, Bradshaw JL, Iansek T. Volume perception in parkinsonian speech. Mov Disord. 2000; 15(6):1125–1131

[5] Zgaljardic DJ, Borod JC, Foldi NS, et al. An examination of executive dysfunction associated with frontostriatal circuitry in Parkinson's disease. J Clin Exp Neuropsychol. 2006; 28(7):1127–1144

[6] Fox CM, Morrison CE, Ramig LO, Sapir S. Current perspectives on the Lee Silverman Voice Treatment (LSVT) for individuals with idiopathic Parkinson disease. Am J Speech Lang Pathol. 2002; 11:111–123

[7] Armstrong MJ, Duff-Canning S, Psych C, Kowgier M, Marras C. Independent application of montreal cognitive assessment/mini-mental state examination conversion. Mov Disord. 2015;

30(12):1710–1711

[8] Huber JE. Effects of utterance length and vocal loudness on speech breathing in older adults. Respir Physiol Neurobiol. 2008; 164(3):323–330

[9] Stathopoulos ET, Huber JE, Richardson K, et al. Increased vocal intensity due to the Lombard effect in speakers with Parkinson's disease: simultaneous laryngeal and respiratory strategies. J Commun Disord. 2014; 48:1–17

[10] Baylor C, Yorkston K, Eadie T, Kim J, Chung H, Amtmann D. The Communicative Participation Item Bank (CPIB): item bank calibration and development of a disorder-generic short form. J Speech Lang Hear Res. 2013; 56(4):1190–1208

[11] Troche MS, Okun MS, Rosenbek JC, et al. Aspiration and swallowing in Parkinson disease and rehabilitation with EMST: a randomized trial. Neurology. 2010; 75(21):1912–1919

[12] Lam J, Tjaden K. Clear speech variants: an acoustic study in Parkinson's disease. J Speech Lang Hear Res. 2016; 59(4):631–646

[13] Enright PL, Kronmal RA, Manolio TA, Schenker MB, Hyatt RE, Cardiovascular Health Study Research Group. Respiratory muscle strength in the elderly. Correlates and reference values. Am J Respir Crit Care Med. 1994; 149(2, Pt 1):430–438

卒中诱发的中度获得性言语失用症和非流利性失语症
Stroke-Induced, Moderate, Acquired Apraxia of Speech and Nonfluent Aphasia

Lisa D. Bunker　Julie L. Wambaugh　著

黄　巧　陈卓铭　译　　李金萍　校

【概述】

言语失用症（apraxia of speech，AOS）是一种由于运动性言语产生过程中计划/编程能力受损而导致的获得性神经源性沟通障碍。尽管以往对于AOS的特征一直存在一些分歧，但该领域的大多数专家一致认为AOS具有以下特征：发音错误（即语音歪曲，通常是语音的替代），音段和（或）音段间持续时间延长及语速变慢，有分离音节和均衡音节重音的趋势[1, 2]。并非AOS独有的其他常见特征包括发音摸索（无声或可听到的）、随着话语的长度和（或）复杂性的增加而导致错误增加、运动持续、言语启动困难、可自我察觉错误、自发言语的产生改善、存在无错误言语片段（如关于社会常规）。AOS与其他神经性言语和语言障碍（如伴有音位性错语的失语症）的区别也一直是研究人员和临床医生共同关注的领域。本案例将介绍必要的病史和评估任务以充分鉴别和诊断AOS，并根据指示进行后续干预。

【临床病史和病情描述】

BB是一名64岁的高加索男子，由于抱怨难以"说"正确的词语，但他"知道"他想说的是什么，并且言语理解度较差，他被转介接受言语和语言评估及随后的治疗。BB的妻子说，他的言语/语言症状始于6个月前的一次卒中。神经科医生复查的计算机断层扫描（CT）报告证实了其左大脑中动脉的缺血性脑血管意外。残留症状包括轻度至可忽略的右下肢无力、轻度至中度的右上肢无力和言语/语言障碍。

【临床测试】

在收集BB病史后，对其进行口腔机制检查以识别可能与构音障碍和非言语性口腔失用症的相关的特征[3]。（如竖起大拇指、鼓掌或打响指）。

然后，BB接受了一系列AOS筛查任务，其中包括语音、音节、单音节词和多音节词的复述，并对不同单词位置的辅音进行全面的清点。他还被要求复述音位结构相似但长度递增的单词（如"car""carpenter""carpenter"和"carpetbagger"），多音节词（如"octopus"复述3次），同时也完成了句子的复述（5～7个单词，例"The boy is raking leaves"）。我们还让患者BB进行了包括交替和连续运动速率在内的口腔轮替任务，并对其进行了录音，以验证每秒的音节数。之后患者BB完成了几个自发语言任务，包括数数，背诵星期天数，及唱一首熟悉的曲子（如"Mary had a little lamb"）。最后，BB参与了简短的会话、叙述和阅读任务，以确定任何缺陷对连贯发音的影响。以上的语音样本均被录音。

在完成这些筛查任务后，使用言语失用评定量表（apraxia of speech rating scale，ASRS）[4]对存在的失用症状进行评级，该量表采用 5 分制对与 AOS 相关的 16 个特征（包括特异性的和非特异性的，如声音失真或发音摸索）的存在和严重程度进行评级。使用计算机版的教堂山多语言可理解度测试（Chapel hill multilingual intelligibility test, CHMIT）[5] 评估单个单词言语的可理解度，过程中 BB 复述了 50 个单音节词。回答被录音下来，然后由 3 名不熟悉的听众打分。

使用西方失语症成套测验（修订版）（western aphasia battery-revised，WAB-R）[6] 评估失语症的存在、类型和严重程度。任务包括自发言语（对话和图片描述）、理解（问题理解、单词识别和跟随指示）、复述和命名 / 单词寻找（物体命名、流利度、句子补全和简答题）。为了评估功能性沟通，BB 完成了沟通参与题库（communicative participation item bank，CPIB）[7] 一般简表的 10 题，其中包括诸如 "你的情况是否妨碍你向别人提供详细信息？"。所有评估结果见表 53-1。

【读者问答】

1. 患者具有以下哪些特征可被诊断为 AOS？
(1) 发音摸索。
(2) 声音失真。
(3) 错误随着句子长度的增加而增加。
(4) 无错误的言语片段。

答案：(2) 正确。如果存在包括声音歪曲在内的关键特征，则可以诊断 AOS。

(1) 不正确。虽然 AOS 患者经常表现出发音摸索，但这种症状也出现在一些没有 AOS 的失语症患者身上。因此，仅将归因于 AOS 是不可靠的。

(3) 不正确。错误随着音节长度增加而增加是失用症言语产生的常见特征，但也与失语症有关。因此，在没有 AOS 必要特征的情况下，不能用于诊断 AOS。

(4) 不正确。对于患有 AOS 的人来说，简短无错的言语是值得注意的，特别是非常自动化或刻板的言语。然而，这一特征在某些类型的失语症中可以观察到，并不能用于区分 AOS 和失语症。

2. AOS 通常与失语症同时出现。AOS 症状与非流畅性失语症的诊断症状有些重叠。哪些症状是Broca 失语症和 AOS 共同具有的？
(1) 词语检索困难。
(2) 口语理解能力明显低于口语表达能力。
(3) 阅读理解困难。
(4) 言语和语言表达费力。

答案：(4) 正确。言语表达费力是 Broca 失语症和 AOS 的共同特征。

(1) 不正确。词语检索障碍是失语症的一个症状（是一种语言障碍，而不是运动性言语障碍）。

(2) 不正确。语言理解问题可能在 Broca 失语症中很明显，但往往不及语言表达问题那么严重。语言障碍不是 AOS 的症状，AOS 是一种运动性言语障碍。

(3) 不正确。与 (1) 和 (2) 一样，语言问题（比如阅读困难）不是运动性言语障碍的症状，但可能存在于许多其他类型的失语症中。

3. 在寻求赔偿时，需要提交给保险公司的任一报告中应包含有评估结果，以证明需要熟练言语语言病理学家（SLP）的服务（即记录需要由 SLP 进行治疗的风险），在这种情况下以下哪项评估结果最为重要？
(1) 沟通参与题库（CPIB）。
(2) 言语失用评定量表（ASRS）。
(3) 西方失语症成套测验—修订版（WAB-R）。
(4) 失用症筛查任务。

答案：(1) 正确。任何无法沟通需求或参与功能性沟通的情况都会给个人 / 患者带来风险。CPIB 是提供功能性沟通评估的最佳选择，因为它报告了个人参与各种（通常是危急的）环境的能力。

(2) 不正确。ASRS 有助于临床医生对 AOS（区别于构音障碍或伴音位性错语的失语症）做出鉴别诊断，并量化症状的严重程度。此评估可用于描述、治疗计划和测量进展 / 结果，但它并没有特别报告任何与沟通技能降低相关的医疗风险。这种评估对于证明治疗的必要性是非必需的。

(3) 不正确。和 ASRS 一样，WAB-R 量化了沟通障碍——失语症的类型和严重程度，但其本身并不能直接描述失语症对各种沟通环境的影响。它可以用于描述目的，制订治疗计划和测量进展 / 结果，但不能证明需要治疗的必要性。

表 53–1 BB 的语音和语言评估结果

评估任务	BB 的表现 / 反应
口颜面运动检查（和肢体失用）	• 无构音障碍特征（如无力、低 / 高张力、单侧偏斜） • 无非言语的口腔失用症症状 • 没有明显的肢体失用症；由于右上肢瘫痪，在完成双侧任务时有一些困难
语音、音节和单音节词的复述	• 一些单音节词的发音速度略有减慢 • 单音节词偶尔出现辅音错误（约 10%）
不断增加长度的单词的复述	• 慢速，单词越长速度越慢 • 辅音错误 =40%，发音、前置 / 后置和其他歪曲错误，错误主要出现在塞音、塞擦音和辅音群 • 元音错误 =10%，错误一般出现在双元音上
多音节词的复述	• 大多数发音（长音节和分段音节）都很慢 • 在 3 个音节以上的单词，60% 辅音错误，15%～20% 的元音错误 • 错误主要出现在塞音、塞擦音、辅音群和双元音上 • 中等难度的起始词，特别是以塞音 / 辅音群开始的单词 • 发音摸索，随句子长度增长而增加
发音重复（3×）	• 慢速，起句失误 / 自我修正出错 • 56% 的辅音错误；10% 的元音错误 • 错误类型 / 位置通常是一致的 • 中间音节和尾音节位置的塞音错误 • 所有位置的塞擦音和辅音群的错误 • 较长句子的元音错误
句子复述	• 大部分的发音速度很慢（长音节和分段音节）
会话、叙述和阅读任务	• 总体慢速（延长的和分段的音节） • 辅音和元音错误的频率及模式与单词和句子重复任务相似

轮替运动速率（DDK 率）

交替运动速率（AMR）	• [p]、[t] 和 [k] 分别为 5.2 音节 / 秒、4.8 音节 / 秒和 4.3 音节 / 秒 • 多次重复后出现轻度困难
顺序运动速率（SMR）	• 不能没有总体刺激（如"看我""听我说""跟我说"）
自发语言任务	• 稍慢，但在功能范围内
韵律	• 整体声调无起伏，偶尔有不恰当的重读音节
教堂山多语言可理解度测试（CHMIT）	• 平均清晰度为 63%
其他	• 持续性（在言语重复任务中）和流利说话时间很少
言语失用评定量表得分（ASRS 得分）	• 大多数项目得分为 2 或 3 分（即频繁或普遍，但不显著影响清晰度） • 总得分为 38/64（AOS 诊断得分为 8 分）
西方失语症成套测验（修订版）（WAB–R）	• BB 的失语商（AQ）为 65，属于 Broca 失语症 • 语言产生的特点是适度的语法错误、不规则和持续性，但较易理解
沟通参与题库（CPIB）	• BB 评分为 18/30（分数越高表示参与干扰越少）

（4）不正确。失用症筛查任务用于评估和诊断，不提供对由功能性沟通技巧下降带来的安全风险的量化评分。

【障碍描述和推荐治疗】

BB 表现为中度的 AOS 和 Broca 失语。要准确诊断 AOS 是很困难的，尤其是与失语症同时出现，但 BB 表现出 AOS 诊断所需的所有特征（如声音歪曲、语速缓慢和韵律异常）及几个常见的相关特征（如发音摸索），将他的严重程度评为"中级"是基于他的 ASRS 评分、语言可理解度及声音错误的类型和百分比。BB 的语言和言语障碍对他的人际交流和参与所需活动的能力产生了负面影响。

由于需要提高口头语言和言语技能，BB 的临床医生认为他将是失语症和言语失用症联合治疗（combined aphasia and apraxia of speech treatment，CAAST）[8, 9] 的极佳人选。失语症和言语失用症联合治疗将言语失用症的发声治疗（sound production treatment，SPT）[10] 与失语症的改良版反应训练疗法（modified-response elaboration training for aphasia，M-RET）相结合[11]，这使得临床医生可以在同一疗程中同时治疗这两种障碍。SPT 是研究最广泛的言语失用症治疗方法，已被证明能有效改善经过训练和未经训练刺激的目标声音。SPT 由一个目标声音的重复练习组成，通常嵌入在 1～2 个单词的语境中，患者在临床医生示范之后复述目标声音，是一种层次反应结构。也就是说，随后的步骤，包括练习最小对比、文字提示、整合性刺激和使用位置提示单独练习，都是根据前一步的反应完成的。M-RET 包括呈现一幅画有动作 / 场景的图片，并引导患者对其做出描述。然后，临床医生通过询问问题和演示（如果需要的话）来提示详细的叙述，以鼓励患者添加额外的内容（例如，BB 说"她开车"来描述女性开车的照片。临床医生问："她开的是什么车？"BB 回答了"汽车"，他被鼓励复述新的、更长的回答，如"她开汽车"）。CAAST 结合了这两种治疗方法，将 SPT 应用于在 M-RET 治疗部分期间产生的任何声音错误（即对图片刺激的反应）。

BB 的治疗计划是每周 3 次，每次 1h，为期 8 周。BB 的临床医生使用生活兴趣和价值（life interests and values，LIV）卡[13]，从中选择出 16 张个人相关的行动 / 活动图片（如爱好、兴趣、职业等）。这 16 张图片被分成两组，每组 8 张，每组治疗 3～4 周（一次关注太多图片会不必要地延长疗程，并减少发声治疗的时间）。发声治疗通常以预先选定的声音为目标，但在 CAAST 过程中，它可以根据需要应用于每个图像刺激。以下表 53-2 是方案例子，展示了 BB 对单个刺激项目的反应。

表 53-2　大脑皮质单一图片刺激的 CAAST 治疗实例

临床医生指导 / 反馈	BB 的回答
（讲解完句子框架和句子成分后，临床医生拿出一幅图片，画上是一个男人在打电话）"BB，你能告诉我这张照片里发生了什么，或者它让你想起了什么吗？"	"一个女人，不……一个男人在……嗯……特 - 特 –……嗯……电话上说话"
"太棒了！一个男人在打电话（回应写在句子框架上），他可能在和谁说话？"	"嗯……嗯……一个 fff– … ff–（哦！那对我来说很难）……朋友（friend 发音为 [f:ɛn]）。不对……关闭（close 发音为 [kos]）"
"'朋友'很管用""一个男人在和一个朋友打电话（临床医生将新内容添加到句子框架中）。现在我们来练习那个长一点的句子。你能把整件事说给我听吗？""一个男人在和一个朋友打电话"（临床医生在 BB 重复句子时指着每个单词）	"一个男人……在……一个……电话上……呃……用 ff–f……（哦，天哪！）……朋友"
"干得好！有几个发音不太对——这些声音在这里（临床医生划出几个不对的）想想那些读音，再试一次""一个男人在和一个朋友打电话"	"一个男人……在……电话上……和一个……一个……朋友"
"说得不错！有几个还是有点偏。让我们把这些单词每一个都练一遍，然后我们再说一遍整个句子。先说'talks'，你在第一个音't'和最后一个音's'上都有问题，你能再读一遍'talks'这个词吗？"	"[dakʃ]"

（续表）

临床医生指导 / 反馈	BB 的回答
"那个 't' 读音接近了，但听起来还是有点像 'd'，结尾的 's' 听起来像 'sh' 让我们一起试试，看着我，听我说，然后和我一起说，'talk，talk，talk ……'"（总刺激高达 3 倍）	（与临床医生一起）"…… [takʃ]，[taks]，[taks]"
"太棒了！让我们试试下一个词，并研究一下这个（指着 /ð/）音。"（临床医生以类似的方式对单个单词上下文中的每个错误辅音进行言语产生训练……报道中没有展示所有 BB 的回答，但与他对 "talk" 的反应相似。）"好了，现在我们已经练习了那些声音中的每一个，让我们一起再试试说整个句子。一个男人在和一个朋友打电话"（临床医生在 BB 回答时指着句子框架上的每个单词）	"一个男人和他的 f- ff-……朋友（friend 发音为 /frɛnd/，且在 [r] 有轻微的歪曲）在 te-……电话上交谈（talks 发音为 [daks]）"
"很好！你已经掌握了大部分的声音！我要移动图片和句子，让我们等一会儿"（临床医生等了 5s 后换图）"好的，能不能再给我描述一下这张图？"	"一个……一个男人在……手机上……和他的……和他的……朋友（friend 发音为 /frɛnd/，且在 [r] 有轻微的歪曲）说话"
"干得好 BB！好了，我们继续看下一张照片"（临床医生拿出另一幅图片，并重复上述治疗过程。随着疗程的进展，提示和反馈逐渐消失。在所有图片展示后，如果时间允许，应将额外的言语产生训练应用于之前的任意已产生的反应中）	

【结果】

BB 很享受并积极地参与了治疗。8 周后，再次接受 CHMIT、WAB-R 和 CPIB 量表的评估。临床上观察到言语可理解度显著提高，WAB-R AQ 和 CPIB 得分有一定改善。BB 和他的妻子都说，尽管电话交谈仍然很困难，但面对面交谈时的可理解度有所提高。他们还反映，说长句子和运用句子的能力都有所改善（如之前只用单个词或简短的短语，现在可用句子表达），并且可表达单词的种类也更丰富了。BB 的临床医生证实，尽管他的语速和韵律在感知上没有改善，但他能够表达更多的内容，语法使用有所改善，发音准确性也有所提高。这些变化汇集在一起，促进了功能性沟通的"显著"改善。BB 和他的妻子接受了相关资源和家庭锻炼的教育。

要点

◆ BB 被诊断为言语失用症，因为他表现出讲话速度减慢、韵律异常和语言歪曲错误这些特征。还存在其他特征，但对他的诊断并不必要。

◆ BB 的言语失用症和失语症的严重程度比较对等，很难确定哪种障碍对他的沟通影响更大。因此，BB 的临床医生选择了言语失用症和失语症联合治疗（CAAST）的方法，在同一方案中有效地解决了这两种障碍。

推荐阅读

[1] McNeil MR, Duffy JR, Ballard KJ, Wambaugh J. Apraxia of speech, theory, assessment, differential diagnosis, and treatment: past, present, and future. In: van Lieshout P, Massa B, Terband H, Eds. Speech Motor Control in Normal and Disordered Speech: Future Developments in Theory and Methodology. Rockville, MD: ASHA; 2016:195–221

[2] Miller N, Wambaugh JL. Apraxia of speech. In: Papathanasiou I, Coppens P, Eds. Aphasia and Related Neurogenic Communication Disorders. 2nd ed. Burlington, MA: Jones & Bartlett Learning; 2016:493–526

参考文献

[1] Ballard KJ, Wambaugh JL, Duffy JR, et al. Treatment for Acquired Apraxia of Speech: A Systematic Review of Intervention Research Between 2004 and 2012. Am J Speech Lang Pathol. 2015; 24:316–337

[2] McNeil MR, Robin DA, Schmidt RA. Apraxia of speech: definition and differential diagnosis. In: McNeil MR, Ed. Clinical Management of Sensorimotor Speech Disorders. New York, NY: Thieme; 2009:249–268

[3] Duffy JR. Motor Speech Disorders: Substrates, Differential Diagnosis, and Management. 3rd ed. St. Louis, MO: Elsevier; 2013

[4] Strand EA, Duffy JR, Clark HM, Josephs K. The Apraxia of Speech Rating Scale: a tool for diagnosis and description of apraxia of speech. J Commun Disord. 2014; 51:43–50

[5] Haley KL, Roth H, Grindstaff E, Jacks A. Computer-mediated assessment of intelligibility in aphasia and apraxia of speech. Aphasiology. 2011; 25(12): 1600–1620

[6] Kertesz A. The Western Aphasia Battery-Revised. San Antonio, TX: Pearson; 2007

[7] Baylor C, Yorkston K, Eadie T, Kim J, Chung H, Amtmann D. The Communicative Participation Item Bank (CPIB): item bank calibration and development of a disorder-generic short form. J Speech Lang Hear Res. 2013; 56(4):1190–1208

[8] Wambaugh JL, Wright S, Nessler C, Mauszycki SC. Combined Aphasia and Apraxia of Speech Treatment (CAAST): effects of a novel therapy. J Speech Lang Hear Res. 2014; 57(6):2191–2207

[9] Wambaugh JL, Wright S, Mauszycki SC, Nessler C, Bailey D. Combined Aphasia and Apraxia of Speech Treatment (CAAST): Systematic replications in the development of a novel treatment. Intern J Speech Lang Pathol. 2018; 20(2): 247–261

[10] Wambaugh JL, Kalinyak-Fliszar MM, West JE, Doyle PJ. Effects of treatment for sound errors in apraxia of speech and aphasia. J Speech Lang Hear Res. 1998; 41(4):725–743

[11] Wambaugh JL, Martinez AL. Effects of modified response elaboration training with apraxic and aphasic speakers. Aphasiology. 2000; 14(5-6):603–617

[12] Bailey DJ, Eatchel K, Wambaugh J. Sound production treatment: synthesis and quantification of outcomes. Am J Speech Lang Pathol. 2015; 24(4):S798–S814

[13] Haley KL, Womack J, Helm-Estabrooks N, Caignon D, McCulloch K. Life Interests and Values Cards. Chapel Hill, NC: Department of Allied Health Sciences, University of North Carolina at Chapel Hill; 2010. Available at: https://www. med.unc.edu/ahs/sphs/card/resources/livcards

案例 54

AAC 在慢性、重度失语症中的补偿和康复应用
Compensatory and Restorative Application of AAC in Chronic, Severe Aphasia

Kimberly A. Eichhorn　著

曾　静　译　　洪晓冰　徐洋凡　校

【概述】

对于失语症患者的增强交替交流（alternative and augmentative communication，AAC）策略需要仔细考虑。认知和语言的优势和局限性直接影响设备和使用领域的复杂性，以及语言的内容和布局。如果对失语症患者（persons with aphasia，PWA）的音韵、语义、句法和输入/输出跨度能力没有一个总体的了解，AAC 对 PWA 的治疗成效可能会受到极大的限制。

【临床病史和病情描述】

患者 GA 是一位 68 岁的左利手男性，很久以前遭受了多次脑血管意外（cerebrovascular accident，CVA），最近的一次发生在 10 年前。有关患者 GA 的 CVA 病史和诊疗经过有限，因为他的护理安排在不同的机构。然而，头部 CT 检查显示左大脑中动脉（middle cerebral artery，MCA）分布区从额叶延伸到顶叶的区域有一大块楔形梗死灶。据报道显示，他在一次卒中后立即接受了言语语言治疗，但他在过去 5 年里没有接受过治疗。

GA 拥有大专文凭，在军队服役了 2 年，为当地一家天然气公司工作了 20 年。他一直未婚，主要由兄弟姐妹照料。在评估时，GA 日常生活的所有活动完全依赖于护理。言语表达局限在几个自发的、过度习得的短语（如"我不知道"或"我们去这儿"）。既往病史中慢性白血病、周围血管疾病、糖尿病、视野缺损、前列腺癌、慢性阻塞性肺疾病、良性高血压、深静脉血栓形成和右膝以上截肢有重要意义。

【临床测试】

（一）临床访谈

从 GA 的家庭成员访谈中获得的一些关键信息包括以下内容：16 年前一次 CVA 后 GA 接受了"一些言语治疗"，在家通常使用手势交流，能相对有效的表达他的需求，GA 的家人希望他在日常活动中有更多的言语表达，如吃饭的选择。

（二）口腔运动检查/运动言语评估

由于 GA 无法完成许多要求的任务，即使是在有人示范的情况下，也无法完成完整的口腔运动检查。值得注意的是，观察到 GA 轻度的右侧上部和下部颊肌无力。双侧颜面感觉完整。双侧下颌力量完好无损。唇收缩时观察到运动范围显著减少。GA 不能完成交替的非言语动作任务。语言任务缓慢，但是由于双唇腭裂和牙槽阻滞，发音准确度大体完好。基线声音质量为湿性和轻微刺耳。由于呼吸/发声协调不良，未评估最大发声时长。示齿时 GA 仅能展现下牙列。

（三）认知语言快速测验

认知语言快速测验（cognitive linguistic quick test，CLQT）是对已知或疑似有认知功能障碍的成年人的 5 个认知领域的简要测量。针对 5 个认知领

域提供严重等级划分参照标准，对各个年龄段的类别提供整体严重等级划分标准和画钟实验严重等级划分。GA 表现为注意力、记忆、执行功能、语言和视觉空间技能严重受损。考虑到他患有失语症，且在测试中发现他挫折接受能力低，需谨慎解释这些测试结果。

（四）失语症综合测试

失语症综合测试（comprehensive aphasia test，CAT）包括认知筛查和完整的语言测试。临床医生使用这种评估工具确定错误类型，如复杂性、语音和语义错误。测试结果与以前的评价一致，GA 偶尔会出现低挫折容忍和放弃任务的情况。对 GA 的行为观察引起我们对其轻度右侧忽视的关注。

此外，GA 无法完成操作能力任务或完成单词流畅性任务。在一项语义记忆任务中，他能回忆起以前见过的东西，但他犯的错误始终与语义干扰有关。对简单口语的理解表现相对较好，在对单个单词和复杂语言结构的理解上有明显的障碍。对书面语的理解与对口语的理解一致；对简单的书面句子的理解表现相对较好。同样，理解上的错误大多与语义关系有关。研究人员发现 GA 相对擅长复述多音节结构划分明显的简单 / 短单词。在对两个信息单位的复述进行最大程度的多次练习后，GA 在复述数字字符串时仍有障碍。被提示第一个音节并给予视觉上的示范后，GA 在命名任务中增加了恰当的语言输出。GA 无法大声读出任何单词，不过，

他写出了自己的名字，并能抄写几个字母。他无法写出图片的名字，或是根据听到的内容书写。图片描述任务中，他既不能提供书面信息，也不能提供口头信息。

【非正式评估】

作为评估的一部分，在 4 个和 6 个选项的网格布局中测试几个交流页面。根据对 GA 语义障碍的观察，交流页面内容由语义不同图标、语义相似图标和相应的文本构成（图 54-1）。对 4 个语义不同的图标识别（听理解）的表现是准确的。错误发生在较大的选择域和语义相关的项目中。此外，对于语义上截然不同的图标，当呈现更抽象的问题时（例如，"如果你饿了，你会选择哪个？"），他能够从有 4 个备选项中选择正确的图标。

【读者问答】

1. 一名 55 岁的女性左颞顶 CVA 患者带着她的平板设备来到您的诊所，请求应用程序介入来帮助解决她的沟通障碍。你首先会怎么做？

(1) 完成一份完整的病史、访谈和认知语言技能评估。

(2) 根据患者要求推荐应用。

答案：(1) 正确。在这种情况下，首先要做的就是对患者进行评估。讨论以前的治疗方法和目标。根据评估的印象，确定她使用的设备类型，及哪些

▲ 图 54-1　GoTalkNow 中使用语义上截然不同和相似的名词设计的样本页面

应用程序可能适合她。

(2) 不正确。除非您已经从其他来源获得了测试结果，否则确定患者基线能力，根据基线能力给出建议是很重要的。患者关于目标和期望的信息也将引导您的治疗 / 推荐。

2. 一个 80 岁的 PWA 和他的家人要求配备"沟通设备"。据家人称，自从发生卒中后，他们的父亲就只能以非常有限的方式与人交流。尽管他们已经发展出一套手势交流的方式，但他们相信某种形式的科技会增加他们与父亲的有效交流。在整个访谈和评估过程中，患者很少与您进行眼神交流，不参与您提议的任何类型的设备试验，仅周期性使用手势或单个单词与您进行交流。对于适于该患者使用的技术，您最关心的是什么？

(1) 家庭 / 照料者支持。

(2) 视力 / 知觉。

(3) 精细运动技能。

(4) 使用技术的动机。

答案：(4) 正确。这名患者在治疗期间对设备试验的兴趣似乎有限，这应该引起关注。尽管家属非常愿意使用设备，但患者也必须有此意愿。考虑到他的年龄，他接触科技的机会可能有限。明智的做法是花一些时间单独与患者相处，以确定他的个人沟通目标。应全面评估他的语言 / 沟通技能，根据他的语言障碍，判断他是否适合 / 希望接受传统的恢复性治疗。最终考虑低技术或没有技术支持（如写字板或图画书）的沟通策略及家庭教育可能是合适的起点。

(1) 不正确。很明显，这个患者有一个支持、拥护他的家庭，这对于成功使用 AAC 是至关重要的。然而，没有耐心的支持，AAC 也将不会有效果。

(2) 不正确。虽然是需要认真考察的能力，但在这种情况下，视力 / 知觉不应该是首先考虑的问题。

(3) 不正确。与接触设备相关的精细运动技能（如触摸，鼠标，眼睛注视）是所有情况下都应该考虑的内容，但同样的，这并不是当前的主要关注点。

3. 一位 67 岁的男子在经历 MCA 分布区的 CVA 后，被推荐给您设计 AAC。测试结果显示，他有严重的语言表达障碍（口头和书面），中等程度的语言接受障碍（口头和书面），只有 3 个单位的工作记忆广度。另有其他测试显示其在语义连接方面也有受损。成功使用动态显示的 AAC 最大的障碍最可能是下列哪一个？

(1) 他们在同一时间能够"保持"的信息量（如输入和输出跨度）。

(2) 理解 / 区分语义关系。

(3) 对书面文字的理解。

答案：(2) 正确。不能准确地理解和确定语义关系可能会阻碍患者在分类领域（即使备选项少）中做出正确 / 意向选择的能力——他 / 她将不能从紧密相关的项目中准确地确定自己想要 / 需要的选项。

(1) 不正确。虽然在选择 / 使用 AAC 时应该仔细考虑输入 / 输出，但在本例中，3 个单位跨度可能意味着，如果安排得当，患者可以准确地完成部分对应并将一些信息连接在一起。

(3) 不正确。对于一些 PWA 来说，文字结合图标 / 照片可以提高理解能力。然而，就这个患者而言，确定特定语义特征（如上所述）的能力可能不会因添加书面单词文本而改善。

【障碍描述和推荐治疗方法】

GA 被诊断为慢性重度失语症、重度言语失用症和中—重度非言语性口肌失用症。此外，他被诊断为中度至重度注意力障碍和轻度记忆缺陷。相对优势出现在单词复述、抄写、口头 / 书面简单句子水平的理解。我们认为，语境可以帮助其理解。

开始恢复性和补偿性治疗。在培训过程中和家庭试验中用"低技术"的沟通纸板之后，开始启用几种可输出声音的辅助沟通应用程序（GoTalkNow、SnapScene），为 GA 的复述和全面口语输出做准备。为了进行恢复性治疗，我们尝试使用改进版本的 Beeson and Egnor's[1] copy 和回忆复述治疗（recall treatment with repetition，CART + R），辅以识字卡 app，使治疗目标接受视觉（呈现静态图片和播放视频）和听觉信息（图 54-2）。功能性词汇由家庭提供，分为训练性和非训练性刺激。通过与同伴的会话和家庭成员间会话实践来练习训练的治疗目标。以功能性和具体性的视觉场景为出发点，加强功能性交流，关注日常生活中的喜好（图 54-3）。推荐使用配有指导的设备。GA 的家人进了行培训并参与在这个过程中。

【结果】

经过 6 周改良 CART + R 治疗后，GA 可以学习长度小于 5 个字母的训练名词并保留对它们的记忆。然而，观察到他无法对未经训练名词进行概括，他的言语持续现象阻碍他进行准确连贯的表达。尽管他能持续写出或说出治疗目标的 1～2 个

▲ 图 54-2 为 INKids Kids 识字卡制作器的截图，该识字卡制作器被改造成用于抄写和重复练习的工具（注：右上角有嵌入词语发音的视频选项）

字母，但他无法将这些碎片信息有效地用于书面交流或基本口语表达中。基于这些因素的考虑，治疗计划调整为试验性改良剧本训练[2]的练习，再次使用识字卡应用程序制作带音频／视频的模型应用到家庭练习中。与其他恢复性治疗措施一致，治疗成效受到言语持续和短输入／输出范围的限制。

治疗和培训转向仅关注补偿，使用 AAC 与视觉场景显示，以提高日常活动的参与度。通过使用照片和拍摄的"热点"[屏幕上嵌入文本和（或）音频的可选择区域]，在家人的指导支持下，GA 可以在更大程度上自主选择活动和餐饮。场景的内容是以 GA 的意愿为导向选取的（图 54-4）。在网格显示效果较差的情况下，带有某些背景的实物照片似乎有助于 GA 消除语义障碍。由于 GA 复述一个词的能力很强，在会的情况下，他可以独立进行重复练习。继续进行这方面的培训和工作，目的是提高 GA 的日常互动参与度。

有趣的是，尽管相较于目标恢复性治疗的效果甚微，且很少观察到 GA 有技能转移的现象，但临床医生、GA 的家人和其他医疗服务提供者称，GA 增加了有意义的和恰当的语言输出以表达请求希望／需要，如要求"一杯咖啡"或"袜子"而不是敲桌子和指向桌子。

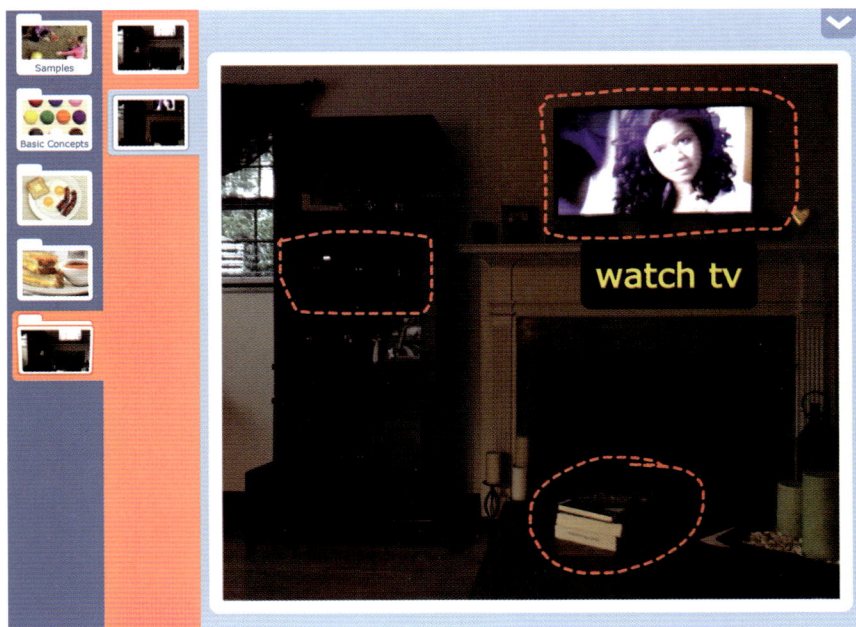

◀ 图 54-3 Tobii Dynavox 拍摄的"热点"快照截图（可选的文本支持）

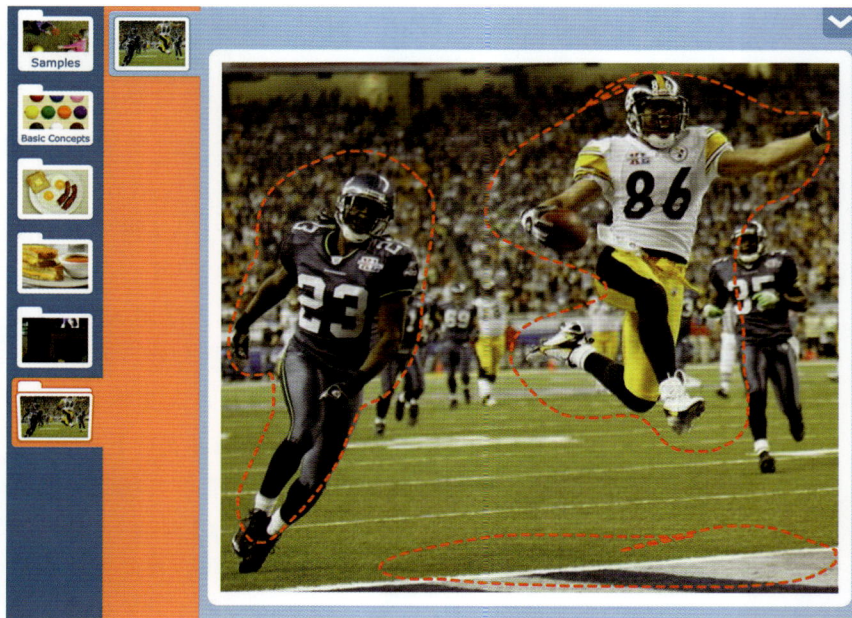

◀ 图 54-4　Tobii Dynavox 的 SnapScene 截图，标记 GA 感兴趣的"热点"，进行讨论

要点

◆ 在完成语言和认知功能的全面评估之前，不应考虑将 AAC 用于 PWA。

◆ 功能性交流页面布局设计必须最大化 PWA 的剩余语言优势，改进贯穿在整个治疗过程中。

◆ 如果从一开始就仔细选择沟通辅具并仔细制订治疗计划，AAC 可以成为恢复性治疗方法中的一个成功的工具。

◆ 家庭 / 照顾者的支持和参与对 PWA 成功使用 AAC 至关重要。

推荐阅读

[1] Beukelman DR, Hux K, Dietz A, McKelvey M, Weissling K. Using visual scene displays as communication support options for people with chronic, severe aphasia: a summary of AAC research and future research directions. Augment Altern Commun. 2015; 31(3):234–245

[2] Beukelman DR, Fager S, Ball L, Dietz A. AAC for adults with acquired neurological conditions: a review. Augment Altern Commun. 2007; 23(3):230–242

[3] Wilkinson KM, Jagaroo V. Contributions of principles of visual cognitive science to AAC system display design. Augment Altern Commun. 2004; 20(3): 123–136

[4] Vigneau M, Beaucousin V, Hervé PY, et al. Meta-analyzing left hemisphere language areas: phonology, semantics, and sentence processing. Neuroimage. 2006; 30(4):1414–1432

[5] Helm-Estabrooks N. Cognitive Linguistic Quick Test: CLQT. Toronto, Canada: PsychCorp; 2001

[6] Swinburn K, Porter G, Howard D. Comprehensive aphasia test. East Sussex: Psychology Press; 2004

参考文献

[1] Beeson PM, Egnor H. Combining treatment for written and spoken naming. J Int Neuropsychol Soc. 2006; 12(6):816–827

[2] Youmans G, Holland A, Muñoz M, Bourgeois M. Script training and automaticity in two individuals with aphasia. Aphasiology. 2005; 19(3–5):435–450

非流利性失语症的功能性语言康复
Functional Language Rehabilitation in Nonfluent Aphasia

Lisa McQueen **著**

黄 巧 陈卓铭 **译** 李金萍 **校**

【概述】

本病例记录了一名患者在机构康复设施中评估和治疗卒中后语言障碍的情况。特别值得注意的是，该报告概述了患者的语言表现、伴随出现的心理健康问题及出院时缺乏社会支持的情况。

【临床病史和病情描述】

FG 是一名 65 岁的男性，在脑血管意外发生 6 天后被送往急性康复机构。经 CT 确诊为左大脑中动脉区域的急性卒中，并在其左额盖、左岛叶皮质和左顶叶发现了病灶区域。FG 卒中前独居，没有直系亲属。他的邻居和家庭医生被列为其近亲。他是一名退休的超声波技师，在卒中发生前因某种残疾一直接受政府的支持。他的朋友称他为"隐士"。既往病史包括高血压、糖尿病、高胆固醇和抑郁症。据他的朋友说，他之前接受过这些疾病的药物治疗，但没有遵照医嘱按时按量服药。

【临床测试】

FG 的挫折承受能力低限制了评估效果，其停留时间非常短也进一步限制了评估效果。FG 接受了常规的饮食评估，未发现吞咽困难。没有完成常规的口颜面运动检查，因为没有证据表明发声功能或运动性言语功能发生了变化。只评估了波士顿诊断性失语症检查（Boston diagnostic aphasia exam，BDAE，第 3 版简表）的部分内容。其结果汇总在表 55-1、图 55-1 至图 55-3 中。表 55-1 汇总了波士顿诊断性失语症检查的结果；图 55-1 展示了波士顿诊断性失语症评级量表的概况；图 55-2 展示了入院时对"偷饼干"图片描述的记录；和图 55-3 展示了出院时对"偷饼干"图片描述的记录。

【读者问答】

1. 根据评估结果，FG 失语症类型可能是：

(1) Broca 失语。

(2) 传导性失语。

(3) 经皮质运动性失语。

(4) 命名性失语。

答案：(3) 正确。许多失语症患者并不能绝对地归属于某一类。根据此案例的评估结果，此项是最佳选择。经皮质运动性失语症是一种非流利性失语症，表现为语句缩短、缺乏实质词和存在语法结构错误。上述情况 FG 都有，此外，他有很好的复述能力和朗读能力，这通常是经皮质运动性失语的特征。

(1) 不正确。大多数 Broca 失语症患者的语言表达减少，韵律也显著减少。此外，这些患者通常表现为复述和朗读能力差。尽管有严重的语言表达缺陷，但理解能力可以部分保留。

(2) 不正确。传导性失语症的一个显著特征是复述能力差。此外，患者在说话时可能会出现声音和单词重复。这种现象通常被称为"Conduit d'approche"。

表 55-1　BDAE 评估结果

子测试	分　数	注　释
失语症严重程度分级量表	1	"一切交流都通过零碎的言语表达；大部分需要听者去推论，听者承担了沟通的负担"
单词理解	12/16	反应中易冲动
指令	6/10	持久提示
复杂概念材料	3/6	非正式试验时，书面提示提高了准确性
自动化序列	3/4	持久
单词的复述	5/5	
句子的复述	1/2	长句有难度
反应性命名	1/10	大多数试验没有反应或"我不能"
波士顿命名测试（简称）	4/15	音位释义 = 4 语义 = 5 多词 = 2 音位提示大约有 50% 的时间是有帮助的
阅读：单词	4/4	
单词朗读	15/15	
句子朗读	5/5	流利，没有犹豫，没有停顿
口头朗读句子的理解	2/3	
阅读理解句子和段落	3/4	冲动反应
书写	因干扰未完成测试	以 70% 的准确率听写单个单词（3～4 个字母），不能 / 不愿意做记叙文写作任务。能够准确书写姓名和地址

（4）不正确。这种类型的失语症表达较为流畅，语句较长和韵律正常。名词和动词的表达受损，语法结构通常正常。

2. 在开始给患者选择治疗时，根据评估情况，选择哪种治疗方法会取得最大疗效？

（1）"提示"式疗法，"重组口腔肌肉为目标提示法（PROMPT）"类型的疗法。

（2）脚本练习。

（3）语义特征分析治疗。

（4）图片—词匹配任务。

答案：（2）正确。根据评估结果，FG 未受损的朗读能力作为治疗起点是可行的。脚本训练可能是有效的，因为患者可以在实际环境中练习各种语法结构和功能词汇，这些可以很好地推广应用到其他环境中。

（1）不正确。这项技术对于运动计划受损和对单词音位排序困难的患者非常有用。它通常对患有言语失用症的患者有用，而不是非流利性失语症。

（3）不正确。波士顿命名测试的结果表明，音位提示可能有利于治疗，而语音疗法似乎更有用。然而，鉴于该患者同时表现出语义性和音位性错语，尚不清楚基于语义的治疗是否会对 FG 有用。

（4）不正确。这项技术通常用于治疗阅读理解障碍。FG 的治疗目标中不包括阅读理解。事实上，从评估结果看，FG 的阅读理解能力相对保留了下来。

3. 在制订具体的治疗任务时，除了患者的语言表达之外，还需要考虑哪些因素？

答案：这个患者待在康复中心的时间非常短。就出院安全性方面而言，优先考虑可以具有最大程度泛化和显著改善和功能的治疗项目。鉴

SEVERITY AND SPEECH OUTPUT CHARACTERISTICS PROFILE
(BASED ON FREE CONVERSATION, PICTURE DESCRIPTION, AND AESOP'S FABLES)
APHASIA SEVERITY RATING SCALE

0. No usable speech or auditory comprehension

1. All communication is through fragmentary expression; great need for inference, questioning, and guessing by the listener. The range of information that can be exchanged is limited, and the listener carries the burden of communication.

2. Conversation about familiar subjects is possible with help from the listener. There are frequent failures to convey the idea, but the patient shares the burden of communication.

3. The patient can discuss almost all everyday problems with little or no assistance. Reduction of speech and/or comprehension, however, makes conversation about certain material difficult or impossible.

4. Some obvious loss of fluency in speech or facility of comprehension, without significant limitation on ideas expressed or form of expression.

5. Minimal discernible speech handicap; the patient may have subjective difficulties that are not obvious to the listener.

RATING SCALE PROFILE OF SPEECH CHARACTERISTICS

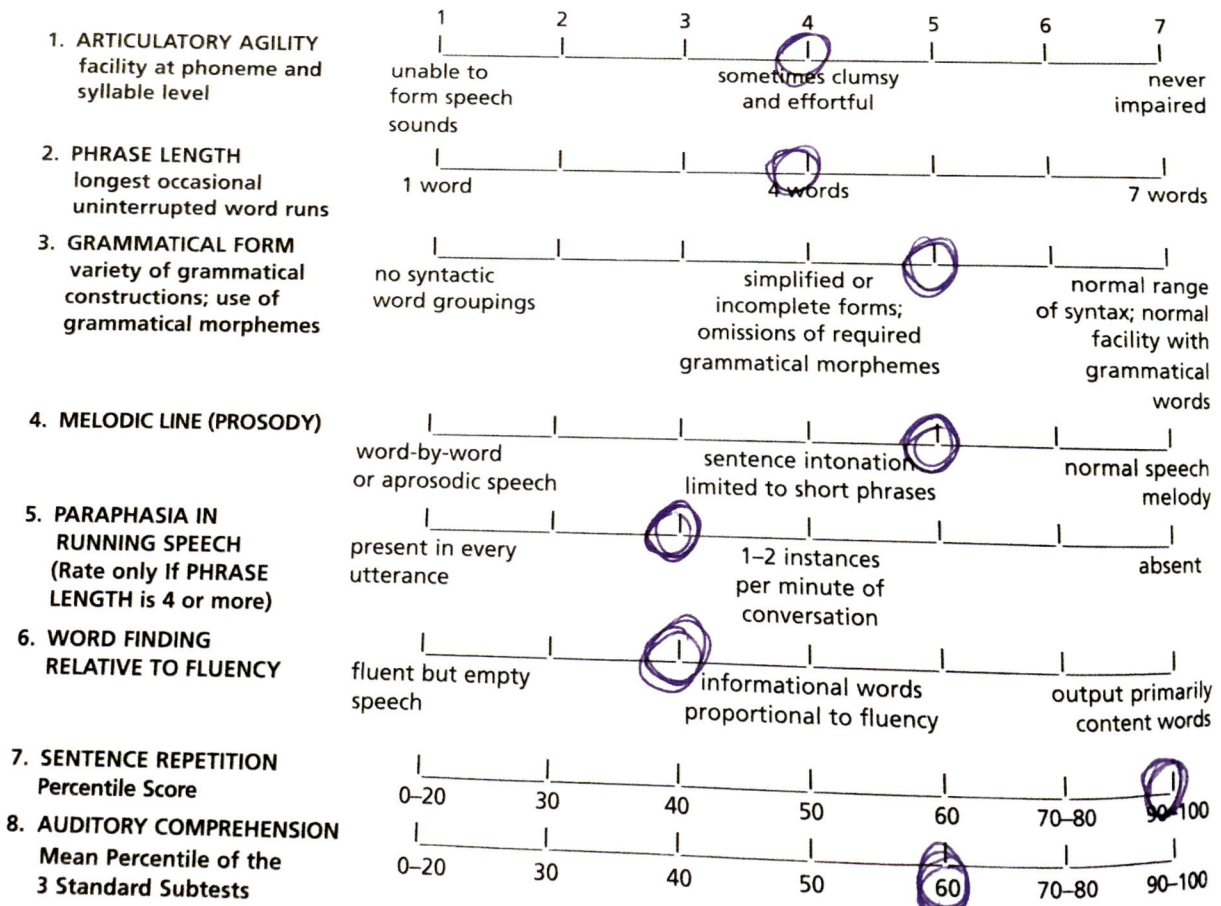

1. **ARTICULATORY AGILITY** facility at phoneme and syllable level
   unable to form speech sounds — sometimes clumsy and effortful — never impaired

2. **PHRASE LENGTH** longest occasional uninterrupted word runs
   1 word — 4 words — 7 words

3. **GRAMMATICAL FORM** variety of grammatical constructions; use of grammatical morphemes
   no syntactic word groupings — simplified or incomplete forms; omissions of required grammatical morphemes — normal range of syntax; normal facility with grammatical words

4. **MELODIC LINE (PROSODY)**
   word-by-word or aprosodic speech — sentence intonation limited to short phrases — normal speech melody

5. **PARAPHASIA IN RUNNING SPEECH** (Rate only If PHRASE LENGTH is 4 or more)
   present in every utterance — 1–2 instances per minute of conversation — absent

6. **WORD FINDING RELATIVE TO FLUENCY**
   fluent but empty speech — informational words proportional to fluency — output primarily content words

7. **SENTENCE REPETITION** Percentile Score
   0–20　30　40　50　60　70–80　90–100

8. **AUDITORY COMPREHENSION** Mean Percentile of the 3 Standard Subtests
   0–20　30　40　50　60　70–80　90–100

▲ 图 55-1　波士顿诊断性失语症评级量表示例

Cookie Theft: Mr. F.G. - March 21, 2016 (total time = 3.5 minutes)

"it's ty-typ-typical and then it's um uh, it's sp – sp – splashing on the floor … two open" (patient gestured to taps of sink; needed cues to look at whole page because ignored left side while focusing on right)

"they – they … uh um th- they Kaplunk! … well, he was was, he was – uh he (pointing to boy) … um uh … th- the – that was kaplunk.."

Content units = 1

Phrase length = 2–3 (average = 2)

◀ 图 55-2　入院时对"偷饼干"图片的描述记录

Cookie Theft: Mr. F.G. - April 7, 2016 (total time = 2 minutes)

"He is falling off the chair getting a cookie from the cookie jar…and the – the –the – her…she was helping him off the chair and he um – he enlisted her help and she was basically looking at him" (patient covered mouth in gesture of little girl)

"and the – ok, yeah – the fi- fi- just the midding. She's talking to something over there and she wasn't talking anything about it (referring to mother in picture) – it's falling – she's doing the outside of the dish and the inside is facing her …"

Content units = 14

Phrase length = 3–13 (average = 6.1)

◀ 图 55-3　出院时对"偷饼干"图片的描述记录

于 FG 缺乏家庭支持，向他的朋友 / 邻居寻求帮助可能有助于了解他的基本对话伙伴及语言需求和环境。最大限度的康复强度也是治疗计划中一个重要因素。理想情况下，卒中后失语症患者应每天接受至少 1h 的治疗以获得最佳疗效。布置家庭作业和利用助手、学生或志愿者的配合可以潜在地增加每天的治疗时间。另一个重要因素是这个患者的心理健康状况。抑郁症可能会妨碍整体的康复治疗进程。治疗团队应观察和讨论患者的情绪和参与度。最后，考虑到 FG 缺乏社会支持，临床医生应与其他团队成员密切合作，一起为患者传授出院后确保安全的沟通技能。治疗应侧重于功能性语言任务，如打电话给药店或在紧急情况下打电话给警察。

4. 由于患者存在疲劳、测试耐受性和自知力受损等问题，在卒中后急性期康复环境中完成言语和语言的正式评估可能具有挑战性。哪些非正式任务可用于收集有用的基础数据并指导治疗方案？

答案：例行的会话性互动对于获取有关功能性语言表达的信息是很有用的，而且通常可以产生比正式测试更翔实的语言样本。让患者谈论一下自己的爱好，或者让他们描述一下自己日常的一天，这就为谈话提供了主题。询问患者他们对卒中的了解和理解可以帮助了解他们的意识水平和教育需求。在第一个疗程中，向患者解释康复过程中可能会发生的事情，可以提供关于语言表达和听力理解的信息，同时也能增加患者的舒适度。使用是 / 否或多选题来确定患者的理解能力。菜单选择卡或床边小册子，如《预防跌倒》小册子，可以提供关于阅读能力的基本信息。此外，言语语言病理学家（SLP）在患者的安全教育中扮演着重要的角色。非正式评估书面表达能力时，确保评估的目标是对患者基线状态起作用的任务。例如，许多患者会指出，他们在卒中前的常见书写任务，像写支票、购物清单和待办事项清单等简单的任务。

【障碍描述和推荐治疗方法】

根据正式和非正式的初步评估，FG 表现为中度至重度沟通障碍，其特征与非流利性失语症最一致，很可能是经皮质运动性失语症。在所有的感觉模式中都发现了缺陷，但语言表达受到的损害最严重，并被确定为治疗的最重要目标。FG 的沟通障碍预计会对他在家中独立工作的能力产生重大影响。鉴于他的住院时间短，缺乏家庭 / 社会支持，选择和制订能够获得最大功能疗效的治疗目标以帮助他实现安全回家的目标至关重要。

FG 的身体状况很好，可以承受高强度的言语语言治疗。他同意每周参加 5 次每天 45～60min 的言语治疗。此外，他与一名治疗助理进行了 30min 的会谈，这提供了进一步的练习。推荐的治疗方法包括使用朗读技能的脚本训练。脚本的主题在与患者一起使用辅助语言技术（图片支持、是 / 否问题、文字选择）时形成的，并在各种情境中（面对面、电话、小组）与医院的多个沟通伙伴一起练习。治疗的重点是双重的。首先，这些脚本提供了使用未受损能力进行造句练习，增强了语法的形成和功能词的词汇提取。该材料对患者而言是具有调动作用的，因为它是患者具有多次重复机会的练习中产生

的。其次，患者将所有的脚本保存在活页夹中，并能够在各种情况下（如当他在自我用药培训中需要向护理人员申请药物时）将其作为一种低技术含量的沟通辅助工具来使用。这种次要的好处对于提高出院时的独立性非常重要。

【结果】

FG 在预定的出院日期出院回家。他的沟通能力提高了，能够使用电话进行简单的对话，也能在需要时请求帮助、问路、预约及与朋友进行简单的互动。入院时，他的语言表达用基于医院结果的工具 FIM（功能独立性测量）进行评估，他的得分为 1/7（能够交流基本信息的时间少于 25%）。出院时，他的 FIM 语言表达得分增加到 4/7（75% 的时间能够表达基本信息）。在入院时，他只能说 1～3 个单词，内容有限。出院时，他的话语长度超过了 10 个单词，并且在内容上也有了很大提高，这在自发性言语和重新评估结果中均有体现（图 55-3）。

在功能方面，FG 在出院时可以管理他的药物，并能够乘坐公共交通工具和使用电话。他同意到门诊接受进一步治疗。考虑到他在句子结构和语法用法上的持续困难，建议使用像"动词关联强化治疗"的技术来进行治疗。

要点

- 应根据评估结果、患者的优势和兴趣 / 目标选择治疗技术。患者会最大限度地投入到他 / 她认为有价值和有动力的任务中，这将使结果得到更多的泛化和改善。临床医生可能是他 / 她所在领域的"专家"，但患者才是他 / 她自身功能障碍方面的专家。在康复过程中，与患者保持伙伴关系是至关重要的。

- 对于处于急性康复期的患者，可能会推迟深入的评估。患者的行为表现可能在脑卒中后的 2 周迅速改变。选择在早期阶段花费太多时间进行评估可能不是对时间的最有效利用。考虑收集初始基线评估数据，将其用于诊断性治疗。在卒中早期留出时间进行教育和咨询也很重要。

- 抑郁症是卒中后的常见病，尤其是在失语症的情况下，它会影响康复结果。言语语言病理学家（SLP）可以帮助筛查抑郁症，必要时需要团队 / 家庭医生的加入。

推荐阅读

[1] Graven C, Brock K, Hill K, Ames D, Cotton S, Joubert L. From rehabilitation to recovery: protocol for a randomised controlled trial evaluating a goal-based intervention to reduce depression and facilitate participation post-stroke. BMC Neurol. 2011; 11(1):73

参考文献

[1] Cherney LR. Oral reading for language in aphasia (ORLA): evaluating the effi-cacy of computer-delivered therapy in chronic nonfluent aphasia. Top Stroke Rehabil. 2010; 17(6):423–431

[2] Edmonds LA, Mammino K, Ojeda J. Effect of Verb Network Strengthening Treatment (VNeST) in persons with aphasia: extension and replication of previous findings. Am J Speech Lang Pathol. 2014; 23(2):S312–S329

痉挛性发声困难与肌肉紧张性发声困难的鉴别诊断
Differential Diagnostics in Spasmodic Dysphonia versus Muscle-Tension Dysphonia

Shirley Gherson　著

康子浩　译　　杨杏萍　徐洋凡　校

【概述】

由于痉挛性发声障碍的临床症状并不固定，所以对可能患有痉挛性发声困难（spasmodic dysphonia，SD）的患者进行诊断、评估或者治疗是具有挑战性的。此外肌肉紧张性发声困难（muscle-tension dysphonia，MTD）是一种更常见的肌肉协调失调，症状与 SD 类似，从而增加 SD 确诊难度。本病例为鉴别诊断 SD 和 MTD 提供了临床途径范例。

【临床病史和病情描述】

患者 C 是一名 29 岁的女性市场营销专业人士，为确诊其症状为 MTD 还是 SD 而转介评估和诊断治疗。患者 C 总结了她的问题如下："就好像我的声音有点哽咽，感觉有些颤抖，听起来很紧张的样子，其实并没有。"她说自己以前的声音正常，直到 2012 年底，她才注意到自己的声音经常在没有焦虑或紧张的情况下出现颤抖，尤其是在打电话的时候。2012 年 10 月，患者 C 患上了上呼吸道感染，嗓音嘶哑了几天。在康复后，她的声音症状严重恶化，颤抖得更加频繁，以至于她的朋友开始评论她的声音质量。她的声音特点是在电话中，主要是在电话会议中，以及在刚到达某个地方开始使用声音时，声音颤抖进行性加重。她的声音随着使用次数的增加而逐渐提高。她否认饮酒后声音有明显改

善。她说："我自己很难知道这一点，因为一旦我开始注意到它，声音就开始中断。"她认为自己在唱歌时也出现了一些声音症状。

患者 C 的工作需要经常言语。在转诊时，她的症状越来越明显，她发现这些症状限制了她的社交和职业活动。除此之外，患者 C 的健康状况良好，否认曾出现过声音问题。家族史方面，有一个表亲可能有同样的声音症状，但她不确定。

一位耳鼻喉科医生通过对患者 C 的喉动态镜检查，发现可能存在一些神经性声音问题的迹象。在这种情况下，试图使用行为疗法去区分痉挛性发声困难（SD）和更具功能性的表现。

【临床测试】

患者 C 进行了全面的声学和功能测试，刺激包括含有清辅音和浊辅音的句子。此外，她还被指示执行下列任务：舒适地维持标准音高的 /a/ 音，轻声地说浊辅音，唱"生日快乐"，大声喊"出租车"然后让她用正常的声音数数，又让她用假声数了一遍（表 56-1）。

【读者问答】

1. 一个 55 岁的男性来到你的诊所，他的声音在 2 年的时间里逐渐变得紧绷压抑。这个患者被诊断为肌肉紧张性发声困难，并且他已经接受了 8 个疗程的言语治疗。尽管患者坚持锻炼，但这种疗法还

表 56-1 区分痉挛性发音困难和肌肉紧张性发音困难的诊断任务

诊断任务	结　果
假声的声音/唱歌/喊叫	显著提高声音质量
中元音，词中间的断音	出现
持续元音与语音	在音质上有显著的差异，有更大的发声稳定性
清辅音重短语和浊辅音重短语	在浊辅音重的短语中出现痉挛的频率增加
笑/哭/咳嗽/清嗓子	大笑时声音改善，其他活动未注意到有声音改变
数字操作和喉部按摩	触诊显示轻微的舌根张力和良好的喉部活动范围
用伪声改变声音	不适用

是未见成效。在言语评估过程中，你会注意到患者的紧绷音质在持续发出元音、低语声或假声时可以得到改善。患者在阅读"We rode along rainy island avenue"时，音质会恶化，而在阅读"The puppy bit the tape"时，音质会略有改善。喉部触诊显示患者在说话时颈部肌肉和舌根会有中—重度的肌张力。肌肉张力在休息时恢复正常。根据你的评估结果，最有可能的诊断是什么？

(1) 内收肌痉挛性发声困难（adductor SD，ADSD）不伴有代偿肌紧张性发声困难（MTD）

(2) 外展肌痉挛性发声困难（abductor SD，ABSD）伴有代偿肌紧张性发声困难

(3) 内收肌痉挛性发声困难伴有代偿肌紧张性发声困难

(4) 混合内收肌震颤痉挛的发声困难

(5) MTD

答案：(3) 正确。对患者的评估结果最有可能的诊断是内收肌肉痉挛性发声困难伴有代偿肌肉紧张性发声困难。支撑这个诊断的线索包括：言语治疗没有疗效；患者在读以元音为首字母的单词和重音在浊辅音的句子时，音质会恶化，读重音在清辅音的句子会有所改善；非言语相关的任务可以提高患者言语质量，如假声、耳语和持续元音。肌肉紧张性发声困难可作为原发性痉挛性发声困难诊断的

代偿。

(1) 不正确。虽然患者确实表现为 ADSD，但同时也有肌肉紧张性发声困难的表现和症状，喉部触诊呈阳性。

(2) 不正确。外展肌肉痉挛性发声困难的特征是气息中断，通常由清辅音的重读的短语触发。

(4) 不正确。患者在持续的发声任务中没有出现颤抖的声音。

(5) 不正确。MTD 的特点是喉部触诊呈阳性，持续的语音治疗改善了语音质量（考虑到缺乏二次增益）；通过掩蔽和转移任务改进了发声（如唇音、颤音）。声音质量一般不会在非言语相关的任务中得到改善，如假声、耳语或持续元音。

2. 对于痉挛性发声困难患者来说，在进行非言语相关任务（如唱歌、大笑、哭泣、假声）时，声音质量的突然提高可能是由什么原因造成的呢？

(1) 喉部肌肉松弛。

(2) 这些任务触发了另一条与言语无关的运动路径。

(3) 非言语任务的心理压力较小。

(4) 情绪表达是一种宣泄和释放压抑紧张情绪的方式。

答案：(2) 正确。痉挛性发声困难（SD）的定义特征是它需具备特定任务的条件，主要表现在言语任务中。因此，当触发其他发声途径时，如唱歌时，痉挛性发声障碍症状明显下降。

(1) 不正确。虽然喉部肌肉组织可以通过使用非言语相关的运动通路而放松，并减少了痉挛的诱因，但肌肉紧张的释放是一种症状，而不是提高语音质量的原因。

(3) 不正确。由于这种现象，痉挛性发声困难一直被误诊为一种心理疾病。现在认为这与使用替代运动通路有关，而不是心理释放。

(4) 不正确。患者 C 在这个任务中，带有情绪地讲话时声音有特异性的改善，这一观察结果与大脑使用交替运动通路有关。

3. 在知觉测试中进行的一项阅读任务发现，在患者读"He is hiding behind the house"和"The puppy bit the tape"这样的句子时，频繁伴有呼吸声的停顿，语音质量更差，而在"We rode along rainy

island avenue"和"We eat eels every day"这样的句子中会更好。综合考虑，你会考虑什么诊断？

(1) ADSD

(2) 混合痉挛性发声困难

(3) 声音颤抖

(4) ABSD

(5) MTD

答案：(4) 正确。外展肌肉痉挛性发声困难是以由清辅音触发的呼吸声中断为特征。与那些主要使用浊辅音的句子相比，患者读有大量清辅音的句子时出现症状的频率会增加。

(1) 不正确。内收肌肉痉挛性发声困难以重读浊辅音和元音为首的句子引发的声音痉挛为特征。

(2) 不正确。混合痉挛性发声困难包含内收肌肉痉挛性发声困难和外展肌肉痉挛性发声困难，还可能包含一部分震颤。因此，无论患者是读清辅音还是浊辅音加元音的重句，都可能出现症状。

(3) 不正确。声音震颤的特征是声音有节奏地颤动。虽然严重的震颤也可表现为 ADSD，不过症状不是由特定的语音任务触发的。

(5) 不正确。肌紧张性发声困难是以周围神经系统紧张为特征，患者声音不会因特定言语任务而突然变化。

【障碍描述和推荐治疗方法】

SD 是一种发生在特定任务中的局灶性肌肉张力困难，其特征是说话时不自觉的或因动作诱发的喉部肌肉痉挛[1]。SD 最常见的两种亚型是 ADSD 和 ABSD。ADSD，即声带突然内收，导致断音和嗓音紧困。ABSD，即声带不当外展，导致呼吸性音断音。ADSD 由浊辅音触发，ABSD 由清音触发。在混合型 SD 中，两种类型的特征都存在[2]。

大约 1/3 的痉挛性发声困难患者会并发震颤。"Islands"在以下情况可能可以正常发声，包括情绪性的发声表达（如笑、哭）、唱歌、持续发声或非典型讲话模式（如假声、叫喊）。这种障碍是慢性的，也可能是渐进的，它被认为是基底神经节及其连接的中枢运动处理障碍[3]。最近的研究表明，感觉区域和运动区域之间的大脑活动减少，理论上可能导致感觉处理和随后运动皮质处理中断[4]。

Simonyan 和 Ludlow 使用 MRI 和功能磁共振成像进行了一项脑成像研究[2]，在语音控制系统的关键区域发现异常的结构功能关系，包括喉感觉运动皮质，额下回，颞上回、颞中回和缘上回及小脑。痉挛性发声困难的病理生理可能涉及语音控制网络的多级中断，包括感觉运动输出和听觉监测。

目前治疗痉挛性发声困难的标准方法是 A 型肉毒杆菌（BT）[5]。BT 传统上与声音疗法相结合，然而，基于循证的研究并不能确定这种联合治疗方式可以提高疗效。Murry 和 Woodson[6] 认为 BT 治疗和声音治疗的结合可以通过减少代偿性肌肉劳损来延长 BT 的效果。然而，到目前为止还没有关于这一综合效应的研究发表。当 BT 无效或患者拒绝 BT 治疗时，声音疗法可以全方面减少残疾影响。需要特别指出的是，行为疗法没有疗效。痉挛性发声困难的其他手术治疗包括偏侧甲状软骨成形术[7] 和选择性喉内收肌去神经化及再神经化手术[8]。

相比之下，肌肉紧张性发声困难与喉的任何结构或神经功能障碍无关。肌肉紧张性发声困难被认为是由喉部和喉外肌肉组织过度紧张或调节不良的肌肉紧张引起的[9]。虽然还未确认这个问题的起因和持续存在的具体机制，但坊间证据显示其与上呼吸道感染期间或之后的代偿性紧张有关[10]。过度的压力和心理冲突也会加重症状。症状可能逐渐或突然出现，并因压力和声音的使用而加重。虽然唱歌和非言语发声可能会提高音质，但这种效果通常是短暂的，因为一旦肌肉恢复到默认的紧张状态，就会出现发音困难。最好的治疗方法是言语治疗。治疗方法主要是放松肌肉，可能包括喉部按摩，做出半闭塞声带姿势，及协调呼吸气流和共振的练习。有时候，可能可以立即取得成效，声音得到改善。其他时候则需通过长时间的持续言语治疗取得成效。

【结果】

在患者 C 的案例中，几种诊断指标均指向 SD 而不是 MTD。最明显的一点是，在大笑、唱歌、用假声说话和大喊的过程中，患者 C 的声音质量有所提高。此外，与沟通对话相比，在持续发声的过程中观察到患者 C 震颤和声音中断的整体频率显著降低。Roy[11]声称,尽管 ADSD 患者可能在非言语相关任务中出现声音中断,但在诊断测试中通过这些任务提高声音质量显著增加了阳性痉挛性发声困难诊断的可能性。虽然患者 C 在自发讲话时没有出现明显的痉挛语音模式,但在含有浊辅音的短语中可以观察到痉挛频率明显增加。因操纵外部肌肉而导致的最小肌肉劳损(常见于肌肉紧张性发声困难),通常也有助于确定最终的诊断结果。患者可能同时患有肌肉紧张性发声困难,然而其本质是代偿性的。光谱分析清晰地显示出突兀的声音中断和不规则的垂直条纹。患者病史中的诊断指标有,她的声音不自觉地"颤抖",音质间歇正常,且可能有阳性家族病史。相比之下,肌肉紧张性发声困难可能在所有任务中表现为声音质量中断时间更长,可能与声音剂量、压力水平和二次增益相关。此外,肌肉紧张性发声困难还伴有持续性和显著的肌肉压痛和劳损,在喉部触诊时可以鉴别。

在短暂的咨询期间,重点向患者 C 解释痉挛性发声困难的诊断(C 通过自己的调查对这项诊断有所怀疑),并讨论了治疗选项,会议后患者同意接受 A 型肉毒杆菌(BT)的药物治疗。在注射后的头几个月里,她被要求每隔 3 周去拜访治疗师,讨论任何她的担忧或药物的不良反应。患者 C 确诊后非常担忧,并感到难过,不过当有了一个明确的治疗计划后,她还是松了一口气。在第一次 BT 治疗后,她还要求进行几次言语治疗。然而,考虑到评估中没有出现明显的继发性肌张力,建议其不要采用这种治疗。我们还提供给患者 C 几个国家痉挛性发音困难协会的链接,以便她了解更多的关于该疾病的社会支持团体和有关该疾病的基本信息。

要点

◆ SD 发生于特定于任务中,声音质量通常(但不总是)可在非言语相关的任务中得到提高,如大笑、唱歌、假声和喊叫。

◆ 触发 ADSD 痉挛的特定言语项目可能是首字母为元音的短语(例如,"We eat eggs every Easter"),而触发 ABSD 痉挛的特定言语项目可能是清辅音(例如,"He is hiding behind the house")。混合型痉挛性发声困难有震颤部分(音调有规律的摇摆),通过观察患者持续的发声来可发现这点。

◆ 如果患者持续发声时,语音质量有所改善,则痉挛性发声困难的诊断有更大的可能性。

◆ 重点在放松外源性喉部肌肉的言语治疗方法,对没有明显的心理因素影响的肌紧张性发声困难有成效。

◆ 最令人困惑的是,痉挛性发声困难的特征有两个,一个是片段式的正常讲话,一个是声音质量在压力之下会恶化,两者似乎在本质上更具有功能性的区别。

◆ 虽然 SD 可能与肌紧张性发声同时出现,但即使是最好的放松技巧也只能暂时改善声带功能。

推荐阅读

[1] Rees CJ, Blalock PD, Kemp SE, Halum SL, Koufman JA. Differentiation of adductor-type spasmodic dysphonia from muscle tension dysphonia by spectral analysis. Otolaryngol Head Neck Surg. 2007; 137(4):576–581

[2] Tanner K, Roy N, Merrill RM, Sauder C, Houtz DR, Smith ME. Spasmodic dysphonia: onset, course, socioemotional effects, and treatment response. Ann Otol Rhinol Laryngol. 2011; 120(7):465–473

参考文献

[1] Ludlow CL, Adler CH, Berke GS, et al. Research priorities in spasmodic dysphonia. Otolaryngol Head Neck Surg. 2008; 139(4):495–505

[2] Simonyan K, Ludlow CL. Abnormal structure-function relationship in spasmodic dysphonia. Cereb Cortex. 2012; 22(2):417–425

[3] Blitzer A, Brin MF, Stewart CF. Botulinum toxin management of spasmodic dysphonia (laryngeal dystonia): a 12-year experience in more than 900 patients. Laryngoscope. 2015; 125(8):1751–1757

[4] Ali SO, Thomassen M, Schulz GM, et al. Alterations in CNS activity induced by botulinum toxin treatment in spasmodic dysphonia: an H215O PET study. J Speech Lang Hear Res. 2006; 49(5):1127–1146

[5] Blitzer A, Sulica L. Botulinum toxin: basic science and clinical uses in otolaryngology. Laryngoscope. 2001; 111(2):218–226

[6] Murry T, Woodson GE. Combined-modality treatment of adductor spasmodic dysphonia with botulinum toxin and voice therapy. J Voice. 1995; 9(4):460–465

[7] Isshiki N, Tsuji DH, Yamamoto Y, Iizuka Y. Midline lateralization thyroplasty for adductor spasmodic dysphonia. Ann Otol Rhinol Laryngol. 2000; 109(2): 187–193

[8] Berke GS, Blackwell KE, Gerratt BR, Verneil A, Jackson KS, Sercarz JA. Selective laryngeal adductor denervation-reinnervation: a new surgical treatment for adductor spasmodic dysphonia. Ann Otol Rhinol Laryngol. 1999; 108(3):227–231

[9] Roy N, Gouse M, Mauszycki SC, Merrill RM, Smith ME. Task specificity in adductor spasmodic dysphonia versus muscle tension dysphonia. Laryngoscope. 2005; 115(2):311–316

[10] Roy N, Bless DM, Heisey D, Ford CN. Manual circumlaryngeal therapy for functional dysphonia: an evaluation of short- and long-term treatment outcomes. J Voice. 1997; 11(3):321–331

[11] Roy N. Differential diagnosis of muscle tension dysphonia and spasmodic dysphonia. Curr Opin Otolaryngol Head Neck Surg. 2010; 18(3):165–170

专业护理机构住院患者的失语和吞咽障碍
Aphasia and Dysphagia in a Resident of a Skilled Nursing Facility

Kelly A. Bridges 著

叶乐乐 译   徐洋凡 林舜娜 校

【概述】

每一种练习背景都伴随着一系列独特的挑战和局限。言语语言病理学家（speech–language pathologist，SLP）在熟练护理、亚急性和（或）长期护理康复环境中遇到复杂病例时，为员工提供在职培训至关重要。

【临床病史和病情描述】

患者 MM 是一位 75 岁的老人，急诊入院，其女友描述他的症状是"他早餐后就说不出话了"和"右臂动不了"。入院时（症状开始后约 4h）拍摄的脑 CT 显示，他的左大脑中动脉分布区发生了缺血性脑血管意外（cardiovascular accident，CVA）。因为 MM 的症状在入院前 3h 就出现，并且出现了其他禁忌证，所以他不适宜用组织纤溶酶原激活药治疗。入院后，MM 被转移到专门的住院康复机构（inpatient rehabilitation institute，IRI）4 周，以接受强化的物理治疗、作业治疗和言语治疗。MM 患 CVA 大约 6 周后被转移到亚急性康复中心/专业护理机构（skilled nursing facility，SNF）。

根据转诊记录，MM 的既往病史包括严重的未控制的高血压、高胆固醇血症、2 型糖尿病、良性前列腺增生和之前的 4 次"小型卒中"，无明显持续症状（约 11 年之前、5 年之前，各发作 1 次，去年 2 次）。此外，出院资料还指出，MM 有跌倒的风险，随时都需要二对一的陪护用以转送他和一对

一的陪护照顾，并采取措施预防误吸，出院后在需要吃少量固体的流质饮食食物。据报道，他在物理治疗、作业治疗和言语治疗方面的进展虽然缓慢但还是有稳定提高，但他经常拒绝参加这些治疗，并且情绪变得越来越焦虑。在吞咽障碍治疗得到显著改善后，MM 最近从使用果蓉状固体饮食升级为有少量固体的流质饮食。MM 还接受了针对表达和理解语言的强化语言治疗。转院记录中未提供有关语言目标或进度的详细信息。

SNF 的护理住院备注上指出，他"很焦躁，说话有困难"，他"午餐和晚餐吃得干干净净"，并吃了"常规的固体和稀薄流质食物"。还有人说，他计划与女友一起出院回家，并在需要时再来接受帮助/护理。

【临床测试】

入院 1 天后为 MM 进行吞咽障碍评估和言语语言评估。为了评定进行最低限制饮食时吞咽的安全性和耐受性，以及是否可能恢复到先前的功能水平（据报道，定期食用固体和稀液体稠度饮食），我们对患者的吞咽障碍进行了评估。一次口腔运动检查显示患者牙列自然，仅一颗后右臼齿有磨损。静止和运动中的面部对称，唇缩回，突出和肌力均在功能范围之内（within functional limit，WFL）。舌头可以抬高，凹陷，伸出，左右两侧偏斜及力量均在功能范围之内。发声时软腭会随之抬高且功能正常。音质清晰，声音足够响亮。MM 能根据指令发出强烈的咳嗽声，也能正常清嗓。他干吞咽时能够

充分地分泌，并能在分诊中正常地抬高鼻咽或偏移鼻咽。在评估时他尝了机械性软固体、常规固体和稀薄液体用来测试。MM 以非常快的速度自行进食所有形状较大且不安全的固体食物。在评估过程中，他需要经常提醒以减慢速度并小口吃东西。吃下所有固体食物后，他能正常地闭上嘴巴，及时旋转式地咀嚼，形成了相对内聚的大食团，在触诊中喉肌能正常抬升和偏移，并及时开始进行咽部吞咽。仅在常规的固体稠度试验中，发现吞咽后双侧舌少量残留物。该残留物可通过漱口清除（吃完第一口，患者听到临床医生说话提示他后漱了口。此后 MM 在其他试验中不需要提示也会漱口）。在固体稠度中没有观察到明显的残留 / 误吸的迹象或症状。MM 曾尝试用吸管连续喝两杯 4 盎司的稀液体，他总体的耐受性正常：即吞咽后声音清晰，经口摄食期间或之后无明显渗透 / 误吸迹象或症状。

基于在进行吞咽评估之前及其过程中的非正式谈话，MM 的运动言语功能被判定为在功能范围之内。由于他日益焦虑，注意力下降且日益分心，因此非正式地评估了富有表达性和易于接受的语言。他需要不断的鼓励、引导和积极的投入才能做语言训练任务。MM 很机敏，认得出人，也认得出部分地点（表示他"在医院里"），知道自己的状态（"我卒中过"），但是不知道时间（他说不出正确的日期 / 月份 / 年份）。接受性语言的特征是，回答与自己及其周围环境有关的简单是 / 否问题（他说"是"和"否"），回答正确率达到 9/10；回答复杂的是 / 否问题（例如："您晚上吃晚餐吗？您会在吃香蕉之前先剥皮吗？"）的正确率为 1/10；下一步指令（如摸自己的头并伸出舌头），做出正确指令的正确率为 5/10；给他提供额外视觉提示并重复指令后，正确率会提高至 9/10；识别身体部位的正确率为 4/5（"他指着手腕说'肘部'时就错了"）；识别他周围环境中的两个物体，正确率为 5/5；识别 4 个物体的正确率是 1/5；在两张照片中识别到彩色照片的正确率为 3/5；在 4 张照片中识别到彩色照片的正确率为 0/5。

关于 MM 的表达性语言能力，非正式评估显示出能正常说出功能性语言 / 会话性问候 / 非命题性语言（例如，SLP 进入房间时说"嗨，你好不？"，在词汇检索任务中感到沮丧时说"该死"，经常说

暂停填充词和"您知道"）；说话流利（每次说话时说 5～6 个单词）；并适当使用功能词，重复单个单词（如杯子、比萨、钱）的正确率达 5/5；重复短语和短句（例如，"我爱你"，"婴儿哭了"，"我饿了"）的正确率为 4/5；重复复杂句子（例如，"在吃晚餐之前，把垃圾丢了"）的正确率是 0/5；给房里的东西命名的正确率是 3/10；给身体部位命名的正确率是 3/5；给彩色照片中的常见东西命名的正确率为 3/10。在命名任务中，错误通常表现为语义上的偏执（例如，把叉子说成"勺子"，把椅子说成"床"），并坚持说之前的目标词（例如，在给物体、身体部位和照片命名时，在几次刺激下仍持续说"床"这个词）。MM 似乎不一定意识到了这些错误。他表示沮丧（例如，说"该死"），并且随着评估进行变得越来越激动（例如，他在环节最后说"还没做完吗？"和"我没有时间做这个"）。

【读者问答】

1. SLP 通过 IRI 出院文件和 SNF 护士的入院记录观察到有关 MM 饮食的矛盾信息后，SLP 应该怎么做？

（1）建议继续按照护士的建议做一个规律的固体饮食计划，不一定要做吞咽评估。

（2）建议继续执行 IRI 出院要求，以保持机械性软固体饮食稠度，不一定要做吞咽评估。

（3）建议继续按照护士的要求进行定期的固体饮食稠度，并进行吞咽评估以确定这是否是最安全的稠度饮食。

（4）建议继续执行 IRI 出院要求，以保持机械性软固体饮食稠度，并进行吞咽评估以确定限制性最低饮食。

（5）建议将饮食降级至泥状固体稠度，等待吞咽评估结果。

答案：（4）正确。机构在患者转移过程中必须进行清晰的通信记录，这一点至关重要。但是患者也不会一直正确完成各个机构之间说的建议。SLP 注意到这种差异后，应在出院时告知如何调养饮食的建议，将饮食建议通知负责饮食的工作人员，如果出院机构建议患者出院，并在等待吞咽评估结果，需立即要求将饮食从错误的"常规固体"饮食稠度改为"机械性软性"稠度饮食。还可以建议对护理人员和管理人员进行在职教育，重点放在如何从出

院机构中获得并坚持饮食稠度的建议，及不这样做所带来的风险。最重要的是，必须保持患者的安全，并且如果在 SLP 评估之前不确定是否有适当的饮食稠度，则必须谨慎行事并坚持降级饮食。将这种降级的饮食恢复为出院建议后，SLP 应该进行彻底的吞咽困难评估，以进一步评估当前饮食稠度和治疗目标的适当性。

(1) 不正确。虽然护士对吞咽困难有一定的了解，但他们所接受的培训水平不如 SLP，因此，在 IRI 出院时，我们应始终遵循 SLP 的建议。由于 IRI 出院记录指出机械性软固体稠度的饮食已降低，因此必须进行吞咽评估，以确定最低限制饮食和最安全的饮食，并告知治疗计划。

(2) 不正确。由于 MM 接受了降级饮食，并且据报道在卒中前食用了含少量固体的常规固体食物，MM 的目标是恢复到先前的功能水平，因此 SLP 宜进行吞咽困难评估，以确定对他来说最安全，最低限制的饮食，为了让他恢复到先前的功能水平，向他告知治疗计划。

(3) 不正确。应当遵守 IRI 规定的机械性软固体饮食稠度的出院单，因为出院 SLP 在吞咽生理学方面训练有素，他们也被视作专业意见。还应进行吞咽评估，以评估在最低限制饮食稠度时 MM 吞咽的安全性和效率。

(5) 不正确。IRI 出院记录中指出，通过 IRI SLP，MM 的饮食从蓉状固体升级为机械软固体。因此，应该对这些建议充满信心，在 SLP 评估之前继续保持机械软固体饮食稠度。如果在随后的吞咽困难评估中，SLP 发现 MM 食用机械性软性固体不安全，则可能适合将饮食降级为蓉状固体。

2. SLP 为什么在评估过程中选择不评估 MM 对蜂蜜增稠液的耐量？

(1) 因为评估稀液体更重要，不论他们的推荐饮食和液体稠度，在机构中每个人都会定期喝稀液或水。

(2) 因为根据医院出院记录，MM 在 IRI 治疗期间已升级为喝稀液，并且对这些液体耐受。

(3) 因为 MM 在吞咽困难评估中表现极其熟练，已经证明了稀液对他来说很安全并有总体功能耐受性。

(4) 因为 MM 在喝了 227g（8 盎司）的稀液体后，会因太疲劳而无法完成额外的测试。

(5) (2) 和 (3)。

答案：(5) 正确，即 (2) 和 (3) 都是正确的。根据 IRI 的出院记录，在参加吞咽治疗后，MM 成功升级为稀液稠度饮食。此外，SLP 还通过连续用杯子和吸管喝水来评估 MM 对 227g 稀液体的耐受性，评估时他表现出功能耐受，没有出现明显的渗漏或误吸迹象或症状。因此，在此评估过程中无须评估稠化液体的耐受性。

(1) 不正确。除非饮食单上有明确说明，否则不要向给要求喝浓稠液体的患者服用稀液体（包括水）。患者在喝水时可能会吸气，这可能导致并发症，包括呼吸窘迫或吸入性肺炎或以上两种并发症。

(4) 不正确。患者在吞咽困难评估期间并未疲劳。实际上，他在吞咽评估后还完成了言语—语言评估。

3. 吞咽困难治疗的主要重点应该是什么？

(1) 提高触发咽部吞咽的速度。

(3) 在咀嚼过程中增加唇部闭合的强度，以减少从口腔溢出的可能。

(4) 吃固体食物时，放慢进食速度，小口吃以提高进餐安全性。

(5) 为了清理咽部改善舌根回缩。

答案：(4) 正确。由于 MM 并未表现出吞咽障碍，并且吞咽后仅有少量残留物，这是轻度口腔吞咽困难的特征，因此主要关注的是 MM 自我进食时表现出的不安全和冲动进食情况（自我进食速度快和大口吃）。吞咽困难治疗的重点应集中在增加进餐时的安全性，提高对他的自我进食行为的认识，教育与不安全饮食有关的潜在风险及教育他继续使用补偿性策略清除吞咽后口腔残留物。患者的目标是恢复吃常规的固体稠度食品，而 SLP 对患者的目标是使其安全达到此目标。由于 MM 希望在获得更大独立性的情况下回家（并在需要时给他提供额外的帮助），因此，向其女友及其他家庭成员或照顾者提供有关安全喂养策略的教育也很重要，他们将在患者出院后陪伴其左右，并协助他的日常生活。

(1) 不正确。根据吞咽困难评估，MM 很快地触发了咽部吞咽。

(2) 不正确。根据评估，所有接受实验的稠度鼻咽部抬高和偏移均在功能范围之内

(3) 不正确。摄入期间未观察到前口腔溢漏，

评估期间他的唇部闭合度在功能范围之内。

(5) 不正确。在床旁所有接受实验的稠度中，MM 的吞咽期均在功能范围之内。SLP 并未怀疑咽部残留，并且在评估过程中未表现出明显的渗漏 / 误吸症状或体征。

4. 在他治疗计划初期，以下哪项不是他短期的言语—语言训练目标？

(1) MM 将通过视觉日历帮助和少量语言提示以 100% 的准确度来认清对人，地点，时间和情况。

(2) MM 将可以在复杂问题情景 5/5× 中，无须提示或少量提示提供两种替代解决方案。

(3) MM 将以最少的语言提示以 80% 的精度（8/10×）遵循一步指示。

(4) MM 通过适度的语言（语义，语音）和视觉提示，在 4 个领域中叫出他周围环境物品的正确率为 7/10。

(5) MM 将以最少的语言提示，回答复杂的是 / 否问题的准确率达到 90%（9/10×）。

答案：(2) 正确。在确定目标优先级时，我们可以考虑几个因素，包括提高安全性，促进独立性及促进患者参与娱乐活动。对于 MM，他目前居住在亚急性康复中心，当他和陪护之间的沟通中断时，他经常显示出沮丧，有时也会焦虑。为了减少挫败感并改善与陪护的互动，最初着重于提高遵循指令的准确性，回答有关他本人偏好和关心的复杂是 / 否问题，及提高他对在其日常环境中（SNF）常见对象和项目的词汇检索能力，这些对于 MM 而言是有益的。另外，为了进一步减少挫败感和困惑，最好可以提升他的方向感。后来的目标可能针对更复杂的领域，包括更高层次的认知（例如，解决问题的目标），听觉理解（例如，阅读理解），及提高对物品和照片组织词汇检索的能力，这些物品和照片不在 SNF 情景中，但它们存在并适用于他的家庭生活及其休闲活动中。

(1) 不正确。个人对人物、地点、时间和情况的了解和认识，在恢复过程中非常有益。定向力通常是临床医生为神经损伤患者制订的首要目标之一。

(3) 不正确。如果 MM 在遵循简单的单步命令中得到进步，那他将受益匪浅，因为他和护理人员由于接受能力的限制而在日常护理互动中表现出挫败感。

(4) 不正确。由于词汇检索受挫和与陪护的沟通中断，MM 变得越来越沮丧，因此如果他说出周围环境物品（如他的房间、浴室、餐厅等）的能力得到提高，对他会有好处这个能力将有助于他传达基本需求。

(5) 不正确。同样，与陪护的沟通障碍也给 MM 的生活质量带来了负面影响。如果最开始的目标是提高对复杂的是 / 否问题的理解，陪护将能够更好地满足 MM 的需求，并且 MM 的挫败感会降低，并能更好地融入当前环境中。

【障碍描述和推荐治疗方法】

MM 表现为轻度口腔期吞咽困难，其特征在于吃了常规固体食物后，吞咽后会有轻度残留物，并且自我进食时容易冲动，速度很快，不太安全。建议进行吞咽困难治疗，重点是进行补偿性策略培训并提高口服摄入期间的安全性，使 MM 恢复至先前的功能水平（安全地接受稀薄液体的常规固体稠度）。在进行 MM 评估之前，已告知护理人员和饮食人员一定要给饮食等级降低，使其食用具有稀薄液体的机械软固体稠度。吞咽困难评估后，已告知护士，由于当时安全方面的考虑，MM 应保持降级饮食，此时应保持高度一致性。

MM 还表现出中度的接受性和轻度的表达性失语症，还伴有注意力不集中和频繁躁动，这影响了他参与任务。建议使用语言疗法来增强 MM 对于正常沟通的欲望、需求、想法和医疗决策，以促使他重新融入其社交 / 生活环境。家庭教育是治疗的重要组成部分，因为 MM 和他的女友表示，他的目标是能回家，在需要的时候能给他提供额外支持。

【结果】

MM 参加吞咽困难治疗 2 周，每周 3 天，每次 30min，以改善吞咽为目标。MM 心情很好，因而在吞咽困难治疗期间，任务参与度和投入度都很好。食用常规稠度固体的初期只是少量尝试，后来整个午餐都是接受训练，通过言语和视觉提示更小口吃，从而提高吞咽安全性，在用餐时多花时间，并补充液体和固体（以促进清除吞食后的残渣，并减缓进餐时的速度）。最初，MM 在 70% 的情况下需要使用口头提示（以减缓速度、小口吃，并交替食用液体和固体食物），偶尔需要视觉提示以减慢步伐速度。然而，MM 慢慢地不用提醒，自己在减缓速度，小口咽，并使用漱口液，在出院时，他几乎不需要提示。在完成 3 次少量对于常规固体食物的试验及一次把常规固体食物作为整个午餐量的实验后，MM 表现出更高的耐受性，吞咽后残留很少，甚至没有使用漱口液，也没有出现明显的渗漏或误吸。他的饮食已升级为常规固体稠度与稀液体，并且他在午餐时参加了 SLP 的最后两场会议，以确保饮食的稠度得到提高并继续安全吞咽和信用补偿策略来确保安全。出院时他通过吞咽治疗，已经恢复到他以前的功能水平，能够安全地食用常规的固体和稀液稠度。出院时，护理人员和执业护理助理人员对其进行了安全吞咽策略和建议的教育，通过提供口头提示，在需要时减慢速度小口吃。由于 MM 的其他安全性问题和持续监督有很多关于物理治疗和作业治疗的建议（由于患者有跌落风险和患者自我转移容易冲动），MM 始终在监督下进食。MM 的女朋友在最后一次会议和之前的两次会议都在场，她能够把有关安全吞咽和补偿策略的知识口头表达出来。

　　MM 在他住在 SNF 的 4 个星期中也参加了语言治疗。每周 3～4 天，他接受了 30～45min 的疗程，用于失语症治疗，重点是改善接受性语言（特别是提高回答关于自我和医疗保健及日常生活活动的复杂的是 / 否问题的准确性，并遵循具有最少提示的一步和两步命令）和表达性语言（通过具有可变级别提示的语义特征分析，在他的周围环境中增加对具体对象的词汇检索能力）。首先将这些技能作为目标，因为它们有望通过减少 MM 与陪护之间的沟通中断的情况来提高 MM 在 SNF 的生活质量，并通过提高其对其欲望和需求的准确表达来提高他整体的正常交流能力。在治疗过程中，MM 的参与度和投入度参差不齐，因为有些日子他心情很好，展示出了最佳效果，而有些日子他很容易感到沮丧和烦躁。通常，积极的强化对他有用，偶尔治疗会中断（治疗师之后会再次走进他完成疗程），收到女友的鼓励后继续进行。与吞咽困难疗法相比，MM 在失语症治疗中表现出更大的分散性，但轻柔地重新定向工作和安静的治疗环境对他发挥了用处。接受性语言的技能在治疗 4 周后逐渐改善。在出院时，MM 在回答复杂的是 / 否问题时的准确率为 70%，在没有视觉提示的情况下遵循一步指令的准确率为 100%，在遵循具有最少视觉提示的两步指令的准确率 80%。词汇检索使用了一种语义特征分析处理方式的改良版，提高了在他说出周围环境中常见对象的能力（在语义和音素提示最少的情况下，正确率达到了 90%）。MM 偶尔还是会有语义错乱和反复说话的情况，但这些情况在当他感到累或沮丧时更为普遍。当词汇检索很难，他又需要不断鼓励时，他偶尔会拒绝使用补偿策略（如迂回语）。SLP 建议在出院后把持续进行失语治疗服务作为门诊或家庭医疗服务。

要点
- 不同的康复环境提出了不同的挑战。我们必须明白，各种各样的事情都会发生，文件可能也会有错误，遵守临床建议也可能会发生错误，SLP 的责任是在发生这种情况时，向其他卫生专业人员提供教育，以减少这些潜在的有害情况的发生并提高患者的安全和生活质量。
- 在 SNF（亚急性康复病房，短期和长期护理病房）中，每位患者的情况都不同，病情发展速度也不同。有些人可能会恢复得很快，而另一些人则不会。重要的是，首先要对目标进行优先排序，即满足患者在当前环境中的需求（例如.基本需求的正常沟通，改善患者与员工之间的沟通交流及增加患者安全），努力改善生活质量。
- 脑部受伤（卒中、疾病或与创伤有关）的患者可能会同时出现各种障碍，这些障碍可能会阻碍吞咽、语言或认知语言治疗的进展。通过寻找最佳方法来鼓励治疗过程中的参与和增加治疗过程中的动力，临床医生—患者可以得到动态受益，这可能需要将家庭和（或）照顾者纳入治疗计划。

推荐阅读

[1] Kristensson J, Behrns I, Saldert C. Effects on communication from intensive treatment with semantic feature analysis in aphasia. Aphasiology. 2015; 29 (4):466–487

[2] Ownsworth T, Clare L. The association between awareness deficits and rehabilitation outcome following acquired brain injury. Clin Psychol Rev. 2006; 26 (6):783–795

[3] Winstein CJ, Stein J, Arena R, et al. American Heart Association Stroke Council, Council on Cardiovascular and Stroke Nursing, Council on Clinical Cardiology, and Council on Quality of Care and Outcomes Research. Guidelines for adult stroke rehabilitation and recovery: A guideline for healthcare professionals from the American Heart Association/American Stroke Association. Stroke. 2016; 47(6):e98–e169

颅脑外伤后多发性颅神经病变及小脑后下动脉瘤
Multiple Cranial Neuropathies and Posterior Inferior Cerebellar Artery Aneurysm following a Traumatic Brain Injury

Gemma Bailey **著**

杨栋栋 **译**　黄　巧　徐洋凡 **校**

【概述】

获得性脑外伤非常复杂，需要彻底评估以便制订最合适每个患者的康复计划。

【临床病史和病情描述】

患者 TD 是一个 20 岁的男性，他戴着头盔骑摩托车时发生了交通事故。患者做过颅脑 CT 扫描后，结果显示枕颈分离和蛛网膜下腔出血（subarachnoid hemorrhage，SAH）病症。磁共振结果显示患者左侧小脑存在小脑下后动脉（posterior-inferior cerebellar artery，PICA）瘤及弥漫性轴索损害，随后患者进行了血管内支架修复和弹簧圈栓塞术。患者表现有多发颅神经的损伤，包括双侧舌咽神经瘫痪（第 9 对颅神经）和双侧迷走神经麻痹（第 10 对颅神经）。耳鼻喉科的检查结果评估显示双侧声带分别固定于两侧（图 58-1）。

【临床测试】

从受伤后，TD 做了大约 2 个月的病情评估。这段时间，他存在吞咽困难，所以只能通过经皮内镜下胃造口术（percutaneous endoscopic gastrostomy，PEG）的导管提供营养。口腔运动评估（oral-motor evaluation，OME）显示其面部表现对称，口腔湿润，牙列自然，舌部肌肉、嘴唇、下颚相对应的力量、运动范围和运动速度都是协调的。患者的音质为气息音，而且他在改变音调和音量方面也存在障碍。在发声任务中观察到腭部的抬高。患者表现为自主咳嗽和清嗓。在吞咽唾液的过程中检测到喉部的运动。然而，一次唾液吞咽后立即出现咳嗽和咳出分泌物。由于 TD 这些严重和复杂的症状，临床的吞咽试验仅限于冰片。口腔功能表现尚可；然而，患者在启动吞咽时存在困难。在一次咳嗽和分泌物（如水和泡沫唾液）咳出后可以观察到反复的喉部运动（如震动）。咳嗽的过程中可以观察到吸气性喉鸣。临床吞咽的评估是非持续性的（表 58-1）。

接下来的喉镜检查显示患者左侧声带运动较前好转，但是右侧声带仍然不能运动。可观察到咽部隐窝的分泌物聚集。患者完成了吞咽造影检查（videofluoroscopic swallow study，VFSS）；治疗方案最开始曾尝试蜂蜜高黏稠的试验。患者的口腔期损伤不明显，但咽期有重度损伤。舌骨前部明显降低，会厌向边缘偏斜且喉部有上抬。声门闭合不完全，这导致高气流穿过口腔。试验食团不能通过食管上括约肌（upper esophageal sphincter，UES）通道并且存留在梨状隐窝。在患者开始尝试吞咽后，可以进一步观察到声带。没有明显的咳嗽。经过 7～10 次吞咽失败后，试验食团被咳出。患者在吞咽时不由自主地向前抬高下巴，在三次试验中的一次，一部分试验材料通过了 UES。

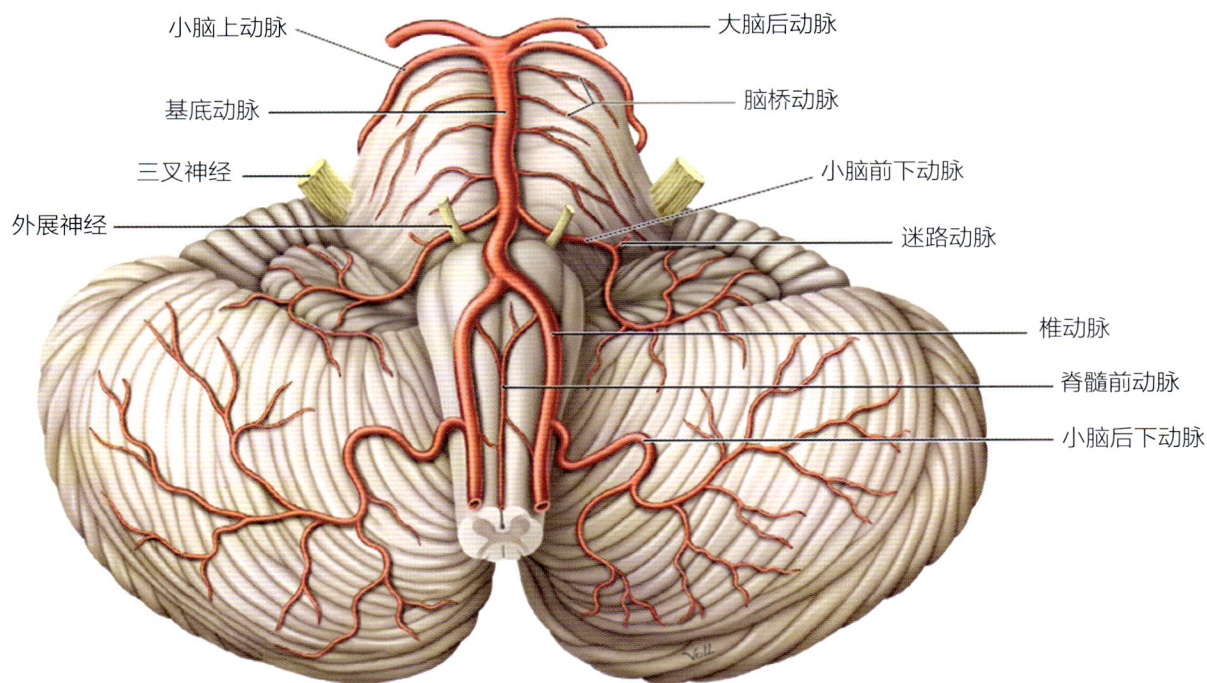

▲ 图 58-1　**Willis** 环：小脑后下动脉（**PICA**）

表 58-1　**TD** 的口腔运动评估

结　构	功　能
面部	• 对称
口腔湿润度	• 湿润
下颌	• 移动范围正常 • 运动速度正常 • 抵抗的力量正常
齿列	• 自然的牙齿，没有牙齿缺损
嘴唇	• 缩唇和圆唇正常 • 嘴唇紧闭的力量正常 • 嘴唇交替运动的速度和协调性
舌头	• 活动范围正常 • 抵抗强度正常 • 速度和协调正常
上腭	• 在持续性和间歇性发音过程中可观察到上腭的抬高 • 无明显的不对称
喉	• 气息音，音调和音量调节存在困难 • 可以正常地有意识咳嗽和清理嗓子 • 干咽时可观察到喉部运动

【读者问答】

1. 老年女性，67 岁，在家里被发现时，双眼睁开，不能说话也不能活动四肢。她现在做了气管切开手术，难以处理口腔分泌物。口腔运动评估提示面部上方和眉毛可见运动、面部下方没有自主运动、口腔不够湿润也没有舌瘫。患者不能发声，但是面对提问时可以通过点头来准确地回答"是"。在评估人物定向、地点定向和时间定向时，她能按指令向上转动眼球。患者最可能患有的病症是：

(1) 吉兰 – 巴雷综合征

(2) 重症肌无力

(3) 无反应醒状综合征

(4) 闭锁综合征

(5) 肌萎缩性侧索硬化

答案：(4) 是正确答案。闭锁综合征是一个神经肌肉疾病，是由于脑桥损伤导致的。典型的损伤可以由缺血（梗死）或血管破裂（脑出血）引起。患者不能吞咽、呼吸、讲话或者其他主动运动。但认知功能不受影响。

(1) 不正确。吉兰－巴雷综合征是自身免疫性疾病，侵害周围神经系统。症状呈渐进性发展。

(2) 不正确。重症肌无力是一个慢性自身免疫性神经肌肉疾病。它通常发生在肢体活动的增加而引起肌肉的无力。通常影响到控制眼睛和眼睑运动的肌肉。

(3) 不正确。患有无反应醒状综合征的患者呈清醒状态，但是缺乏认知功能。

(5) 不正确。肌萎缩性侧索硬化是一个渐进性的神经退行性疾病，控制肌肉的神经元细胞逐渐死亡。

2. 男，21 岁，表现为发声障碍。他因为一起严重的车祸伤 (motor vehicle accident，MVA)，进行了为期 2 周的插管治疗。当要求患者发声时，患者表现犹豫而且声音轻微。耳鼻喉科检查显示双侧声带活动度充分，左侧真声带出血，患者急于开始治疗。如果你作为他的医师，你会：

(1) 告诉他不需要治疗，只需要每天大声地说话就可以了。

(2) 鼓励他让声带完全休息 1～2 周，然后重新评估。

(3) 推荐他加强声门力量以提高音量。

(4) 与耳鼻喉科医师讨论行左侧甲状软骨成形术。

(5) 与耳鼻喉科医师联系讨论行左侧声带的肉毒素注射。

答案:(2) 正确。声带出血是由血管破裂引起的。是音质突然改变最常见的症状。治疗是让声带充分休息。

(1) 不正确。这会导致症状加重而且会让声音永久性改变。

(3) 不正确。这会导致症状加重而且会让声音永久性改变。

(4) 不正确。甲状软骨成形术是一种通过外科手术植入的方法，可使瘫痪的声带靠向中线使声门闭合。

(5) 不正确。肉毒素注射应用于治疗声带痉挛。

3. 你给一位卒中患者做口腔运动评估（OME）时，发现患者存在显著的构音障碍和吞咽困难。患者右侧面部瘫痪而且右侧口角下垂，伸舌右偏且咳嗽有力，而且音质普通，并且口腔干燥，味觉缺失。你预料在吞咽造影检查（VFSS）中可能出现的体征有：

(1) 吞咽期缺失。

(2) 过早溢出，食团制备受损，固体食物转运变缓。

(3) 食管上括约肌放松减缓，导致梨状隐窝残留食物和吞咽后误吸。

(4)（食物）过早溢出，舌基底部向咽后壁接触减少，腭咽闭合障碍。

(5) 气道保护功能降低导致误吸和咽部滞留。

答案：(2) 正确。口腔运动评估显示右侧面部运动神经（第 7 对颅神经）和舌下神经损害（第 12 对颅神经）

(1) 不正确。这是脑干（延髓）损害的表现。

(3) 不正确。这种损害涉及三叉神经（第 5 对颅神经）、舌咽神经（第 9 对颅神经）和迷走神经（第 10 对颅神经）。你可能会发现患者下颌运动紊乱和咳嗽严重。

(4) 不正确。这种损害可能涉及舌下神经（第 12 对颅神经）和咽神经丛（第 9 对和第 10 对颅神经）。你可能会发现尤其是舌的功能障碍和咽反射消失。

(5) 不正确。这种损害涉及迷走神经（第 10 对颅神经）。你可能会发现患者在开始咳嗽时存在困难及音质的损害。

【障碍描述和推荐治疗方法】

患者 TD 的病症表现为，由于严重的颅脑损伤导致的多发颅神经受损及瓦伦伯格综合征（Wallenberg's syndrome），这可能与小脑后下动脉瘤及蛛网膜下腔出血有关。第 11 对和第 10 对颅神经的双侧损伤导致声带麻痹。患者在车祸后，经过了 2 个月的治疗后发现左侧声带运动改善。患者的声音是带有呼吸声的，而且音高改变困难。瓦伦伯格综合征通常是单侧中脑梗死造成的，一般不会造成吞咽障碍。急性单侧中脑梗死可能导致双侧功能障碍。吞咽障碍是非常严重的，而且常常被迫非经口进食。这类患者比脑卒中的患者康复得要慢，而且症状会持续数年。

吞咽功能康复是患者治疗的主要目标。根据

临床专科查体和辅助检查，医生制订了个体化的吞咽康复训练方案。患者每周参与 2～3 次训练课程，出院前训练了 12 次课程。课程约 45～60min，包括常规吞咽唾液训练、吞咽运动训练、声门上吞咽和门德尔森手法训练。每次课程大约完成 60 次的唾液吞咽训练。当患者吞咽训练熟练后，开始训练服用酸奶。到出院时，患者每次课程能完成 10～15 次吞服试验。在训练课程上患者吐痰的次数也被记录下来。每次课程吐痰次数的减少表明其吞咽功能的提高。

【结果】

出院时，患者仍然要求通过经皮胃镜内造瘘术（PEG）的导管提供混合全营养液。于是他被转介到一家私人言语语言病理诊所专门进行神经功能康复训练。那里的医师对他的治疗方案做了更改。出院前，患者复查了吞咽造影检查。检查结果显示要求 TD 继续治疗，提高发声恢复。私人言语语言病理诊所有一位有丰富经验的声音训练医师，并且诊所内配有丰富的设备（如动态喉镜）来评估和治疗。

要点

- 获得性脑损伤非常复杂，需要详细地回顾和了解患者的病史。
- 吞咽困难常常是多方面引起的。需要完整详细地进行口腔运动检查和临床吞咽评估，这会提供吞咽困难症状的特征和潜在威胁，从而决定进一步所需要的辅助检查。
- 吞咽障碍常伴随构音障碍和（或）声音的病变。有时需要多科会诊和康复治疗。
- 治疗目标应优先考虑患者和（或）其家人。
- 治疗方案有预案和辅助检查，充足的预案会大大提高治疗效果。

推荐阅读

[1] Aydogdu I, Ertekin C, Tarlaci S, Turman B, Kiylioglu N, Secil Y. Dysphagia in lateral medullary infarction (Wallenberg's syndrome): an acute disconnection syndrome in premotor neurons related to swallowing activity? Stroke. 2001; 32(9):2081–2087

[2] Daniels SK, Huckabee ML, eds. Dysphagia Following Stroke. San Diego, CA: Plural Publishing; 2008

非流利型/语法缺失原发性进行性失语症的剧本训练
Script Training in Nonfluent/Agrammatic–Primary Progressive Aphasia

Michael de Riesthal　Sarah Diehl　著
周　钰　译　　梁俊杰　徐洋凡　校

【概述】

以循证方法管理的沟通障碍是治疗成功的关键。在此病例中，我们基于患者的病史，以及其社会、社区和职业环境和最佳临床证据，描述了一种治疗非流利型/语法缺失原发性进行性失语症（nonfluent/agrammatic–primary progressive aphasia，nf–PPA）患者的方法。

【临床病史和病情描述】

患者 BH 是一名 64 岁的右撇子，曾积极从事药剂师工作。他有 4 年的交流功能衰退史。在衰退初期，他被误诊为阿尔茨海默症。然后他接受了全面的神经系统评估。在检查时，BH 对人、地点和时间反应灵敏，都能辨明。他说得出美国国立卫生研究院卒中量表上的所有图片的内容，并可遵循三步指令。但他说话时吞吞吐吐，在多音节词发音时前后矛盾。他不断地重复 "no ifs"、"ands" 和 "buts"，并且能够正拼或倒拼 "WORLD" 这个单词。当有单词需要记忆时，他能够记住 3/3 个单词，并在 10min 后回忆起全部 3 个单词。他能摹画交叉的五边形图像，并绘制了一个数字和指针都正确摆放的时钟。BH 双侧瞳孔等大，对光有反应，他的视野不受限，眼外肌运动也不受限，且无眼球震颤现象。他上颚上抬时面部也会随之运动，伸舌居中。BH 没有表现出上肢乏力、局部肌肉无力或辨距不良。他能在一个狭窄的平地上行走，并且可以毫不费力地双脚交替直线走。磁共振成像显示在其左侧脑室周围有轻微的缺血性白质病变。基于这项评估主要发现的是与运动性言语产生相关的问题，神经学家诊断 BH 患有原发性进行性言语失用症（apraxia of speech，AOS）。他被转诊接受言语及语言的评估和治疗。

【临床测试】

在言语和语言评估过程中，BH 和妻子反映，一开始，他很难 "说出自己想说的话"，后来在社区、家里和工作中进行交流时逐渐出现沟通困难的情况。在这次评估中，BH 觉得发声比以前更难。他觉得理解语言或记忆方面并不难。据 BH 和他的妻子说，尽管他与顾客和药剂师越来越难沟通，但他仍然能够完成大部分工作。

BH 参与了一项运动言语评估和改良简易版标记测试[1]：①来自亚利桑那州痴呆症交流障碍筛查（Arizona battery for communication disorders of dementia，ABCD）[2] 的故事复述子测试；②包含波士顿失语症诊断测试中的 "饼干失窃" 图片的描述任务[3]；③金字塔和棕榈树测试（pyramids and palm trees test，PPT）[4]；④波士顿命名测试（Boston naming test，BNT）[5]；⑤单个单词流畅度测试。在一次限制时间的生成性命名任务中，用以 "f"、"a" 或 "s" 开头的单词的口语和书面语检查他的单词流畅度，以此确定潜在的运动性言语障碍（例如言语失用症）对表现效率有何影响。

在运动言语评估中，BH 表现为语速慢、发音前后不一致、语言替代混乱、重复发音、发音错误、重音过多等。他的表现与中重度言语失用症症状一致。

在语言测试中，他在改良简易版标记测试中的总得分为 13.35 分，说明 BH 为左侧大脑半球病变可能性是 80%。他犯了一些明显的错误（如选择了错误的颜色或形状）；然而，最主要的是，他表现出了"自我纠正"和"即时性"反应（即他没等指令说完，就对指令有反应并做出了手势回应）。在图片描述环节，BH 的正确信息单位数（correct information unit，CIU）和正确信息单位数的百分比与 Nicholas 和 Brookshire[6] 所描述的非失语症表现指标一致；然而，他的每分钟正确信息单位数和每分钟正确信息单位数百分比与失语症患者的表现指标是一致的。给他展示后再过 10min，他能回忆出 ABCD 故事复述子测验中 17 个元素中的 15 个，这与他报告中关于记忆问题没有困难这一点是一致的。BH 说出了波士顿命名测试上 15 幅图片中的 13 幅，并正确回答了金字塔和棕榈树测试上的 52 个项目，这些都表明命名和能识别语义关联是他的相对优势。在 3 个字母类别中，无论是在口语和书面命名，单词流畅性测试的表现均受到影响，分别是 17 个和 19 个单词。BH 说的话句子完整，很少省略虚词。他能写出完整的句子。BH 的交流情况最引人注目的方面是开始说话时会延迟，有发音前后不一致的错误（会摸索发音位置，自我纠正），并在运动言语和语言测试中说话停顿。基于这一评估及其交流功能持续下降的病史，他被诊断为 nf-PPA[7]。

【读者问答】

1. BH 的测试结果表明，记忆并没有受损。这一发现很重要，因为它可能排除了以下哪种疾病的可能性

(1) 卒中。

(2) 创伤性脑损伤。

(3) 阿尔茨海默型痴呆（dementia of the Alzheimer's type，DAT）。

(4) 肿瘤。

答案：(3) 正确。只有记忆力受损才能被诊断为阿尔茨海默型痴呆。

(1) 不正确。脑卒中后不一定存在记忆受损。

(2) 不正确。非创性脑损伤不一定存在记忆受损。

(4) 不正确。肿瘤不一定存在记忆受损。

2. 鉴于 BH 的主要障碍似乎是言语失用症，你如何证明他是 nf-PPA 这一诊断是正确的？

(1) 原发性进行性失语症的非流利型 / 语法缺失型分类包括存在语法缺失和（或）声音停顿，语音错误和歪曲的情况。

(2) 言语失用症是一种语音上的缺陷，表现在与原发性进行性失语症的非流利型 / 语法缺失型相关的语法缺失。

(3) 该诊断不是原发性进行性失语症的非流利型 / 语法缺失型。

(4) 非流利型 / 语法缺失型的分类没有把言语失用症的存在作为一个重要的标志或症状。

答案：(1) 正确。言语失用症是 PPA 非流利型 / 语法缺失型的两个主要特征之一。

(2) 不正确。AOS 是一种运动编程障碍，而不是语言或语音编码障碍。

(3) 不正确。对 PPA 非流利型 / 语法缺失型的诊断是准确的。

(4) 不正确。非流利型 / 语法缺失型的分类包括把 AOS 的潜在存在作为一个重要的迹象或症状。

3. 一位 63 岁的患者，有 2 年的交流能力下降史。在测试中，你观察到对症命名障碍、单字理解障碍和阅读障碍。他的复述能力完好，说话正常。你会诊断患者患有哪种类型的进行性言语障碍和（或）语言障碍？

(1) PPA 的 Logopenic 变体。

(2) PPA 的语义变体。

(3) 原发性进行性 AOS。

(4) PPA 非流利型 / 语法缺失型。

答案：(2) 正确。PPA 的语义变体可能会导致表层阅读障碍，也可能会保留言语生成。

(1) 不正确。PPA 的 logopenic 变体的一个主要特征是复述障碍，表层阅读障碍不是其特征之一。

(3) 不正确。初级进行性 AOS 会导致复述和言语生成障碍。

(4) 不正确。非流利型 / 语法缺失型的特征是复述能力受损并可能出现言语生成障碍。

4. 患者 58 岁, 有 3 年沟通能力逐步下降的病史。在测试中, 你观察到他在会话、命名任务中词汇提取能力受损, 复述句子和短语能力受损。自己讲话时, 音位错语的错误很明显。单字理解和运动言语产生能力被保留。你会诊断患者患有哪种类型的进行性言语障碍和 (或) 语言障碍?

(1) PPA 的非流利型 / 语法缺失型。

(2) PPA 的语义变体。

(3) 原发性进行性 AOS。

(4) PPA 的 Logopenic 变体。

答案: (4) 正确。PPA Logopenic 变体的一个显著特征是复述障碍和在会话中出现音位错语情形。

(1) 不正确。PPA 的非流利型 / 语法缺失型的特征不是音位错语和运动言语生成受损。

(2) 不正确。PPA 语义变异的特征不是音位错语和重复为特征。

(3) 不正确。根据定义, 原发性渐进性 AOS 必须包括运动言语产生障碍。

【障碍描述和推荐治疗方法】

治疗计划的重点是教育 BH 和他的家人, 为未来探索一些潜在的其他增强交流的选择, 并针对他的言语和语言障碍及功能交流需求实施治疗。BH 有一个特别的限制因素, 即由于交通问题和工作安排, 他只能每隔 1 周接受一次治疗。把剧本训练作为一种干预措施的原因是它符合 BH 每天工作会进行相对的文字互动这一事实, 而且他可以在家里和妻子一起练习。剧本训练的目的是提高无意识说出自然语言的可能性。功能剧本是由失语症患者及其家人和临床医生开发的。该训练方案运用了运动再学习的原则, 包括通过对一个剧本和剧本全貌进行重复的、基于线索的训练来进行大规模练习, 及在自然会话语境中对所有剧本进行分布式练习。已发表的研究报道了剧本训练对失语症患者的言语和语言生成的治疗效果[8, 9]。

BH 的主要担忧是工作中沟通困难。我们一共制订了 7 个剧本: 5 个与工作场所的互动有关, 2 个与社会互动有关。使用多基线设计时会训练 1～2 个剧本。基于 Youmans 和同事的工作, 我们采用的是经过 Youmans 及其同事努力, 修改之后的剧本训练协议。最初, 每个剧本的句子都是单独训练的。训练包括练习阅读、重复和合唱阅读, 立刻开口说话或延迟开口说话, 以此练习准确地说每一句话。至此, 他得以完成脚本全貌练习。我们要求 BH 每天都要和他的妻子练习剧本。此外, 他每天都有机会在家庭和工作场所的互动中使用这些脚本。图 59-1 提供了一个用于与药房顾客互动的剧本示例。对于处理这类互动的 3 个剧本, 要对包括练习 3 个剧本的 "剪切和粘贴" 部分进行训练。也就是说, 临床医生将从不同的剧本中合并元素, 以根据功能灵活使用剧本。

【结果】

在基线和治疗调查期间, BH 在剧本上的表现在一开始就通过线上评分。记录了他在一个剧本里准确说出台词的百分比。如果一个回复是及时发起的, 包含了剧本中的所有单词, 并且除了轻微的歪曲之外, 所有的单词都是准确的, 那么这个回复就被认为是准确的。

在 8 个月的时间里, BH 一共接受了 15 次 1h 的治疗。他的前 3 个剧本 (图 59-2) 的基准性能目标是与客户进行互动, 正确率在 20%～40%。到了

P: 嗨, 有人招待你吗?

C: 不, 没有人。

P: 我能帮你什么忙吗?

C: 我要配药。

P: 你有处方吗?

C: 有, 在这儿。

P: 这药没存货了, 我会传真给你的医生。

C: 那需要多长时间?

P: 看医生什么时候能拿到。

▲ 图 59-1　与药房顾客进行互动的剧本示例

每个剧本的第 7 阶段，正确率达到了 100%。在前 3 个剧本的维护阶段注意到了一些可变性。我们确定了这种可变性与 BH 在治疗的某个时期在家练习的频率降低有关。剧本 4 和剧本 5 是两个访客在夏天来到他家，针对的是两个特定的社会互动。剧本 6 和剧本 7 是他与他的药学技术人员进行有针对性的互动（图 59-3）。基准性能的正确率从 0% 到 33% 不等。他在第 1 环节对第 4～7 个剧本达到了 100% 的正确率。在整个治疗过程中，BH 和他的妻子都表示，他在工作中与客户和员工的沟通更加有效，在有针对性的社交互动中也更加有效。因为与顾客的互动被认为最重要，所以与客户互动的前 3 个剧本被监督了较长时间。

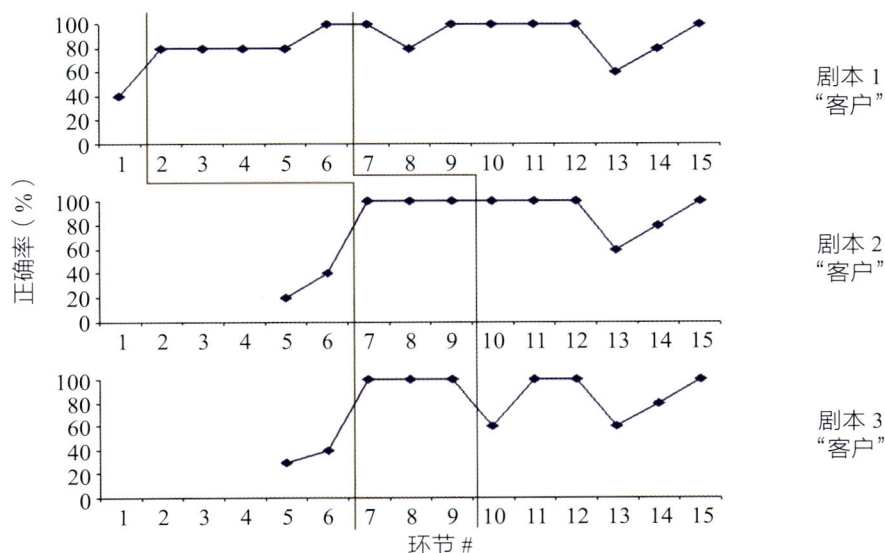

▲ 图 59-2　用于剧本 1～3 的基线、治疗和维护数据

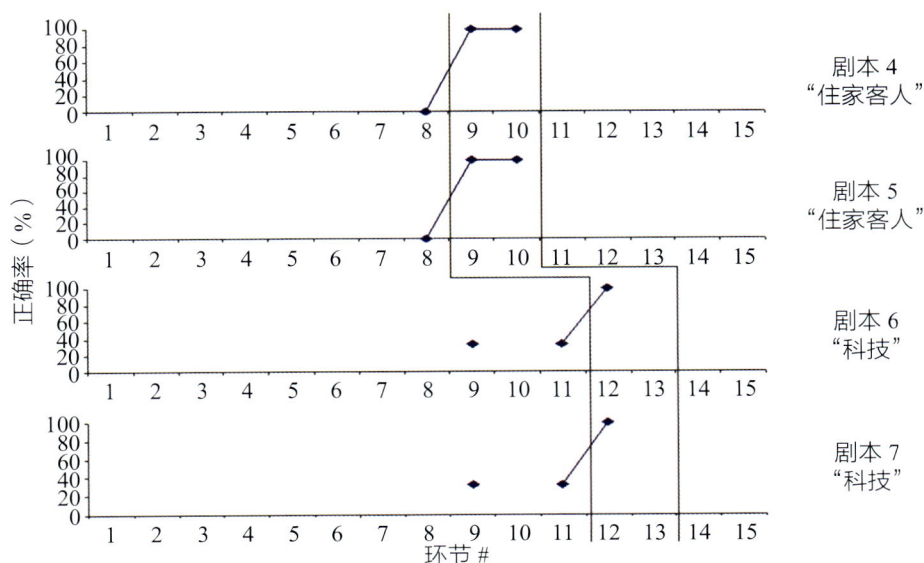

▲ 图 59-3　用于剧本 4～7 的基线、治疗和维护数据

要点

- 为患有非渐进性沟通障碍患者设计的治疗可以成功地应用于患有渐进性言语和语言障碍的个体。
- 从这个案例报告的数据表明，剧本训练可以成功地改善个体与 nf–PPA 的文字训练的沟通。
- 当进行功能语境练习时，患者在日常交流中使用文字的能力将在这些语境中得到提高。
- 对原发性进行性失语症的患者来说，有必要采用综合治疗方法，方法包括教育、直接语言培训和增强性和替代性交流。

推荐阅读

[1] Carthery, Goulart MT, da Costa da Silveira A, Machado TH, et al. Nonpharmacological interventions for cognitive impairments following primary progressive aphasia: a systematic review of the literature. Dement Neuropsychol. 2013; 7(1):122–131

参考文献

[1] McNeil MR, Prescott TE. Revised Token Test. Austin, TX: Pro-Ed; 1978

[2] Bayles KA, Tomoeda CK. Arizona Battery for Communication Disorders of Dementia. Tucson, AZ: Canyonlands Publishing; 1993

[3] Goodglass H, Kaplan E, Barresi B. Boston Diagnostic Aphasia Examination. 3rd ed. Philadelphia, PA: Lippincott Williams & Wilkins; 2001

[4] Howard D, Patterson KE. The Pyramids and Palm Trees Test: A Test of Semantic Access from Words and Pictures. Bury St. Edmunds, UK: Thames Valley Test Company; 1992

[5] Kaplan E, Goodglass H, Weintraub S. Boston Naming Test. Pro-Ed; 2001

[6] Nicholas LE, Brookshire RH. A system for quantifying the informativeness and efficiency of the connected speech of adults with aphasia. J Speech Lang Hear Res. 1993; 36(2):338–350

[7] Gorno-Tempini ML, Hillis AE, Weintraub S, et al. Classification of primary progressive aphasia and its variants. Neurology. 2011; 76(11):1006–1014

[8] Cherney LR, Kaye RC, van Vuuren S. Acquisition and maintenance of scripts in aphasia: a comparison of two cuing conditions. Am J Speech Lang Pathol. 2014; 23(2):S343–S360

[9] Youmans G, Holland A, Muñoz M, Bourgeois M. Script training and automaticity in two individuals with aphasia. Aphasiology. 2005; 19(3–5):435–450

运动过强型构音障碍：脑干脑炎病史患者的肌张力障碍表现

Hyperkinetic Dysarthria: Dystonic Features in a Patient with a History of Brainstem Encephalitis

Heather M. Clark **著**

李婉婷　陈卓铭 **译**　　庞雨甜　崔丽燕 **校**

【概述】

言语语言病理学家（speech-language pathologist, SLP）的作用之一是对运动性言语障碍进行差异诊断，以帮助医师（通常是神经科医生）进行医学诊断[1]。该案例强调了临床决策的几个方面：①选择与临床目标相对应的评估程序；②基于患者的言语特征模式进行差异诊断；③探索行为干预模式，向主治医生提供建议。该病例进一步突出了潜在痉挛和肌张力障碍引起的临床特征有何异同。

【临床病史和病情描述】

患者 RM，29 岁，右利手男性，在就诊前 8 个月，他患上了脑干脑炎，使用抗生素治疗后进行了言语和物理康复治疗（图 60-1）。他的症状稳定了几个月后，他又新患上吞咽困难、右上肢和面部抽搐、视物模糊和说话时左颞下颌关节疼痛的问题。在接受三级医疗中心评估之前，RM 接受了 6 个月的言语治疗，每天 2 次，每周 5 天，重点是呼吸控制和口腔运动训练。但 RM 觉得他的言语没有因为治疗而好转。

表 60-1 提供了 RM 的评估流程及结果。RM 在 3 天的时间内由 3 个神经科专科医师进行了评估。神经科专家对其进行了神经系统检查发现 RM 存在明显的构音障碍，主要表现为痉挛伴鼻音，及其他几个与先前诊断的脑干脑炎相关的皮质下特征。影像学检查显示双侧对称性肥大性橄榄核变性。运动障碍神经学专家记录了吞咽时 RM 的嘴运动，发现其下颌间歇性的向下和向左推，且间歇性的下颌紧闭。这些症状连同其他临床表现，均符合肥大性橄榄变性的影像学诊断，考虑其存在下颌和上肢的肌张力障碍和腭震颤的问题，多通道肌电图显示双侧口轮匝肌间歇性 8Hz 的震颤和言语诱发的腭肌高振幅强直性收缩，提示存在腭肌张力障碍。最终 RM 被诊断为脑干脑炎，无活动性感染或炎症和肌张力障碍。

【临床测试】

RM 做了运动言语检查，检查包括在非言语任务中观察其口面部结构和功能，及在图片描述、单词和句子复述及转述任务中的言语功能。RM 在休息时双脸对称。嘴唇能正常收缩后移和前伸。休息时会无意识地间歇性噘嘴。舌头伸出时在中线处，能全方位转动舌头，力量和速度正常。未发现舌萎缩或舌肌震颤。在发声过程中，软腭没有动，但随着出现咽反射和咳嗽的状况，软腭会动。咳嗽声音正常。吸吮、噘嘴和掌颏反射结果均为阴性。

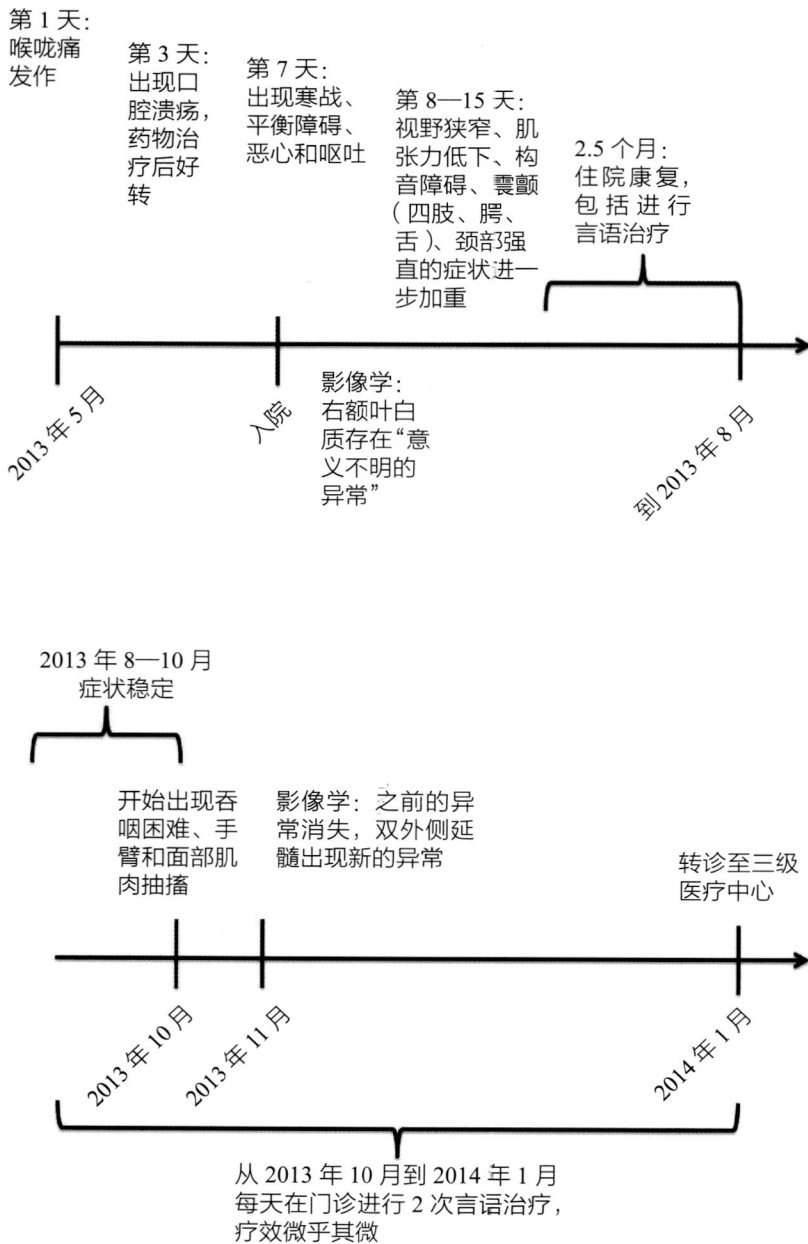

第 1 天：
喉咙痛
发作

第 3 天：
出现口
腔溃疡，
药物治
疗后好
转

第 7 天：
出现寒战、
平衡障碍、
恶心和呕吐

第 8—15 天：
视野狭窄、肌
张力低下、构
音障碍、震颤
（四肢、腭、
舌）、颈部强
直的症状进一
步加重

2.5 个月：
住院康复，
包 括 进 行
言语治疗

2013 年 5 月

入院

影像学：
右额叶白
质存在"意
义不明的
异常"

到 2013 年 8 月

2013 年 8—10 月
症状稳定

开始出现吞
咽困难、手
臂和面部肌
肉抽搐

影像学：之前的异
常消失，双外侧延
髓出现新的异常

转诊至三级
医疗中心

2013 年 10 月

2013 年 11 月

2014 年 1 月

从 2013 年 10 月到 2014 年 1 月
每天在门诊进行 2 次言语治疗，
疗效微乎其微

发音轮替运动速度（alternate and sequential motion rate，AMR/SMR）以 5 次 /s 的速率运动，且具有良好的规律性，但是精确度欠佳，这应该与关节接触的压力降低有关。RM 在轻度劳损的情况下可持续发声 14s，但在没有任何紧张或震颤的迹象下，RM 随后的发声质量更为正常。

RM 的言语特点是严重的鼻音亢进，并间歇性发出听得见的鼻音，间歇性的轻微发音劳损和中度不精确发音。语速降低不明显，主要表现为在单词和短语之间停顿而不是在更长的单位前停顿，整体响度和音高变化在正常范围内。谈话能让人理解，但是在没有语境线索的情景中，大多数的发声需要重复或解释或重复加解释。

另一位 SLP 独立完成的吞咽造影评估显示，RM 的口腔吞咽功能在正常范围内。软腭抬高不对称，无鼻腔反流迹象。

表 60-1　医学检查和言语病理学评估 / 干预时间表

日　期	亚专业 / 测试	关键发现
1 月 13 日	神经系统检查	• 伴有鼻音的痉挛性构音障碍，右上肢肌阵挛抽搐
1 月 13 日	言语病理学（吞咽障碍）	• 软腭高度轻度参差降低，无鼻腔反流
1 月 14 日	言语病理学（交流）	• 正常语言 • 运动过强型构音障碍（肌张力障碍）
1 月 14 日	磁共振（MRI）	• 对称双侧肥大橄榄核变性
1 月 15 日	言语治疗	• 嚼口香糖可改善鼻音亢进情况 • 在发"sh"和 [s]、[z] 这类不要鼻流量的音方面，取得了初步进展
1 月 16 日	言语治疗	• RM 在更多语音环境保持恰当口腔共鸣的能力得到了提高，发声时间也变得更长；建立了短句的正常语调
1 月 17 日	言语治疗	• 严重肌张力障碍，感觉策略不太成功，降低语速会加剧张力障碍对鼻音亢进的影响
1 月 17 日	运动功能障碍咨询	• 脑干脑炎病史 • 肌张力障碍，伴有口咽 / 腭部和上肢受累，继发于脑炎 • 震颤与肌张力障碍，继发于脑炎 • 可能有腭裂震颤，继发于脑炎 • 垂直性眼球震颤，继发于脑炎
1 月 20 日	言语病理学出院咨询	
1 月 20 日	运动障碍实验室检查	• 腭肌张力障碍 • 轻度面部震颤
1 月 21 日	脑电图（EEG）	• 无与震颤有关的脑电图
1 月 21 日	神经科出院咨询	• 脑干脑炎 • 肌张力障碍 • 焦虑

【读者问答】

1. 嘴唇不定的运动增加了肌张力障碍发生的可能性。运用一些感觉策略从而评估减少不定运动出现的可能性。嚼口香糖有轻微的促进作用，但不能使言语完全正常化。在嘴唇之间放一根小棍子或在嘴唇上放一根手指，这都会减少说话时由于噘嘴而含糊不清的情况出现。请问不自主的（不定）运动与下列哪种类型的构音障碍最密切相关？

(1) 共济失调性。

(2) 痉挛性。

(3) 运动减少性。

(4) 运动过强型。

答案：(4) 正确。运动过强型构音障碍的定义是不自主运动的存在。运动过强型的言语特征是潜在的运动障碍，而说话者努力地抑制或补偿不自主运动。

(1) 不正确。共济失调性构音障碍与不协调运动有关。

(2) 不正确。痉挛性构音障碍与缓慢运动有关。

(3) 不正确。运动减少性构音障碍与难以启动的运动和缩小范围的运动有关。一些患有运动减少性构音障碍的患者的下巴或舌头会震颤，而这些运动实际上是不自觉发生的。然而，运动减少性构音障碍最突出的特征是由于功能受损而不是不自主运动。

2. RM 的症状在哪方面与痉挛性构音障碍症状一致？

(1) 发音有气息声（气嗓音），语速缓慢。

(2) 语音紧张嘶哑，鼻音亢进。

(3) 口腔肌肉无力和病理反射缺失。

(4) 不自主运动和病理反射。

答案：(2) 正确。提到的神经科专家将 RM 的言语障碍描述为痉挛性构音障碍，在脑干脑炎的情况下确实可以做出这一诊断[1]。痉挛性构音障碍的典型表现是声音紧张（通常在言语任务和持续发声过程中恒定一致）、语速慢、音调和音量单一、发音不准确、鼻音亢进、AMR 速率缓慢而有规律[2-3]。支持痉挛性构音障碍诊断的非言语症状包括口面部无力[4]、口腔运动迟缓、声门耦合锐度降低、病理性口腔反射和假性延髓麻痹[2]。在这些特征中，RM 仅出现了与其他言语特征不相称的发音紧张（症状轻微、带有间歇性、在持续发声时通常不会出现）和鼻音亢进，这两个症状与其他所有言语特征不相称。RM 语速间断变缓，主要表现为在单词和短语之间停顿而不是在更长的部分停顿。另外，RM 在嘴唇或舌头的力量没有减弱，语速没有变慢的情况下，发音精确度有所降低。RM 的言语并没有表现出痉挛性构音障碍的其他语音特征（如单一的音调和音量和缓慢的 AMR）及痉挛性构音障碍典型的非言语症状（图 60-2）。

(1) 不正确。虽然语速缓慢是痉挛性构音障碍的一个显著特征，但 RM 的语速缓慢是间歇出现的。RM 主要表现为轻度和间歇性的紧张性发音，这些

症状可以通过痉挛性构音障碍观察出来。此外，气息声在痉挛性构音障碍中非常罕见。

(3) 不正确。虽然患有痉挛性构音障碍的患者可能表现出口腔肌肉无力的症状，但出现病理性口腔反射情况的可能性更大。然而 RM 在非言语学的检查中表现正常，未出现口腔无力或病理性口腔反射。

(4) 不正确。RM 表现出的不自主运动，主要与运动过强型的构音障碍有关，而不是痉挛性构音障碍。患有痉挛性构音障碍的患者经常表现出病理性口腔反射，但 RM 并没有这一表现。

3. 以下哪项关于 RM 先前的治疗的陈述是错误的？

(1) RM 在门诊接受的治疗强度（包括频率和持续时间）是美国成年人接受言语治疗的常规疗程。

(2) 考虑到 RM 构音障碍程度严重，他接受的治疗强度是合理的。

(3) 尽管口腔无力不是运动过强型构音障碍的典型表现，但 RM 的治疗方法仍包括口腔强化锻炼。

(4) RM 对治疗目标和经过的回忆可能不准确或不完整。

答案：(1) 正确。在美国，连续几个月每天接受 2 次治疗，这种情况很少见。越来越多的文献表明治疗"剂量"的指南有所发展，但目前，在美国关

相同与差异

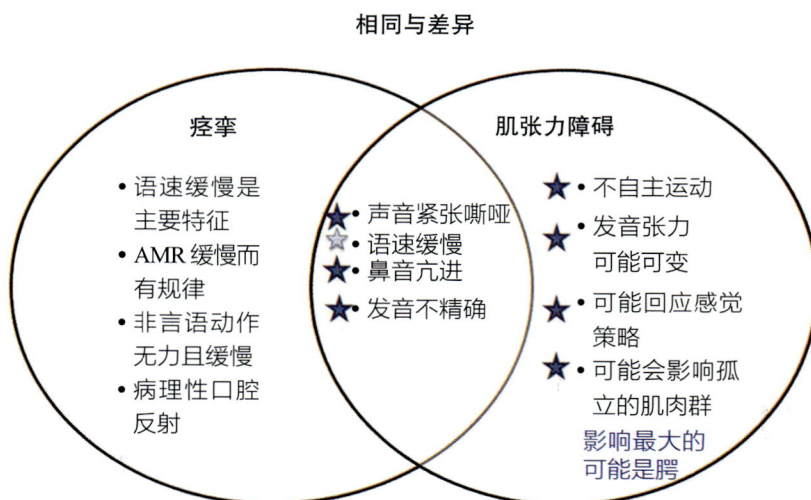

▲ 图 60-2　显示与痉挛性构音障碍和与肌张力障碍相关的运动增多性构音障碍特征的相似性和差异性。**RM 所显示的功能标注了星号**

于治疗剂量的很多决定，都是由第三方付款人的政策及基于临床和财政资源的可用性决定的。

（2）不正确。如前所述，文献尚未提供一个明确指南：即构音障碍严重程度是否与治疗强度决定有关系，或者有何关系。但是，在临床或财务资源没有限制的情况下，考虑这种交流障碍会严重影响社会参与度和生活质量，患者寻求针对交流障碍的强化疗法是可以理解的。

（3）不正确。虽然运动过强型构音障碍通常与口腔无力无关，但作为他言语治疗的一部分，RM 仍完成了口腔强化训练。因此人们很容易对治疗医师的决定做出负面的判断，但为 RM 选择治疗目标和训练可能会受到很多因素的影响。首先，并不是所有（可能只有小部分）的 SLP 都能进行言语障碍的鉴别诊断，而且能进行言语障碍的鉴别诊断的人偶尔也会出错。在 RM 的病例中，很可能之前没有诊断出运动过强型构音障碍，因此 RM 早期不需要强化口腔训练的逻辑结论可能并不明显。此外，RM 在早期治疗时可能表现出不同的临床症状，比如他表现出的口腔无力可能是由于与其病情相关导致的体能失调有关。实际上，在三级医学中心观察到的东西有可能会成为判断治疗是否有效的依据。

（4）不正确。大多数人对大多数生活事件的记忆多少有点不准确或不完整。此外，RM 有可能未能完全理解他在治疗期间完成的训练的基本原理。而且参与互动的两个或多个人对事件的性质、原因和结果往往有不同的看法。因此，查阅与先前评估或治疗相关的书面报告对于了解治疗情况是非常有帮助的。最后，可以看出观点上存在差异，在许多情况下，报告中的信息可以为当前的临床情况提供见解。

【障碍描述及推荐治疗方法】

（一）经过以下观察，可以得出运动过强型构音障碍伴肌张力障碍的诊断：

1. 过强的鼻音与其他异常言语特征不相称：在特定的非言语动作（如用吸管吹泡泡）中保留了反射性软腭运动和腭咽闭合正常，鼻音亢进比其他言语特征更严重。这种情况可以在弛缓性构音障碍影

响了第 10 对脑神经之后更明显地观察到；然而在这种情况下，反射运动也会受到影响。因此，当没有证据表明运动元神经受到损害时，局灶性肌张力障碍是解释特定肌群不对称损害的最好原因。

2. 休息和说话时出现无意识的噘嘴：局灶性肌张力障碍可能是由言语诱发的，但也可以在休息时和植物人运动中观察到[1]。

3. 通过使用感觉策略，适度改善言语功能：RM 报道说，嚼口香糖改善了他的口腔运动功能（他把好处归因于可以"放松下颌"）。此外，在检查中引入感觉策略改善了鼻音亢进情况和发音精确度。

4. 轻度间歇性发音劳损：局灶性喉肌张力障碍最常见的表现形式是痉挛性发音困难，但也可以在全身性肌张力障碍的情况下观察到[1]。与喉肌张力障碍相关的发音劳损在不同任务或甚至不同的试验中出现并不罕见[1]。

5. 正常的非言语口腔运动功能（除了无意识的嘴唇运动）。

最后，RM 所表现出的其他言语特征（如语速缓慢、发音不精确）与肌张力障碍症状并不相称。

总之，肌张力障碍继发的运动过强型构音障碍的诊断基本上完全符合所有观察到的 RM 的异常言语特征（图 60-2）。此外，运动障碍专家随后对肢体、口腔和腭部肌张力障碍的鉴定为交流诊断提供了额外的证据支持。

（二）专家在评估后的一次会议中提出了以下建议：

1. 注射肉毒杆菌毒素（Botox 保妥适）：保妥适注射是治疗颈部[5]、喉[6]和口下颌[7]肌张力障碍的一线治疗方法，对舌肌张力障碍的治疗效果好坏参半[8]。虽然没有文献表明肉毒杆菌素可用于治疗腭肌张力障碍，但它已被用于治疗腭震颤和腭肌阵挛[9-10]。SLP 虽然不负责这种治疗操作，但可以提供一些信息，这些信息与言语和吞咽的潜在益处和风险有关。腭舌肌注射肉毒杆菌素的风险包括鼻咽闭锁功能减弱，使 RM 存在吞咽前吸入空气的风险。评估的阳性指标包括基线吞咽评估正常；注射后对患者进行评估可确定潜在的补偿策略，以减轻鼻咽闭锁功能减弱带来的影响。潜在的好处包括注

射后直接改善肌张力，且由于感觉策略导致感觉运动功能发生改变，使得未注射的肌肉可能有间接的好处。以上潜在的风险和益处都向 RM 及其家庭成员做出了说明。

2.配备提腭假体来改善鼻音亢进：据推测，腭部提升可以通过两种机制改善言语功能。第一，正如先前对其他类型构音障碍的研究所证明的那样，腭部提升可以促进腭咽闭合，从而改善口腔共振[11]。第二，腭部的提升有可能可以作为一种感觉策略，减轻肌张力障碍，使腭部更自由地提升。RM 表示，他本地的 SLP 与一位负责腭部提升 / 修复的专业正牙医生合作。因为他有腭裂修复经验，在他家乡别人也称他镶牙医生。

3.运用感觉策略：如嚼口香糖，从更小的角度说，把手指放在嘴唇上对提高言语能力有一定的好处。RM 被告知，感觉策略的好处会随着使用频率升高而变少[12-13]，因此，他应仅在其讲话非常重要而且必须要说清楚的情况下，通过快速咀嚼口香糖[1] 来改善言语功能。

4.言语治疗 / 口腔运动训练：在言语机制中没有发现异常的现象；因此，他不需要再继续进行以呼吸支持、声带内收或言语活动以外的言语发音运动为目标的训练。相反，有人建议把重点转移到进行演讲上。

5.言语治疗/言语产出训练：有人建议采用一种运动的基于学习的方法，重点关注 RM 在放松发声和说话时的口腔气流、听觉、触觉和动觉意识[14-16]。还有人建议采用语音子系统方法，按照以下顺序建立系统的完整性：腭咽闭合、发声、发音和韵律[17-18]。因为 RM 的呼吸系统未受损，所以不建议把呼吸功能作为干预目标。虽然这些系统被归类为独立的系统，但它们在语音生成过程中是相互作用的。目标的顺序旨在反映"注意"区域，该区域将引导言语任务中反馈的焦点。在理想情况下，医疗和（或）人工干预会促进言语活动，从而使以言语产出为中心的治疗将更富有成效。

【结果】

就像在三级医疗中心经常发生的情况一样，RM 和他的家人返回祖国后，没有坚持正在进行的治疗，因此作者有机会把 RM 作为神经病学人员和学员的教学案例。

要点

- 构音障碍的鉴别诊断需要考虑言语特征的模式，并得到非言语和神经系统检查结果的支持。
- 如若出现不自主运动及不同任务中言语特征严重程度不同，与可能是运动过强型构音障碍。
- 诊断性治疗可以帮助确认或排除鉴别诊断。

推荐阅读

[1] Esper CD, Freeman A, Factor SA. Lingual protrusion dystonia: frequency, etiology and botulinum toxin therapy. Parkinsonism Relat Disord. 2010; 16(7): 438–441

[2] Sinclair CF, Simonyan K, Brin MF, Blitzer A. Negative dystonia of the palate: a novel entity and diagnostic consideration in hypernasal speech. Laryngoscope. 2015; 125(6):1426–1432

参考文献

[1] Duffy J. Motor Speech Disorders: Substrates, Differential Diagnosis, and Management. 2nd ed. St. Louis, MO: Elsevier Mosby; 2013

[2] Clark HM, Duffy JR, Whitwell JL, Ahlskog JE, Sorenson EJ, Josephs KA. Clinical and imaging characterization of progressive spastic dysarthria. Eur J Neurol. 2014; 21(3):368–376

[3] Darley FL, Aronson AE, Brown JR. Differential diagnostic patterns of dysarthria. J Speech Hear Res. 1969; 12(2):246–269

[4] Clark H, Duffy J, Strand E, Hanley H, Solomon NP. Orofacial muscle tone & strength across the dysarthrias. In: Annual Convention of the American Speech-Language Hearing Association. Atlanta, GA; 2012

[5] Marsh WA, Monroe DM, Brin MF, Gallagher CJ. Systematic review and metaanalysis of the duration of clinical effect of onabotulinumtoxinA in cervical dystonia. BMC Neurol. 2014; 14(1):91

[6] Watts C, Nye C, Whurr R. Botulinum toxin for treating spasmodic dysphonia (laryngeal dystonia): a systematic Cochrane review. Clin Rehabil. 2006; 20(2): 112–122

[7] Persaud R, Garas G, Silva S, Stamatoglou C, Chatrath P, Patel K. An evidencebased review of botulinum toxin (Botox) applications in non-cosmetic head and neck conditions. JRSM Short Rep. 2013; 4(2):10

[8] Budak F, Aydın E, Koçkaya A, Ilbay G. Botulinum toxin in the treatment of lingual dystonia induced by speaking. Case Rep Neurol. 2013; 5(1):18–20

[9] Conill Tobías N, de Paula Vernetta C, García Callejo FJ, Marco Algarra J. Objective tinnitus from palatal myoclonus. Use of botulinum toxin: a case report. Acta Otorrinolaringol Esp. 2012; 63(5):391–392

[10] Penney SE, Bruce IA, Saeed SR. Botulinum toxin is effective and safe for palatal tremor: a report of five cases and a review of the literature. J Neurol. 2006; 253(7):857–860

[11] Yorkston KM, Spencer K, Duffy J, et al. Evidence-based practice guidelines for dysarthria: management of velopharyngeal function. J Med Speech Lang Pathol. 2001; 9(4):257–274

[12] Albanese A. The clinical expression of primary dystonia. J Neurol. 2003; 250 (10):1145–1151

[13] Loyola DP, Camargos S, Maia D, Cardoso F. Sensory tricks in focal dystonia and hemifacial spasm. Eur J Neurol. 2013; 20(4):704–707

[14] Clark HM. Neuromuscular treatments for speech and swallowing: a tutorial. Am J Speech Lang Pathol. 2003; 12(4):400–415

[15] Maas E, Robin DA, Austermann Hula SN, et al. Principles of motor learning in treatment of motor speech disorders. Am J Speech Lang Pathol. 2008; 17(3): 277–298

[16] Verdolini K. Principles of skill acquisition applied to voice training. NCVS Status Prog Rep. 1994; 6:155–163

[17] Dworkin JP. Motor Speech Disorders: A Treatment Guide. St. Louis, MO: Mosby; 1991

[18] Yorkston KM, Beukelman D, Strand E, Hakel M. Management of Motor Speech Disorders in Children and Adults. 3rd ed. Austin, TX: Pro-Ed; 2010

探索临床医师对州际远程训练的准备情况
Exploring Clinician Readiness for Interstate Telepractice

Ellen R.Cohn　Jana Cason　**著**

麦王向　**译**　　王文献　徐洋凡　**校**

【概述】

远程训练（如远程言语与听力学）是一种快速发展的服务交付模式。美国言语语言听力协会（American Speech–Language–Hearing Association，ASHA）将其定义为："……在一定距离，应用远程通信技术来传输言语—语言病理学和听力学的专业服务。该技术可在临床医师与客户/患者之间或临床医师之间建立联系，以此进行评估、治疗和（或）咨询"[1]。其他康复与医学学科使用不同的术语，包括远程医疗，远程健康和远程康复。本案例描述了言语语言病理学家（speech–language pathologist，SLP）和听力学家的诊疗过程，来明确这种服务交付模式的适当性（图 61–1）。

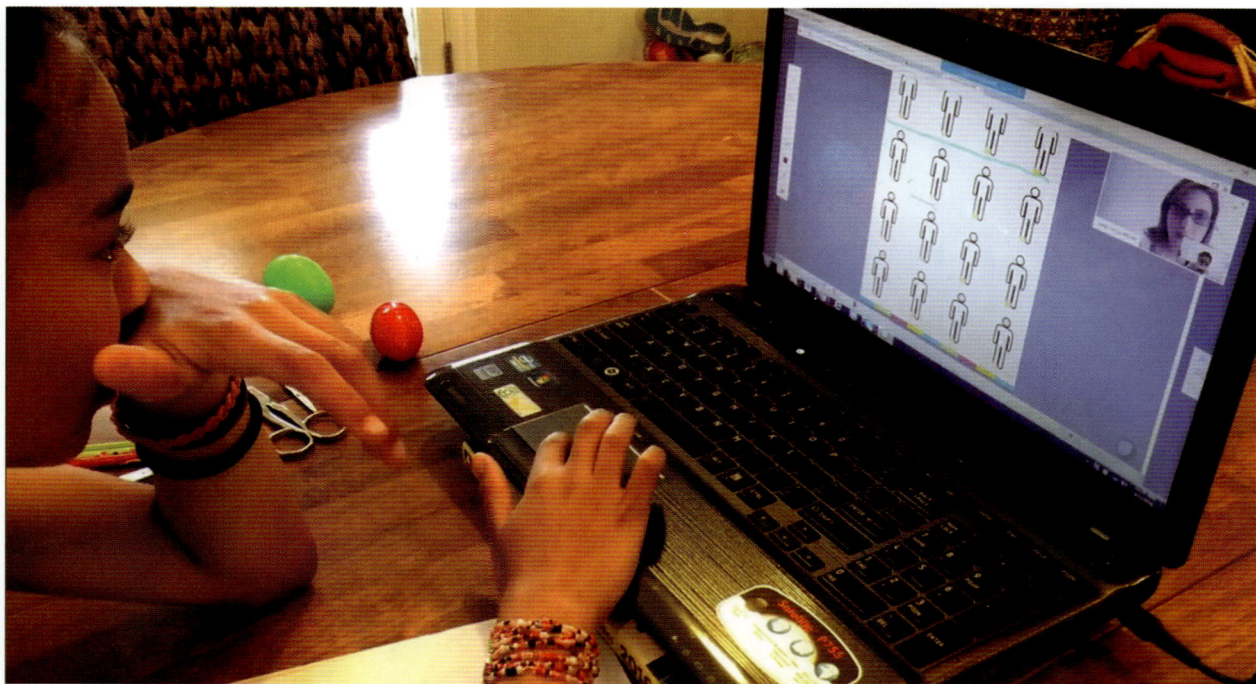

▲ 图 61–1　远程训练，一个快速发展的服务交付模式，使用远程通信，通常通过同步视频会议进行

【临床描述】

RS 是一位有 15 年工作经验的校本言语—语言病理学家，她居住在俄亥俄州托莱多市，邻近密歇根州的边界。在学年期间，RS 全职为一家郊区公立学校工作。因对远程执业还很陌生，她参加了美国言语语言听力协会的远程执业特别兴趣小组，来学习更多相关知识。她没有其他关于远程执业的经验和训练。为获得额外收入，RS 希望在暑假，尤其在她去新泽西和马里兰海边省亲时，参与私人远程执业。她决定着重于邻近州（密歇根）的一个学龄儿童案件，这样就不会与她在俄亥俄州的全职工作构成利益冲突。

【临床场景】

现在是 6 月中旬，RS 打算在 7 月开始远程执业。以下是她开始与密歇根患者进行远程练习的方法：

1. RS 拥有州级执照，可在俄亥俄州执业，具有在公立学校工作的资格。

2. RS 可以使用一台装有摄像头的笔记本电脑。这个笔记本电脑是她丈夫的，他可以在 RS 不使用电脑时继续使用。

3. RS 打算使用一个免费的热门视频会议软件。她已使用这个软件与亲朋好友交谈了。视频会议地址就贴在她的脸书账户上。所有通信技术都使用相同的密码，以免忘记。

4. RS 打算使用私人，免费的电子邮件账户来规划日程，计费和发送有关治疗的交流内容。

5. RS 在家有密码保护的互联网服务。她也打算出门在外时，使用酒店或咖啡馆提供的免费无线网络来维持训练。

6. RS 拥有评估发音和语言的工具。因为这些工具还没有在互联网上应用，她计划有需要时把它们放在摄像头前展示。她将采用相同做法，以工具箱或线圈笔记本的方式呈现商用治疗材料。

【读者问答】

1. RS 的哪些准备工作和临床经验是安全和成功开展学龄人群远程训练的积极因素？

(1) RS 拥有美国言语语言听力协会临床技能执照，是一个有 15 年经验的校本临床医师。

(2) RS 可使用丈夫的笔记本电脑，该电脑装有摄像头，而且她有使用免费视频会议软件的经验。

(3) RS 有一个密码保护的互联网服务，可在家使用，她出门在外时，则使用免费网络。

(4) RS 拥有评估发音和语言的工具，并确定了在远程训练中使用这些工具的策略。

答案：(1) 正确。RS 拥有美国言语语言听力协会临床技能执照，是一位有 15 年经验的校本临床医师。她有能力为学龄人群提供服务。

(2) 不正确。通过远程执业传送服务前，RS 必须进一步评估隐私安全技术和软件的使用。

(3) 不正确。公共网络不安全。RS 必须使用密码保护的互联网参与远程训练。

(4) 不正确。远程训练进行评估时，RS 必须咨询评估工具出版商使用该工具的指南。

2. RS 的哪些准备工作和临床经验需要进一步巩固？

(1) 远程训练技术的选择和使用。

(2) 经出版商授权，用于远程训练的评估工具和材料的相关知识。

(3) 获取相应的州执照以实施言语治疗。

(4) 以上都是。

答案：(4) 正确。RS 目前的准备工作和临床经验还没有证明她能参与到远程训练中，且这种训练在某种意义上要保证隐私和安全。她在选择和使用远程训练技术上都需要进一步训练。她还不清楚哪些商用、受版权保护的评估工具和材料，经出版商授权能在远程训练中使用。她还未获得未来客户所在州的执照。"执业地点"定义为客户所在地。因此，在大多数情况下，执业医师必须在患者所在州取得执照。

3. RS 的职业证书（包括执照）的哪些方面支持她远程执业？

(1) RS 是美国言语语言听力协会远程执业特别兴趣小组的成员，在小组中表现活跃。

(2) RS 拥有俄亥俄州的执照，有资格在学校工作。

(3) RS 拥有必须数量的继续教育学分来满足俄亥俄州执业的要求。

(4) RS 打算在未来 3 个月内参与针对远程执业的继续教育机会。

答案：(2) 正确。RS 拥有俄亥俄州执照，有资格在学校工作，这表明她有能力在其他患者所在州获取执照。

(1) 不正确。虽然她作为小组成员，加入美国言语语言听力协会远程训练特别兴趣小组，这可能有利于获取远程训练和网络运作相关知识，但这些与专业认证关系不大。

(2) 不正确。虽然拥有所需继续教育学分来满足在俄亥俄州执业的要求很重要，但拥有俄亥俄的执照和临床能力证书使她更容易获得未来顾客所在州的许可。

(4) 不正确。虽然 RS 参与针对远程训练的继续教育是一种优势，但获取患者所在州的许可是远程执业的关键。

4. RS 的职业证书（包括执照）有哪些方面与她的远程训练不一致？

(1) RS 的所有专业证书都和她打算开展的远程训练相一致。

(2) RS 必须在密歇根州获得校本言语语言病理学家执照。

(3) RS 必须获得密歇根州执照且遵守该州对专业训练的要求，包括远程训练。

(4) RS 必须参与继续教育供应商提供的继续教育机会，该供应商由俄亥俄州和密歇根州共同批准。

答案：(3) 正确。RS 还没有获得密歇根州的特别许可，不熟悉该州对专业训练，包括远程训练的要求。RS 可以利用美国言语语言听力协会各州宣传资源来获得第一手信息，然后联系相关许可委员会或监管机构来检查信息的流畅度和准确度。

(1) 不正确。RS 需获取一个得以在密歇根开展执业活动的州执照，那是她预期客户所在地，她必须熟悉该州对专业训练的要求，包括远程训练。

(2) 不正确。RS 的远程训练工作不附属于任何一个学区或校本服务，相反她将会在夏季提供私人（单独）的远程训练。

(4) 不正确。虽然 RS 参与针对远程执业的继续教育机会是优势，但获取预期客户所在州的许可是

对她远程执业最重要支撑。为了更新执照，RS 应复习所持执照相应州对继续教育的要求，因为各州接受继续教育学分的活动不同。另外，一些州要求继续教育学分需从州批准的提供商处获取。

5. 在新泽西和马里兰的假期前，RS 应该先采取哪些措施来充分准备远程训练？

(1) RS 应该熟悉新泽西和马里兰关于远程训练的要求，包括假期相关的远程训练。

(2) RS 应该在新泽西或马里兰度假时使用一个密码保护的互联网服务。

(3) RS 应该在行程中携带所需的评估工具和远程训练材料。

(4) RS 应该和她丈夫协调时间，以确保某段指定时间能使用共享的笔记本电脑。

答案：(1) 正确。RS 应该熟悉新泽西和马里兰关于远程训练的要求，包括假期相关的远程训练。她应确定如果她身在该州（即使客户不在或不住在该州），所在州执照委员会是否主张管辖权。在这种情况下，许多州的执照委员会都不主张管辖权，并遵从客户所在州的执照委员会。而有些州有临时执业规定，允许 RS 在她或客户在该州短暂停留时继续合作。

(2) 不正确。虽然 RS 应在新泽西和马里兰度假时使用密码保护的互联网服务，但这不是首要措施。首要措施是明确新泽西和马里兰对远程训练的要求，包括假期相关的远程训练。

(3) 不正确。RS 应该有假期使用的必要远程训练材料，然而这并非首要措施。

(4) 不正确。RS 和其他家庭成员（如丈夫）共用电脑，就有泄露客户密保健康信息的风险。RS 应运用现有资源来确定使用共享电脑的策略，以保护隐私和密保健康信息。然而首要任务是熟悉新泽西和马里兰对远程训练的要求，包括假期相关的远程训练。这是她完全准备好在假期进行远程训练前的首要任务。

【远程训练准备情况和建议措施描述】

RS 已经确定了参与远程训练的临床人群，并开始考虑需要什么。可惜准备时间很短，距治疗预

计开始时间已不足一个月。RS 还没有密歇根州的执照，且不太可能在 2 到 3 周内取得新执照。同样的限制和费用也出现在她和（或）客户到达即将度假州时，和开展训练前需事先联系度假地州执照委员会时。

同样的，RS 没有准备好开展远程训练的技术手段和连接方式。更值得注意的是，训练必须保护临床会议及其他客户和临床医师间的电子通讯隐私安全。RS 也必须确保任何受版权保护的诊断和治疗工具都经出版商允许在远程训练中使用。最后，RS 只能在一个短时间内接受更广泛的训练，学习如何有效开展远程会议，同时对这种训练进行实证研究。

【结果】

远程训练（如远程言语和远程听力学）在复杂变化的环境中不断发展。这种新型服务交付模式同时受到许多外部因素的改变和制约，包括远程医疗和远程保健的历史根源和现行实践；新兴发展的技术；州执照和联邦法规；报销和医疗保健经济学及基于专业协会的政策，这些政策规定了命名法、远程伦理和实践指南。RS 阅读了 ASHA 网站（http://www.asha.org/PracticePortal/Professional-Issues/Telepractice/）提供的内容，并意识到她还没有准备好在未来 2～3 周内作为一个独立提供者开展远程训练，且她没有相应的执照或训练。

RS 下一步依靠 ASHA 的伦理行为规范（http://www.asha.org/Code-of-Ethics/）来指导她的决策。虽然整个守则适用于通过远程训练提供服务，但有两个伦理规则（在"伦理原则 I"中），对 RS 的决定尤为相关：

1. 拥有临床能力执照的个人不应仅通过通信来提供临床服务，而需要通过与专业标准和州与联邦监管条例相一致的远程训练来提供服务。

2. 个人必须保护所有参与研究和学术活动的专业人士或患者的隐私，只在需要保护患者和社区利益时，经法律授权或基于法律其他要求才能披露秘密信息。

要点

- 远程训练是一种快速发展的服务交付模式，它利用远程通信技术实现，通常通过同步视频会议。所有与远程训练有关的技术必须在符合隐私和安全的情况下使用。
- 一个言语语言病理学家（SLP）必须持有有效的治疗所在州专业执照，如果治疗师和客户在不同州，就要取得客户所在州专业执照。如果客户和（或）治疗师在度假时仍希望从其他州发起远程训练，治疗师必要遵守该州的指导需要（多个州的执照要求不适用于由美国退役军人事务部或国防部雇佣的治疗师）。

推荐阅读

[1] American Speech-Language-Hearing Association. ASHA state-by-state requirements for state licensure. Available at: http://www.asha.org/advocacy/state/. Last accessed April 30, 2016

[2] American Speech-Language-Hearing Association. Telepractice overview. Available at: http://www.asha.org/Practice-Portal/Professional-Issues/Telepractice/. Last accessed April 30, 2016

[3] Cason J, Brannon J. Telehealth regulatory and legal considerations: frequently asked questions. Int J Telerehabil 2011; 3(20): 15–18. Available at: http://telerehab.pitt.edu/ojs/index.php/Telerehab/article/view/6077.

[4] Cohn ER, Brannon JA, Cason J. Resolving barriers to licensure portability for telerehabilitation professionals. Int J Telerehabil.

2011; 3(2):31–34

[5] Towey MP. Speech telepractice: installing a speech therapy upgrade for the 21st century. Int J Telerehabil. 2012; 4(2):73–78

[6] Watzlaf VJ, Moeini S, Firouzan P. VOIP for telerehabilitation: a risk analysis for privacy, security, and HIPAA compliance. Int J Telerehabil. 2010; 2(2):3–14

参考文献

[1] Cohn ER (2012). Tele-ethics in telepractice for communication disorders. Perspect Telepract 2012; 2(1): 3-15. Available at: http://sig18perspectives.pubs. asha.org/article.aspx?articleid=1811135. Last accessed April 30, 2016

高水平运动员的反常声带运动
Paradoxical Vocal Fold Motion in a High-Level Athlete

Karen Drake **著**

陈玉美 **译**　　潘銮昭 徐洋凡 **校**

【概述】

反常的声带运动（Paradoxical vocal fold motion，PVFM），又称声带功能障碍，是一种非器质性发作性的呼吸疾病，常被误诊为哮喘。在吸气和（或）呼气时，声带内收异常，导致上气道变窄，感觉呼吸短促和（或）喘鸣。这种疾病通常见于年轻的竞技运动员，但也可能发生在成年人或年轻的非运动员身上。

【临床病史及病情描述】

患者DR是一个20岁出头的高水平跑步运动员，经常参加国内和国际长跑项目比赛。在相关病史陈述中，他说到自己曾经感染了严重流感，而后出现过7个月的呼吸问题。他最初被诊断患有哮喘，并在运动前使用过一次舒利迭和两次沙丁胺醇。这个治疗方案缓解了他的呼吸困难，但他仍然觉得在跑步时喉咙会有束缚感。出现症状时，他会感觉呼吸困难不断增强，且偶尔在吸气时会出现喘鸣音。他的症状影响了所需训练强度和跑步表现。他否认了自己的声音有任何限制，但症状出现时发声困难会增加。

【临床测试】

对DR的声音和呼吸功能进行了感知和观察评估。DR平静时的呼吸模式主要是胸式呼吸。平静状态下，他不会出现喘气和喘鸣音。他的声音适度紧张，以低音调和几乎恒定的声带运动为特征。使用可屈光导纤维喉镜观察说话和呼吸过程中喉部的解剖和功能，结果显示喉部解剖和声带活动均正常。在连续发音中观察到明显的声门上活动，主要表现为严重的前后挤压伴随杓状软骨向会厌软骨倾斜，这限制了会话发音过程中声带的可见性。在休息状态下进行呼吸时声带保持处于外展状态。

此外，DR完成了一项挑战性的运动，需要他在跑步机上快速跑步，直到出现不适症状。症状出现时，使用可屈光导纤维喉镜观察喉部。在呼吸周期中，观察到声带向中线移动的反常运动。在带着面罩进行呼吸的过程中还观察到喉头过度的垂直运动，吸气时杓状软骨向前和向内拉。可刺激性在评价过程中也被确定了，在刺激状态下，DR会产生更加有效的呼吸（图62-1和图62-2）。

【读者问答】

1. PVFM 与哮喘有何区别？

（1）哮喘对"急救"的吸入药物有反应，使用后症状可以立即得到缓解。

（2）哮喘通常会导致更多的呼气性困难，而PVFM通常会导致更多的吸气性困难。

（3）哮喘可引起肺部的哮鸣音，而PVFM可引起声带水平的喘鸣音。

（4）以上都对。

答案：选项（4）正确。以上都是正确答案。

（1）正确。哮喘能够对急救性吸入药物（沙丁

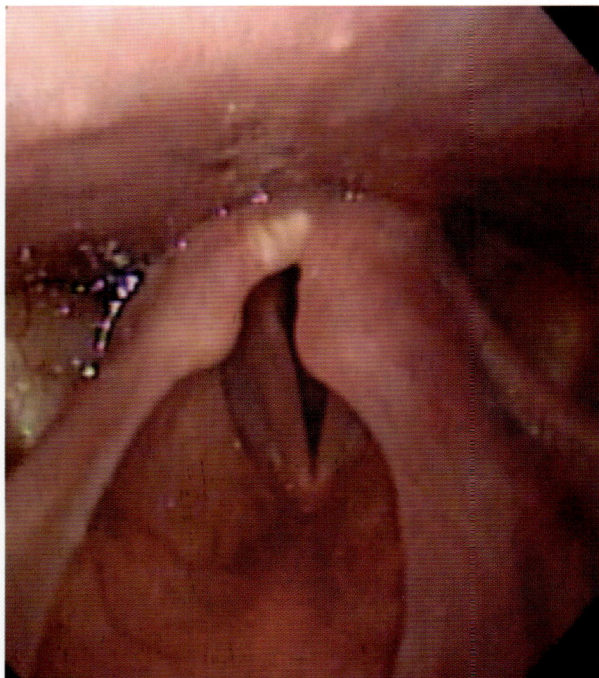

▲ 图 62-1 运动中引发症状后，观察到喉上升，声带向中线移位，在吸气时杓状软骨部分罩住气道

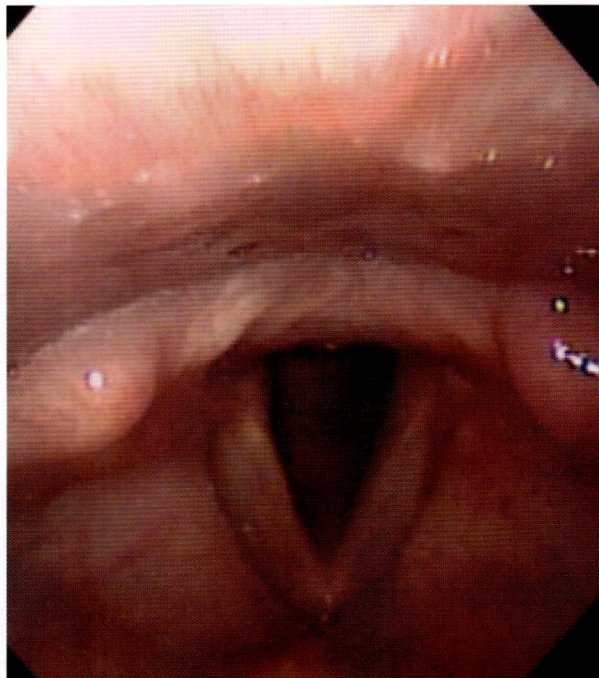

▲ 图 62-2 同一患者在吸气和呼气时声带正常外展的位置

胺醇）产生反应，吸入药物后症状很快就能得到改善。PVFM 对急救吸入性药物不产生反应，尽管吸入后症状得以短暂缓解，也可能只与吸入药物时进行了深吸气的动作有关，深吸气导致了声带外展的增加。

（2）正确。哮喘和 PVFM 都与呼吸短促或呼吸困难有关。然而，哮喘通常与呼气困难增加有关。相反，PVFM 通常与吸气困难增加有关。然而，有时候患者可能在吸气和呼气状态都有困难。

（3）正确。哮喘发作时经常伴有哮鸣音的出现，使用听诊器可以在肺部听到，严重的情况下，不用听诊器也能听到。在 PVFM 发作严重时，声带喘鸣常见，患者通常会感觉到喉咙紧绷。

2. PVFM 患者在发声时也经常有喉部紧张感或出现喉部功能亢进。你认为为什么会发生这种情况？

（1）PVFM 是一种局灶性神经功能失调，可导致呼吸和发声问题。

（2）PVFM 由声带水肿引起，会影响呼吸和发声。

（3）在呼吸周期中，喉内肌和（或）外肌的紧张会导致 PVFM。这些肌肉的紧张会导致发声时喉部功能亢进。

（4）嗓音障碍引起 PVFM。

答案：（3）正确。患者在发声时经常伴有喉内肌和（或）喉外肌的紧张。这些肌肉通常在运动或出现其他症状时紧张度增加。

（1）不正确。PVFM 不是一种局灶性神经障碍。它是一种功能性或非器质性的间歇性呼吸功能障碍，可以通过行为而不是药物来改善。

（2）不正确。声带水肿不会引起 PVFM，会导致发声困难。如果患者有严重的水肿，如息肉样炎症，其呼吸短促可能与声带阻塞气道有关，而不是 PVFM。

（4）不正确。嗓音障碍不会引起 PVFM。PVFM 的病因尚不清楚，目前认为是多因素的。

3. 年轻运动员的 PVFM 治疗应包括：

（1）注射肉毒素来限制声带内收。

（2）通过行为治疗去训练适合休息和运动状态的更有效的呼吸模式。

(3) 在运动前服用安定等药物。

(4) 停止竞技运动以免出现呼吸问题。

(5) 以上都对。

答案：(2) 正确。行为疗法旨在训练更加有效的呼吸模式，在休息状态或运动时使用特殊的呼吸策略成功减少或消除呼吸困难症状。这些策略及其应用可能需要修改以满足特定运动的要求。

(1) 不正确。肉毒素注射不是 PVFM 的常规治疗。肉毒素对声带也有短时的不良反应，包括吞咽困难和呼吸发声困难。

(3) 不正确。考虑到 PVFM 患者呼吸困难的严重程度，可以理解他们会对其症状感到焦虑。但使用肌肉松弛药去治疗焦虑不可取，因为肌肉松弛药可能会对运动员的表现有负面影响。

(4) 不正确。放弃运动可能会暂时性的减少 PVFM 患者的症状，但并非最优的长期解决方案。短时间限制体力活动对 PVFM 患者的治疗有重要影响。

(5) 不正确。以上选项并非全部正确。

4. 对疑似 PVFM 患者的评估应包括：

(1) 进行喉镜检查以确保声带没有病理学变化和声门下狭窄等引起呼吸困难的情况。

(2) 教育患者关于呼吸和说话时喉部正常的外观和生理学变化。

(3) 出现症状时观察喉部，患者感到呼吸急促时观看喉部运动 / 声带运动。

(4) 启动视觉生物反馈。喉镜可显示患者喉部和内收时的声带。进行视觉反馈时，可采用相应策略减少声带内收。

(5) 以上都对。

答案：(5) 正确。以上都是正确答案。

(1) 正确。对于 PVFM 的评估，喉镜检查是一个关键组成部分，既可排除可能导致呼吸短促的其他情况和病理学变化，也可以明确存在声带反常运动。喉镜检查需在开始治疗前进行，患者必须在与耳鼻喉科医师合作的团队中获得临床诊断。如果言语语言病理学家不是一个声音或 PVFM 团队中的一分子，他们应该在开始治疗前让耳鼻喉科医师参与进来去获得这些信息。有时候，在转诊接受 PVFM 评估的患者中，会发现声门下狭窄或双侧声带麻痹的情况。这两种情况的治疗完全不同于 PVFM 的治疗。

(2) 正确。绝大多数患者及其家属对 PVFM 不知情。允许患者观察其喉部检查对提高他们对呼吸短促问题的认识非常有帮助。

(3) 正确。通过运动或气味诱发（将他们暴露在任何能引发症状的气味中）来触发 PVFM 症状，然后在出现症状时观察他们的喉部非常有用。这种检查可以让临床医生和患者看到发作时发生了什么。典型的 PVFM，表现为吸气时声带内收，呼气时声带打开，但 PVFM 的几种变异情况已被描述。有一些患者，在吸气时杓状软骨向前运动，这种情况称为罩着喉部。相反，声带可以保持相当的外展，但喉头在颈部过度上升。一些患者在吸气和呼气时保持明显的声带紧张，而另一些患者在呼吸周期间，甚至在呼吸休息时保持一定的声带紧张。

(4) 正确。视觉生物反馈对患者学习和接受治疗至关重要，对于让患者产生自我效能或相信能够自控症状也至关重要。如果患者实际上没有症状，临床医生可以指导他们诱导一次发作，这样患者可以看到异常的声带运动及其如何影响气道。然后，可以指导患者通过鼻子吸气、嘴唇和脸颊呼气等方法来放松喉部的紧张，通常可以使喉部在颈部降至更自然的位置，促进声带外展。

【推荐的治疗】

DR 有相当典型的 PVFM 症状，他在进行剧烈有氧运动时，会在吸气状态下出现声带向中线运动的表现。他展示了一个休息状态下的低效呼吸模式，常常会无意识屏住呼吸。我们推荐使用行为治疗去练习呼吸的预防策略，包括休息时的有效呼吸和准备呼吸练习，后者旨在缓解呼吸周期中的喉部紧张，同时使用呼吸策略减少跑步中出现的症状，并在症状出现时立刻将其控制。DR 在发音时表现出喉部功能亢进，说话时呈现低音、喉部共振为主与低气流状态，这可能与显著的声带前后紧缩有关。他说话时呼吸会出现喉外肌紧张，所以也需要进行发声治疗。

对于运动员来说，在运动中获得有效呼吸的信心至关重要。在这种情况下，我们建议前位聚焦，开嗓呼吸，将呼吸焦点从喉咙前移至嘴巴，使空气的进出像是通过一个大吸管。在呼气时打开声带，让空气通过嘴唇和脸颊轻轻呼出，将吸气重点放在嘴唇而不是喉咙，以保持声带外展。他开始在跑步机上从慢跑到短跑的过程中运用这个技巧。强调要取得成功是为了建立自我效能感和自信，让他可以控制自己的症状。因为 DR 的赛跑表现受到了 PVFM 的影响，所以他在整个治疗过程中表现非常积极。

在跑步机上跑步时，DR 能够克服不良表现重新达到基准呼吸，并进一步调整到更有效的新呼吸技巧。他能感觉到跑步时，使用习惯的聚焦喉咙的呼吸和使用更有效的、前位聚焦的呼吸之间的区别。他越来越多地意识到自己的喉部 / 喉部肌肉和呼吸时，也愈加感觉喉咙有持续的紧张感，这可能与说话、屏气时喉部紧张感增加有关。虽然 DR 开始没有声音方面的问题，但他开始明白和感觉到自己在发声时是如何收紧喉部肌肉和阻止气流的。他用最佳的发声技巧来解决这个问题。他每天都进行发声准备运动，治疗期间以改善呼吸支持，协调呼吸和发声，在谈话中前置声音共振为目标。

【治疗结果】

DR 完成了初步评估和 3 个治疗周期（每周 1 次，持续 3 周）。他的田径教练参与进来，积极协助实施治疗技术。在最初的评估中，DR 和他的教练都接受了教育。使用喉镜检查有助于他们了解到基线状态下和在跑步机上跑步出现症状后其声带发生何种变化。DR 能够熟练区分自己习惯的呼吸模式和更有效的前位聚焦呼吸时，就能让治疗进展加速。第三个治疗周期结束时，他报道说自己的锻炼有了显著改善。治疗结束 2 周后，他在自己的项目上创造了个人最高纪录。在随访中，他报道自己的症状得到了很好的控制。他的呼吸困难指数评分[1]由治疗前的 27 分改善到治疗后的 4 分。他没有进一步的症状，但有时需要考虑去控制尤其在辛苦锻炼和比赛中出现的症状。他还报道自己提高了发音能力，减少了发音疲劳。此外，他觉得自己在赛跑研讨会或接受采访时发言更加自信了。

要点

- PVFM 是一种功能性或非器质性的短时呼吸功能障碍，对言语语言病理学家的行为治疗反应良好，他们接受过专业培训，能够应对这一具有挑战性的人群。
- PVFM 不同于哮喘，前者通常感觉上胸部和（或）喉咙发紧，在吸气时呼吸受限最明显。急救性吸入器与 PVFM 的持久缓解无关。哮喘通常在呼气时受限更明显，进一步发展后，患者会感到吸气与呼气均出现困难。此外，哮喘患者通常在中胸部出现胸闷，使用急救性吸入器通常能很快缓解症状。
- 在 PVFM 治疗中，静息呼吸的策略与有氧运动中使用的呼吸策略不同，因为有氧运动对氧气需求更大，呼吸速率也增加。
- 许多 PVFM 患者在发声和呼吸时会感到喉部紧张或呼吸困难。所有患者在开始 PVFM 治疗前都必须接受临床医生的检查，以排除喉部和上呼吸道的病理性变化。
- 对基线情况和运动后出现症状的喉部进行喉镜检查，非常有利于教育患者正常和异常的声带解剖学和生理学。

推荐阅读

[1] Mathers-Schmidt D. Paradoxical vocal fold motion: a tutorial on a complex disorder and the speech pathologist's role. Am J Speech Lang Pathol. 2001; 10:111–125

[2] Murry T, Sapienza C. The role of voice therapy in the management of paradoxical vocal fold motion, chronic cough, and laryngospasm. Otolaryngol Clin North Am. 2010; 43(1):73–83, viii–ix

[3] Newman KB, Mason UG, III, Schmaling KB. Clinical features of vocal cord dysfunction. Am J Respir Crit Care Med. 1995; 152(4, Pt 1):1382–1386

[4] Sullivan MD, Heywood BM, Beukelman DR. A treatment for vocal cord dysfunction in female athletes: an outcome study. Laryngoscope. 2001; 111(10): 1751–1755

参考文献

[1] Gartner-Schmidt JL, Shembel AC, Zullo TG, Rosen CA. Development and validation of the Dyspnea Index (DI): a severity index for upper airway-related dyspnea. J Voice. 2014; 28(6):775–782

案例 63

对一个说泰语的研究生进行口音纠正
Accent Modification in a Thai–Speaking Graduate Student

Dana Rissler Fritz **著**

麦王向 **译**　王文献　徐洋凡 **校**

【概述】

寻求改善口音的人通常具有较强的英语语言能力，尤其在语言理解和语言产出方面，但当英语语言细节和他们的母语语言模式不匹配时，他们学习英语的困难就会越来越大，尤其在使用音素、协同发音和语调方面。

【临床病史和病情描述】

P是一名28岁的泰国籍女性，她参与了一个大学的口音纠正计划。P目前正在攻读化学工程博士学位，并努力提高她展示与陈述其研究的技能，希望自己的语言更容易被同学、教授和朋友理解。她在泰国已学习英语十多年，但主要是阅读和写作方面的学习，对听力和口语的练习有限。2年前，当她启动学术项目时，她开始用英语进行日常交流。P是一个外向的人，有一大群来自世界各地的朋友。

【临床测试】

利用英语口语交流的流畅性（proficiency in oral English communication，POEC）[1]来确定P与美式英语发音和语调相比较的优势和劣势。POEC提供以下信息：单词层面和句子层面的语调，对比重音的使用，辅音和元音的发音，及常见最小配对的听觉辨认能力。第二个音节重读的单词（无论2个或3个音节的长度，如"aCROSS"和"conSIStent"）对于P来说都特别困难，她倾向于在第一个音节重读而不去考虑在哪个音节重读比较合适。在POCE的问答任务及谈话中也观察音节的音高、音量和音节时长在句子中的变化等。然而，这些变化并不完全符合美国人的语言习惯。她倾向于在结束"WH"疑问句时和陈述句中提高音调或使用单一音调，许多话语听起来像她正在问一个助动词疑问句（"Do you…"或"Will we…"）而不是像美国人平常说话一样，在说重要的词汇时提高音调。对比重音或突出某个重要单词来提高听众理解话语的能力是P的相对优势。在一个简短的对话样本中，单词之间很少发现连接或协同发音。

在音素产生方面，P通常表现为删去了单词末尾的辅音和减少开始、中间和最后的辅音簇。在评估中也发现了辅音代替现象，如 [d] 代替 [θ]，[ð] 和 [w] 代替 [v]。辅音使用替换包括 [s] 和 [z]，[ʃ] 和 [tʃ]，[ʒ] 和 [dʒ]。听觉辨认任务显示分辨大部分发音和不发音的英语辅音对她来说是困难的。在元音方面，P在连续地发 [ɪ]、[ɛ]、[e]、[ə]、[œ]、和 [o] 音上存在困难，在不需要把嘴唇变圆的时候，她还是会倾向于使用标准元音的嘴型。她在拼读时也常犯错误（例如总是发字母组合"ou"音为 [ɑ]）。检查中常发现非重读元音的插入，尤其是3个辅音连在一起时（如 [str]）。

理解句子测试（sentence intelligibility Test，SIT）[2]，由11个语义不可预测但语法正确的句子组成，长度为5~15个单词。测试计划包括将这些作品录音和把这些录音给3个不熟悉的美国人听。P

的被理解率为 80%。

【读者问答】

1. 在音韵学方面，英语和泰语可能有哪些不同之处？

(1) 在泰语中，预测和使用音高变化从而影响语义的情况比较少见。

(2) 在泰语中，辅音簇比在英语中更常见。

(3) 在英语中，舌音比在泰语中更常用。

(4) 以上全是。

(5) 以上全不是。

答案: (3) 正确。舌音（发音和不发音的"th"）在大部分亚洲语言中不常见，在泰语中不使用。

(1) 不正确。音高变化在泰语中常见，听众也能预料到。

(2) 不正确。单词内的辅音簇在英语中比泰语中常见。

(4) 不正确。不是以上所有答案均正确。

(5) 不正确。至少一个答案正确。

2. P 的口音纠正和发音首先应该专注于：

(1) 改善元音和辅音发音的准确度。

(2) 单词层面的重读。

(3) 句子音调与合适的音高变化。

(4) 以上全对。

(5) 以上全不对。

答案: (4) 正确。虽然不同参与者的发音目标有所不同，但上述的这些因素—辅音，单词重音和句子语调，都应该运用在这个案例中。连读或协同发音也常是口音纠正工作的常规领域。一旦这些发音的基础问题得到解决，治疗方向就应该转向如何在实际交流中运用这些技巧。

(1) 不正确。音素练习只是治疗的一部分。

(2) 不正确。单词层面的重读也只是治疗的一部分。

(3) 不正确。治疗不应只聚焦于句子的语调和音高变化，也应该强调其他方面。

(5) 不正确。以上至少一个回答正确。

3. P 难以有效产生音节重音差异主要与以下哪点相关：

(1) 音量。

(2) 音高。

(3) 音节时长。

(4) 协同发音。

(5) 气流支持。

答案: (2) 正确。P 可以在音节的音量和时长上产生差异，这是英语使用者重读关键音节的 3 种方式中的 2 种，但持续地改变音高对她来说很困难。总体来说，与她临床医生在对 PRAAT（在下一部分讨论）分析的目标模型相比较，她的音高本质上更单一。

(1) 不正确。虽然总体音量有时反常，当 P 在重读音时提高音量并不是一个问题。

(3) 不正确。P 可以相对轻松的提高强调音节的时长。

(4) 不正确。在单词层面协同发音与区分重读音不直接相关。

(5) 不正确。气流支持在临床上与音节重读不相关。

4. 在浊辅音与清辅音方面，P 在分辨许多摩擦音和塞擦音上存在困难，以下假设正确的是：

(1) P 有听力和（或）言语障碍。

(2) 摩擦音和塞擦音在泰语中的使用比在英语中少。

(3) 对听者的感知和理解来说，泰语语音分辨的重要性不如英语。

(4) (1) 和 (3) 正确。

(5) (2) 和 (3) 正确

答案: (5) 正确。在泰语中，只使用 3 个摩擦音（[s]、[f] 和 [h]），不使用塞擦音。浊音和清音在英语中常紧密联系和频繁使用，在泰语中使用较少，仅包括 p/b 和 d/t。

(1) 不正确。作为一个英语学习者，P 的主要关注点是她被美国听众理解的能力差距，不是她在言语和听力上的问题。

(2) 单独是不正确的。听力分辨能力不是单一假设。

(3) 单独是不正确的。听力分辨能力不是单一假设。

(4) 不正确，因为 (1) 是不正确的。P 的问题与语言差异有关，而不是疾病。

【语言差异的描述和治疗建议】

在密苏里大学口音纠正和发音项目（Missouri university accent modification and pronunciation program, MU AMP）构想中，美国听众对 P 的理解能力使她

处于第Ⅲ级，即对于陌生听众来说可以理解75%（表63-1）。这个评分显示在一个嘈杂的环境中遇到陌生人时，或当工程学的科学术语难懂时，她很可能常被请求重复她的话；但她可能很少被她亲密的朋友和同学误会。P在学校中表现积极并经常参与活动，这使得她在交流方面有很强的需求。同样地，她有许多练习的机会。新学发音技巧的普遍性是有效口音纠正的关键，她积极的社交生活是预后良好的指标。

基于这些问题，我们认为P很可能从个性化的"美国语音学"课程受益，这个班将重点关注那些对她有很大难度的特定音素和音位规则。

这个课程采用的方法重点关注在有效的直接实践练习和多模态反馈（视觉、听觉和触觉），这种方法被认为是理想的。利用从POEC获得的信息，治疗专注于错误的元音和辅音，把它们与正确的音素发音比较，随后讨论它们的异同。

明确教授常用单词重读模式可能有帮助，同时也应确保在音节重读时需要增加音量、增加持续时间和提高音高。专注于英语单词的语言起源对于预测重读组合有帮助（如拉丁单词倾向首音节重读或倒数第2个音节重读；德语单词倾向于首音节重读等）。

考虑到整体句子层面的语调时，免费软件PRAAT[3]可以作为音高线视觉反馈和字到字连接的有效工具（图63-1和图63-2）。利用哈欠—微笑技术或钢琴键盘技术确定P的基础频率有助于确定她在美式英语中最有可能转换的4个音符。大部分

表 63-1　理解度的改善与开始时的基线水平相关

密苏里大学口音纠正和发音项目（MU AMP）量化分层	会话理解度测试（SIT）平均基线值	会话理解度测试（SIT）平均终末值	平均值改善情况
Ⅰ级：< 50% 基线水平	43%	73.67%	30.67%[a]
Ⅱ级：50%～75% 的基线水平	65.85%	80.51%	14.66%[a]
Ⅲ级：> 75% 的基线水平	86.37%	91.75%	5.38%[a]

为了量化密苏里大学口音纠正和发音项目（MU AMP）的进展和效果，自2006年该项目启动以来，研究人员就一直在使用会话理解度测试（SIT）收集陌生的美国听者的基线数据和终末数据。这张图表记录了我们迄今为止的成果
a. $P < 0.001$

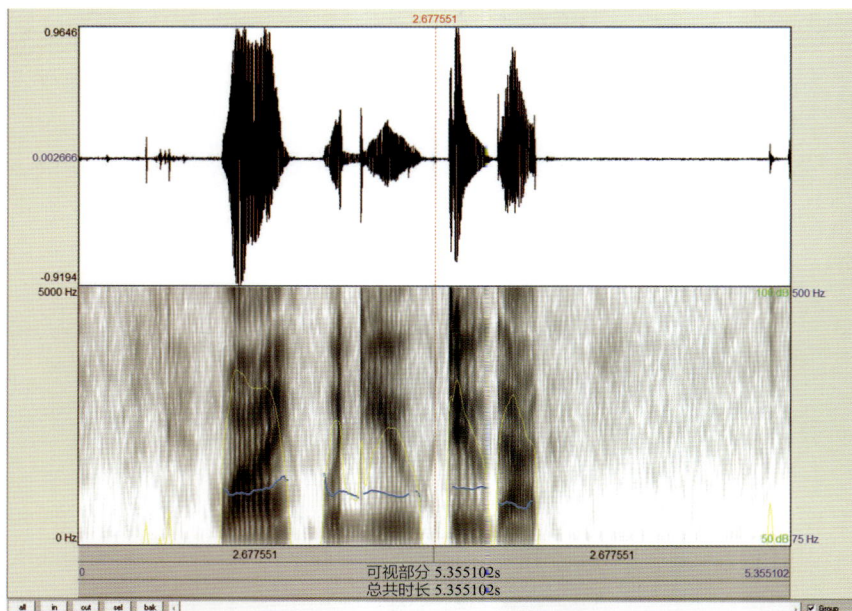

◀ 图 63-1　在这个 PRAAT 声音文件中，可以在强度栏和频谱图（黄线）上看到扬声器音量的变化

还可以通过检查频谱图上的蓝线来观察音高变化。当 P 说"Why would you do that？"（你为什么这么做？），即使她以适当的方式改变重读音节的音量，但在这个疑问句中，还是看不到什么较大的音高变化，范围为137～187Hz。你也可以看到在音节之间协同发音很少，好像她在单独说每个单词一样。协同发音或连读可改善整体理解性

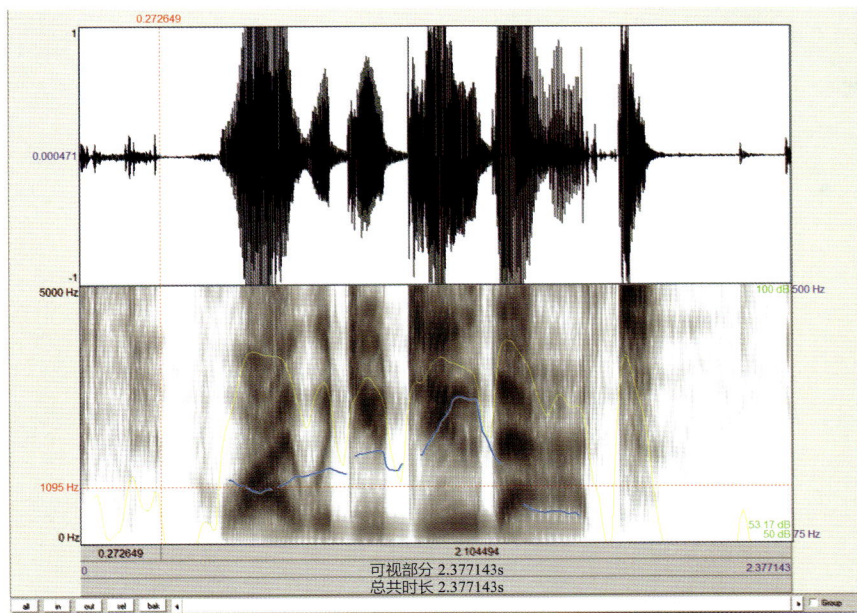

◀ 图 63-2 在这个 PRAAT 声音文件中，负责 P 的口音纠正和发音的医师在说同一个问题 "Why would you do that？"（你为什么这么做？）

在这个例子中，可以发现音量的幅度变广了（光谱图上的强度条和黄线），但在音高方面（光谱图中的蓝线）变化是明显的。P 的治疗师展示了典型的 WH 疑问句发音，在疑问句结尾处音高发生峰值变化，之后音高急剧下降。她的音高范围为 124～314Hz，这更接近美国人，比 P 的案例大概多了 72% 的变化范围。也可以看到由于辅音的关系，音节间出现更多的协同发音

说英语者在说话时通常在 4 个音符之间移动，最低音调接近于基础频率，其他 3 个音调在上方，作为对照点来强调变化和展示情感的不同（更高的音高用来表达激动的情绪，或表示助动词疑问句。例如 "Can we talk later？我们晚一些再谈好吗？"）。

【结果】

P 参加了 24 次课程，每次课程 50min，她在课堂上非常积极主动地参与。最初，治疗由临床医师主导，带着特定的音素和语调目标，当发现她在音节和单词水平有改善时，治疗转变为短语和句子的发音技巧。因为口音不是功能障碍，快速进展至更困难的任务也很常见，"现实世界"交流活动常常会加速这个过程。在学期中段，一个更加由交流对象为导向的方法启动，在这计划中，P 带来了研究报告、与她学习兴趣相关的电台故事，甚至还有

一份她想练习的餐厅菜单，因为她在点菜时经常被误解。在学期的第一部分，发音技巧是最直接的目标，随后当焦点更多转向交际任务时，所有的这些发音技巧都将接受评判。"VoiceThread"，是一个基于云端的教育应用程序，它被 P 用来记录她自己演讲会上的表现，在记录演讲时可以直接提供评论和反馈。这个软件是一个有促进作用的，但是不同步的家庭作业工具，用来保证基于临床的练习能推广至日常交流中。

在计划结束时，重新利用 SIT 记录，并分发给 3 个陌生的美国听众，P 的整体句子水平可理解性提高到 91%。P 表示她不会像以前一样经常被请求重复，她对于自己整体演讲水平更自信。她说她明白了持续的练习对于保持和进一步提高她的发音技巧很重要。她获得了许多推荐意见和线上资源从而能够支持她继续练习。

要点

◆ 多模态提示和反馈（视觉、听觉和触觉）对有效口音纠正是重要的。

◆ 以参与者的交流兴趣和需求为依据而专门制订的口音纠正工作是确保迁移和泛化的最佳方法。

◆ 仔细的第一语言（L1）检查有助于确立语音、语调工作的目标。

◆ 在口音纠正工作中，整体理解度在质与量上都能得到显著提高。

推荐阅读

[1] Avery P, Ehrlich S. Teaching American English Pronunciation. Oxford, UK: Oxford University Press; 1992

[2] Fritz DR, Sikorski LD. Efficacy in accent modification services. Quantitative and qualitative outcomes for Korean speakers of American English. Perspectives on Communication Disorders and Sciences in Culturally and Linguistically Diverse Populations. 2013; 20:118–126

[3] McLeod S. The International Guide to Speech Acquisition. Lexington, KY: Delmar Cengage Learning; 2007

参考文献

[1] Sikorski L. Proficiency in Oral English Communication Manual. Santa Ana, CA: LDS and Associates; 2011

[2] Yorkston K, Beukelman DM, Hakel, M. Sentence Intelligibility Test for Windows. Lincoln, NE: Institute for Rehabilitation Science and Engineering at Madonna Rehabilitation Hospital; 1996

[3] Boersma P, Weenink D. PRAAT: Doing phonetics by computer (computer program, version 6.0.26). 2016. Available at: http://www.praat.org

专业嗓音用户的对话训练疗法
Conversation Training Therapy for a Professional Voice User

Amanda I. Gillespie　Jackie Gartner–Schmidt　著
徐洋凡　译　　洪晓冰　校

【概述】

本案例演示了对话训练疗法（conversation training therapy，CTT）在一位患有外伤性声带损伤的专业嗓音使用者中的应用。CTT 是一种基于运动学习理论的嗓音治疗方法，它向嗓音障碍患者传授传统的治疗目标，包括减少声音创伤、引起共鸣、消极练习、控制韵律和呼吸，而不需要依据传统治疗层次，从最简到最繁建设技能。CTT 完全依赖于患者驱动的谈话作为治疗刺激，治疗技能根据该刺激分层。

【临床病史和病情描述】

JB 是一名 47 岁的男性，6 个月前，在没有刺激事件的情况下，嗓音逐渐开始沙哑。他的声音粗而沙哑，难以传播出去，发声耐力也下降了。他是一名中学阅读老师和半职业摇滚歌手。转诊过来的时候，已在摇滚乐队独唱超过 20 年，每周至少演出 1 次。他唱歌音质也有所下降：频繁出现声音中断、高音丢失、发音费力的现象。他说自己的音质在教学周结束时会非常糟糕，他不得不停止周五的演唱活动让自己的声音休息，以便完成周六的演出。他从未上过声乐课，只在另一家机构接受过一次包括膈肌呼吸练习的声音治疗，但他认为作用不大。

【临床测试】

JB 接受了言语语言病理学家（SLP）和喉科医生的多学科综合评估。语音评估包括听觉—感知、声学和空气动力学测试及刺激性评估。根据声音听觉 – 感知评价（consensus auditory–perceptual evaluation of voice，CAPE–V）的参数，SLP 对 JB 的声音整体感知严重程度进行评估，得分为 38/100。为了进行声学和听觉感知分析，JB 阅读 CAPE–V 的 6 个句子，并发出一个长元音[1]。倒频谱峰值和发音困难的倒频谱指数，用全发声句"We were away a year ago"和持续 [a][2, 3] 元音进行声学测量。声学分析结果参见表 64–1 和表 64–2。

对彩虹篇章[4]的前 4 句进行语音空气动力学分析[5]。初步阅读后，JB 按要求重读文章时使用"清晰言语"并增加语调变化，以评估连贯发音中即时语音变化的刺激性[6]。清晰的言语要求说话者使用清脆、清晰的辅音和准确的发音。在这里使用时，还特别关注说话时的音高变化[7-9]。在一些语言障碍患者中，使用清晰的言语与立即改善声学、空气动力学的语音结果有关。表 64–3 提供了具有原创性

表 64–1　持续 [a] 元音的声学分析（治疗前）

ADSV 测量	JB 的分数	男性正常值	SD
CPP（dB）	8.02	13.03	1.68
CPP　SD	2.97	0.63	0.24
CSID	36.22	3.58	10.37

ADSV. 语音和发音困难分析；CPP. 倒频谱峰值；CSID. 发音困难的倒频谱指数；SD. 标准差

表 64-2 句子"we were away a year ago"的声学分析（治疗前）

ADSV 测量	JB 的分数	男性正常值	SD
CPP（dB）	6.11	8.04	1.33
CPP F_0（Hz）	130	127.65	19.79
CPP F_0 SD（Hz）	67	42.23	25.56
CSID	8.97	−4.48	7.94

ADSV. 语音和发音困难分析；CPP. 倒频谱峰值；CSID. 发音困难的倒频谱指数；SD. 标准差

表 64-3 连贯发音（彩虹篇章）中语音空气动力学分析（治疗前）

	呼吸频率	通过持续时间（s）	平均声压级（dB）	平均音高（F_0）（Hz）	平均发声气流（ml/s）
初始	8	25	74	93	340
清晰发音	12	33	74	111	350

和刺激性的空气动力学结果。

JB 报道说，在进行了清晰的讲话和语调刺激试验后，他听到并感到自己的声音有了积极改善，SLP 也同意这种说法。随后，他接受了使用共振声音的刺激测试，也证明共振声音作为刺激工具能立即改善声音并发挥效用。他还表明，使用该策略后，他的声音的动觉意识（"感觉"）有所改善。

JB 被问及一些关于声音自我感知的问题。他说，他的声音给他带来"中等"程度的困扰（从没有到严重）。他抱怨声音和声音的感觉，他给自己的声音用力程度评分为 6/10。此外，他还完成了一系列患者症状和语音障碍问卷调查，包括语音障碍指数 -10（voice handicap index-10，VHI-10）[11]、反流症状指数（reflux symptom index，RSI）[12]、呼吸困难指数（dyspnea index，DI）[13]、咳嗽严重程度指数（cough severity index，CSI）[14] 和唱歌语音障碍指数 -10（singing voice handicap index-10，SVHI-10）[15]。这些量表的结果如表 64-4 所示。对于所有指标，分数越高就表明严重程度越高。

在 SLP 评估后，JB 接受了喉科医生的硬频闪

表 64-4 基于问卷调查（治疗前）

VHI-10（总分 40）	25
RSI（总分 45）	6
DI（总分 40）	2
CSI（总分 40）	1
SVHI-10（总分 40）	22

CSI. 咳嗽严重程度指数；DI. 呼吸困难指数；RSI. 反流症状指数；SVHI-10. 唱歌语音障碍指数 -10；VHI-10. 语音障碍指数 -10

喉镜检查。他的检查结果显示右侧声带中间的上皮下病变。声门关闭完全（正常），振动轻度不对称，右侧真声带黏膜波轻度减弱，左侧真声带黏膜波正常。

【读者的问题和答案】

1. 一位确诊为声带麻痹的患者在语音实验室进行评估。哪些检查适合这位患者？

(1) 声学、空气动力、听觉感知和刺激测试。

(2) 声学。

(3) 空气动力学。

(4) 声学、空气动力和听觉感知测试。

答案：(1) 正确。声音治疗和声音评估不是一个特定的疾病治疗过程。无论声带解剖结构如何，全面评估声音及患者根据提示或模型（刺激性测试）实现声音变化的能力至关重要。

(2) 不正确。声学测试只提供了部分语音图像。

(3) 不正确。空气动力学测试只提供部分语音图像。

(4) 不正确。省略刺激测试不能让 SLP 评估患者调整声音的能力，也不能决定转诊进行声音治疗的适宜性。

2. 一位患肌肉紧张发声困难症的专业演讲者被推荐接受语音治疗。她已经在另一家机构接受了 23 次语音治疗，不愿意再次接受治疗。你建议用什么方法治疗她的声音？

(1) 平时注意嗓子保养，这样就不用再练习了。

(2) 不要治疗她，因为她已经用尽了治疗选择。

(3) 用 CTT 治疗她。

答案：(3) 正确。CTT 立即使用对话刺激；因此，患者在第一阶段就可以看到嗓音治疗的效果，她可能只需要参加 3～4 个阶段。

(1) 不正确。仅靠注意嗓音保养不能恢复嗓音。

(2) 不正确。她显然没有得到适当的治疗，因为她的声音仍然有问题。

3. 判断正误。在刺激测试中，一名 17 岁的半职业排球运动员承认，任何刺激探针都不能让她辨别自己的声音。你不应该给她推荐治疗，因为她对刺激没反应。

答案：这个观点错误。通常，即使在没有意识到声音变化的情况下，也可以通过关注声音的感觉（动觉意识）来减少紧张、疲劳和用力程度，从而实现声音的变化。因此，至少应在试验基础上推荐治疗。

【障碍描述和推荐治疗方法】

JB 被诊断为单侧良性声带病变。基于他的多学科评估结果，JB 转诊进行语音治疗。每周由同一位治疗师完成 1 次 45min 的语音治疗。先应用间接语言治疗技术[16] 来进行第一阶段的治疗，包括相关的、个性化的嗓子保养方法。JB 透露，他每天的饮水量不足，清嗓子，大声说话，而且在说话时经常有喉咙不适感。他有咽喉逆流病的病史，现在已通过药物控制。他每天都锻炼（有氧运动和力量运动结合），除了目前的声音问题，他没有报告过生活压力巨大。在间接嗓音治疗之后，SLP 向 JB 引入 CTT[9]。关于 CTT 概念发展的出版物，对每种技能及其科学原理进行了全面的描述[9]。CTT 首先要求患者开始与 SLP 就任何他或她选择的话题进行对话，并在说话时使用清晰的语言。患者说话时被要求关注自己感受到的不同辅音发音感。JB 回忆在语音实验室的刺激评估中使用 CTT 的情形，并注意到在第一次语音治疗中使用 CTT 时，他的声音就有了积极的变化。SLP 观察到患者的新旧声音有显著变化，患者自己也注意到了。SLP 随后引入了消极练习，让 JB 在他的"旧的 / 有问题的声音"和"清晰的声音"[17, 18] 之间转换。为了彰显这些声音个性与独特，患者还被要求说出两种不同的声音。JB 称他的旧声音是"毫无生气的"，而新声音是"新鲜的"。

第二疗程和第三疗程的重点仍然是对话。但不同的是，SLP 指导 JB 在说话时增加语调变化，并使用适当的语言停顿来补充呼吸。停顿也有助于放慢语速，因此他能更好地集中精力保持连贯的气流，避免在话语结束时出现气流减少的状态（如"泡泡音"）。利用选自 JB 的教学计划，具有生态有效性的课堂教学脚本，来训练安全有效的声音响度。强度目标通过关注增加辅音能量、降低语速、在说话时使用更大的口腔开度来实现。值得注意的是，在第一个疗程后，JB 报告说，他不喜欢在"新鲜"和"毫无生气"的声音之间转换，因为"毫无生气"的声音发音困难且痛苦，他想放弃使用。他还指出，学生和家人对他的声音改善发表了看法。他妻子说，他说话时听起来不再痛苦。在第三个疗程开始时，JB 报道说，尽管一周教 5 天课，但在前一周他说话没有困难。在第三个疗程结束时，JB 和 SLP 确定，JB 已经充分表现出独立适应目标说话技巧的能力，不需要进一步治疗。

【结果】

在最后 1 次（第 3 次）语音治疗结束 6 周后，JB 回去复诊。医生特意为 JB 最后一次治疗和后续随访之间留出来一段时间，目的是让他将新发音技巧融入日常生活并学习如何实现。在随访中，他报告说他在接受了嗓音治疗后改善了 90%。他的自我评估分数都有所提高（表 64-5），他的声学和空气动力学结果也是如此（表 64-6 至表 64-8）。他对整体声音严重度的听觉 – 知觉评估也从 38 降至 7。喉部检查显示声带病变缩小，但没有完全消失。根据症状，JB 接受了进一步的治疗后就出院了，但医生

表 64-5　基于问卷调查（治疗后）

VHI-10（总分 40）	3
RSI（总分 45）	1
DI（总分 40）	1
CSI（总分 40）	0
SVHI-10（总分 40）	9

CSI. 咳嗽严重程度指数；DI. 呼吸困难指数；RSI. 反流症状指数；SVHI-10. 唱歌语音障碍指数 -10；VHI-10. 语音障碍指数 -10

建议他在有需要时复诊。

CTT 适用于有持续专业声音需求的患者，因为它的目标是在对话中立即使用嗓音治疗技巧，而不是通过技能建立等级，最后使用对话、自发的声音。教师因为职业和经济原因，像其他声音专业人士一样，在声音治疗期间无法花费几周时间来满足自己的声音要求，只好继续发音困难。至关重要的是，这些专业人士学习健康、平衡的说话技巧，可以立即转换成对话的声音，这便是 CTT 的目标。

CTT 基于运动学习理论而发展，该理论鼓励患者在现实环境中，通过实践具有挑战性的任务来学习。CTT 强调真实世界的叙述，旨在患者驱动环境下有效地教授发音技巧，如教学、电话和会议脚本。患者在第一次 CTT 疗程结束后，能够在某些情况下使用他们的"新声音"。由于从第一疗程开始就注重对话的声音，CTT 所需的疗程数与传统疗法相比显著减少。早期数据显示，患者接受少于 4 个 CTT 疗程即可获得声音改善，JB 的情况也是如此。

表 64-6 持续 [a] 元音的声学分析（治疗后）

ADSV 测量	JB 的分数	男性正常值	SD
CPP（dB）	10.94	13.03	1.68
CPP SD	1	0.63	0.24
CSID	9.6	3.58	10.37

ADSV. 语音和发音困难分析；CPP. 倒频谱峰值；CSID. 发音困难的倒频谱指数；SD. 标准差

表 64-7 句子 "we were away a year ago" 的声学分析（治疗后）

ADSV 测量	JB 的分数	男性正常值	SD
CPP（dB）	9.07	8.04	1.33
CPP F_0（Hz）	124	127.65	19.79
CPP F_0 SD	69	42.23	25.56
CSID	6.8	−4.48	7.94

ADSV. 语音和发音困难分析；CPP. 倒频谱峰值；CSID. 发音困难的倒频谱指数；SD. 标准差

表 64-8 连贯发音（彩虹篇章）中语音空气动力学分析（治疗后）

	呼吸频率	通过持续时间（s）	平均声压级（dB）	平均音高（F_0）（Hz）	平均发声气流（ml/s）
治疗后	7	26	73	126	190

要点

- 作为 SLP 嗓音评估的一部分，刺激性评估对于确定患者是否适合进行嗓音治疗，及指导嗓音治疗的方法和目标至关重要。
- CTT 不需要划分治疗技能等级，并在治疗开始和随后的所有会话中，在最困难的情境下（患者驱动的对话）训练健康、平衡的发音技巧。
- 与传统的嗓音治疗方法相比，CTT 的结果是以较少的疗程实现嗓音目标，且治疗后的嗓音结果有显著改善。

推荐阅读

[1] Bonilha HS, Dawson AE. Creating a mastery experience during the voice evaluation. J Voice. 2012; 26(5):665.e661–665.e667

[2] Gartner-Schmidt J, Gherson S, Hapner ER, et al. The development of conversation training therapy: a concept paper. J Voice. 2016; 30(5):563–573

[3] Gillespie AI, Gartner-Schmidt J. Immediate effect of stimulability assessment on acoustic, aerodynamic, and patient-perceptual measures of voice. J Voice. 2016; 30(4):507.e9–507.e14

参考文献

[1] Kempster GB, Gerratt BR, Verdolini Abbott K, Barkmeier-Kraemer J, Hillman RE. Consensus auditory-perceptual evaluation of voice: development of a standardized clinical protocol. Am J Speech Lang Pathol. 2009; 18(2):124–132

[2] Awan SN, Roy N, Zhang D, Cohen SM. Validation of the Cepstral Spectral Index of Dysphonia (CSID) as a screening tool for voice disorders: development of clinical cutoff scores. J Voice. 2016; 30(2):130–144

[3] Awan SN, Roy N, Jetté ME, Meltzner GS, Hillman RE. Quantifying dysphonia severity using a spectral/cepstral-based acoustic index: Comparisons with auditory-perceptual judgements from the CAPE-V. Clin Linguist Phon. 2010; 24(9):742–758

[4] Fairbanks G. Voice and Articulation Drill Book. 2nd ed. New York: Harper and Row; 1960

[5] Gartner-Schmidt JL, Hirai R, Dastolfo C, Rosen CA, Yu L, Gillespie AI. Phonatory aerodynamics in connected speech. Laryngoscope. 2015; 125(12):2764–2771

[6] Gillespie AI, Gartner-Schmidt J. Immediate effect of stimulability assessment on acoustic, aerodynamic, and patient-perceptual measures of voice. J Voice. 2016; 30(4):507.e9–507.e14

[7] Picheny MA, Durlach NI, Braida LD. Speaking clearly for the hard of hearing. II: Acoustic characteristics of clear and conversational speech. J Speech Hear Res. 1986; 29(4):434–446

[8] Picheny MA, Durlach NI, Braida LD. Speaking clearly for the hard of hearing. I: Intelligibility differences between clear and conversational speech. J Speech Hear Res. 1985; 28(1):96–103

[9] Gartner-Schmidt J, Gherson S, Hapner ER, et al. The development of conversation training therapy: a concept paper. J Voice. 2016; 30(5):563–573

[10] Bonilha HS, Dawson AE. Creating a mastery experience during the voice evaluation. J Voice. 2012; 26(5):665.e1–665.e7

[11] Rosen CA, Lee AS, Osborne J, Zullo T, Murry T. Development and validation of the voice handicap index-10. Laryngoscope. 2004; 114(9):1549–1556

[12] Belafsky PC, Postma GN, Koufman JA. Validity and reliability of the reflux symptom index (RSI). J Voice. 2002; 16(2):274–277

[13] Shembel A, Gartner-Schmidt J, Rosen CA, Zullo TG. Two Novel Instruments: Development and Validation of the Dyspnea Index (DI) and Cough Severity Index (CSI). The Voice Foundation Annual Symposium, June 5, 2011, Philadelphia, PA

[14] Shembel AC, Rosen CA, Zullo TG, Gartner-Schmidt JL. Development and validation of the cough severity index: a severity index for chronic cough related to the upper airway. Laryngoscope. 2013; 123(8):1931–1936

[15] Cohen SM, Jacobson BH, Garrett CG, et al. Creation and validation of the Singing Voice Handicap Index. Ann Otol Rhinol Laryngol. 2007; 116(6):402–406

[16] Ziegler A, Gillespie AI, Abbott KV. Behavioral treatment of voice disorders in teachers. Folia Phoniatr Logop. 2010; 62(1–2):9–23

[17] Verdolini K. Resonant voice therapy. In: Stemple J, Ed. Voice Therapy: Clinical Studies. 2nd ed. San Diego: Singular; 2000:46–61

[18] Grillo EU. Clinical investigation of the Global Voice Therapy Model. Int J Speech-Language Pathol. 2012; 14(2):156–164

成人心因性口吃
Psychogenic Stuttering in an Adult

Suzanne Hungerford　著

全交界　译　杨　柳　徐洋凡　校

【概述】

交流障碍患者的运动或感觉症状与卒中等神经疾病症状相类似，但没有内科疾病能够完全解释这些症状。这种"伪神经性"或心因性症状与神经性沟通障碍症状相似，具体表现有失音、神经源性言语障碍或口吃。

【临床病史和病情描述】

患者 WB 是一名 25 岁的老兵，有 1 年的言语异常史。他被诊断患有创伤后应激障碍（posttraumatic stress disorder，PTSD），正在服用几种精神类药物来控制睡眠困难、抑郁和焦虑。WB 有严重的言语不流利，类似口吃，伴有颈部和面部的亢奋多动，面部扭曲，咬紧下颚及双手缩拳。他表示他的言语困难和相应的多动症状与环境有关。除了打电话，他在家里说话是没有以上困难的，因此他避免在外交流和外出旅行。他将自己的言语障碍归因于"紧张"，并表示言语障碍给他造成了巨大的压力和挫败感。他没有发育性口吃的个人史或家族史，且医疗记录显示其磁共振成像（MRI）正常，没有神经系统疾病或障碍。

【临床测试】

会话言语样本证实，WB 的不流畅性主要表现为声音、音节、词的部分和全词重复，并有少量声音延长。在讲话过程中观察到严重的气流中断，由于声音停止，他的元音不能延长超过 2s。在一个 109 个单词的会话言语样本中，69% 的单词表达不流利。有些单词或音节被重复多达 10 次。实词比虚词更容易出现不流利。大多数不流畅现象出现在单词的开头，但也有一些出现在单词的中间和结尾。

但是在这过程中通过延迟听觉反馈、增加节拍器节奏、临床医生有规律地移动患者的手产生节奏、掩蔽噪声和（或）电子音调变化反馈等方式，几乎没有观察到患者言语不流利和亢奋多动的严重程度变化。此外，多次阅读同一篇文章也没有观察到患者表现改善（如提高流利度等）。

在 60 个口吃感知量表条目中，WB 确定其中 38 个条目属于"他的特点"，包括：

- 避免与权威人士交谈。
- 避免询问信息。
- 尽可能用最少的话语简短回复。
- 做突然、急促或有力的动作。
- 说话上气不接下气。
- 避免购物。
- 避免介绍自己。
- 找借口避免交谈。
- 谈话紧张。
- 避免使用电话。
- 说话时比平时出汗更多。
- 说话时胸部或腹部肌肉紧张。
- 说话时眼球有多余、不必要的运动。

● 费力说话时用力呼吸。

口部运动检查未发现面部、舌头或软腭不对称。在非言语任务中，舌头的运动范围、速度和协调性都在正常范围内。在口腔—面部检查中，没有观察到舌头、嘴唇或面部的多动现象。由于说话不流畅，连续运动速率和交替运动速率异常缓慢和不规则。但 WB 否认咀嚼或吞咽困难。

诊断性治疗是在评估期间实施的。通过鼓励、放松练习及有关气流的连续性和轻松发音的指导，WB 很快就能产生连续气流，并实现连续音和短单词的平稳、流畅发音。患者症状迅速改善，正常的非言语口腔运动及精神障碍诊断（创伤后应激障碍）的出现，导出了心因性交流障碍（转换障碍）这个诊断结果（表 65–1）。

【读者问答】

1. 以下哪一项最好的描述了言语语言病理学家在评估和治疗心因性交流障碍患者中的作用？

(1) 由于该疾病没有器质性病因，因此对心因性交流障碍的评估和治疗超出了言语语言病理学家的能力范围。

(2) 如果言语语言病理学家怀疑患者有心因性交流障碍，患者应该被转诊给心理医生或进行心理治疗。

(3) 言语语言病理学家通常可以有效地治疗心因性交流障碍。

答案：(3) 正确。言语语言病理学家可以有效地治疗这些患者。通过对症治疗和鼓励，心因性交流障碍患者往往能迅速康复。

(1) 不正确。美国言语语言听力协会的执业范围文件表明言语语言病理学家可以治疗由精神心理因素导致的交流障碍。

(2) 不正确。因为心因性交流障碍患者确信他们有器质性问题，他们一开始可能不会愿意转诊到心理健康专家。言语语言病理学家可以首先提供支持性咨询，告诉患者心理变化，如压力，会干扰正常说话所需肌肉的自主控制。这可以作为一个通往精神科或心理科转诊的对话通道，同时又为患者通过言语治疗后症状迅速得到好转的情况提供了"保留面子"的解释。

2. 如果患者有神经系统疾病或障碍的迹象，那么目前的交流障碍就不能考虑为心因性的。

(1) 正确

(2) 错误

答案：(2) 正确。神经源性问题或神经系统疾病（如多发性硬化）中也可以存在如卒中、脑外伤等心因性症状。患者可能既有神经源性症状又有心因性症状，但神经源性问题的存在或病史并不妨碍对心因性交流障碍的诊断。

3. 言语语言病理学家在区分神经源性交流障碍、心因性交流障碍和诈病时必须考虑许多因素，以下哪项有关这种区分诊断是正确的？

(1) 由于 WB 在儿童时期没有口吃病史，成年时出现的口吃一定是心理因素造成的。

表 65–1　突发性交流障碍的病因

病　因	基本特征	故意表现 次要补偿（额外的补偿）或 主要补偿（情感 / 心理补偿）
神经系统 神经疾病导致的神经源性交流障碍（如失语症、构音障碍、神经性口吃）	症状与已知的神经系统疾病模式相一致，神经源性功能失调的证据，症状不容易逆转	没有故意表现 没有次要（额外）补偿 没有主要（心理）补偿
心因性（交流障碍） 患者没有故意欺骗的意图	症状提示神经源性疾病，但症状表现通常不符合已知的神经系统症状模式。冲突或心理压力可能先于症状出现，症状可能很奇怪，可能有精神障碍病史（如焦虑症）。对症治疗可以迅速逆转改善病情	没有故意表现 主要（心理 / 情感）补偿
诈病 患者通常故意装病以获得次要补偿（如赢得法律和解或获得保险利益）	患者通常不配合，测试中不努力，不遵循治疗建议，症状和测试可能表现不一致。可能无法通过非常简单的评估任务（如在诊断测试中的练习项目）	故意表现 次要（金钱）补偿

(2) 由于 WB 正在服用精神类药物，他的运动语言症状很可能是由这些药物引起的。

(3) WB 很可能在装病，因为他的头颅磁共振是正常的。

(4) 病史、语言运动检查和诊断性治疗证实 WB 的语言和运动症状是心因性的。

答案：(4) 正确。WB 的病史表明他的语言问题与环境有关。他的症状在家里得到减轻（除了他打电话之外），这与神经系统问题的表现不相符。此外，病史还显示他曾有过与服兵役有关的应激病史，并且被诊断患有精神疾病（创伤后应激障碍、焦虑、抑郁和睡眠障碍）。运动语言检查显示，在非言语任务（如伸出舌头、咀嚼）中，他的发音器官并不存在亢奋多动的情况。这与亢奋性构音障碍不同，在言语和非言语活动中，患者会有一致的运动模式。最后，在评估过程中开始的"试验"治疗显示，在治疗师的支持下，WB 可以减少多动，控制自己的气流，流畅地发声和说话。这种症状的快速可逆性也证明了他的言语困难根源是心因性的。

(1) 不正确。成人言语不流畅可能是神经源性的。已经有报道表明脑创伤、卒中和其他神经源性问题会引起神经源性口吃。

(2) 不正确。一些药物或药物组合有时会导致语言障碍。然而，由于 WB 的语言问题并不是随着药物治疗的改变而发生的，而且他的语言不流畅在家里也减轻了，药物治疗并不可能是他口吃的原因。

(3) 不正确。几乎可以肯定，WB 不是在装病。没有外部诱因促使他假装出现这些症状。他已经从军队光荣退伍，没有卷入任何诉讼。他并不为他的困难寻求补偿，在治疗中非常合作，而且他似乎真的受到了他的语言障碍的折磨。

【障碍描述和推荐治疗方法】

WB 表现为类似口吃的心因性言语障碍。在 WB 的病例中，对症状的神经病学解释与症状的环境依赖性、正常的非语言口腔运动、正常的咀嚼和吞咽及症状的可逆性不一致。又因为没有明显的外部获得，并且他很配合并遵循治疗建议，因此不存在诈病情况。

在治疗过程中，他练习用连续的气流缓慢、放松地讲话。他学会了把握肌肉紧张的迹象以提高讲话的平稳及流畅性。他很快就能在非交流环境下流利地讲话，比如阅读单词表和句子。

【结果】

到第 6 次治疗结束，WB 能够与治疗师流利地进行对话，而亢奋多动的严重程度和频率也大大降低。余下的 5 个疗程目标是在会话方面保持讲话流畅，提高自然韵律，并将这些技巧应用到新的会话伙伴和场合中去。WB 的社交功能也得到了改善：他开始在家里打电话和接电话，并且开始更频繁地外出，尽管他一般仍然避免参加在家以外的社交场合。

要点

◆ 成人突发性交流障碍可能是神经源性、心因性或诈病。精神症状通常与神经病学表现不相符（如 MRI 正常、言语不流利但非语言口腔运动正常）。有心因性症状的患者通常有压力史、创伤史或诊断有精神疾病，如焦虑症。

◆ 心因性交流障碍并不是有意的欺骗行为。这些患者认为他们有生理上的基础疾病。

◆ 心因性交流障碍的特征之一是症状通常可以通过对症治疗迅速逆转改善。

◆ 心因性交流障碍患者能够被言语语言病理学家有效治疗，而这种治疗也在言语语言病理学家的执业范围内。

推荐阅读

[1] Baumgartner J, Duffy JR. Psychogenic stuttering in adults with and without neurologic disease. J Med Speech Lang Pathol. 1997; 5(2):75–95

[2] Baizabal-Carvallo JF, Jankovic J. Speech and voice disorders in patients with psychogenic movement disorders [serial online]. J Neurol. 2015; 262(11): 2420–2424

[3] Duffy JR. Acquired psychogenic and related nonorganic speech disorders. In: Duffy JR, Ed. Motor Speech Disorders: Substrates, Differential Diagnosis, and Management. 3rd ed. St. Louis, MO: Mosby; 2013:331–354

[4] Duffy JR. Functional speech disorders: clinical manifestations, diagnosis, and management. Handb Clin Neurol. 2016; 139:379–388

双侧相继人工耳蜗植入者的听觉康复
Aural Rehabilitation of a Sequential Bilateral Cochlear Implant User

Sara J. Toline 著

李 辉 涂 博 译　王 艺 徐洋凡 校

【概述】

双侧相继耳蜗植入（cochlear implant，CI）者的康复一直面临着许多特有的挑战。当患者开始通过人工耳蜗产生的电刺激进行聆听时，他们将经历"早期适应期"。对于双侧相继人工耳蜗使用者来说，根据耳聋的时间长短和先前助听器不同的使用情况，适应期的情况也不同。另外，尽管进行了广泛的宣传，患者往往会先入为主，对结果抱有期待。多学科团队对于有效管理至关重要。此外，各学科之间的交流可确保患者充分使用人工耳蜗并帮助患者提高听力和语言交流能力。

【临床病史和病情描述】

患者 WM 是一名 69 岁的女性，高三时被诊断为因耳硬化症而导致的双侧进行性感音神经性聋。在进行了镫骨切除术后，她双侧佩戴了助听器。她的听力持续下降，在 58 岁时被推荐进行人工耳蜗植入评估。测试显示右耳听力严重下降，左耳听力轻度至重度下降。随即，她的右耳就进行了人工耳蜗植入。在接下来的 10 年中，她的左耳听力又持续下降，在她 68 岁那年左耳也接受了人工耳蜗植入。在第 2 次植入后，她自主报告说在监测语言产生，声音质量和声音响度方面有困难。她常常漏掉部分对话内容，经常需要别人重新解释，因此在与人交流时处于被动地位。在聚会上，她感到与家人和朋友隔绝了，自尊心也下降了。

【临床测试】

WM 在第 2 次人工耳蜗植入后 1 个月进行了测试。功能性听力评估是利用听觉发展层次的框架来完成的。所有测试均由一名言语语言病理学家在一间安静的治疗室完成。WM 告诉言语语言病理学家她是如何接收言语的。她表示她仍在调整言语质量。她的音量和音调起伏不定，说明她没有意识到韵律特征（重音、音调、速率和响度）。她的言语被鉴定为清晰并且可理解的，因为在交流中她的发音准确，但是也有一些鼻音和非鼻音之间的异常转换。

在林氏六音测试（Ling Six sound test）中，WM 展示了对整个频率语音的感知。她发现并辨别出低频元音 [a，u，i]，中频辅音 [ʃ] 和高频辅音 [s]。一个开放单词列表，即 AB 短单词列表，由基本的辅音—元音—辅音单词组成，用于确定她在单词水平感知言语的能力，及识别言语感知错误的能力。在以下 4 个条件下评估了言语感知：①安静环境下的双侧评估；②噪音环境下的双侧评估；③仅左侧评估；④仅右侧评估。所有测试都使用声箔在单纯的听觉模式下完成。分析了她对特定语言结构的感知，发现并经常保持语音和声音的方式特征。她在感知低频信息（包括识别元音和区分浊音辅音）方面付出了最大的努力，而在噪音中的言语感知略有降低。功能性言语感知测试是由言语语言病理学家在安静的治疗室完成的，而不是听力学家进行的。

呈现的所有单词和句子均未在隔音棚中校准。单词和句子由临床医生阅读，并由 WM 重复。表 66-1 描述了结果。海伦句子测试（Helen sentence test）由 Geoff Plant 开发，用于评估听觉理解及在安静和噪声环境中对疑问句和（或）陈述句的识别。WM 在安静条件下识别句子几乎没有困难。当通过电话应用程序模拟噪音时，她忽略了句子中非重读且难以预测的单词。

【读者问答】

1. 哪些因素可能影响 WM 使用新设备的表现？

(1) 患者的期望。

(2) 耳聋的时间。

(3) 年龄。

(4) 需要更多的听觉训练。

(5) 以上所有。

答案：(5) 正确。以上所有因素都会影响人工耳蜗植入者的使用表现。

(1) 不正确。她需要持续的咨询，以设定切合实际的期望，确保目标是可实现的，并确保自己的情绪不妨碍有效沟通的成功。

(2) 不正确。长时间的耳聋需要一段时间的适应，并且可能影响了她的表现。

(3) 不正确。年龄可能会影响她的表现。

(4) 不正确。经过一个疗程后，注意到表现有所改善；因此，参加听觉训练可能会影响表现。

2. 哪些变化不会改变治疗过程？

(1) 大脑适应程度。

(2) 进步速度。

(3) 听觉发展的变化。

(4) 设备故障。

(5) 使用无线配件。

答案：(5) 正确。听觉疗程为人工耳蜗植入者设备和任何配件提供支持。设备支持将很容易合并到疗程中，并且不会改变治疗方法。

(1) 不正确。大脑正在适应，编程参数也在不断变化。对于临床医生来说，不断评估患者的水平并在适当时更改目标非常重要。

(2) 不正确。如果患者进步迅速，她就不需要频繁的训练，并且可以更快地开始在家疗养。如果患者进步不大，临床医生就需要重新评估治疗技术的有效性。

(3) 不正确。最初，WM 难以感知低频辅音。在随后的治疗中，她开始难以感知高频辅音。她迅速提高了识别熟悉的常用短语的能力，临床医生也开始使用不常见的句子进行刺激。

(4) 不正确。如果设备出现故障，重要的是要告知听力学家和植入耳蜗外科医生。这可能会导致服务突然失效。

3. 根据她在初步评估中的表现，将观察到典型的错误是什么？

(1) 识别词末擦音 [s]/ 和 [z]。

(2) 区分词末塞音 [b]/ 和 [g]。

(3) 区分词末塞音 [p]/ 和 [t]。

(4) 识别孤立的元音。

(5) 在安静环境中，识别可预测的单词。

答案：(2) 正确。发现她很难区分浊塞音，包括音素 [b] 和 [g]。

(1) 不正确。在她的初步评估中，WM 在识别单词中的音时未出现错误，而是在区分单词中的音时遇到更多的困难。

(3) 不正确。在初步评估中，她并没有表现出

表 66-1　双侧相继耳蜗植入术后 1 个月

	双侧（安静）	双侧（噪音）	左侧 CI	右侧 CI
首辅音	70%	70%	40%	70%
元音	90%	80%	60%	70%
尾辅音	80%	60%	70%	70%
整句	60%	50%	30%	40%

CI. 耳蜗植入

区分高频声音的困难，但是在疗程结束后进行重新测试时，这成为一个问题。

(4) 不正确。WM 难以区分单词中的元音，但她发现并准确识别出了孤立的元音。

(5) 不正确。她在安静环境情境中表现优于噪音情境。在存在背景噪音的情况下，她确实难以识别句子中难以预测的单词。

【障碍描述和推荐治疗方法】

WM 因双侧严重的感音神经性聋被诊断为言语和语言障碍。临床评估观察和主观报告表明，她的语言障碍影响她的生活质量。医生建议她每周接受45min 的治疗，为期 3 个月。治疗在仅听觉模式下进行，有 3 种条件：单独使用左侧人工耳蜗，单独使用右侧人工耳蜗及两边同时使用。另外，建议她每晚花 30min 单独使用左侧新植入的人工耳蜗。治疗计划包括以下内容：

- 设备培训和技术支持（使用设备和无线配件及提供针对植入公司的支持工具）。
  - WM 右侧的人工耳蜗已使用将近 10 年，因此她对它已有所了解。她知道如何更改和使用人工耳蜗特定的程序和功能。
- 询问患者情绪对听力障碍的影响，因为情绪和交流困难有关联。
- 针对听力困难的情况，训练患者使用补偿性沟通策略。
  - 我们讨论了她对自己听力能力的信心水平。面对较低的信噪比，多位说话人和从不同距离讲话时，补偿性沟通策略能够帮她改善听力。
  - 她开始更加频繁地要求对方重新解释，在交流中变得更加自信。她能在交流中发表自己的意见。
  - 讨论针对特定场景的预期策略。
- 提供直接的功能性听觉训练。
  - 分析方法——她在开放语境中识别单词，训练在最小对立对中来找出元音和辅音中的所有错误。音节和单词中高频辅音的听觉

轰炸被用于训练。
  - 综合方法——句子识别任务被用于常见的场所，如餐馆、商店和医生办公室等场所。通过以下指导和听觉转移活动，进行听觉理解训练。
- 指导并提供韵律特征的使用反馈。
  - 最初，她在呼吸支持，音调，共鸣和响度方面表现出有困难，但经过不断治疗和反馈，她开始更好地监控这些言语技能。
- 在困难的听力环境中进行训练（近距离与远距离听力，安静与嘈杂的环境，现场与录制的语音）。
- 鼓励使用计算机培训课程和可用的支持应用程序。
- 推荐本地互助小组或在线成人人工耳蜗博客。
  - WM 开通了自己的博客，寻求情感上的支持，同时也帮助其他严重听力受损的人。

【结果】

听力学测试显示，植入人工耳蜗后 3 个月，左耳和双耳的言语识别能力明显改善。植入前和植入后听觉测试的结果如图 66-1 和图 66-2 所示。

除了在噪音条件中无明显差异，其他所有条件下，她的功能性语音感知得分在 AB 短词列表测试中均略有改善。表 66-2 给出了功能性语音感知测试的结果。WM 自主报道说，在安静的环境中，即使同时和多个人沟通，与他们对话的信心和舒适度都有所提高。但嘈杂的餐厅对她来说仍然有困难，她也使用了在治疗中讨论和实践的沟通策略。她能够自我监控自己的语音和语音质量。遇到困难时，除了充分利用自己的设备配件在噪音环境下提高听力，她还有效地使用了补偿性沟通策略。她开始采用几种策略来提高感知度，包括请求重复，请求放慢语速，请求重复第一个和（或）最后一个单词，复述自己听到的话，请求对方解释意思，请求拼写或概况关键词。WM 继续进行由人工耳蜗设备制造商创建的家庭计算机培训计划。她开始在平时不愿去的地方见朋友，例如繁忙的餐馆和社交聚会。

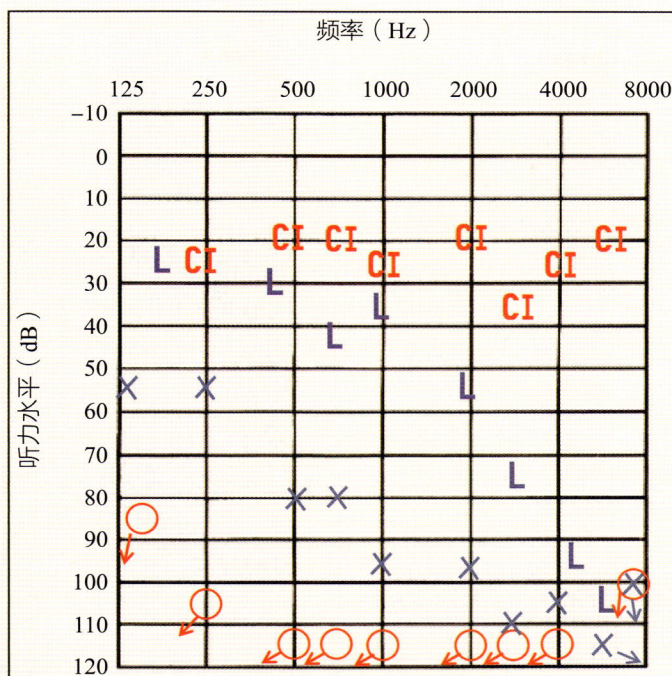

辅音元音辅音	右 人工耳蜗植入	左 助听器	双　侧
	80%	8%	74%

句表（安静条件下）	右 人工耳蜗植入	左 助听器	双　侧
	93%	7%	92%

▲ 图 66-1　人工耳蜗植入前听力结果

表 66-2　功能性语音感知测试结果——双侧相继耳蜗植入术后 3 个月

	双侧（安静）	双侧（噪音）	左侧 CI	右侧 CI
首辅音	80%	70%	40%	70%
元音	100%	80%	100%	100%
尾辅音	90%	60%	70%	70%
整句	70%	50%	50%	60%

CI. 耳蜗植入

要点
- 双侧相继耳蜗植入给使用者和临床医生都带来巨大挑战。
- 治疗技术会随着时间的推移而发展，具体取决于患者的进步和需求。
- 多学科的治疗方法将确保最佳的治疗效果。
- 除了直接治疗，患者还可以利用家庭计算机培训计划提高听觉技能。

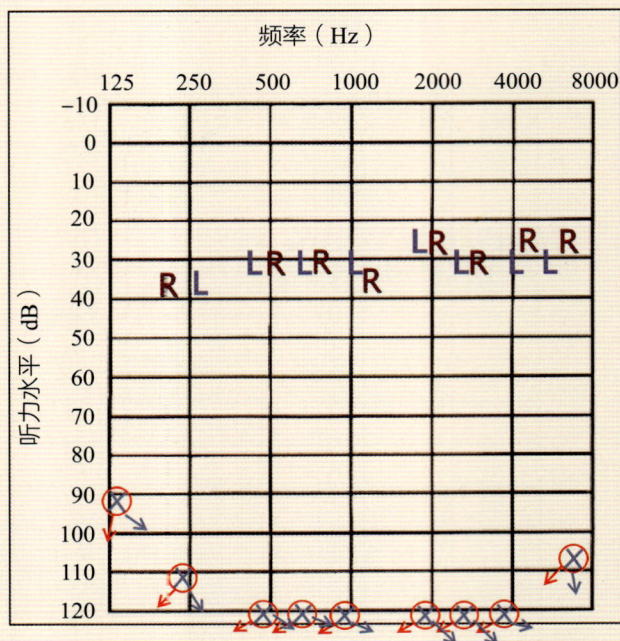

▲ 图 66-2　人工耳蜗植入后听力结果

辅音元音辅音	右 人工耳蜗植入	左 助听器	双　侧
	82%	56%	84%
句表（安静条件下）	右 人工耳蜗植入	左 助听器	双　侧
	91%	71%	96%

推荐阅读

[1] Luterman DM. Counseling Persons with Communication Disorders and Their Families. 5th ed. Austin, TX: Pro-ed; 2008

[2] Tye-Murray N. Foundations of Aural Rehabilitation Children, Adults, and Their Family Members. 3rd ed. Clifton Park, NY: Delmar Cengage Learning; 2009

[3] Adunka OF, Dillon MT, Buchman CA. Auditory outcomes in the adult population. In: Waltzman SB, Roland JT, Eds. Cochlear Implants. 3rd ed. New York, NY: Thieme; 2014:167–181

良性声带病变：刺激性测试和嗓音治疗的作用
Benign VF Lesions: The Role of Stimulability Testing and Voice Therapy

James Curtis **著**

王文献 **译**　　麦王向　徐洋凡 **校**

【概述】

在较大的良性声带病变面前，低效率嗓音使用模式对嗓音相关症状的影响往往被忽视或低估。尽管存在较大的良性声带病变，但如果嗓音症状随着嗓音效率的改善而有所缓解，即使需要手术切除，行为治疗可能是唯一所需的干预治疗。

【临床病史】

患者 HG 是一位 56 岁的男性商人，有右声带瘢痕和左声带囊肿病史，转诊进行跨学科言语语言病理学（speech–language pathology，SLP）和喉科学（laryngology，MD）评估。患者 HG 声明他有 3 年的嗓音障碍病史，其症状是在短时间连续发声（如在商业演示中）后，出现发声力度增加、发声疼痛、发声疲劳、嗓音质量粗糙、气喘和不一致的声音质量。他说症状的发作可能与专业声音需求的逐渐增加相吻合，但否认有任何特定的刺激事件。他以前在印度经历过一次，他每年花了 3~6 个月的时间进行嗓音治疗，这种疗法包括嗓音休息和加强嗓音的保养。HG 指出，当时，声音休息暂时缓解了他的疼痛和疲劳症状。然而，他的基线发声困难持续存在。他最近见了一名外科医生，医生建议对声带囊肿进行手术；然而，他当时对手术不感兴趣，并寻求另一种意见的干预。

【临床测试】

嗓音的临床评估包括一个详细病史和患者访谈，嗓音感知评估，硬喉频闪镜检查和刺激性测试。嗓音感知评价采用 0（无）到 3（严重）的 GRBAS 量表进行评分，结果显示整体发音困难程度为中度（2/3），粗糙程度为中度（2/3），呼吸声为轻度到中度（1.5/3），紧张程度为中度（2/3）。对声音和共振的感知评估也显示后/咽部部位的共振和发声气流的减少，在持续高音发声时出现间歇性的复音。喉部周围肌肉的张力的感知评估，使用 0（无）到 3（严重）主观量表来进行评判，可以触诊到咽喉部周围肌肉组织的比例。通过喉部周围肌肉的触诊发现两侧咬肌有中度张力（2/3）、颏下区（2/3）、舌骨上/舌根区（2/3）、甲状舌骨间隙（2/3）有中度张力；舌骨下肌肉（2/3）和胸锁乳突肌张力有轻度增加（2/3）。值得注意的是，HG 表明在触诊时甲状舌骨间隙有中度压痛，左侧大于右侧。

喉镜及频闪镜表现（图 67–1）：

- 声门上功能亢进，表现为室性皱襞外侧受压。
- 位于左侧膜性声带中部具有大的、离散的、固着的、基础深厚的病变。
- 右侧膜中部声带内侧缘的黏膜沟槽。
- 纵相位差（vertical phase difference，VPD）、黏膜波在右侧声带沟槽处消失，左侧声带病

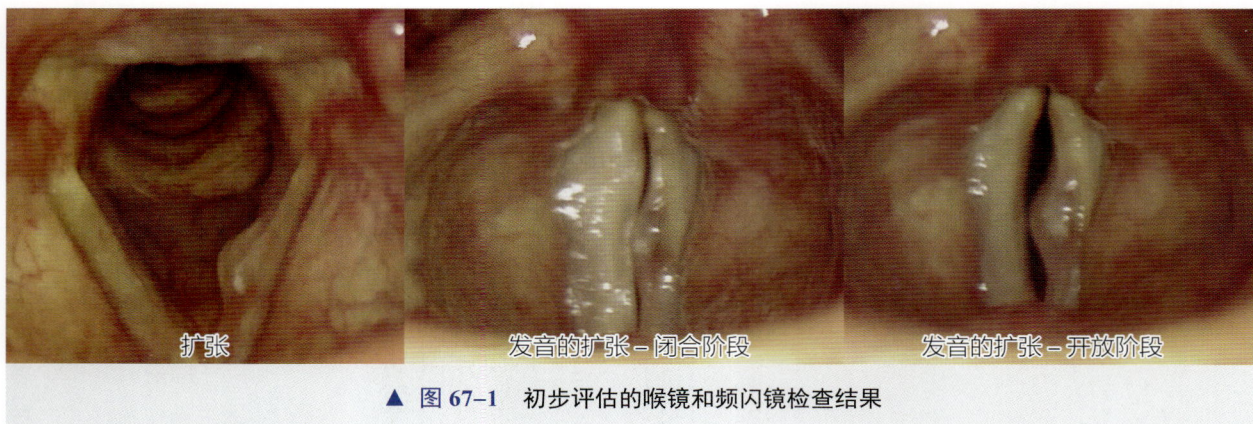

▲ 图 67-1　初步评估的喉镜和频闪镜检查结果

变部位缩小。

- 所有音高的沙漏音闭合模式。

采用试验疗法评估 HG 对使用声音和保持紧张模式的意识，并评估其对改善、降低周围喉张力和改善嗓音的刺激作用。面对严格的内窥镜评估，刺激是间接发生作用的，而在流动发声和共振声音治疗任务的进程中，刺激是直接发生作用的。HG 可以很快接受刺激从而降低甲状舌骨和舌骨上的张力，降低声带张力和粗糙度，改善发音气流平衡和前口腔共振。尽管脱离了紧张的状态，呼吸仍然始终如一，并未中断。

【读者问答】

1. 从患者的病史和临床评估中有哪些发现可能会让你相信他可能从行为干预中受益？

(1) 存在异常的咽旁张力和声带张力。

(2) 存在声带囊肿。

(3) 患者报告有发声用力和发声疼痛的情况。

(4) (1) 和 (3)。

答案：(4) 正确。虽然嗓音治疗不能保证改善声带良性病变的疗法，但与发声用力和发声疲劳相关的症状很可能与低效的声音使用和持续的紧张模式有关——这两者都是行为嗓音治疗的主要目标。鉴于这些症状是由患者报告的，应尝试治疗以改善这些症状，即使最初或最终建议进行手术。

(1) 部分正确。喉周紧张和声音紧张可能导致发声用力、疼痛和音质发声困难这些症状。因为紧张和压力是可变的行为，呈现紧张和压力的患者们可以大大受益于嗓音疗法。因此，有针对性地减少紧张和压力可以减少与嗓音用力和喉部疼痛有关的疾病，在某些情况下还可以在病变存在时提高音质的平顺性（通过促进一致的呼吸气流和周期性振动）。

(3) 部分正确。发声用力和疼痛可能与声带效率和喉部张力有关，而不是因为囊肿的存在。由于力度和疼痛与可改变的张力有关，行为干预的试验过程当然是必要的。

(2) 不正确。病变的存在或不存在并不决定一个人是否能从治疗中得到帮助。例如，一个患者可能患有声带囊肿，但没有症状，因此治疗是没有必要的。

2. 从临床评估中得出的哪些发现可能会让你相信发音困难与声音使用模式有关，至少是部分相关，并且可能受益于声音治疗？

(1) 听得见的嗓音紧张。

(2) 对刺激测试的反应。

(3) (1) 和 (2)。

答案：(3) 正确。声门张力是声门阀功能亢进的结果，常导致发声气流减少和声音粗糙。对刺激测试的反应显示，患者能够减少嗓音紧张和声音粗糙。因此，在持续呼吸困难的同时，通过行为干预改善了其他发声困难的参数，进一步加强了声音治疗对于患者的作用。

(1) 部分正确。声音张力是作用于一个人如何产生声音，而不是作用于任何解剖异常（如囊肿）。声压会降低发声气流的量和一致性，从而导致发声过程的非周期性（粗糙性）。因为声音紧张很可能导致了这个患者的发音困难，而张力是一个行为指标，你可以认为这个患者会从声音治疗中得到帮助。

（2）部分正确。考虑到患者会在受到刺激后发生改变，而改变会带来更流畅和更有效的声音质量，他可能会从治疗中受益，以达到长期、一致的后续影响。

3. 你对这个患者进行嗓音治疗的主要目标是什么？

（1）提高嗓音效率。

（2）改善嗓音质量。

（3）声带病变消退。

答案：（1）正确。作为行为治疗师，我们的首要目标应该是提高发声的效率（尽可能）——理想情况下达到患者可以接受的水平。通常，对于肌肉紧张性发声困难的患者，治疗可能包括减少在休息和发声时喉周的张力，并将声带紧张降低到患者能够承受的程度（即声带张力），同时改善放松状态的口腔共振和发声气流的平衡。

（2）不正确。改善嗓音质量并不总是等同于提高声音效率和持续的声音产出，因此不应该是治疗的主要焦点。声带囊肿较大的患者可以通过在病变处用力按压来达到一个完整的发声闭合模式，从而消除呼吸感，从而达到"改善音质"的目的。这可能会导致声带疲劳、疼痛和声带良性病变的加重。

（3）不正确。如果患者在有病变的情况下能够发出有效的声音，并且症状消退，那么声带病变是否存在就无关紧要。

【障碍描述和推荐疗法】

初步评估显示诊断结果为左侧声带囊肿、右侧声带沟和肌张力障碍。跨学科的 SLP/MD 显示，他的大部分症状是肌肉紧张性发声障碍的结果，其特征是呼吸气流减少、声音紧张和喉周紧张。声带良性病变可能是造成声带呼吸困难的主要原因，是病变部位声带闭合不完全所致。建议进行嗓音治疗，目的是提高嗓音效率（即减少压力，改善发音气流的平衡和放松状态的前口共振），最终缓解发声疼痛、发声费力、发声疲劳，并在一定程度上提高整体嗓音质量。

在 2 个月内完成了 5 次嗓音治疗。具体推荐的治疗靶点包括：

- 对常规喉解剖学和生理学，有效发声的力学，当前声音使用和张力维持模式的教育。

- 按摩咽部周围，减少、控制和建立对无效的咽周张力维持模式的认识。探索在按摩下结合发声任务的紧张意识。

- 发声效率任务，即在发声过程中改善气流平衡、轻松的口腔共振和最小的周围喉肌接触。训练包括简单介绍伸展流音和半闭塞声道的基本训练手势（如 [u] 和 [f] 到 [v] 发音），并在句子和对话中几乎瞬间传递概念和感觉。

- 认识和辨别的任务旨在通过探索基本训练手势水平上的生理感觉（如持续发 [f] 和 [v] 音时手指上气流的感觉）并通过反向练习在有效的生理感觉（如简单的、前向的口腔共鸣）和无效的生理感觉（如咽焦点共鸣）之间进行转换，以建立识别有效和无效声音使用的准确性。

- 声带降温可促进组织重塑和伤口愈合。这些冷疗建议在增加声音使用导致症状加重之后进行。

【结果】

根据他的报道，HG 完成了预定的嗓音治疗疗程，几乎 100% 地遵守了治疗建议。在治疗结束时，他在与临床医生的自发谈话中体现出了治疗概念和高效发声的一致，准确并一致地在提示时产生高效和低效的声音，并表明在工作中持续使用高效的声音。他报道说，他意识到自己会间歇性地"滑入"低效的嗓音使用模式，但能够很快地恢复到高效的嗓音。

在最后一次治疗后 1 个月和初次评估后约 3 个月进行的治疗后随访评估中，HG 报道发声疼痛完全消失，没有观察到发声用力，声带耐力增强 / 功能性的声带耐力。他还指出，嗓音质量虽然仍然不时伴有呼吸声，但已不再不稳定或不可预测，而且感觉一直更流畅，发音不那么困难。由 SLP 和 MD 进行的感知评估显示嗓音质量得到了改善，现在伴随着微弱的的呼吸声、间歇性紧张和粗糙，及微弱的甲状舌骨和下颌紧张。喉镜检查显示，右侧声带瘢痕持续存在，左侧声带囊肿较初始检查缩小（图 67-2）。频闪镜评估显示纵相位差（VPD）和黏膜波得到改善，所有间距完全闭合（图 67-2）。

嗓音治疗的主要目标是在存在声带病变的情况下，使患者产生有效的声音来控制症状。这一目标在很大程度上是根据患者报道和随访评估的结果而获得的。对嗓音使用模式的认识，使被赋予能力的 HG 能够识别低效的模式，而在整个治疗过程中的反向练习为他提供了工具，在有效和低效的声音使用之间来回调整。虽然治疗的主要目的不是消除病变，但观察到左侧声带囊肿的大小显著缩小。在最初出现声带瘢痕和左侧声带囊肿较大的情况下，HG 立即实现了流畅高效的发声。然而，病变的减少允许更大的灵活性与有效的声音产出。

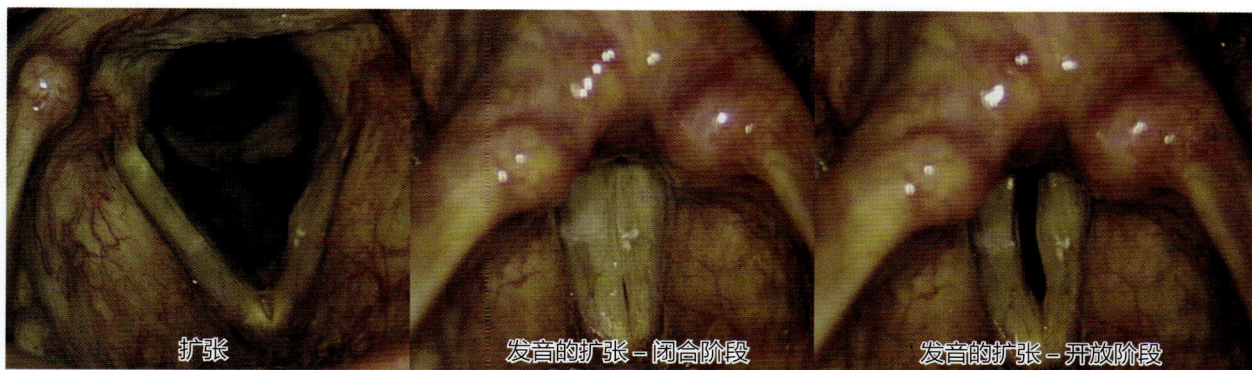

▲ 图 67-2　完成语音治疗后的喉镜和频闪镜检查结果

要点
- 较大的良性病变可能不是导致声音障碍的主要因素。
- 在初步评估时，一份完整的临床病史、患者访谈和刺激性测试对于确定患者症状背后的解剖和生理发现的贡献是至关重要的。
- 在患者症状中，临床医生不应低估肌肉张力和低效的声音使用模式的作用，特别是在存在较大的良性声带病变时。无论病变如何处理，如果刺激性测试显示了能够产出功能性的有效音，那么仅用嗓音疗法就可以很好地控制症状。

推荐阅读

[1] Verdolini Abbott K, Li NYK, Branski RC, et al. Vocal exercise may attenuate acute vocal fold inflammation. J Voice. 2012; 26(6):814.e1–814.e13
[2] Gartner-Schmidt J, Gherson S, Hapner ER, et al. The development of conversation training therapy: a concept paper. J Voice. 2016; 30(5):563–573
[3] Gillespie AI, Gartner-Schmidt J. Immediate effect of stimulability assessment on acoustic, aerodynamic, and patient-perceptual measures of voice. J Voice. 2016; 30(4):507.e9–507.e14

帕金森病中的异常吞咽障碍
Dystussia and Dysphagia in Parkinson's Disease

Michelle S. Troche   Jordanna M. Sevitz   Alease M. Holden   著

王文献 译   麦王向 徐洋凡 校

【概述】

吸入性肺炎是帕金森病（Parkinson's disease，PD）的主要死亡原因，这种肺后遗症绝大部分可能归因于伴随出现的吞咽（吞咽困难）和咳嗽（异常）障碍[1-4]。本病例强调了有必要进行评估和管理气道保护连续性（从咳嗽到吞咽）的行为，以达到更佳的长期健康状态。

【临床病史和病情描述】

患者 GB，男性，69 岁，Hoehn 和 Yahr Ⅲ 期 PD，8 年前发病。他的病史对于右侧单侧底丘脑核（subthalamic nucleus，STN）深部脑刺激（deep brain stimulation，DBS）手术及 3 年后左侧苍白球（globus pallidus interna，GPi）DBS 手术也有重要意义。值得注意的是，DBS 已经发展成为 PD 患者的管理选择。手术治疗 PD 最常见的两个皮质下结构是 STN 和 GPi。虽然 STN 和 GPi DBS 治疗 PD 患者普遍被认为是安全有效的，但 DBS 对气道保护的影响尚不清楚。最近的研究表明 STN DBS 可能会对吞咽功能造成不良影响，这在 GPi DBS 中没有观察到[5-6]。

由于进行性吞咽障碍，对口腔摄入量和生活质量产生了不利影响，GB 被推荐到我们的门诊。GB 和他的妻子说道，在过去的 1 年里，他在吃饭的时候出现了严重的咳嗽，尤其是在喝液体饮料的时候。他还说，吃东西的时间要长得多。他的妻子也注意到，他流口水次数变多，甚至在没有食物或液体的情况下也整天咳嗽。他们也提到了明显的言语障碍。他说话时声音越来越小，这一点他的妻子尤为担心。GB 和他的妻子报道说，他的言语功能因 DBS 而恶化，但他们最担心的是吞咽功能障碍。在来我们诊所之前，GB 已经在其他设施中进行了几次吞咽评估和随后的治疗。他报道说，他的吞咽疗法包括口腔运动锻炼、Shaker 训练和用力吞咽法。此外，一位神经学家建议他在喝稀的液体时做下巴收回动作。GB 无吸入性肺炎史，近期无体重减轻史。他非常积极，参加每周的锻炼课程、认知疗法和 PD 支持小组。他和他的妻子主动地解决这些吞咽问题，但坚决反对任何形式的肠内喂养。

【临床测试】

视频 68-1 显示了吞咽的视频透视评估（videofl-uoroscopic evaluation of swallowing，VFES）过程。此检查显示连续吸入稀薄液体并持续渗透到声带水平，并连续渗漏蜂蜜状黏稠的液体。GB 无因吸入和（或）渗漏而咳嗽。GB 在提示时咳嗽，但咳嗽对清除气道吸入物 / 渗漏物无效。吞咽时咽食管段开口范围及持续时间缩短，咽部有中度残留，伴固体块及布丁块淤积在会厌谷，咽收缩减少。口腔传递时间增加，特别是固体块及布丁块。考虑到之前的一位神经学家曾推荐过这种方法，我们试着用稀液体伴随做下巴回收。然而即使是下巴回收动作，仍可发现持续的误吸。

对该患者进行自主性和反射性咳嗽测试，以全面评估气道保护情况。通过肺活量测定法测定咳嗽 3 个关键阶段的自主咳嗽气流动力学：吸气期、压缩期和呼气期（图 68-1）。为了评估他的主动咳嗽的效果，GB 提到"咳嗽就像东西进了错误的管道一样"。根据气流数据，对咳嗽效果进行了各种措施。先前的数据表明，在神经退行性疾病人群中，自主咳嗽气流与渗透/吸入之间存在预测关系。GB 的峰值呼气流量率（peak expiratory flow rate，PEFR）降低，压缩期持续时间延长，他的咳嗽量加速度（cough volume acceleration，CVA）明显降低（图 68-2）。此外还进行了反射性咳嗽试验。按照指示，GB 要对装有喷雾蒸馏水（雾）的手持设备进行呼吸，必要时咳嗽[7]。他没有因雾而咳嗽，并称不想咳嗽（在改良的 Borg 量表中，0 表示没有冲动，10 表示

非常严重的冲动）。此外，最大呼气压（maximum expiratory pressure，MEP）和最大吸气压（maximum inspiratory pressure，MIP）进行了评估，以确定呼吸肌肌力下降对咳嗽结果的潜在作用。GB 的平均 MEP 为 77cmH$_2$O，平均 MIP 为 60cmH$_2$O。

【讨论问题】

1. 基于临床试验的结果，为什么同时解决这个患者吞咽和咳嗽问题是重要的？

2. 你会为这个患者尝试哪两种康复方法，为什么？研究是否证明了这些方法的有效性？

3. 关于患者的预后、康复治疗的好处和在家疗养的重要性，你会给患者什么建议？

【读者问答】

1. 在分析 PD 患者咳嗽气流时，可以通过（选择适用的所有方法）提示是否存在闭锁（即不咳嗽）和（或）异常（即咳嗽紊乱）：

(1) 减少 PEFR。

(2) 增加了 PEFR。

(3) 减少脑血管意外。

(4) 增加脑血管意外。

答案：(1) 正确。PD 患者常表现为 PEFR 降低。

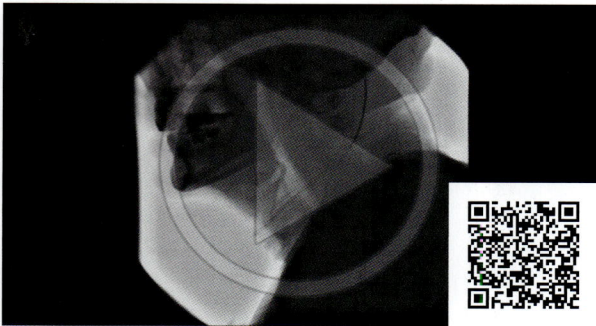

▲ 视频 68-1　吞咽的视频透视评价

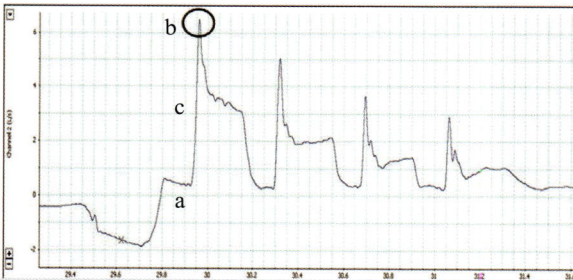

咳嗽运动措施	压缩阶段持续时间（a）
	最大呼气流速（PEFR；b）
	呼气流量上升高峰时间（PEFRT；c）
	咳嗽量加速（CVA=PEFR/PEFRT）

▲ 图 68-1　正常连续咳嗽的气流信号

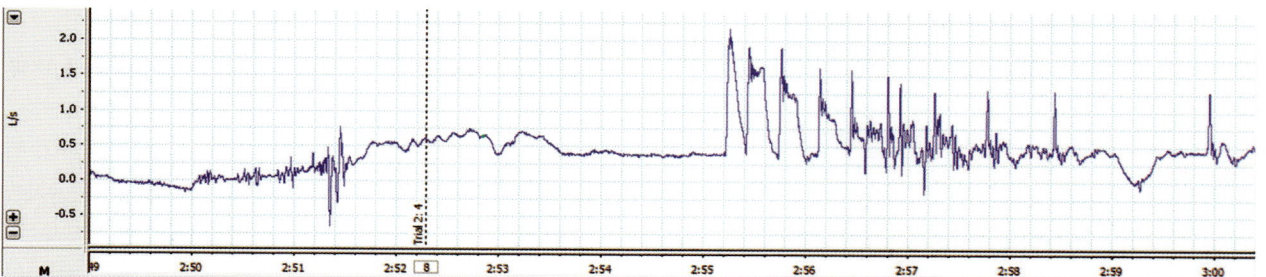

▲ 图 68-2　GB 产生的连续咳嗽气流信号

在这种情况下，它表明剪切力降低，而这对于从下气道强力排出内源性物质是必要的。因此，PEFR 降低是该人群中肌张力障碍的指示。

(3) 正确。PD 患者常表现为 CVA 降低。在这种情况下，它表明剪切力降低，而这对于从下气道强力排出内源性物质是必要的。因此，CVA 降低是该人群中肌张力障碍的一种指示。

(2) 不正确。PD 患者常表现为 PEFR 下降，提示存在肌张力障碍。

(4) 不正确。PD 患者常表现为 CVA 下降，提示存在肌张力障碍。

2. 以下哪一项是针对有普遍气道保护缺陷的患者的特定的康复方法（选择所有适用的）？

(1) 呼气肌力量训练（EMST）。

(2) 门德尔松手法。

(3) Masako 手法。

答案：(2) 正确。门德尔松手法包括在吞咽任务中主动操纵喉部抬高。

(1) 不正确。EMST 的目标是增强颏下肌肉和呼吸肌肉的力量生成，但在吞咽过程中并没有这样做。

(3) 不正确。Masako 手法包括用力吞咽，同时将舌头放在牙齿之间。这一动作的目标是减少舌根和咽力的产生，从而可能减少咽腔内的残留物，但并不是以改善气道保护为主要具体目标。

3. 在 VFES 期间，您的患者表现出几次无症状吸气（无咳嗽反应的吸气）。当被要求用 0～10 分来给他的咳嗽冲动打分时，患者的回答是"8"。当被要求解释由于知觉增强而不咳嗽的原因时，你的患者说："我喝液体时总是感到很痒。"这是患者吐气时强烈咳嗽是阳性或阴性的预后指标吗？

(1) 积极的。

(2) 负面的。

答案：(1) 正确。患者表现出对气道内物质的感知。因此，这可以被用作治疗目标，在有强烈的冲动或"痒"的情况下，教患者提高他的反射性咳嗽。

【障碍描述和推荐治疗】

吞咽和咳嗽具有相同的神经基质，属于气道保护行为的连续体[8]。吞咽有助于防止物质进入气道，而咳嗽对于有效地将非正常进入气道的物质喷射出来是必不可少的。PD 通常与普遍的进行性气道保护障碍有关，表现为吞咽、自主和反射性咳嗽缺陷，与 GB 表现一致。GB 表现为中度至重度感觉运动吞咽困难，其特征是吞咽机制的改变。他还表现为反射性和自主性咳嗽障碍。吞咽安全最大隐患的是他持续吸入稀流质液体，这种物质的感觉减少（表现为没有咳嗽的冲动和对吸入物质没有咳嗽反应）及无效的反射性咳嗽。咳嗽评估显示 PEFR 和 CVA 下降；这两种措施都表明减少了清除内源性物质的下气道所需的剪切力。浓稠液体的蜂蜜和下巴回收只是最低有效的限度，以减少气道损害，往往与咽部残留增加有关。

多层面的治疗方法启动，解决了吞咽和咳嗽障碍，最大限度地保护了整体气道。管理计划包括 EMST 改善呼吸和颏下的肌肉力量，以支持咳嗽和吞咽，具体的吞咽练习，包括用力吞咽、Masako（舌头保持）、Mendelsohn 练习及一个家庭训练计划[9-10]。在最初的治疗过程中，考虑到对认知能力的高要求，GB 不可能完成门德尔松操作，这在治疗神经系统疾病患者时很常见。因此，这种治疗方法被排除在治疗计划之外。用力吞咽是搭配肌电图提供生物反馈。最后，GB 的 EMST 设备被设置为 58cm H_2O 为其 MEP 的 75%。指导 GB 每周 5 天完成 25 次呼吸。

在 6 周的时间里，GB 每周接受一次治疗。在这段时间里，他还完成了一项家庭计划，包括 EMST、重复用力吞咽和 Masako 动作，并通过峰值流量计自主咳嗽，以增加咳嗽效能[11]。峰值流量装置提供了 PEFR 的可视读数，允许 GB 监测他的咳嗽气流，并试图通过练习增加它。

【结果】

治疗 6 周后，GB 返回进行吞咽评估。他的 VFES 显示，在不吸入浓稠的蜂蜜液体的情况下，加大了吞咽的安全性，减少了单一口稀薄液体的吸入。然而，他仍然表现出对流畅的稀液体的渴望。咳嗽效果也有所改善。总体而言，GB 对治疗有积极反应；然而，他并没有表现出完全解决气道保护症状，这是常见的 PD 和其他退行性疾病。治疗的成功通常不是症状的完全解决，而是症状的改善和气道保护性变性的减缓。所有人都可以在移除治疗或运动后停止训练，但在退行性疾病和基础功能较严重的患者中，停止训练的速度更快[12]。维护计划是退行性疾病患者管理计划的一个必要组成部分。

GB 接受了严格的家庭训练计划。建议他返回进行持续定期复查和重新评价。当像 GB 这样的患者对肠内喂养不感兴趣时，这种水平的随访尤其重要。在这些情况下，密切随访关注测量最少限制饮食，改为以运动为基础的训练，并提供最有效的补偿多层面和整体的治疗方法有助于预防肺部后遗症，同时平衡积极的生活质量。

要点

◆ 吞咽和咳嗽是连续的气道保护行为：吞咽的作用是保护气道不受内源性物质的侵害，咳嗽的作用是将非正常进入气道的物质喷出。吞咽和咳嗽在帕金森病中都被发现是紊乱的，并可能导致吸入性肺炎成为该人群的主要死亡原因。

◆ 定量测量咳嗽效果应成为我们评估 PD 患者气道保护的一部分，从而更具体地确定治疗靶点。

◆ 管理吞咽功能障碍的 PD 应该同时管理咳嗽反射障碍。这可以通过力量训练和技能训练来实现。

◆ 由于帕金森病的退行性，密集的家庭实践、维护计划和持续的随访对于长期气道保护健康和生活质量至关重要。

推荐阅读

[1] Troche MS, Brandimore AE, Okun MS, Davenport PW, Hegland KW. Decreased cough sensitivity and aspiration in Parkinson disease. Chest. 2014; 146(5):1294–1299

[2] Troche MS, Brandimore AE, Foote KD, et al. Swallowing outcomes following unilateral STN vs. GPi surgery: a retrospective analysis. Dysphagia. 2014; 29 (4):425–431

[3] Troche MS, Brandimore AE, Godoy J, Hegland KW. A framework for understanding shared substrates of airway protection. J Appl Oral Sci. 2014; 22(4): 251–260

[4] Troche MS, Okun MS, Rosenbek JC, et al. Aspiration and swallowing in Parkinson disease and rehabilitation with EMST: a randomized trial. Neurology. 2010; 75(21):1912–1919

参考文献

[1] Hegland KW, Okun MS, Troche MS. Sequential voluntary cough and aspiration or aspiration risk in Parkinson's disease. Lung. 2014; 192(4):601–608

[2] Troche MS, Brandimore AE, Okun MS, Davenport PW, Hegland KW. Decreased cough sensitivity and aspiration in Parkinson disease. Chest. 2014; 146(5):1294–1299

[3] Pitts T, Bolser D, Rosenbek J, Troche M, Sapienza C. Voluntary cough production and swallow dysfunction in Parkinson's disease. Dysphagia. 2008; 23(3): 297–301

[4] Pitts T, Troche M, Mann G, Rosenbek J, Okun MS, Sapienza C. Using voluntary cough to detect penetration and aspiration during oropharyngeal swallowing in patients with Parkinson disease. Chest. 2010; 138(6):1426–1431

[5] Troche MS, Brandimore AE, Foote KD, et al. Swallowing outcomes following unilateral STN vs. GPi surgery: a retrospective analysis. Dysphagia. 2014; 29 (4):425–431

[6] Troche MS, Brandimore AE, Foote KD, Okun MS. Swallowing and deep brain stimulation in Parkinson's disease: a systematic review. Parkinsonism Relat Disord. 2013; 19(9):783–788

[7] Hegland KW, Troche MS, Brandimore A, Okun MS, Davenport PW. Comparison of two methods for inducing reflex cough in patients with Parkinson's disease, with and without dysphagia. Dysphagia. 2016; 31(1):66–73

[8] Troche MS, Brandimore AE, Godoy J, Hegland KW. A framework for understanding shared substrates of airway protection. J Appl Oral Sci. 2014; 22(4): 251–260

[9] Troche MS, Okun MS, Rosenbek JC, et al. Aspiration and swallowing in Parkinson disease and rehabilitation with EMST: a randomized trial. Neurology. 2010; 75(21):1912–1919

[10] Wheeler KM, Chiara T, Sapienza CM. Surface electromyographic activity of the submental muscles during swallow and expiratory pressure threshold training tasks. Dysphagia. 2007; 22(2):108–116

[11] Silverman EP, Carnaby-Mann G, Pitts T, Davenport P, Okun MS, Sapienza C. Concordance and discriminatory power of cough measurement devices for individuals with Parkinson disease. Chest. 2014; 145(5):1089–1096

[12] Troche MS, Rosenbek JC, Okun MS, Sapienza CM. Detraining outcomes with expiratory muscle strength training in Parkinson disease. J Rehabil Res Dev. 2014; 51(2):305–310

一个巡演专业歌手的创伤预防
Injury Prevention for a Touring Professional Singer with Phonotrauma

Aaron Ziegler **著**

杨杏萍 **译** 　　 康子浩 徐洋凡 **校**

【概述】

职业歌手在巡演过程中发生声带损伤，其发生的危险因素和损伤机制纷繁复杂，因此他们对声带康复有独特的需求。基于声带损伤预防框架，本案例主要描述言语语言病理学家（speech-language pathologist，SLP；喉科学）如何治疗一个患轻中度发声困难、继发于声带结节的巡回女歌手。

【临床病史和病情描述】

JD 是一名 23 岁职业女高音，作为第二女高音参演一次持续 8 周的音乐巡回表演，该演出每周 1 场，每场持续 3h，在巡演后出现声音嘶哑加重的问题。作为女主角，她的表演通常要配上激烈的舞蹈编排和响亮的动画角色配音等进行的"呐喊式"歌唱。在最初的评估中，JD 诉说尽管完成了每天的发声练习，但唱歌愈发费力。具体表现为声音耐力差、声音嘶哑、音质紧张、音力减弱、音高中断和音域转换困难等。在 5 次周末的表演后，她还发现自己在演唱某些特定高音时更加费力。这些声音问题随着声音休息而有所改善。她否认在之前的角色或演出中有过声音问题，也否认接受过声音治疗。

声带环境卫生状况是影响声带组织健康的重要因素。声带表面脱水是导致 JD 声带损伤的一个因素。JD 谈到，她需要经常暴露在酒店、飞机和表演厅等干燥场所中，加之严格的舞蹈表演要求，她需要进行口腔非湿化呼吸。表演时十分紧张的大量出汗可能会导致系统性脱水。非发音性炎症可能是另一个原因，考虑到 JD 有深夜进食及饮酒导致胃酸反流的病史。她谈到，当她感到持续的间歇性胃灼热时，口服胃食管反流病（gastroesophageal reflux disease，GERD）的处方药物可以减轻症状。由于大量的社会和专业语音使用，最终 JD 发生了重复的急性声伤（repeated acute phonotraumatic，RAP）事件。"声音创伤"一词比声音滥用和误用等其他一些表达方式更受欢迎，因为"滥用""误用"这些词带有负面含义[1]。而保护声带的做法包括终生不吸烟，限制咖啡因摄入，接受专业音乐剧培训及在目前表演中使用扩音器和地板显示器。

【临床测试】

JD 进行了全面的声音评估[2]，包括 SLP 和喉科。她的说话声音质量使用一致的声音听觉-感知评价（consensus auditory-perceptual evaluation of voice，CAPE-V）[3-4]进行评分，结果显示 JD 出现轻度到中度的整体发音困难，表现为轻度到中度的声音紧张，轻度嘶哑，并在乐句边界断断续续的声音颤抖。就她的年龄和性别而言，JD 在谈话中说话的音调有点低，而响度略有增加。她唱歌的声音特点是轻微到中度的挤压，鼻音在演唱时变得更糟。在谈话中，她的呼吸模式主要是下腹部，在唱歌时，她的呼吸系统似乎超负荷运转。收集了基线声学数据，这些数据证实了听觉—感知的结果（表 69-1）。异常的声学结果包括最大发声时间的缩短，

表 69-1　以 JD 综合嗓音评价基线及 1 年随访的临床结果

测 量	基 线	1 年随访	Pre-Post Δ	标准数据[33] 平均值（范围）
最长发声时间（MPT）[a]	12s	13s	8.3%	20.9（11.8～32.0s）
基频（F_0）[a]				
• 元音 [a] 音高	225Hz（A_3）	222Hz（A_3）	−1.3%	
• 朗读（彩虹篇章[34]）	230±50.4Hz	238±47.8Hz	3.5%	224.3Hz（192～275Hz）
• 独白（音高）	208±40.3Hz（G_3）	222±38.6Hz（A_3）	6.7%	210.3Hz（179～256 Hz）
发音频率范围[a]				
• 最小 F_0（音高）	145Hz（D_3）	156Hz（D_3）	6.2%	140.2Hz（98～196Hz）
• 最大 F_0（音高）	960Hz（B_5）	1071Hz（C_6）	11.6%	1121.5Hz（587～2093Hz）
• 总 F_0 范围（音高范围） • 半音（ST）	815Hz（D_3–B_5） 32.7 ST	915Hz（D_3–C_6） 33.4ST	12.2% 2.1%	981.3Hz 37.0 ST
声音强度（SPL）[a]				
• 元音（[a]）	78dB	81dB	3.8%	75.0±4.5dB SPL
• 朗读（彩虹篇章[34]）	80±4.4dB	79±4.7dB	−1.25%	68.2±2.51dB SPL
• 独白	78±4.2dB	79±4.7dB	1.3%	
扰动（[a]，1 型信号）[b]				
• 基频微扰	0.578%	0.313%	（−45.8%）	0.633±0.351%
• 振幅微扰	0.316dB	0.282dB	（−10.7%）	0.176±0.220dB
• 谐噪比	0.108	0.098	（−9.2%）	0.112±0.009
CAPE-V[3,4]	24（总分100）	6	（−75.0%）	异常＞10
VHI-10[5]	22（总分40）	3	（−86.4%）	2.83±3.9； 异常＞11
SVHI-10[6]	21（总分40）	7	（−66.7%）	8.4±0.5； 异常＞9
声带表现				

CAPE-V. 嗓音听觉 – 知觉一致性评估；VHI-10. 语音障碍指数 –10；SVHI-10. 歌喉障碍指数 –10
a. 仅用于 MPT、F_0、总 F_0 范围和声音强度数据
b. 多维语音档案（MDVP），计算机化语音实验室（CSL）规范数据库（宾得医疗，蒙特维尔，新泽西州）
注意：为了收集一段独白，患者讲了 1min 自己在哪里长大

基频减少和连接语音的声音强度的增加及振幅的周期变异性增加（如振幅微扰）。在高音部分，发音的频率范围受到了轻微的限制，而想要达到更高的音域，则需要增加声音的紧张。她的嗓音变化与说话和唱歌嗓音中度障碍相关，这分别由嗓音障碍指数 -10（VHI-10）和唱歌发音障碍指数 VHI-10 决定 [5-6]。

喉成像使用柔性远端芯片喉镜和频闪镜来评估喉的结构和功能缺陷。在吸气和发声时，双侧声带外展和内收的活动均在正常范围内。声带在升降音高滑行时的伸展和收缩正常。声带外观提示复发性急性声带损伤，表现为轻至中度红肿（发红）和小的、双侧、柔软的声带中部膜性肿胀，并覆盖黏液。在说话和唱歌时，发声的生理特点是通过轻度至中度侧向挤压假声襞，减少流动发声和口鼻共振平衡，以增加的声门上活动。在频闪镜检查中，声门完全关闭，并持续发声；然而，在试验语音治疗中，当卸除喉部肌肉紧张时出现沙漏样畸形。双侧黏膜波在病变上方传播最小，振动相位和振幅对称。

管理巡演歌手嘶哑／发音困难的一个重大挑战是确定当前嗓音问题发生和持续的原因（如危险因

素和损伤机制）。在百老汇和伦敦西区的音乐剧表演研究表明，与表演者个人因素和环境因素都被证明会增加表演者受伤的风险 [7-8]。目前使用的伤害预防框架 Haddon 矩阵是描述相关危险因素和导致伤害的因果机制的有用工具 [9-10]。Haddon 矩阵假设损伤是由于 3 个因素之间的相互作用：宿主、损害介质和环境。在这种损伤的观点中，宿主是一个遭受损伤的个体，而损伤的原因是某种形式的能量转移（如机械、热、电、电离辐射或化学）。负责能量传递的机制包括枪、刀、交通工具等无生命物体，或人（即载体）。环境是导致伤害发生的背景，它包括物理环境和社会文化环境。Haddon 矩阵以了解受伤的时间顺序（即事件前、事件和事件后），来区分了受伤事件的时间阶段。为了阐明导致 JD 声带损伤的危险因素范围和损伤机制，将她的历史资料和临床检测结果汇总于表 69-2。

使用 Haddon 矩阵分析表明导致声带出现问题的因素：①不健康发声方式（如宿主因素）；②大量高声音需求的生物力学能量转移和诊断为 GERD（即损伤因子）的可能化学能转移；③音响效果差的广阔表演空间，表演场地、住宿和飞机暴露在干燥的空气中（即物理环境因素）、与演出日程、合

表 69-2　Haddon 矩阵 [9, 10] 应用于一位巡演歌手的声带损伤

	宿主（有受伤危险的表演者）	发声损伤因子（生物机械因素和化学能量转移因素）	物理环境（设置特性）	社会文化环境（标准／实践）
声带损伤前（巡回演出前）	（-）缺乏常规的声音冷却	（-）大量使用非必要的声音 （-）排练需要使用专业高的声音	（-）居住在嘈杂的城市环境中	（-）因社会和经济压力而当歌手
声带损伤（巡回评估前的阶段）	（-）因跳舞或在飞机、酒店等场所暴露于干燥空气中，经口吸入干燥空气而引起的声带表面脱水 （-）由于跳舞时出汗和呼出水蒸气而引起的全身脱水，以及摄入的水分不足，满足不了身体需要 （-）胃酸反流，伴有歌舞，深夜进食，夜间饮酒 （---）缺乏声音冷静的常规	（-）暴露于酸回流的化学能量转移 （-）大量使用不必要嗓音 （---）大量使用表演嗓音 （-）由于响音和高音发声低效技巧运用造成生物力学转换 （-）用高模态音域配合字符发声的生物力学转换机制	（--）在音响效果差的偌大空间进行表演 （-）暴露于舞台制雾化学品 （-）表演服装限制了说话和唱歌时的呼吸	（--）制作合同问题，包括每周演出数量较多、当天两场演出、当天练习并且演出 （--）演出和社会活动时休息时间不足
声带损伤后（评估后期）	（-）嗓音状况引起的焦虑和压力，增加喉部肌肉紧张	（-）通过减少发声，发声的要求有所减低，但仍然处于高要求 （-）持续抱怨过多的咽喉黏液和胃灼热问题	（--）即将到来的演出在不太理想的场地进行	（--）受合同条款约束 （-）渴望成为有弹性的歌手 （-）巡演后被聘为邮轮歌手，且没有完成全程的声乐治疗

Haddon 矩阵可用于定义本病例报道中的危险因素，但也可用于帮助确定干预策略。评分用以表明危险因素和损伤机制对其声带损伤的相对贡献：-为低；--为中度；---为高

同和生产相关的规则、政策和规范（即社会文化环境因素）增加的表演压力。针对损伤因素，临床试验发现说话和唱歌的声音效率低，最有可能增加声带冲击力，并导致当声带在发声过程中碰撞时，大量生物力学能量转移到声带黏膜。具体而言，JD 在语句边界处未充分利用腹式呼吸，说话时表现出喉部肌肉代偿性紧张，在交谈时表现为喉咽间歇发声焦点。低效率的带唱腔是没有必要的高呼气驱动发声，造成喉部和舌部肌肉紧张增加和过度的鼻共振。就 JD 目前声带损伤的时间而言，考虑到她的损伤的声音创伤性质，其发病最可能发生在生物力学能量转移增加的时间范围内。因此，使用 Haddon 矩阵进行的时间分析表明，在巡回演唱期间，声带损伤持续了 2 个月，JD 经历了累积的声带创伤和胃酸反流事件，达到了一个临界阈值，造成了声带组织的消极改变，损害了声带功能。如表 69-2 所示，Haddon 矩阵一种评估不同宿主、损伤因子、环境属性及时间因素对声带损伤影响的有用方法。

【读者问答】

1. 一位 23 岁的歌手在一次音乐巡演中逐渐出现了持续 8 周的声音嘶哑（发音困难）病史，并严重恶化。根据 JD 的病史和临床测试结果，是什么原因导致她声音出现问题，而且一直没有痊愈呢？

(1) JD 声音出现问题可能是由于歌唱和巡演需求带来的心理压力导致肌肉紧张。考虑到她接受过正式的歌唱训练，她的说话和唱歌技巧不太可能是造成她声带损伤发展的一个因素。

(2) 在她的案例中没有出现危险因素，导致其脱水或非发声性炎症，以至于影响声带组织健康。她的发声问题可能仅仅是由于说话和唱歌发音技巧的低下导致的。

(3) 她的声音问题也可能是由于她出现 GERD，暴露于酸性胃内容物环境中，从而损害声带组织健康。

(4) 她的声音问题似乎与声带脱水、胃酸反流引起的非发声性炎症、大量使用非必要的声音和使用高亢、响亮的动画人物声音带来的高冲击力有关的声音创伤有关。

答案：(4) 正确。JD 的声带损伤似乎与多种危险因素和损伤机制有关。声带组织健康状况不佳会增加一个人对声带损伤的敏感性，而在说话和唱歌时声带受到的高度冲击力可能是造成声带损伤（如声带结节）的原因。

原因 (1) 不正确。虽然心理压力可能增加喉部、咽部和舌部肌肉紧张与说话和唱歌，JD 的档案表明，其他因素最有可能在她的声音损伤的发生中发挥作用。此外，尽管接受过正式的嗓音训练，歌手的发音技巧仍然很低效。说话技巧有时是歌唱者出现声音问题的主要因素。

(2) 不正确。虽然声带小结的原因是与高声带冲击压力相关的声音创伤，JD 在评估之前的声音护理也涉及了几个已知的影响声带组织健康的危险因素。因胃酸反流暴露引起的声带脱水和非发音性炎症增加了声带损伤的风险。

(3) 不正确。尽管暴露于胃酸反流可能导致声带发炎，但高的声带冲击力是造成声道创伤损伤的原因。此外，胃食管反流是一种经常被过度诊断的疾病症状，因为胃酸反流和声音问题之间的症状会发生交叉重叠的情况。喉咙黏液过多的感觉可能部分是由声音创伤引起的。

2. JD 报道说，在她目前的声音嘶哑（发音困难）出现之前，她没有声音问题。她描述了一些声乐症状，如：声音耐力差、声音嘶哑、音质紧张、音高中断、音域转换困难及无法在她的高音域产生特定的音高。考虑到 JD 病史和症状，喉部成像最可能发现的是：

(1) 喉部无结构上或生理上的变化。JD 装病是希望结束她的巡演合同，并在巡演结束前离开剧组。

(2) 她的声带黏膜的结构变化与说唱事件影响相一致，这是由于与高音和大声、活泼的角色嗓音要求造成的高声带冲击力导致的。

(3) 表现为声带没有任何结构缺损的原发性肌张力障碍一种生理变化。从本质上说，她表现出了糟糕的发音"形式"，她唯一的问题是发声。

(4) 声带运动障碍，其中一个声带固定在远外侧外展位置，在声带间造成较大的发声间隙。

答案：(2) 正确。在声音响亮、激情，及高音歌唱的背景下，高冲击的压力被认为是造成她声带结节的原因。在说唱案例中，声带的结构变化干扰了声带的振动特性，并导致声音的异常产生。声外伤性病变引起的声带肿块增多，发音关闭受损及声带振动周期变异性升高，均可导致 JD 所描述的症状。

(1) 不正确。JD 似乎没有理由在她的声音问题上撒谎，她也没有表示其有附带收益。此外，JD 表达了她希望解决声带损伤问题和成为百老汇演员的希望。

(3) 不正确。虽然 JD 在说话和唱歌时表现出声门上活动增加，但她声带结构也出现变化。事实上，她的喉部功能亢进可能是通过双侧声带小结来补偿受损的声带闭合。由于声门关闭不全，最小和平均音气流增加，声音带有呼吸声。

(4) 不正确。声带运动障碍的发病通常是突发性的，这与 JD 所说的逐渐发病不一致。此外，由这种运动障碍引起的声门功能不全通常以呼吸性的声音质量和音量降低为特征，这两种情况都没有被 JD 描述或 SLP 观察到。

3. 喉科医生和 SLP 建议 JD 进行一个疗程的发音治疗，来恢复声带损伤。然而，由于巡演停留时间很短，JD 在这次中途停留期间只能参加一次发音治疗课程。在考虑伤害预防框架时，有什么建议／对策是可以考虑的，可以预防正在巡演的患者的声带损伤恶化的？

(1) JD 应该避免在剩下的巡演中表演，以消除与演出发声需求相关的潜在危险。

(2) JD 应该开发和实施个性化的声音监控程序，以提高声带组织健康水平和改善声带振动行为。JD 没有必要参加声音治疗来改变她的发声技巧。

(3) SLP 应该建议 JD 考虑另一种职业，因为她的声带组织再也不能忍受高发声要求。

(4) SLP 和 JD 应该合作制订一个切实可行的治疗计划，其中包括巡演剩余时间实施的个性化语音护理计划，及在巡演结束时完成的语音治疗课程。

答案：(4) 正确。对于患有声道损伤的患者，声带组织健康对于促进健康的声带组织振动是很重要的。此外，使用半闭塞的声道和 Lessac-Madsen 共振声音疗法（Lessac-Madsen resonant voice therapy，LMRVT）可以加速声带伤口的愈合，这种嗡嗡声是由于声带组织以大振幅振荡而产生的[11]。

(1) 不正确。声带休息只能暂时消除发声的危害。但是，如果 JD 不改进她的发声技巧，声带疾病可能会复发或恶化。

(2) 不正确。虽然声带组织的健康对于最佳的发声功能至关重要，但在大多数情况下，仅仅改变生活方式并不能完全解决发音困难问题。因为一些发声行为是会造成声带创伤的，JD 也必须改变她的发声技术来处理由高声带冲击力造成的损伤。

(3) 不正确。基因也可能是某些人声带结节形成的一个因素，这表明某些歌手可能比其他歌手更容易发生声带损伤。然而，JD 否认曾在其他发声要求高的角色中出现过声音问题，这表明患者的生理构成不太可能是影响因素。

【障碍描述和推荐治疗方法】

喉科医生诊断 JD 是继发于双侧中膜增厚的轻度至中度发音困难，提示声带结节和轻度至中度代偿性喉部功能亢进。声带小结很可能代表一种新的声带病理，因为在巡回演唱之前她声音没有问题，而声带小结的柔软和柔韧提示早期的病理过程。声带结节是由纤维连接蛋白沉积到声带黏膜形成的对称声外伤病变。在这种情况下，声带损伤的原因被认为是在声带组织振动过程中，生物机械能以无法忍受的水平转移到声带组织。具体地说，在发声过程中，声带在中线反复碰撞，高强度的冲击应力会造成组织损伤[12]。传统上，某些声乐行为，如高音调的高声压音，被认为会导致良性的声带创伤损伤，如声带结节[13, 14]。

语音治疗技术集中在说话和唱歌时呼吸和发声的协调，提高了唱歌时口鼻共鸣的平衡，似乎对提高 JD 发音效率有促进作用[15]。因此，她被认为是声音治疗问题的良好候选者，并转诊给有歌唱背景的 SLP。行为语音治疗是一种有效的治疗声带小结，通常涉及新的声音使用模式的习得[16]。重要的是，管理巡回演出的表演者需要的治疗计划是可以兼顾演出目标和表演者职业抱负的治疗计划。在这个案例中，巡演的导演完全支持 JD 需要在声带损伤阶段进行声音康复。此外，她渴望成为百老汇的一员，而发音困难使她非常焦虑。因此 JD 非常积极去解决她的声带损伤。经过 Haddon 矩阵评估，JD

的发音困难疗程包含多阶段的治疗计划，关键在于解决导致她的声带发声损伤和持续发音困难的危险因素和损伤机制。

治疗建议是基于一套被称为"Haddon 对策"（表69-3）[17-18] 的 10 种伤害预防策略而制订的。Haddon 对策集中于控制、修改和中断可能对宿主造成伤害的有害能量转移的数量和速率。尽管 Haddon 对策包括 10 种伤害预防策略，但它们的顺序与导致损伤的风险因素或原因的重要性无关。因此，在 Haddon 的对策列表中排在后面的策略可以先使用。这一原则在发生明显伤害时尤其重要，在这种情况下，可采用伤害预防策略 9 和 10 作为稳定伤害水平的直接措施（对策 9：开始对抗危险造成的损害；对策 10：稳定、修复和恢复被伤害的对象）。为此，JD 立即停止了大部分声音的使用，因为她观察到巡演计划中有 1 天是无须出演的，以便暂时停止声带冲击力下的生物力学能量转移，支持声带伤口愈合[19]。她还参加了一次根据她的实际情况制订的声音治疗，接受个性化语音护理方案的咨询，并获得发音治疗技巧，以防止生物力学（发声）和化学（如 GERD）能量转移造成的声带组织进一步损伤[20]。

另一个关键的原则是：与结构承受破坏的能相关的更大的能量转移将需要在 Haddon 对策列表中排得更前。沿着这些思路，健康的声带组织对生物力学能量转移更有抵抗力，更不易受到声带损伤。因此，除了减少声音创伤出现的数量和概率外，解决声带组织健康问题，对于保证积极和长期的治疗结果是至关重要的。因此，她的语音护理计划涉及优化声带组织健康的策略，比如在她的酒店和更衣室使用加湿器来改善声带表面滋润度及增加液体摄入来补充身体水分[21]。该项目还包括减少夜间饮酒，以最大限度地减少胃酸反流。为了抑制声音创伤，她同意在发声专业度需求高的时候减少社交声音的使用，并利用其他形式沟通[22-23]。

在案例中，合同要求 JD 继续进行巡回演出，这意味着 JD 将继续接触大量和高速率的生物力学能量转移。伤害预防策略侧重于控制生物力学能量的释放，以确保对声带的损害不会发生。相应地，JD 在孤立音素 [i] 和 [o] 之间交替进行消极的极端

鼻和纯口音共振练习，然后改变口鼻共振的程度直到达到平衡，结果发现喉—咽张力与共振平衡降低。为了继续保持平衡共振，JD 通过一根吸管发声，同时进行发音功能练习（vocal function exercise，VFE）[24-25]。VFE 计划包括 4 个发音任务，目的是在发声过程中平衡呼吸、喉部和共振子系统。JD 用一根吸管完成 VFE 发音功能练习，通过鼓励几乎没有内收的声带和较低的声门下压力来促进降低声带冲击压力[26]。不出所料，JD 观察到用吸管更容易发声。她还把她的手放在她的腹部，以监测腹部呼吸来发 [hu] 声，并以更协调的呼气和功能词和短语发声作为触觉线索。这些是呼吸和共振的发声技术被应用到她目前的表演曲目中，首先只唱元音，然后唱歌词，然后开始唱整首歌—声音治疗最具挑战性的部分[27]。她注意到，通过利用技巧，在演唱她的表演曲目时，声音更省力，声音更柔和了[28]。这些功能性发声任务促进了发声技巧的现实运用，再加上患者发声功能改善迅速，为患者坚持治疗建议提供了动力。建议使用共振的嗡嗡声进行发声放松治疗，以加快表演后声带组织的恢复[29]。此外，还教授了一项轻声歌唱任务作为一种监测声带炎症的简单方法[30]。最后，SLP 通过观察 JD 的表现，建议通过合唱和考虑选择具有极少损伤的发音来替代激烈性发音，从而降低发音强度。

【结果】

治疗 JD 急性声带损伤的主要目标是通过应用一套减少伤害的策略（即 Haddon 的对策）来缓解她的声带恶化情况和治疗潜在的病理生理过程。在治疗结果方面，1 年后 JD 刚刚与一艘游轮结束合同，JD 在回来接受随访时表示，她对自己目前的发声状况表示满意。根据 SLP 的建议，她从她的语音护理计划中采取了一些对策，她实施了最可行的有效的策略。因此，JD 在剩下的 2 个月里停止了饮酒，现在只是偶尔饮酒。她增加了她的饮水量，以对抗系统性脱水与密集舞蹈编排，并报道每天使用加湿器，以促进声带表面湿润。她进行了更多样的声乐日常准备活动，包括用管发声的声音功能训练，并定期在演出后用洪亮的嗡嗡声完成声乐放松。她在排练时记下自己的声音，在集体演唱时降低了自己

表 69-3　Haddon 对策[17-18] 适用于一个巡演歌手的声带损伤

对策 1：防止产生危害（发声、胃酸反流）

- 每天有两场演出时，在演出间隙偶尔请替补演员表演一场
- 为了防止胃酸反流，午餐要吃得最多，晚餐要吃得少、低脂肪、低酸

对策 2：减少发声、胃酸反流危害的次数

- 1 天内进行彩排和演出时，限制不必要的声音使用
- 小声说话，尽可能鼓励非语言交流（发短信、发邮件）
- 减少夜间饮酒，减少胃酸反流事件的发生次数

对策 3：防止有害物质的释放（发声、胃酸反流）

- 在排练时注意声音，不要太大声说话和唱歌，以限制声音使用量
- 采用生活方式（如嚼口香糖和饭后走动）来促进胃排空和防止胃酸反流事件

对策 4：修改从源头释放危害（发声）的速度

- 与声音管理师一起优化每个新空间的扩音和反馈，以减少发声量
- 通过解决呼吸 – 发音协调和口鼻共振的平衡来调整说话和唱歌的声乐技巧，以减少对声音的创伤

对策 5：将危害（发声）与需要时间和空间保护的危害分开

- 在歌手不登台表演的时候，观察发声小憩，以减少发声量
- 测试每一个新表演空间的音响效果，并确定任何必要的音响技术调整
- 教授声乐健康的特征声音，以减少声带的冲击压力

对策 6：将危害（发声）与物理屏障（表面水分）隔开

- 在紧张的舞蹈编排引起沉重的口腔呼吸后，在需要时（如干燥的飞机）要补充足够的水分

对策 7：修改产生危害的相关条件（发声、胃酸反流）

- 与精通音乐剧声乐风格的声乐老师重新进行唱歌发声私人指导，学习如何发出健康的声带音。按照处方服用反酸药物，降低反流内容物的酸度，减少非发声声带炎症

对策 8：使被保护的声带更能抵抗伤害（声音创伤）而不受（发声）危害

- 通过改善环境（如在酒店和剧院使用加湿器呼吸潮湿的空气）和补充身体水分（消耗更多的水 / 液体）来优化声带组织健康。保证充足的睡眠，保持健康的饮食，并采取手部卫生预防措施，以降低呼吸道或胃肠道感染的风险

对策 9：开始对抗由危害（发声）造成的伤害（声带创伤）

- 请从目前的表演中休息 1 天，以观察一整天声带完全休息的状态
- 在目前的演出中途停留期间，进行一个阶段的声音治疗，以稳定声带的损伤。完成 VFE 的声音准备与吸管发声作康复计划，直到能够在纽约进行一个完整的声音治疗过程
- 在演出后通过发嗡嗡的共振声来放松声带，减少声带炎症的发生
- 使用简单吟唱作为筛查工具来检测声带肿胀，发现问题尽早就医

对策 10：稳定、修复、恢复受损对象（声带）

- 在巡演期间，如有需要应进行喉科的随访，以获得持续的医疗支持
- 在演出结束时，寻找 SLP 完成 4～6 个疗程的声音治疗，以完全恢复发声功能
- 声音治疗出院后，再进行喉科评估，以确定声带状况

SLP. 言语语言病理学家；VFE. 声功能训练

的声音强度。通过这些措施，她发现在剩下的巡演中，她的声音有了初步改善，在巡演结束后，她的声音功能几乎完全恢复。具体来说，她谈到了声音清晰度和轻松度方面的改善，音量增加，高音音域接近正常水平，更接近她唱歌的正常水平。她在发音困难的整体严重程度上有明显减少，声学指标也有相应的改变（表 69-1）。声带形态和振动行为改善；声带呈白色，喉部功能亢进明显减弱，声带小结节几乎消失，只有在高音柔和发声时有少量增厚。与此同时，说话和唱歌的声音障碍明显减少。

随着声音功能的改善，她对自己的歌声更加自信，这激励了她参加新角色的试镜。然而，随着唱歌时间的延长，她的声音耐力继续下降，尽管声音耐力下降只是轻微的，而且只有在长时间的唱歌之后出现。她被鼓励在她居住的城市继续与 SLP 进行声音康复，但由于她在巡演结束后不久又签了一份新制作合同，她无法配合 SLP 进行康复治疗。因此，JD 在随访中被建议，回家后去参加 2～3 次的声音治疗，以解决角色的声音和大声声音引起的喉部功能亢进。

对患有声带损伤的巡演歌手进行唱后管理，是形成成功的临床结果和预防将来出现声音问题的关键，特别是那些有发音困难病史的患者，更需要进行唱后管理[31, 32]。作为她长期的声带损伤后管理的一部分，建议由一位资深的声乐老师进行声乐指导，以处理患者持续轻微声带疲劳的诉求。由声乐老师指导，歌手可以通过提高声乐效率（如最小的声音创伤）来掌握困难的曲目。最后，持续的医疗护理对那些使用专业声音和有声音损伤危险的歌手来说是至关重要的。一旦声音疗程结束，无论患者是否因为成功达到治疗目标而出院，还是由于发音功能没有完全恢复出院，JD 都被建议联系喉科医生进行后续治疗。在她的长期管理计划中包括最后两个部分（即歌唱指导和持续的喉科医疗护理）突出

了巡回歌手护理的循环性质。在损伤前的阶段，结合对策预防是关键，以避免复发或新的声带损伤的出现。

要点

◆ 巡演歌手的嗓音问题通常是由多种风险因素造成的，如声带组织健康欠佳，及在说话和演唱时，由于声乐技术的低效而导致的高声带冲击压力，从而造成声带损伤。

◆ 诊断和管理巡演歌手的主要挑战是区分现有的和新的喉部病理学，这可以通过根据声乐损伤阶段使用 Haddon 矩阵分析危险因素和声带损伤机制来分析。

◆ 在制订治疗计划时，SLP 管理巡演歌手时，应考虑患者的职业前景及规定演出和演出时间表的合同协议。

◆ 声音康复，可以由 Haddon 的对策来指导，对策包括优化声带组织健康状况个性化的声音保健、促进伤口愈合和防止现有声襞组织损伤的声音治疗策略和促进表演和日常沟通功能性发音任务。

◆ 保证巡演歌手成功的治疗，需要在急性损伤阶段稳定声带损伤情况，并在损伤后进行长期的临床护理，以保证声带功能完全恢复。

【致谢】

作者感谢来自科罗拉多州公共卫生学院流行病学教授和伤害预防项目主任 Carol W. Runyan 博士，提供的对声音损伤的流行病学概念解释及 Haddon 矩阵的应用程序及技术援助。

推荐阅读

[1] Leborgne WD, Rosenberg M. The Vocal Athlete. San Diego, CA: Plural Publishing; 2014

[2] Titze IR. Principles of Voice Production. Iowa City, IA: National Center for Voice and Speech; 2004

[3] Titze IR, Verdolini Abbott K. Vocology: The Science and Practice of Voice Habilitation. Salt Lake City, UT: National Center for Voice and Speech; 2012

[4] Ziegler A, Johns MM. Health promotion and injury prevention education for student singers. J Sing. 2012; 68(5):531–541

参考文献

[1] Verdolini K. Critical analysis of common terminology in voice therapy: a position paper. Phonoscope. 1999; 2(1):1–8

[2] Mehta DD, Hillman RE. Voice assessment: updates on perceptual, acoustic, aerodynamic, and endoscopic imaging methods. Curr Opin Otolaryngol Head Neck Surg. 2008; 16(3):211–215

[3] Kempster GB, Gerratt BR, Verdolini Abbott K, Barkmeier-Kraemer J, Hillman RE. Consensus auditory-perceptual evaluation of voice: development of a standardized clinical protocol. Am J Speech Lang Pathol. 2009; 18(2):124–132

[4] Zraick RI, Kempster GB, Connor NP, et al. Establishing validity of the Consensus Auditory-Perceptual Evaluation of Voice (CAPE-V). Am J Speech Lang Pathol. 2011; 20(1):14–22

[5] Rosen CA, Lee AS, Osborne J, Zullo T, Murry T. Development and validation of the voice handicap index-10. Laryngoscope. 2004; 114(9):1549–1556

[6] Cohen SM, Statham M, Rosen CA, Zullo T. Development and validation of the singing voice handicap-10. Laryngoscope. 2009; 119(9):1864–1869

[7] Evans RW, Evans RI, Carvajal S, Perry S. A survey of injuries among Broadway performers. Am J Public Health. 1996; 86(1):77–80

[8] Evans RW, Evans RI, Carvajal S. Survey of injuries among West End performers. Occup Environ Med. 1998; 55(9):585–593

[9] Haddon W, Jr. A logical framework for categorizing highway safety phenomena and activity. J Trauma. 1972; 12(3):193–207

[10] Runyan CW. Introduction: back to the future–revisiting Haddon's conceptualization of injury epidemiology and prevention. Epidemiol Rev. 2003; 25(1): 60–64

[11] Titze IR, Abbott KV. Vocology: The Science and Practice of Voice Habilitation. Salt Lake City, UT: National Center for Voice and Speech; 2012

[12] Verdolini K, Rosen CA, Branski RC, Eds. Classification Manual for Voice Disorders-I. Mahwah, NJ: Lawrence Erlbaum Associates; 2006

[13] Titze IR. Mechanical stress in phonation. J Voice. 1994; 8(2):99–105

[14] Jiang JJ, Titze IR. Measurement of vocal fold intraglottal pressure and impact stress. J Voice. 1994; 8(2):132–144

[15] Van Stan JH, Roy N, Awan S, Stemple J, Hillman RE. A taxonomy of voice therapy. Am J Speech Lang Pathol. 2015; 24(2):101–125

[16] Ziegler A, Gillespie AI, Abbott KV. Behavioral treatment of voice disorders in teachers. Folia Phoniatr Logop. 2010; 62(1–2):9–23

[17] Haddon W, Jr. Energy damage and the ten countermeasure strategies. Hum Factors. 1973; 15(4):355–366

[18] Haddon W, Jr. Advances in the epidemiology of injuries as a basis for public policy. Public Health Rep. 1980; 95(5):411–421

[19] Branski RC, Verdolini K, Sandulache V, Rosen CA, Hebda PA. Vocal fold wound healing: a review for clinicians. J Voice. 2006; 20(3):432–442

[20] Nanjundeswaran C, Li NY, Chan KM, Wong RK, Yiu EM, Verdolini-Abbott K. Preliminary data on prevention and treatment of voice problems in student teachers. J Voice. 2012; 26(6):816.e1–816.e12

[21] Sivasankar M, Leydon C. The role of hydration in vocal fold physiology. Curr Opin Otolaryngol Head Neck Surg. 2010; 18(3):171–175

[22] Titze IR, Hunter EJ. Comparison of vocal vibration-dose measures for potential-damage risk criteria. J Speech Lang Hear Res. 2015; 58(5):1425–1439

[23] Titze IR, Svec JG, Popolo PS. Vocal dose measures: quantifying accumulated vibration exposure in vocal fold tissues. J Speech Lang Hear Res. 2003; 46(4): 919–932

[24] Stemple JC, Lee L, D'Amico B, Pickup B. Efficacy of vocal function exercises as a method of improving voice production. J Voice. 1994; 8(3):271–278

[25] Sabol JW, Lee L, Stemple JC. The value of vocal function exercises in the practice regimen of singers. J Voice. 1995; 9(1):27–36

[26] Titze IR. Voice training and therapy with a semi-occluded vocal tract: rationale and scientific underpinnings. J Speech Lang Hear Res. 2006; 49(2):448–459

[27] Ziegler A, Dastolfo C, Hersan R, Rosen CA, Gartner-Schmidt J. Perceptions of voice therapy from patients diagnosed with primary muscle tension dysphonia and benign mid-membranous vocal fold lesions. J Voice. 2014; 28(6):742–752

[28] Berry DA, Verdolini K, Montequin DW, Hess MM, Chan RW, Titze IR. A quantitative output-cost ratio in voice production. J Speech Lang Hear Res. 2001; 44 (1):29–37

[29] Verdolini Abbott K, Li NY, Branski RC, et al. Vocal exercise may attenuate acute vocal fold inflammation. J Voice. 2012; 26(6):814.e1–814.e13

[30] Bastian RW, Keidar A, Verdolini-Marston K. Simple vocal tasks for detecting vocal fold swelling. J Voice. 1990; 4(2):172–183

[31] Miller MK, Verdolini K. Frequency and risk factors for voice problems in teachers of singing and control subjects. J Voice. 1995; 9(4):348–362

[32] Verdolini K, Ramig LO. Review: occupational risks for voice problems. Logoped Phoniatr Vocol. 2001; 26(1):37–46

[33] Baken RJ, Orlikoff RF. Clinical Measurement of Speech and Voice. 2nd ed. San Diego, CA: Cengage Learning; 2000

[34] Fairbanks G. Voice and Articulation Drillbook. New York City, NY: Harper & Row; 1960

深部脑刺激后普遍性肌张力障碍的吞咽困难
Dysphagia in Generalized Dystonia following Deep Brain Stimulation

Erin Yeates **著**

戴燕红 **译**　汤惠芳　徐洋凡 **校**

【概述】

肌张力障碍是一种运动障碍，其特征是不自主且持续性的肌肉收缩，常常导致扭曲、重复的动作和异常姿势[1]。肌张力障碍可能是另一种疾病的临床症状的一部分（如帕金森综合征的症状），也可能是一种原发病。全身性肌张力障碍与局灶性肌张力障碍是不同的；全身性肌张力障碍影响身体的多个区域，而局灶性肌张力障碍影响某一区域（即颈部肌张力障碍影响颈部肌肉，或痉挛性发声障碍仅在说话时影响喉部肌肉）[2]。本病例描述了进行性全身性肌张力障碍（一种多动障碍）患者的吞咽困难和神经源性言语障碍的体征和症状。

【临床病史和病情描述】

患者 FT 是一名 42 岁的男子，被转诊到吞咽门诊进行吞咽障碍的仪器评估。该男子被诊断为早发性全身性肌张力障碍。他 5 岁时出现神经源性言语障碍，在此之前一直正常发育；他的症状发展到 8 岁时表现为肌张力障碍的姿势，包括右手紧握和用脚趾行走。到 13 岁时，他需要轮椅才能行动。患者 FT 的肌张力障碍是进行性的，影响到四肢、躯干、颈部和口颌区域。他在 2 年前植入了双侧苍白球内脑深部刺激器（globus pallidus interna deep brain stimulators，GPI DBS），目的是降低肌张力。然而躯干和四肢肌张力障碍的轻微改善被言语、吞咽和流口水的恶化所抵消。既往医学影像（MRI 脑成像）显示为双侧基底节脑软化。除 DBS 外，他的肌张力障碍还接受了巴氯芬（抗痉挛药物）的治疗。此外他没有其他的健康状况。

【临床测试】

FT 报道称，他的主要问题是咀嚼困难。在插入 DBS 之前就存在此问题，但现在情况恶化了。咀嚼使他感到疲倦，并延长了他的用餐时间。他的体重减轻了，在 DBS 手术前，他的体重为 81.6kg，在手术后 1 年内，他的体重降到了 77.11kg。他表示自己在自我进食和咀嚼方面遇到了很大的困难，以至于他在工作和外出时一整天都在逃避吃东西。他每天连续禁食 10h 以上。他说在脑深部脑刺激手术（DBS）之前，他可以在办公室吃午饭。FT 的口腔肌张力障碍随着刺激的开启而恶化；他的状况只有在关闭刺激的情况下才能得到缓解。他越来越口齿不清。他否认在脑深部脑刺激之前或之后发生过任何肺炎或肺部感染。

口腔机械检查显示他右唇后缩轻度减少。证据表明双侧舌头的运动和力量范围受限；在张口时，软腭在基线处出现后缩，而且没有发出声音；他的牙齿排列正常。FT 的报道显示继发于双侧颈部和脸颊肌张力障碍的疼痛和紧张；触诊显示出坚硬、紧张的肌肉张力。神经源性言语障碍评估显示出紧张、窒息的嗓音质量。他有时说话有困难，并明显具有间歇性的声带震颤、共振是高鼻音、清晰度是可变的。神经源性言语障碍与神经源性言语障碍相一致，具有多动和痉挛的特征。

临床吞咽检查显示，触诊时喉部有明显及时和充分的偏移。观察到吞咽液体后（5 次试验中）有一次剧烈咳嗽。他无法协调地用杯子喝水而不把水洒出来他习惯于用附有吸管的水瓶喝水。自我进食对他来说既充满了挑战性，又十分费力。他因下颌旋转运动能力的丧失而导致咀嚼不完整，但没有观察到明显的泥状或软固体吸入的体征或症状。由于咽部有残留，通过不同性质的食物可以观察到食团需要多次吞咽。

视频透视检查评估吞咽生理和隐形误吸的风险。用稀液体观察到吞咽启动延迟，在吞咽开始之前，食物的体积刚好超出了会厌部。舌骨前移轻度减少。杓骨到会厌的接触是完全的，但由于稀液体而延迟，导致一次微量误吸，随后立即咳嗽。FT 的咳嗽能有效清除气道钡剂（渗漏－误吸量表评分 4 分）。蜂蜜增稠的液体会产生更多的咽部残留物，主要是在会厌谷。上食管括约肌充分开放。最重要的问题是咀嚼。咀嚼时间过长且杂乱无章导致固体及未咀嚼的软固体食团在吞咽启动前聚集在梨状隐窝中。

【读者问答】

1. 根据临床和仪器检查，吞咽的哪个阶段对 FT 最重要？

(1) 口腔期。

(2) 咽期。

(3) 食管期。

答案：(1) 正确。FT 的报道称，他在自我进食和咀嚼方面存在一定程度的困难，以至于他经常避免在公共场合（如工作时）进食，这与口腔期吞咽困难有关。他的口颌和颈部肌张力障碍导致颈部和发音器官扭曲，运动不受控制，甚至在咀嚼等运动模式中也是如此。他还否认了肺炎的发作，这表明尽管他遇到了困难，但到目前为止他仍在避免呼吸道损害。在视频透视中，咀嚼功能看起来遭到了损伤，在咀嚼过程中，未咀嚼的固体块以不受控制的方式溢出到咽部。

(2) 不正确。虽然咽期问题涉及与吞咽延迟、会厌残留和一次独立的渗漏－误吸事件有关，但他

的主要问题源自口腔期。

(3) 不正确。在 FT 的病史或表现中，没有任何迹象表明食管期吞咽困难。

2. 根据视频透视和临床病史，建议的饮食是什么？

(1) 浆状固体和增稠的蜂蜜液体。

(2) 切碎的 / 软的固体，及常规的稀液体是可以食用的。

(3) 常规的饮食和常规的稀液体。

(4) NPO（无口服），肠内营养药。

答案：(2) 正确。鉴于咀嚼是一个巨大的挑战，切碎的 / 软的固体和常规的稀液体是最合适的。FT 被建议尽量减少食用硬的、难以咀嚼的食物，以最大限度地降低他患气道阻塞的风险。然而，这确实需要与其他两者进行平衡，即 FT 希望饮食限制降至最低的愿望，和他所面临的自我进食的挑战，这使得食用指状类食物比使用餐具更方便。此时，服用稀液体食物看起来比较合适。

(1) 不正确。尽管这很可能是 FT 最安全、最保守的饮食方案，但它严重影响了他的生活质量。个体在没有任何呼吸损害史的情况下，能够有效地从气道排出微量吸入物，并没有显示持续吸入物的模式和较低的气道送气率。鉴于 FT 希望将饮食限制降至最低，社区不太可能坚持使用增稠液体。

(3) 不正确。常规固体对他的口腔期有太多要求，特别是咀嚼方面。

(4) 不正确。这种做法过于保守，会极大地损害 FT 的生活质量。

3. 哪些因素会影响 FT 的营养状况？

(1) 在吞咽困难症状恶化的情况下体重减轻。

(2) 由于吞咽困难和自我进食的恶化，避免在社交场合进食。

(3) 咀嚼效率低。

(4) 以上所有内容。

答案：(4) 正确。所有这些因素都表明 FT 的营养状况可能不太理想，咨询营养师会对他有所帮助。自从进行脑深层刺激手术（DBS），FT 在咀嚼和吞咽方面遇到了更多困难。在无法控制的肌张力障碍的状态下，他的自我进食更加费力，导致用餐时间更长，效率更低。他每吃一口饭需要的咀嚼和

吞咽的时间更长了，所以他吃完一顿饭的时间也更长了。当一个人必须如此努力地吃每一口东西时，我们的营养学专家同事提供的营养策略可以帮助这个人从每一口食物中获得最多的蛋白质和能量，这样他们就可以保持体重和保持健康。

(1) 部分正确，见上面的 (4)。

(2) 部分正确，请参阅上面的 (4)。

(3) 部分正确，请参阅上面的 (4)。

【障碍点描述和推荐治疗方法】

肌张力障碍的主要治疗方法是注射肉毒杆菌毒素，但对全身性肌张力障碍的疗效往往有限。FT 过去曾尝试肉毒杆菌毒素，但治疗效果有限；他目前没有接受注射。近些年来，难治性肌张力障碍的外科治疗变得越来越普遍，目标通常是苍白球内侧球（globus pallidus interna，GPi）[1]，就像 FT 所做的那样。据传闻，做过 DBS 后的患者报道一些症状（如活动能力）有所改善，但语言能力和吞咽能力似乎更糟糕了，这种情况并不少见。Troche 和他的同事回顾文献[3] 发现，DBS 术后吞咽困难没有明显的临床改善或减少。然而，对这些患者的长期随访显示，他们在行动能力和总体残疾方面有显著改善，但最常见的与刺激相关的不良反应是在语言和吞咽方面[4]。在全身性肌张力障碍人群中，刺激调整可能是一个以几个月甚至几年的长期过程。FT 被建议与他的运动障碍神经科医生一起评估他的语言和吞咽能力恶化的状况，并确定进一步调整他的刺激参数是否会对他的症状产生影响。

【结果】

根据测试，FT 被建议继续食用稀液体和柔软、湿润或切碎的固体。对于固体食物，他避免吃更硬、更干燥、更干爽的固体食物，并强调，这是考虑到他低效且紊乱的咀嚼，且不受控制的可咀嚼固体的后部溢出所以最好避免食用这些类型的食物。他拒绝糊状饮食。对于液体，仅一次微量吸入就会出现有效咳嗽。考虑到他没有呼吸损害的病史，人们认为他能够耐受偶尔的少量误吸。考虑到他的颈部肌张力障碍，头部定位策略（如下巴向下）是不可能的。

经过与注册营养师和 SLP 的咨询后，鉴于 FT 能够继续摄入稀液体，而且能够相对容易地用吸管自我进食，因此提出了关于水果奶昔和营养补充剂的建议。他同意用吸管进食替餐；虽然他偶尔会咳嗽，但他会觉得比起在公共场合吃一顿固体食物弄得一团糟，用吸管吸食液体更能被大众接受。营养学家还提出了高卡路里、高蛋白餐的想法（即在食物中添加更多营养丰富的油和调味汁）。

FT 在 1 年后再次接受吞咽评估。FT 报道称他的神经源性言语障碍和吞咽困难略有好转，但仍然存在一些问题。他的神经科医生继续每季度对规划好的方案进行随访，并找到了一个 DBS 计划，该计划更好地平衡了肢体疼痛的改善与颈部和口腔下颌关节困难的恶化。不断的视频透视显示症状有轻微的改善，主要表现在吞咽延迟方面。液体稀液体延迟较小，且未观察到呼吸道侵入事件。然而，咀嚼似乎并没有明显改善，而且仍然很费力。FT 报道称，自上次访问以来，他基本上恢复了正常的饮食，但午餐时他用吸管喝了一杯奶昔和一种营养补充剂。他的体重是稳定的（尽管他没有回到基线体重），他感觉自己可以再次和同事坐在午餐室里吃一顿饭。

要点
- 肌张力障碍的患者有独特的吞咽困难和神经源性言语障碍的个体表现，咀嚼效率和对团块食物控制的受损可导致明显的口咽期吞咽困难。
- DBS 治疗对某些症状（如行动能力）的影响可能比对其他症状（如言语和吞咽）的影响更有效。
- 居住在社区的患者需要一种细致入微的、有现实性的方法来制订吞咽策略和建议，以提高吞咽的安全性和效率，以及达到患者的个人目标。

推荐阅读

[1] Hu W, Stead M. Deep brain stimulation for dystonia. Transl Neurodegener. 2014; 3(1):2

[2] Barkmeier-Kraemer JM, Clark HM. Speech-language pathology evaluation and management of hyperkinetic disorders affecting speech and swallowing function. Tremor Other Hyperkinet Mov. 2017; 7:489

[3] Troche MS, Brandimore AE, Foote KD, Okun MS. Swallowing and deep brain stimulation in Parkinson's disease: a systematic review. Parkinsonism Relat Disord. 2013; 19(9):783–788

[4] Isaias IU, Alterman RL, Tagliati M. Deep brain stimulation for primary generalized dystonia: long-term outcomes. Arch Neurol. 2009; 66(4):465–470

失语症患者的言语治疗远程训练计划
Speech Therapy Telepractice Program for a Client with Aphasia

Judy P. Walker　著

李金萍　译　　杨栋栋　徐洋凡　校

【概述】

远程训练是一种使用远距离传输技术为患者提供康复服务的方法，本案例研究的目的是为一位失语症患者展示一项成功的言语治疗远程训练计划。

【临床病史和病情描述】

患者 CP，女性，68 岁，右利手，因左侧大脑卒中进行了为期 6 个月的言语治疗远程训练。在她卒中期间，电子计算机断层扫描（computed tomography，CT）显示左侧顶叶和颞叶区域内出现大脑中动脉（middle cerebral artery，MCA）脑血管意外（cerebrovascular accident，CVA），并伴有严重的流畅性失语和轻度的口腔期吞咽障碍。CP 在住院期间接受了言语治疗，随后接受了 5 个月的门诊治疗，根据报道结果，CP 接受和表达语言的能力及使用平板电脑（iPad）进行沟通的能力都有所改善。既往病史主要为糖尿病、高血压和双侧腕管综合征。CP 是一名高中学历的退休会计员，她和 92 岁的母亲一起住，还有两位赡养她的女儿，其中一位住在她家附近，另一位住在附近的州。

【临床测试】

CP 亲自在家进行评估，以确定她目前的功能水平，并评估她的计算机能力、设备及互联网的接入情况，以确保她适合远程训练服务。在评估过程中，CP 的一个女儿和她的母亲也在场。CP 处于清醒状态，可走动，没有运动障碍。虽然 CP 看起来能理解问题，但她在口语表达方面有困难，经常需要她的女儿或母亲来回答问题。

在利用 250Hz、500Hz、1000Hz、2000Hz 及 4000Hz 进行的纯音听力测试筛查结果显示 CP 双耳均在正常范围内，她佩戴眼镜以矫正视力。口颜面的检查在正常范围内，没有观察到运动性言语障碍现象，并且言语清晰度为 100%。CP 目前正在进行常规的经口饮食，她的女儿证实 CP 吞咽没有困难。我们观察到她的注意力和执行功能也均在正常范围内。采用修订版西方失语症成套测验（western aphasia battery-revised，WAB-R）[1] 对 CP 的语言功能进行评估，结果显示 CP 的失语商为 48 分（0~100 分），表明为重度的失语症（表 71-1）。当句子的长度和复杂度超过"单一主语 + 谓语 + 直接宾语"的语法结构时，CP 的听觉理解表现为中度受损。她的语言表达流畅，但词汇/句子表达能力受损严重。自发性言语主要由杂乱语组成，包含大量的语义性错语和新词，偶尔有可理解的自主性表达（如"我不知道"、"别担心"）。CP 将音位提示与书写单词首字母结合起来，以帮助找到词汇。对于长度和复杂性增加的句子复述能力，结果显示其中度/重度损害。除了简单的句子结构外，CP 在阅读理解方面表现为中度受损，在词汇/句子水平的书写能力表现为中度/重度受损。在口语中，CP 经常使用书写补偿策略来辅助词汇的提取。

美国言语语言听力协会成人功能性沟通技能评

表 71–1　CP 治疗前后修订版西方失语症成套测验（WAB–R）原始分数和失语商的比较

分测验	治疗前结果	治疗后结果
自发性言语		
• 信息量	4/10	6/10
• 流畅性	7/10	7/10
听觉理解		
• 是 / 否题	53/60	57/60
• 听词辨认	43/60	48/60
• 连续指令	34/80	41/80
复述	34/100	40/100
命名		
• 物品命名	17/60	26/60
• 词汇流畅度	2/20	3/20
• 完成句子	6/10	6/10
• 反应性命名	6/10	8/10
失语商	48	57.2
阅读		
• 句子理解	10/40	12/40
• 阅读指令	7/20	9/20
• 字图匹配	6/6	6/6
书写		
• 应要求书写	4/6	5/6
• 书面语输出	6/34	15/34
• 听写	0/10	0/10

引自 Kertesz.[1]
WAB–R 失语商：0 ～ 25 = 极重度；26 ～ 50 = 重度；51 ～ 75 = 中度；76 及以上 = 轻度

表 71–2　CP 治疗前后美国言语语言听力协会成人功能性沟通技能评估量表（ASHA FACS）总分和平均分的比较

领　域	总　分		平均分	
	治疗前	治疗后	治疗前	治疗后
社会性沟通	127/147	127/147	6.04	6.04
基本需求的沟通	48/49	49/49	6.8	7
阅读 / 书写	50/70	54.5/70	5	5.5
日常计划	27/35	33/35	5.4	6.6
整体沟通指数平均得分			5.81	6.2

引自 Frattali et al.[2]
ASHA FACS 平均评分范围：7 = 可独立；1 = 完全不行

估量表（American speech–language–hearing association functional assessment of communication skills for adults，ASHA FACS）[2] 是一项功能性沟通能力的标准化测量方法（表 71–2），在 CP 女儿的协助下用该量表对 CP 进行了评估。此外，我们还完成了沃克功能检查表（walker functional checklis）[3]，以量化 CP 在特定日常生活活动（activities of daily living，ADL）中的功能性沟通能力（表 71–3）。逐渐地，CP 能够表达基本的需求，并在帮助下也能在社交场合和日常活动计划中进行沟通。她在具有功能性任务要求的阅读和书写方面有着更大的困难，CP 的女儿说 CP 偶尔使用非语言线索，如手势、面部表情和语调来帮助传达想法。报道结果显示，CP 还检索与讨论主题相关的对象或试图书写相关的单词，以协助传达信息，这是非常耗时的。

【读者问答】

1. 基于 CP 的病史，选择一个你在评估中不会评估的领域。

(1) 语言。

(2) 功能性沟通。

(3) 吞咽障碍。

(4) 听觉和视觉。

(5) 语言推理和问题解决。

答案：(5) 正确。由于这个患者有语言障碍，语言推理和问题解决评估结果的效度将受到质疑。患者可能由于听觉理解障碍而不能完全理解问题，也可能由于语言表达障碍而不能回答问题。

(1) 不正确。这个患者的主诉是与左大脑半球卒中相关的语言障碍。因此，你需要评估所有的语言模式来确定她在每个模式中的功能水平。

表 71-3 使用适用于失语症患者的改良版沃克功能检查表对 CP 治疗前后完成她个体化的日常生活活动（ADL）能力的评分进行比较

ADL 任务	精确度		认知和语言过程受损情况								
沃克功能检查表											
	治疗前	治疗后	感知觉	运动	注意力	执行功能	听觉理解	口语表达	阅读	书写	补偿策略
简单											
• 做家务	+	+						×			手势
• 做饭	+	+						×			手势
• 庭院劳动	+	+						×			手势
• 自我照料	+	+						×			手势
中等											
• 家居维修请求	−	±						×			手势/书写
• 银行	−	+					×	×	×	×	手势
• 沃尔玛（超市）	−	+					×	×	×	×	手势
• 萧氏（Shaw's，地毯商）	−	+					×	×	×	×	手势
• 汉纳福德（食品连锁店）	−	+					×	×	×	×	手势
• 温迪（Wendy's，快餐连锁店）	−	+					×	×	×	×	手势/iPad
• 开车/指示	−	±					×	×	×	×	手势/书写
困难											
• 打电话	−	±					×	×			iPad
• 解释日期	−	±					×	×			手势/书写/iPad

引自 Walker.[3]

对精确度评分：（+）独立；（±）部分独立；（−）依赖

（2）不正确。据报道，这个患者能够使用策略来辅助功能性沟通。你要确定患者使用的是什么策略，及她在使用这些策略进行沟通时有多大成效。

（3）不正确。任何神经损伤的患者都可能有吞咽障碍。因此，确定患者能否可安全地吞咽是必要的，这是对卒中患者进行常规评估的一部分。据报道，该患者在入院时有口腔期吞咽障碍，这应该在你的评估中提到。

（4）不正确。听觉和视觉敏锐度是听觉和阅读理解的第一个阶段。除非听觉和视觉敏锐度得到改善，否则临床医生将无法确定听觉理解和阅读理解的障碍是否源于敏锐度，而非源于语言问题。

2. 考虑到 CP 在 CT 上显示的病变部位，结合评估结果和行为观察，CP 表现为哪种类型的失语症？

（1）布洛卡失语症。

（2）命名性失语症。

（3）完全性失语症。

(4) 韦尼克失语症。

(5) 经皮质运动性失语症。

答案：(4) 正确。CP 的表现与这种失语症是一致的。韦尼克失语症通常与颞上回后部的病变有关，可称为一种流畅性失语症。尽管对词汇和句子的听觉理解往往受损，但是语言表达的典型特点还是句法相对完整的话语，即便其包含大量缺乏意义的语义性错语和新词。复述模仿的口语表达。

(1) 不正确。CP 的表现与这种失语症不一致。布洛卡失语症与额叶病变有关，可称为一种非流畅性失语症。对简单句子的听觉理解相对较好，但语言表达和复述表现为卡顿、电报式的话语，主要由名词和动词组成，而往往缺乏虚词。

(2) 不正确。CP 的表现与这种失语症不一致。虽然命名性失语症通常与颞叶和顶叶的病变有关，但这种轻度的流畅性失语症主要表现为难以提取词汇，听觉理解和复述能力则相对保留。

(3) 不正确。CP 的表现与这种失语症不一致。完全性失语症与大面积的外侧裂周围区域的病变有关，并且在所有语言模式上都存在严重缺陷。这些患者难以理解简单词汇，并且语言表达常常局限于重复的自发性话语。

(5) 不正确。CP 的表现与这种失语症不一致。经皮质运动性失语症与额叶病变有关，并与布洛卡失语症具有相似的语言特征，只是相对于语言表达来说，复述相对较好。

3. CP 被推荐使用言语治疗远程训练，在该案例中，什么是语言功能从言语治疗远程训练服务中获得改善的负面预后指标？

(1) 患者的动机。

(2) 发病时间。

(3) 卒中的严重程度。

(4) 家庭的支持。

(5) 病史。

答案：(3) 正确。卒中的严重程度是短期和长期疗效的最重要预测指标。CP 在颞叶和顶叶有相对较大面积的大脑中动脉（MCA）卒中，并在卒中后 6 个月持续表现为中度至重度的语言障碍。

(1) 不正确。在恢复过程中，动机是取得进展的关键因素。CP 非常积极地参与了言语治疗远程

练习项目。她完成了所有的家庭作业，这促进了项目之间技能发展的迁移。

(2) 不正确。大部分语言能力的改善发生在最初的几个月内，患者在一年后趋于稳定状态，只可以看到较小的进步。CP 如今是发病后 6 个月，仍在自然恢复的时间范围内。

(4) 不正确。该患者几代家族人群住在她的家里或附近，在项目进行时和转接时都给她提供强有力的帮助。CP 有一个女儿住得较远，她通过家里的电脑远程参与辅助其家庭作业。

(5) 不正确。糖尿病和高血压是导致卒中的可控危险因素。

4. 你将会看到该患者每周进行 2 次，每次 1h 的言语治疗远程训练项目，考虑到该患者的缺陷和目前的生活状况，最好的治疗方法是什么？

(1) 以功能为导向的治疗方法，只注重改善沟通的补偿策略。

(2) 基于障碍的治疗方法，只针对改善语言过程的治疗目标。

(3) 结合基于障碍和功能导向的方法，旨在改善语言过程，同时教授患者改善沟通的补偿策略。

答案：(3) 正确。对这个患者来说，最全面的治疗方案是综合性治疗方法，既能帮助她恢复语言能力，同时又能给她提供日常生活沟通的方法。

(1) 不正确。虽然大脑在卒中后的第一个月内最具可塑性，但在长达一年的时间内仍可自然恢复，并在这段时间内，患者的恢复会趋于稳定。因此，在这一关键时期，通过语言治疗帮助大脑恢复与语言过程相关的神经网络是至关重要的。

(2) 不正确。尽管针对语言过程的治疗对帮助语言恢复是至关重要的，但该患者生活在家和社区里。由于涉及安全和生活质量问题，该患者需要在无法使用语言的情况下也能进行沟通。例如，CP 打电话有困难，因此她家里的电话配备了可直接拨打警察局的电话和自动发送地址信息的功能，以便在紧急情况下向机构发出警报。

【障碍描述和推荐治疗】

MCA 脑血管意外发生 6 个月后，CP 表现为中度的韦尼克失语。其症状表现为在词汇/句子水

平的听觉理解中度受损，口语表达流畅，词汇水平中度 / 重度受损。自发性言语的主要特征是嵌入在句子中的新词，这些新词似乎在语法上有一些相似之处，也包含了偶尔出现的自发性话语。句子水平的复述中度 / 重度受损，句子水平的阅读理解中度受损，书写能力重度受损。她的听力和视力均在正常范围内，运动性言语能力、吞咽功能、注意力和执行功能均在正常范围内。从功能上讲，CP 的沟通障碍妨碍了她在家庭环境内外独立进行日常活动的能力。在家里，CP 建立了补偿策略，使用书写、不连贯的手势和有限地使用 iPad 来帮助她向女儿和母亲传达自己的需求，报告显示 CP 成功沟通她想法的概率不到 50%。

我们建议 CP 进行每周两次言语治疗的远程训练，为期 6 个月。治疗的重点是使用基于障碍的方法[4]直接针对语言过程的改善，结合功能导向的方法[4]来促进 CP 在日常活动中尽可能使用一切方式进行沟通，这对她来说是个体化的。语言功能改善的预后取决于脑血管意外和其余障碍的严重程度。基于患者完整的认知能力、动机和家庭支持，功能性沟通改善的预后效果良好。鉴于她出色的计算机技能，她是远程言语治疗的优秀候选人。

【结果】

基于障碍的治疗目标主要是：①句子和对话水平的听觉理解；②单词和句子水平的口语表达，使用形—音结合的提示策略帮助找到与功能性语境相关的名词和动词；③与功能性语境相关词汇或句子水平的阅读与书写。功能导向治疗的目标针对弥补语言缺陷的策略，如手势、书写文字和使用智能技术，帮助 CP 在日常活动中有效地表达她的想法。

言语治疗远程训练计划由缅因州大学校园内的言语治疗远程训练实验室提供，使用一种安全的交互式视频会议系统，通过高速的互联网从 CP 家的计算机连接到校园实验室的计算机。每台计算机都配有高清的音频和视频，以确保最高质量的连接和服务传达。系统允许通过自定义桌面展示的材料 / 活动以适应基于障碍的治疗方法，这些材料 / 活动是从 CP 家里和社区内的图片和视频中获取的。在视频 71-1 中可以看到一个例子，在这个例子中，

▲ 视频 71-1　与驾驶相关的句子构建活动示例

临床专业的学生和 CP 一起进行一项口语表达训练，这是与驾驶有关的句子构建活动，使用形—音组合的提示策略来帮助词汇检索。因为 CP 是自己开车，所以她的女儿们担心，如果她迷路了，那她就无法通过口头传达她的位置信息。远程练习平台允许在桌面上展示与驾驶有关的照片，也允许使用电子工具，使临床医生和 CP 能够同时在桌面上书写，在此期间使用音–形组合的提示策略来帮助找到词汇。每一张单独的幻灯片包含目标单词的首字母，并伴随其音频文件，然后后面的幻灯片包含文字及其音频文件。虽然他们没有在活动中使用，但这些嵌入到活动中的其余幻灯片，可以在临床医生不在场时为在家练习的 CP 提供形–音提示和确认正确的词汇。远程训练平台还通过共享网站和浏览器来支持以功能导向的治疗方法。在 CP 家里和社区的虚拟环境中创建针对其日常活动的高度丰富的活动。如视频 71-2 所示，上述的句子构建活动通过谷歌地图[6]扩展为一个受支持的对话活动[5]，以创建 CP 街坊和社区的虚拟环境。在临床医生和她女儿提供的信息支持下，CP 需指明她开车去当地一家餐馆的常规路线。这些类型的治疗活动用来提高 CP 的语言和沟通能力，这样她就可以成功地谈论她世界里的想法、地方和事物。当 CP 在每项日常生活活动中达到了语言和功能性沟通的目标标准时，临床医生就会使用功能检查表来确定另一项日常生活活动。在 CP 和她家人的帮助下，我们开发了新的治疗材料，CP 的家人拍摄了 CP 在日常生活中具体活动的照片和视频。

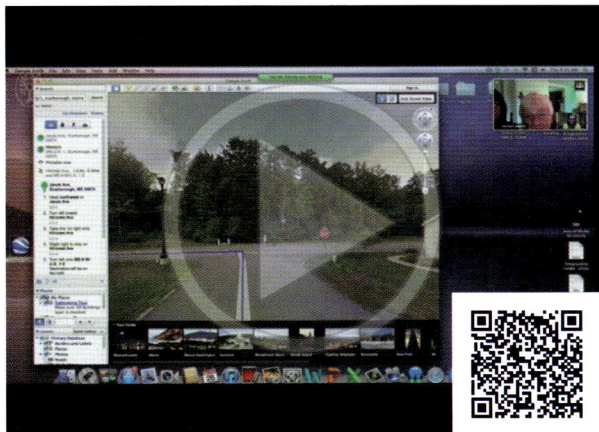

▲ 视频 71-2　使用谷歌地图支持一个与驾驶相关的对话活动示例

在治疗 6 个月后，我们应用修订版的西方失语症成套测验（WAB-R）和美国言语语言听力协会成人功能性沟通技能评估量表（ASHA FACS）对 CP 进行重新评估。从表 71-1 和表 71-2 可以看出，CP 在语言和功能性沟通能力方面都有所提高。她的 WAB-R 失语症商从 48 增加到 57.2，在一些特定的方面有所提高，尤其是在听觉理解方面、口语表达及书面语言输出中产出更多具有意义的词汇。CP 的功能性沟通也得到了改善，尤其是与读 / 写和日常计划相关的方面。此外，CP 在实现治疗目标方面取得了显著进展，这与她特有的日常生活活动有关。从表 71-3 中可以看出，CP 在几个之前存在问题（简单和中等难度的日常生活活动）中，通过结合语言和功能性沟通策略，在沟通欲望和需求方面获得了更大的独立性，但在困难的日常生活活动中，她仍然需要沟通方面的帮助。CP 和她的家人对言语治疗远程训练计划的成功结果表示非常满意，并表示他们会强烈推荐这个项目给其他的失语症患者。

要点

◆ 失语症的分类是根据神经影像学表现、诊断结果和行为观察来确定的。

◆ 在设计失语症的综合评估时，必须考虑语言、功能性能力和患者所处环境等几个重要因素。

◆ 在判断失语症患者的预后时，必须考虑几个预后指标。

◆ 远程训练技术是一种可行的、极具创意的服务传递模式，为失语症患者提供成功的治疗方案。

推荐阅读

[1] Towey MP. Speech telepractice: installing a speech therapy upgrade for the 21st century. Int J Telerehabil. 2012; 4(2):73–78

[2] Walker JP. University of Maine, Speech Therapy Telepractice and Technology Program Manual. University of Maine Faculty Monographs. Book 220. 2015. http://digitalcommons.library.umaine.edu/fac_monographs/220

参考文献

[1] Kertesz A. Western Aphasia Battery-Revised. San Antonio, TX: Pearson; 2006

[2] Frattali C, Thompson C, Holland A, Wohl C, Ferketic M. Functional Assessment of Communication Skills for Adults. Rockville, MD: American Speech-Language-Hearing Association; 1995

[3] Walker JP. Functional outcome: a case for mild traumatic brain injury. Brain Inj. 2002; 16(7):611–625

[4] Galletta EE, Barrett AM. Impairment and functional interventions for aphasia: having it all. Curr Phys Med Rehabil Rep. 2014; 2(2):114–120

[5] Kagan A. Supported conversation for adults with aphasia: methods and resources for training conversation partners. Aphasiology. 1998; 12(9):851–864

[6] Google Earth [computer program]. Version 7.1.2.2041. Mountain View, CA: Google; 2013

自身免疫性脑病的语言和认知障碍
Linguistic and Cognitive Deficits in Autoimmune Encephalopathy

Alejandro E. Brice　Jamie Swartz　著

汤惠芳　译　　戴燕红　徐洋凡　校

【概述】

自身免疫性脑病（autoimmune encephalopathy，AE）发生在抗体攻击细胞表面或突触蛋白时[1]，与广泛和（或）病灶性神经系统参与相关。AE 可以影响各个年龄段的患者，尤其是儿童、妇女和年轻人，并且无论是否并发肿瘤，AE 都可能发生。患AE 时，所有的认知领域都会受到损害，最常见的临床症状表现为快速渐进性痴呆，这可能被误认为是克雅病[2]。

【临床病史】

SJ 是一名 32 岁的女性，她因双侧上下肢麻木、沉重和刺痛被送进急诊室，当时意识混乱。她说她的上臂周围有一种束带似的感觉（像一条紧身带），左侧腿部麻木感更明显。关于自身免疫性障碍的血液检测提示抗核抗体值是 1∶40，其临床意义不是很大。SJ 的临床表现还包括 S 蛋白的减少，这与血液疾病和血栓形成的风险增加有关（如在血管中形成血栓）。当时 SJ 被诊断为未分化结缔组织病（即身体攻击自己的组织），并接受了类固醇治疗。4 年后 SJ 因经历精神状态改变（如 3 次意识丧失导致车祸）而回到急诊室。她意识混乱，短时记忆丧失，无法表达自己，信息加工处理能力下降。

【临床测试】

SJ 说她经历了识别方向障碍，记忆丧失，找词困难，存在语用语境、注意力难以集中等问题。一位执业心理学家给她进行雷伊听觉言语学习测试（Rey auditory verbal learning test，RAVLT）[3]、波士顿命名测试（Boston naming test，BNT）[4] 和语言流利度测试（语义和字母）。SJ 当时没有被言语语言病理学家注意到，因为她能够应付包括工作在内的日常生活活动。这位心理学家说，从 RAVLT 得分来看，SJ 的言语、即时记忆能力处于低平均水平至平均水平之间；言语延迟记忆能力处于低平均水平至平均水平之间，线索提示并没有明显提高 SJ 的回忆能力。SJ 在 BNT 中的指物命名得分在正常范围（BNT=54/60），字母和语义流利度得分处于低平均水平临界范围。同时也没有检测出失读症或失写症。

一位神经病学家也用简易精神状态检查（mini-mental state examination，MMSE）[5] 对 SJ 进行评估，评估基于人物、地点和时间，而不是语境；结果显示 SJ 连续减 7 困难（从 100 开始往下减 7，即 100-93-86-79-72-65……）；及无法倒着拼写单词"world"。SJ 的 MMSE 得分为 25/30。此外，她还进行了与 MMSE 类似的蒙特利尔认知评估（Montreal cognitive assessment，MoCA）[6]。MoCA 由 30 分制的量表组成，测量内容包括：①记忆力；②视觉空间能力；③语言流畅性；④执行功能；⑤语言抽象；⑥注意力、集中力和工作记忆；⑦连续减法；⑧指物命名；⑨句子复述；⑩时间和地点指向。MoCA 得分≥ 26 分是正常的。SJ 得分为 25/30，意味着其认知功能异常。她在画时钟时难以把数字写在圆圈内，并有注意力和重复的问题（即前后重复阅读数字和字母表）。即使 SJ 使用了多项选择题的形式也记不住事物。她最终被诊断为病因不明的脑病。

SJ 进行了全面的医疗检查。磁共振成像（magnetic resonance imaging，MRI）显示大脑额叶的卵圆区（卵形）T$_2$（图像显示异常高的含水量）高信号（MRI 上显示为白斑的受损细胞组织块，有时提示多发性硬化症、痴呆或糖尿病）。同时，磁共振发现顶叶有一个点状病变。在她之前的检查中并未发现有这些病变。由于她的自身免疫处于高凝状态，SJ 随后发生了一系列肺栓塞。在进行大剂量类固醇治疗后，当前的肺部症状开始消失；然而，她还需要几个月的时间才能完全恢复。

【读者问答】

1. AE 是炎症性中枢神经系统疾病的一部分。AE 存在 3 种类型：

(1) 不伴随癌症的脑病，伴随癌症的脑病，桥本脑病。

(2) 不伴随癌症的脑病，副肿瘤性脑病，周围神经系统性血管炎。

(3) 不伴随癌症的脑病，副肿瘤性脑病，中枢神经系统性血管炎。

(4) 副肿瘤性脑病，桥本脑病，中枢神经系统性血管炎。

答案：(3) 正确。这 3 种脑病包括没有癌症的脑病，与癌症代谢功能及远离肿瘤或转移灶的组织所产生的物质相关的脑病及中枢神经系统性血管炎。

(1) 不正确，桥本脑病是癌症的一种。伴随癌症的脑病是副肿瘤性脑病，身体的免疫系统正与癌症对抗，这是一种与癌症相关但不直接相关的系统性疾病。

(2) 不正确。第三种脑病涉及中枢神经系统，而不是周围神经系统。

(3) 不正确。桥本脑病是癌症中的一种。

2. SJ 在测试当中得分低于正常范围。这些测试包括：

(1) 集中和分散的注意力、短时记忆、视觉记忆、延迟记忆。

(2) 集中和分散的注意力、持续注意力、短时记忆、词汇的短时记忆、延迟记忆、字母和语义的记忆、视觉结构技能、非言语推理。

(3) 集中和分散的注意力、持续注意力、短时记忆、词汇的短时记忆、延迟记忆、字母和语义的记忆、视觉短时记忆。

(4) 集中和分散的注意力、持续注意力、短时记忆、词汇的短时记忆、延迟记忆、字母和语义的记忆、视觉短时记忆、时间和设定顺序任务。

答案：(2) 正确。SJ 在注意力、记忆力、非言语推理和视觉结构技能方面得分较低。这些缺陷是 AE 和相关痴呆症状的典型特征。

(1) 不正确。SJ 在持续注意力方面得分也是低的；词汇的短时记忆，字母和语义的记忆也受影响；她在时间和设定顺序任务上分数同样较低。

(3) 不正确。视觉短时记忆处于正常范围。此外，词汇的短时记忆、延迟记忆、字母和语义的记忆、视觉结构技能、时间顺序、设定顺序和非言语推理也受到影响。

(4) 不正确。时间和设定顺序任务在正常范围附近。

3. 脑病影响＿＿＿认知区域和大约有＿＿＿的 AE 患者存在记忆丧失。

(1) 一部分；1/3。

(2) 一部分；1/2。

(3) 全部；1/3。

(4) 全部；1/2。

答案：(4) 正确。在 AE 中有一半患者的记忆力会受损，而几乎所有的认知方面都会受到影响。

(1) 不正确。AE 影响认知的各个方面，大约一半的患者表现为记忆丧失。

(2) 不正确。AE 影响认知的各个方面。

(3) 不正确。大约一半患者表现为记忆丧失。

4. AE 可影响到：

(1) 所有年龄段的患者。

(2) 好发于儿童，年轻女性，年轻人。

(3) 好发于年轻男性。

(4) (1) 和 (2)。

(5) (1) 和 (3)。

答案：(4) 正确。AE 可以影响任何人；然而，这个疾病容易发生于儿童，年轻人，成年人和女性身上。

(1) 不正确。AE 好发于儿童，年轻女性，成年人。

(2) 不正确。AE 可影响所有年龄段的患者。

(3) 不正确。AE 好发于儿童，年轻女性，年轻人。

(5) 不正确。AE 好发于儿童，年轻女性，年轻人。

【障碍描述和推荐治疗方法】

AE 是炎症性中枢神经系统疾病的一部分，可能包括边缘叶脑炎，表现为亚急性起病，记忆丧失、感觉改变、癫痫发作，以及可能导致性格改变和（或）个性或情绪改变[7]。脑病影响认知的各个方面[2]，将近一半 AE 患者存在记忆丧失问题。AE 的认知沟通障碍可能包括记忆力、注意力、组织能力、解决问题和执行功能方面的困难[8]。语言的各个方面都可能受到影响（如语音、形态、句法、语义、语用）[8]。

AE 存在 3 种类型：①不伴随癌症的脑病，但血清检测显示出包括桥本脑病在内的自身免疫性疾病。②多种脑病，包括由机体免疫系统与癌症抗争引起的综合征；③中枢神经系统血管炎[7]。桥本脑病和其他脑病的病因经常被误解[9]。卡塞利等[10]指出自身免疫性脑病的诊断很困难，通常根据血清学、脑电图和脊髓液的发现来推断。

然而，AE 表现为起病迅速、头痛、轻度发热和频繁的脑脊液（cerebrospinal fluid，CSF）红细胞增多（CSF 中淋巴细胞或白细胞大量增多）等常见症状。脑电图很可能是异常的，表现为局灶性慢活动，通常与癫痫活动有关[1]。

随后，言语语言病理学家对 SJ 进行了评估，她表现为弛缓性构音障碍（肌肉张力低下）及左侧面部和左侧身体无力。弛缓性构音障碍是一种下运动神经元障碍，或者是一种导致脊髓神经元和在手臂、腿部、胸部、脸、喉咙和舌头的骨骼肌之间联系中断的疾病。SJ 被临床诊断为重症肌无力，这是一种自身免疫性疾病所导致的波动性肌无力和疲劳。随意肌无力是主要症状：随着持续的体力活动，肌肉变得越来越虚弱。结果可能会出现吞咽障碍（吞咽困难）、构音障碍（说话含糊不清）和呼吸困难的问题。

命名和记忆测试的结果，即 BNT、MMSE 和 MoCA，显示出低于平均水平的表现（BNT=54/60；MMSE=25/30；MoCA=25/30）。此外，神经学家和心理学家都报道说，SJ 的注意力测试中得分在差至低平均水平之间。这在集中注意力和（或）分散注意力的测试中是准确的。在测试持续注意力的任务上，SJ 的回答迅速而不准确，得分处在临界范围内。短时记忆得分在低平均水平至平均水平范围内，在词汇短时记忆任务中有困难，而视觉短时记忆得分在平均水平范围内。延迟记忆得分也是处于低平均水平至平均水平范围内，在给予线索提示的情况下分数也并没有明显提高。字母和语义语言流利度得分也在低水平至平均水平范围内。由于组织能力差，视觉结构技能得分处于临界范围。SJ 在时间顺序和场景转换任务中得分处于临界范围。在复杂的推理任务中也是临界分数。非言语推理得分在低平均水平至平均水平范围内。语言流利程度在正常范围的边界线上。根据神经学家的说法，SJ 表现为"轻度皮质下功能障碍"，其额叶顶叶的位置与重复的 MRI 研究显示的前部和左侧顶叶区域的病变一致。

由于 SJ 的日常生活和工作能力都正常，因此没有给她正式提供认知语言治疗。SJ 没有接受常规语言治疗。然而，SJ 的姐姐是一名言语语言病理学家，她提供的策略包括单词命名任务、阅读、书写、单词记忆任务、听觉注意任务、分散注意力任务、工作记忆任务和认知速度任务[11-14]。

【结果】

在症状出现 4 个月后，SJ 报道显示思维混乱和认知问题没有了。用大剂量美卓乐（一种皮质类固醇）治疗 3 天后，她的症状明显改善，即持续注意力、回忆和信息检索能力得到提升。SJ 报道显示，她的记忆力及注意力相关技能几乎立即得到改善。SJ 继续治疗（甲氨蝶呤和静脉免疫球蛋白）重症肌无力和未分化结缔组织疾病，两者均为自身免疫性疾病。此外，SJ 还接受了自身免疫性凝血功能障碍的抗凝治疗。SJ 的报告显示，当注意力任务按顺序缓慢呈现时，她的成功率最高。短时和延迟记忆任务继续通过使用日历、笔记应用程序和编码指令，及

记录基于顺序的任务来促进改善。系统且缓慢地开展活动，以获得较高完成率和成功率。SJ 的认知功能得到改善。根据 BNT 和 MMSE 的测量，她在干预前后的表现如下：① BNT 干预前 =54/60，干预后 =60/60；② MMSE 干预前 =25/30，干预后 =30/30。

要点

- AE 可影响所有年龄段的患者。
- 治疗可包括皮质类固醇药物干预和认知语言治疗。
- 补偿策略可包括：笔记应用程序、按顺序记录事件、系统地降低任务速度以提高完成率，和（或）使用日历。

推荐阅读

[1] Ancelin ML, Carrière I, Helmer C, et al. Steroid and nonsteroidal anti-inflammatory drugs, cognitive decline, and dementia. Neurobiol Aging. 2012; 33(9): 2082–2090

[2] Wolkowitz OM, Lupien SJ, Bigler ED. The "steroid dementia syndrome": a possible model of human glucocorticoid neurotoxicity. Neurocase. 2007; 13 (3):189–200

参考文献

[1] Leypoldt F, Armangue T, Dalmau J. Autoimmune encephalopathies. Ann NY Acad Sci. 2015; 1338:94–114

[2] Flanagan EP, Caselli RJ. Autoimmune encephalopathy. Semin Neurol. 2011; 31 (2):144–157

[3] Rey A. L'examen psychologique dans les cas d'encéphalopathie traumatique. Arch Psychol. 1941; 28:21

[4] Kaplan EF, Goodglass H, Weintraub S. The Boston Naming Test. 2nd ed. Philadelphia, PA: Lea & Febiger; 1983

[5] Folstein MF, Folstein SE, McHugh PR. "Mini-mental state." A practical method for grading the cognitive state of patients for the clinician. J Psychiatr Res. 1975; 12(3):189–198

[6] Nasreddine ZS, Phillips NA, Bédirian V, et al. The Montreal Cognitive Assessment, MoCA: a brief screening tool for mild cognitive impairment. J Am Geriatr Soc. 2005; 53(4):695–699

[7] McKeon A. Immunotherapeutics for autoimmune encephalopathies and dementias. Curr Treat Options Neurol. 2013; 15(6):723–737

[8] American Speech-Language-Hearing Association. Knowledge and skills needed by speech-language pathologists providing services to individuals with cognitive-communication disorders [knowledge and skills]. 2005. Available at: http://www.asha.org/policy/KS2005–00078/. Last accessed October 30, 2016. doi:10.1044/policy.KS2005-00078

[9] Mijajlovic M, Mirkovic M, Dackovic J, Zidverc-Trajkovic J, Sternic N. Clinical manifestations, diagnostic criteria and therapy of Hashimoto's encephalopathy: report of two cases. J Neurol Sci. 2010; 288(1–2):194–196

[10] Caselli RJ, Drazkowski JF, Wingerchuk DM. Autoimmune encephalopathy. Mayo Clin Proc. 2010; 85(10):878–880

[11] Acerson A. Cognitive therapy for mild traumatic brain injury. 2013. Available at: https://thespeechclinic.wordpress.com/2013/02/28/cognitive-therapyfor-mild-traumatic-brain-injury/. Last accessed January 28, 2015

[12] Ylvisaker M, Szekeres S, Feeney T. Communication disorders associated with traumatic brain injury. In: Chapey R, Ed. Language Intervention Strategies in Aphasia and Related Neurogenic Communication Disorders. Philadelphia, PA: Lippincott Williams & Wilkins; 2001:745–208

[13] Hopper T, Bayles K. Management of neurogenic communication disorders associated with dementia. In: Chapey R, Ed. Language Intervention Strategies in Aphasia and Related Neurogenic Communication Disorders. Philadelphia, PA: Lippincott Williams & Wilkins; 2001:829–846

[14] Murray L, Chapey R. Assessment of language disorders in adults. In: Chapey R, Ed. Language Intervention Strategies in Aphasia and Related Neurogenic Communication Disorders. Philadelphia, PA: Lippincott Williams & Wilkins; 2001:55–126

卒中诱发的失语症和吞咽困难：急性和长期影响
Stroke-Induced Aphasia and Dysphagia: Acute and Long-Term Implications

Kerry Lenius　著

汤惠芳　译　　戴燕红　徐洋凡　校

【概述】

卒中后的吞咽困难和失语症给言语语言病理学家（speech-language pathologist，SLP）带来严重且长期的复杂挑战。特别是在整个护理过程中，保健沟通方面的挑战可能使实施有效的康复战略困难重重。

【临床病史和病情描述】

患者 SB 是一位 64 岁男性，既往病史包括高血压、卒中、房颤、丙型肝炎和肝硬化病。他因左侧大脑中动脉前分支梗死，导致左额叶受损，而被送进大学医学中心（图 73-1）。在急诊室时，一名言语语言病理学家对他的言语/语言和吞咽障碍进行了治疗。当时，SB 表现为完全性失语、失用症和口腔期吞咽困难。他迫切需要鼻胃管来获得营养物质，最后在出院前放置胃造瘘管（gastrostomy tube，G 管）。他卒中 6 个月后回到门诊。他离不开轮椅，并且患有完全性失语症，同时还依赖 G 管进食。

【临床测试】

SB 在发生卒中后被立即送入医院，护士对他进行吞咽筛查[1]，由于 SB 存在嗜睡和构音困难，检查没办法完成。住院第 2 天，SLP 使用改良曼恩吞咽能力评估量表（Mann assessment of swallowing ability，MASA）[2]和床边版的西方失语成套测验[3]对 SB 进行评估。结果见表 73-1 和表 73-2。他的语言输出有限且难以理解。SB 无法听从口头指令，

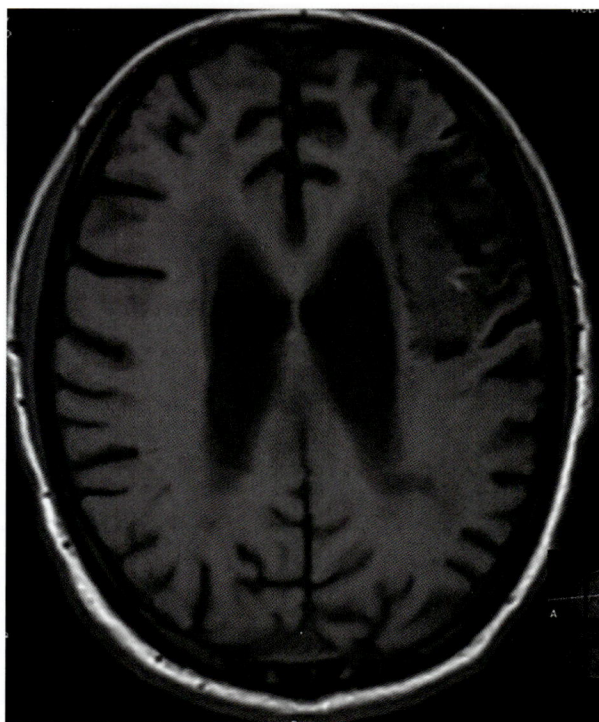

▲ 图 73-1　SB 的脑磁共振成像显示左侧大脑中动脉前分支梗死伴额叶损伤

表现出口腔和肢体失用症症状。医生建议对 SB 继续进行失语症治疗，并建议他保持不经口进食（NPO）这是为了一旦其口头接受能力改善后，就能在床边进行吞咽功能的仪器评估。

脑卒中 1 周后，SB 参与了改良钡餐检查（modified barium swallow，MBS）试验，以进一步评估吞咽障碍。研究显示其存在严重的口腔期和轻

表 73-1 MASA 评估结果（分数越高表示损伤越小）

评分项目	得分 / 最高分	描 述
意识	10/10	清醒 / 有意识
合作度	10/10	愿意参与 / 合作的
听觉理解	2/10	对言语无反应
呼吸	10/10	胸部 X 线片清晰可见
吞咽呼吸频率	3/5	不协调
语言障碍	2/5	没有功能性言语
协调障碍	2/5	摸索
神经源性言语障碍	2/5	言语尝试无法理解
唾液	3/5	有时垂涎
唇的闭合	3/5	单侧减弱
舌肌运动	4/10	最小移动
舌肌力量	2/10	评估很弱
舌协调	5/10	严重不协调
口腔准备	8/10	口服食团漏出
作呕	1/5	未观察到作呕
上腭	2/10	由于失用症没有自主运动
食团清除	5/10	部分清除
口腔运送	4/10	>10s 延迟
咳嗽反射	3/5	反射性咳嗽弱
自主咳嗽	2/10	不能产生自主咳嗽，失用症
嗓音	10/10	音色好，音量很小
气管	10/10	没有气管造口
吞咽期	8/10	启动缓慢，为主观判断，没有图像显示
吞咽反应	5/10	进食试验后清嗓
总分	116/300	严重吞咽困难

表 73-2 WAB-R 床边评估结果（分数越高表示损伤越小）

评分项目	得分 / 最高分	描 述
自发语言：内容	0/10	无有意义的反应
自发语言：流利度	0/10	非流利
听觉语言理解（是 / 否）	0/10	没反应
连续指令	0/10	不能
复述	0/10	不能
物体命名	0/10	无
临床失语评分	0/100	严重完全性

固体 / 稀液体饮食，并辅以 G 管来进食。第 12 天，刚好是星期六，SB 在伴有持续的完全性失语症和 NPO 状态下出院了。在匆忙出院的情况下，由于营养需求已经通过 G 管得到了解决，所以 SLP 口服饮食建议有可能被忽视了。

【读者问答】

1. 在本例中，临床发现与卒中位置的预期结果相符吗？

(1) 不，我预测会有韦尼克失语症。

(2) 不，我预测会有严重的咽部吞咽困难。

(3) 是的，完全性失语症、失用症和吞咽困难是 SB 梗死位置的典型表现。

(4) 不可能根据卒中位置预测临床障碍。

答案：(3) 正确。左侧额叶损伤通常会引起非流利性失语症和失用症，并可能导致吞咽困难。

(1) 不正确，因为颞叶损伤的区域与韦尼克失语相关，SB 的病变涉及额叶。

(2) 不正确。严重的咽部吞咽困难更常见于脑干梗死。

(3) 不正确。可以根据神经病学的检查结果预测症状，然而仍需要临床评估。

2. 哪个建议对 SB 的看护者最有帮助？

(1) 确切地告诉 SB 你希望他做什么事，并期望他按照您的指令执行。如果他没有这样做，那么别人就会控制他这么做。

(2) 教 SB 用美国手语（American sign language, ASL）进行交流。

(3) 待在家里，让 SB 远离家人和朋友。他们不

度咽期吞咽障碍。口腔期和咽期的吞咽延迟，伴随着严重的吞咽后口腔残留物。然而，在第 2 次吞咽过程中，只观察到少量咽部残留，以声门上有稀液体渗入为实例，并在吞咽完成后清除。考虑到他的口头表达障碍和在床边进行口服（PO）试验的能力不一致，建议他继续保持不经口进食（NPO）状态；然而，通过康复治疗，恢复 PO 饮食预后效果良好。在卒中后的第 8 天，为他放置了一个 G 管，以提供持续的营养需求，为出院到亚急性机构进行康复做准备。在第 11 天，经过 SLP 的治疗后，SB 更能接受并且了解口腔 PO 试验。医生建议 SB 采用纯

能和他沟通，所以这对他们来说只会是一件令人沮丧的事情。

（4）尽可能使行为（饮食和尝试交流）无压力和自然。提供简单的图片和手势来帮助传达你的信息。

答案：（4）正确。对于失用症患者来说，无意识的活动更容易执行，使用图片和手势也可以帮助理解。

（1）不正确。SB 语言理解能力受损，不太可能理解口头指示。

（2）不正确。ASL 是一种语言，因此，失语症和失用症患者很难有效地使用这种语言。然而，训练简单的手势可能是有益的。

（3）不正确。失语症患者在谈话和社交活动中往往被排除在外。在社会心理层面上，这种排斥会对失语症患者产生负面影响。

3. 哪一个不是经常延迟送到亚急性机构的关键因素？

（1）建立补充营养和补液的方法。

（2）传达欲望和需求的能力。

（3）保险范围。

（4）床位供应情况。

答案：（2）正确。无法沟通不会延迟送到亚急性机构。这就是为什么许多医生可能认为只有 SLP 才能解决急性护理期中的吞咽问题。

（1）不正确。在急性护理出院之前，建立一条营养供应途径至关重要。在美国国家地区（佛罗里达州），大多数专业护理机构不会接收放置鼻胃管的患者。

（3）不正确。保险是决定患者是否可以进入医疗机构的关键因素。有些机构确实为那些没有保险的人提供慈善床位。

（4）不正确。由于空间有限，是否有床位可用往往是个问题，尤其在预期需长期护理的情况下。

4. SB 在回家前在专业护理机构（skilled nursing facility，SNF）住了 4 个月。他在 SNF 还没有开始经口进食。SNF 的言语语言病理学家可以做些什么来帮助患者恢复到经口进食？

（1）查看急性护理记录，如果没有记录，请与医院 SLP 联系，评估 SB 当前的能力，如果仍有困难，则要求 SB 通过辅以管饲开始经口进食。

（2）继续 NPO，并在他到专业护理机构 1 个月

后复查 MBS。

（3）告诉专业机构的医生，由于 SB 在吞咽试验中没有误吸，他应该立即开始常规的饮食并停止管饲。

（4）启动电刺激，以达到咽部肌肉收缩和咽喉闭合。

答案：（1）正确。口腔失用症和吞咽启动困难是导致吞咽障碍的主要原因。应尽快恢复至少一部分口服营养摄取，这有利于重建口腔吞咽运动模式，防止失用性萎缩，提高生活质量和功能水平。

（2）不正确。这会延长 SB 的 NPO 状态，并且，虽然可以重复进行 MBS，但该研究是在有压力、结构化的环境中进行，这对于有运动计划受损的患者来说往往不太成功。

（3）不正确。虽然 SB 在 MBS 时没有误吸，但他的口腔吞咽阶段效率不高，单靠口服饮食可能无法满足营养需求。一旦确定了足够的 PO 摄入量，营养师可以帮助他从 PO 与管饲补充过渡到单独经口进食。

（4）不正确。咽肌收缩和咽喉闭合没有受损。

【障碍描述和推荐治疗方法】

（一）沟通

在他急性住院期间，由于完全性失语症和失用症，SB 无法正确有效地传达信息。由于这些缺陷，我们使用一个"是/否"板，让 SB 回答简单的问题，"是/否"板通过双手交互使用练习，以促进运动计划（由于相关的肢体失用）。即使在预先练习运动计划后，答案也只有 40% 可靠，但这种方法为沟通提供了一个出路和起点。急性护理治疗的重点是建立最可靠的沟通方法，指导教育护理人员和家庭成员关于失语症的知识及和 SB 相处时的沟通策略。他的护士出于善意在他的床边放置了一个有 20 个项目的图片板，并期望他独立回答她的问题。此外，在一次访问期间，SB 的妻子在场，SLP 利用这个机会教育她关于失语症的知识及其对沟通的影响及沟通的策略。

（二）吞咽

SB 还表现出严重的口咽期吞咽困难，主要表现为吞咽启动延迟和口腔残留。在医院急诊室，吞咽经常被视为康复过程最应该优先解决的事情[4]。口腔吞咽困难和运动计划困难是 SB 吞咽困难的主要

特征，这对直接干预带来了挑战，因为他基本上不能听从指令。正如常见的吞咽失用症的情况一样，SB 在允许独立举起一个杯子并自发地喂自己时更易成功。在急性护理的 SLP 治疗期间，SLP 为 SB 提供了各种不同黏稠度食物的经口进食的治疗性试验。然而，他的吞咽成功率存在很大的差别。他的表现范围从成功有效地喝掉 236ml（8 盎司）液体到无法充分地将杯中的物质转送到他的嘴里，再到只是简单地把食丸放在他的口腔里而不开始吞咽。

【结果】

我们无法查到他在亚急性医疗机构的护理记录。但在 6 个月后，SB 回到我们的医院门诊进行了门诊的 MBS。这段时间以来，他一直保持 NPO 状态，依旧表现出严重的沟通障碍，并且患有明显的右侧偏瘫。在门诊评估时，SB 住在家中，没有继续治疗。他的妻子陪着他来就诊，他依旧坐在轮椅上，依靠 G 管进食。

SB 的妻子说在家中很难进行管饲，并要求对 SB 重新进行评估，看是否可以恢复经口进食。MBS 显示吞咽延迟，导致吞咽前有液体溢出至会厌谷。但是，他通过提前关闭喉前庭而达到无误吸的自动代偿效果（图 73-2）。与他过去的评估相比，口腔启动和口腔清除有所改善，并且他能够咀嚼固体。基于这些结果，建议他经口进食（常规固体和流食），并且一旦 SB 证明他能够完全经口饮食而无须补充营养，则应移除 G 管。职业疗法也被用来评估是否能够用适应性喂食器具来改善自我喂食。

当 SB 的妻子在门诊就诊时被问及丈夫的失语症时，她的回答是："失语症？那是什么？"。尽管

她在 SB 急性护理期间及在亚急性住院期间已经接受了大量的这类教育，但她不记得听到过这个术语了。这种情况凸显了卒中急性期看护者常常被术语和信息淹没，因而这类教育需要在整个康复过程中额外加强[5]。非正式语言测试显示 SB 存在持续完全性失语症，但他确实以失语友好型的格式（图片支持）回答是 / 否问题，准确率为 70%。SB 的妻子对缺乏社区资源和支持表示担忧。她说，他们无法使用个人交通工具，只能依靠城市公交车到医院就诊和预约。把 SB 转移到公共汽车上特别困难，因此他们很少离开家。由于交通问题，建议由家庭保健团队提供失语症随访服务。最后，该团队向 SB 和他的妻子提供了有关免费社区资源的信息，例如当地的失语症支持小组。

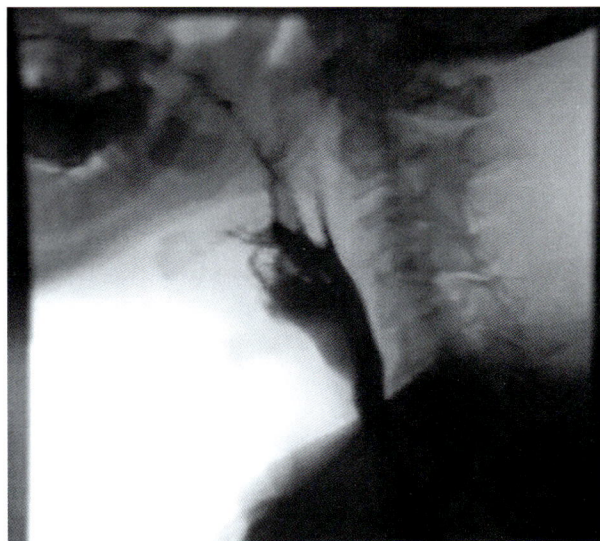

▲ 图 73-2　图像为 SB 第一次吞咽康复研究中获得的，从侧面观察稀液体的吞咽

要点

- SLP 必须评估患者，以确定最合适的增强沟通选择，包括接入方法和设备复杂性。
- 吞咽不需要遵循口头指令。许多失语症和（或）痴呆症患者即使无法理解口头指令，也能保持吞咽能力。
- 不要假设人们知道和理解"失语症"这个词，即使他们是失语症患者的主要看护者。应该要一有机会就对他们进行再次教育。
- 误吸和误吸风险并非急性卒中后禁食的唯一原因。
- 失语症患者通常受到国际功能分类各个层面的影响，包括个人和环境因素。

推荐阅读

[1] Simmons-Mackie N, Kagan A. Application of the ICF in aphasia. Semin Speech Lang. 2007; 28(4):244–253

[2] Wilmskoetter J, Herbert TL, Bonilha HS. Factors associated with gastrostomy tube removal in patients with dysphagia after stroke. Nutr Clin Pract. 2017; 32(2):166–174

参考文献

[1] Titsworth WL, Abram J, Fullerton A, et al. Prospective quality initiative to maximize dysphagia screening reduces hospital-acquired pneumonia prevalence in patients with stroke. Stroke. 2013; 44(11):3154–3160

[2] Mann G. MASA: The Mann Assessment of Swallowing Ability. Albany, NY: Singular Thomson Learning; 2002

[3] Kertesz A. The Western Aphasia Battery. New York, NY: Grune & Stratton; 1982

[4] Foster A, O'Halloran R, Rose M, Worrall L. "Communication is taking a back seat": speech pathologists' perceptions of aphasia management in acute hospital settings. Aphasiology. 2016; 30(5):585–608

[5] Danzl MM, Harrison A, Hunter EG, et al. "A lot of things passed me by": rural stroke survivors' and caregivers' experience of receiving education from health care providers. J Rural Health. 2016; 32(1):13–24

案例 74

一名患有轻度创伤性脑损伤和共病战伤老兵的认知康复
Cognitive Rehabilitation for a Combat-Injured Veteran with Mild TBI and Comorbid Conditions

Donald L. MacLennan　Leslie Nitta **著**
韩 冰 **译**　邓 成　徐洋凡 **校**

【概述】

轻度颅脑损伤（traumatic brain injury，TBI），也称为脑震荡，尽管这些损伤并不"轻微"，但是伊拉克和阿富汗战争的标志性损伤。在战争中受伤的退伍军人中，轻度 TBI 症通常会因共病条件而变得复杂，如创伤后应激障碍（posttraumatic stress disorder，PTSD）、抑郁、焦虑、慢性疼痛和睡眠障碍，所有这些认知症状都会影响到退伍军人融入家庭和社区。

【临床病史和病情描述】

患者 RJ 是一名 23 岁的男性退伍军人，在阿富汗战争中经历了装甲车事故之后的 2 年，出现了有关的 TBI 症状。他虽然没有失去知觉，但报道说他感到眩晕。他头痛且注意力无法集中，这些症状在 2 天内得到解决，使他能够返回工作岗位，没有进行进一步的检查。回到美国大约 6 个月后，他开始出现注意力和记忆力问题，这些问题与 PTSD、焦虑、抑郁、睡眠障碍和慢性疼痛（头痛、腰痛）的诊断相吻合。在弗吉尼亚团队评估时，RJ 是一名获得心理学学士学位的全日制学生，他的长期目标是获得工业和组织心理学硕士学位。他担心认知状况会影响他的学习成绩。具体来说，他表示，在听讲座、做笔记和在考试中努力回忆信息时，他的注意力很容易分散。

【临床测试】

采访：临床医生和老兵进行采访 / 谈话，老兵肯定上述认知问题。他描述了这些困难如何影响他在家庭和学校的日常活动，还有他对治疗的期望。他还表示他正在接受共病条件治疗。

测试包括客观测试和自我报告测量，也包括可重复的成套神经心理状态测试（repeatable battery for assessment of neuropsychological status，RBANS）[1]。RBANS 是一种认知筛查工具，具有良好的信度和效度。RJ 的注意力、即时记忆、视觉 / 结构技能和语言的表现都处于正常范围内。同时存在延迟语言记忆的轻度损伤（表 74-1）。

对 RJ 进行了用于评估神经心理状态自我报告测量的可重复测试、执行功能行为评定量表（成人版）[2]（behavioral rating inventory of executive functions-

表 74-1　可重复神经心理状态测试组评估（RBANS）

指　标	得　分	百分比
即时记忆	125	96
视觉空间 / 结构	100	50
语言	113	81
注意力	113	81
延迟记忆	81	10

adult，BRIEF-A）和返回学校需求评估。报告结果显示了 RJ 对执行功能的元认知方面受损的看法，包括在工作记忆方面的严重挑战和在任务监控、计划和组织及启动方面的轻微挑战（表 74-2）。他特别关心学习准备情况，具体来说就是：①专心听课；②在课堂上做好笔记；③考试时记住所学知识（表 74-3）。他证实在这些方面面临很大的困难。他的大部分课程成绩都是 C，他担心自己达不到研究生平均学分。

执行功能行为评定量表—成人版返校需求评估[3]：答案分为 5 个等级（从容易到极难）。

解释：除了在延迟语言记忆方面有轻微的损伤以外，RJ 在客观认知测量方面表现正常。然而，自我报告测量在各种认知领域存在重大问题。客观工具和自我报告工具之间的差异经常出现，并不一定表明 RJ 没有在客观措施方面做出足够的努力。在这种情况下，老兵在测试中表现得十分努力。他的症状得到了验证，并根据对认知康复策略的潜在反应进行了讨论。

【读者问答】

1. 对于绝大多数经历过脑震荡或轻度创伤性脑损伤，但在传统的神经影像学（如 MRI、CT）上没有异常表现的患者来说，他们的神经认知症状恢复的典型轨迹是什么？

(1) 在激发事件后的前 72h 内可能出现明显的认知症状，运动员在 1～3 周内症状消失，大多数人在 3 个月内症状消失。

(2) 一些人可能经历超过 3 个月的神经认知症状；然而，认知上的困难可能难以察觉。

(3) 有些人可能会经历超过 3 个月的严重神经认知症状，需要长达 3 年的认知康复才能达到基本功能状态。

(4) 伤后超过 3 个月的持续严重症状可导致终身残疾。

(5) (1) 和 (2)。

答案：(5) 正确。见下文解释。

(1) 部分正确。大多数患有轻度创伤性脑损伤综合征的人在受伤后的几天到几周内恢复正常。

(2) 部分正确。小部分人在受伤后 3 个月以上表现出轻微的持续症状。

(3) 不正确。在经历一次简单的脑震荡 / 轻度创伤性脑损伤之后，自我报告显示严重的认知问题的人，被认为会经历由多种因素导致的症状，并且不太可能是由独立简单的脑震荡 / 轻度创伤性脑损伤引起的。

(4) 不正确。临床医生应该意识到，对与简单脑震荡 / 轻度创伤性脑损伤相关的认知问题进行长期治疗，很可能会让患者以为是残疾，这可能会给患者带来终身的负面影响。

表 74-2　成人执行功能行为评定量表

索　引	分　数	注　释
行为指数	64（刚好低于损伤的临界值）	反映了在行为抑制和改变行为设置的能力方面存在轻微挑战
元认知指数	72（高于损伤的临界值）	反映了在工作记忆、任务监测、计划和组织方面的重大挑战；开始阶段的轻微挑战
总体执行部分	72	反映了在执行功能方面的重大挑战

表 74-3　返校需求评估

中等难度	上课保持清醒；一边听老师讲课，一边做笔记；控制好对老师和同学的情绪
很难	上课、读书、工作或上学时保持注意力集中；整理课堂笔记；记得把完成的作业带到课堂上；在小组作业中与他人合作；书写清楚明了；保持学校活动和其他日常活动的平衡
极难	论文选题，考试时回忆所学信息，阅读时集中注意力

2. 执行功能行为评定量表—成人版问卷的反应揭示了"严重"执行功能损伤的自我感觉是由哪些因素造成的？

(1) 时间久远的脑震荡 / 轻度创伤性脑损伤。

(2) 心理健康状况。

(3) 完美主义。

(4) 装病。

(5) (2) 和 (3)。

答案：(5) 正确。见下文解释。

(2) 部分正确。注意力和记忆问题在经历抑郁和焦虑障碍的人中非常普遍，以至于它们被包括在诊断范围中。

(1) 不正确。轻度创伤性脑损伤患者在持续脑震荡 3 个月或更长时间后出现持续认知障碍的情况是不典型的，最多只能有轻微的认知问题，他们可能能够通过使用策略来弥补这些问题；持续的"严重"认知障碍更可能出现在那些经历过更严重的头部损伤或痴呆的人身上。

(3) 部分正确。轻度 TBI 不良结果的生物心理社会概念化过程列举了许多导致脑震荡后症状的因素。完美主义者可能会将注意力或记忆力正常范围内的丧失视为受损的症状。

(4) 不正确。虽然装病可能会发生，但这远远不能称之为典型。这位老兵在客观测试中表现出色，在神经心理学测试中也表现良好。

3. 日常记忆丧失的一些原因是什么？比如，你有没有亲身经历过这些记忆"丧失"的经历？如果有的话，有哪些因素可能促成了你自己的记忆"丧失"？

(1) 组织能力差或时间管理失误。

(2) 动机减弱。

(3) 注意力不集中。

(4) 以上全部或任意组合。

答案：(4) 正确。每个人都会时不时地忘记一些事情。几乎每部手机都有本地提醒应用程序来帮助我们记住未来的安排、截止日期、电话号码、地址等，这可能不是偶然的。

4. 认知症状出现在轻度创伤性脑损伤后，与创伤后应激障碍、焦虑、抑郁、慢性疼痛和睡眠障碍等共病条件有关。轻度创伤性脑损伤伴发疾病后，

何时开始进行认知康复是正确的？

(1) 认知康复应在共病治疗后开始。

(2) 治疗应该从促进对康复的积极期望开始，同时解决精神症状、躯体疾病和日常生活自理。

(3) 低幅度的认知康复可作为共病条件的辅助治疗。

(4) 外伤后认知症状持续超过 3 个月，给予认知康复。

(5) (2) 和 (3)。

答案：(5) 正确。见下文解释。

(2) 部分正确。由于共病症状可能通过治疗很快消除，并且可能导致认知障碍，因此早期治疗可能消除对正式认知康复的需要。

(1) 不正确。共病症状可能会持续一段时间，与这些症状相关的认知症状可能会对家庭、学校或工作产生负面影响。

(3) 部分正确。认知症状和相关的适应不良反应可能会影响共病治疗。例如，记忆力和注意力分散问题可能会影响一个人遵循治疗建议的能力。当这种情况发生时，与其他行为疗法同时进行的认知康复治疗可能有助于坚持和实施治疗活动，比如服药和完成治疗相关的任务。

(4) 不正确。共病症状可能会持续一段时间，与这些症状相关的认知症状可能会对家庭、学校或工作产生负面影响。这可能会进一步增加压力和焦虑及共病症状。促进成功恢复日常活动的认知策略减少了压力和焦虑，并为共病症状的恢复提供了更好的基础。

【障碍描述和推荐治疗方法】

RJ 特别指出了工作记忆和注意力分散方面的挑战。他认为注意力分散是潜在的认知挑战，影响了他专注于讲座和课堂上做完整笔记的能力。他的学习方法：不经过自我测试的阅读和重读笔记也带来了一些他是否有足够的学习判断能力来区分笔记中的未学内容的问题。

最初的治疗侧重于关于其受伤性质的教育，以便培养对康复的积极期望，并促进更准确地将症状归因于心理健康状况，而不是轻微的脑损伤。脑损伤导致的症状误诊可维持认知障碍的知觉。认知康复是在动态练习方法的背景下提供的，RJ 能够自主选择治疗的目标和策略。这位临床医生作为一名教练在学校实施策略的过程中，明确地教授自我调节技巧，这些技巧对解决问题至关重要。RJ 选择了自言自语，在上课期间的间隔时间悄悄地告诉自己"集中注意力"，作为一种元认知策略，以增强对讲座的注意力。他选择使用智能笔，这是一种辅助技术策略，可以将课堂录音保存固定在笔记上的特定位置，作为课后有效检索错过的笔记的一种策略。他用康奈尔笔记法做笔记，并在一段时间后，用笔记左边的关键词进行自我测试，这使他能够更准确地从未学习的信息中识别出已学习的信息。

【结果】

测试：在治疗结束时使用评估神经心理状态的可重复测试组进行客观测试的性能与最初的评估没有显著差异。然而，RJ 的自我报告检查显示其症状明显减轻。尽管他还在自我报告测量中报告了工作记忆方面的挑战，但这些挑战的困难程度大大降低了，并且成人执行功能行为评定量表的元认知策略部分低于表现受损的阈值。在返校需求调查中，他感觉到学习的困难也减少了。报告显示，对于专注于讲座有轻微困难，在考试时记住他所学的东西有轻微困难，而在课堂上做好笔记没有困难。

学习成绩：RJ 的成绩从基本是 C 提高到大部分是 A 和有一些 B。他的教授们对他学习成绩的提高发表了评论，表示他对自己实现学术目标充满信心。在压力增加的时候，比如买房的时候，他的策略的有效性保持稳定，报告显示，在 3 个月和 6 个月的随访中，他在学校不断地取得了成功。

要点

♦ 对于许多患有轻度 TBI 的在战争中受伤的退伍军人来说，持续的认知症状可能与共病条件（创伤后应激障碍、焦虑、抑郁、慢性疼痛、睡眠障碍）有关，而不是与轻度 TBI 有关。此类病例显示了在受伤时立即出现认知症状的症状轨迹：快速消退，随后认知症状延迟发作，与共病症状的诊断一致。

♦ 患有轻度 TBI 症的退伍军人通常在认知表现的客观指标上表现正常或接近正常。然而，他们经常在自我报告中报告显著的认知症状。这种差异并不意味着这些症状不是"真实的"。建议临床医生无论其病因如何也要验证这些症状并治疗认知障碍。

♦ 采用元认知策略和认知辅助技术相结合的基于策略的认知康复方法对认知症状有良好的疗效。意识训练通常是不需要的，因为在战争中受伤的退伍军人对自己的力量和挑战表现出强烈的意识，并可能过度关注这些症状。

♦ 认知康复的有效性通过强调患者自主性和对康复的积极期望的协作方法得到增强。这种方法的积极方面包括关于轻度 TBI 病和共病、康复轨迹的教育，动机访谈技术的使用，及认知康复的动态教育方法，该方法使退伍军人能够选择他/她自己的目标和策略，并自我评估策略的有效性。

推荐阅读

[1] Working Group to Develop a Clinician's Guide to Cognitive Rehabilitation in mTBI for Military Service Members and Veterans. Clinician's Guide to Cognitive Rehabilitation in Mild Traumatic Brain Injury: Application for Military Service Members and Veterans. Rockville, MD: American Speech-LanguageHearing Association; 2016. Available at: http://www.asha.org/uploadedFiles/ASHA/Practice_Portal/Clinical_Topics/Traumatic_Brain_Injury_in_Adults/Clinicians-Guide-to-Cognitive-Rehabilitation-in-Mild-Traumatic-Brain-Injury.pdf. Last accessed December 12, 2017

[2] Cooper DB, Bowles AO, Vanderploeg R, et al. Study of Cognitive Rehabilitation Effectiveness (SCORE) Study Manuals. 2016. Available at: http://dvbic.dcoe. mil/study-manuals. Last accessed December 12, 2017

[3] Iverson GL, Silverberg N, Lange RT, Zasler ND. Conceptualizing outcome from mild traumatic brain injury. In: Arciniegas DB, Bullock MR, Kreutzer JS, Eds. Brain Injury Medicine. Principles and Practice. 2nd ed. New York, NY: Demos Medical Publishing; 2013:470–497

参考文献

[1] Randolph, C. Repeatable Battery for the Assessment of Neuropsychological Status (RBANS): Test Manual. San Antonio, TX: Harcourt; 1998

[2] Roth RM, Isquith PK, Gioia GA. Behavior Rating Inventory of Executive Function–Adult Version: Test Manual. Lutz, FL: Psychological Assessment Resources; 2005

[3] Zarzecki MA, Crawford E, Smith-Hammond C. Return to School Needs Assessment. Unpublished; 2009

案例 75

与阿尔茨海默病患者的跨学科合作
Interdisciplinary Collaboration for a Client with Alzheimer's Disease

Robert Maxwell **著**

钟影雪 **译** 周 钰 徐洋凡 **校**

【概述】

据估计，到 2050 年将有大约 1600 万美国人患有阿尔茨海默病（Alzheimer's disease，AD）[1]。言语语言病理学家在与这种渐进性神经疾病相关的认知语言和身体并发症的跨学科管理中起着至关重要且不断发展的作用。

【临床病史和病情描述】

患者 JK 是一名 81 岁的男性，在家中摔倒后，经过短暂的急性护理住院治疗，他转移到了辅助生活环境。他的配偶表示，在试图帮助 JK 穿衣时他变得焦躁不安，导致他失去平衡而跌倒。在他急性护理入院期间，JK 处于脱水状态，体重意外减轻，需要静脉输液和观察。尽管向辅助的生活社区提供指导，并与设施护理人员试图建立融洽关系，JK 仍然抵制辅助护理，并有文件报告显示，有多起攻击和辱骂工作人员的事件。JK 的配偶报道了 JK 人格和认知功能的逐渐变化情况，尽管与他的全科医生进行了多次协商，但在过去几年中却没有明确跌倒的病因。医院出院文书和神经学咨询表明，在现有的影像学研究中，没有证据表明 JK 急性损伤与最近跌倒有关，或者现存的研究中也没有显示出血管损伤的证据。出院计划建议由一名地区老年心理学家持续参与，以协助疑似阿尔茨海默病和现有药物的医疗管理、情绪调节和认知功能的执行。

【临床测试】

JK 被护理部转诊为言语病理学，以对因频繁的交流沟通中断和不遵守与辅助护理有关的口头指示而引起的功能性沟通进行全面的个性化评估。转诊表格指出了短期记忆的缺陷，及在与工作人员沟通时经常遇到的挫折。JK 在他的公寓里接受了评估；他的配偶则继续住在公寓外面，因此当 JK 进行评估时其配偶并不在。临床医生通过电话联系 JK 的配偶进行临床访谈，并审查初步评估结果。JK 的配偶被邀请参加治疗课程，以便对其进行直接的教育，并促进在整个治疗过程中设计和实施功能性沟通策略。

JK 的认知语言评估包括非正式评估和正式评估。在交谈中，临床医生注意到间歇性的命名会导致沟通困难和失败。JK 在谈话中对口头指令的记忆也很有限，这与配偶和护理报道保持一致。阅读理解被非正式地筛选，以确保干预期间使用的潜在书面提示的适当性，并通过句子长度书面材料揭示功能性理解。回顾 JK 现有医疗记录，发现他并没有相关的并发症，只指出了他的认知语言能力逐渐下降，神经科医生最新注意到的可能是阿尔茨海默症。但是 JK 没有明显的视觉或听力损伤史。

通过使用 JK 配偶完成的初始入院文件所指出的 JK 感兴趣的话题，临床医生能够保持参与度，并在初次见面时取得进展，包括完成标准化评估。根据 JK 的病史和临床表现选择出可行的评估工具，包括简短的认知评估工具（brief cognitive assessment tool，BCAT ）[2] 和认知语言快速测验（cognitive linguistic quick test，CLQT ）[3] 来收集更多的信息，以协助推进护理计划。BCAT 是一种多领域认知筛选工具，用于评估上下文记忆、执行功能和注意力。JK 的 BCAT 总分为 23 分，表明中度认知障碍的上限与正式痴呆相一致。问题分析显示，与解决问题和安全意识有关的言语记忆技能和执行功能都有明显的损伤（表 75-1 ）。CLQT 也被用于进一步评估注意力、记忆、语言、执行功能和视觉空间技能的认知领域。JK 的综合严重程度等级为 1.8，也表明认知语言中度下降（表 75-2 ）。

【读者问答】

1. 根据描述 JK 病史和目前临床表现的现有信息，言语语言病理学家是否在初步评估中包括吞咽功能的评估？

(1) 是。

(2) 否。

答案：(1) 正确。虽然直接护理转诊只提到功能沟通方面的缺陷，但是查看病历之后发现，JK 最近出现了脱水和体重意外减轻的情况。虽然这些情况可能是与 JK 渐进性认知下降相关的行为而产生的并发症，如缺乏启动或记忆障碍，但它们也可能是吞咽困难的并发症，需要进行吞咽障碍筛查。

(2) 不正确。虽然最初的转诊是临床访谈和潜在评估工具选择的起点，但言语语言病理学家必须对所有可用的信息和客户报道保持敏感，以便根据功能表现和情况调整计划中的评估和治疗方法。

2. 作为辅助生活社区内跨学科团队的成员，应考虑推荐下列哪一门学科，以进一步评估 JK 的功能能力？

(1) 物理治疗。

(2) 职业治疗。

(3) 营养师。

(4) 以上所有内容。

答案：(4) 正确。作为一个跨学科团队的一部分，言语语言病理学家不仅要评估和治疗与他们自己的实践范围相关的领域，而且还要通过功能展示来为他们的客户提供支持，将他们与其他社区资源和专业人员联系起来。

(1) 不正确。虽然言语语言病理学家应该考虑

表 75-1　在初始测试中简要认知评估工具（BCAT）的子测试和总体分数

BCAT 评分表	
方向	4
即时词汇回忆	3
视觉识别 / 命名	3
注意	
• 信件清单	0
• 精神控制：向后计数 20～1	1
• 精神控制：列举从星期天开始后面的几天	0
• 数字：向前	1
• 数字：向后	0
抽象	3
语言	
• 重复	1
• 流畅	0
执行	
• 认知转变	0
• 算术推理	1
• 判断	0
视觉空间	
• 设计	2
• 时钟	1
延迟的词汇回忆	0
即时故事回忆	1
延迟视觉记忆	0
延迟故事回忆	0
故事识别	2
BCAT 总分	23

BCAT 总分：46～50 为正常；34～46 为轻度认知障碍；26～34 为轻度痴呆；0～25 为中度至重度痴呆

转诊到物理治疗来评估最近的平衡丧失和显著的跌倒情况，但 (1) 并不是最好的答案。

(2) 不正确。虽然言语语言病理学家应该考虑转诊给职业治疗来评估 JK 需要配偶协助完成穿衣任务和其他日常生活活动的报告，但 (2) 并不是最好的答案。

(3) 不正确。虽然相对于最近的脱水和体重意外减轻情况，言语语言病理学家应该考虑转诊给营养师，但 (3) 可能不是最好的答案。

表 75-2 认知语言快速测试（CLQT）在初始测试中总体认知领域分数和子测试计算的分数

认知领域评分表	
认知领域：注意力	总体得分：86 分
子测试	计算得分
• 符号取消	63
• 故事复述	8
• 符号轨迹	0
• 设计记忆	6
• 迷宫	8
• 设计生成	1
认知领域：记忆	总体得分：85 分
子测试	计算得分
• 个人事实	28
• 故事复述	24
• 代命名	3
• 设计内存	30
认知领域：执行功能	总体得分：6 分
子测试	计算得分
• 符号轨迹	0
• 生成命名	3
• 迷宫	2
• 设计生成	1
认知领域：语言	总体得分：19 分
子测试	计算得分
• 个人事实	4
• 对证命名	8
• 故事复述	4
• 生成命名	3
认知领域：视觉空间技能	总体得分：33 分
子测试	计算得分
• 符号取消	14
• 符号轨迹	0
• 设计记忆	12
• 迷宫	6
• 设计生成	1
综合严重程度等级：1.8	

CLQT 复合严重程度等级：3.5～4.0 为正常范围；2.5～3.4 为轻度；1.5～2.4 为中度；1.0～1.4 为严重

3. 医学测试之前已经完成，排除了可能与认知语言下降有关的急性和慢性疾病。在涉及认知语言衰退的病例中，如果存在的话下列哪种情况可能与医学相关？

(1) 启动新的药物，以协助肌肉骨骼疼痛管理。

(2) 充血性心力衰竭加重。

(3) 新发尿路感染的鉴定。

(4) 严重的抑郁症病史。

(5) 以上所有内容。

答案：(5) 正确。见下文解释。

(1) 部分正确。各种各样的药物导致认知功能的改变，这是一种潜在的不良反应。治疗疼痛的药物，包括可能会影响认知表现的阿片类药物。

(2) 部分正确。充血性心力衰竭对心脏在全身，包括大脑中泵血的能力产生负面影响。任何破坏大脑中必需的营养和氧气供应都会对认知产生负面影响。

(3) 部分正确。任何已确定的全身感染都可能对认知产生负面影响。尿路感染，特别是在老年人群中，往往与认知的迅速变化有关，也称为精神错乱。

(4) 部分正确。许多看似无关的医疗障碍，如抑郁症，都会对认知功能产生负面影响。言语语言病理学家应该对患者病史进行彻底审查，并考虑任何可能导致认知能力下降的因素。

【障碍描述和推荐治疗方法】

在进入辅助生活设施后，JK 报道了近期因跌倒、脱水、无意识的体重减轻的急性护理住院治疗，及护理人员报道显示其渐进性认知语言能力急剧下降。临床观察发现，在尝试给 JK 辅助护理时，经常出现沟通中断，并遭受失败。通过审查 JK 主要看护者的临床访谈和其病历，没有发现已知的影响认知语言能力和阿尔茨海默病诊断的并发症，也没有发现转诊到熟练的康复机构以进行进一步的评估。对功能性沟通的正式评估表明，表达和接受缺陷是以命名不能症为特点，没有自我导向的修复尝试，难以处理嵌入在典型会话中的多步骤口头指令。注意力、执行功能和解决问题的缺陷干扰了 JK 管理日常生活活动的能力，需要看护者的提示和帮助来安排活动。口腔结构检查结果处于正常范围内，口服时未发现明显的误吸迹象和相关症状，这表明最近出现的脱水和意外体重减轻问题可能是由于与明显的认知语言缺陷和真正的吞咽障碍相关的并发症有关，该部门跨学科小组监测经口摄入量和相关临床数据，以确保适当的营养。

建议每月进行 5 次言语病理学干预治疗，为期 1 个月。治疗的重点是制订和实施一个由看护者实施的功能维护计划，以便在出现文字查找障碍时，促进使用补偿策略来协助功能沟通，此外，治疗阶段重点是通过看护者使用口语片段和在提出口头指令时运用提示来修复沟通中断。所有干预措施都是以基于个人的方法制订和实施的[4]，符合国际功能、残疾和健康分类（International classification of functioning，disability，and health，ICF）模式。

功能治疗目标针对以下方面：

- 在句子层面上对口头刺激的听觉理解。
- 在命名性失语中使用沟通修复策略，沟通伙伴只提供少量的多模态提示。
- 在短语和句子层面的阅读理解，允许在 JK 的即时环境中引入环境标志，以帮助记忆和排序日常例程。

在 JK 的辅助生活公寓和公共区域举行了治疗会议，以最大限度地满足其所需活动的环境要求。JK 的配偶和医疗机构即时看护者也被纳入治疗课程，以便在日常护理中进行与辅助词汇提取策略和表达修复策略相关的教育及提供治疗模板。对 JK 和看护者进行了基于语义的词汇提取策略[5]演示和示范，以提高他的功能，这不仅表达他的基本需求和欲望，而且更有效地参与临床护理计划会议和期望的社会活动。当无法检索到所需的目标词时，临床医生提供了关于列出语义特征的直接指导，并在

JK 没有自我启动时，向看护者提供了关于提示方面的指导，以促进这一策略。此外，临床医生还参与了由设施护理人员提供的辅助护理任务，并模拟了口头指令，以减少听觉处理需求和 JK 的挫折感。通过将目标直接嵌入到日常活动中，类似于将技术融入课堂场景中，临床医生还演示了各个任务的语言映射，以帮助总体任务的排序和完成。

【结果】

随着成功的沟通策略的确定，治疗临床医生在 JK 所处的社区教育 JK 的配偶及其潜在的沟通伙伴，来改善与关键辅助人员的功能沟通，包括物理治疗人员、职业治疗人员、活动人员、护理、饮食助理和内务人员。为了最大限度地实现沟通策略的功能传递，临床医生根据 JK 的配偶提供的照片和个人纪念品创建了回忆性书籍[6]。通过使用技术项目，如 It's Never 2 Late（iN2L）[7]和谷歌地球[8]，还引入了其他 JK 感兴趣的讨论项目。

同时，还在 JK 房间内的关键接触点创建并放置了标牌，以帮助他完成所需的任务及记住必要的约会、相关的安全预防措施等。随着解决 JK 的认知语言缺陷等措施的实行，他的配偶和看护者表示，他对护理的参与和接受程度有所提高。功能沟通策略促进更多的社会化和参与设施活动，这些活动可提供认知刺激和体育锻炼。在完成熟练的言语病理服务之前，临床医生提供了最终的建议和策略，以 JK 的看护者功能维护计划的形式最大限度地提高功能，随着 JK 的医疗状况的好转，提供关于监测功能沟通和其他言语语言病理相关领域未来变化的教育。

要点

- 为患有阿尔茨海默病和其他形式痴呆症的人制订有效的护理计划需要对功能能力进行非正式和正式的评估，以确保干预措施对个人有意义，并将其转化为日常生活。
- 与痴呆症患者打交道的言语语言病理学家必须作为一个更大的跨学科团队的一部分运作，该团队以整体的方式解决功能问题，以最大限度地实现功能结果和结转。
- 技术和环境改造可以帮助临床医生创造环境，并且在没有直接沟通伙伴提示的情况下提供场景和方向，在处理渐进性神经系统疾病的当前功能缺陷时，言语语言病理学家还必须向看护者提供广泛的教育，并随着潜在疾病的进展，提供关于未来言语吞咽需求的指导。

推荐阅读

[1] Brookshire RH, ed. Introduction to Neurogenic Communication Disorders. 8th Ed. St. Louis, MO: CV Mosby; 2015

[2] Giebel C, Challis D. Translating cognitive and everyday activity deficits into cognitive interventions in mild dementia and mild cognitive impairment. Int J Geriatr Psychiatry. 2015; 30(1):21–31

参考文献

[1] Alzheimer's Association. 2017 Alzheimer's Disease: Facts and Figures 2017. Available at: https://www.alz.org/documents_custom/2017-facts-and-figures.pdf. Last accessed January 14, 2018

[2] Mansbach WE, MacDougall EE, Rosenzweig AS. The Brief Cognitive Assessment Tool (BCAT): a new test emphasizing contextual memory, executive functions, attentional capacity, and the prediction of instrumental activities of daily living. J Clin Exp Neuropsychol. 2012; 34(2):183–194

[3] Helm-Estabrooks N. Cognitive Linguistic Quick Test. San Antonio, TX: PsychCorp; 2001

[4] World Health Organization. International Classification of Functioning, Disability and Health (ICF). Geneva: World Health Organization; 2001

[5] Murry L, Paek E. Behavioral/nonpharmacological approaches to addressing cognitive-linguistic symptoms in individuals with dementia. Perspect ASHA Spec Interest Groups. 2016; 1(15):12–25

[6] O'Shea E, Devane D, Cooney A, et al. The impact of reminiscence on the quality of life of residents with dementia in long-stay care. Int J Geriatr Psychiatry. 2014; 29(10):1062–1070

[7] It's Never 2 Late (iN2L) [Adaptive engagement/rehab technology] 2017. Centennial, CO, www.iN2 L.com

[8] Google Earth [Computer program] Version 7.1.5.1557. Mountain View, CA: Google; 2013

经颅直流电刺激对于创伤后应激障碍的功效
Efficacy of Transcranial Direct Current Stimulation in Posttraumatic Stress Disorder

Jyutika Mehta 著

杨栋栋 译　黄 巧 徐洋凡 校

【概述】

创伤后应激障碍（posttraumatic stress disorder，PTSD）是一种遭受创伤事件后引起的精神障碍，这种障碍影响了美国将近 3.5% 的成人，被认为是全球精神卫生问题[1]。在 PTSD 患者中可观察到其工作记忆障碍[2]。记忆问题减少了 PTSD 患者可利用的神经资源，同时影响他们参与治疗和对治疗做出反应的能力，这会对患者工作和社交产生负面影响[3, 4]。

【临床病史和病情描述】

患者 ZM，男，40 岁，退伍军人，被诊断为战争相关的 PTSD，主要表现为与记忆相关的障碍。他最主要的表现为词语回忆障碍，这让他在社会和工作中常常感到焦虑。ZM 的既往病史显示他曾进行过与战争相关的心理咨询。既往病史中没有显示伴随意识丧失的头部损伤史，无神经系统疾病，无除 PTSD 之外的精神疾病，无深层脑部刺激物，无酒精、药物依赖史，也无抽搐病史。医生给 ZM 开了用来治疗焦虑和轻到中度的抑郁症的左洛复（每日 50mg）。他已婚，他妻子说他回忆不起熟悉朋友或家庭成员的名字，且在谈话时找不到合适的词语，这给他带来频繁的挫败感和社会脱离感。

【临床测试】

主要的测试结果来自韦氏成人智力量表（Wechsler adult intelligence scale，WAIS）。该量表提供 4 项指标：言语理解指数（verbal comprehension index，VCI），知觉推理指数（perceptual reasoning index，PRI），工作记忆指数（working memory index，WMI）和处理速度指数（processing speed index，PSI）。VCI 用于测试言语推理和概念形成。PRI 通过评估任务测试知觉领域的流畅推理能力，这些任务主要包括评估非语言概念形成、视觉感知、组织能力、视觉—运动协调能力、学习能力、在视觉刺激下区分图形和背景。WMI 测试持续注意力，专注力和执行力，而 PSI 是处理简单或常规信息的速度指标。所有指数均以标准分数计算，平均值为 100，标准差为 15。第二个测试结果显示，贝克抑郁量表（第 2 版）（Beck depression inventory- Ⅱ，BDI- Ⅱ）和世界卫生组织生活质量简表（World Health Organization's quality of life questionnaire-brief version，WUOQOL-BREF）[7] 出现了一些变化。7BID- Ⅱ 是一个量化抑郁症状的筛查工具。它是一个自测量表，包含 21 条调查项目，根据 4 个陈述中描述抑郁症的一种特殊症状的严重程度以 0～3 分的等级来进行评分。生活质量的测试主要记录参与者的日常社交情景，这超出了疾病和病理学的测量范畴。主要的和次要的测试在进行经颅直流电刺激治疗（tDCS）课程前 1 周和在第 12 次治疗后 1 周完成测试。

【读者问答】

1. 什么是 tDCS？

(1) 经颅直流电刺激。

(2) 经颅直接颅骨刺激。

(3) 经皮直流电刺激。

(4) 变换式直流电解决方案。

答案：(1) 正确。经颅直流电刺激（transcranial direct current stimulation，tDCS）是一项使用直流电来刺激大脑特殊区域的非侵袭性的脑部刺激疗法。

(2) 不正确。"c" 在 tDCS 中是指电流。

(3) 不正确。"t" 在 tDCS 中指经颅。

(4) 不正确。"t" 在 tDCS 中是指经颅而 "s" 是指刺激。

2. tDCS 是怎么工作的？

(1) 通过激活神经元。

(2) 通过改变神经元极性。

(3) 通过改变动作电位。

答案：(2) 正确。tDCS 可以引起皮质兴奋性和活性改变极性依赖。

(1) 不正确。tDCS 不会使神经元放电但是有可能增加激发神经元的可能性。

(3) 不正确。tDCS 不能影响动作电位，但是可能起到调节阈值下的静息膜电位的作用。

3. 什么是工作记忆？

(1) 一种用于程序性任务的记忆。

(2) 一种短时记忆。

(3) 一种长时记忆。

答案：(2) 正确。一种关于感知和语言处理的短时记忆。

(1) 不正确。工作记忆主要用于语言任务。

(3) 不正确。工作记忆是短时记忆的一部分。

4. 什么是国际 10-20 系统脑电图电极放置法？

(1) 头皮电极的识别方法。

(2) 研究脑电图的方法。

(3) 研究神经元地形图的方法。

答案：(1) 正确。国际 10-20 系统是描述和安置电极的识别方法。研发该方法是为了确保标准化的重现性以便在不同的时间和个体进行比较研究。

(2) 不正确。尽管用于采集脑电图，但它不一定是研究脑电图的方法。

(3) 不正确。这种方法可根据脑地形图来定位合适的神经组织，但是最主要的目的是确定电极安置位置。

【障碍描述和推荐治疗方法】

药物和（或）行为疗法对大部分的 PTSD 患者疗效甚微，尤其在与 PTSD 相关的记忆功能障碍方面效果更加不佳。此外，药物治疗常常伴有严重的不良反应，而且可能导致患者顺从性较差。很多研究评估了 PTSD 现有治疗方法的疗效，如果不良反应少的话，这些治疗方法更容易被 PTSD 患者接受。在目前的病例中，没有发现在 tDCS 的治疗过程或治疗后出现严重的不良反应，同时患者的记忆测试和所有 PTSD 症状都有好转。

有报道称，在临床使用 tDCS 可用于治疗精神和神经疾病而且能促进认知和工作记忆的提高[8]。tDCS 通过弱的直流电经过海绵电极到达头皮，从而使神经元极化，引起大脑皮质兴奋性的改变。理论上，这种兴奋性延长了刺激期。通过这种依赖极性的转变，低强度的直流电流通过诱导改变神经化学物质而影响到神经元的功能，同时也会影响中枢神经系统中非神经元细胞的成分。

ZM 每周进行 3 次 tDCS 治疗，一共 4 周，12 个疗程。如图 76-1 所示，根据 10-20 脑电图放置系统，阳极电极片放置在左侧背外侧前额叶皮质（dorsolateral prefrontal cortex，dLPFC），阴极电极片放置在对侧（右肩）。采用这种电极混合的方法是因为 tDCS 的阳极放置左侧背外侧前额叶皮质能增强工作记忆[8]。精确的电极定位是为了确保电流直接流向合适的神经元组织。电流强度保持在 2mA，每次持续 30min。ZM 被全程监护，可以报道任何的不良反应，比如头皮疼痛、刺痛、瘙痒或任何不适感。他在治疗期间没有表现出任何不良症状。在治疗期间不断地为 ZM 提供咨询和药物治疗方案。

【结果】

ZM 对 tDCS 治疗反应显著。工作记忆提高的同时明显地减少了焦虑和抑郁症状，这对患者的生

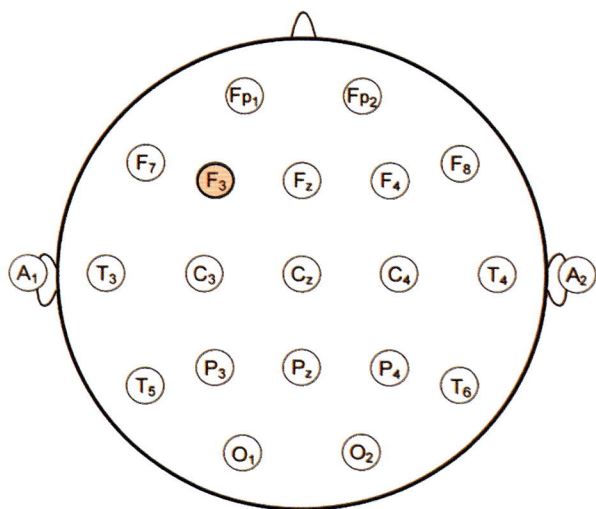

▲ 图 76-1　左侧背外侧前额叶皮质相关的 F3 电极片在 10-20 国际电极安置系统中的位置

活质量产生了显著的积极影响。表 76-1 中显示了对结果的定性分析和总结。总的来说，tDCS 的治疗结果没有显示出任何言语理解和非语言处理的变化。然而，工作记忆和处理速度通过 tDCS 的治疗得到了显著的提高，尤其是工作记忆指数提高了超过 20 点（大于 1 个标准差），这是一个颇有意义的临床收获。BDI-Ⅱ量表得分也大幅度地降低了，导致类别从"临床抑郁边缘状态"改变到"轻度情绪障碍"。还有，ZM 提高了对日常家庭和社交活动的兴趣，同时回忆词语明显也没那么困难了。他的妻子也说了类似的结果，她说 ZM 似乎更快乐了而且"不那么沮丧"了，从而获得了"更和谐"的社交关系。WHOQOL-BREF 结果显示所有领域都有提高，同时在避免社交方面有了显著的减少。

表 76-1　tDCS 治疗结果

量　表	干预前得分	干预后得分	解　释
言语理解指数	101[a]	105[a]	整体言语理解分数保持不变
知觉推理指数	92[a]	95[a]	整体非言语推理分数保持不变
工作记忆指数	75[a]	98[a]	显著提高
处理速度指数	82[a]	95[a]	显著提高
BDⅠ-Ⅱ	19（临床抑郁边缘状态）	12（轻度情绪障碍）	显著提高

BDI-Ⅱ. 贝克抑郁量表第 2 版
a. 是标准分，均值 100，标准差 15。言语理解指数和知觉推理指数没有显著提高，但是工作记忆指数和处理速度指数显著提高。BDI 量表的抑郁分类从临床抑郁边缘状态提高到轻度情绪障碍

要点

◆ tDCS 显示提高了 ZM 的回忆能力及总的记忆功能康复的速度也得到提高。

◆ 虽然这个案例的结果是基于单个参与者，并且应该以适当的谨慎态度来解释，但这些发现还是可以提供经验同时可以做更大规模的临床研究。

◆ 需要新的方法来解决神经康复领域的问题。不管单独应用还是联合其他治疗方法，假如无创伤脑刺激（如 tDCS）能够提高神经认知康复的速度和（或）范围，那么它将会在康复和提高生活质量方面得到广泛应用。

推荐阅读

[1] Baddeley A. Working memory: looking back and looking forward. Nat Rev Neurosci. 2003; 4(10):829–839

[2] Jasper HH. Report of the committee on methods of clinical examination in electroencephalography. Electroencephalogr Clin Neurophysiol. 1958; 10(2): 370–375

参考文献

[1] Friedman MJ, Keane TM, Resick PA, Eds. Handbook of PTSD: Science and Practice. New York, NY: Guilford Press; 2015

[2] American Psychiatric Association. Diagnostic and Statistical Manual of Mental Disorders. 5th ed. Arlington, VA: American Psychiatric Publishing; 2013

[3] Wrocklage KM, Schweinsburg BC, Krystal JH, et al. Neuropsychological functioning in veterans with posttraumatic stress disorder: Associations with performance validity, comorbidities, and functional outcomes. J Int Neuropsychol Soc. 2016; 22(4):399–411

[4] Geuze E, Vermetten E, de Kloet CS, Hijman R, Westenberg HG. Neuropsychological performance is related to current social and occupational functioning in veterans with posttraumatic stress disorder. Depress Anxiety. 2009; 26(1):7–15

[5] Wechsler D. Wechsler Adult Intelligence Scale. 4th ed. San Antonio, TX: Pearson; 2008

[6] Beck AT, Steer RA, Brown GK. Manual for the Beck Depression Inventory-II. San Antonio, TX: Psychological Corporation; 1996

[7] The WHOQOL Group. Development of the World Health Organization WHOQOL-BREF quality of life assessment. Psychol Med. 1998; 28(3):551–558

[8] Fregni F, Boggio PS, Nitsche M, et al. Anodal transcranial direct current stimulation of prefrontal cortex enhances working memory. Exp Brain Res. 2005; 166(1):23–30

案例 77

对临终患者的管理
Management of Patients at End of Life

Joseph Murray 著

江泽斌 译　　杨栋栋 徐洋凡 校

【概述】

体弱的老年人经历身体功能的衰退和抗压能力的减弱。这些压力可能包括来自各种患病过程、治疗疾病使用的药物产生的医源性影响及孤独所产生的无形压力、丧偶、筋疲力尽的护理人员和难以组织和完成的健康护理要求。在衰弱、存活不良（failure to thrive，FTT）的老年人中，这种身体功能的衰退通常比某种单一疾病更为显著，压力的协同作用可能导致难以解释的体重减轻、营养不良和功能缺陷现象。

【临床病史和病情描述】

FH 是一名 90 岁的男性患者，患有心脏病、轻度帕金森病（Parkinson's disease，PD）、甲状腺功能减退、胃食管反流疾病、严重食管运动障碍、颈椎病和驼背。FH 独自生活，且一直处于正常的健康状态，直到 1 年前，他由于多次在家摔倒，导致慢性脊旁肌和颈部肌肉疼痛而被送往急诊室。之后不久，FH 因在家中再次摔倒后被收治入院。他无法移动自己的身体，在一个邻居发现他之前，他已经保持固定姿势 2 天了。他被当地医院收治，并接受了短期住院康复治疗。出院后，FH 和他 88 岁的前妻住在一起，前妻是他的主要看护者。她也有自己的健康问题，包括心脏病、慢性阻塞性肺病（chronic obstructive pulmonary disorder，COPD）和渐进性痴呆。

FH 的药物管理包括治疗心脏病的药物和治疗帕金森病的息宁。值得注意的是，FH 最近秋天才开始出现颈椎炎带来的肌肉和骨头疼痛，医生给他开了阿片类药物，用于治疗慢性疼痛。出院几个月后，他因呼吸困难和疑似吸入性肺炎再次入院，接着是在一次呕吐事件中发现患者有误吸和难以处理口腔分泌物症状。他主诉是疼痛加剧，吞咽困难加重。他接受了一次全面的评估检查，包括颈部计算机断层扫描、喉镜检查、钡剂食管造影、食管胃十二指肠镜检查和改良钡餐检查（modified barium swallow，MBS）。他也被要求禁食禁饮（Nil Per Os，NPO），并且开始应用经皮内镜下胃造口术（percutaneous endoscopic gastrostomy，PEG）来进食。他拒绝住在康复机构，而是选择出院回家。

2 个月后，他因摔倒再次住院。摔倒使他处于剧烈疼痛中，而处理疼痛非常具有挑战性（图 77-1）。虽然他按照规定的速度和容量接受了肠内进食，但他的体重还是有所减轻（图 77-2）。他的帕金森病相关症状有所恶化，其运动功能减退并且身体僵硬更加严重了。他增加了息宁的剂量，并再次拒绝住在康复中心，接着出院回家了。几周后，他因 PEG 管移位和严重脱水而入院，且呈现出的中度营养不良症状被认为与慢性腹泻有关。他的管饲疗法得到了调整，并在短暂住院后脱水症状恢复，他便出院回家了。他的检查过程的概要见表 77-1。

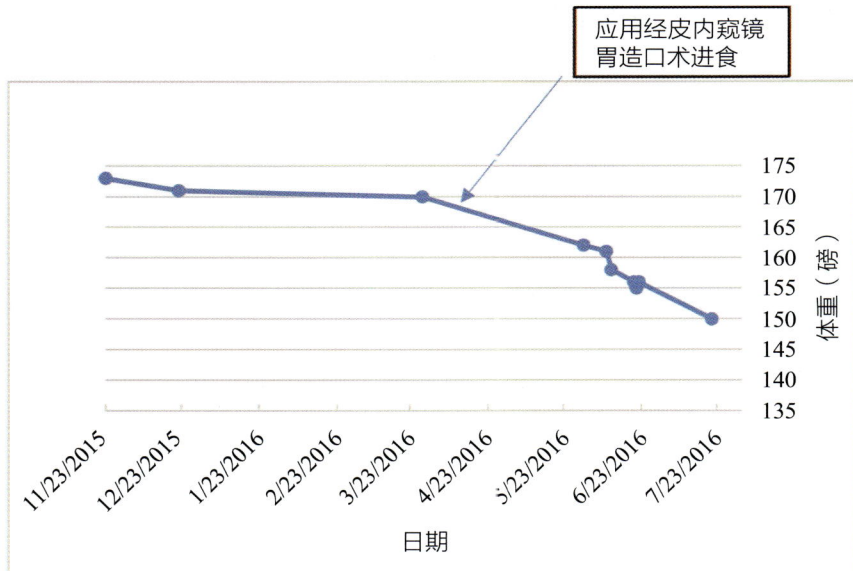

◀ **图 77-1** 体重随时间下降

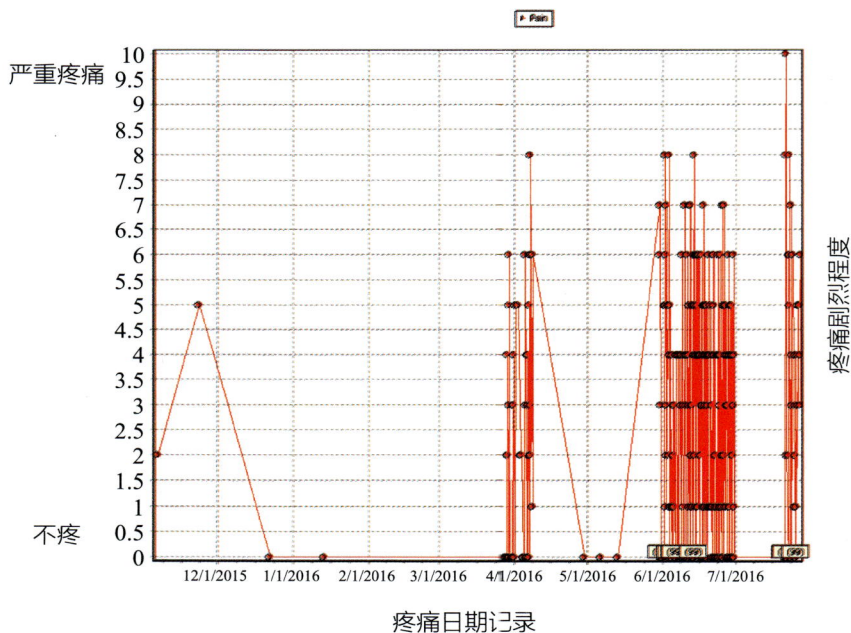

◀ **图 77-2** 随时间推移疼痛变化记录

【读者问答】

1. 用 PEG 管喂养 FTT 的成年人是为了保证以下哪个结果:

(1) 改善营养物质和水分摄入。

(2) 绕过口服途径将营养物直接输送到肠内系统中。

(3) 体重增加。

(4) 患者身体部分遭受疼痛和痛苦。

答案: (2) 正确。食物和液体绕过口腔通过管道输送到胃中。虽然可能不会发生食物和液体的吸入,但使用肠内进食的患者仍可吸入口咽分泌物和(或)回流物质。在一些患者中,包括老年痴呆症患者,肠内进食对吸入性肺炎、缩短住院时间或死

表 77-1　检查和结果

检　查	结　果
颈部 CT（3/28）	• 未显示急性骨折或皮质破裂 • C_5～C_6 椎前骨赘复合体 • 梨状肌增厚 • 建议耳鼻喉科检查
喉镜（3/28）	• 可见误吸的分泌物涌出 • 对咳嗽和分泌物无任何反应 • 咽喉远端软组织壅塞 • 推荐胃肠专科咨询
胃肠病学 EGD（3/29）	• B 级食管炎 • 整个食管内扩张，食物潴留 • 无明显结构性出口阻塞、损伤或狭窄 • 推荐钡剂食管造影
钡剂食管造影（3/30）	• 严重受限的检查继发于患者疾病和驼背 • 严重吸入造影剂 • 三级收缩和造影剂血瘀伴随着严重的运动障碍 • 建议进行专门的言语病理学治疗 • 口咽检查
临床吞咽评估（3/31）	• 言语 / 声音 　- 伴有湿发声障碍的发音过弱 　- 没有言语急促 　- 没有神经源性言语障碍 • 感觉运动检查 　- 不能随意控制 　- 口腔运动系统的整体弱化 　- 感觉系统正常 　- 饮用冰块 / 水呛咳增加 　- 推荐改良的钡剂吞咽以证实发现结果
改良钡餐（3/31）	• 在 C_5～C_6 确认颈椎骨刺症 • 吞咽推进成分普遍弱化 • 中度 / 重度吞咽后滞留 　- 所有食团咽中部形态化 　- 吞咽所有体积大于 2～3ml 的团块时平静地误吸，没有随后的自发清除 　- 提示咳嗽在清除吸出物方面无效 • 建议短期禁饮食，采用肠内进食，直到患者变得更加健康，并重新评估是否准备好开始安全的经口进食
临床吞咽评估（4/3）	• 与之前的评估相比，基本上没有变化 • 患者无精打采，没有要求经口进食 • 建议临终关怀，姑息疗法咨询，以评估护理目标 • 未能保持活力，处于临终虚弱状态 • 召开家庭会议 • 患者因嗜睡而无法参加会议 • 与家庭一起查看护理目标，家庭决定在对患者的持续护理中实施规范并且尽最大的努力维持生命
EGD（4/4）	• 成功完成从外部移除 PEG 放置
床旁临床检查（7-21）	• 嗜睡但清醒且可与他人互动 • 言语贫乏，但能够索求食物和流质 • 言语 / 声音 　- 发音过弱，伴随严重的湿发音困难 　- 没有言语障碍 　- 没有神经源性言语障碍 • 感觉运动检查 　- 不能有意识地咳嗽 　- 口腔运动系统普遍虚弱 　- 感觉系统正常 • 伴有饮用冰块 / 水啜吸的偶发呛咳增加

CT. 计算机断层扫描；EGD. 食管 – 胃 – 十二指肠镜检查；PEG. 经皮内镜胃造口术

亡率没有保护作用。

（1）不正确。这个回答有时候是对的，但不能保证。肠内进食方法可提供足够的热量和营养，但与食物的加工方式可能不同。此外，对于患有某些疾病的患者，将营养物转化为葡萄糖的合成代谢系统可能会变得异常，这会导致分解代谢过程，其中身体优先将储存的脂肪和肌肉转化为葡萄糖而不是营养物质，然后通过嘴巴或甚至是饲管进入消化系统。

（3）不正确。有些患者体重可能会增加。有些患者则可能因腹泻而体重减轻，这是非口服进食的常见不良反应。

（4）不正确。虽然一些患者发现通过鼻胃管进食和放置 PEG 令人不适，但其他患者发现，在进餐期间，特别虚弱的患者因误吸和（或）者疲劳而产生的慢性不适感，是可以忍受的，也是可取的。

2. 在成年患者中，FTT 定义为：

（1）诊断的原发疾病（如肺癌或糖尿病）预期功能结果。

（2）在发现并且似乎控制了常见而可逆的虚弱原因后，身体功能逐渐衰弱。

（3）社会经济条件贫困，无力支付昂贵的医疗保健费用。

（4）由于不遵守医疗方案而导致的健康状况下降。

答案：（2）正确。鉴于现有的、已知的疾病和（或）其他健康状况，体弱的老年人经常出现比预期更严重的症状。通常情况下，他们的症状都很明显，在看似有效的治疗后也无法完全解释。

（1）不正确。严格地说，患者的功能衰退及无法从可逆的状况中恢复，这与单一疾病的表现不一致。

（3）不正确。社会经济压力会导致和加重体弱老年人的功能性残疾。这不是导致 FTT 的普遍单一原因。

（4）不正确。即使是在现代卫生保健系统中受到密切管理和监测的患者也会变得虚弱，并且也会遭受身体功能的衰退，这十分棘手。

3. 短期管饲可改善患有急性但可恢复的健康缺陷的老年患者的病情。

（1）正确。

（2）错误。

答案：（1）正确。一些虚弱的患者可能会在短期的营养改善和康复后"反弹"。应尽一切努力帮助患者恢复足够的功能，以回到基础水平。重要的是要与患者沟通肠内进食是可恢复的，并确保患者和家人充分了解短期肠内进食的目的。

（2）不正确。尽管一些患者群体（即痴呆老人）肠内进食显示出不良结果，但大量证据表明，许多患者在改善营养方面表现良好。

4. 生命终结时的决策：

（1）可以由一个深思熟虑的决策图来指导。

（2）基于存在的疾病过程的数量和患者的虚弱程度。

（3）应由患者和家属在知情讨论后单独构想和确定。

（4）应留给专业医疗团队。

答案：（3）正确。在生命的尽头保持自主和尊严至关重要。

（1）不正确。每个患者都应该作为一个个体来对待，有独特的价值体系，并且在生命终结时能够要求保持尊严。一些患者需要完全的自主权和方向来维持生命最后的尊严。另一些可能需要一个家族群体的共识。决策者可能会表现出全面参与患者维持生命治疗的决心，但这只是为了改变他们的想法，因为他们更进一步思考和整合信息后，会目睹维持生命治疗所带来的负担。

（2）不正确。对死亡时间和性质的预测很难预测。

（4）不正确。医疗专业人员应指导知情的患者选择治疗方案，并以维护尊严的方式提供这些治疗和程序。

【障碍描述和推荐治疗】

MBS 揭示了吞咽推进成分普遍虚弱，导致食团滞留咽部（即吞咽后残留）。颈椎前骨赘复合体阻碍了食团通过，降低咽部清除能力。FH 的吞咽咽期效率低下，可能发生于 PD 和颈部骨赘症状的出现之后，从而导致食团滞留。这两种成分都是明显的，并且 FH 也能感觉到，但是当他更健康并且具有足够的功能性肌肉储备时，这两种成分在临床上效果并不显著。在这种情况下，他体重保持不变，整体状况也处于健康水平。他最近摔倒造成的无法正常移动、疼痛，及与阿片类药物处理疼痛相关的感觉减弱的医源性影响可能导致功能恢复能力降低和身体虚弱。最初采用肠内进食的方法是合适的。一些患者在病情严重期间经过短暂的肠内进食后，恢复了维持安全口服所需的功能。其他患者可能仍然难以控制疼痛和（或）可能无法进行积极的康复治疗。这些患者可能会进一步丧失功能并且变得虚弱，这与急性应激源（即跌倒）、多种共病的基线效应（即轻度帕金森病、颈椎骨赘和慢性阻塞性肺病）及疼痛药物治疗的医源性影响（即感觉减退和静止性嗜睡）有关。

【结果】

此后不久，FH 因尿路感染、呼吸困难和疑似肺炎症状而再次入院。虽然他以前用步行器行走，但他现在在家也不行走了。他的护理人员报告说，她无法给他的日常生活提供协助。他被确定为衰竭状态。FH 嗜睡，但在清醒和与他人互动时，他有时会要求经口进食，家人也会答应这一要求。对患者的吞咽能力进行了床旁临床检查，跟以前的检查结果相同。趣味喂养是由言语语言病理学家提出的，这导致了与临终关怀治疗团队关于治疗目标的进一步讨论。随后举行了一次家庭会议，FH 被送入一家临终关怀中心，他在入院后不久就在家人的陪同下去世了。

要点

- 在发生了不相关的严重事件（如跌倒）后出现的多种轻度共病和多药治疗可能会导致功能状况出现比预期更大的损害。
- 患者和家属可能不同意何时开始临终关怀。护理团队应该要体恤这些观点，并允许患者和家属做出明智的选择。
- 肠内进食可能对一些患者有良好的短期效果，并有利于恢复力量以进行康复治疗。
- 即使 NPO 和接受肠内进食发生在口咽分泌物吸入之后，或者管饲吸入发生在运动障碍或反流之后，一些患者也可能会患上吸入性肺炎。

推荐阅读

[1] Abraham RR, Girotra M, Wei JY, Azhar G. Is short-term percutaneous endoscopic gastrostomy tube placement beneficial in acutely ill cognitively intact elderly patients? A proposed decision-making algorithm. Geriatr Gerontol Int. 2015; 15(5):572–578

[2] Hwang TL, Lue MC, Nee YJ, Jan YY, Chen MF. The incidence of diarrhea in patients with hypoalbuminemia due to acute or chronic malnutrition during enteral feeding. Am J Gastroenterol. 1994; 89(3):376–378

[3] Periyakoil VS. Frailty as a terminal illness. Am Fam Physician. 2013; 88(6): 363–368

针对布洛卡失语症患者的增强交替交流
Augmentative and Alternative Communication for a Client with Broca's Aphasia

Amber Thiessen　著

江泽斌　译　　杨栋栋　徐洋凡　校

【概述】

本病例着重介绍了实施增强交替交流（augmentative and alternative communication，AAC）干预治疗以改善失语症患者 EB 女士的交流功能和日常生活能力的过程。许多失语症患者都经历着影响其日常生活的慢性语言障碍。通常，这些人能够从使用 ACC 技术得到很多帮助，包括言语生成设备、月书籍和展板进行低技术辅助沟通，及各种技术和策略，从而最大限度地提高他们的交流能力。

【临床病史和病情描述】

患者 EB 是一名 68 岁的女士，她因左半球脑血管意外导致布洛卡失语症。大约 10 个月前，EB 因为右侧肢体无力和说话困难被送往当地医院医治。CT 扫描显示左大脑中动脉缺血性卒中。EB 接受了适当的治疗后再接受评估，确定了她的病情障碍程度。评估结果显示了与布洛卡失语症相同的症状，包括语句间断、语法错误和书面表达困难。她的语言表达能力明显比语言接受能力更差。此外，EB 还出现右侧偏瘫，导致无法使用右臂和行走困难。

EB 接受了为期 8 周的住院治疗，重点是改善语言表达和身体功能。在此期间，她的右腿功能恢复了，但她的语言障碍和右臂偏瘫问题仍然存在。然后，她和她丈夫（一名退休教师）一起回到了自己的家。在她卒中之前，EB 是她所在社区中比较活跃的成员。她定期与朋友一起参加社交活动，并喜欢与她的两个成年子女和外孙待在一起。自从回家后，EB 变得越来越孤立。她大部分时间都待在家里，但也表达过想要恢复以前的爱好和社交活动。因此，EB 开始接受门诊言语治疗，以解决她持续的沟通障碍和活动限制问题。

【临床测试】

EB 进行了一项综合评估，包括西方失语症量表修订版的失语商部分（aphasia quotient portion of the Western aphasia battery–revised [1]），以确定失语症的严重程度和类型。EB 得了 48.2 分，其特征与布洛卡失语症的诊断结果一致。除了正式测试之外，还进行了非正式评估，以确定 EB 用何种沟通模式与人交流。EB 主要依靠口头交流，但是也观察到她使用面部表情和包括指点等手势。EB 并没有自发地尝试用画画来表达自己，当被要求这样做时，她很不情愿。此外，还对 EB 进行了额外的非正式评估，来检查她的读写技能和识别图画中物体的能力。在图片－单词匹配测试中，EB 识别单词的准确率为 85%。然而，她在尝试写常用词（如灯、桌子）时表现出更多的困难。

EB 和她的丈夫也接受了采访，以更好地了解她的沟通需求和当地的救助协会。收集的具体信息包括重要的谈话主题、爱好和兴趣及社会角色（如父母、配偶、朋友）。此外，还向 EB 和她的丈夫询问与她交流的人、她卒中前后经常出入的地方及卒中以来最困难的交流情况。

【读者问答】

1. 什么类型的 AAC 干预最适合 EB？

(1) 仅非辅助的 AAC 策略。

(2) 仅低技术 AAC 支持。

(3) 仅高技术 AAC 支持。

(4) 非辅助的 AAC 策略和高、低技术 AAC 支持结合。

(5) EB 并不适合 AAC 干预。

答案：(4) 正确。像大多数人一样，EB 在各种环境下与陌生人或家人等谈论了很多话题。创建一个包含各种辅助和非辅助 AAC 技术支持的干预计划将更有效地满足她的不同沟通需求。例如，对于熟悉 EB 沟通方式的人来说，与现有语言相匹配的非辅助策略可能是有效的；然而，对于不太熟悉 EB 的人来说，包括高技术和低技术支持在内的 AAC 辅助形式可能是有必要的。这里有几个选项可以选择，这将允许 EB 在各种情况下都能选择出最有效的方法来表达自己。

(1) 不正确。非辅助 AAC 策略包括手势、面部表情和其他不需要外部支持的交流方法。尽管非辅助的 AAC 方法将对 EB 有帮助，但这种技术本身不足以满足她的需求。

(2) 不正确。低技术 AAC 支持包括交流书籍和展板及其他非电子交流辅助工具。虽然低技术支持对 EB 有利，但仅仅使用这些技术支持还不足以满足 EB 多样化的交流需求。

(3) 不正确。高技术 AAC 支持，也称为语音生成设备，是产生合成语音输出的电子设备。使用高科技支持的好处很多；然而，有时它们可能不是最有效的选择。例如，在某些情况下，相比在高技术的 AAC 系统中查找信息，EB 可通过手势或使用低技术支持的交流书籍进行更有效的交流。这里的几个可用的选项能使 EB 在每种情况下都能使用最有效的沟通策略。

(5) 不正确。EB 还有一些保留下来的自然话语；然而，她经常出现交流中断，这限制了她参与日常活动的能力。因为她不能单独通过自然语言来满足

她的交流需求，所以 EB 是 AAC 干预的候选对象，用来提高她现有的交流能力。

2. 什么时候对失语症患者实施 AAC 策略合适？

(1) 在恢复过程的早期。

(2) 卒中后 6 个月。

(3) 卒中后 1 年。

(4) 患者要求时。

(5) 任何时候都不合适。

答案：(1) 正确。AAC 干预旨在支持患有复杂沟通障碍（如失语症）的个人当前和未来的需求。因此，AAC 不应被视为最后的解决方法。相反，应在治疗过程的早期确定支持，并应随着个体在治疗中的好转而进行调整。

(2) 和 (3) 不正确。失语症的言语治疗大致可分为恢复性和补偿性治疗方法。恢复性干预的目标是通过将失语症患者的功能水平恢复到尽可能接近其卒中前的状态，来减少失语症患者的言语损伤。补偿性干预的目标是补偿失语症患者的语言缺陷。AAC 是一种补偿性治疗，旨在使人们能够参与到需要交流的场景和环境中。至关重要的是，临床医生既要注重恢复患者丧失的功能，又要补偿患者当前和未来的缺陷，以改善患者的功能，并给他们提供一种言语障碍下的沟通方法。

(4) 不正确。临床医生要考虑患者的意愿；然而，许多患者不知道 AAC 是一种治疗方法。因此，临床医生必须为他们的患者提供所有合适的治疗方案选择，以最大限度地恢复和治愈患者。

(5) 不正确。AAC 干预适用于任何不能通过自然语言满足其交流需求的患者。对于那些有部分交流能力的人，AAC 可以用来增强当前的交流，对于那些使用很少语言交流的人，AAC 可以作为一种替代的交流方法。

3. 为什么失语症患者的评估治疗过程中有家人或密友参与是有益的？

(1) 这样他们就可以向失语症患者提供关于词汇和交流需求的信息。

(2) 这样他们就可以学习如何调整自己的交流方式，更有效地与失语症患者交流。

(3) 这样他们就可以学习如何维持失语症患者使用的 AAC 支持。

(4) 以上所有内容。

(5) 它们不应成为评估和治疗过程的一部分。

答案: (4) 正确。家庭成员和密友在支持失语症患者的交流方面起着关键的作用,而且往往是多方面的。他们对词汇需求有着深入的了解,并且可以作为沟通需求信息的提供者。家人和朋友也给 AAC 系统维护提供了必要的日常支持。除了这些角色,家庭成员和密友需要学习如何改变自己的交流方式,以确保失语症患者理解他们的信息。

(1) 部分正确。失语症患者的家人和朋友可以提供交流的信息,描述失语症患者需要能够交流的重要话题和环境或情况。但是,他们的作用并不局限于提供这类信息,所以这个答案并不完全正确。

(2) 部分正确。许多失语症患者在语言接受方面有缺陷。因此,交流对象通常必须修改自己的交流方式,以确保失语症患者能够理解他们的信息。这需要训练。临床医生必须为家人和朋友提供增强沟通的培训(如写关键词、降低说话率)。提供更多的输入只是家人和朋友参与评估和治疗过程的一个原因;因此,这个答案只是部分正确。

(3) 部分正确。大多数失语症患者的正式治疗时间是有限的。因此,家庭成员和朋友经常要提供必要的支持以维护 AAC 系统(如添加 / 删除照片、内容与技术的维护)。临床医生必须训练家庭成员和朋友承担这一角色,同时,他们积极参与治疗过程也是有帮助的。虽然 AAC 系统维护是家人朋友提供的一项重要服务功能,但并不是他们唯一的作用,所以这个答案只是部分正确。

(5) 不正确。家人和朋友的投入对评估和治疗计划很重要。在设计 AAC 支持时,他们的投入可能是有益的,一旦正式治疗结束,他们可能需要协助系统维护。

【障碍描述和推荐治疗】

EB 呈现出与布洛卡失语症一致的特征。她之前接受过侧重于恢复语言表达能力的治疗;然而,从这种干预中并没有观察到有什么改善。考虑到她想回归社会的意愿,所以决定对她实施 AAC 支持来弥补她的语言缺陷。由于认识到多模式交流方法的好处,因此确定了一种合适的高技术 ACC 交流设备,并对 EB 进行了其他交流策略的培训,包括绘画交流及使用手势和面部表情来提高交流效率。

EB 在治疗期间的交流活动中用 3 种高科技设备进行了测试,以确定最有效的设备来满足她的交流需求。临床医生观察 EB 使用这些设备。在使用了每种设备后,EB 和她的丈夫会提出它们的优缺点。基于这些信息,我们为 EB 订购了最终的设备。由于 EB 持续的偏瘫问题,因此选择的设备是一个轻量级的平板电脑,以便于她携带。此外,该设备允许 EB 拍摄照片并将其导入作为交流支持。

【结果】

在接受 AAC 设备后,EB 和她的丈夫在 6 周内参加了 12 次治疗,重点是对该设备的程序和功能使用。根据临床医生的建议,EB 和她的丈夫确定了一天中的两个关键时间,在这两个时间里,他们认为沟通是一个障碍,而且他们有时间使用 AAC。正是在这些特定的时间里,他们被指示练习使用 AAC,并记录下互动期间产生的所有挑战。然后,他们与临床医生会面,讨论记录下的挑战,并制订适当的策略来改善他们的互动。经过大约 3 周 AAC 系统的逐步实施和收到临床医生的反馈后,EB 和她的丈夫开始报道沟通越来越成功。进一步的治疗是增加他们使用 AAC 的时间。因为认识到 EB 可能需要 AAC 系统的持续支持,临床医生还为 EB 的丈夫和她成年的女儿提供了设备编程培训,并帮助她解决交流障碍。

出院后,EB 开始在当地一所大学诊所参加个人和小组治疗,重点是在设备中使用摄像头来记录她未来的交流互动,并提高口语和书面表达能力。虽然使用 WAB–R 的重新测试结果表明改善微乎其微,但 EB 和她的丈夫报道说,她已经重回到以前的一些社会活动中。她开始和老朋友一起参加每周 1 次的午餐,并开始再次去教堂做礼拜。EB 的孩子们报道说,她比开始门诊治疗前更投入,看起来更快乐。她特别喜欢参加集体治疗,尽管她仍然对沟通困难感到沮丧,但她仍然希望能够继续改善病情和提高自己的独立性。

要点

◆ 虽然恢复性治疗对失语症患者至关重要，但临床医生也必须确定有效的补偿性沟通方法。EB 最初的治疗只专注于改善表达能力，但她无法满足自己的沟通需求。有效的 AAC 支持应该是康复早期治疗和恢复性干预的重点。

◆ 必须评估每个失语症患者的独特需求，以设计尽可能最有效的 AAC 系统。需求评估必须涉及交流伙伴、常见的环境、重要的话题和爱好。

◆ 当与没那么熟悉的伙伴交流时，那些依赖 AAC 的患者经常能从 AAC 系统的编程和维护方面里的辅助器支持下得到帮助。因此，临床医生应该考虑为依赖 AAC 的客户确定一个辅助器。

推荐阅读

[1] Simmons-Mackie N, King JM, Beukelman DR, Eds. Supporting Communication for Adults with Acute and Chronic Aphasia. Baltimore, MD: Brookes; 2013

参考文献

[1] Kertesz A. Western Aphasia Battery-Revised (WAB-R). San Antonio, TX: Pearson; 2006

面向成人口吃患者开展的自助活动
Utilization of Self–Help Activities for an Adult Who Stutters

Michell Tichon　Annie Brodberry　Shane Wilmoth　**著**
全交界 **译**　杨　柳　徐洋凡 **校**

【概述】

口吃通常被定义为说话时能听到或观察到的明显特征。对于口吃患者来说（people who stutter，PWS），这样定义忽略了一些影响生活质量的方面，如与话语有关的消极想法和感受或为了避免口吃而决定不说话。这些负面感受包括无助、羞耻、恐惧、尴尬、沮丧和孤独[1, 2]。口吃的影响十分深远，可以影响一个人的性格、教育、人际关系和职业生涯[2, 3]。通过自助活动将口吃患者联系起来，可以减少口吃所带来的负面影响，而且通过提供积极的体验有助于提高生活质量。虽然许多有交流障碍的患者未能充分利用自助活动，但是由于他们越来越容易通过自助组织（如"国家口吃协会和朋友—全国年轻人口吃协会"）和基于如 Facebook 群组和视频会议社区（如"口吃的社会"）的互联网选择接触到各种自助活动，所以越来越多的口吃患者去寻求这些活动。此外，现在有证据表明，参与这些活动对口吃患者是有帮助的[4-7]。

【临床病史和病情描述】

DR 是一名 41 岁的男性口吃患者：在口吃加重后，他自行转诊接受治疗。他将说话流利性的下降归因于工作压力的增加，因为工作的变化需要与青少年进行更多的语言交流。DR 说他从 5 岁起就口吃，而据说他的祖父随着年龄的增长口吃症状就消失了。DR 从小学到高中都接受了治疗。他说，在小学早

期，他和他的临床医生就开始使用节拍器，并用他的手来拍打腿部，以控制他的讲话速度。他发现这两种方法都无法提高讲话的流利性，并将它们归因于他的次要行为。他还说，他会使用填充词来避免或延迟口吃。在他 20 岁出头的时候，他在一所大学的诊所里学习了流畅讲话的技巧，包括轻松的启动讲话和停顿 / 考虑措辞，以提高他的流畅性。直到他从大学毕业回家，不再常规使用这些技能的时候才发现，轻松地启动讲话能够帮助他更容易与人交流。

【临床测试】

最初的评估是在一所大学诊所进行的，口腔外周检查在正常范围内，听力筛查显示，双耳对 20dB，频率为 500Hz、1000Hz、2000Hz 和 4000Hz 的纯音筛查没有异常。DR 表示，在时间紧迫的情况下，与小群体交谈及电话交谈的难度有所增加。他还说，口吃会影响工作和社会关系，但对家庭关系影响不大。DR 还说他缺乏自信，经常感到孤独、焦虑和沮丧。他描述了以往治疗的积极经验，并表示自己当时对参加一个支持小组很感兴趣。

使用口吃严重程度量表 –4（stuttering severity instrument–4，SSI–4）[8] 来评估口吃明显特征的严重程度（如频率、持续时间、身体伴随症状）。DR 的总分是 42 分，这表明为"非常严重"的流利障碍，如表 79–1 所示，基于阅读和口语任务，两者都有超过 300 个音节。

"成人口吃体验"的总体评估（成人版）（overall

表 79–1　口吃严重程度量表第 4 版（SSI–4）结果

SSI–4 类别	数　据	任务得分
频率	音节口吃百分比：读 10%，说 17%	15
持续时间	最长的 3 个平均 5.7s	12
身体伴随表现	延长期间高音、清嗓子、张嘴发音姿势、眼睛痉挛、眼神接触减少、转头、喉头紧张、肢体动作	15
总计		42

assessment of the speaker's experience of Stuttering–Adult Version，OASES–A)[9] 还包括评估 DR 对可观察到的口吃行为的感知、他对口吃的反应、日常交流中的挑战及口吃如何影响生活质量等 4 个不同方面。这份问卷共有 100 个问题，是个 5 分制量表，其中 5 分表示口吃对患者的负面影响最严重。DR 在每个部分的分数和总分列在表 79–2 中。

对 DR 还进行了一项非正式的流利性调查以确定哪种增强流利性的行为对于 DR 来说是最佳的流利性聚焦疗法。DR 在临床医师示范的情况下，成功地完成了在单词和句子水平上 10/10 次（100%）的轻松启动发音，DR 还能够在单词和句子水平上使用 10/12 次（83%）轻发音接触。在阅读过程中，DR 在停顿和遣词造句方面有困难，但他成功地通过降低语速来提高流利程度。

在整个评估过程中，DR 都很配合，他希望能够更好地控制自己的口吃情况，并表示有兴趣重新使用他之前成功使用的策略，包括轻松启动发音和轻发音接触，他也愿意听取其他建议。

【读者问答】

1.除了评估可观察到的口吃特征的严重性之外，为什么评估患者对他们的口吃和交流的看法和态度

表 79–2　成人口吃体验总体评估第 9 版（OASES–A）结果

评估内容	影响分值	影响评级
基本信息	3.33	中度 / 重度
对口吃的反应	3.31	中度 / 重度
日常交流	3.22	中度 / 重度
生活质量	2.90	中度
总计	3.19	中度 / 重度

是重要的？

(1) 可观察到的口吃特征的严重程度并不能很好地反映口吃对患者日常生活的影响。

(2) 患者对口吃和沟通的看法和态度可能提供有价值的信息，可以指导治疗并帮助解决具体而困难的情况。

(3) 患者的感受和态度有助于临床医生了解患者对自己口吃的感受，而不是其他人对患者口吃的感受。

(4) 以上所有。

答案：(4) 正确。可观察到的口吃严重程度往往与口吃对生活的影响无关。例如，一些擅长避免口吃的人可能会因为口吃而受到严重的影响，如 (2) 中所述，评估患者对他们口吃的看法和态度可以给临床医生在治疗中提供有价值的信息。如 (3) 中所述，它使我们能够深入了解患者对其口吃的想法和感受，并在与患者一起回顾评估时，提供了一种潜在的方法与他们讨论感受和态度。

(1)，(2)，(3) 本身是不正确的。他们忽略了其他正确答案。

2.口吃患者（口头交流存在问题）参加自助活动最不可能获得下列好处？

(1) 接受特殊讲话技巧的训练。

(2) 了解他人使用各种讲话技巧的经验。

(3) 有一个支持他们的论坛，潜在地练习他们在治疗中学到的讲话技巧。

(4) 接受各种关于口吃和作为一名口吃患者的观点和想法。

答案：(1) 正确。一个参加自助活动的人不太可能接受讲话技巧的训练。这可能是一个讨论话题，但是自助活动的领导者通常不鼓励这样的讲话训练。如果在这样的论坛中有一个有执照的专业人士参与讲话培训，那么它应该被称为一个治疗小组。

(2) 不正确。口吃患者经常讨论他们当前或过去的治疗经验，或者曾经使用过的讲话技巧。尤其是当有人问关于使用某种方法或讲话技巧的问题时更是如此。

(3) 不正确。许多口吃患者将口头自助活动作为一种给予帮助的环境，在这里他们可以练习讲话，还可以使用讲话技巧，或使用一种他们以前学过的治疗方法。

(4) 不正确。口吃患者参加自助活动的好处之一是了解口吃患者对口吃和作为一名口吃患者的不同态度和想法。这通常导致患者更加接触到口吃现象，以及了解到其他人处理困难情况的相关反馈。

3. 一位患者表现出严重的口吃（可观察到的特征）。该患者还表示由于口吃让他感到羞耻和尴尬，所以他避免进行口头交流。下列哪项陈述对这位患者来说是最不可能成功的治疗结果？

(1) 减少了诊所内外的口吃频率。

(2) 减少了口吃时的身体挣扎（口吃的持续时间/次要特征），但并不一定减少了诊所外的口吃频率。

(3) 增加了日常谈话，减少了说话的恐惧，没有明显的严重口吃的变化或者变化很小。

(4) 在诊所通过使用讲话技巧提高了讲话的流利性，但由于自我感觉发音不自然，所以在诊所外不使用讲话技巧。

(5) 在诊所通过使用讲话技巧提高了讲话的流利性，但由于有了新的自我接纳感和减少了口吃带来的耻辱感，因此在诊所外不使用讲话技巧。

答案：(4) 正确。患者学到流利说话的技巧，但由于社会对这种技术的接受性，他们选择不使用这些技巧，这不应该被看作是一种成功的治疗结果，因为学习讲话技巧不会提高语言交流能力或减少耻辱感。

(1) 不正确。减少口吃频率，可以推广到日常交流，应该被认为是一个成功的治疗结果。

(2) 不正确。身体挣扎的减少（包括较短的口吃持续时间和次要特征的减少或身体伴随反应）应该被认为是一种成功的治疗结果，即便没有减少口吃频率，但它可以改善语言交流。

(3) 不正确。那些因尴尬而避免交谈的人增加日常交谈，这应该被认为是一种成功的治疗结果，因为这会增加语言交流，减少口吃的耻辱感。

(5) 不正确。如果一个患者已经学会了使用说话技巧使其沟通更加流利，但是他却不在日常对话中使用这些说话技巧，因为他更加自信，而且他也没有对自己的口吃感到十分羞耻，那么他应该被认为已经取得了成功的治疗效果。

【障碍描述和推荐的治疗方法】

DR 是一个很好的治疗候选人，他被推荐在重新评估之前每周与一位言语语言病理学家进行一次治疗，为期 6 个月。由于 DR 想更好地控制自己的口吃，并且想要刺激轻松启动发音和轻度咬合接触，因此将这些技巧纳入到治疗过程是很重要的。DR 表示，他害怕说话，经常试图避免口吃，这对他的生活产生了负面影响。

DR 表达了与其他口吃患者会面的意愿。他得到了关于国家口吃协会（National stuttering association，NSA）及其当地分会的信息，并建议他联系当地分会以寻求支持。

【结果】

DR 接受了治疗，并表示治疗对他并没有什么帮助，因为他越来越注重说话的流利度，而不是改善沟通，包括减少口吃困难，减少恐惧，增加谈话的开始，及提高流利性。尽管有了最初的建议，DR 也没有去参加自助小组，但在 1 年的治疗后，DR 发现了一个名为口吃社交的网站/组织。该组织是一个基于互联网的口吃患者社区，由志愿主办者通过预定的视频会议指导提供帮助的讨论。DR 每周定期参加小组讨论，并将他在小组中的经历和他们讨论的话题融入他的校园治疗项目中。

在与其他口吃患者的交流中，DR 了解到各种自助组织，包括国家口吃协会及他们的一些提供支持的活动。从口吃患者那里了解人们在国家口吃协会的 1 年经历之后，DR 参加了国家口吃协会的年度会议，并将其称为"生活的改变"。他将他对口吃的自我接纳归功于他参加各种自助活动的经历。在接下来半年的治疗中，DR 开始接受在他的讲话中使用"自愿结巴"的策略，从而使他更容易结巴。他表示，将这种技巧作为他的选择策略之一取得了些许成功。在加入口吃自助社区 1 年半后，DR 决定终止语言治疗服务。尽管 DR 的可观察到的结巴行为仍然很严重，但他表示自己对于结巴的羞耻感减少了，他认为这都是由于口吃患者通过自助组织建立的互相帮助的关系起了作用。DR 还表示在知道他可以像过去一样使用他的讲话技巧时他觉得很舒适，比如轻松启动发言和自愿结巴。

DR 继续定期参加口吃社交组织的视频会议。他还通过定期参加地区和年度会议并担任领导来更多地参与国家口吃协会的工作，从而帮助其他口吃患者。

要点

- 参与口吃患者的自助活动有可能减少羞耻感，提高生活质量，增强自我控制能力和自我接纳能力。自助活动也是一个支持性的论坛，在诊所之外练习治疗技巧和交流谈话，并使之能够得以维持，同时将治疗技巧使用到现实生活当中。
- 根据治疗方法的不同，一些讲话技巧可能需要患者在认知或态度上的改变，这样才能在诊所外开始使用新的讲话技巧，并推广到日常生活中。例如，将自愿口吃作为一种可行的讲话技巧使用在日常交流中，这需要增强自我控制能力和自我接纳能力。
- 口吃治疗的成功可以通过不同的方式体现出来，包括减少口吃的困难，提高流利程度，减少说话的恐惧，及增加说话的乐趣。
- 对自我口吃的接纳通常会减少与口吃相关的负面情绪，并有助于控制自己的口吃。

推荐阅读

[1] Trichon M, Tetnowski J. Self-help conferences and change in the experience of stuttering: preliminary findings and implications for self-help activities. Paper presented at: Proceedings of the Tenth World Congress of the International Fluency Association, July 6–8, 2015; Lisbon, Portugal

---

参考文献

[1] Corcoran JA, Stewart M. Stories of stuttering: A qualitative analysis of interview narratives. J Fluency Disord. 1998; 23(4):247–264

[2] Trichon M. Self-help Conferences for People Who Stutter: An Interpretive Phenomenological Analysis [dissertation]. Lafayette, LA: University of Louisiana at Lafayette; 2010

[3] Klompas M, Ross E. Life experiences of people who stutter, and the perceived impact of stuttering on quality of life: personal accounts of South African individuals. J Fluency Disord. 2004; 29(4):275–305

[4] Boyle MP. Psychological characteristics and perceptions of stuttering of adults who stutter with and without support group experience. J Fluency Disord. 2013; 38(4):368–381

[5] Raj EX, Daniels DE. Psychosocial support for adults who stutter: Exploring the role of online communities. Speech Lang Hear. 2017; 20(3):144–153

[6] Trichon M, Raj EX. Peer-support for people who stutter: history, benefits, and accessibility. In: Amster BJ, Klein E, Eds. More than Fluency: The Social, Emotional, and Cognitive Dimensions of Stuttering. San Diego, CA: Plural Publishing; 2018:187–214

[7] Trichon M, Tetnowski J. Self-help conferences for people who stutter: a qualitative investigation. J Fluency Disord. 2011; 36(4):290–295

[8] Riley GD. Stuttering Severity Instrument. 4th ed. Austin, TX: Pro-Ed; 2009

[9] Yaruss JS, Quesal RW. OASES-A: Overall Assessment of the Speaker's Experience of Stuttering (Adults). McKinney, TX: Stuttering Therapy Resources 2016

案例 80

针对成人自闭症谱系障碍的社交技巧
Targeting Social Communication Skills for an Adult Client with Autism Spectrum Disorder

Jarrod B. Zinser　著

梁俊杰　译　　赵玉香　徐洋凡　校

【概述】

社交能力缺陷是自闭症谱系障碍（Autism Spectrum Disorder，ASD）的标志（DSM-5，2013）。该案例提供了一个解决年轻自闭症患者社交沟通缺陷的框架。

【临床病史和病情描述】

患者 TB 是一名 25 岁的男性大学生，他在 2012 年因自杀未遂而被当地一家行为健康诊所诊断为自闭症。他认为"艰难的家庭"及无法与同龄人（特别是女性）建立持久的关系是他自杀的导火索。TB 最初想要更好地了解他的诊断结果，及掌握在社会及工作方面更好地与他人互动的技巧。他表示自己难以坚持从事各种工作，而且还难以保持与他人的约会关系。TB 没有言语治疗史，并且否认具有言语、语言或听力障碍的家族史。TB 与父母住在一起，希望毕业后就搬出去。在初次评估时，他是佛罗里达州立大学犯罪学专业的 3 年级学生，曾是大学军乐队的成员，也是职业康复服务处的客户。

【临床测试】

在一所大学的言语和听力诊所里，医生对 TB 的实用语言技能进行了正式和非正式的评估。在整个测试过程中 TB 都很服从，并毫无怨言地完成了每个任务。在正式和非正式评估期间，他几乎没有产生任何情绪，而且他的目光很少偏离治疗室的桌子。

听力筛查和口语技巧测试结果显示均无异常。然后，TB 参与了一个对话交流/样本测试。他在打招呼时回避目光接触，见面时也没有问候，并且经常以简短或有限的信息作为回应。由于 TB 反馈简短，因此采用了对话式调查（表 80-1）。使用《口语综合评估》（comprehensive aassessment of spoken language，CASL；Carrow-Woolfolk，1999）第 3 册评估 TB 的超语言和实用语言技能。他完成了以下 4 个子测验：非言语测验，语境意义，歧义句和语用判断。TB 每个子测验的标准分数都比平均值（100）低 2 个标准差，显示其表现低于平均水平。为了排除影响与他人互动能力的认知缺陷问题，医生还评估了他的非言语智力。使用非言语智力测验（第 4 版）（test of nonverbal intelligence，fourth edition，

表 80-1　引发成年人对话行为的探究

"和我聊聊你想要的工作类型。"
"5 年后你会在哪里？"
"你听什么类型的音乐？为什么你喜欢这类音乐？"
"你喜欢哪种类型的电影？和我聊聊为什么喜欢这种电影。"
"和我聊聊你的爱好。你如何度过休息时间？"
"你目前正在约会吗？这是你的个人目标之一吗？"
"和我聊聊你的朋友吧。你们一起的时候都会做些什么？你们多久见一次面？"

TONI-4；Brown，Sherbenou，Johnsen，2010） 进行评估，TB 的标准分为 90，低于平均值。同时，也对他使用青少年社交语言发展测验（social language development test – adolescent，SLDT-A；Bowers，Huisingh，LoGiudice，2010）的推理子测验，来非正式地评估 TB 发现图片中人或人群的非言语和情境线索的能力，包括以图片中特定人的视角推断此人在想什么，然后用相关或直接的引述表达此人的想法，并使用第一人称陈述能够暗示此人想法的视觉线索。TB 在满分 10 分中得分为 0，表明其在该领域存在缺陷。语音，声音和流利度主观判断均在正常范围内。

【读者问答】

1. 为什么对自闭症患者的叙事技能进行评估是必不可少的？

(1) 理解和创造叙事独白的能力是典型的语用发展的重要方面。

(2) 获得平均话语长度（mean length of utterance，MLU）。

(3) 评估读写能力。

答案：(1) 是正确的。有效的对话交流需要连贯的叙述。

(2) 不正确。收集 MLU 是不合适的。它通常用于衡量儿童的语言能力。

(3) 不正确。评估 TB 的阅读和写作技能不会提供有关他与他人交流互动的信息。

2. 根据之前报告的信息，针对 TB 的最佳治疗方法是什么？

(1) 提高叙事技巧。

(2) 提高话语管理技能。

(3) 提高社交意愿。

(4) (1) 和 (2)。

(5) 以上所有。

答案：(4) 正确。请参阅下面的 (1) 和 (2) 中的说明。

(1) 部分正确。测试显示 TB 在表达叙事上存在缺陷。大多数的交流需要具有讲故事的能力。

(2) 部分正确。非正式测试显示了 TB 较弱的交谈技巧。因此，必须对患者进行针对性话语管理，

以满足其建立关系和提高工作保留率的目标。

(3) 不正确。交流意愿通常针对 ASD 的幼儿。

(5) 不正确。(1) 和 (2) 是最适合目标的技能。

3. 为什么在这种情况下观察评分量表是有用的？

(1) 这是一种常规参照的方法。

(2) 观察评定量表可用于评估会话或叙述能力。

(3) 这是一种衡量与患者互动的方式。

答案：(2) 正确。观察评分量表可以帮助识别行为障碍的领域。

(1) 不正确。观察评分量表通常并不提供这些评分工具的标准。他们的目的不是与典型的发育进行比较。

(3) 不正确。观察等级量表通常以患者为中心。

4. 在 TB 案例中，什么被认为是消极的预后指标？

(1) 患者动机。

(2) 当前的认知功能水平。

(3) 疾病严重程度。

答案：(3) 正确。自闭症是社交交流和互动中的障碍。

(1) 不正确。TB 被激发了提高沟通能力的积极性。

(2) 不正确。TB 未显示任何可能导致其沟通困难的认知缺陷。他的非语言智力得分处于平均水平。

【障碍描述和推荐治疗方法】

TB 的实用语言能力严重受损，其特点是在推理、理解非文字语言、从上下文中找出意义、对各种社会情况做出适当反应及理解模棱两可的陈述等方面均存在缺陷。建议每周进行 2 次治疗，每次 1h。TB 的治疗计划主要针对他连贯叙事的能力（建议的评分标准，请参见表 80-2）及社会对话中语言的使用，包括正确解释交流的语言能力。同时，还建议 TB 提高工作面试技巧并在工作场所使用适当的语言。还讨论了让他参加成人社交技能小组。对提高这些技能的预后判断需要谨慎对待；然而，积极的预后指标包括 TB 参与治疗的意愿及他提高这些技能的动力。

表 80-2　叙事的评分标准

- 较弱：故事的描述和组织能力差且乏味
- 一般：故事采用以下 4 种形式之一
  - 没有高潮或高潮事件的说明
  - 没有详细说明的简短叙事
  - 没有解决方案的故事
  - 带有一些强烈的描述性元素且令人困惑的叙述
- 良好：叙事是引人入胜的故事，包含问题和解决方案，但可能条理差
- 较强：叙事很容易理解，包含清晰、完整的故事情节，详尽有趣的单词及一些引人入胜的特征，例如，高潮和曲折的情节或有说服力的个人见解

改编自 Paul R, Norbury C. Language Disorders from Infancy to Adolescence. 4th ed. St. Louis，MO: Elsevier Mosby；2012: 444

【结果】

TB 的治疗持续了 4 个学期。他在面部表情的识别和推理、识别恰当的面试行为，及提高对多个伙伴非语言交流行为的意识方面取得了进展。然而，TB 依然难于在对话交流中管理其角色。他经常被认为过于健谈、表达不同步的内容、描述令人困惑、话题持续、提供不充分的背景信息、不充分的说明及照本宣科的、刻板的句子或话语。TB 的语调不正常，很少使用眼神交流。

通过既定目标，TB 显示出他在对话交流、概括非文字概念，及向熟悉或不熟悉的伙伴问候等方面呈现出来的相互性不足。TB 通常需要提示才能完成目标。重复、提供二元选择及模仿是最有效的方法。

在整个治疗过程中，TB 需要关于友谊（如熟人和朋友）和约会的操作指南。因此关系技能教育和增强计划（program for the education and enrichment of relational skill，PEERS）课程就可以用来帮助 TB 建立和维持关系。基于先前的失败关系，他很难接受这些技能，因此，建议采用认知行为疗法来识别和解决与他人互动时可能阻碍进步的功能障碍想法。TB 每周去一次大学咨询中心。一旦患者获得全职工作后便应要求中止治疗。

要点
- 《精神健康疾病诊断和统计手册》第 5 版（DSM-5）提供了 ASD 的新诊断标准。
- 了解自闭症和社会（实用）沟通障碍的诊断标准之间的区别。
- 对于治疗，必须制订评分表以跟踪和衡量有关会话技巧的进度。Landa 等的实用评分表非常有用[1]。
- 家庭作业应包括实际应用程序。服务对象应评估他们在治疗中针对实用技能的使用情况。

推荐阅读

[1] McPartland JC, Klin A, Volkmar FR. Asperger Syndrome. 2nd ed. New York, NY: Guilford Press; 2014
[2] Gantman A, Kapp SK, Orenski K, Laugeson EA. Social skills training for young adults with high-functioning autism spectrum disorders: a randomized controlled pilot study. J Autism Dev Disord. 2012; 42(6):1094–1103

参考文献

[1] Landa R, Piven J, Wzorek MM, Gayle JO, Chase GA, Folstein SE. Social language use in parents of autistic individuals. Psychol Med. 1992; 22(1):245–254

索 引

Index